警官高等职业教育"十三五"规划教材

刑法教程

XINGFA JIAOCHENG

主　编◎潘家永
副主编◎张冬云　刘　军
撰稿人◎（以撰写章节先后为序）
　　　　潘家永　刘　军　张冬云
　　　　朱玉璋　李　艳　张永红
　　　　王汝惠　刘　辉

中国政法大学出版社
2022·北京

声　　明　　1. 版权所有，侵权必究。

　　　　　　2. 如有缺页、倒装问题，由出版社负责退换。

图书在版编目（CIP）数据

刑法教程 / 潘家永主编. —北京：中国政法大学出版社，2022.4
ISBN 978-7-5764-0262-9

Ⅰ.①刑…　Ⅱ.①潘…　Ⅲ.①刑法－中国－教材　Ⅳ.①D924.04

中国版本图书馆CIP数据核字(2021)第279996号

出 版 者	中国政法大学出版社	
地　　址	北京市海淀区西土城路25号	
邮　　箱	fadapress@163.com	
网　　址	http://www.cuplpress.com（网络实名：中国政法大学出版社）	
电　　话	010-58908435(第一编辑部) 58908334(邮购部)	
承　　印	北京联兴盛业印刷股份有限公司	
开　　本	787mm×1092mm　1/16	
印　　张	27.25	
字　　数	715千字	
版　　次	2022年4月第1版	
印　　次	2022年4月第1次印刷	
印　　数	1~8000册	
定　　价	72.00元	

警官高等职业教育"十三五"规划教材
编审委员会

主　任：胡来龙　尹树东
副主任：周善来　彭　晔
委　员：刘传兰　印　荣　阚明旗　姚亚辉

主编简介

潘家永 安徽警官职业学院教授、系主任,技术二级警监警衔,兼职律师。全国司法职业教育司法技术专业教育指导委员会副主任委员,中国法学会会员,中国警察法学研究会理事。

1996年被司法部授予"优秀教师"称号,1997年被司法部授予"十岗千优"称号,1997年获得安徽省第三次社会科学优秀成果奖,2006年获"全省高校优秀共产党员"称号,2007年获"全省优秀教师""全省德育和思想政治工作先进个人"称号,2009年获"安徽高校教学名师"称号。先后获安徽省教学成果奖二等奖一项、三等奖两项。

主要从事刑事法律教学与研究工作。先后在《政法论坛》《法商研究》《现代法学》《人民检察》《法律适用》《安徽大学学报(社科版)》《法学论坛》、法制日报、检察日报等报刊上发表学术论文七十余篇。主持和参与省级研究课题五项。主编有《刑法》《新刑法教程》《刑法原理与实务》(全国司法职业教育教学指导委员会审定)等刑法教材多部,主编《社区矫正工作手册》《社区矫正人员学习读本》两本培训教材;合著有《刑法新罪法律实用》《普法歌谣》等。

编写说明

作为高等职业教育的重要组成部分，警官高等职业教育正随着经济社会的快速发展和一线政法工作对专门人才的迫切需求而与时俱进。近年来，全国司法类高职院校都积极探索高职教育教学规律、完善专业人才培养模式，以适应经济社会发展对司法类专门人才的客观需求，创新内容涉及各个方面，包括专业建设、课程建设、师资队伍建设等，当然也少不了至关重要的教材建设。编写一套以促进就业为导向、以能力培养为核心、以服务学生职业生涯发展为目标、突出当前警官高等职业教育教学特点的系列规划教材就显得尤为重要。

为适应司法类专业人才培养的需要，安徽警官职业学院决定遴选理论功底扎实、教学能力突出、实践经验丰富的优秀教师组成编写组，对警官高等职业教育原有的系列教材进行重新编写。本次编写按照"就业导向、能力本位、任务驱动"等职业教育新理念的要求，紧紧围绕培养高素质技术技能型人才开展工作。基础课程教材体现以应用为目的，以必需、够用为度，以讲清概念、强化应用为教学重点；专业课程教材加强针对性和实用性。同时，遵循高职学生自身的认知规律，紧密联系司法工作实务、相关专业人才培养模式以及课程教学模式改革实践，对教材结构和内容进行了革故鼎新的整合，力求符合教育部提出的"注重基础、突出适用"的要求，在强调基本知识和专业技能的同时，强化社会能力（含职业道德）和应用能力的培养，把基础知识、基本技能和职业素养三者有机融合起来。

本系列教材的主要特点是：

1. 创新编写思路，培养职业能力。"以促进就业为导向，注重培养学生的职业能力"是高等职业教育课程改革的方向，也是职业教育的本质要求。本系列教材针对司法类高职院校学生的特点，在教材编写过程中突出实用性和职业性，以我国现行的法律、法规和司法解释为依据，使学生既掌握法学原理，又明晓现行法律制度，提高学生运用法律知识解决实际问题的能力。同时，在教材内容编排上，本系列教材遵循由浅入深和工作过程系统化的编写思路，为学生搭建合理的知识结构，以充分体现高职的办学要求。

2. 体例设计新颖，表现形式丰富。为了突出实践技能培养，践行以能力为本位的职业教育理念，本系列教材改变以往教材以理论讲述为主的教学模式，采用新颖的编写体例。除基本理论外，本系列教材在体例上设置了学习目标、工作任务、导入案例、案例评析、实务训练、延伸阅读等相关教学项目，并在每章结束时通过思考题的形式，启发学生巩固本章教学内容。该编写体例为学生课后复习和检验学习效果提供便利，对提高学生的学习兴趣、促进学以致用、丰富教学形式、拓宽学生视野、提升职业素养具有积极的推动作用。

3. 课程针对性强，职业特色明显。高等职业教育教材突出相关职业或岗位群所需实务能力的教育和培养，并针对专业职业能力构成来组织教材内容。法律实务类专业在社会活动中具有与各方面接触频繁、涉及面广的特点，要求学生具有较高的综合素质和良好的应变能力。因此，本系列教材采用案例教学法，通过案例导入，并辅以简洁的案例分析，提供规范的实务操作范例，使学生能够更为直观地体会法律的适用，体验工作的情境和流程，增强学生的综合能力。

4. 文字表述简洁，方便学生使用。本系列教材在概念等内容编写中，尽量采用简洁明了的语言表述，使学生明确概念的要点即可，从而避免教材"一个概念多个观点""理论争论较多"的现象。

本系列教材共16本，在其编写过程中借鉴吸收了相关教材、论著的成果和资料；中国政法大学出版社也给予作者们大力支持和指导，责任编辑在审读校阅过程中更是付出了辛勤的劳动，在此我们深表谢忱。同时，由于时间紧、任务重，教材中难免出现不足和疏漏，恳请广大师生和读者给予批评指教，以便我们再版时进一步改进和提高教材质量，更好地服务于警官高等职业教育事业的发展。

警官高等职业教育"十三五"规划教材编审委员会
2019年3月

前 言

本教材是为满足全国高职高专教育公安与司法大类相关专业的刑法课程教学需要而编写。作为高等法学教育的重要组成部分，高职高专司法类教育注重学生法律应用能力的培养。本教材立足我国刑法规定和刑事司法实践，遵循高等职业教育的基本规律，将理论知识讲授与专业技能培养有机结合，力求紧贴行业岗位（群）实践需要，紧贴学生学习和成长需要，满足专业人才培养目标和课程教学目标要求，与职业能力培养相适应，与刑法课程教学相配套。

本教材的编写，采用"问题（案例）—理解（法理）—应用（案件分析处理）"的递进层次，侧重学生分析问题和解决问题能力的训练，培养学生的刑事执法能力、诉讼参与能力和刑事法律服务能力。

在内容安排方面，以必须、够用为度，以《中华人民共和国刑法》主干的、核心的内容为主体，并适度引述刑事司法解释和刑事司法文件，注重融入刑法教学、刑法理论研究与刑事司法实践的新成果，同时也兼顾了刑法典的完整性。对刑法总则部分的编写，突出介绍基本概念、基本原理、基本制度和常见的实务问题。对刑法分则部分，每章选取了若干个重点、常见罪名，从概念、构成要件、司法认定和刑事责任四个方面作较全面的介绍。为了保持刑法分则体系的完整性，对其他罪名也作了简要的介绍，已出台有相关司法解释的，也一并指明，以利于读者查找和学习。

在体例设计方面，力求科学、新颖。本教材将刑法全部内容划分为五个模块，模块之下依次设置章节，共二十七章。在每章中设置有以下栏目：一是学习目标与工作任务。在每章起首设置，便于学生了解该章的重点内容，明确学习要求和目的。二是导入案例。在正文内容之前设置，选取与本章主要知识点或能力相关的案例作为引子，并提出需要思考的问题，以激发学生的学习兴趣，并在相应的知识点或能力点上加以解析，使学生掌握分析问题（案例）的技巧，具备处理问题的能力。三是思考与实务训练。在每章正文内容之后，针对教学要求，结合理论和实践，提出有待进一步学习思索的问题；设置一定数量的案例分析题，促进学生提高理论素养和解决实际问题的能力。四是拓展学习。在每章末尾设置，主要是介绍其他应用性不强而又属于刑法学中重大理论的内容，以及相关最高司法机关发布的相关指导案例等。

本教材由潘家永教授任主编，张冬云副教授、刘军副教授任副主编。全书由潘家永统稿、修改和定稿。由于编者水平有限，领悟能力尚需提升，教材中必有不当之处，敬请谅解和指正。本教材的撰稿分工如下（以撰写章节先后为序）：

潘家永　第一章、第二章、第九章、第十三章至第十九章、第二十二章、第二十四章；

刘　军　第三章、第二十章；

张冬云　第四章、第二十三章；

朱玉璋　第五章、第六章、第二十一章；

李　艳　第七章　第十一章；

张永红　第八章、第二十六章；

王汝惠　第十章、第二十五章；

刘　辉　第十二章、第二十七章。

编　者

2022 年 2 月

目 录

模块一 刑法基础

第一章 刑法概说 …………………………………………………………………… 3
    第一节 刑法的概念和法律性质 ………………………………………………… 3
    第二节 刑法的根据和任务 ……………………………………………………… 6
    第三节 刑法的体系和解释 ……………………………………………………… 7

第二章 刑法的基本原则 …………………………………………………………… 12
    第一节 刑法基本原则概述 ……………………………………………………… 12
    第二节 罪刑法定原则 …………………………………………………………… 13
    第三节 适用刑法人人平等原则 ………………………………………………… 15
    第四节 罪责刑相适应原则 ……………………………………………………… 16

第三章 刑法的效力范围 …………………………………………………………… 21
    第一节 刑法的空间效力 ………………………………………………………… 22
    第二节 刑法的时间效力 ………………………………………………………… 25

模块二 犯罪与犯罪构成要件及排除犯罪的事由

第四章 犯罪概念和犯罪构成 ……………………………………………………… 31
    第一节 犯罪的概念和分类 ……………………………………………………… 31
    第二节 犯罪构成 ………………………………………………………………… 34

第五章 犯罪客体 …………………………………………………………………… 37
    第一节 犯罪客体概述 …………………………………………………………… 37
    第二节 犯罪客体的分类 ………………………………………………………… 38
    第三节 犯罪客体与犯罪对象的关系 …………………………………………… 40

第六章 犯罪客观方面 ……………………………………………………………… 42
    第一节 犯罪客观方面概述 ……………………………………………………… 42
    第二节 危害行为 ………………………………………………………………… 43
    第三节 危害结果 ………………………………………………………………… 45
    第四节 刑法上的因果关系 ……………………………………………………… 47

第五节　犯罪客观方面的其他要件 ……………………………………… 49
第七章　犯罪主体 ……………………………………………………………… 51
　　第一节　犯罪主体概述 …………………………………………………… 51
　　第二节　自然人犯罪主体 ………………………………………………… 52
　　第三节　单位犯罪 ………………………………………………………… 58
第八章　犯罪主观方面 ………………………………………………………… 61
　　第一节　犯罪主观方面概述 ……………………………………………… 62
　　第二节　犯罪故意 ………………………………………………………… 62
　　第三节　犯罪过失 ………………………………………………………… 65
　　第四节　无罪过事件 ……………………………………………………… 68
　　第五节　犯罪目的与犯罪动机 …………………………………………… 69
　　第六节　认识错误 ………………………………………………………… 70
第九章　排除犯罪的事由 ……………………………………………………… 74
　　第一节　排除犯罪的事由概述 …………………………………………… 75
　　第二节　正当防卫 ………………………………………………………… 75
　　第三节　紧急避险 ………………………………………………………… 81

模块三　犯罪形态

第十章　故意犯罪形态 ………………………………………………………… 91
　　第一节　故意犯罪形态概述 ……………………………………………… 92
　　第二节　犯罪既遂 ………………………………………………………… 93
　　第三节　犯罪预备 ………………………………………………………… 94
　　第四节　犯罪未遂 ………………………………………………………… 96
　　第五节　犯罪中止 ………………………………………………………… 98
第十一章　共同犯罪形态 ……………………………………………………… 101
　　第一节　共同犯罪形态概述 ……………………………………………… 101
　　第二节　共同犯罪人的种类及其刑事责任 ……………………………… 105
第十二章　罪数形态 …………………………………………………………… 110
　　第一节　罪数形态概述 …………………………………………………… 110
　　第二节　一罪的类型 ……………………………………………………… 111
　　第三节　数罪的类型 ……………………………………………………… 116
　　第四节　法条竞合 ………………………………………………………… 116

模块四　法律后果

第十三章　刑事责任与刑罚概说 ……………………………………………… 123

第一节　刑事责任 …………………………………………… 123
　　第二节　刑罚概说 …………………………………………… 126
第十四章　刑罚的体系和种类 …………………………………… 132
　　第一节　刑罚体系 …………………………………………… 132
　　第二节　主刑 ………………………………………………… 133
　　第三节　附加刑 ……………………………………………… 139
　　第四节　非刑罚处理方法 …………………………………… 142
第十五章　刑罚裁量 ……………………………………………… 146
　　第一节　刑罚裁量的概念和原则 …………………………… 146
　　第二节　刑罚裁量的情节和基本方法 ……………………… 148
　　第三节　累犯 ………………………………………………… 152
　　第四节　自首、坦白与立功 ………………………………… 153
　　第五节　数罪并罚 …………………………………………… 157
　　第六节　缓刑 ………………………………………………… 160
第十六章　刑罚执行与刑罚消灭 ………………………………… 166
　　第一节　刑罚执行与刑罚消灭概述 ………………………… 166
　　第二节　减刑与假释 ………………………………………… 167
　　第三节　时效与赦免 ………………………………………… 174

模块五　类罪与具体犯罪的构成及其处罚

第十七章　罪刑关系条文的构成 ………………………………… 181
　　第一节　罪状和罪名 ………………………………………… 181
　　第二节　法定刑 ……………………………………………… 184
第十八章　危害国家安全罪 ……………………………………… 186
　　第一节　危害国家安全罪概述 ……………………………… 186
　　第二节　危害国家安全罪分述 ……………………………… 187
第十九章　危害公共安全罪 ……………………………………… 195
　　第一节　危害公共安全罪概述 ……………………………… 195
　　第二节　危害公共安全罪分述 ……………………………… 197
第二十章　破坏社会主义市场经济秩序罪 ……………………… 224
　　第一节　破坏社会主义市场经济秩序罪概述 ……………… 226
　　第二节　生产、销售伪劣商品罪 …………………………… 226
　　第三节　走私罪 ……………………………………………… 232
　　第四节　妨害对公司、企业的管理秩序罪 ………………… 236
　　第五节　破坏金融管理秩序罪 ……………………………… 241
　　第六节　金融诈骗罪 ………………………………………… 250
　　第七节　危害税收征管罪 …………………………………… 254
　　第八节　侵犯知识产权罪 …………………………………… 259

第九节　扰乱市场秩序罪 ……………………………………………… 263
第二十一章　侵犯公民人身权利、民主权利罪 ……………………………… 271
　　第一节　侵犯公民人身权利、民主权利罪概述 ………………………… 271
　　第二节　侵犯公民人身权利、民主权利罪分述 ………………………… 272
第二十二章　侵犯财产罪 ……………………………………………………… 298
　　第一节　侵犯财产罪概述 ………………………………………………… 299
　　第二节　侵犯财产罪分述 ………………………………………………… 299
第二十三章　妨害社会管理秩序罪 …………………………………………… 323
　　第一节　妨害社会管理秩序罪概述 ……………………………………… 324
　　第二节　扰乱公共秩序罪 ………………………………………………… 325
　　第三节　妨害司法罪 ……………………………………………………… 340
　　第四节　妨害国（边）境管理罪 ………………………………………… 348
　　第五节　妨害文物管理罪 ………………………………………………… 350
　　第六节　危害公共卫生罪 ………………………………………………… 352
　　第七节　破坏环境资源保护罪 …………………………………………… 355
　　第八节　走私、贩卖、运输、制造毒品罪 ……………………………… 361
　　第九节　组织、强迫、引诱、容留、介绍卖淫罪 ……………………… 367
　　第十节　制作、贩卖、传播淫秽物品罪 ………………………………… 369
第二十四章　危害国防利益罪 ………………………………………………… 373
　　第一节　危害国防利益罪概述 …………………………………………… 373
　　第二节　危害国防利益罪分述 …………………………………………… 374
第二十五章　贪污贿赂罪 ……………………………………………………… 381
　　第一节　贪污贿赂罪概述 ………………………………………………… 382
　　第二节　贪污贿赂罪分述 ………………………………………………… 382
第二十六章　渎职罪 …………………………………………………………… 398
　　第一节　渎职罪概述 ……………………………………………………… 399
　　第二节　渎职罪分述 ……………………………………………………… 400
第二十七章　军人违反职责罪 ………………………………………………… 413
　　第一节　军人违反职责罪概述 …………………………………………… 413
　　第二节　军人违反职责罪分述 …………………………………………… 414
主要参考文献 …………………………………………………………………… 421

模块一　刑法基础

第一章 刑法概说

学习目标与工作任务

通过本章的学习，掌握刑法的概念和特征，了解刑法的分类、我国刑法的根据和任务、我国刑法的体系、我国刑法分则体系的特点，理解和掌握刑法解释的分类标准和各种刑法解释的含义。能够区分一起案件应当由刑法调整还是应当由其他部门法调整。

导入案例

2006年4月21日晚10时许，山西籍打工青年许某（男，23周岁）来到广州市天河区黄埔大道广州市商业银行的ATM取款机前，持自己不具备透支功能、余额为176.97元的银行卡准备取款100元。许某无意中输入取款1000元的指令，柜员机随即出钞1000元。许某经查询，发现账户里只被扣1元，意识到柜员机出现异常，于是连续取款5.4万元。当晚，许某回到住处，将此事告诉了同伴郭某山（已判刑）。两人随即再次前往提款，之后反复操作多次。经查，许某先后取款171笔，合计17.5万元。许某携款潜逃一年后被抓获，赃款已被其挥霍。

问：本案中，许某的行为所侵犯的广州市商业银行的财产所有权关系，是应当由刑法进行调整和保护还是应当由民法进行调整和保护？

教学内容

第一节 刑法的概念和法律性质

一、刑法的概念

刑法是掌握政权的统治阶级，为了维护其阶级利益和统治秩序，根据自己的意志，以国家名义颁布的，规定哪些行为是犯罪和应负刑事责任，并给予犯罪人何种刑罚处罚的法律。简单地说，刑法是规定犯罪、刑事责任和刑罚的法律。从本质上看，刑法是统治阶级的专政工具，具有鲜明的阶级性。从基本内容上讲，犯罪、刑事责任和刑罚是刑法的三大基本内容。

刑法有广义与狭义之分。狭义的刑法是指专门地、系统地规定犯罪、刑事责任和刑罚的刑法典。广义的刑法是指一切规定犯罪、刑事责任和刑罚的法律规范的总和，它主要包括以下几个部分。

1. 刑法典。在我国，即指1979年7月1日第五届全国人民代表大会第二次会议通过、1997年3月14日第八届全国人民代表大会第五次会议修订的《中华人民共和国刑法》（以下简称《刑法》）。修订后的刑法典于1997年10月1日生效后的20多年间，全国人民代表大会常务委员会以刑法修正案的方式对其进行了修改、补充。

刑法修正案，是指最高立法机关根据社会条件和犯罪情况的变化，在保留刑法典原有体系结构不变的基础上，对刑法典的内容进行补充、修改的法案。刑法修正案并不独立于刑法典而存在，其内容属于刑法典的有机组成部分。至今，立法机关已颁布了11个刑法修正案，分别是1999年12月25日颁布的《刑法修正案》、2001年8月31日颁布的《刑法修正案（二）》、2001年12月29日颁布的《刑法修正案（三）》、2002年12月28日颁布的《刑法修正案（四）》、2005年2月28日颁布的《刑法修正案（五）》、2006年6月29日颁布的《刑法修正案（六）》、2009年2月28日颁布的《刑法修正案（七）》、2011年2月25日颁布的《刑法修正案（八）》、2015年8月29日颁布的《刑法修正案（九）》、2017年11月4日颁布的《刑法修正案（十）》和2020年12月26日颁布的《刑法修正案（十一）》。

2. 单行刑法。单行刑法是指国家立法机关为了补充、修改刑法典而颁行的，专门规定某种、某类犯罪及其刑事责任、刑罚或者刑法的某一事项的法律文件，是刑法典的补充形式之一。1997年修订的刑法典施行后，国家立法机关制定的单行刑法，主要是1998年12月29日第九届全国人民代表大会常务委员会第六次会议通过的《关于惩治骗购外汇、逃汇和非法买卖外汇犯罪的决定》。

3. 附属刑法。亦称"非刑事法律中的刑事责任条款"，是指附带规定于民法、行政法、经济法等非刑事法律文件中的罪刑规范，是刑法的辅助形式。由于刑法是其他法律的保护法，因此我国民法、行政法等法律文件中的法律责任章节，一般都设置有刑法规范，但刑法规范不是其主体部分，具有附属性。

4. 立法解释和司法解释。详见本章第三节。

根据适用范围的不同，刑法可以分为普通刑法与特别刑法。普通刑法是指在一国范围内具有普遍适用效力的刑法，即刑法典。特别刑法是指仅适用于特别的人、特别时间、特别地域或者特定事项的刑法，也就是指单行刑法和附属刑法。

二、刑法的法律性质

刑法的法律性质，也就是刑法的特征。刑法是国家的基本法律之一，是一个独立的部门法，它作为法律体系的重要组成部分，具有区别于其他法律的特有属性。具体而言，刑法与其他部门法如民法、行政法等比较起来，有以下显著的特征或属性：

（一）刑法所规定的内容具有特定性

就是说，刑法所规定的内容不同于其他部门法，刑法所涉及的内容大都是关于：什么是犯罪、如何认定犯罪、应否追究以及追究什么样的刑事责任的问题。而其他部门法规定的都是一般违法行为及其法律后果的问题。

（二）刑法所调整和保护的社会关系的范围具有广泛性

这一特征表现在以下几个方面：

1. 涉及社会关系的范围不同。法律是社会关系的调节器，但是，其他部门法都只是调整和保护某一方面的社会关系。例如，民法只调整平等主体的自然人、法人和非法人组织之间的人身关系和财产关系，行政法只调整国家机关及其工作人员在国家行政管理活动中所发生的社会关系。而刑法所调整和保护的社会关系相当广泛，是所有受到犯罪侵犯的社会关系，这些社会关系涉及社会生活的各个方面，既涉及经济基础，也涉及上层建筑，包括政治的、经济的、财产的、人身的、社会秩序的等。这就是说，无论哪一方面的社会关系受到严重的侵害，刑法都要发挥它的调节功能。

2. 刑法是其他法律的保障法。其他部门法所调整的社会关系和保护的合法权益，也都同时接受刑法的保护和调整。换句话说，同一种社会关系，既受其他有关部门法的保护和调整，又受刑法的保护和调整。例如，一般性的走私、逃税、销售伪劣产品，分别属于违反海关法、税收征收管理法、产品质量法的行为，由海关、税务部门、市场监督管理部门来处理，但如果数量数额大、情节严重，则分别构成一定的走私罪、逃税罪、销售伪劣产品罪，应当由司法机关依照刑法的有关规定追究刑事责任。可见，刑法是一种综合性法律，是其他部门法的保护法，没有刑法作保证、作后盾，其他部门法往往难以得到彻底地贯彻实施。

3. 刑法具有补充性。就是说，只有当其他部门法不能充分保护某种社会关系时，才由刑法进行保护；只有当其他部门法对某种危害行为无力抑制时，才能适用刑法。

本章的导入案例中，对许某的行为性质应当分两部分予以评价。首先，许某第一次取得款项1000元，是由于银行的失误造成的，该项给付（999元）属于不当得利，[1]由民法进行调整。其次，当许某发现取1000元，只扣除自己账户上1元的漏洞后，就利用机器故障多次去取款，数额高达17多万元，其主观上具有非法占有银行财产的目的，这是利用取款机故障进行盗窃的行为，不符合民事上不当得利，已超出了民法调整的范围，应当由刑法予以调整，即应当以盗窃罪追究其刑事责任。[2]

（三）刑法的调整方式具有强制性

首先，刑法规范的产生具有其他部门法无法相比的强制性。其他部门法中以权利和义务为基本内容的法律规范，往往包含着当事人双方或一方自行决定的内容，如民法中的契约。而刑法规范中任何具体的权利义务关系，都是由国家立法机关直接规定的，不以任何一方的意志为转移。其次，刑法规范的实现具有其他部门法无法相比的强制性。对于违反其他部门法的行为的处理，在许多情况下当事人是可以自决的。而对于违反刑法规范的行为，除极少数自诉案件外，原则上都应当由国家专门机关依法追究行为人的刑事责任，犯罪人与被害人之间不得"私了"。

（四）刑法的强制方法具有严厉性

任何法律都具有强制性，任何侵犯法律所保护的社会关系的行为人，都必须承担一定的法律后果，受到国家强制力的干预。虽然其他部门法对一般违法行为也适用强制方法，如民法用民事制裁的方法，行政法用行政制裁的方法等，但其严厉程度都远轻于刑法所规定的刑罚。因为刑法中所规定的刑罚方法，不仅可以剥夺犯罪分子的财产、政治权利，限制或剥夺其人身自由，而且在最严重的情况下还可以剥夺犯罪分子的生命。像这样严厉的强制性是其他任何法律都不具有也不可能有的。正是因为刑法的强制方法最为严厉，所以它能够成为其他部门法的保护法。

---

[1] 民法上的不当得利，是指没有法律根据，取得不当利益，造成他人损失的情形。不当得利发生后，在得利人与受损失的人之间便产生不当得利之债。《中华人民共和国民法典》（以下简称《民法典》）第985条规定："得利人没有法律根据取得不当利益的，受损失的人可以请求得利人返还取得的利益，但是有下列情形之一的除外：（一）为履行道德义务进行的给付；（二）债务到期之前的清偿；（三）明知无给付义务而进行的债务清偿。"

[2] 广东省广州市中级人民法院于2008年3月8日作出判决：被告人许某犯盗窃罪，判处5年有期徒刑。

第二节 刑法的根据和任务

一、刑法的根据

我国《刑法》第1条规定:"为了惩罚犯罪,保护人民,根据宪法,结合我国同犯罪作斗争的具体经验及实际情况,制定本法。"这一规定既明确了我国刑法的目的,又指出了我国刑法的创制根据,包括法律根据和实践根据。

(一) 宪法是制定我国刑法的法律根据

宪法作为国家的根本大法,具有最高法律效力,是一切法律制定的根据,当然也是我国刑法创制和修订的法律根据。我国宪法明确规定了我国的社会制度和国家制度的根本原则,国家机关组织和活动的基本原则,以及公民的基本权利和义务等根本性问题。这些原则性规定和基本内容不仅对各个部门法的立法有着重要的指导作用,更需要通过各个部门法加以具体体现和贯彻落实。我国刑法以宪法为其立法根据,就必须在自己的领域内具体贯彻宪法的规定。我国刑法的制定和修订具体全面贯彻了宪法的精神和原则,通过具体的刑法规范及其适用,惩罚各种犯罪行为,保障宪法的实施。

(二) 我国同犯罪作斗争的具体经验及实际情况是制定刑法的实践根据

一切从实际出发、实事求是,是我国立法工作的根本指导原则,也是制定刑法的客观依据。首先,从我国刑法的创制和修订过程看,立法机关会同司法机关以及学者、专家进行了长期、深入、系统的调查研究,总结经验,对草案进行反复修改,确保所制定的刑法适应同犯罪作斗争的实际需要。其次,从刑法制定和修订的内容看,我国长期同犯罪作斗争的行之有效的、成熟的经验和一系列独创的制度,都在刑法典中作了规定,例如管制、死缓、减刑、自首等。而且,修订后的刑法典和先后颁布的刑法修正案,将新时期出现的许多新型犯罪行为,如黑社会性质的组织犯罪、恐怖活动犯罪、组织出卖人体器官犯罪、危险驾驶犯罪、妨害安全驾驶罪、侵犯公民个人信息犯罪、高空抛物罪、非法植入基因编辑、克隆胚胎罪等规定为新罪名,保证刑法能够跟上时代的步伐。另外,我国刑法在修订过程中积极合理地借鉴了外国有益的立法经验,删除了一些不适合实际需要以及不符合国际刑事法律制度的规定,如类推。

二、刑法的任务

刑法的任务,是指刑法所承担的打击谁、保护谁的历史与现实使命。我国《刑法》第2条规定:"中华人民共和国刑法的任务,是用刑罚同一切犯罪行为作斗争,以保卫国家安全,保卫人民民主专政的政权和社会主义制度,保护国有财产和劳动群众集体所有的财产,保护公民私人所有的财产,保护公民的人身权利、民主权利和其他权利,维护社会秩序、经济秩序,保障社会主义建设事业的顺利进行。"

(一) 刑法任务的两个方面

上述规定说明我国刑法的任务包括两个方面内容:一是惩罚方面,即运用刑罚惩罚侵犯合法权益的一切犯罪行为。惩罚的对象是实施了犯罪行为的人,惩罚的手段是适用刑罚。二是保护方面,即刑法任务的具体内容及要达到的目的,可概括为保护合法权益。其中,惩罚犯罪是手段,保护人民是目的。二者密切联系、有机统一。

(二) 刑法任务的主要内容

保护合法权益,即保护国家和人民的利益,保护社会主义的社会关系,是我国刑法的根本任务。具体来说,包括以下四个方面:

1. 保卫国家安全，保卫人民民主专政的政权和社会主义制度。这是我国刑法的首要任务。国家安全是指国家政权、主权、统一和领土完整、人民福祉、经济社会可持续发展和国家其他重大利益相对处于没有危险和不受内外威胁的状态，以及保障持续安全状态的能力。国家安全是国家生存和发展的根本前提。人民民主专政的政权和社会主义制度是我国人民根本利益的集中体现，是我国社会主义建设事业顺利进行的根本保证。为此，立法机关将危害国家安全罪规定在刑法分则第一章，居各类犯罪之首，并规定了包括死刑在内的严厉刑罚。刑法总则还规定，对于危害国家安全的犯罪分子判处主刑时，应当附加剥夺政治权利。这些规定都体现了从严惩治危害国家安全犯罪的立法精神。

2. 保护社会主义经济基础，包括保护公共财产、公民私人所有的财产和维护社会经济秩序。刑法属于国家上层建筑的重要组成部分，刑法的法律属性决定了它必须肩负起保护社会主义经济基础的重任。为此，我国刑法分则在分别设置"破坏社会主义市场经济秩序罪""侵犯财产罪"专章的同时，还在其他章节中规定了一些侵犯公私财产和破坏国家资源的犯罪。实践中，司法机关根据刑法规定，用刑罚惩罚各种破坏经济秩序和侵犯财产的犯罪，从而有力地保护了社会主义经济基础。

3. 保护公民的人身权利、民主权利和其他权利。国家不仅要最大限度地赋予人民各项权利，还有义务充分保护人民切实行使所依法享有的各项权利，不受非法侵犯。正因为如此，我国刑法分则将各种侵犯人权的严重行为犯罪化，集中规定在"侵犯公民人身权利、民主权利罪"一章中，对故意杀人、故意伤害、强奸、绑架等严重侵犯公民人身权利的犯罪规定了直至死刑的重刑，明确规定了侵犯公民个人信息罪、破坏选举罪、报复陷害罪等，充分体现了对公民人身权利、民主权利的保护。

4. 维护社会秩序，即维护公共安全、社会管理秩序和保证国家机关管理活动的正常进行。刑法在维护社会秩序和稳定社会环境方面肩负着其他法律无法替代的重任。为此，刑法分则规定了"危害公共安全罪""妨害社会管理秩序罪""渎职罪"等各类犯罪。通过惩处破坏社会秩序的犯罪活动，使一切社会生活处于高度和谐的秩序状态，保障社会主义建设事业的顺利进行。

第三节 刑法的体系和解释

一、刑法的体系

（一）刑法体系的概念

刑法体系有广义和狭义之分。广义的刑法体系，是指刑法的各种渊源及其相互关系。狭义的刑法体系即刑法典体系，是指刑法典的组成和结构。通常意义上，我们对刑法体系作狭义理解。我国修订后的刑法典由三个部分组成，即总则、分则和附则。其中，刑法总则和刑法分则各为一编。在每编之下，再根据刑法规范的性质和内容有次序地划分为章、节、条、款、项等层次。

刑法附则部分只有一个条文，即《刑法》第452条，除规定修订后的刑法自1997年10月1日起施行外，还明确了修订后的刑法典与以往单行刑法的关系，宣布在修订后的刑法典生效后，一些单行刑法予以废止，另一些单行刑法除有关行政处罚和行政措施的规定继续有效外，有关刑事责任的规定失效。

(二) 刑法总则与刑法分则的组成及其相互关系

刑法总则是关于犯罪、刑事责任和刑罚的一般原理、原则的规范体系，是对刑法分则中规定的各种具体犯罪内容的抽象和概括。我国刑法总则分设五章，即刑法的任务、基本原则和适用范围；犯罪；刑罚；刑罚的具体运用；其他规定。

刑法分则是对刑法总则的具体化，是关于各种具体犯罪的罪状及其刑罚幅度的规范体系。我国刑法分则分设十章、十类犯罪，即危害国家安全罪；危害公共安全罪；破坏社会主义市场经济秩序罪；侵犯公民人身权利、民主权利罪；侵犯财产罪；妨害社会管理秩序罪；危害国防利益罪；贪污贿赂罪；渎职罪；军人违反职责罪。

刑法总则与刑法分则之间紧密联系、相辅相成。刑法总则规范是认定犯罪、确定刑事责任和适用刑罚的共同规则。刑法分则规范是解决具体定罪量刑问题的标准。总则指导分则，分则具体体现总则中的原理、原则。二者之间是一般与特殊、抽象与具体、共性与个性的关系。要确保认定犯罪、确定刑事责任和适用刑罚的正确性，就必须把总则和分则紧密地结合起来运用。

(三) 刑法条文结构

刑法规范通常以条文的形式出现，"条"是最基本的单位。刑法总则条文主要由定义与规则两部分组成；刑法分则条文除个别定义式条文外，基本上都是罪刑式条文，由罪状与法定刑两部分组成。配置在各编、章、节中的刑法条文，全部用统一的顺序号码进行编号。条下为款，款无编号，其标记是另起一段。有些条文包括数款，如《刑法》第17条包含5款。某些条或款之下有项。项是用（一）（二）（三）等基数号码表示的。在引用时应写成第×条第×项或第×条第×款第×项。

刑法中有的条文在同一款里包含有两个或两个以上的意思，用分号或者句号予以划分，分别称之为前段、后段，或者前段、中段、后段，或者第一段、第二段……例如，《刑法》第48条第1款规定："死刑只适用于罪行极其严重的犯罪分子。对于应当判处死刑的犯罪分子，如果不是必须立即执行的，可以判处死刑同时宣告缓期2年执行。"该款中包含两个意思，分为两段，是用句号隔开的。

有的条款中前后两层意思是用"但是"一词来连接，学理上将"但是"后面的这段文字称为"但书"，具体分为三种：①补充性"但书"。这种"但书"是前段的补充，使前段的意思更加明确。如《刑法》第13条在规定了什么是犯罪之后，接着"但书"指出"情节显著轻微危害不大的，不认为是犯罪"。它从反面使犯罪概念更加明确。②例外性"但书"。这种"但书"是前段的例外，如《刑法》第65条第1款的规定。③限制性"但书"。这种"但书"是对前段的限制，如《刑法》第21条第2款的规定。

(四) 刑法分则体系

刑法分则体系，是指刑法分则的组成和分则条文的结构，主要是对犯罪进行科学分类和排序。我国刑法分则将犯罪分为十类，每一类为一章。从刑法分则对各类、各种犯罪的排列可以看出，刑法分则体系具有如下特点：

1. 原则上以同类客体为标准把一切犯罪划分为十类。当然，以同类客体为标准并非是绝对的、惟一的，有的犯罪划分为一类，是考虑到其他因素。刑法分则第八章、第九章、第十章犯罪，侵犯的同类客体与分则其他有关章的同类客体相同或相似，之所以将这三章单独划分出来，是由于这三章犯罪的主体有其特殊性。

2. 原则上根据各类犯罪的危害性程度轻重对各类犯罪排列先后顺序。危害国家安全罪侵犯的是国家安全,而国家安全是我国的根本利益,因此,这类犯罪的社会危害性最为严重,所以将其排在各类罪之首。危害公共安全罪的社会危害程度仅次于危害国家安全罪,因此,第二章为危害公共安全罪。第三章至第十章的排列也基于同样的原理。当然,并非排列在后面的类罪的危害性就绝对小。例如,军人违反职责罪排在最后,并不表示其危害程度最小。

3. 原则上以犯罪的社会危害程度以及犯罪之间的内在联系对具体犯罪进行排列。对各类罪中的具体犯罪,也主要是按照每种犯罪的社会危害性大小排列先后顺序。例如,在侵犯公民人身权利、民主权利罪中,故意杀人罪排第一位;在侵犯财产罪中,抢劫罪排第一位。当然,也并不是全部按照社会危害性大小进行排列的,对有些具体犯罪的排列,还适当考虑到此罪与彼罪之间的内在逻辑联系和性质。例如,紧接在故意杀人罪之后规定过失致人死亡罪,而不是故意伤害罪,就是因为故意杀人罪和过失致人死亡罪都是侵犯公民生命权利的犯罪,这样排列既兼顾到犯罪的性质,也符合逻辑。

二、刑法解释

刑法解释,是指对刑法规定的含义所作的说明。通过对刑法的一些规定作必要的解释,可以增强法条的可操作性,保证刑法的正确统一实施。关于刑法的解释,可以按不同标准进行分类,主要有以下两种分类:

(一) 根据解释的效力,可分为立法解释、司法解释和学理解释

1. 立法解释。立法解释是指国家最高立法机关对刑法某一规定之确切含义所作的解释。立法解释同被解释的法律具有同等的法律效力。它通常包括三种情况:

(1) 在刑法或相关法律中对有关刑法术语所作的解释。例如,《刑法》第99条规定:"本法所称以上、以下、以内,包括本数。"《刑法》第91~99条的规定都属于立法解释。

(2) 国家立法机关在刑法的起草说明或修订中所作的解释。例如,1997年3月6日,全国人大常委会副委员长王汉斌同志在第八届全国人民代表大会第五次会议上所作的《关于〈中华人民共和国刑法〉(修订草案)的说明》对有关刑法问题进行的解释。

(3) 全国人大常委会就刑法施行过程中发生歧义的规定所作的解释。为了更准确地理解和适用刑法,1997年刑法典施行以来,全国人大常委会先后通过了若干个有关刑法典适用的立法解释文件,分别涉及《刑法》第30条、第93条第2款、第158条、第159条、第228条、第266条、第294条第1款、第312条、第313条、第341条、第342条、第384条第1款、第410条;已满14周岁不满16周岁的人承担刑事责任范围问题,《刑法》分则第九章渎职罪主体适用问题,《刑法》有关文物的规定适用于具有科学价值的古脊椎动物化石、古人类化石;以及《刑法》分则中"信用卡"的含义、"出口退税、抵扣税款的其他发票"的含义,等等。

2. 司法解释。司法解释是指最高司法机关就审判和检察工作中如何具体应用刑法的问题所作的解释。司法解释同样具有普遍适用的效力,它与立法解释一起被称为正式的刑法解释,亦称有权解释。在我国,有权进行司法解释的机关是最高人民法院和最高人民检察院(本书以下简称"两高")。1981年6月10日第五届全国人大常委会第十九次会议通过的《关于加强法律解释工作的决议》规定:"凡属于法院审判工作中具体应用法律、法令的问题,由最高人民法院进行解释。凡属于检察院检察工作中具体应用法律、法令的问题,由最高人民检察院进行解释。最高人民法院和最高人民检察院的解释如果有原则性的分歧,报全国人民代表大会常务委员会解释或决定。"修订后的刑法典施行以来,最高人民法院和最高人民检察院不仅分别就刑事审判和检察工作中具体应用法律的问题作过大量的解释,还联合作出过诸多司法解释,这对于保障法律统一适用,提高审判和检察工作质量,起着重要指导作用。

3. 学理解释。学理解释被称为非正式的刑法解释或无权解释,是指由未经授权的机关、团体、社会组织、学术机构以及专家学者对刑法含义所作的宣教性、学术性的解释,如刑法典释义、刑法教科书、论文、专著、案例分析等。学理解释虽然没有法律效力,但正确的学理解释,对于刑事司法乃至立法活动具有重要参考价值,同时还有助于培养法律人才和增强公民的法治观念。

(二) 根据解释的方法,一般可分为文理解释与论理解释

1. 文理解释。亦称文义解释,是指从刑法用语的文义及通常使用方式出发,阐明刑法规定含义的解释方法。其主要根据是语词的含义、语法、标点及标题。例如,2017年2月1日"两高"《关于办理组织、利用邪教组织破坏法律实施等刑事案件适用法律若干问题的解释》规定,冒用宗教、气功或者以其他名义建立,神化、鼓吹首要分子,利用制造、散布迷信邪说等手段蛊惑、蒙骗他人,发展、控制成员,危害社会的非法组织,应当认定为《刑法》第300条规定的"邪教组织"。《刑法》第91~99条所作的解释,都属于文理解释。文理解释并非简单的解释方法,它必须绝对符合刑法规定本身的字面意思,所得出的结论必须合理。

2. 论理解释。论理解释是指按照立法精神,参酌刑法产生的缘由、沿革及其他有关事项,对刑法规定作逻辑分析,从而阐明其真实含义的解释方法。论理解释通常是在运用文理解释无法得出合理结论的情况下采用的。论理解释主要分为以下几种:

(1) 扩张解释。扩张解释是指将刑法条文的含义作扩大范围的解释。如"两高"《关于办理生产、销售伪劣商品刑事案件具体应用法律若干问题的解释》规定:"伪劣产品尚未销售,货值金额达到刑法第140条规定的销售金额3倍以上的,以生产、销售伪劣产品罪(未遂)定罪处罚。"这一解释就扩大了《刑法》第140条"销售金额"的含义。

(2) 限制解释。限制解释也称"缩小解释",是指根据立法原意对刑法条文作窄于字面含义的解释。例如,《刑法》第67条第2款规定:"被采取强制措施的犯罪嫌疑人、被告人和正在服刑的罪犯,如实供述司法机关还未掌握的本人其他罪行的,以自首论。"最高人民法院在相关司法解释中把这里的"其他罪行"解释为"不同种罪行",排除了同种罪行,这种解释就是限制解释。

(3) 当然解释。当然解释是指刑法条文表面虽未明示某一事项,但根据事物属性和逻辑推理,将该事项当然地解释在该条文的应有之义中。如《刑法》第329条规定了抢夺国有档案罪,但未规定抢劫国有档案罪。如果对暴力抢劫国有档案的行为以抢夺国有档案罪论处,那么,这就属于举轻以明重的当然解释。应当指出,当然解释追求结论的合理性,但也可能不符合罪刑法定原则。如《刑法》中规定了劫持汽车、船只罪,但没有规定劫持火车罪,将劫持火车的行为解释为劫持汽车罪,这是一种当然解释,但不符合罪刑法定原则。

(4) 反对解释。反对解释是指根据刑法条文的正面表述,推导其反面意思的解释方法。如《刑法》第50条前段规定:"判处死刑缓期执行的,在死刑缓期执行期间,如果没有故意犯罪,2年期满以后,减为无期徒刑……"据此,对死刑缓期执行期间尚未满2年的死缓罪犯,不得减为无期徒刑,即属于反对解释。

思考题

1. 什么是刑法?我国刑法的特征有哪些?
2. 我国刑法的任务是什么?
3. 如何理解我国刑法的体系?

4. 简述刑法解释的分类。

5. "挪用公款归个人使用"是构成挪用公款罪的客观方面要素之一。《最高人民法院关于审理挪用公款案件具体应用法律的若干问题的解释》第 1 条第 2 款规定:"挪用公款给私有公司、私有企业使用的,属于挪用公款归个人使用。"这一解释属于哪种刑法解释?

第二章

刑法的基本原则

学习目标与工作任务

通过本章的学习，了解刑法基本原则的概念和特点，识记刑法基本原则的种类；掌握罪刑法定原则、适用刑法人人平等原则和罪责刑相适应原则的基本含义和基本要求；了解上述三个原则的立法体现，懂得如何贯彻落实刑法的基本原则。能够运用各个刑法基本原则分析定罪、量刑中的问题。

导入案例

2000年2月13~14日，江西省南昌市中级人民法院开庭公开审理江西省原副省长胡某清受贿、行贿、巨额财产来源不明案。2月15日，南昌市中级人民法院一审判处胡某清死刑，剥夺政治权利终身，并处没收财产，追缴非法所得。2000年3月8日，胡某清在江西南昌被执行死刑。

问：胡某清被判处死刑，主要体现了哪项刑法基本原则？

教学内容

第一节 刑法基本原则概述

一、刑法基本原则的概念

刑法基本原则，是指贯穿于全部刑法规范始终、体现我国刑事法治基本精神、指导与制约全部刑事立法和刑事司法活动的基本准则。罪刑法定原则、适用刑法人人平等原则和罪责刑相适应原则是我国立法机关所规定的刑法基本原则。刑法基本原则具有以下特点，这也是界定刑法基本原则的标准。

首先，必须是贯穿于全部刑法规范始终，具有全局性、根本性意义的原则。刑法的制定和修订，就是要解决犯罪、刑事责任与刑罚以及相关问题，为刑事司法解决定罪、量刑问题提供法律依据，因此必须规定出各种不同的法律原则，在刑事司法中也要遵守这些原则。但是，并非每一个原则都能够成为刑法的基本原则。例如，我国刑法中规定的未成年人和老年人犯罪从宽处罚的原则、数罪并罚的原则等，虽然都是刑法中不可缺少的重要原则，但都只是刑法中的局部性原则。因为这些原则仅仅适用于处理某些问题或某些案件，不具有全局性的指导意义，因而不能作为刑法的基本原则。只有贯穿于全部刑法，具有全局性、根本性价值的刑法原则才能成为刑法基本原则。

其次，必须是具有指导与制约全部刑事立法和刑事司法意义的原则。这包括：①刑法基本原则应当是刑事立法必须严格遵循的准则。从宏观上看，刑法基本原则是制定和修正刑法的理论支点。从微观上看，具体刑法规范的设置也要接受刑法基本原则的制约，体现刑法基本原则。哪些危害社会的行为应当规定为犯罪，如何科学设定罪与刑的比例关系，都应当在刑法基本原则的指导下进行，不能任意突破。例如，贪污罪与盗窃罪，虽然基本上都是数额犯，但贪污行为的社会危害性一般要大于盗窃行为，不能因为贪污罪的主体是国家工作人员，就配置轻于盗窃罪的法定刑。②刑法基本原则必须是对所有的刑事司法活动具有直接指导意义的准则。例如，罪刑法定原则由于是司法机关认定任何犯罪嫌疑人（成年人、未成年人）的任何危害行为是否构成犯罪都必须遵循的原则，所以它是刑法基本原则之一。③刑法基本原则是立法机关和"两高"进行刑法解释时应当严格遵循的准则。

最后，必须能体现我国刑事法治的基本精神。我国刑事法治的基本精神是坚持法治，摒弃人治；坚持平等、公正，反对特权、徇私。只有体现刑事法治基本精神的刑法原则才能成为我国刑法的基本原则。我国刑法所确立的三个基本原则均集中体现了现代刑事法治的基本精神。

二、刑法基本原则的意义

刑法基本原则的法定化，对刑事立法和刑事司法具有巨大的指导意义。具体而言，主要有以下几方面的意义：

1. 有利于促进刑法立法更加科学和完备。将罪刑法定等确立为刑法基本原则，立法者就会自觉接受这些基本原则的指导和制约，在立法时深入调查研究，认真分析对哪些危害行为应规定为犯罪，对每一犯罪应配置何种法定刑才适当，等等，从而确保所立之法对犯罪和刑罚的规定更加明确具体，内容更加完备，罪刑关系更加协调。

2. 有利于促进刑事司法的完善，确保刑事司法的公正。在刑事司法工作中，大力贯彻刑法基本原则，无疑有利于规范司法机关的刑事司法活动，强化司法工作人员的刑事司法理念，树立严格依法定罪量刑的法治意识，反对特权和徇私舞弊，实现刑法适用的公正性。

3. 有利于积极同犯罪作斗争，切实保障公民的合法权益。罪刑的法定化、明确化、具体化，既有利于公民树立法治观念，增强同犯罪分子作斗争的勇气，又有利于广大公民增强自我保护意识，拒绝司法机关的不正当追究；既有利于加强司法工作人员惩治犯罪的信念，又有利于避免国家刑罚权被滥用，杜绝法外制裁和任意扩大犯罪人的刑事责任的现象。

第二节 罪刑法定原则

一、罪刑法定原则的基本含义

我国《刑法》第3条规定："法律明文规定为犯罪行为的，依照法律定罪处刑；法律没有明文规定为犯罪行为的，不得定罪处刑。"据此，罪刑法定原则是指定罪量刑必须以现行刑法的明文规定为准，对于现行刑法没有明文规定为犯罪的行为，即使具有严重的社会危害性，也不得定罪处刑。其简明的表达形式就是两句著名的格言："法无明文规定不为罪""法无明文规定不处罚"。

罪刑法定原则的思想基础是民主主义和人权主义（详见本章后面的"延伸阅读"内容）。

二、罪刑法定原则的基本要求

罪刑法定原则的内涵相当丰富，包含着多项基本要求。具体来说，主要有以下方面的基本要求：

1. 排斥习惯法。就是说，规定犯罪及其法律后果的法律必须是立法机关制定的成文法，对于刑法上没有明文规定的行为，不允许通过适用习惯法予以定罪处刑。而且，罪刑法定原则中的"法"是专指国家立法机关制定的法。

2. 排斥绝对不定期刑。即禁止对被告人适用不确定具体刑期（幅度）的宣告刑。绝对不定期刑会导致法官的自由裁量权极大，不利于保障人权，因此，刑法应对每一种具体犯罪规定明确的刑种和刑期。

3. 禁止重法溯及既往。亦称排斥事后法，即定罪量刑的依据只能是行为当时有效之法律，禁止根据行为后开始实施的法律来定罪处刑。但是，由于罪刑法定原则的根本宗旨是保障人权和自由，故又允许有例外，即如果适用事后法比适用行为时法对行为人更有利，则应当适用事后法。

4. 禁止类推定罪。即禁止对刑法分则没有明文规定为犯罪的行为比照类似的刑法分则条文规定来定罪判刑。类推定罪导致法官集立法权与司法权于一身，违背了罪刑法定的理论基础。

5. 罪刑法定化和实定化。即犯罪和刑罚必须由法律事先予以明确规定，不允许法官的擅断；对构成犯罪的行为和犯罪的具体法律后果，刑法应当作出实体性的规定。

6. 罪刑明确化。即刑法的条文必须文字表达确切、意思清楚。否则，就无法实现法律的指引功能，无法让公民形成对未来的合理预期。

7. 合理性原则。即在处罚范围上，只能将值得科处刑罚的行为规定为犯罪；在处罚程度上，必须适应现阶段一般人的价值观念，禁止不均衡的、残虐的刑罚。

一般认为，排斥习惯法、排斥绝对不定期刑、禁止重法溯及既往、禁止类推定罪是罪刑法定原则的派生原则。

三、罪刑法定原则的立法体现和司法适用

（一）罪刑法定原则的立法体现

《刑法》第3条明文规定了罪刑法定原则，相应的，罪刑法定原则的价值内涵和基本要求也在刑法中得到了全面、系统的体现。

1. 取消了1979年刑法规定的类推定罪制度。我国1979年《刑法》第79条规定："本法分则没有明文规定的犯罪，可以比照本法分则最相类似的条文定罪判刑，但是应当报请最高人民法院核准。"实行类推定罪，不仅有可能导致国家刑罚权的滥用，而且直接违背了罪刑法定原则，因此立法机关在修订刑法时将其废除，从而为罪刑法定原则的全面贯彻扫除了障碍。

2. 重申了1979年《刑法》在刑法溯及力问题上采取的从旧兼从轻原则，纠正了过去一些单行刑法中所出现的偏离从旧兼从轻原则的倾向。

3. 实现了犯罪的法定化和刑罚的法定化。犯罪的法定化表现在：刑法总则明确规定了犯罪的概念和犯罪构成的共同要件，刑法分则明确规定了每个具体犯罪的构成要件。刑罚的法定化表现在：明确规定了刑罚的种类、量刑原则和各种刑罚制度，以及各种具体犯罪的法定刑。

4. 罪名体系已经相当完备。具体来说，刑法分则的条文由1979年《刑法》中的103条增加到350条，罪名数量由1979年的130个增加到415个。由于立法机关先后颁布了一个决定和11个刑法修正案，目前刑法中的罪名也随之增至为483个。

5. 在具体罪状以及各种犯罪的法定刑设置方面增强了可操作性。经修订的刑法充分注意了罪刑法定原则的基本要求，在罪状的描述方式上，大量使用叙明罪状；在法定刑设置方面，

注重量刑情节的具体化，如对抢劫罪列举了在八种情形下法定刑升格。

（二）罪刑法定原则的司法适用

在刑事司法活动中贯彻执行罪刑法定原则，必须注意以下一些问题：

1. 依法正确认定犯罪和裁量刑罚。司法机关必须坚持以事实为根据、以法律为准绳的原则，强化法律至上的观念，认真把握犯罪的本质特征和犯罪构成要件，严格区分罪与非罪、此罪与彼罪、重罪与轻罪的界限，做到定罪准确，于法有据，不枉不纵。同时，在量刑时必须严格依照具体犯罪的法定刑和法定量刑情节来进行，并严格遵照刑法规定的各种量刑制度。

2. 正确进行司法解释。司法解释是沟通立法与司法的桥梁，对于刑法适用具有重要意义。但是，司法解释是有限度的，司法解释必须忠实于罪刑法定原则，符合刑法目的，而不能违背立法原意和立法解释，更不能以司法解释来代替刑事立法。

3. 依法执行刑罚。行刑机关在执行刑罚时，必须严格按照生效裁判所确定的刑罚种类或刑期长短进行，未经法定程序，不得擅自变更刑种或刑期。在提出减刑或假释建议时，也必须严格遵守刑法的规定。

第三节　适用刑法人人平等原则

一、适用刑法人人平等原则的基本含义

我国《刑法》第4条规定了适用刑法人人平等原则，即"对任何人犯罪，在适用法律上一律平等。不允许任何人有超越法律的特权。"这一原则实际上是我国宪法所确立的法律面前人人平等原则在刑法领域的具体体现。

适用刑法人人平等原则的基本含义是：任何人犯罪，都应当受到刑法的追究；对一切犯罪行为，不论犯罪人的家庭出身、社会地位、职业性质、财产状况、政治面貌、才能业绩等如何，都应当一律平等地适用刑法，在定罪、量刑和行刑时一视同仁，绝不允许任何人有超越法律的特权。

二、适用刑法人人平等原则的基本要求

1. 对刑法所保护的合法权益予以平等的保护，即保护合法权益一律平等。就被害人而言，任何人受到犯罪侵害，都应当通过依法追究犯罪以保护被害人权益；不同被害人的同样权益，应当受到刑法的同等保护。同样，对犯罪嫌疑人、被告人、被行刑人应享有的合法权益也应当予以平等保护。不能因为他们之间在社会地位、家庭出身、财产状况等方面存在差别而影响刑法的公正适用。

2. 对于实施犯罪的任何人，都必须严格依照法律认定犯罪，做到定罪一律平等。具体说，就是司法机关对任何犯罪人，不论其身份、地位、财产状况、才能业绩等如何，都应当以犯罪事实为根据，以刑法规定为准绳，一律平等对待，在罪与非罪问题上适用相同的法律标准进行衡量，对犯相同罪行的人应当定同样的罪名，不得因人而异。不得因为被告人地位高、贡献大而使其逍遥法外或者将重罪定为轻罪，也不能因为被告人是普通公民而妄加追究、任意定罪。

3. 对于任何犯罪人，都必须依据其犯罪事实与法律规定量刑，做到量刑一律平等。具体说，就是对犯相同之罪且犯罪情节相同的，应当适用相同的量刑标准进行处罚，做到同罪同罚。当然，同罪同罚并不意味着只要是同一性质的犯罪就判处完全相同的刑罚。虽然触犯的罪名相同，但由于犯罪情节不相同，从而出现同罪不同罚的情况，这是合理和正常的，并不违背量刑平等原则，而且是罪责刑相适应原则的具体体现。因为对任何犯罪人来说，都有一个具体

情况具体分析、针对不同情节实行区别对待的问题。但是，如果考虑某人权势大、地位高、财产多等而导致同罪不同罚，就等于承认某人享有超越法律的特权，从而违背了量刑平等原则。

4. 对于被判处刑罚的任何人，都必须严格按照法律的规定执行刑罚，做到行刑一律平等。在执行刑罚时，对于所有的受刑人应当平等对待，凡罪行相同、主观恶性相同的，刑罚处遇也应当相同，不能考虑权势地位、富裕程度使一部分受刑人搞特殊，对另一部分受刑人则加以歧视。例如，凡符合法定的减刑、假释条件的犯罪分子，应当平等地享有被减刑或假释的机会。

本章的导入案例中，胡某清身为国家的高级干部，利用职权，收受贿赂、实施行贿行为等，已经构成犯罪，应当依法受到法律的严厉制裁。任何公民都不享有法律以外的特权，人民法院并不考虑胡某清是高级干部，位高权重，而不予法律追究或者从轻处罚，而是依法对其判处死刑。该案的判决，一方面坚持了适用刑法人人平等的原则，另一方面也破除了一些人的错误观念。

三、适用刑法人人平等原则的立法体现和司法适用

（一）适用刑法人人平等原则的立法体现

首先，刑法总则的许多规定都体现了该原则。如《刑法》第6条明确规定了刑法的空间效力，表明无论是中国人还是外国人，只要在我国领域内犯罪，除法律有特别规定的以外，在适用我国刑法上一律平等。其次，刑法分则的规定也体现了该原则。如刑法将原来的破坏集体生产罪修正为破坏生产经营罪，在保留贪污罪罪名的基础上设立了职务侵占罪，这都表明我国刑法平等地保护社会主义市场经济条件下的各种经济成分，体现了平等的实质精神。再如，《刑法》第247条和第248条规定，司法工作人员对犯罪嫌疑人、被告人刑讯逼供致人伤残、死亡的，监管人员殴打、体罚虐待被监管人致人伤残、死亡的，以故意伤害罪、故意杀人罪从重处罚，同样体现了我国刑法平等保护一切公民和惩罚一切犯罪行为的精神。

（二）适用刑法人人平等原则的司法适用

适用刑法人人平等原则体现在立法与司法两个方面，但最为关键的则是刑事司法活动中必须切实贯彻这一原则。这就要求司法机关和司法工作人员强化司法公正观念和平等观念，切实坚持刑事司法公正，反对形形色色的特权思想和现象，抵制任何超越法律的特权做法。只有这样，才能做到定罪平等、量刑平等和行刑平等，真正实现刑法面前人人平等原则。

第四节　罪责刑相适应原则

一、罪责刑相适应原则的基本含义

罪责刑相适应原则，是指立法机关在设置罪刑关系时和人民法院在具体量刑时，既要考虑罪行的轻重，也要考虑到刑事责任的大小，做到重罪重罚，轻罪轻罚，罪刑相称，罚当其罪。

我国《刑法》第5条规定："刑罚的轻重，应当与犯罪分子所犯罪行和承担的刑事责任相适应"。这一规定说明，刑罚的轻重并不单纯只是与犯罪分子所犯的罪行相适应，还应当与犯罪分子所承担的刑事责任相适应，也即在犯罪与刑罚之间以刑事责任为中介并通过这个中介来调整罪刑关系。这就是说，应当以客观行为的侵犯性与主观意识的罪过性相结合所体现出的犯罪社会危害程度，作为衡量罪重罪轻的标准；以罪的轻重和犯罪人再次犯罪的危险程度，作为刑罚的尺度。罪责刑相适应原则的具体要求包括以下三个方面：

1. 刑罚应当与犯罪性质相适应。犯罪性质不同，往往反映出的社会危害性程度也不一样，所以立法者所配置的法定刑轻重也不同。

2. 刑罚应当与犯罪情节相适应。犯罪情节是指犯罪构成基本事实以外的其他能够影响社会危害程度的各种具体事实情况。同一犯罪性质，如果犯罪情节不同，其社会危害性就有所不同，因而，不仅立法者所配置的法定刑轻重不同，而且人民法院量刑的轻重也不同。

3. 刑罚应当与犯罪人的人身危险性相适应，力求刑罚个别化。这里的"人身危险性"是指犯罪人具有的虽然不直接反映其犯罪的社会危害程度，但可以说明其对社会潜在危险程度的性格，即犯罪人再次实施犯罪危害社会的可能性。所谓"刑罚个别化"，一般理解为以预防犯罪为出发点，根据犯罪人的人身危险性大小决定刑罚的适用。

二、罪责刑相适应原则的立法体现和司法适用

（一）罪责刑相适应原则的立法体现

立法者除在《刑法》第5条明文规定了罪责刑相适应原则外，还注重对各种犯罪的社会危害程度的宏观预测和遏制手段进行总体设计，确定了合理的刑罚体系、刑罚制度和法定刑，使罪责刑相适应原则的价值内涵和基本要求在刑法中得到了全面的体现。具体表现在：

1. 确立了科学严密的刑罚体系。我国刑法总则所确立的刑罚体系是由各种刑罚方法构成的，各种主刑和附加刑按轻重次序排列。各种刑罚方法既相互区别又相互衔接，能够根据犯罪的不同情况灵活地运用，从而为司法实践中落实罪责刑相适应原则奠定了基础。

2. 规定了区别对待的处罚原则与制度。我国刑法根据各种犯罪行为的社会危害性和行为人的人身危险性大小，规定了轻重有别的处罚原则。例如，对于防卫过当、避险过当而构成犯罪者，应当减轻或者免除处罚；对于未遂犯，可以比照既遂犯从轻或者减轻处罚等。此外，还根据刑罚个别化的要求，规定了一系列的刑罚裁量与执行制度，如累犯、自首、缓刑、减刑和假释制度等。这些方面的规定无疑为罪责刑相适应原则的实现提供了具体的操作标准。

3. 设置了轻重不同的量刑幅度。我国刑法为各种具体犯罪配置了可以分割、能够伸缩、幅度较大的法定刑，其中对不少犯罪配置有两个或两个以上的量刑幅度。这种灵活的量刑幅度，使得人民法院可以根据犯罪的性质、罪行的轻重、主观恶性的深浅，对犯罪人判处适当的刑罚。

（二）罪责刑相适应原则的司法适用

根据罪责刑相适应原则的基本要求，结合我国司法实践，实现罪责刑相适应原则，要解决好以下问题：

1. 应当将量刑与定罪置于同等重要位置。定罪正确，量刑适当，是罪责刑相适应原则的基本要求，是衡量刑事审判工作质量好坏的不可分割的统一标准，审判人员必须予以高度重视，应纠正长期存在的重定罪而轻量刑的错误倾向。

2. 应当强化量刑公正的司法理念。目前，少数法院或法官还崇尚重刑，认为刑罚愈重就愈能有效地遏制犯罪。重刑主义是一种不合时宜的没落思想，与罪责刑相适应原则背道而驰。不纠正重刑主义的错误思想，罪责刑相适应原则就难以全面贯彻。因此，我们必须排除重刑主义的干扰，强化量刑公正的司法理念，切实做到重罪重判，轻罪轻判，罚当其罪，实现刑与罪的均衡协调。

3. 应当力求实现刑事司法的平衡和协调统一。对同样的犯罪处罚基本相同，这是刑法公正的要求与体现。但是，我国司法实践中还存在着量刑过于悬殊的问题，不同法院对犯罪性质相同、犯罪情节基本相同的案件判处的刑罚差别较大。要纠正这种现象，除进一步完善刑事立法外，还必须采取各方面的有效措施，如加强刑事司法解释，制定量刑指南，系统编辑具有法律效力的刑事审判案例，提高法官专业素质等。

4. 应当合理地运用减刑、假释等制度。在执行刑罚过程中，应当重视刑罚执行的个别化，根据犯罪人的具体情况以及犯罪人的人身危险程度的消长变化情况，合理地运用减刑、假释等制度。

思考题

1. 如何理解刑法的基本原则？
2. 试论罪刑法定原则及其贯彻执行。
3. 适用刑法人人平等原则的基本含义和基本要求是什么？
4. 简述罪责刑相适应原则的基本要求及其立法体现。
5. 关于罪刑法定原则，下列各种说法是否正确？①罪刑法定原则的思想基础之一是民主主义，而习惯法最能反映民意，所以，将习惯法作为刑法的渊源并不违反罪刑法定原则；②罪刑法定原则中的"法"，不仅包括国家立法机关制定的法，而且包括国家最高行政机关制定的法；③罪刑法定原则禁止不利于行为人的溯及既往，但允许有利于行为人的溯及既往；④刑法分则的部分条文对犯罪的状况不作具体描述，只是表述该罪的罪名，这种立法体例违反罪刑法定原则。
6. 我国刑法的三项基本原则和内容是什么？

实务训练

[案例1] 2018年春节过后，朱某想外出打工，妻子桂芹非常支持。朱某打工的头几个月还常给家里打电话、寄钱，后来就断了联系，活不见人死不见尸。此间，村民孔某经常去帮桂芹干些重活，这使桂芹深受感动。逐渐地两人有了感情，并多次发生不正当性关系。公婆知道桂芹出轨一事后，说通奸是犯罪，要去告发他们，让法院判他们的刑。

[问题] 请运用相关刑法基本原则分析桂芹公婆的说法是否正确？

[案例2] 2013年5月13日晚，杨某和韩某于深夜到某公司总经理办公室行窃，共窃得了价值3万元的财物，销赃所得赃款二人平分。但杨某在行窃中瞒着韩某，偷偷地把一个价值0.8万元的手表装入兜中，据为己有。案发后，一审法院认定杨某和韩某的行为构成盗窃罪，遂判处杨某有期徒刑4年，判处韩某有期徒刑3年。杨某不服，认为对其所判的刑罚偏重，提起上诉。二审法院经审理后，判决驳回上诉，维持原判。

[问题] 法院对杨某和韩某的判决体现了哪一项刑法基本原则？

延伸阅读

阅读资料1：罪刑法定原则的起源与发展

罪刑法定的思想渊源，一般认为，最早可以追溯到1215年英王约翰所签署的《大宪章》，其第39条规定："对于任何自由人，除经其贵族依法判决或遵照国内法律之规定外，不得加以扣留、监禁、没收其财产、剥夺其法律保护权，或加以放逐、伤害、搜索或逮捕。"该规定蕴含着罪刑法定、保障人权的思想。到了17、18世纪，欧洲大陆启蒙思想家针对封建刑法中罪刑擅断、践踏人权的黑暗现实，更加明确地提出了罪刑法定的主张，并以"三权分立说"和"心理强制说"作为其理论基础，使罪刑法定的思想更加系统，内容更加丰富。正如刑事古典学派创始人贝卡利亚所指出的："只有法律才能为犯罪规定刑罚。只有代表根据社会契约而联合起来的整个社会的立法者才拥有这一权威。任何司法官员（他是社会的一部分）都不能自命公正地对该社会的另一成员科处刑罚。超越法律限度的刑罚就不再是一种正义的刑罚。"[1]

罪刑法定从学说到法律的转变，是在资产阶级革命取得胜利后完成的。1789年法国《人权宣言》第5条规定："法律仅有权禁止有害于社会的行为。凡未经法律禁止的行为即不得受到妨碍。而且任何人都不得被迫从事法律所未规定的行为。"第8条规定："法律只应规定确实需要和显然不可少的刑罚，而且除非根据在犯法前已制定和公布的且系依法施行的法律，不得处罚任何人。"在此规定指导下，1810年的《法国刑法典》首次以刑事立法的形式明确规定了罪刑法定原则，其第4条规定："没有在犯罪行为时已明文规定刑罚的法律，对任何人不得处以违警罪、轻罪或重罪。"这是最早在刑法典中规定罪刑法定原则的条文，它的历史进步意义在于使罪刑法定原则从宪法中的宣言式规定变为刑法中的实体性规定。受法国1810年刑法典的影响，欧洲大陆法系国家相继仿效，并影响到欧洲以外的一些国家的刑法立法。中国清朝末年（1910年）颁布的《钦定大清刑律》第10条规定："法律无正条者，不问何种行为，不为罪。"由于罪刑法定原则符合现代民主与法治的发展趋势，至今已成为世界各国刑法中最普遍、最重要的一项原则，被喻为现代刑事法制的基石。

总的来说，罪刑法定原则产生的思想渊源是"三权分立学说"与"心理强制说"。心理强制说以人是理性动物、又有自私特性为基点。其基本内容是，具有理性的人都有就愉快避痛苦、计较利害轻重的本性，人在实施犯罪行为前，总要考虑实施该犯罪行为将会获得多大的物质与精神上的利益（愉快），不实施该犯罪行为会带来多大的不利（也是一种痛苦），同时要考虑自己会因实施该犯罪行为而受到多大的刑罚处罚（痛苦）。如果人们认为不实施犯罪行为而造成的痛苦大于因实施犯罪行为所带来受刑罚处罚的痛苦，那么，他就认为实施犯罪行为"合算"，于是实施犯罪行为；反之，如果人们认为不实施犯罪行为所造成的痛苦小于因实施犯罪行为所带来受刑罚处罚的痛苦，那么，他就认为不实施犯罪行为"合算"，他就不实施犯罪行为。[2]

但是，罪刑法定原则的思想基础则是民主主义和人权主义。民主主义要求，国家的重大事务应由人民自己决定，各种法律应由人民自己制定。刑法的处罚范围与程度直接关系着每一个人的生命、身体、自由、财产与名誉，属于特别重大的事项，所以应当由人民决定什么行为是犯罪、对犯罪处以何种刑罚，具体表现为由人民群众选举产生的立法机关来决定。人权主义要求，为了既不妨害公民的权利与自由，又不至于使公民滥用权利与自由，就必须使得公民能够事先预测自己行为的性质和后果，以便他们能够选择无害于自己和社会的行为，故国家应当事先对什么是犯罪、如何处罚犯罪作出明文规定。

阅读资料2：罪责刑相适应原则的起源与发展

罪责刑相适应原则，是从传统的罪刑相适应原则发展而来的。罪刑相适应的观念，最早可以追溯到原始社会的同态复仇和奴隶社会的等量报复。"以眼还眼，以牙还牙""以血洗血""一报还一报""杀人偿命""体者以体偿，肢者以肢偿"，都是罪刑相适应思想最原始、最粗俗的表现形式。而作为刑法的一项基本原则，罪刑相适应则是由18世纪启蒙思想家首先提出来的。资产阶级早期刑法思想家们接受早就存在的罪刑相适应的朴素思想，并赋予它以新时代的内容。孟德斯鸠指出："惩罚应有程度之分，按罪大小，定惩罚轻重。"[3] 贝卡利亚在其传世

---

[1] [意]贝卡利亚：《论犯罪与刑罚》，黄风译，中国法制出版社2005年版，第13页。
[2] 张明楷：《刑法格言的展开》，法律出版社2003年版，第20页。
[3] [法]孟德斯鸠：《波斯人信札》，罗大冈译，人民文学出版社1958年版，第140页。

之作《论犯罪与刑罚》一书中指出:"犯罪对公共利益的危害越大,促使人们犯罪的力量越强,制止人们犯罪的手段就应该越强有力。这就需要刑罚与犯罪相对称。"[1] 资产阶级革命胜利后,孟德斯鸠与贝卡利亚的这些思想为立法者所接受,罪刑相适应被奉为立法与司法的一项重要原则。罪刑相适应是适应人们朴素的公平正义意识的法律思想。但是,由于这项原则机械地强调刑罚与犯罪客观危害相适应,因而随着行为人中心论和人身危险性论的出现,它受到了一定程度的挑战。从当今世界各国的刑事立法来看,罪刑相适应原则在内容上已有所修正:既注重刑罚与犯罪行为相适应,又注重刑罚与犯罪人的主观恶性和人身危险性相适应,从而使得罪刑相适应原则发展为罪责刑相适应原则。我国《刑法》第5条关于罪责刑相适应原则的规定,反映了报应与预防相统一的刑法观念。刑罚的轻重与所犯罪行相适应体现的是报应观念;而刑罚的轻重与所承担的刑事责任相适应体现的是预防观念,要求刑罚的轻重与犯罪人的人身危险性相适应。

---

[1] [意]贝卡里亚:《论犯罪与刑罚》,黄风译,中国大百科全书出版社1993年版,第65页。

第三章

刑法的效力范围

学习目标与工作任务

通过本章的学习，明确刑法空间效力的概念和原则，掌握我国刑法中的属地管辖权、属人管辖权、保护管辖权和普遍管辖权；明确刑法溯及力的概念和原则，掌握我国刑法的溯及力原则。能够正确判断何种案件应当或者可以适用我国刑法，以及具体案件应当适用何时的法律。

导入案例

1. "红灯笼"是在法国巴黎华人圈小有名气的茶馆。2006年5月22日下午3时许（巴黎时间），"红灯笼"茶馆发生一起凶杀案，茶馆老板葛某某因胸部被枪弹击中而当场死亡，另一人诸某胸部中弹导致重伤。巴黎警方迅速展开侦查，但没有捕获犯罪嫌疑人。2007年2月2日，上海浦东机场边检民警查获一名使用假护照的男子，经查问，确定为当年"红灯笼"茶馆命案中的犯罪嫌疑人，真名林某松。上海警方随后与巴黎警方联系，使这起案件水落石出。2009年1月5日，上海市第一中级人民法院开庭审理了这起案件。[1]

问：我国人民法院对此案的审判依据是什么？

2. 赵某，某国有企业总经理。1993年5月因轻信朋友介绍，对签约对方的主体资格、履约能力及货源情况等不咨询、不调查，就指令下属与他人签订购销合同，造成国家财产被骗近130万元的重大损失。1997年5月20日上海市闵行区人民检察院以涉嫌玩忽职守罪对其立案侦查，后以签订合同失职被骗罪起诉到法院。1997年11月人民法院开庭审理，并作出判决：被告人赵某犯签订合同失职被骗罪，判处有期徒刑2年，缓刑2年。[2]

问：根据刑法时间效力的规定，本案的法律适用正确吗？

教学内容

刑法的效力范围，亦称刑法的适用范围，是指刑法在什么地方、对什么人和在什么时间内具有约束、管辖的效力。它不仅涉及到国家的主权，而且涉及到国际关系、对国家和公民利益的保护，以及新旧法律之间的关系等重大问题，因此各国刑法对刑法的效力范围都予以明确规定，我国也不例外，我国《刑法》第6~12条对刑法的效力范围作出了明确规定。刑法效力范围包括刑法的空间效力和刑法的时间效力。

---

[1] "巴黎华人林某松持枪杀人案在上海公开审理"，载中国新闻网，http://www.chinanews.com/sh/news/2009/01-05/1514858.shtml，最后访问日期：2021年1月6日。

[2] "赵某签定合同失职被骗案"，载《中华人民共和国最高人民法院公报》2001年第3期。

第一节　刑法的空间效力

一、刑法的空间效力的概念和一般原则

刑法的空间效力,是指刑法对地域和对人的效力,即刑法在什么地域、对什么人适用。它解决一个国家的刑事管辖权问题。刑事管辖权的行使事关国家主权,各国刑法都予明确规定。但是,由于各国社会政治、经济情况和历史传统的不同,在解决刑事管辖权问题上所主张的原则不尽相同。刑法的空间效力主要有以下几种处理原则:

1. 属地原则。亦称地域管辖原则,主张以地域为标准,凡是在本国领域内犯罪的,不论犯罪人是本国人还是外国人,都适用本国刑法;反之,在本国领域外犯罪的,都不适用本国刑法。

2. 属人原则。亦称国籍管辖原则,主张以人的国籍为标准,凡是本国人犯罪的,不论是在本国领域内还是在本国领域外,都适用本国刑法。

3. 保护原则。亦称自卫原则,主张以保护本国利益为标准,凡侵害本国国家或者公民利益的犯罪,不论犯罪人是本国人还是外国人,也不论犯罪地是在本国领域内还是在本国领域外,都适用本国刑法。

4. 普遍原则。亦称世界性原则,主张以保护各国共同利益为标准,凡发生国际条约所规定的侵害各国共同利益的犯罪,不论犯罪人是本国人还是外国人,也不论犯罪地是在本国领域内还是在本国领域外,都适用本国刑法。

以上各项原则,单独来看都有其正确性,但若单纯地采用某一原则,其局限性是明显的。因此世界大多数国家的刑法,一般都根据国家的实际情况和利益要求,采用以属地原则为基础、以其他原则为补充的刑事管辖权原则。即:凡在本国领域内犯罪的,一律适用本国刑法;本国人或者外国人在本国领域外犯罪的,有条件地适用本国刑法。这种折衷型的刑事管辖体制,既有利于维护国家的主权,又有利于保护国家和公民的利益。我国刑法在空间效力上也采取这种刑事管辖权原则,即以属地原则为基础,兼采属人原则、保护原则和普遍原则。

二、我国刑法的空间效力

(一) 我国刑法的属地管辖权

《刑法》第6条第1款规定:"凡在中华人民共和国领域内犯罪的,除法律有特别规定的以外,都适用本法。"这是我国对属地管辖原则的规定。

1. 关于"中华人民共和国领域"的含义。领域,亦称领土,是国家行使主权的空间。我国领域是指我国国境以内的全部空间区域,具体包括:①领陆;②领水;③领空;④我国的船舶和航空器。《刑法》第6条第2款规定:"凡是在中华人民共和国船舶或者航空器内犯罪的,也适用本法。"根据国际条约和国际惯例,船舶和航空器是一国的拟制领土。[1] 这表明,凡在具有我国国籍的船舶或者航空器内犯罪的,适用我国刑法。这里的船舶或者航空器既可以是军用的,也可以是民用的;既指航行途中,也指停泊状态;既可以是在公海或者公海上空,也可以是在其他国家的领域内。⑤我国的驻外使、领馆。根据我国承认的《维也纳外交关系公约》的规定,各国驻外大使馆、领事馆及其外交人员不受驻在国的司法管辖而受本国的司法管

---

[1] 拟制领土即国际习惯上所称的"浮动领土"。依照国际惯例,具有一国国籍的船舶或者航空器,以及一国驻外使领馆,在意识中均视同并确认为国家主权所能管辖的领域。

辖。因此，凡在我国驻外大使馆、领事馆内犯罪的，我国均有刑事管辖权。

2. 关于"在我国领域内犯罪"的确定标准。我国刑法采取的是"行为或结果择一说"。《刑法》第6条第3款规定："犯罪的行为或者结果有一项发生在中华人民共和国领域内的，就认为是在中华人民共和国领域内犯罪。"这一规定确定了在我国领域内犯罪的情况有三种：①犯罪的行为和结果都发生在我国领域内；②犯罪的行为发生在我国领域内，而犯罪的结果则发生在我国领域外；③犯罪的行为发生在我国领域外，而犯罪的结果则发生在我国领域内。不仅如此，只有一部分行为或者一部分结果发生在我国领域内的，也应认为是在我国领域内犯罪。共同犯罪的，只要共同犯罪行为有一部分（包括共同实行、教唆和帮助行为）发生在我国领域内，或者共同犯罪结果有一部分发生在我国领域内，就认为是在我国领域内犯罪。

3. 关于"法律有特别规定的"理解。在法律有特别规定的情形下，排除我国刑法的适用。"法律有特别规定"主要是指以下情形：

（1）对享有外交特权和豁免权的外国人的刑事责任的特别规定。《刑法》第11条规定："享有外交特权和豁免权的外国人的刑事责任，通过外交途径解决。"即享有外交特权和豁免权的外国人，如在我国领域内犯罪的，不适用我国的刑法和刑事诉讼法追究其刑事责任，这真正是属地管辖原则的例外。[1] "外交特权和豁免权"是指根据国际公约，在国家间互惠的基础上，为保证驻在国的外交代表机构及其工作人员正常执行职务而给予的一种特殊权利和优遇，这是按照国际惯例和国家间相互尊重、对等的原则给予的。其中，不受驻在国刑事法律的追究是司法豁免权的一项重要内容。1961年的《维也纳外交关系公约》（我国于1975年加入该公约）是关于外交特权和豁免权的基本法律文件。根据国际公约的精神，1986年9月5日通过的《中华人民共和国外交特权与豁免条例》对外国使馆和外交代表享有的外交特权与豁免权的内容作了详细规定。凡享有外交特权和豁免权的人，都不受我国刑法管辖。但是，享有外交特权与豁免权的有关人员应当承担尊重我国法律法规的义务，不得侵犯我国国家主权，违反我国法律。一旦发生违法犯罪现象，应当通过外交途径解决，一般采取要求其派遣国将其召回，或者宣布其为不受欢迎的人，令其限期离境等方式加以解决。这既维护了我国的主权和法律的尊严，又尊重了有关国家，是保证国与国之间正常外交关系所必需的。

（2）香港特别行政区基本法和澳门特别行政区基本法作出的特别规定。香港和澳门特别行政区依法享有行政管理权、立法权和独立司法权，一般情况下不实施全国性法律，即大陆地区的刑法在特别行政区没有适用的效力。这是对我国全国性刑法属地管辖权的事实限制。[2]

（3）刑法施行后，国家立法机关制定的特别刑法的规定。依照特别法优于普通法的原则，在特别刑法规定与刑法的规定产生冲突或者竞合时，应当适用特别刑法规定。

（4）民族自治地方制定的变通或者补充规定。《刑法》第90条规定："民族自治地方不能全部适用本法规定的，可以由自治区或省的人民代表大会根据当地民族的政治、经济、文化的特点和本法规定的基本原则，制定变通或者补充的规定，报请全国人民代表大会常务委员会批准施行。"变通或者补充性的规定可能排除与少数民族特殊的风俗习惯、宗教文化传统相关的部分刑法条文的适用。

（二）我国刑法的属人管辖权

属人原则是针对本国公民在本国领域外犯罪的情况，以弥补属地原则没有域外效力的缺

---

[1] 侯国云主编：《刑法》，中国政法大学出版社2007年版，第16页。
[2] 黄京平主编：《刑法》，中国人民大学出版社2011年版，第16页。

陷。《刑法》第 7 条第 1 款规定："中华人民共和国公民在中华人民共和国领域外犯本法规定之罪的，适用本法，但是按本法规定的最高刑为 3 年以下有期徒刑的，可以不予追究。"第 2 款规定："中华人民共和国国家工作人员和军人在中华人民共和国领域外犯本法规定之罪的，适用本法。"据此，刑法有关我国公民在我国领域外犯罪的刑事管辖权分为两种情况：

1. 普通公民在我国领域外犯罪的管辖原则。凡是我国公民在我国领域外犯刑法规定之罪的，不论按照犯罪地法律是否认为是犯罪，原则上都适用我国刑法。但依照刑法的规定，所犯之罪的法定最高刑为 3 年以下有期徒刑的，可以不予追究。

本章"导入案例一"中，中国公民林某某在法国巴黎实施了故意杀人行为，依照我国《刑法》第 232 条规定是应当被判处 3 年以上有期徒刑的犯罪，我国司法机关依据我国刑法追究其刑事责任是合法的。

2. 特定公民在我国领域外犯罪的管辖原则。凡是我国的国家工作人员和军人在我国领域外犯刑法规定之罪的，不论罪行轻重、法定刑高低，一律适用我国刑法。

（三）我国刑法的保护管辖权

《刑法》第 8 条规定："外国人在中华人民共和国领域外对中华人民共和国国家或者公民犯罪，而按本法规定的最低刑为 3 年以上有期徒刑的，可以适用本法，但是按照犯罪地的法律不受处罚的除外。"据此，外国人（包括外国籍人和无国籍人）在我国领域外对我国国家或者公民犯罪的，我国也有权实行管辖。不过，行使保护管辖权必须同时满足以下三个条件：①所犯之罪侵犯了我国国家或者公民的法益；②所犯之罪是按照我国刑法的规定最低刑为 3 年以上有期徒刑的重罪；③所犯之罪依照犯罪地的法律也应受到刑罚处罚。我国刑法的这一规定，既表明了坚决保护我国国家和公民在国外利益的立场，又尊重他国的主权和充分考虑到外国人在国外犯罪的情况。

（四）我国刑法的普遍管辖权

在国家主权所及范围内对国际犯罪实行管辖，是每个主权国家的权力，也是有关国际公约的缔约国的国际义务。我国已参加的惩治国际犯罪的国际公约，主要有《关于制止非法劫持航空器的公约》《关于制止危害民用航空安全的非法行为的公约》《关于防止和惩处侵害应受国际保护人员包括外交代表的罪行的公约》等。这些公约规定，各缔约国应将非法劫持航空器、危害国际民用航空安全、侵害应受国际保护人员包括外交代表等行为确立为国内法上的罪行，予以惩处；有关缔约国应采取必要措施，对任何这类罪行行使刑事管辖权，而不论犯罪人是否为其本国人，罪行是否发生在其国内。普遍管辖原则要求，每个公约的缔约国对所规定的国际犯罪实行"或引渡或起诉"的原则。当犯有国际条约规定之罪行的犯罪人在本国领域内时，各国应在承担条约义务的范围内，依照本国刑法的有关规定行使刑事管辖权。

《刑法》第 9 条规定："对于中华人民共和国缔结或者参加的国际条约所规定的罪行，中华人民共和国在所承担条约义务的范围内行使刑事管辖权的，适用本法。"这一规定确立了我国的普遍管辖原则，即对于我国缔结或者参加的国际条约所规定的罪行，不论犯罪人是中国人还是外国人，不论其罪行发生在我国领域内还是我国领域外，也不论该罪行具体侵犯的是哪一国的利益或者哪一国公民的利益，只要犯罪人在我国领域内被发现，我国在承担条约义务的范围内，如不引渡给有关国家，就应行使刑事管辖权，依照我国刑法的有关规定，对犯罪人予以刑事追究。

根据上述规定，我国行使普遍管辖权必须具备以下条件：①追诉的犯罪是我国缔结或者参加的国际条约规定的罪行；②追诉的犯罪是在我国所承担的条约义务的范围内；③对所追诉的犯罪，我国刑法有明文规定；④不具备适用其他管辖原则的条件；⑤犯罪人在我国领域内居住或者出现在我国领域内。

三、对外国刑事判决的承认

由于世界上大多数国家刑法都采取综合管辖原则，国与国之间对同一犯罪行为必然会产生管辖冲突，对此，各国通常采用的处理方式是属地原则优先。

对本国具有刑事管辖权的行为，遇到外国的确定有罪判决或者无罪判决时，又必然会存在对外国的刑事判决是否承认的问题。国际刑事司法实践中，对此大致有三种做法：[1]①认为外国法院的刑事判决可以阻止重新起诉；②对外国法院的刑事判决不予承认，均进行再次审判；③把外国法院的刑事判决和处罚作为免除或者减轻处罚的一个重要因素，就是在法律上否认外国法院有既判力，而在事实上加以承认。

《刑法》第10条规定："凡在中华人民共和国领域外犯罪，依照本法应当负刑事责任的，虽然经过外国审判，仍然可以依照本法追究，但是在外国已经受过刑罚处罚的，可以免除或者减轻处罚。"这一规定表明，对于外国刑事裁判的效力，我国采取的是上述第三种做法。作为一个主权国家，我国刑法的适用原则上不受外国审判效力的约束。外国判决在我国看来，只是一种"事实状态"，不具有合法效力。不管外国确定的是有罪判决还是无罪判决，我国对同一行为可以行使审判权。但是，对外国判决及刑罚执行的事实应当予以考虑，如果犯罪人在外国已经受过刑罚处罚，那么就可以免除或者减轻处罚。

第二节 刑法的时间效力

刑法的时间效力，是指刑法的生效时间、失效时间以及对刑法生效前所发生的行为是否具有溯及力。

一、刑法的生效时间和失效时间

（一）刑法的生效时间

关于刑法的生效时间，一般有两种规定方式：一是从公布之日起生效。例如《关于惩治骗购外汇、逃汇和非法买卖外汇的犯罪的决定》第9条规定："本决定自公布之日起施行。"二是公布后间隔一段时间才生效。这是世界上多数国家关于刑法生效时间的通行做法。如修订后的我国《刑法》于1997年3月14日公布，第452条规定："本法自1997年10月1日起施行"。

（二）刑法的失效时间

刑法终止效力的时间，通常要由立法机关作出决定。在我国，刑法的失效包括明示失效和默示失效。明示失效是指立法机关明文宣布原有法律效力终止或者废止。默示失效即自然失效，是由于新的法律的施行代替了同类内容的旧法，或者由于原来特殊的立法条件已经消失，原有法律自行废止。

二、刑法的溯及力

（一）刑法的溯及力的概念和原则

刑法的溯及力，是指刑法生效后，对其生效以前发生的未经审判或者判决尚未确定的行为是否适用的问题。如果适用就是有溯及力，如果不适用就是没有溯及力。在刑法的溯及力问题上，各国采用的原则主要有以下四种：

---

[1] 陈明华主编：《刑法学》，中国政法大学出版社1999年版，第70页。

1. 从旧原则。即新法对过去的行为一律没有溯及力,追究刑事责任完全适用行为时有效的旧法。

2. 从新原则。新法对其生效以前发生的未经审判或者判决尚未确定的行为一律适用,新法具有溯及力。

3. 从旧兼从轻原则。新法原则上没有溯及力,但当适用新法对当事人有利时,则适用新法。

4. 从新兼从轻原则。新法原则上具有溯及力,但当适用旧法对当事人有利时,则适用旧法。

上述各项原则中,从旧兼从轻原则既符合罪刑法定原则,又适应实际需要,因而为绝大多数国家所采用。

(二) 我国刑法关于溯及力的规定

罪刑法定原则禁止重法的溯及既往,但允许有利于行为人的刑法溯及既往,因此从有利于被告人的原则出发,我国在刑法溯及力上采用从旧兼从轻原则。

《刑法》第12条第1款规定:"中华人民共和国成立以后本法施行以前的行为,如果当时的法律不认为是犯罪的,适用当时的法律;如果当时的法律认为是犯罪的,依照本法总则第四章第八节的规定应当追诉的,按照当时的法律追究刑事责任,但是如果本法不认为是犯罪或者处刑较轻的,适用本法。"据此,对于1949年10月1日中华人民共和国成立至1997年9月30日期间内发生的行为,如果未经法院审判或者判决未确定,应当按不同情况分别处理:

1. 行为时的法律不认为是犯罪,而现行刑法认为是犯罪的,适用行为时的法律,即不追究刑事责任,现行刑法没有溯及力。

2. 行为时的法律认为是犯罪,而现行刑法不认为是犯罪的,适用现行刑法,即不追究刑事责任,现行刑法具有溯及力。

3. 行为时的法律与现行刑法都认为是犯罪,并且按照现行刑法总则第四章第八节的规定应当追诉的,按照行为时的法律追究刑事责任,即现行刑法没有溯及力;但是,如果现行刑法的处刑较轻的,则应适用现行刑法,现行刑法具有溯及力。

关于"处刑较轻"的认定,根据1998年1月13日《最高人民法院关于适用刑法第十二条几个问题的解释》的规定,《刑法》第12条规定的"处刑较轻",是指刑法对某种犯罪规定的刑罚即法定刑比修订前刑法轻。法定刑较轻是指法定最高刑较轻;如果法定最高刑相同,则指法定最低刑较轻。如果刑法规定的某一犯罪只有一个法定刑幅度,法定最高刑或者最低刑是指该法定刑幅度的最高刑或者最低刑;如果刑法规定的某一犯罪有两个以上的法定刑幅度,法定最高刑或者最低刑是指具体犯罪行为应当适用的法定刑幅度的最高刑或者最低刑。

本章"导入案例二"中,被告人赵某的行为发生在1997年《刑法》生效前,而对本案的起诉、审判是在1997年《刑法》生效后,这涉及起诉、审判的法律适用问题。依行为时的1979年《刑法》第187条的规定,赵某的行为构成玩忽职守罪,[1]依法应当追究其刑事责任。根据审判时的1997年《刑法》的规定,赵某作为国有公司总经理,是公司对签订、履行合同起领导、决策作用的主管人员,符合1997年《刑法》第167条签订、履行合同失职被骗罪的

---

[1] 1979年《刑法》第187条规定,国家工作人员由于玩忽职守,致使公共财产、国家和人民利益遭受重大损失的,处5年以下有期徒刑或者拘役。

构成要件。[1] 由于审判时的刑法（新法）与行为时的刑法（旧法）相比"处刑较轻"，所以人民法院适用 1997 年《刑法》处理本案是正确的。

为了维护人民法院生效判决的严肃性和稳定性，《刑法》第 12 条第 2 款规定："本法施行以前，依照当时的法律已经作出的生效判决，继续有效。"这表明，即使按照现行刑法的规定，其行为不构成犯罪或者处刑较当时的法律为轻，也不能推翻已经生效的判决。

自 1997 年《刑法》施行以来，立法机关根据犯罪发展状况，以颁布刑法修正案的方式对刑法典进行修改和补充。刑法修正案中有的法条增加了新的犯罪类型，有的法条提高或者减轻了原有犯罪的法定刑。对新增的法条和修正后的法条的适用，也应当采取有利于被告人的从旧兼从轻原则。

思考题

1. 我国刑法的属地管辖权是如何规定的？
2. 我国刑法的属人管辖权是如何规定的？
3. 我国刑法为何要规定保护管辖权和普遍管辖权？
4. 我国刑法关于溯及力是如何规定的？

实务训练

[案例 1] 某甲、某乙均系我国公民，受雇于美国的一艘轮船上工作。某年 10 月 24 日轮船停泊巴西某港口，二人在船上酗酒闹事，并且不听劝阻，杀死同船的中国公民某丙，后又抢劫了其他船员的一些财物，逃到巴西某地藏身。后被巴西警方逮捕。

[问题] 对某甲、某乙的犯罪行为，我国司法机关是否有管辖权？

[案例 2] 勒内，法国籍留美学生。某日，勒内在美国一所大学舞厅因与一中国留学生争夺舞伴，心怀不满，持刀将中国学生刺伤，造成其肝破裂死亡。[2]

[问题] 对勒内的犯罪行为我国是否有刑事管辖权？

---

[1] 1997 年《刑法》第 167 条规定，国有公司、企业、事业单位直接负责的主管人员，在签订、履行合同过程中，因严重不负责任被诈骗，致使国家利益遭受重大损失的，处 3 年以下有期徒刑或者拘役。

[2] 黄伟明主编：《刑法学总论案例教程》，北京大学出版社 2010 年版，第 32 页。

模块二 犯罪与犯罪构成要件及排除犯罪的事由

第四章

犯罪概念和犯罪构成

学习目标与工作任务

通过本章的学习,掌握我国刑法中犯罪的概念和基本特征,理解犯罪构成的概念、特点和意义,明确犯罪构成的共同要件和犯罪构成要件要素。

导入案例

严某(35周岁)和张某于10年前经邻居撮合结婚,婚后育有一女。2012年7月,严某认识了刚结婚半年的女青年小郭。随着交往的加深,两人心照不宣地搬到了一起,口头相约,只是互相照应"做个伴",但时间一长,两人越发默契,产生"白头偕老"的念想。2012年12月,张某突然探望丈夫,得知小郭的事情后,与严某大吵。严某借机提出离婚,张某不同意。2013年2月22日,严某再次因离婚问题与张某厮打起来。就在两人打斗过程中,严某脸部被张某多次撕抓,恼怒之下,严某随手拿起一个板凳向张某打去,致其头部重伤。

问:"临时夫妻"严某与小郭是否构成重婚罪?严某是否构成犯罪?

教学内容

第一节 犯罪的概念和分类

一、我国刑法中的犯罪概念

犯罪是指严重危害社会、触犯刑法、应受刑罚处罚的行为。《刑法》第13条规定:"一切危害国家主权、领土完整和安全,分裂国家、颠覆人民民主专政的政权和推翻社会主义制度,破坏社会秩序和经济秩序,侵犯国有财产或者劳动群众集体所有的财产,侵犯公民私人所有的财产,侵犯公民的人身权利、民主权利和其他权利,以及其他危害社会的行为,依照法律应当受刑罚处罚的,都是犯罪,但是情节显著轻微危害不大的,不认为是犯罪。"该规定是对我国社会中情况各异的犯罪的科学概括,是我们认定犯罪、划分罪与非罪界限的基本依据。

我国刑法中规定的犯罪应当具有以下三个基本特征:

(一)犯罪是严重危害社会的行为,即具有严重的社会危害性

所谓社会危害性,是指行为对刑法所保护的社会关系的侵犯性。社会危害性是犯罪的本质特征,对于没有社会危害性的行为,刑法没必要把它规定为犯罪,也不会对它进行处罚。某种行为虽然具有社会危害性,但是情节显著轻微危害不大的,也不认为是犯罪。例如,小偷小

摸，数额很小，不能以盗窃罪进行追究；故意损害他人身体健康仅造成轻微伤的，不构成故意伤害罪。只有当行为的社会危害性达到相当严重的程度，刑法才将其规定为犯罪。

我国《刑法》第13条揭示了犯罪的社会危害性的各个方面，主要表现在：①对于社会主义的国体、政体和国家安全的危害；②对于社会公共安全的危害；③对于社会主义市场经济秩序的危害；④对于公民人身权利、民主权利的危害；⑤对于各种财产权利的危害；⑥对于社会管理秩序的危害；⑦对于国防利益的危害；⑧对于国家廉政制度和公私财产所有权的危害；⑨对于国家机关正常活动的危害；⑩对于国家军事利益的危害。

考察行为的社会危害性，应当注意以下几个方面：

一是要透过现象把握行为的本质。例如，甲杀死了乙，这种杀人行为是否一定具有社会危害性呢？答案是"不一定"。同是一种杀人行为的现象，其实质却不一定相同。有的是对社会有危害的过失杀人，甚至是危害严重的故意杀人，而有的则是对社会有益而无害的正当防卫杀人。因此，对于这种行为必须经过调查研究，通过现象抓住本质。

二是要用历史的观点看问题。行为的社会危害性的有无及其程度并不是固定不变的，它会随着社会条件的变化以及社会发展在经济、文化及政治等方面要求的不同而不断有所变化，如贪污罪、受贿罪数额的确定。

三是要有全面的观点。社会危害性是由多种因素决定的，衡量社会危害性的大小，不能只看一种因素，而应全面综合考察各种主客观情况，具体包括：①行为所侵犯的社会关系的性质；②行为的性质、对象、方法、手段或其他相关情节；③行为是否造成危害后果、危害后果的大小或者是否可能造成严重危害后果；或者数额是否较大、巨大或者数量是否大、是否较大；④行为人本身的情况，主要考察行为人的年龄、刑事责任能力以及是否具有首要分子、直接责任人员、领导者等特定身份；⑤行为人主观方面的情况，如是否明知、故意、过失、有无特定犯罪目的；⑥情节是否严重、恶劣；⑦行为实施的时间、地点、社会形势等。

（二）犯罪是触犯刑律的行为，即具有刑事违法性

刑事违法性即犯罪行为是违反刑法的行为，是为刑法所禁止的行为。刑事违法性是犯罪的法律特征，它表现为两种情况：①直接违反刑法规范；②违反其他法律规范，但因情节严重进而违反了刑法规范。单纯违反其他法律而没有违反刑法的行为，不具有刑事违法性，这是犯罪与一般违法行为的基本界限。例如，卖淫、嫖娼是一般违法行为，如果嫖宿不满14岁的幼女或者明知自己有性病而卖淫、嫖娼的，则是违反刑法的行为。

刑事违法性与社会危害性具有统一性。刑法之所以将某种行为规定为犯罪，是因为该行为具有严重的社会危害性，故严重的社会危害性是刑事违法性的前提和基础，刑事违法性是严重的社会危害性的法律表现。刑事违法性体现了罪刑法定原则的基本要求，是司法机关认定犯罪的法律标准。

（三）犯罪是应受刑罚处罚的行为，即具有应受刑罚处罚性

应受刑罚处罚性是犯罪的必要特征，也是犯罪的法律特征，是犯罪同其他违法行为相区别的重要标志。刑罚是对犯罪行为社会危害性程度的一种评价，在通常情况下，刑罚重的说明社会危害性较大，刑罚轻的则说明社会危害性较小。对违反党纪、政纪的行为，只能给予党纪、政纪处分；而对违反民法、行政法的违法行为等，只能给予民事、行政制裁。只有犯罪行为才具有应受刑罚处罚的属性。

应受刑罚处罚与"犯罪必须受到刑罚处罚"是两个并不完全等同的概念，不能混为一谈。因为犯罪行为形形色色，同一种犯罪也可能存在不同情节，故刑法规定了构成犯罪而免予刑罚

处罚的情形，司法实践中也存在认定某种行为构成犯罪而不判处刑罚的情况。免予刑罚处罚，是指行为人的行为已经构成了犯罪，本应予以惩罚，但考虑到具体情况如犯罪情节轻微、属于防卫过当等，从而不予刑罚处罚。免予刑罚处罚是以应受刑罚处罚为前提的。

本章导入案例中，严某和小郭均已组建家庭，当"临时夫妻"触碰传统婚姻这一底线时，问题和矛盾便产生了。对此，严某采取了不理智的举措，用凳子将妻子打成重伤，其行为构成了故意伤害罪。"临时夫妻"虽伤风败俗，又有违法律，但严某和小郭的行为不构成重婚罪，主要是因为他们并没有以夫妻名义持续、稳定地共同居住。

二、犯罪的分类

（一）犯罪的理论分类

1. 重罪与轻罪。以法定刑为标准，将犯罪分为重罪和轻罪。我国刑法中没有明确规定重罪与轻罪，但司法实践中，一般主张法定最低刑为3年以上有期徒刑的犯罪为重罪，法定最高刑为3年以下有期徒刑的犯罪为轻罪。

2. 自然犯与法定犯。自然犯又称刑事犯，是指违反公序良俗和人类伦理，由刑法所规定的传统性犯罪。如故意杀人、抢劫、强奸、放火等犯罪，其行为本身就自然蕴涵着犯罪性，人们根据一般的伦理观念即可对此行为作出有罪评价。法定犯又称行政犯，是指违反行政法规中的禁止性规范，并由行政法规中的刑事法律规范所规定的犯罪，如由行政、经济法规的罚则所规定的职务犯罪、经济犯罪等。从犯罪人的主观恶性程度来看，自然犯较之于法定犯严重得多。在违法性问题上，由于行政法规会因为国家管理目标的改变而时常发生变化，因此，法定犯又经常处于变动之中，缺乏像自然犯那样的稳定性，其社会危害性的变易性较大。

3. 隔隙犯与非隔隙犯。隔隙犯，是指实行行为与犯罪结果之间存在时间、场所间隔的犯罪。非隔隙犯，是指实行行为与犯罪结果之间没有时间、场所间隔的犯罪，如抢劫罪等。此类划分有助于刑事管辖权的认定。

4. 实害犯与危险犯。实害犯，是指以出现法定的危害结果为构成要件的犯罪，如故意伤害罪、过失损坏交通工具罪、交通肇事罪等。危险犯，是指以实施危害行为并出现某种法定危险状态为构成要件的犯罪，如放火罪、破坏交通工具罪等。

除了上述分类以外，刑法学理论还对犯罪进行了其他一些分类，比如以犯罪次数或其他法定条件为标准，可以分为初犯、累犯、再犯；以犯罪人的犯罪特性为标准，可以分为常业犯、常习犯、普通犯等。

（二）犯罪的法定分类

1. 国事犯罪与普通犯罪。国事犯罪是指危害国家安全的犯罪。普通犯罪是除危害国家安全犯罪以外的犯罪。我国刑法分则规定了十类犯罪，其中第一章所规定的"危害国家安全罪"属于国事犯罪，第二章至第十章共九类犯罪统称为普通犯罪。

2. 亲告罪与非亲告罪。亲告罪是指告诉才处理的犯罪。根据《刑法》第98条的规定，告诉才处理是指被害人告诉才处理，如果被害人因受强制、威吓无法告诉的，人民检察院和被害人的近亲属也可以告诉。告诉才处理的犯罪，必须以刑法的明文规定为限。刑法没有明文规定为告诉才处理的犯罪，均属于非亲告罪（公诉罪），即不问被害人是否告诉、是否同意起诉，人民检察院均应提起公诉的犯罪。我国刑法中绝大多数犯罪为非亲告罪，少数犯罪为亲告罪，包括侵占罪、侮辱罪、诽谤罪、暴力干涉婚姻自由罪、虐待罪。除侵占罪外，其他四个犯罪在特定情形下会成为公诉罪。

3. 基本犯、减轻犯与加重犯。基本犯是指刑法分则条文规定的不具有法定加重或者减轻情节的犯罪。减轻犯是指刑法分则条文以基本犯罪为基础规定了减轻情节与较轻法定刑的犯罪，如行贿人在被追诉前主动交代行贿行为的，可以减轻处罚或者免除处罚。加重犯是指刑法分则条文以基本犯为基础规定了加重情节与较重法定刑的犯罪，其中又可以分为结果加重犯与情节加重犯。

4. 身份犯与非身份犯（详见本书第七章第二节内容）。

第二节　犯罪构成

一、犯罪构成的概念和特征

（一）犯罪构成的概念

犯罪构成是认定犯罪的具体法律标准。我国刑法中的犯罪构成，是指刑法规定的，决定某一行为的社会危害性及其程度，而为该行为成立犯罪所必需具备的一切客观要件与主观要件的有机整体。简单地说，犯罪构成就是构成犯罪的法定规格和标准。犯罪概念是划分罪与非罪界限的总标准，但如果要正确解决罪与非罪的界限，还需要将这个标准具体化，即运用犯罪构成这个具体标准。

（二）犯罪构成的特征

1. 犯罪构成的法定性。我国刑法中虽然没有出现"犯罪构成"这一术语，但对犯罪构成的条件是有具体规定的，这也是罪刑法定原则的要求。在我国，刑法总则与分则作为有机整体规定了犯罪构成，总则规定了一切犯罪的构成所必须具备的要件，分则规定了具体犯罪的成立所特别需要具备的要件。行为符合犯罪构成就表明该行为具有刑事违法性。

2. 犯罪构成的主客观统一性。犯罪构成包含着一系列要件。从性质上看，这些要件可分为两大类，即反映行为人主观方面特征的主观要件和反映行为人客观方面特征的客观要件；从数量上看，犯罪构成并不是由单个主观要件或客观要件组成的，而是一系列主客观要件的组合；从组成上看，犯罪构成也不是犯罪主观要件和客观要件的简单相加，而是各要件相互渗透、相互作用，共同形成一个说明犯罪规格与标准的有机整体。根据刑法理论界的通说，犯罪客观要件包括犯罪客体与犯罪客观方面，犯罪主观要件包括犯罪主体与犯罪主观方面。如果主客观要件不具备统一性，则不可能形成一个犯罪构成。例如，放火罪与用放火的方法实施的故意杀人罪，其犯罪构成要件是截然不同的。如果某种行为只是符合某个或几个要件，而不符合全部要件，则该行为不符合犯罪构成，因而不成立犯罪。例如，不满14周岁的人使用暴力、胁迫等方法抢劫他人财物的行为，因不符合抢劫罪的主体条件而不构成抢劫罪。

3. 犯罪构成与社会危害性的统一性。行为的社会危害性的有无及其程度对于是否成立犯罪具有决定性的意义。在现实生活中，与犯罪有关的事实特征形形色色，千差万别。这些事实特征都从不同的侧面及意义上说明、证实着犯罪，比如犯罪的对象、时间、地点、方法、痕迹，行为人的相貌、衣着、体态、身高、年龄、口音、习惯动作，以及犯罪人的身份、人数等，它们对于侦破、证实犯罪和认定犯罪，都起着不同的作用。不过，众多的犯罪事实特征并非都是犯罪构成所必需的要件，只有那些对说明行为的社会危害性及其程度具有决定意义的要件，才会被刑法规定为犯罪构成要件。如果某种行为符合刑法中某种具体的犯罪构成，就表明该行为具有犯罪的社会危害性，就会被认定为某种具体犯罪。

二、犯罪构成的共同要件及其要素

(一) 犯罪构成的共同要件和具体要件

犯罪构成的共同要件，是指任何犯罪的成立都必须具备的要件。根据我国刑法的规定，任何一种犯罪的成立都必须具备四个方面的要件，即犯罪客体、犯罪客观方面、犯罪主体和犯罪主观方面。

犯罪构成的具体要件，是指具体犯罪的成立必须具备的要件，它是由刑法总则和分则共同规定的。每一个犯罪都有其具体构成要件，任何行为只有符合某种具体构成要件，才能成立犯罪。区分此罪与彼罪的界限，也是由具体构成要件决定的。

犯罪构成的具体要件形形色色，千差万别，犯罪构成的共同要件是从具体要件中抽象出来的。二者之间是普遍与特殊、共性与个性的关系。

(二) 犯罪构成的要件要素

犯罪构成是由客体、客观方面、主体和主观方面这四个要件组成的有机统一体，而各个要件一般又是由若干个基本事实所组成，组成各个要件的基本事实，就是犯罪构成要件的要素。这些要素有的是必要要素，有的是选择要素。其中，客观要件要素包括危害行为、危害结果、行为对象以及犯罪的时间、地点、方法等；主观要件要素包括犯罪故意、犯罪过失、犯罪目的等；主体要件要素包括刑事责任能力、特定身份等。

三、犯罪概念与犯罪构成的关系

犯罪概念与犯罪构成是两个既有密切联系又有明显区别的不同概念。

二者的联系表现在：犯罪概念是犯罪构成的基础，犯罪构成是犯罪概念的具体化。首先，犯罪的社会危害性和刑事违法性，既是犯罪概念的基本属性，也是犯罪构成的基本属性，离开犯罪概念，犯罪构成就失去了立法和理论上的根据。其次，犯罪构成是犯罪概念及其基本属性的具体化，犯罪构成通过其一系列主客观要件，使犯罪的社会危害性这一本质特征得到具体而明确的体现；犯罪构成还通过犯罪成立必备的诸要件，使犯罪概念的法律特征具体化，反映出犯罪行为的刑事违法性及应受刑罚处罚性特征。

二者的主要区别在于各自回答的问题和所具有的功能有所不同。犯罪概念是从行为的社会、政治本质上回答什么是犯罪，犯罪有哪些特征，它从宏观上揭示了犯罪的本质和特征，从原则上、整体上划清了罪与非罪的界限，因此是确定犯罪的总标准。而犯罪构成则是进一步回答犯罪是怎样成立的，犯罪的成立必须具备哪些法定要件，它是从微观上解决成立具体犯罪所必须具备的各种要件，因此是划清罪与非罪、此罪与彼罪界限的具体标准。

四、研究犯罪构成的意义

犯罪构成是刑法理论的核心，它使罪刑法定主义得以实现，这对实现法治、保护合法权益具有重要作用。作为一种法律规定，犯罪构成对刑事司法具有特别重要的意义：

1. 它为区分罪与非罪提供了法律标准。这些标准有些规定在刑法总则中，更大量的规定在刑法分则中，这就为追究犯罪人的刑事责任提供了法律依据，为无罪的人不受非法追究提供了法律保障。

2. 它为区分此罪与彼罪提供了法律标准。一切犯罪都必须具备共同的犯罪构成要件，但各种不同的犯罪又具有各自不同的具体构成要件，因此，符合不同的犯罪构成要件就成立不同的犯罪。掌握了每个犯罪的具体要件，就可以正确划清此罪与彼罪的界限。

3. 它为区分一罪与数罪提供了法律依据。区分行为构成一罪还是数罪，基本上是以犯罪构成的个数为认定标准的，符合一个罪的犯罪构成就成立一罪，符合数个罪的犯罪构成便成立数罪。

4. 它为准确裁量刑罚提供了法律依据。犯罪构成的主要作用是为正确定罪提供法律标准，但定罪是量刑的前提和基础，只有定性准确，才能保证量刑适当。因此从这个角度看，犯罪构成对正确量刑也具有一定的意义。

思考题

1. 简述我国刑法中的犯罪概念及其基本特征。
2. 什么是犯罪构成？如何理解犯罪概念与犯罪构成之间的关系？
3. 犯罪构成的共同要件包括哪些？

实务训练

[案例] 被告人王某，男，35岁，农民。被告人王某与其继母周某因经常吵嘴打架而分居。某日，周某与患精神病的王某生母发生殴打，致使周某受伤住院。此间，王某未经周某同意，擅自拿走周某房内大米50斤、玉米50斤。周某发现后，遂向某县人民法院起诉，控告王某非法侵入他人住宅，擅拿他人财物。

[问题] 王某的行为是否构成犯罪？为什么？

延伸阅读

犯罪构成"三阶层模式"

由于受前苏联的影响，新中国政权建立后将民国时代已经生根落地、开花结果的大陆法系"三阶层模式"予以抛弃，移植了前苏联的"四要件模式"。[1]而随着历史条件的变化，近年来，我国一些刑法学者认为，认定犯罪应当采用大陆法系的"三阶层模式"。欧美较流行的犯罪构成论主张：犯罪是该当构成要件、且违法、有责的行为。因此行为成立犯罪必须具备"三要件"，并因此被学界称为"三要件"论。根据该理论，犯罪构成由构成要件该当性、违法性和有责性组成。由于这三个要件之间具有层次性，故又被称为犯罪构成"三阶层模式"。

构成要件该当性，亦称构成要件符合性，是指行为具有与刑法法规所规定的个罪的构成要件相符合的性质，具有一致性，表明该行为触犯了刑法法规。例如，一个故意拿走他人财物并占为己有的行为，与盗窃罪的构成要件相当。违法性，是指行为对刑法所保护的利益的实质侵害性。行为具备构成要件该当性，还不能认定该行为构成犯罪，还必须考察该行为是否具有实质的违法性。违法阻却事由包括正当防卫、紧急避险、执行职务、正当业务等。有责性，是指能够追究责任的性质，即实施违法行为的行为人应受到谴责。达到刑事责任年龄、有辨认控制自己行为能力人故意或过失实施违法行为，通常具备有责性。只有同时满足上述三个要件的行为，才能成立犯罪。

---

[1] 杨兴培："'三阶层模式'工具效用局限性的反思与批评"，载《上海政法学院学报》2017年第4期。

第五章 犯罪客体

> **学习目标与工作任务**

通过本章的学习，掌握犯罪客体的概念、意义，理解和掌握犯罪客体的分类及与犯罪对象的联系与区别，能够根据犯罪客体的理论和法律规定正确分析认定具体案件犯罪客体的类别从而准确定性。

> **导入案例**

2012年4月24日19点35分，4名20余岁男青年舒某、牛某、虞某、蔡某持刀冲入江西九江县沙河街镇老街内的百世缘珠宝店，将珠宝店老板砍成重伤，抢走金银首饰折合人民币10万余元，现金7000余元。[1]

问：上述四人的抢劫行为侵犯的直接客体是什么？

> **教学内容**

第一节 犯罪客体概述

一、犯罪客体的概念

犯罪客体是我国刑法所保护的、为犯罪行为所侵犯的社会关系。犯罪客体是犯罪构成必须具备的要件之一，它说明犯罪行为危害了什么利益，集中体现了犯罪的本质特征。犯罪客体有以下主要特征：

（一）犯罪客体是一种社会关系

社会关系是人们在共同生产、生活中所形成的人与人之间的相互关系，是人类社会存在的必要条件。社会关系分为物质关系和思想关系。物质关系是社会的生产关系，即经济关系，它是人们在社会生产中所发生的相互关系，是一切社会关系的基础。各种非物质关系即思想关系，如政治、法律、哲学、宗教、艺术等，是由经济基础决定的社会上层建筑。犯罪行为正是通过危害社会的基本形态和人们之间的基本关系，从而使该社会的社会关系受到危害。由于社会关系的稳定直接关系到统治阶级统治秩序的稳定，因而，严重侵犯社会关系的行为必将被统治阶级认定为犯罪。所以，犯罪客体首先就表现为一种社会关系。

---

[1] 胡啸、徐小俊："江西珠宝店持刀抢劫案告破 四名嫌疑人最大仅26岁"，载中国经济网，http://district.ce.cn/newarea/roll/201204/28/t20120428_23283843.shtml，最后访问日期：2021年1月18日。

(二) 犯罪客体是刑法所保护的社会关系

社会关系的范围十分广泛，内容十分丰富，涉及社会生活和政治生活的方方面面，如在政治、经济、文化、思想、民族、宗教、伦理等方面都有人与人之间的关系。但并非所有社会关系都能作为犯罪客体来对待，只有其中最重要的一部分社会关系才由刑法调整与保护，才能成为犯罪客体。而其他一些不是最重要的社会关系，如朋友关系、师生关系以及一般的民事、经济、行政关系，则不属于刑法调整和保护的社会关系，而由其他法律、道德和社会规范予以调整。根据《刑法》第2条、第13条规定，刑法所保护的社会关系具体表现为国家主权、领土完整与安全，人民民主专政的政权和社会主义制度，社会秩序和经济秩序，国有财产和劳动群众集体所有的财产，公民私人所有的财产，公民的人身权利、民主权利和其他权利。

(三) 犯罪客体必须是犯罪行为所侵犯的社会关系

我国刑法所保护的社会关系，包括物质关系和思想关系，不论是否受到侵害，它都是客观存在的。但是，我们不能说刑法所保护的社会关系就是犯罪客体。刑法所保护的社会关系只有受到犯罪行为的侵害，才能成为犯罪的客体。如果没有受到犯罪行为的侵害，则不能成为犯罪客体。犯罪客体和犯罪行为是紧密联系的，没有犯罪行为就无所谓犯罪客体。

二、犯罪客体的意义

犯罪之所以具有社会危害性，首先是由其所侵犯的犯罪客体所决定的。因此，研究犯罪客体对于我们认识犯罪的本质，鼓励人们积极地同犯罪作斗争，具有重要意义。具体而言，研究和学习犯罪客体的意义包括：

1. 有助于认清犯罪的本质特征，确定刑法打击犯罪的重点。犯罪的本质特征是严重的社会危害性，而犯罪行为危害了何种社会关系，则是决定其社会危害程度的首要依据。犯罪行为侵害的客体不同，其社会危害性就有差别。因此，深入研究犯罪客体，有利于准确地区分犯罪的危害性及其程度，从而确定惩治犯罪的侧重点。

2. 有助于划分犯罪的类别，建立科学的刑法分则体系。我国刑法分则以某一类犯罪所共同侵犯的某类社会关系作为分章设罪的标准，即按照十类社会关系划分为十章犯罪，并大体上按照社会关系的重要性依次排列，从而建立起科学的刑法分则体系。

3. 有助于划清此罪与彼罪的界限，准确定罪。犯罪客体决定犯罪的性质，犯罪客体不同，犯罪性质则不同。当某些犯罪在罪过、行为和侵害的对象等方面都基本相同或者相近时，犯罪客体对犯罪性质的认定以及区分此罪与彼罪之间的界限则具有决定性的意义。

4. 有助于科学地配置法定刑和正确量刑。研究犯罪客体有助于客观评价犯罪的社会危害程度，科学地设置法定刑和准确地裁量刑罚。

第二节 犯罪客体的分类

一、犯罪客体的一般分类

根据犯罪侵犯的社会关系的范围的不同，刑法理论上一般将犯罪客体分为三个不同层次，即一般客体、同类客体和直接客体。它们之间是一般与特殊、共性与个性、整体与部分的关系。

(一) 犯罪的一般客体

犯罪的一般客体，又称犯罪的共同客体，是指一切犯罪行为所共同侵犯的客体，即我国刑法所保护的社会关系的整体。《刑法》第2条、第13条概括了犯罪一般客体的主要内容。犯罪一般客体反映着一切犯罪行为的共同本质,是犯罪严重社会危害性的集中体现。研究犯罪的一般客体,对于我们进一步认清犯罪的本质,充分认识同犯罪作斗争的重要性和必要性具有重要意义。

(二) 犯罪的同类客体

犯罪的同类客体是指某一类犯罪行为所共同侵犯的客体,即我国刑法所保护的社会关系的某一部分或某一方面。由于某些犯罪侵犯的客体内容具有共同性,人们可以据此将犯罪客体归纳为若干大类,从而形成不同的犯罪客体类别。如盗窃、抢夺、诈骗等犯罪,它们虽然在行为方式、侵害对象及危害程度等方面存在某些差别,但它们侵犯的客体内容却具有共同性,即都侵犯了公私财产所有权,因此公私财产所有权就是这类犯罪的同类客体。

我国刑法根据犯罪的同类客体原理,将形形色色的犯罪划分为十类并对每一类犯罪设专章加以规定。这十类罪的同类客体分别是:①危害国家安全罪的同类客体是国家安全;②危害公共安全罪的同类客体是公共安全;③破坏社会主义市场经济秩序罪的同类客体是社会主义市场经济秩序;④侵犯公民人身权利、民主权利罪的同类客体是公民人身权利、民主权利以及与人身直接有关的其他权利;⑤侵犯财产罪的同类客体是公私财产所有权;⑥妨害社会管理秩序罪的同类客体是社会管理秩序;⑦危害国防利益罪的同类客体是国防利益;⑧贪污贿赂罪的同类客体是公务行为的廉洁性和公私财产所有权;⑨渎职罪的同类客体是国家机关的正常管理活动;⑩军人违反职责罪的同类客体是国家军事利益。

另外,刑法分则第三章"破坏社会主义市场经济秩序罪"和第六章"妨害社会管理秩序罪"还分别设立有八节、九节犯罪。因此,在同类客体之外还存在着一个"次层次"的同类客体。如刑法分则第三章第二节"走私罪",其同类客体是社会主义市场经济秩序,"次层次"同类客体则是国家对外贸易管理制度。

研究犯罪的同类客体,对犯罪进行分类,一方面有利于建立和完善刑法分则体系;另一方面有利于司法机关科学地区分犯罪的性质,正确地掌握各类犯罪的基本特点及其危害程度,从而准确地定罪量刑。

(三) 犯罪的直接客体

犯罪的直接客体是指某一具体犯罪行为所直接侵犯的我国刑法所保护的某种具体社会关系。一个具体的犯罪行为只能侵犯一种或有限的几种具体社会关系,这种被某一具体犯罪行为所直接侵犯的具体社会关系就是犯罪的直接客体,如故意伤害罪的直接客体是他人的健康权。每一种犯罪行为的性质,首先就是由其直接客体的性质所决定的。如同样是盗窃价值较大的电缆线,一种是盗窃库存的电缆线,还有一种是盗窃正在使用中的电缆线,犯罪人的目的、犯罪手段、犯罪对象等都是相同的,但就犯罪直接客体来讲,前者仅仅侵犯公私财产所有权,构成盗窃罪;而后者既侵犯公私财产所有权,同时更重要的是侵犯了电力设备的公共安全,构成了破坏电力设备罪。

二、犯罪直接客体的分类

犯罪的直接客体揭示了具体犯罪所侵害的社会关系的性质及其社会危害程度,是研究犯罪客体的重点,也是区分罪与非罪、此罪与彼罪的关键,因此,刑法理论上还对犯罪的直接客体进行了专门的分类研究,一般将犯罪的直接客体分为以下几个类型:

(一) 简单客体和复杂客体

这是根据同一犯罪所侵犯直接客体的数量不同所作的分类。简单客体又称单一客体,是指一种犯罪行为仅仅侵犯一种具体社会关系,如盗窃罪只侵犯了公私财产所有权,故意伤害罪只侵犯了他人的身体健康权。我国刑法所规定的绝大多数犯罪，都是属于简单客体的犯罪。复杂客体又称复合客体，是指一种犯罪行为同时侵犯两种或两种以上具体社会关系。例如，抢劫罪，既侵犯了公私财产所有权，同时又侵犯了他人的人身权利。

本章导入案例中，舒某、牛某、虞某、蔡某持刀抢走百世缘珠宝店金银首饰折合人民币10万余元，现金7千余元，并将珠宝店老板砍成重伤的行为，侵犯的直接客体属于复杂客体，既侵犯了公民的财产所有权，又侵犯了公民的人身权利，已经构成抢劫罪。

（二）主要客体和次要客体

当某一具体犯罪属于复杂客体时，就出现应当按哪一个直接客体来定性或归类的问题。所以，刑法理论上对复杂客体又作了进一步划分，即根据两个以上直接客体在犯罪中受危害的程度、机遇和受刑法保护的程度，将复杂客体划分为主要客体和次要客体。主要客体是指受犯罪行为危害较为严重、刑法予以重点保护的具体社会关系。它决定着具体犯罪的性质，从而也决定该犯罪的立法归类。次要客体是指受犯罪行为危害程度较轻、刑法同时予以保护的具体社会关系。对于属于复杂客体的犯罪来说，除主要客体外，次要客体也是犯罪构成的必要要件，对定罪量刑也起着决定作用。

此外，根据犯罪侵犯的直接客体能否表现为物质形态，还可以将犯罪直接客体分为物质性客体和非物质性客体；也可以根据对某种具体社会关系的侵犯是否为某种具体犯罪构成所必需，将犯罪直接客体分为必要客体和选择客体。所有这些理论分类，对于深化犯罪客体的研究都具有重要意义。

第三节 犯罪客体与犯罪对象的关系

一、犯罪对象的概念

犯罪对象亦称行为对象。一般认为，犯罪对象是指刑法规定的，犯罪行为直接作用的具体物或具体人。如故意杀人罪的犯罪对象是人，抢夺罪的犯罪对象是公私财物。对犯罪对象的含义可以从以下三方面把握：首先，犯罪对象是具体的人或物。具体人是社会关系的主体，具体物是社会关系的物质表现。其次，犯罪对象是犯罪行为直接作用的人或物。最后，犯罪对象是刑法规定的人或物。

二、犯罪对象与犯罪客体的联系与区别

在哲学上，对象和客体两个概念没有区别，但在刑法理论上，对象和客体都有其特定的含义，是既有联系又有区别的两个概念。二者的联系在于：犯罪对象反映犯罪客体，犯罪行为往往通过作用于犯罪对象来侵害一定的社会关系。二者的区别包括以下方面：

1. 二者对犯罪性质的影响不同，即犯罪客体决定犯罪的性质，而犯罪对象一般不决定犯罪的性质。犯罪客体是我国刑法所保护的、为犯罪行为所侵犯的社会关系，其所反映的是行为的内在本质，因而决定犯罪的性质。而犯罪对象是指刑法规定的犯罪行为直接作用的具体物或具体人，一般体现的是事物的外部特征，只有通过它所体现的社会关系即犯罪客体，才能认定某种行为构成什么犯罪，因而犯罪对象一般不能决定犯罪的性质。

2. 二者在犯罪构成中的地位不同，即犯罪客体是任何犯罪构成的必备要件，而犯罪对象则不一定是。凡是犯罪行为就必然侵犯刑法所保护的社会关系，没有犯罪客体就不能构成犯罪；而犯罪对象并不是每一个犯罪构成的必备要件，它仅仅是某些犯罪构成的必备要件要素。如《刑法》第116条规定的破坏交通工具罪，其犯罪对象只能是火车、汽车、电车、船只、航

空器，否则便不构成此罪；而像叛逃罪、脱逃罪、妨害传染病防治罪等，很难说有什么犯罪对象。

3. 二者在具体犯罪中是否受到实际的损害不同，即任何犯罪都必然使刑法所保护的社会关系受到侵害，但犯罪对象不一定受到损害。例如，由于盗窃、诈骗、抢夺等犯罪行为的发生，致使我国刑法所保护的公私财产所有权受到了侵害，但作为犯罪对象的财物本身则依然存在，有时并没有因为犯罪行为的发生而受到实际损害。当然，也有某些犯罪，既侵害犯罪客体又侵害犯罪对象，如故意伤害罪。

4. 二者对犯罪分类的意义不同，即犯罪客体是犯罪分类的基础，而犯罪对象则不是。由于犯罪客体是犯罪构成的必要要件，它的性质和范围是确定的，因而可以按一定的逻辑进行合理的分类和排列，从而成为犯罪分类的基础。我国刑法分则规定的十类犯罪，主要是以犯罪的同类客体为标准进行划分的。如果按照犯罪对象则无法进行分类，因为犯罪对象并非犯罪构成的必要要件，有些犯罪有特定对象的要求，有些犯罪没有犯罪对象的要求，有些犯罪甚至没有犯罪对象。此外，犯罪对象在不同的犯罪中可以是相同的，在同一犯罪中也可以是不同的。所以，犯罪对象不能成为犯罪分类的基础。

思考题

1. 什么是犯罪客体？研究犯罪客体有何意义？
2. 如何理解犯罪客体的三个不同层次？
3. 犯罪的直接客体有哪些分类？
4. 犯罪客体与犯罪对象的联系与区别是什么？

实务训练

[案例] 徐某利用私家车到外地运输假烟，在返回途中被市场监督管理所查处，车辆和假烟被扣押。第二天深夜，徐某携带钳子等作案工具潜入市场监督管理所，试图将被扣的车辆和假烟取回。徐某发动车辆时，惊动了值班保安邵某，邵某将其控制并扭送其到派出所。在送往派出所途中，徐某用钳子将邵某打伤后逃离。

[问题] 徐某的行为侵犯的对象和客体分别是什么？

第六章

犯罪客观方面

学习目标与工作任务

通过本章的学习，了解犯罪客观方面要件的内容及其在犯罪构成中的地位和作用，掌握危害行为、危害结果以及刑法上因果关系的基本内容。能够根据犯罪客观方面的理论和法律规定，正确分析认定具体案件是否具备犯罪客观方面要件。

导入案例

被告人黄某，男，43岁，渔民。1999年11月27日，黄某在长江上捕鱼，突然一条用于摆渡的小船因载人过多而倾翻，小船上的人员全部落水。由于落水人员当中有一部分不会游泳，故其生命处于极度危险状态。这时参与抢救的人们纷纷要求黄某立即参加抢救行动，黄某却笃信封建迷信，认为参加抢救落水的人会给自己带来灾难，因而坚决拒绝参加抢救行动，也不允许其他人用他的船去救人。由于抢救工具不够，最终有四人因抢救不及时而溺水身亡。事后应广大群众的强烈要求，检察机关以不作为犯罪对黄某提起诉讼，要求人民法院予以严惩。[1]

问：黄某的行为是否属于刑法上的不作为？

教学内容

第一节 犯罪客观方面概述

一、犯罪客观方面的概念和特征

犯罪客观方面是指刑法规定的构成犯罪所必须具有的客观事实特征，或者说刑法规定的构成犯罪在客观活动方面所必须具备的条件。它说明行为人是通过什么样的行为，在什么样的条件下对刑法所保护的社会关系进行侵犯，以及这种侵犯是否造成了结果、造成了什么样结果的事实特征，一般包括危害行为、危害结果以及行为的时间、地点、方法（手段）等。其中，危害行为是一切犯罪构成客观方面的必备要件，危害结果是大多数犯罪构成的必备要件，行为的时间、地点、方法（手段）则是某些犯罪构成的必备要件。

犯罪客观方面具有以下主要特征：

---

[1] 正盛："黄某见死不救是否构成犯罪"，载封丘县人民法院网，http://fqxfy.hncourt.gov.cn/public/detail.php?id=1144，最后访问日期：2021年1月17日。

1. 客观性。犯罪客观方面是与犯罪主观方面相对应的犯罪构成要件。作为犯罪主观方面的犯罪意识和意志、犯罪动机和目的本身是看不见、摸不着的，它必须通过外在客观活动如危害行为和危害结果表现出来才能为人们所认识。因此，犯罪客观方面作为犯罪活动的客观外在表现，客观性是其本身应有的内涵。我们正是通过犯罪客观方面感知犯罪、认识犯罪的。

2. 法定性。犯罪活动表现于外的事实情况是多种多样的，但并非所有这些客观事实情况都属于犯罪客观方面。能成为犯罪客观方面内容的只能是那些体现行为社会危害性及其程度的事实。在我国刑法中，犯罪客观方面都是作为罪状的主要内容被规定的，如《刑法》第243条规定的罪状中"捏造事实诬告陷害他人""情节严重"，就属于诬告陷害罪客观方面的事实特征。因此，不是法律明确规定的客观事实情况，就不能成为犯罪客观方面的内容。

3. 复杂性。我国刑法规定的众多犯罪各有其自身的特殊性，认识犯罪客观方面的复杂多样性，才能把握各种犯罪的不同特点。例如，同样是侵犯公民生命权利的犯罪，故意杀人在未发生他人死亡结果的情况下就可构成犯罪，而过失致人死亡罪的构成则要求必须发生他人死亡结果。

二、研究犯罪客观方面的意义

1. 是区分罪与非罪的重要标准之一。犯罪的成立必须存在危害行为，因此危害行为的有无从根本上决定犯罪的存在与否。有些犯罪的构成则以特定的时间、地点、方法等为条件。此外，主观罪过的有无也需要通过对犯罪客观方面进行分析才能认定。因此，认定犯罪是否成立，离不开对犯罪客观方面的分析把握。

2. 是区分此罪与彼罪的重要依据之一。我国刑法规定的许多犯罪，在犯罪客体、犯罪主体方面往往相同，法律之所以把它们规定为性质不同的犯罪，主要是由于它们在犯罪客观方面的表现不同，如有的表现为不同的行为方式，有的造成不同的危害结果。

3. 是认定犯罪完成与否的重要根据之一。认定犯罪完成与否的根据是犯罪构成要件是否齐备。危害行为的实施程度、是否造成了危害结果等，直接关系到犯罪客观方面这一要件是否齐备，从而决定犯罪构成要件是否齐备，最终决定犯罪是否达到完成形态。

4. 是影响刑罚轻重的重要因素之一。犯罪客观方面包含多种事实特征，有些事实特征在认定构成犯罪与否时不具有多大意义，但对行为的社会危害性程度有影响作用，如犯罪时间是否特定、犯罪手段恶劣与否等均是量刑时需考虑的情节。因此，查清犯罪客观方面事实情况无疑有助于准确裁量刑罚。

第二节　危害行为

一、危害行为的概念

危害行为是指在人的意志或者意识支配下实施的危害社会的身体动静。[1]这包括以下几层含义：

1. 危害行为只能是人的身体动静，包括积极活动与消极活动。由于危害行为是人的身体活动，是客观的、外在的现象，故思想被排除在危害行为之外，随之被排除在犯罪之外。言论本身不是犯罪行为，但发表言论则是一种身体活动，因而也是行为。

2. 危害行为必须是表现人的意志和意识的行为。因为只有这样的人体外部动作，才可能

---

[1] 高铭暄、马克昌主编：《刑法学》，北京大学出版社、高等教育出版社2016年版，第64页。

由刑法来调整并达到预期的目的。因此,人的无意志、无意识的身体动静,即使在客观造成了损害,也不是刑法意义上的危害行为。人的无意志和无意识的身体动静主要包括:人在睡梦中或者精神错乱下的举动,在不可抗力作用下的举动,在身体完全受强制下的举动等。人在精神受到强制或威胁时而被迫实施某种损害社会的行为,这与人在身体完全受强制下的举动是有区别的,应当注意区分。

3. 危害行为必须是在客观上侵害或者威胁了社会关系的行为,因此,正当防卫、紧急避险等正当行为,被排除在刑法意义上的危害行为之外。

二、危害行为的基本表现形式

危害行为的具体表现形式是多种多样的,但概括起来有两种基本表现形式,即作为与不作为。

(一) 作为

作为,是指行为人以身体活动实施刑法所禁止的危害行为,即"不当为而为之",它是危害行为的主要表现形式。我国刑法规定的绝大多数犯罪都可以由作为的形式实施,如故意杀人罪、放火罪等,而且许多犯罪只能以作为形式实施,如抢劫罪、盗窃罪等。应当注意,不能把作为仅仅限定为行为人亲手实施的危害行为。作为,其主要的实施方式包括:利用自己身体实施的作为;利用物质性工具实施的作为;利用他人实施的作为;利用动物实施的作为;利用自然力实施的作为等。

(二) 不作为

不作为,是指行为人负有实施某种行为的特定法律义务,能够履行该特定义务而不予履行的危害行为,即"当为而不为"。在我国刑法中,有的犯罪只能由不作为构成,如遗弃罪等,这在刑法理论上称为"纯正不作为犯";还有的犯罪虽然通常情况下由作为形式实施,但也可以由不作为形式实施,如故意伤害罪、放火罪等,这在刑法理论上称为"不纯正不作为犯"。需要注意的是,不作为犯并不是指行为人没有实施任何积极举动,而是指行为人没有实施法律要求其实施的积极举动。因此,行为人通过实施一些积极的举动而逃避法律要求其履行的特定义务时,并不影响不作为犯的构成。如行为人把年迈父亲带至深山老林后予以遗弃,以逃避赡养义务,这仍属于不作为。

成立刑法上的不作为,在客观方面必须具备以下条件:

1. 行为人负有实施某种积极行为的法律义务,即行为人负有特定法律义务。所谓"特定义务",是指行为人在特定的社会关系范围内,基于特定的事实和条件而产生的具体义务。它一方面要求是法律性质的义务,不包括一般的道德义务和社会义务;另一方面,义务的内容必须是实施特定的积极行为。一般认为,特定义务的来源主要有以下几种:

(1) 法律明文规定的义务。这种义务是法律所明文规定并为刑法所认可的义务,任何符合法律规定条件的人都必须履行这种义务。例如,《民法典》规定夫妻有互相扶养的义务,刑法也要求夫妻履行这种义务,因此不履行扶养义务情节恶劣的,就成立不作为犯(遗弃罪)。其他法律所规定的特定义务必须为刑法所承认,否则也不构成刑法上的不作为。

(2) 职务上或业务上要求履行的义务。该特定义务以行为人具有某种职务身份或者从事某种业务为前提。例如,值勤消防队员有消除火灾的义务,银行出纳员有保护营业款的义务等。

(3) 先行行为引起的义务。这种义务是指由于行为人的某种行为使刑法所保护的合法权益处于危险状态时,行为人负有采取有效措施排除危险或者防止危害结果发生的特定义务。如果行为人不履行这种义务,就是以不作为的形式实施的危害行为。例如,成年人带儿童去深山打猎,他就负有保护其人身安全的义务。

(4) 法律行为引起的义务。法律行为是指在法律上能产生一定权利义务的行为。例如,45周岁的沈某依据《民法典》的规定收养3岁的乙为养子女,则沈某基于收养行为对乙负有抚养义务,若其不履行抚养义务且情节恶劣,就构成遗弃罪。

本章的导入案例中,黄某作为在长江上捕鱼的渔民,见死不救确实应当受到谴责,但是,由于摆渡船倾翻多人落水以致多人生命处于危险状态,并不是黄某的行为造成的,因此,黄某不负有采取有效措施排除危险或者防止危害结果发生的特定义务,也不存在抢救的职责或业务要求。显然,黄某不构成刑法的不作为。

2. 行为人能够履行特定义务,这是成立不作为的重要条件。如果行为人虽然具有实施某种特定积极行为的义务,但由于客观原因而不具有履行该项义务的实际可能性,则不构成刑法上的不作为。也就是说,法律规范与法律秩序只是要求能够履行义务的人履行义务,而不会强求不能履行义务的人履行义务。

3. 行为人没有履行特定义务,造成了危害结果。如果行为人履行了作为义务,但仍然无法避免结果的发生,则不成立不作为。

第三节 危害结果

一、危害结果的概念和特征

危害结果,亦称犯罪结果,是指危害行为对刑法所保护的社会关系所造成的实际损害或现实危险。危害结果具有以下特征:①客观性。危害结果是危害行为作用于社会关系所引起的变化,危害结果一旦发生,就具有不依人的意志为转移的客观属性,人们只能去认识它而不能任意改变或解释它。②特定性。即危害结果只能是由危害行为所产生的特定后果。如果不存在危害行为或不是由危害行为引起的,就不存在刑法上的危害结果。③多样性。危害结果的多样性,是由危害行为的多样性、社会关系的复杂性决定的。④法定性。危害行为可能造成多种损害结果,但并非都能成为刑法意义上的危害结果。立法者对犯罪客体和危害行为的选定限定了危害结果的特定内容。

二、危害结果的种类

刑法理论上从不同层次、不同角度对危害结果作了分类。分析危害结果的各种类型,有助于理解危害结果的特点、内容并认识研究危害结果的意义。

(一) 构成要件结果与非构成要件结果

这是以结果是否属于犯罪构成要件要素为标准进行划分的。①构成要件结果,是指刑法规定的,成立某种犯罪所必须具备的结果,如果不发生该结果则不构成该犯罪。例如,成立故意伤害罪,必须发生轻伤以上的危害结果。构成要件的结果既可以表现为实际损害,也可以表现为现实危险。从我国刑法的规定看,在直接故意犯罪中,只有少数是以特定危害结果为构成要件,而大多数直接故意犯罪属于行为犯,其成立并不要求发生危害结果,危害结果是否发生只影响到犯罪形态。而过失犯罪和间接故意犯罪均以发生法定的危害结果为构成要件(要素)。②非构成要件结果,是指不属于犯罪构成要件要素的结果。这种结果发生与否以及轻重如何,并不影响犯罪的成立,只对量刑具有意义。例如,抢劫罪的成立并不要求发生被害人伤害、死亡的结果,抢劫行为是否造成伤害或死亡结果,不影响抢劫罪的构成。

（二）物质性结果与非物质性结果

这是以结果的现象形态不同为标准进行划分的。①物质性结果是指危害行为通过物理作用导致对象发生有形变化的结果，它往往是有形的、可测量确定的，具有直观性，易于为人们所认识。例如，致人伤亡、导致财产毁损等。物质性危害结果在具体案件中是否发生，往往决定行为人的行为是否成立犯罪以及成立何种犯罪形态，因此必须予以查明。②非物质性结果是指危害行为造成的不具有物质形态的无形结果，它往往是无形的、不能或难以具体测量和确定，例如，名誉、信誉的损毁，政府威望的损害等。不过，对非物质性结果的认定常常具有拟制或推定性质。例如，侮辱行为是否造成了毁损他人名誉的结果，几乎不可能测量，故只要行为人实施了一定的侮辱行为，就会认定发生了毁损他人名誉的结果。[1] 对于这类案件，一般只要查明行为人已经实施了危害行为，就可以认定是犯罪既遂，无须去查明因果关系。

（三）直接结果与间接结果

这是以危害结果是否由危害行为直接导致为标准进行划分的。①直接结果是指由危害行为直接造成的侵害事实，如开枪后致人伤亡。直接结果主要对定罪起作用，构成要件结果大多是直接结果。②间接结果是指由危害行为间接造成的侵害事实，即指危害行为实施后，介入其他因素而导致的危害结果。例如，甲诈骗乙20万元，乙因羞愤而自缢身亡，乙的死亡就是由甲的诈骗行为造成的间接结果。介入因素可以是被害人自身行为、第三人的行为，还可以是自然力的作用。间接结果主要对量刑起作用，在少数情况下也对定罪起作用。

（四）实害结果与危险结果

这是以危害行为是否对刑法所保护的社会关系造成实际危害为标准进行划分的。①实害结果，是指危害行为对刑法所保护的社会关系造成的现实侵害事实，如对人身健康的伤害、财产的毁损等。这类犯罪称为实害犯。②危险结果，是指危害行为对刑法所保护的社会关系造成的现实危险状态，即危害行为所引起的足以使某种社会关系发生一定实害结果的危险状态。例如，《刑法》第116条规定："破坏火车、汽车、电车、船只、航空器，足以使火车、汽车、电车、船只、航空器发生倾覆、毁坏危险，尚未造成严重后果的，处3年以上10年以下有期徒刑。"这里的"足以……发生倾覆、毁坏危险"即属于危险结果。属于危险结果的犯罪被称为危险犯。

三、危害结果的意义

1. 是区分罪与非罪的标准之一。当危害结果是犯罪构成要件要素时，如果行为没有造成法定的危害结果，就不构成犯罪，过失犯罪便是如此。但由于危害结果并非一切犯罪的构成要件要素，故当危害结果不是构成要件要素时，危害结果是否发生便不影响犯罪的成立。

2. 是区分犯罪形态的标准之一。不管以什么标准区分犯罪的既遂与未遂，但可以肯定的是，在通常情况下，只有发生危害结果时，才可能成立犯罪既遂。例如，在故意杀人罪中，没有死亡结果的发生，就不可能成立故意杀人罪既遂。

3. 是影响量刑轻重的因素之一。因为危害结果是反映社会危害性的事实现象，刑罚必须与犯罪的社会危害性相适应，所以危害结果的发生与否及轻重如何，必然会影响到量刑。危害结果对量刑的影响作用表现在三个方面：①作为选择法定刑的根据。例如，《刑法》第234条根据伤害行为造成的不同结果，规定了三个幅度的法定刑。②作为法定的量刑情节。如中止犯没有造成损害的，应当免除处罚；造成损害的，应当减轻处罚。③作为酌定的量刑情节。在刑

---

[1] 张明楷著：《刑法学》，法律出版社2016年版，第173页。

法没有将危害结果规定为法定刑升格的条件和法定量刑情节的情况下，危害结果往往是酌定量刑情节。

第四节　刑法上的因果关系

刑法上的因果关系，即危害行为（犯罪行为）与危害结果（犯罪结果）之间的因果关系，是指危害行为与危害结果之间存在的引起与被引起的关系。查明某一危害结果与某一危害行为之间是否存在因果关系，是决定行为人对该结果是否负刑事责任的客观依据，所以，研究刑法上的因果关系对解决刑事责任问题具有重要的意义。

在通常情况下，危害行为与危害结果之间的因果关系是清晰可见的，并不会发生认定上的困难。例如，甲基于杀人的目的，手持利斧猛砍他人头部，致使被害人当场死亡，此案的因果关系很明显。但是，有些案件本身情况相当复杂，如果犯罪分子再有意制造混乱和假象，案情就更加复杂，这时查明因果关系，就必须进行科学的分析和论证，往往要借助刑事科学技术手段。因此，研究刑法上的因果关系，应当注意掌握一些基本观点和基本问题。

一、因果关系的客观性

因果关系作为客观现象之间引起与被引起的关系，它是客观存在的，并不以人们主观是否认识为前提。因此，在刑事案件中查明因果关系就要求司法工作人员从实际出发，客观地加以认定和判断。例如，甲、乙两青年在公交车上侮辱、谩骂一位批评他们不遵守秩序的老人，致使老人心脏病突发而当场死亡。此处老人的犯病死亡结果是由甲、乙的侮辱行为引起的，即二者之间具有因果关系。绝不能以甲、乙不知道老人有心脏病或未预见到侮辱会引起如此严重后果为借口，来否认其因果关系的存在。至于甲、乙是否承担刑事责任，则应视他们主观上有无罪过而定。总之，刑法上的因果关系并不涉及行为人的主观内容。

二、因果关系的相对性

辩证唯物主义科学地说明，各种客观现象是普遍联系和彼此制约的"锁链"，在某一对现象中作为原因的，其本身又可以是另一对现象中的结果；作为结果的，其本身也可以是另一现象的原因。在整个事物的发展过程中，原因和结果总是处在一种不确定的位置上，这就是因果关系的相对性。因此，只有把原因与结果这一对现象从普遍联系的整个链条中抽出来研究，才能显现出谁是原因谁是结果。

在认定犯罪中研究因果关系的目的，是要解决行为人对所发生的危害结果应否负刑事责任的问题。因此，这里所研究的因果关系，只能是行为人的危害行为与危害结果之间的因果关系，这就是刑法上因果关系的特定性。需要指出，作为刑法上因果关系中的结果，是指物质性危害结果。

三、因果关系的时间序列性

从发生时间上看，原因必定在先，结果只能在后，二者的时间顺序不能颠倒。因此，在处理刑事案件时，只能在危害结果发生以前的危害行为中去寻找原因。当然，先于危害结果出现的危害行为，也不一定就是该结果的原因。在结果之前的行为只有起了引起和决定结果发生的作用，才能成为结果发生的原因。

四、因果关系的复杂性

因果关系通常表现为"一因一果"，但也存在"一因多果"和"一果多因"的情况，这就是因果关系的复杂性。

"一果多因"是指某一危害结果是由多个原因造成的情况,它主要出现在以下两种犯罪之中:①责任事故类犯罪。事故的发生往往涉及到许多人的过失,而且是主客观原因交织在一起,情况非常复杂。处理这类案件时必须分清主要原因与次要原因、主观原因与客观原因等情况,以正确解决刑事责任问题。②共同犯罪。共同犯罪中各个共同犯罪人危害行为的总和作为造成危害结果的总原因而与之有因果关系,但是根据我国刑法规定,在处理时应该分清主次原因,即各个共同犯罪人在共同犯罪中所起作用的大小,从而确定各个共同犯罪人刑事责任的大小。

"一因多果"是指一个危害行为同时引起多种结果的情况。例如,甲诽谤了乙,不但损害了乙的名誉,还导致乙自杀身亡。处理"一因多果"的案件,要分析主要结果与次要结果、直接结果与间接结果,这对于定罪和量刑都有意义。

五、因果关系的必然联系和偶然联系

因果关系的必然联系和偶然联系问题,也即必然因果关系和偶然因果关系问题。

(一)必然因果关系

必然因果关系是指危害行为与危害结果之间存在着内在的、必然的、合乎规律的引起与被引起的联系,即危害行为对危害结果的发生起着根本性的、决定性的作用。必然因果关系是因果关系的基本表现形式,通常也只有这样的因果关系,才能令行为人对其行为引起的结果负责。

(二)偶然因果关系

偶然因果关系是指危害行为对危害结果的发生起非根本性、非决定性的作用,二者之间存在着外在的、偶然的联系。具体地说,就是某种行为本身并不包含产生某种危害结果的必然性(内在根据),但是在其发展过程中,偶然又有其他原因加入其中,即偶然地同另一个原因的展开过程相交错,由后来介入的这一原因合乎规律地引起了这种危害结果。秉持传统观点的学者坚持"必然因果关系说",否认偶然因果关系的存在。但目前"两个因果关系说"较为通行。[1] 这种观点认为,由于自然和社会现象是十分复杂的,因果关系的表现也不例外,必然因果关系和偶然因果关系都是客观存在的,不能只承认必然因果关系而不承认偶然因果关系。

偶然因果关系通常对量刑具有一定的意义。例如,甲对被害人乙实施强奸行为,乙乘机逃跑。在横穿马路时,乙由于慌忙而被正常行驶的汽车撞倒,经抢救无效死亡。本案中,甲的强奸行为与乙的死亡结果之间的关系就是偶然因果关系。因此,甲不仅要对强奸罪负刑事责任,而且对乙的死亡也应当负责任。当然,这种责任并不是故意杀人罪的刑事责任,而是在对强奸罪量刑时要有所体现。

偶然因果关系有时对定罪与否也有一定的影响。这在以情节严重、情节恶劣作为构成犯罪要件要素的犯罪中具有一定的体现。例如,2009年2月28日央视大火案第二批被追责人员中,中山盛兴公司因销售以次充好的挤塑板,被判犯销售伪劣产品罪,其公司有关责任人员也因犯销售伪劣产品罪而获刑。北京市建设工程安全质量总站监督三室原主任罗某因未能及时阻止使用不合格保温板,被控涉嫌玩忽职守罪,罗某玩忽职守的行为与火灾严重后果之间显然属于偶然的因果关系。

六、不作为犯罪的因果关系

解决不作为犯罪的因果关系,也必须像解决作为犯罪的因果关系一样,坚持因果关系的唯

---

[1] 谢望原主编:《刑法学》,北京大学出版社2003年版,第110页。

物辩证法的观点。刑法学界通说认为，不作为行为与危害结果的因果关系是客观存在的，不是法律强加的。不作为的原因力，就在于它应该阻止而没有阻止事物向危险方向发展，以至于引起了危害结果的发生。不作为犯罪因果关系的特殊性就在于，它要以行为人负有特定的作为义务为前提。

七、刑法上的因果关系与刑事责任

我国刑法中的犯罪构成是主客观诸要件的统一，具备犯罪构成才能追究刑事责任。解决了刑法上的因果关系，只是确立了行为人对特定危害结果负刑事责任的客观基础，但要认定行为人的行为构成犯罪，还必须进一步认定其具有主观上的故意或过失。那种把因果关系与刑事责任混为一谈，认为具有因果关系就应负刑事责任的主张是错误的，是客观归罪的观点。

第五节 犯罪客观方面的其他要件

犯罪客观方面的其他要件是指刑法规定的构成某些犯罪必须具备的特定的时间、地点和方法（工具）等客观条件。另外，犯罪对象也可以被归入犯罪客观方面其他要件的范畴。

一、时间、地点和方法对定罪的意义

时间、地点和方法是少数犯罪成立的必要要件要素。在刑法分则条文把特定的时间、地点和方法明文规定为某些犯罪构成客观方面的必要条件时，它们就对某些行为是否构成相应的犯罪具有决定性的作用，即具有犯罪构成必备要件要素的地位。例如，《刑法》第340条规定的非法捕捞水产品罪，就把"在禁渔区""在禁渔期""使用禁用的工具、方法"规定为成立该种犯罪的必要条件。因而实施的行为是否具备这些因素，就成为区分非法捕捞水产品罪与非罪的重要条件。暴力干涉婚姻自由罪、非法狩猎罪、妨害公务罪、战时自伤罪等，均是如此。

二、时间、地点和方法对量刑的意义

对于大多数犯罪来说，刑法对犯罪的时间、地点、方法没有作特别限定，它们并不是犯罪构成的必备要件要素，但是，由于它们往往影响犯罪行为本身的社会危害程度，从而对正确量刑有重要意义。一般情况下，它们是量刑的酌定情节。例如，光天化日下杀人与夜黑风高下杀人相比，以残酷手段杀人与采用一刀杀死、一枪打死的方法相比，前者的社会危害性一般大于后者，因而适于刑罚轻重会有所区别。另外，对有些犯罪，刑法把特定的时间、地点、手段规定为从重处罚或者法定刑升格的条件。

思考题

1. 如何理解犯罪客观方面？
2. 危害行为的概念和特征是什么？
3. 什么是作为和不作为？成立刑法上的不作为必须具备哪些条件？
4. 什么是危害结果？对危害结果可以作哪些分类？
5. 刑法上的因果关系有哪些特点？
6. 如何理解犯罪的时间、地点和方法对定罪量刑的意义？

实务训练

[案例1] 被告人邱某，女，31周岁，某县幼儿教师，某年5月25日10时，邱某带领4名幼儿外出游玩，走在最后面的一个幼儿王某（男，5周岁）失足坠入路旁粪池，邱某见状惊惶

失措,但没有跳入粪池中救人,只向行人大声呼救。此时,有一中学生李某(男,16岁)路过此处,闻声后立刻跑到粪池边观看,并同邱某在附近找一个小竹竿,探测粪池深浅,测得粪水深约75公分,但邱、李二人均不肯跳入粪池救人,只是一起高呼求救,但时间已晚,当幼儿被救上来时,已经停止呼吸。

[问题] 1. 对邱某应否追究刑事责任?为什么?

2. 对李某应如何处理?

[案例2] 宋某因家庭琐事与妻子李某争吵,宋某骂李某干脆死了算了,李某即在家当着宋某之面上吊自缢。宋某坐视不救,李某因未得救而窒息死亡。

[问题] 宋某是否构成不作为犯罪?为什么?

[案例3] 被告人李某国,男,24周岁,某市建筑工人。某年7月16日上午,李将所骑电动车停放在市区中山南路民用电器贸易中心门前的便道上。三轮车工人孙某泉(男,66岁),为该贸易中心拉货,蹬车到该贸易中心门前时认为"碍事",欲将电动车挪开,被告人不让。争执中,电动车被碰倒,李某国即用右拳朝孙某泉胸部打了一拳,孙仰面摔倒在马路边,当即"伸胳膊、蹬腿、张嘴"。在群众协助下,李将孙送医院。后孙经抢救无效死亡,尸检报告:①死者孙某泉患有高度血管粥样硬化,形成夹层动脉瘤,因瘤破裂,引起大出血,出血填塞而致死亡;②死者胸部左侧有皮下出血,符合拳击伤的情况,该拳击力可以使夹层动脉破裂。

[问题] 1. 李某国的行为与孙某泉的死亡之间有无因果关系?

2. 李某国应否承担刑事责任?

第七章 犯罪主体

学习目标与工作任务

通过本章的学习，了解犯罪主体的概念、分类以及自然人犯罪主体的特殊身份，理解刑事责任能力的概念和程度，掌握我国刑法关于刑事责任年龄和刑事责任能力的规定，明确单位犯罪的概念和处罚原则。能够运用刑法关于刑事责任年龄、刑事责任能力等规定以及相关原理分析处理案件。

导入案例

被告人张某，男，2005年3月5日出生。2019年2月1日夜，拦路抢劫一位女青年，抢得项链一根，价值2000元。2019年5月8日，将15周岁的中学生汪某强奸。2021年6月1日，盗窃某公司手提电脑一台，价值5600元。

问：张某对其实施的哪些危害行为应当负刑事责任？

教学内容

第一节 犯罪主体概述

一、犯罪主体的概念和特征

犯罪主体是指实施危害社会的行为，依法应当负刑事责任的自然人或者单位。其基本特征如下：

1. 犯罪主体是自然人和单位。也就是说，按犯罪主体的属性可以把其分为自然人主体和单位主体。所谓自然人，是指有生命的个体。所谓单位，是法律上人格化了的组织，既包括具有法人资格的单位，也包括不具有法人资格的单位。

2. 犯罪主体是具备刑事责任能力的自然人或者单位。刑事责任能力是人的意识和意志能力的表现，是一种对行为的辨认和控制的能力。刑事责任能力在犯罪主体中居于核心地位，是犯罪主体的关键要件要素。

3. 犯罪主体是实施了一定危害社会行为的自然人或者单位。犯罪主体与严重危害社会的行为是密不可分的。具备刑事责任能力的自然人或者单位，并不是理所当然的犯罪主体，只有当自然人或单位实施了刑法规定的严重危害社会的行为时，才能成为犯罪的主体。

二、研究犯罪主体的意义

1. 定罪方面的意义。犯罪主体是定罪追责的前提，只有具备法律所要求的犯罪主体要件的人,才能构成犯罪并被处以刑罚。不具备犯罪主体要件的人,即使实施了刑法所禁止的危害行为,也不构成犯罪。同时,犯罪主体对于准确界定此罪与彼罪也具有重要意义,例如,刑法分则一些条文规定成立某种犯罪要求行为人须具有特定身份,如果行为人不具备该特定身份就不能构成该种罪。

2. 量刑方面的意义。在具备犯罪主体要件的同样情况下,犯罪主体的具体情况也可能不同,而不同的具体情况又影响到刑事责任的大小程度。我国刑法对于未成年人犯罪、又聋又哑的人和盲人犯罪、限制刑事责任能力的精神病人犯罪、国家机关工作人员犯罪的处罚问题等,都规定了有别于一般人的处罚原则或刑罚。因此,犯罪主体是影响量刑轻重的重要因素之一。

第二节 自然人犯罪主体

一、自然人犯罪主体的概念

自然人犯罪主体是指具有刑事责任能力,实施了严重危害社会的行为并且依法应当负刑事责任的自然人。根据法律属性的不同,即是否要求以特定身份为要件,可以将自然人犯罪主体划分为一般主体和特殊主体两种。一般主体是指刑法仅要求具备刑事责任能力的自然人即可构成的犯罪主体。特殊主体是指除了要求行为人具备一般主体的条件(刑事责任能力)外,还必须具有特定的职务或者身份才能构成的犯罪主体。例如,刑讯逼供罪、受贿罪的主体就是特殊主体。

二、刑事责任能力

(一)刑事责任能力的概念

刑事责任能力简称"责任能力",是指行为人具有刑法意义上的辨认和控制自己行为的能力。它是犯罪主体的核心要件,对于犯罪主体的成立与否以及行为人的定罪量刑,具有至关重要的意义。

(二)刑事责任能力的内容

刑事责任能力包括辨认行为能力和控制行为能力两个方面。刑法意义上的辨认能力是指行为人具备对自己的行为在刑法上的意义、性质、后果的分辨认识能力。也就是说,行为人有能力认识自己的行为是否为刑法所禁止、谴责和制裁。例如,行为人对自己所实施的爆炸行为是否能认识是为刑法所禁止的,如果有肯定的认识,就具备了刑法上的辨认能力。刑法意义上的控制能力是指行为人具备决定自己是否以行为触犯刑法的能力。例如,行为人认识到实施爆炸行为是危害社会的,能否自由选择实施或不实施爆炸行为,若具有选择自由,就具备了控制能力。

刑事责任能力是辨认能力与控制能力的有机统一。一方面,辨认能力是刑事责任能力的基础,也是控制能力的前提。一个人只有对自己行为的刑法意义有认识能力,才可能具有控制能力,才可以凭借这种认识能力来自觉有效地选择和决定自己是否实施触犯刑法的行为。如果不具备辨认能力(如未达到刑事责任年龄的人、患严重精神病的人),自然也就不可能有控制能力,从而不具备刑事责任能力。另一方面,控制能力是刑事责任能力的关键。有辨认能力不等于就具有控制能力,人在具备辨认能力的基础上,还需要有控制能力才能具备刑事责任能力。控制能力反映辨认能力,有控制能力就表明行为人具有辨认能力。

(三)刑事责任能力的程度

影响和决定行为人的辨认能力和控制能力的有无及大小,主要有两个方面的因素:一是智力发育程度，智力发育成熟与否，主要受年龄因素的制约，也受到重要生理器官功能是否健全的影响；二是精神发育程度即精神状况，一个人达到一定年龄之后，也可能由于其大脑功能不正常，即患有精神病症，导致其完全或者部分丧失辨认能力和控制能力。总之，只有知识和智力成熟且精神正常的人，才具有刑事责任能力。

从我国刑法规定看，影响刑事责任能力程度的因素主要包括年龄、精神状况和生理功能等。我国刑法理论根据刑法的规定，将刑事责任能力划分为以下四种：

1. 完全刑事责任能力。完全刑事责任能力是指行为人对刑法规定的所有犯罪都具有辨认和控制能力。在我国，具有完全刑事责任能力的人是指年满18周岁，精神正常、生理功能健全，且智力与知识发展正常的人。完全刑事责任能力人实施了犯罪行为，应当依法负全部的刑事责任。

2. 完全无刑事责任能力。完全无刑事责任能力是指行为人完全没有刑法意义上的辨认或者控制自己行为的能力。完全无刑事责任能力的人对自己所实施的任何危害行为都不承担刑事责任。我国《刑法》第17条、第18条对属于完全无刑事责任能力的人作了明确规定。

3. 限制刑事责任能力。又称为部分责任能力、减轻责任能力，是指行为人因年龄、精神状态、生理功能缺陷等原因，在实施刑法所禁止的危害行为时，其辨认或者控制能力较完全责任能力者有一定程度的减弱、降低的情况。我国刑法明文规定的限制责任能力人包括：不满18周岁的人；又聋又哑的人；盲人；已满75周岁的人；尚未完全丧失辨认或者控制自己行为能力的精神病人。各国刑法一般都认为，限制责任能力人实施危害行为构成犯罪的，应当负刑事责任，但应当或者可以从宽处罚或免除处罚。

4. 相对无刑事责任能力。亦称相对有刑事责任能力，是指行为人仅对法律所明确限定的某些严重犯罪具有刑事责任能力，而对未明确限定的其他犯罪行为无刑事责任能力的情况。我国刑法规定的相对无刑事责任能力人是已满12周岁不满16周岁的未成年人。

三、刑事责任年龄

（一）刑事责任年龄的概念

刑事责任年龄是指刑法规定的，行为人对自己实施的严重危害社会的行为负刑事责任必须达到的年龄。自然人只有达到一定的年龄，才能够辨认和控制自己的行为，也才能够适应刑罚的惩罚和教育。根据自然人的年龄因素与刑事责任能力的关系，刑法规定了刑事责任年龄制度。自然人只有达到刑事责任年龄，才可能具有刑事责任能力。我国刑法中关于刑事责任年龄的规定，主要解决不同年龄人的刑事责任的有无以及对未成年人、老年人犯罪从宽处罚的问题。

（二）刑事责任年龄阶段的划分

我国从总结司法实践经验、对青少年一贯的刑事政策和借鉴外国刑事立法出发，在《刑法》第17条对刑事责任年龄作了较为集中的规定，划分出以下几个刑事责任年龄阶段：

1. 完全不负刑事责任年龄阶段。根据《刑法》第17条的规定，不满12周岁是完全不负刑事责任年龄的阶段。一般地说，不满12周岁的人尚处于幼年时期，身心发育尚不成熟，还不具备辨认和控制自己行为的能力，他们实施对社会造成某种危害的行为，主要是出于年幼无知。因此，对不满12周岁的人所实施的一切危害行为，概不予以刑事处罚。当然，对不予刑事处罚的未成年人并非一概不管。《刑法》第17条第5款规定，因不满16周岁（包括不满12周岁）不予刑事处罚的，责令其父母或者监护人加以管教；在必要的时候，依法进行专门矫治教育。这是必要的社会保护措施。

2. 完全负刑事责任年龄阶段。《刑法》第 17 条第 1 款规定："已满 16 周岁的人犯罪，应当负刑事责任。"据此，已满 16 周岁是完全负刑事责任年龄阶段。由于已满 16 周岁的未成年人的体力和智力已有相当的发展，具有了一定的社会知识，是非观念和法治观念的增长已经达到一定的程度，一般已能够根据国家法律和社会道德规范的要求来约束自己，因而他们已经具备了辨认和控制能力。因此，我国刑法规定已满 16 周岁的人对自己实施的违反刑法的一切危害行为，都应当承担刑事责任。

3. 相对负刑事责任年龄阶段。已满 12 周岁不满 16 周岁是相对负刑事责任年龄阶段，处于该年龄阶段的人，已经具备一定的辨别大是大非和控制自己重大行为的能力，即对某些严重危害社会的行为具备相应的辨认和控制能力。因此，我国刑法要求他们对自己实施的一些严重犯罪承担刑事责任。具体包括：

（1）《刑法》第 17 条第 2 款规定："已满 14 周岁不满 16 周岁的人，犯故意杀人、故意伤害致人重伤或者死亡、强奸、抢劫、贩卖毒品、放火、爆炸、投放危险物质罪的，应当负刑事责任。"已满 14 周岁不满 16 周岁的人如果实施的是上述 8 种犯罪以外的危害行为，则不负刑事责任。应当注意，这里的"8 种犯罪"是指具体犯罪行为。2002 年 7 月 24 日《全国人民代表大会常务委员会法制工作委员会关于已满十四周岁不满十六周岁的人承担刑事责任范围问题的答复意见》指出，《刑法》第 17 条第 2 款规定的 8 种犯罪，是指具体犯罪行为而不是具体罪名。对于《刑法》第 17 条中规定的"犯故意杀人、故意伤害致人重伤或者死亡"，是指只要故意实施了杀人、伤害行为并且造成了致人重伤、死亡后果的，都应负刑事责任。而不是指只有犯故意杀人罪，故意伤害罪的，才负刑事责任，绑架撕票的，不负刑事责任。对司法实践中出现的已满 14 周岁不满 16 周岁的人绑架人质后杀害被绑架人、拐卖妇女、儿童而故意造成被拐卖妇女、儿童重伤或者死亡的行为，依照刑法是应当追究其刑事责任的。另外，2005 年 12 月 12 日《最高人民法院关于审理未成年人刑事案件具体应用法律若干问题的解释》（以下简称《未成年人刑事案件解释》）第 5 条规定："已满 14 周岁不满 16 周岁的人实施刑法第 17 条第 2 款规定以外的行为，如果同时触犯了刑法第 17 条第 2 款规定的，应当依照刑法第 17 条第 2 款的规定确定罪名，定罪处罚。"

（2）《刑法》第 17 条第 3 款规定："已满 12 周岁不满 14 周岁的人，犯故意杀人、故意伤害罪，致人死亡或者以特别残忍手段致人重伤造成严重残疾，情节恶劣，经最高人民检察院核准追诉的，应当负刑事责任。"近年来低龄未成年人实施严重犯罪的案件时有发生，引发社会关注。基于维护公平正义和保护未成年人权益的双重考虑，寻求二者之间的平衡，《刑法修正案（十一）》增加了本款的规定，一方面对法定最低刑事责任年龄作个别下调，另一方面加以严格限制。根据该条款的规定，已满 12 周岁不满 14 周岁的人负刑事责任应当同时满足以下条件：

第一，行为种类和结果上的条件，必须是犯故意杀人罪致人死亡、故意伤害罪致人死亡，或者以特别残忍手段致人重伤造成严重残疾。所谓"特别残忍手段"，就被害人而言是极其痛苦的手段，从旁观者看是令人发指的手段，从行为人看是故意折磨被害人的身体以满足其取乐乃至畸形变态心理的手段。例如，挖眼、剁脚、硫酸浇等。"致人重伤造成严重残疾"是指构成重伤以上的身体终身残疾，也可以说是难以治愈的残疾。[1]

第二，情节上的条件，必须是情节恶劣。至于是否属于情节恶劣，应当从起因、动机、目

---

[1] 胡云腾、徐文文："《刑法修正案（十一）》若干问题解读"，载《法治研究》2021 年第 2 期。

的、作案手段、社会影响、一贯表现、犯罪后认罪悔罪态度等方面作出综合判断。

第三，程序上的条件，必须经最高人民检察院核准追诉。

本章的导入案例中，张某实施抢劫行为时尚不满14周岁，故对抢劫行为不承担刑事责任。张某实施强奸行为时已满14周岁，实施盗窃行为时已满16周岁，因此应当对强奸和盗窃行为负刑事责任。

（三）未成年人犯罪案件的处理

我国刑法对刑事责任年龄所作的上述规定，解决的是认定犯罪方面的问题。考虑到未成年人由其生理和心理特点所决定，既有容易被影响、被引诱走上犯罪道路的一面，又有可塑性大、容易接受教育和改造的一面，因此从我国适用刑罚的根本目的出发并针对未成年犯罪人的特点，在对未成年人犯罪案件的处理上规定了以下一些特殊原则和措施。

1. 从宽处罚的原则。《刑法》第17条第4款规定："对依照前三款规定追究刑事责任的不满18周岁的人，应当从轻或者减轻处罚。"[1] 所谓应当，是指凡是未成年人犯罪都必须予以从宽处罚。换句话说，已满12周岁不满18周岁是法定的必须从宽处罚的情节。从宽处罚是相对成年人犯罪而言的，即在犯罪性质和其他犯罪情节相同或者基本相同的情况下，对未成年人犯罪要比照成年人犯罪的处罚予以从轻或者减轻。至于是从轻还是减轻以及从轻、减轻的幅度，则应当综合考虑未成年人对犯罪的认识能力、实施犯罪行为的动机和目的、犯罪时的年龄、是否初犯、偶犯、悔罪表现、个人成长经历和一贯表现等情况。

2. 不适用死刑的原则。《刑法》第49条第1款规定："犯罪的时候不满18周岁的人和审判的时候怀孕的妇女，不适用死刑。"不适用死刑，是指既不适用死刑立即执行，也不适用死刑缓期2年执行。

3. 不构成累犯。《刑法》第65条第1款规定："被判处有期徒刑以上刑罚的犯罪分子，刑罚执行完毕或者赦免以后，在5年以内再犯应当判处有期徒刑以上刑罚之罪的，是累犯，应当从重处罚，但是过失犯罪和不满18周岁的人犯罪的除外。"

4. 符合缓刑条件的，得宣告缓刑。《刑法》第72条第1款规定：对于被判处拘役、3年以下有期徒刑的犯罪分子，同时符合下列条件的，可以宣告缓刑，对其中不满18周岁的人、怀孕的妇女和已满75周岁的人，应当宣告缓刑：①犯罪情节较轻；②有悔罪表现；③没有再犯罪的危险；④宣告缓刑对所居住社区没有重大不良影响。

5. 前科报告义务附条件免除。《刑法》第100条第1款规定："依法受过刑事处罚的人，在入伍、就业的时候，应当如实向有关单位报告自己曾受过刑事处罚，不得隐瞒。"此为前科报告制度。该条第2款规定："犯罪的时候不满18周岁被判处5年有期徒刑以下刑罚的人，免除前款规定的报告义务。"即免除轻罪报告义务。

前科报告义务使得犯罪人终身被贴上犯罪的标签，在入学、升学、入伍、就业的时候难免会受到歧视，对他们的录取或录用造成困难，难以再社会化。为了贯彻宽严相济的刑事政策，体现对未成年犯实行教育为主，惩罚为辅，重在教育、挽救和改造的方针，鼓励和促使他们重新开始新的人生，做一个对人民、社会有用的人，所以，刑法规定了免除前科报告义务的制度。当然，免除前科报告义务必须同时符合以下条件：①主体仅限于犯罪的时候不满18周岁的人；②被判处的刑罚是5年以下有期徒刑的刑罚，包括被判处5年以下有期徒刑、拘役、管

---

[1] 关于刑事责任年龄阶段的划分，有的学者认为我国采用的是"四分法"，还应包括从宽刑事责任年龄阶段，其依据是《刑法》第17条第4款和第49条之规定。

制、单处附加刑以及适用缓刑的情形。

（四）老年人犯罪案件的处理

刑法中的"老年人"专指已满75周岁的人。刑法对老年人犯罪作出了以下从宽处罚的规定：

1. 已满75周岁的人故意犯罪的，可以从轻或者减轻处罚；过失犯罪的，应当从轻或者减轻处罚（《刑法》第17条之一）。

2. 审判的时候已满75周岁的人，不适用死刑，但以特别残忍手段致人死亡的除外（《刑法》第49条第2款）。这里的"以特别残忍手段致人死亡"是指令人发指的手段，如以肢解、残酷折磨、毁容、摘除人体器官等惨无人道的手段致使被害人死亡的。

3. 已满75周岁的人犯罪，符合缓刑条件的，应当宣告缓刑（《刑法》第72条第1款）。

（五）与刑事责任年龄有关的几个问题

《未成年人刑事案件解释》就刑事责任年龄的计算和认定作出了以下规定：

1. 刑事责任年龄的计算。《刑法》第17条规定的"周岁"，按照公历的年、月、日计算，从周岁生日的第2天起算。例如，甲于2007年5月14日出生，至2021年5月15日为已满14周岁。

2. 刑事责任年龄的确定。审理未成年人刑事案件应当查明被告人实施被指控的犯罪时的年龄，裁判文书中应当写明被告人出生的年、月、日。也就是说，刑事责任年龄是以犯罪行为实施时为准，而不是结果时的年龄。如果行为出现连续或者持续状态，则应当依行为状态结束之时行为人的实际年龄予以确定。

3. 刑事责任年龄的界定。对于没有充分证据证明被告人实施被指控的犯罪时已经达到法定刑事责任年龄且确实无法查明的，应当推定其没有达到相应法定刑事责任年龄。相关证据足以证明被告人实施被指控的犯罪时已经达到法定刑事责任年龄，但是无法准确查明被告人具体出生日期的，应当认定其达到相应法定刑事责任年龄。

4. 跨刑事责任年龄阶段犯罪的认定。行为人在达到法定刑事责任年龄前后均实施了危害社会的行为，只能依法追究其达到法定刑事责任年龄后实施的危害社会行为的刑事责任。就是说，对于跨刑事责任年龄阶段犯罪的认定，不能按照最后实施犯罪时的年龄一并加以认定，而是需要根据刑法的规定，依据具体情况，区别不同的年龄阶段，分别加以认定，做到段段清。

四、几种"特殊人"刑事责任能力的问题

（一）精神障碍人

精神障碍人是指大脑机能活动发生紊乱，导致认知、情感、行为和意志等精神活动发生不同程度障碍的自然人。一个人达到了刑事责任年龄，但如果存在精神障碍尤其是存在精神病性的精神障碍，则可能影响其刑事责任能力。我国《刑法》第18条专门规定了精神障碍人的刑事责任问题。

1. 完全无刑事责任的精神病人。《刑法》第18条第1款规定："精神病人在不能辨认或者不能控制自己行为的时候造成危害结果，经法定程序鉴定确认的，不负刑事责任，但是应当责令他的家属或者监护人严加看管和医疗；在必要的时候，由政府强制医疗。"这是确认精神障碍人无刑事责任的法律依据。

根据上述规定，认定一个人是完全无刑事责任的精神障碍人，必须符合以下两个标准：①医学标准。亦称生物学标准，即从医学上看，行为人是基于精神病理的作用而实施特定危害行为的精神病人，行为人的危害行为是基于精神病理的作用而引起的。精神病通常包括精神分裂症、情感性的精神病、器质性或症状性的精神病、妄想性的精神病、白痴等。②心理学标准。亦称法学标准，即从心理学、法学的角度看，行为人的精神病理机制不但引起了危害行为，而且由于精神病理的作用，使其行为时丧失了辨认和控制自己行为的能力。应当指出，上述医学标准和法学标准相结合的判断结论，必须是"经法定程序鉴定确认"的。

2. 完全负刑事责任的精神障碍人。根据《刑法》第18条的规定和有关司法精神病鉴定实践以及司法实践经验，完全负刑事责任的精神障碍人包括以下两类：

（1）精神正常时期的"间歇性精神病人"。《刑法》第18条第2款规定："间歇性的精神病人在精神正常的时候犯罪，应当负刑事责任。"司法精神病学一般认为，"间歇性精神病"是指具有间歇发作特点的精神病，包括精神分裂症、躁狂症、抑郁症、癫痫性精神病、周期精神病、分裂情感性精神病、癔症性精神病等。这种精神障碍人在精神正常时，其辨认和控制能力与常人无异。

（2）大多数非精神病性的精神障碍人。我国司法精神病学一般认为，非精神病性精神障碍包括：神经官能症、人格障碍式变态人格、性变态、情绪反应、轻狂躁与轻抑郁症、脑震荡后遗症、轻微精神发育不全等。非精神病性的精神障碍人大多数并不因精神障碍使其辨认或者控制能力丧失或者减弱，而是具有完全的刑事责任能力。

3. 限制刑事责任的精神障碍人。《刑法》第18条第3款规定："尚未完全丧失辨认或者控制自己行为能力的精神病人犯罪的，应当负刑事责任，但是可以从轻或者减轻处罚。"这种"精神病人"一般包括以下两类：①处于早期或部分缓解期的精神病患者；②某些非精神病性精神障碍人，包括轻、中度的精神发育不全者等。

（二）生理功能丧失

达到刑事责任年龄、精神正常的人，也可能会因为重要生理功能的丧失而使其刑事责任能力受到影响。《刑法》第19条规定："又聋又哑的人或者盲人犯罪，可以从轻、减轻或者免除处罚。"对该条规定应从以下几个方面理解：①其适用对象只限于又聋又哑的人（即聋哑人）和盲人；②对聋哑人、盲人犯罪，坚持应当负刑事责任与适当从宽处罚相结合的原则，即原则上要予以从宽处罚，只是对于极少数知识和智力水平不低于正常人、犯罪时具备完全刑事责任能力的聋哑人、盲人（多为成年后的聋哑人、盲人），才可以考虑不予从宽处罚。③对应予以从宽处罚的聋哑人、盲人，主要应当根据其犯罪时责任能力的减弱程度，并同时考察犯罪的性质和危害程度，来具体决定是从轻处罚、减轻处罚还是免除处罚，以及从轻或减轻处罚的幅度。

（三）生理醉酒

《刑法》第18条第4款规定："醉酒的人犯罪，应当负刑事责任。"醉酒包括生理醉酒和病理醉酒两种情况，但该条款规定的"醉酒"仅指生理醉酒，而不包括病理醉酒。所谓生理醉酒，是指因饮酒过量而导致精神过于兴奋甚至神志不清的情况。病理醉酒，则是指饮用不足以使一般人发生醉酒的酒量即可引起的严重精神障碍，它属于精神病范畴。

五、犯罪主体的特殊身份

（一）犯罪主体特殊身份的概念

犯罪主体特殊身份，是指刑法规定的影响行为人刑事责任的，行为人所具有的人身方面的特定资格、地位或状态，如国家机关工作人员、司法工作人员、军人、男女、证人、依法被关押的罪犯等。特殊身份只是某些自然人犯罪主体必须具备的特殊要件。应当注意，特殊身份必须是行为人在开始实施危害行为时就已经具有的，而且仅仅是针对实行犯而言的。

（二）犯罪主体特殊身份的分类

犯罪主体的一般要件由刑法总则规定，而犯罪主体的特殊要件则由刑法分则加以规定。在刑法理论上对犯罪主体特殊身份可以作以下分类：

1. 自然身份与法定身份。这是依形成方式所作的划分。

自然身份是指人因自然因素赋予而形成的身份。例如，基于性别形成的事实可有男女之分，有的犯罪如强奸罪仅男子可以单独构成；基于血缘形成的亲属身份，有些犯罪的主体只能是具有此种身份者，如遗弃罪等。对于自然身份，刑法一般不作明确规定。

法定身份是指基于法律所赋予而形成的身份，如军人、国家机关工作人员、在押罪犯等。法定身份即我国刑法分则中规定的特殊身份大致可以概括为以下几类：①以特定公职为内容的特殊身份，如国家工作人员、司法工作人员等；②以特定职业为内容的特殊身份，如公司、企业工作人员、铁路职工、邮政工作人员等；③以自主活动所产生特定义务为内容的特殊身份，如因从事生产或经营活动而产生相应义务的生产者、销售者；④以具有特定人身关系为内容的特殊身份，如共同生活的家庭成员、配偶、父母、子女等；⑤以特定法律地位为内容的特殊身份，如鉴定人、犯罪嫌疑人、被告人等；⑥以持有特定物品为内容的特殊身份，如依法配备公务用枪的人员等；⑦以患有特定疾病为内容的特殊身份，如严重性病患者等；⑧以居住地和特定组织成员为内容的特殊身份，如境外的黑社会组织成员等。

2. 定罪身份与量刑身份。这是根据特殊身份对行为人刑事责任影响的性质和方式所作的划分。定罪身份是指决定刑事责任存在的身份，又称犯罪构成要件的身份。量刑身份是指影响刑事责任程度大小的身份，即影响刑罚轻重的身份，是决定对行为人从重、从轻、减轻甚至免除处罚的根据。

与定罪身份、量刑身份直接相关的是身份犯。在刑法理论上，通常将以特殊身份作为犯罪主体成立要件要素或者刑罚加减根据的犯罪称为身份犯。身份犯可以分为真正身份犯与不真正身份犯。真正身份犯又称为纯正身份犯，是指以特殊身份作为主体要件要素，无此特殊身份该犯罪则根本不能成立。例如，《刑法》第247条刑讯逼供罪的主体必须是司法工作人员，因此，如果行为人不是司法工作人员，其行为就不可能构成刑讯逼供罪。不真正身份犯又称为不纯正身份犯，是指特殊身份不影响定罪但影响量刑的犯罪。例如，《刑法》第243条诬告陷害罪的主体不要求以特殊身份为要件要素，但如果是国家机关工作人员犯该罪的，则要从重处罚。

身份犯以外的犯罪则是非身份犯，如盗窃罪、故意伤害罪等。

第三节 单位犯罪

一、单位犯罪的概念和特征

《刑法》第30条规定："公司、企业、事业单位、机关、团体实施的危害社会的行为，法律规定为单位犯罪的，应当负刑事责任。"根据这一规定，单位犯罪是指公司、企业、事业单位、机关、团体实施的依法应当承担刑事责任的危害社会的行为。单位犯罪具有如下基本特征：

1. 单位犯罪的主体包括公司、企业、事业单位、机关、团体。公司是指以营利为目的的从事生产和经济活动的经济组织，在我国，包括有限责任公司和股份有限公司。企业是指公司以外的，以从事生产、流通等活动为内容，以获取赢利和增加积累、创造社会财富为目的的营利性社会经济组织。事业单位是指依照法律或者行政命令成立，从事各种社会公益活动的组织。机关是指执行党和国家的领导、管理职能的机关以及保卫国家安全职能的机构,包括国家各级权力机关、行政机关、审判机关、检察机关和军事机关。在我国,党的组织也视为机关。团体主要是指人民团体和社会团体。

2. 单位犯罪的主观方面表现为经单位集体研究决定,并为本单位谋取利益实施犯罪的心理态度。单位犯罪必须经本单位集体研究或由其负责人决定实施,是单位整体犯罪意志的体现。它不是单位内部某个成员的意志,也不是各个成员意志的简单相加,而是单位内部成员在相互联系、相互配合、协调一致的条件下形成的意志,即单位的整体意志。另外,单位犯罪一般是出于为本单位谋取非法利益,如果仅仅是为本单位个别或少数成员谋取非法利益的,则不是单位犯罪。

3. 单位犯罪在客观方面表现为是在单位意志支配下由单位内部成员实施的犯罪。单位犯罪是单位的整体行为,而这个整体的犯罪行为是通过单位直接负责的主管人员和其他直接责任人员实施的,并且与其经营管理活动具有密切关系的。单位一般成员实施的犯罪不是单位犯罪,与单位的经营、管理活动没有任何关系的犯罪不可能成为单位犯罪。

4. 单位犯罪以刑法分则条文的明文规定为限。单位犯罪的存在范围具有法定性,并非所有的犯罪都可以由单位构成。如果刑法分则没有规定某罪的主体包括单位,即使单位实施了该罪,也不能认定为单位犯罪。例如,2013年4月4日"两高"《关于办理盗窃刑事案件适用法律若干问题的解释》第13条规定,单位组织、指使盗窃,符合《刑法》第264条及本解释有关规定的,以盗窃罪追究组织者、指使者、直接实施者的刑事责任,即不能认定单位构成盗窃罪。

二、单位犯罪的认定

根据1999年7月3日《最高人民法院关于审理单位犯罪案件具体应用法律有关问题的解释》和单位犯罪的原理,认定单位犯罪时应注意以下问题:

1. 单位的性质不影响单位犯罪的成立。《刑法》第30条规定的"公司、企业、事业单位"既包括国有、集体所有的公司、企业、事业单位,也包括依法设立的合资经营、合作经营企业和具有法人资格的独资、私营公司、企业、事业单位。

2. 一级单位之下不具有独立资格的分支机构,如公司下设的各个职能部门、各个车间等,不能成为单位犯罪的主体。

3. 不以单位犯罪论处的情况。上述司法解释规定了以下三点:①个人为进行违法犯罪活动而设立的公司、企业、事业单位实施犯罪的,不以单位犯罪论处;②公司、企业、事业单位设立后,以实施犯罪活动为主要活动的,不以单位犯罪论处;③盗用单位名义实施犯罪,违法所得由实施犯罪的个人私分的,依照《刑法》有关自然人犯罪的规定定罪处罚。由此可见,单位犯罪中的单位必须在实质意义上是合法的单位,而且单位犯罪必须是在单位意志支配下实施的。如果单位的设立是为了实施犯罪或主要为了实施犯罪,就不认定为单位犯罪。单位犯罪中,各犯罪人实施犯罪活动的动机是为了实现单位利益。如果单位内部人员未经单位授权擅自以单位名义实施犯罪,除非事后得到单位认可,否则只能是自然人犯罪。

三、单位犯罪的处罚原则

对单位犯罪的处罚,世界各国刑事立法上主要规定有两种原则:一是双罚制,即对单位和直接责任人员均处以刑罚。二是单罚制,即只处罚单位而不处罚直接责任人员,或者只处罚直接责任人员而不处罚单位。

《刑法》第31条规定:"单位犯罪的,对单位判处罚金,并对其直接负责的主管人员和其他直接责任人员判处刑罚。本法分则和其他法律另有规定的，依照规定。"根据这一规定，我国对单位犯罪的处罚一般采取双罚制（两罚制）原则。但是，当刑法分则和其他法律规定不采取双罚制而采用单罚制的，则是例外。我国刑法中对少数几种单位犯罪采用的是单罚制，而且是只处罚直接负责的主管人员和其他直接责任人员，而不处罚单位，如《刑法》第162条的妨害清算罪、第396条的私分国有资产罪等。

对单位犯罪中的直接负责的主管人员和其他直接责任人员进行处罚时，不适用刑法总则关于共同犯罪的规定。2000年9月28日《最高人民法院关于审理单位犯罪案件对其直接负责的主管人员和其他直接责任人员是否区分主犯和从犯问题的批复》指出：在审理单位故意犯罪案件时，对其直接负责的主管人员和其他直接责任人员，可以不区分主犯、从犯，按照其在单位犯罪中所起的作用判处刑罚。

思考题

1. 什么是犯罪主体？对犯罪主体可以作怎样的分类？
2. 什么是刑事责任能力？其内容是什么？
3. 什么是刑事责任年龄？关于刑事责任年龄阶段是如何划分的？
4. 我国刑法对未成年人和老年人犯罪案件的处理有哪些特殊规定？
5. 如何理解我国刑法中的精神障碍者的刑事责任问题？
6. 我国刑法关于生理功能丧失者和醉酒者的刑事责任是如何规定的？
7. 特殊身份对定罪量刑有何作用？
8. 简述单位犯罪的概念、特征和处罚原则。

实务训练

[案情]被告人刘某，男，1995年5月2日出生。2009年5月2日，刘某盗窃一辆电动车，价值2000余元。骑了数天后，送给同班同学汪某。后来，刘某跟其父学开汽车。2011年6月5日晚，刘某出于非法占有的目的，偷开长安福特嘉年华一辆，价值82000余元，行驶途中因不敢开灯，将同一方向骑车正常行驶的妇女撞死，后开车逃跑，数日后被抓获。

[问题]刘某对盗窃电动车、偷开汽车和交通肇事的行为是否要负刑事责任？为什么？

第八章

犯罪主观方面

学习目标与工作任务

通过本章的学习，了解犯罪主观方面的概念，理解犯罪故意的概念、种类及其特征，犯罪过失的概念、种类及其特征；掌握直接故意与间接故意、间接故意与过于自信过失、疏忽大意过失与意外事件的区别；了解无罪过事件的概念及类型，犯罪目的与犯罪动机的概念及意义；掌握事实上认识错误的种类与处理原则。能够运用犯罪主观方面的理论分析案例，处理实务。

导入案例

1. 2008年12月14日中午，孙某铭无证驾驶轿车前往成都市一酒楼为亲戚祝寿，大量饮酒后驾车将其父母送至成都火车北站，其后驾车向成都龙泉驿区方向行驶。下午5点左右，孙某铭与一辆比亚迪轿车发生追尾后，驾车继续高速前行，车行至成龙路卓锦城路段时，孙某铭驾车越过黄色双实线，先后撞向对面相向正常行驶的四辆轿车，造成4人死亡、1人重伤的严重后果。[1]

问：孙某铭的罪过形式是什么？

2. 甲因婚外恋产生杀害妻子乙之念。某日晨，甲在给乙炸油饼时投放了可以致死的"毒鼠强"。甲为防止其6岁的儿子吃饼中毒，将其子送到幼儿园，并嘱咐其子等他来接。不料乙当日提前下班后将其子接回并一起吃油饼。甲得知后，赶忙回到家中，但其妻、子均已中毒身亡。

问：甲对毒死其儿子的罪过形式是什么？

3. 徐某是一位年过70且目不识丁、老眼昏花的农村老太太。2012年4月，徐某的女婿将她接到家里小住。一日，徐某见女婿从床下摸出一酒瓶，喝了一口。女婿说，这是药酒，对治腰痛有非常好的疗效。又一日，村里另一老妇前来串门，抱怨最近腰痛病经常发作。徐某热情地说，女婿家有专治腰痛的特效药酒，并从女婿床下摸出酒瓶，倒出约一两给老妇喝下，造成老妇当场死亡。原来女婿喝完瓶中药酒后，把农药装在瓶中，打算治虫用，但他没来得及告诉徐某。

问：徐某对老妇的死亡是否承担刑事责任？

4. 刘某欲杀害在博物馆工作的查某，一日深夜刘某潜入博物馆向正在修补文物的查某连开两枪，都未打中查某，只是击中了查某身边工作台上的国家重点保护的珍贵文物，造成文物

---

[1] 最高人民法院关于印发醉酒驾车犯罪法律适用问题指导意见及相关典型案例的通知（法发〔2009〕47号）。

毁损的严重后果。

问：对刘某应如何处理？

教学内容

第一节 犯罪主观方面概述

一、犯罪主观方面的概念

犯罪主观方面，是指犯罪主体对自己的危害行为及其危害结果所持的心理态度，包括犯罪故意、犯罪过失、犯罪目的和犯罪动机等表现形式。其中，犯罪故意和犯罪过失是犯罪主观方面最主要的内容，是一切犯罪构成不可缺少的主观要件，称为必要要件。犯罪目的只是某些犯罪构成必备的主观要件，称为选择要件；犯罪动机不是犯罪构成的要件，但能够反映行为人主观恶性的大小，一般只影响量刑。

刑法理论上，将犯罪故意和犯罪过失合称为"罪过"。罪过是指行为人对自己的危害行为及其危害结果的一种故意或者过失的心理态度，它是行为人负刑事责任的主观基础。认定犯罪，不仅要有危害行为，还必须确定行为人主观上有罪过。只有在罪过心理支配下实施的危害行为，才具有社会危害性。不是在罪过心理支配下实施的行为所造成的客观损害，如意外事件、自然事故等所造成的损害，不具有刑法意义上的社会危害性，不构成犯罪。

二、犯罪主观方面的意义

1. 是区分罪与非罪的标准之一。犯罪主观方面是一切犯罪成立的必备要件之一，任何在客观上造成损害的行为，如果行为人没有罪过或者不具有特定的犯罪目的，则不可能构成犯罪。

2. 是区分此罪与彼罪的标准之一。任何一个犯罪构成的罪过形式和罪过内容都是特定的，如有的犯罪只能是出于故意，有的犯罪只能是出于过失。同是故意或者过失犯罪，此罪与彼罪的故意内容或过失内容也有所不同。实践中，有些案件仅从行为与结果的外观上看，具有相似性，但由于主观方面的不同，定罪也就不同。

3. 是影响量刑轻重的因素之一。犯罪主观方面的内容可以决定行为是否构成犯罪以及构成何罪，同时还是反映行为人主观恶性和人身危险性大小的标志之一，进而决定着行为的社会危害性程度，因而是影响量刑轻重的因素之一。

第二节 犯罪故意

一、犯罪故意的概念

《刑法》第14条第1款规定："明知自己的行为会发生危害社会的结果，并且希望或者放任这种结果发生，因而构成犯罪的，是故意犯罪。"第2款规定："故意犯罪，应当负刑事责任。"根据这一规定，所谓犯罪故意，是指行为人明知自己的行为会发生危害社会的结果，并且希望或者放任这种结果发生的主观心理态度。显然，犯罪故意与故意犯罪是两个不同的概念，它们既有联系又有区别。犯罪故意是故意犯罪的基础，没有犯罪故意就不可能有故意犯罪；犯罪故意是一种心理态度，而故意犯罪则是一种犯罪行为。

二、犯罪故意的认识因素和意志因素

犯罪故意的概念表明，其由两个因素构成：一是认识因素；二是意志因素。

（一）犯罪故意的认识因素

犯罪故意的认识因素是指行为人明知自己的行为会发生危害社会的结果的心理态度。其中，"明知"是故意的认识内容，"会"是故意的认识程度。

1. 认识的内容。即"明知"的内容，一般认为应包含以下几个方面：①对行为本身的认识，即行为人对危害行为的内容和性质的认识。认识到行为的危害性质而仍然实施该行为，说明了行为人具有主观恶性。②对危害结果的认识，即行为人必须认识到行为的危害结果。对危害结果的认识并不要求很具体，只要认识到法律要求的结果就可以。③部分犯罪的构成还要求行为人对其他客观事实有认识，包括对犯罪对象、时间、地点和方法等因素的认识。例如，成立盗窃枪支罪要求行为人对法定的犯罪对象有认识，即明知盗窃的对象是枪支，否则不成立本罪。

另外，关于"明知"的内容是否包括行为人对自己行为刑事违法性的认识，目前理论上还存在争议。一般认为，不宜把对行为刑事违法性的认识纳入行为人"明知"的内容之列。主要理由是，刑法中关于认识内容的规定是"明知自己的行为会发生危害社会的结果"，而非要求"明知自己的行为违反法律规定"，这显然只要求行为人认识到行为及结果的危害性，而没有要求行为人必须认识到行为的刑事违法性。

2. 认识的程度。即认识到"会发生危害社会的结果"，这包括"必然会……""可能会……"两种情况。无论是"必然会"还是"可能会"均符合犯罪故意的认识因素特征，只不过认识程度不同而已。

（二）犯罪故意的意志因素

犯罪故意的意志因素是指行为人对其行为导致危害结果的发生所抱的希望或者放任的心理态度。

三、犯罪故意的种类

关于犯罪故意的种类，根据不同的标准就有不同的划分方法，如确定故意与不确定故意、预谋故意与突发故意、事前故意与事后故意、无条件的故意与符合条件的故意等。根据《刑法》第14条的规定，依据行为人在实施危害行为时意志因素的不同，可以把犯罪故意分为直接故意与间接故意。

（一）直接故意

直接故意是指行为人明知自己的行为会发生危害社会的结果，并且希望这种结果发生的心理态度。"明知"和"希望"是成立直接故意的两个条件。

直接故意的认识因素是行为人明知自己的行为会发生危害社会的结果。这里的"会发生"包括必然发生和可能发生两种情形。"必然发生"指危害结果的不可避免性，这是直接故意的独有特征。"可能发生"指危害结果发生的或然性。

直接故意的意志因素是行为人希望危害结果的发生。希望危害结果发生，是指行为人对危害结果抱着积极追求的心理态度。即行为人在明确认识自己行为性质的基础上，努力运用自己的意志来协调、决定行为性质的各种条件，使其按照自己的认识转化为客观现实，促使危害结果的发生。

根据认识因素（认识程度）的不同内容，直接故意可以区分为两种情况：①行为人明知自己的行为必然发生危害社会的结果，并且希望这种结果发生。②行为人明知自己的行为可能发生危害社会的结果,并且希望这种结果发生。例如,甲欲枪杀乙,但枪法不准,当时的光线也不好,又无法接近乙,因而他对能否击中乙没有把握,但他不愿放过这个机会,希望能够打死乙,并在这种心理的支配下实施了射杀行为。

（二）间接故意

间接故意是指行为人明知自己的行为可能发生危害社会的结果,并且放任这种结果发生的心理态度。"明知"和"放任"是成立间接故意的两个条件。

在认识因素上,间接故意表现为行为人认识到自己的行为"可能"发生危害结果,即行为人根据对自身犯罪能力、犯罪对象、犯罪工具以及犯罪的时间、地点、环境等情况的了解,认识到行为导致危害结果的发生只是具有可能性、或然性,而不具有必然性。如果行为人明知其行为必然发生危害结果而决意为之,就不属于间接故意。

在意志因素上,间接故意表现为行为人放任危害结果发生。所谓放任危害结果发生,是指行为人在认识到自己的行为可能造成特定危害结果的情况下,为了达到自己既定的其他目的,仍然决定实施该行为,对该行为可能造成的危害结果,行为人既不希望发生,也不是希望不发生,同时也不反对、不采取相应的措施设法阻止危害结果的发生,而是采取漠不关心、听之任之的心理态度,任由危害结果的发生。无论危害结果是否发生,都不违背行为人的本意。应当注意,危害结果的实际发生是认定间接故意的必要条件。如果没有发生实际危害结果,就不能认定行为人具有放任危害结果发生的心理态度,也就不存在构成犯罪的问题。

本章"导入案例一"中,孙某铭应承担故意犯罪的刑事责任,罪过形式是间接故意。因为孙某铭对自己行为可能造成严重危害公共安全的后果完全是明知的,他虽不是积极追求这种结果发生,但在撞车后继续驾车疯狂逃窜,完全放任造成多人死伤的结果的发生,未采取有效避免的措施,属于不希望也不反对危害后果的发生,因此属于间接故意。

在司法实践中,犯罪的间接故意大致表现为以下三种情况:

1. 行为人为追求一个非犯罪目的而放任某种危害结果的发生。例如,甲、乙二人用猎枪在一所小学门前打麻雀。甲见一只小麻雀落在该小学大门坎上,瞄准欲打。乙阻止说"不能打,别误伤了人"。甲答:"管他的,谁叫他这时出来!"随即扣动扳机。正好有两个小学生追逐出门,其中一个小学生被甲打瞎了左眼。甲对自己射击行为可能会造成对他人伤害的结果持放任的态度,属于间接故意。

2. 行为人为追求某一犯罪目的而放任另一危害结果的发生。例如,丙因与丁有矛盾,决定以烧毁丁家一间草屋的方式报复。一天晚上,丙点燃了丁家的这间草屋。丙明知丁母住在该草屋内,烧毁草屋可能会把丁母烧死,却置丁母生死于不顾,结果丁母被烧死。丙对丁母的死亡结果是持放任态度的,属于间接故意。

3. 在突发性犯罪中,行为人在瞬间情绪冲动下,不计后果地实施危害行为,放任危害结果的发生。在这类案件中,行为人并非明确追求具体结果,对自己的行为到底会造成何种后果虽没有明确的认识,但无论发生何种结果,都在行为人的主观认识范围之内,并且行为人也不反对这种结果的发生。例如,实践中一些人临时起意,动辄行凶,不计后果,捅人一刀即扬长而去并致人死亡的案件,就属于间接故意。

四、犯罪故意的司法认定

（一）犯罪故意与一般生活意义上的"故意"的区别

犯罪故意表现为行为人对自己实施的危害行为及其危害结果的认识以及所持的希望或放任态度。而一般生活意义上的"故意"只是表明行为人有意识地实施某种行为,但不具有犯罪故意的特定内容。例如，甲于深夜潜入一仓库准备行窃，为了寻找重量轻、价值大的物品，用随身携带的打火机照明，结果引燃悬挂垂落的材料，造成火灾。显然，甲点燃打火机是一般生活意义上的故意，用来照明而不是放火，不具有特定的危害内容，因而不是刑法意义上的故意。

（二）直接故意与间接故意的异同

二者在认识因素方面都要求行为人明知自己的行为会发生危害社会的结果，在意志因素方面行为人均不排斥、不反对危害结果的发生。但二者是有重要区别的，主要包括：

1. 从认识因素上看，行为人对自己行为导致发生危害结果的认识程度不同。直接故意包括认识到必然发生危害结果和可能发生危害结果两种情形；而间接故意只限于"明知可能发生危害结果"。

2. 从意志因素上看，行为人对发生危害结果所持的心理态度显然不同，这是直接故意与间接故意区别的关键所在。直接故意的行为人是希望危害结果发生；间接故意的行为人是放任危害结果发生。

3. 从危害结果对犯罪成立的意义上看，在直接故意的情况下，特定危害结果的发生与否，并不影响犯罪的成立，只会影响到犯罪形态；在间接故意的情况下，只有发生了特定的危害结果，才能构成犯罪。例如，上述甲、乙二人在小学门前打麻雀的案例，如果开枪并未伤及小学生，就不构成犯罪；如果造成小学生死伤，就构成间接故意犯罪。

第三节 犯罪过失

一、犯罪过失的概念

《刑法》第15条第1款规定："应当预见自己的行为可能发生危害社会的结果，因为疏忽大意而没有预见，或者已经预见而轻信能够避免，以致发生这种结果的，是过失犯罪。"第2款规定："过失犯罪，法律有规定的才负刑事责任。"根据这一规定，犯罪过失支配下的犯罪即是过失犯罪。犯罪过失是指行为人应当预见自己的行为可能发生危害社会的结果，因为疏忽大意而没有预见，或者已经预见而轻信能够避免，以致发生这种结果的心理态度。

二、犯罪过失的认识因素和意志因素

（一）犯罪过失的认识因素

犯罪过失的认识因素是指行为人对危害结果的发生应当预见或者已经预见。在过失犯罪的场合，行为人对自己行为可能发生危害结果是具备认识能力的，但事实上在行为时并未认识到，或者虽然已经认识到，但对结果发生的可能性却作出了错误的估计和判断，认为危害结果可以避免。因此，行为人的实际认识与认识能力并不一致。如果事实证明，某种危害结果确实是由行为人造成的，但他缺乏预见能力，则不可能成立过失犯罪。

（二）犯罪过失的意志因素

犯罪过失的意志因素是指行为人对某种危害结果的发生既不是希望也非放任，而是持反对和排斥的心理态度。危害结果之所以发生，完全是由于行为人缺乏必要注意、严重不负责任或者草率行事造成的。因此在危害结果实际发生的情况下，是与行为人的主观愿望相违背的，即行为人的主观愿望与客观效果不一致。犯罪过失的本质不仅在于造成危害结果，更在于行为人违反了注意义务。如果某种危害结果的发生，不是因行为人未履行注意义务而引起，或者行为人已经履行了注意义务而仍无法避免危害结果发生的，则不能认为其具有犯罪过失。

三、犯罪过失的种类

关于犯罪过失的种类，可以按照不同的标准作出不同的划分，如普通过失与业务过失，重过失与轻过失。根据《刑法》第15条的规定，按照行为人心理态度的不同内容，犯罪过失分为疏忽大意的过失和过于自信的过失两种。

（一）疏忽大意的过失

疏忽大意的过失亦称"无认识的过失"，是指行为人应当预见自己的行为可能发生危害社会的结果，因为疏忽大意而没有预见，以致发生这种结果的心理态度。它具有以下两个基本特征：

1. 在认识特征方面，疏忽大意的过失表现为行为人应当预见，但由于疏忽大意而没有预见。对此应当从以下方面理解：

（1）应当预见。所谓应当预见，是指行为人在实施行为时有责任预见也有能力预见自己的行为可能发生危害结果。具体包括两层含义：①行为人有预见的义务。这种预见义务不仅包括法律、法令和各种规章制度所确定的义务，也包括社会共同生活准则所要求的注意义务。例如，禁止高空抛物，这是法律所规定的义务；护士进行青霉素注射必须先做皮试，这是规章制度所规定的义务；不能用器械指着人开玩笑，则是一种习惯常理。②行为人有预见的能力。法律不会强人所难，不会要求公民去做他实际上不可能做到的事情，而只是对有实际预见可能的人赋予其预见的义务。所以，预见义务是以预见能力为前提。例如，李某驾车超速行驶，对可能造成交通事故，这是他应当预见的，也是有能力预见的。总之，预见义务与预见能力是有机统一的，如果行为人缺乏预见义务，或者虽然有预见义务但没有预见能力，都谈不上"应当预见"。

在司法实践中，如何判断行为人"应当预见"？刑法理论界通说认为，判定行为人是否应当预见的标准，只能是行为人的实际认识能力和行为时的具体条件，而且应以行为人所属的群体的预见能力为限。决定"行为人的实际认识能力"的因素主要包括行为人的年龄、智力状况、文化水平、社会阅历、职业、业务技能等。"行为时的具体条件"主要包括行为时的客观环境和条件、自然力方面因素、行为本身的危险程度等。按照这一标准，一般人在普通条件下能够预见的，行为人可以因为认识能力低和行为时的特殊情况而不能预见；一般人在普通条件下不能预见的，行为人也可以因为自身认识能力较高或行为时的特殊条件而能够预见。例如，电影放映员与车夫一起去拉电影胶片，将胶片搬进屋后，随手放在火炉边。胶片受热起火，酿成火灾。此案中，电影放映员具有预见义务和预见能力，属于疏忽大意的过失；而车夫并不知道胶片具有易燃性，这超出他的认识范围，属于意外事件。

（2）没有预见。所谓没有预见，是指行为人在主观上对自己行为可能发生危害结果处于无认识状态。如果预见到，就不会继续实施该行为或者会及时采取必要措施加以防止。这包括两种情况：一是行为人对行为本身是无意识的；二是行为人对行为本身是有意识的，但对行为的危害社会的性质、危害结果没有认识。

（3）由于疏忽大意而没有预见。所谓疏忽大意，是指行为人粗心大意，马马虎虎，不认真负责，缺乏社会责任感。

2. 在意志特征方面，疏忽大意的过失表现为行为人反对危害结果的发生，即危害结果的发生是违背行为人主观意志的。

（二）过于自信的过失

过于自信的过失亦称"有认识的过失"，是指行为人已经预见到自己的行为可能发生危害

社会的结果,但轻信能够避免,以致发生危害结果的心理态度。其基本特征是:

1. 在认识因素上,行为人已经预见到自己的行为可能发生危害社会的结果。这种认识在程度上是比较模糊、不确定的,行为人更倾向于认为危害结果不会发生,或者说危害结果虽有可能发生的危险,但认为这种可能性不会转化为现实性。如果行为人在行为时已经预见到危害结果的必然发生而不是可能发生,那就不是过于自信的过失;如果行为人在行为时根本没有预见到自己的行为会导致危害结果,则要么是疏忽大意的过失,要么是意外事件。

2. 在意志因素上,行为人轻信能够避免危害结果的发生。所谓轻信能够避免,是指行为人在预见到危害结果可能发生的同时,又凭借一定的主客观条件,相信自己能够防止危害结果的发生。但其所凭借的主客观条件并不现实、可靠,要么是过高估计自己的能力,认为自己可以避免危害结果的发生;要么是不适当地估计了现实存在的客观条件对避免危害结果的作用,而过低地估计了自己行为导致危害结果发生的可能程度。正是在这种错误估计下实施了错误的行为,以致发生了危害结果。

在认定过于自信的过失时应当注意以下几点:①行为人相信能够避免危害结果的发生有一定的实际根据,而不是毫无根据地认为不会发生危害结果。当然,行为人所凭借的主客观条件并不足以避免危害结果的发生。②不能将合理信赖认定为轻信能够避免。例如,汽车司机在封闭的高速公路上驾驶汽车时,因合理信赖行人不会横穿公路而正常驾车,如果行人横穿公路被汽车撞死,那么该汽车司机不承担过失犯罪的刑事责任。

本章"导入案例二"中,甲在其妻的食物中投放毒药时,预见到了其子可能与其妻分食食物发生中毒死亡的结果,但甲既不希望这一结果发生,也未放任其子死亡结果的发生,而是采取"将其子送到幼儿园,并嘱咐其子等他来接"的方式防止这一结果的发生。但事实表明,甲不当地估计了现实存在的客观条件对避免危害结果的作用,并误以为通过自己的一番行为,其子死亡结果发生的可能性会很小。所以,甲对其儿子死亡结果的发生是出于过于自信的过失。

四、犯罪过失的司法认定

(一) 犯罪过失与犯罪故意、过失犯罪与故意犯罪的区别

犯罪过失与犯罪故意均统一于罪过的概念之下,都是认识因素与意志因素的统一,都是行为人主观恶性的反映,都说明行为人对刑法所保护社会关系的背反态度。二者的区别主要包括:①认识因素的具体内容不同;②意志因素的具体内容不同。

由于犯罪故意和犯罪过失存在上述区别,所以刑法对过失犯罪与故意犯罪作出了以下不同的规定:①过失犯罪的成立均以发生法定的危害结果为要件;而故意犯罪的成立并非如此。②《刑法》规定:"过失犯罪,法律有规定的才负刑事责任""故意犯罪,应当负刑事责任",这体现了我国刑法以处罚故意犯罪为原则,以处罚过失犯罪为特殊的精神。③由于犯罪过失所表明的行为人的主观恶性明显小于犯罪故意,所以刑法对过失犯罪所规定的法定刑明显低于故意犯罪的法定刑。

(二) 过于自信的过失与间接故意的异同

二者对危害结果的发生均有认识,并且均持不希望的态度,但二者是性质截然不同的两种罪过形式。从本质上看,间接故意所反映的是行为人对社会关系的积极蔑视态度,而过于自信的过失所反映的是行为人对社会关系消极的不保护态度。二者的主要区别包括:

1. 在认识因素方面,二者对发生危害结果的认识程度不同。过于自信的过失的行为人是"已经预见"可能发生危害结果,说明对可能发生危害结果虽有一定的认识,但认识程度相对

较低,一般比较模糊、粗浅,对发生危害结果的可能性转化为现实性估计不足,在危害结果发生时,行为人是感到意外的,其主观认识与客观后果是不一致的;而间接故意的行为人是"明知"可能发生危害结果,"明知"比"预见"要具体、全面,即行为人对其行为可能发生的危害结果有比较清楚、现实的认识,认识程度相对较高,对发生危害结果的可能性转化为现实性并未产生错误的估计,在危害结果发生时,行为人并不感到意外,其主观认识与客观后果相一致。

2. 在意志因素方面,二者对危害结果发生所持的心理态度不同。过于自信的过失的行为人不仅不希望、不放任危害结果的发生,相反是排斥、反对危害结果的发生,因此,危害结果的发生是违背行为人本意的;间接故意的行为人虽不希望危害结果的发生但也不反对,因此,危害结果的发生并不违背行为人的本意。

3. 有无一定的条件和依据不同。在过于自信的过失的情况下,行为人对于自己能够防止危害结果的发生是有一定的条件和依据的,如经验丰富、技术熟练、反应敏捷、身强力壮、他人的帮助、自然力方面的有利因素等;在间接故意的情况下,行为人既不采取任何防范措施,也不依靠任何条件去防止危害结果的发生。

4. 承担刑事责任的轻重不同。由于二者所反映出的行为人的主观恶性大小不同,因而处罚时有轻重之分。

第四节 无罪过事件

一、无罪过事件的概念和种类

《刑法》第16条规定:"行为在客观上虽然造成了损害结果,但是不是出于故意或者过失,而是由于不能抗拒或者不能预见的原因所引起的,不是犯罪。"据此,无罪过事件包括以下两种:

(一)意外事件

意外事件是指行为在客观上虽然造成了损害结果,但是不是出于故意或者过失,而是由于不能预见的原因所引起的情形。它具有以下三个特征:

1. 行为人的行为在客观上造成了损害结果。如果客观上出现的损害结果不是行为人的行为引起的,而是由自然现象、动物侵袭等原因造成的,则不属于刑法上的意外事件。

2. 行为人在主观上没有罪过。行为人对自己的行为所造成的损害结果,既非出于故意也非出于过失,而是一种无罪过的心理状态。

3. 损害结果是由于不能预见的原因引起的。所谓不能预见,是指行为人对损害结果的发生不但没有预见,而且根据当时的客观情况和行为人的主观认识能力,也根本不可能预见。例如,甲驾车自山上向下驶来,在一拐弯处因公路塌陷,汽车前轮坠下公路,甲紧急刹车致车内乘客受重伤。对甲来说,公路塌陷就属于不能预见,因此刹车致乘客受伤就是意外事件。

(二)不可抗力

不可抗力是指行为在客观上虽然造成了损害结果,但是不是出于故意或者过失,而是由于不能抗拒的原因所引起的情形。它与意外事件的特征基本相同,只是引起损害结果的原因不同,即是由于不能抗拒的原因引起的。所谓不能抗拒,是指行为人虽然认识到自己的行为可能发生损害结果,但遇到一种自身不能控制和排除的外来力量,无力排除或防止损害结果的发生。例如,乙赶马车时,马匹意外受惊吓,冲上人行道,致使多人被马匹踩踏受伤。对乙来说，虽然认识到不制止马匹的奔跑可能造成他人的伤亡，但无论如何都不能制止马的奔跑，结果造成他人伤亡，就属于不可抗力。

二、无罪过事件的司法认定

（一）意外事件与疏忽大意过失的异同

二者的相似之处在于，行为人对损害结果的发生都没有预见，损害结果的发生均违背行为人的主观意志。二者的主要区别是：意外事件是行为人对损害结果的发生不可能预见、不应当预见而没有预见；而疏忽大意的过失则是行为人对行为发生危害结果的可能性能够预见、应当预见，只是由于疏忽大意才未能实际预见。例如，某医院护士丙值夜班，一新生婴儿啼哭不止，丙为了止住其哭闹，随将婴儿翻转成俯卧，并用棉被盖住婴儿的头部，稍后丙查看时，婴儿已无呼吸，经抢救无效死亡。经事后鉴定，婴儿系俯卧使口、鼻受压迫，窒息而亡。丙作为专业护理人员，能够、也应当预见到俯卧可能导致婴儿窒息死亡，因为疏忽大意而没有预见，故其致人死亡属于疏忽大意的过失。

本章"导入案例三"中，徐某是否有正常的预见能力是关键。一般情况下行为人的预见义务和预见能力是一致的。法律、规章或者习惯是按照普通人标准提出要求的，那也是普通人能够做到的标准。但是，有些人可能由于自身能力、水平低于正常人，而不可能预见。徐某作为一名目不识丁、老眼昏花的70多岁老人，且其女婿将药酒瓶换装了农药之后也没告诉她，所以她对其行为后果是没有预见能力的，当然也就不承担预见的义务，故属于意外事件。

（二）不可抗力与过于自信过失的异同

二者的相同之处在于，都造成了一定的损害结果，行为人都预见到损害结果发生的可能性。二者的区别主要表现在：不可抗力的行为人尽管极力避免损害结果的发生，但由于存在不可抗拒的原因，损害结果的发生已不以人的意志为转移，行为人的任何努力都不能改变不可抗拒原因继续发生作用。而过于自信过失的行为人对损害结果的发生是轻信能够避免，这种"轻信"是建立在不科学、不可靠的基础之上，事实上行为人是能够阻止、避免损害结果发生的。

第五节　犯罪目的与犯罪动机

一、犯罪目的

犯罪目的是指行为人主观上希望通过实施犯罪行为达到某种危害结果的心理态度。犯罪目的是犯罪直接故意的重要内容，它不仅表明行为人对其行为导致危害结果已有认识，而且反映了行为人对之积极追求的主观愿望。

根据我国刑法理论通说，犯罪目的一般只存在于直接故意之中，间接故意和过失犯罪都不存在犯罪目的。当然，并非所有的直接故意犯罪都以犯罪目的为构成要件，只有在刑法分则有明文规定具有特定目的的犯罪中，它才能成为犯罪构成的必备要件要素。

犯罪目的侧重于影响定罪，其意义包括以下几点：①是认定某些犯罪是否成立的标准之一。我国刑法明文规定有些犯罪以特定犯罪目的为构成要件要素，否则就不成立犯罪，如赌博罪必须以营利为目的，贷款诈骗罪必须以非法占有为目的。②是区分此罪与彼罪的标准之一。在有些情况下，犯罪目的不同，行为的性质也就不同。如收买被拐卖的妇女，如果是以出卖为目的，就构成拐卖妇女罪；如果不是以出卖为目的，则构成收买被拐卖的妇女罪。③犯罪目的对量刑也具有一定的意义。

二、犯罪动机

犯罪动机是指刺激、驱使行为人实施犯罪行为以实现犯罪目的的内心起因。其回答的是行为人实施犯罪行为的心理原因何在,其内容是行为人受外界刺激而产生的某种需要或愿望,其作用是发动犯罪行为。如行为人可能出于贪图钱财、泄愤报复、毁灭罪证、奸情败露等不同动机而实施故意杀人犯罪。

犯罪动机侧重于影响量刑。犯罪动机是反映行为人主观恶性及其人身危险性的一个重要指标,是衡量社会危害性的一个重要尺度,根据罪责刑相适应原则,体现社会危害性的犯罪动机对量刑起重要作用。当然,在一定情况下,犯罪动机也影响着定罪。因为,我国刑法明文规定有些犯罪以"情节严重""情节恶劣"为构成要件,而犯罪动机是衡量是否"情节严重"或"情节恶劣"的事实之一。

三、犯罪目的与犯罪动机的关系

二者的联系表现在:①二者都是行为人实施犯罪行为过程中的主观心理活动,都在一定程度上反映了行为人的主观恶性及其行为的社会危害性。②二者都是通过犯罪行为表现出来,都反映行为人的某种需要,有时是一致的。③犯罪目的以犯罪动机为前提和基础,源于犯罪动机,是犯罪动机的延伸和发展;而犯罪动机促使犯罪目的的形成和确定。

二者的区别主要包括:①犯罪动机产生于行为人具体的犯罪意识形成之前,其作用是促使具体犯罪意识的形成;犯罪目的则包含于行为人的具体犯罪意识之中,形成于犯罪动机之后,其作用是协调、控制犯罪行为,促使其向特定的方向或目标发展。②犯罪动机回答的是行为人基于何种心理原因实施犯罪行为,它不以危害结果为内容;而犯罪目的回答的是行为人实施犯罪行为所希望发生的结果是什么,以危害结果为内容。③同一性质的犯罪,目的只有一个,但动机可以多种多样;不同性质的犯罪,动机可以相同,但目的不同。④犯罪目的和犯罪动机都影响定罪量刑,但侧重点不同。犯罪目的对定罪具有明显的价值,而犯罪动机的主要作用在于影响量刑。

第六节 认识错误

认识错误即刑法上的认识错误,是指行为人对自己行为的法律性质或者有关客观事实存在不正确的认识,它关系到对行为人刑事责任的追究问题。认识错误分为两类:一类是对法律的认识错误;另一类是对事实的认识错误。

一、对法律的认识错误

对法律的认识错误是指行为人对自己的行为在法律上是否构成犯罪、构成何罪以及应受何种刑罚处罚存在不正确的认识。判定行为人的行为是否构成犯罪,应否受刑罚处罚,以及应受什么刑罚处罚,依据只能是法律,而不能以行为人的自我评价和主观认识为标准。对法律的认识错误一般包括三种情况:

(一)误认无罪为有罪

亦称"假想的犯罪"、幻觉犯,即行为人的行为依法不构成犯罪,而行为人却误认为构成了犯罪。例如,甲与现役军人的配偶通奸后认为这是犯罪,就向司法机关"自首"。这种认识错误不影响对该行为认定为无罪。

(二)误认有罪为无罪

亦称"假想的不犯罪",即行为人的行为依法已构成犯罪,而行为人却误认为不构成犯罪。根据通说，刑事违法性不是犯罪故意的认识内容，这种认识错误原则上不影响犯罪故意的成立。例如，行为人嫖宿不满13周岁的幼女，误认为自己只是嫖娼，不成立犯罪，而实际上实施该种行为是构成强奸罪的。

（三）对定罪量刑的认识错误

即假想的他罪与他刑，是指行为人认识到自己的行为已经构成犯罪，但对所触犯的罪名、罪数或者处刑轻重等方面存在不正确的认识。

二、对事实的认识错误

对事实的认识错误是指行为人对与自己行为有关的客观事实存在不正确的理解。这种认识错误是否影响行为人的刑事责任，要区别情况具体对待。对事实的认识错误种类繁多，比较复杂，归纳起来主要有以下几种：

（一）对客体的认识错误

对客体的认识错误，是指行为人在实施危害行为时，对其侵犯的社会关系的性质存在错误认识，即行为人意图侵犯一种客体，而实际上侵犯了另一种客体。对于客体认识错误的，应当按照行为人意图侵犯的客体定罪。例如，甲在盗剪通信电缆时，恰巧两名外出执行公务的便衣警察路过，在出示证件后将甲押往附近的派出所。途中，被甲的朋友乙、丙遇见，乙、丙以为甲被人挟持，便绕到身后，将两名警察打倒在地，致警察轻伤，并拉着甲一起逃走。在本案中，乙、丙意图侵犯的是他人的身体健康权利，而实际上侵犯了国家机关工作人员的公务活动。但由于乙、丙只具有伤害的故意，不具有妨害公务的故意，因此不能按超出其认识范围的故意来认定。

（二）对行为对象的认识错误

对行为对象的认识错误，是指行为人主观上所认识的行为对象与其行为实际侵害的对象不相一致。它具体包括以下几种情形：

1. 同性质对象的认识错误。即误把甲对象当作乙对象加以侵害，而二者所体现的社会关系是相同的。例如，甲想杀王某，却误把李某当王某杀了。在这种认识错误中，由于具体对象体现的合法权益是相同的，因而不影响对行为的定性。

2. 不同性质对象的认识错误。即误把甲对象当作乙对象加以侵害，而二者所体现的社会关系是不同的。例如，乙在列车上盗得一手提包，后打开发现内有一手枪。对于这种认识错误，应当根据行为人的主观故意内容认定犯罪的性质。

3. 误把非犯罪对象当作犯罪对象加以侵害。例如，丙本想杀赵某，黑夜里却把一只山羊当作赵某开枪射杀。对于这种认识错误，行为人在主客观方面都符合故意犯罪要求，只是由于认识错误才未得逞，故应认定为犯罪未遂。

4. 误把犯罪对象当作非犯罪对象加以侵害。例如，丁傍晚外出打猎，将一戴狐狸皮帽正在深草丛割草的农民当作野兽，开枪射杀，结果将该农民打死。对于这种认识错误，行为人在主观上没有认识到自己的行为会发生危害结果，因而不能认定为故意犯罪，只能根据实际情况认定为过失犯罪或者意外事件。

（三）对行为性质的认识错误

即行为人对自己行为的实际性质发生了错误的理解。比如，行为人把不存在的侵害行为误认为是正在进行的不法侵害而实行防卫，致人死伤。对于这种行为性质认识错误的情形，应当排除行为人对实际无认识行为的故意，而应根据具体情况认定为过失犯罪或意外事件。

(四) 打击错误

打击错误亦称"行为偏差",是指行为人对行为对象辨认无误,但是在实施侵害行为时,行为出现误差以致实际侵害的对象与意图侵害的对象不一致。例如,甲、乙并肩而行,丙欲射杀甲并且瞄准甲射击,结果却射中乙。打击错误与对象错误的相同之处是实际侵害的对象与预想侵害的对象不一致。二者的区别在于,前者没有出现辨认错误,而是产生于行为误差;后者产生于辨认误差。由于打击错误与行为人的主观认识错误无关,纯属客观行为的失误或行为差误,因此,就其实质而言,不属于刑法上认识错误的范围。

打击错误有两种表现形式:①同一构成要件内的打击错误。当打击错误的对象属于同种类时,不阻却故意。例如,甲欲杀王某,端枪瞄准王某,但由于枪法不准,结果打死了王某身边的张某,甲的行为构成故意杀人罪既遂。②不同构成要件间的打击错误。本章"导入案例四"就属于不同构成要件间的打击错误。

本章"导入案例四"中,刘某意图枪杀查某,却击中并损毁了珍贵文物,其行为本身存在差误。对本案的处理,关键看刘某对损毁文物的结果有无过失,如无过失,只构成故意杀人罪(未遂)。如有过失,则分别构成过失损毁文物罪与故意杀人罪(未遂),但应按想象竞合犯处理。

(五) 对行为手段(工具、方法)的认识错误

即行为人对自己使用的行为手段(工具、方法)是否会发生危害结果存在不正确的认识。具体包括以下三种情况:

1. 行为人所使用的手段会发生危害结果,但行为人却误认为不会发生危害结果。例如,甲误把砒霜当作砂糖给他人饮用,造成他人死亡。对于这种行为手段认识错误,如有过失,则成立过失犯罪;如果没有过失,则属于意外事件。

2. 行为人本欲使用会发生危害结果的手段,但由于认识错误而使用了不会发生危害结果的手段。如乙用枪抵仇家丙的头部扣动扳机,但因子弹年久失效,不能击发。在这种认识错误中,行为人是希望发生危害结果,但由于意志以外的原因而未得逞,因而成立犯罪未遂。

3. 行为人因为愚昧无知,使用根本不可能发生危害结果的手段,误认为可以导致危害结果的发生。例如,丁因与邻居发生矛盾,遂在家中点香拜神,将画有人形并写着邻居名字的纸符烧毁,企图咒死邻居。这种认识错误在客观上没有危害社会的可能性,应认定为无罪。这种情形在刑法理论上称为"迷信犯"。

(六) 对因果关系的认识错误

即行为人对自己实施的行为和所造成的结果之间的因果关系的实际发展存在着不正确认识。具体包括以下四种情况:

1. 行为人误认为自己的行为已经发生了预期的犯罪结果,事实上并没有发生这种结果。例如,甲隔河开枪射杀乙,见乙中枪倒地,以为其已死亡即离去,后乙遇救脱险。这种认识错误不影响故意犯罪的成立,但由于实际并未发生危害结果,只能认定为犯罪未遂。

2. 行为人所追求的结果事实上由于其他原因造成的,行为人却误认为是自己的行为造成的。例如,丙欲杀害邻居沈某,一天晚上丙驾车回家途中,碰巧遇到沈某独自行走于公路边,丙见周围无其他行人和车辆,遂驾车撞向沈某,沈某滚落到路边水沟里不再动弹,丙驾车回家。稍后沈某苏醒,爬上公路准备呼救,被另一辆急驶而来的汽车当场轧死。次日丙听说沈某被车轧死,以为是自己的行为所致。对于这种认识错误,行为人在主客观方面都符合故意犯罪的要求,成立故意犯罪,但由于行为人的行为并未直接造成所追求的危害结果,因而只能认定

为犯罪未遂。

3. 行为人的行为没有按照其预想的方向发展，而是发生了其预想结果以外的结果。例如，丁和乙因琐事发生厮打，在厮打中，丁持木棍猛击乙的头部一下，致乙颅脑损伤，经抢救无效于次日死亡。在这种认识错误中，行为人对超出其所追求目标以外的结果在主观上并无故意，因而应按行为人的实际预想、认识来认定，故本案中只能让丁负故意伤害致人死亡的刑事责任。

4. 行为人实施了数个行为，危害结果是其中一行为造成的，行为人却误认为是另一行为造成的。例如，甲因偷西瓜遭看瓜人乙的责骂，遂产生报复杀人念头，于深夜潜入乙睡觉的木棚内，掐住乙的脖子，见乙不再挣扎后，以为其已死亡。甲为逃避惩罚，点燃乙的衣物，制造被害人因失火被烧死的假象。后经法医鉴定，乙系被掐晕后烧死的。在这种认识错误中，行为人主客观都符合故意犯罪的要求，危害结果也确实是由其行为造成的，行为人对造成危害结果的是哪一具体行为的错误认识，不影响其行为的性质，应成立犯罪既遂。

思考题

1. 什么是犯罪故意？直接故意和间接故意的基本特征是什么？
2. 什么是犯罪过失？疏忽大意的过失和过于自信的过失的基本特征是什么？
3. 简述间接故意与过于自信的过失的异同。
4. 什么是无罪过事件？意外事件与疏忽大意的过失的异同有哪些？
5. 什么是犯罪动机和犯罪目的？二者对定罪量刑有何意义？
6. 对事实的认识错误有哪些？司法实践中应如何认定？

实务训练

【案例1】王某从前住在平房里，养成随手往窗户外丢垃圾的习惯。现因当地进行城中村改造，他搬到10楼居住。一日，王某在家打扫卫生，发现一块装修时留下的砖头，拾起随手从阳台扔了出去，刚一出手，王某想起现在是在10楼，但为时已晚，扔出的砖头正中路过其楼下的小区居民周某，周某当场死亡。

【问题】1. 试分析王某对周某死亡所持的主观心理态度。

2. 假设王某因嫌麻烦不想将砖头送到楼下的垃圾桶，尽管该房屋一侧临街，而阳台一侧是垃圾填埋场，且前几日还在那里发现尸体，白天除倾倒垃圾的就鲜有人光顾，现值夜晚应更没人，于是就一扬手扔了出去，没想正中一在垃圾场拾荒的李某，李某当场死亡。王某对李某的死亡又持何种主观心理态度？

3. 假设王某是站在阳台看风景，发现其一个仇人赵某恰巧从自家阳台下路过，随捡起装修时遗留砖头，瞄准赵某扔过去，赵某被砸中当场死亡。王某对赵某的死亡又持何种主观心理态度？

【案例2】甲承包大片土地用于种植西瓜，在西瓜成熟的季节，为防止附近村民前来偷瓜，就在瓜地的周围私拉电网。一日深夜，村民乙在偷西瓜时不慎触电，经送医抢救无效死亡。

【问题】试分析甲对乙触电身亡所持的主观心理态度。

第九章

排除犯罪的事由

学习目标与工作任务

通过本章的学习,了解排除犯罪的事由的概念、特征和种类,掌握正当防卫和紧急避险的成立条件以及不成立正当防卫和紧急避险的各种情形,理解防卫过当与避险过当的认定,掌握对防卫过当与避险过当的处罚原则。能够运用所学知识分析案例,解决实务问题。

导入案例

1. 陈某,未成年人,某中学学生。2016年1月初,因陈某在甲的女朋友的网络空间留言示好,甲纠集乙等人对陈某实施了殴打。1月10日中午,甲、乙、丙等6人(均为未成年人)在陈某就读的中学门口,见陈某从大门走出,有人提议陈某向老师告发他们打架,要去问个说法。甲等人尾随一段路后拦住陈某质问,陈某解释没有告状,甲等人不肯罢休,抓住并围殴陈某。乙的3位朋友(均为未成年人)正在附近,见状加入围殴陈某。其中,有人用膝盖顶击陈某的胸口、有人持石块击打陈某的手臂、有人持钢管击打陈某的背部,其他人对陈某或勒脖子或拳打脚踢。陈某掏出随身携带的折叠式水果刀(刀身长8.5厘米,不属于管制刀具),乱挥乱刺后逃脱。部分围殴人员继续追打并从后投掷石块,击中陈某的背部和腿部。陈某逃进学校,追打人员被学校保安拦住。陈某在反击过程中刺中了甲、乙和丙,经鉴定,该3人的损伤程度均构成重伤二级。陈某经人身检查,见身体多处软组织损伤。案发后,陈某所在学校向司法机关提交材料,证实陈某遵守纪律、学习认真、成绩优秀,是一名品学兼优的学生。[1]

问:陈某的防卫行为是正当防卫还是防卫过当?

2. 李女,29岁,农民。2020年3月15日,村民年某见李女的丈夫外出打工,当晚窜入李女家,对李女实施强暴。李女挣扎中摸到枕下一把剪刀后,不顾一切地往年某身上猛刺。年某胸部、腹部多处被刺当场死亡。

问:李女的行为是否属于正当防卫?

3. 齐某是某客轮船长。某客轮正在新加坡驶回广州的途中,突然遇到台风,船长齐某凭自己多年航海经验,决定抛弃旅客携带大量贵重货物(达200万元人民币),以减轻重量,保护广大旅客的生命安全。

问:齐某的行为是否构成犯罪?

---

[1] "第十二批指导性案例:陈某正当防卫案",载中华人民共和国最高人民检察院网,http://www.spp.gov.cn/spp/jczdal/201812/t20181219_402920.shtml,最后访问日期:2021年1月8日。

教学内容

第一节 排除犯罪的事由概述

一、排除犯罪的事由的概念和基本特征

排除犯罪的事由,亦称正当行为、排除社会危害性的行为,是指某种行为虽然在形式上符合某一犯罪的客观方面要件,但由于行为人不具有罪过,因而实质上是不具有社会危害性的行为。我国刑法明确规定的正当行为,包括正当防卫和紧急避险两种。这类行为具有以下特征:①从形式上看,它符合某一犯罪构成的客观方面要件。如基于正当防卫的伤害行为,客观上给不法侵害人造成了伤害结果,其行为表面上符合故意伤害罪的客观要件,但实质上是没有社会危害性的。②从主观上看,行为人根本不具有刑法意义上的故意与过失,相反,是出于排除危害、保护合法权益的善意,大多是对社会有益的行为。例如,紧急避险虽然造成某种合法权益的损害,但这是保全更大合法权益的必需代价,整体上讲也是有益社会的。③从实质上看,由于这类行为不具有社会危害性,因而刑法明文规定该类行为不构成犯罪。

二、排除犯罪事由的立法根据和意义

现代刑法理论表明犯罪是主观罪过和客观危害的有机统一。只有主观罪过而无客观危害的,不能构成犯罪;反之,只有客观危害而无主观罪过的,也不能构成犯罪。刑法明文规定排除犯罪的事由有着十分重要的理论价值和实践意义。从刑法理论角度而言,它可以帮助我们进一步理解和掌握任何一种犯罪构成都是主观罪过和客观危害的有机统一,缺乏其中任何一个要件都不能成立犯罪。从刑法的实践角度而言,它可以帮助我们确立法律的权威性,确保每一个不符合犯罪构成的行为不受刑事追究。从法律的社会效果角度而言,只要是符合刑法明文规定的排除犯罪的事由,人们就可以大胆、积极地行使法律所赋予的权利。

第二节 正当防卫

一、正当防卫的概念和意义

《刑法》第 20 条第 1 款规定:"为了使国家、公共利益、本人或者他人的人身、财产和其他权利免受正在进行的不法侵害,而采取的制止不法侵害的行为,对不法侵害人造成损害的,属于正当防卫,不负刑事责任。"《刑法》第 20 条第 2 款规定:"正当防卫明显超过必要限度造成重大损害的,应当负刑事责任,但是应当减轻或者免除处罚。"通常称这种正当防卫为"一般防卫""普通正当防卫",具体是指为了使国家、公共利益、本人或者他人的人身、财产和其他权利免受正在进行的不法侵害,而对不法侵害者所实施的未明显超过必要限度的损害行为。理解时需把握以下几点:

1. 正当防卫是与不法侵害行为作斗争的正当、合法行为,它不具有社会危害性,因而不仅不构成犯罪,相反受到国家法律的保护、支持和鼓励。

2. 正当防卫是法律赋予公民的权利。当公共利益、公民本人或者他人的人身、财产和其他权利遭到正在进行的不法侵害时,任何人都有权对不法侵害者予以必要的反击。即使在有条件躲避或者求助于司法机关的情况下,仍有权实行正当防卫。

3. 正当防卫必须符合法定条件。由于正当防卫必然要造成损害,因而它不是无条件、无

限度的，而是必须受到一定的限制，任何人都不得滥用防卫权利。

在我国，正当防卫既是法律赋予每位公民的一项合法权利，又是法律规定某些特定社会成员应尽的法律义务。我国刑法中规定正当防卫，具有十分重要的理论价值和实践意义，具体表现在：①能够及时有效地制止不法侵害，保护国家、公共利益、本人或者他人的合法权益。②将正当防卫作为公民的一项合法权利加以规定和确认，有利于鼓励公民积极地同违法犯罪行为作斗争，维护社会主义法治。③有利于鼓励见义勇为，弘扬社会正气，培育和弘扬社会主义核心价值观。④有利于威慑意欲实施不法侵害的人，使他们意识到一旦实施不法侵害，就会受到来自各方面的打击或者反击，从而有效地预防违法犯罪，维护社会秩序。

为了保证准确认定和适用正当防卫，"两高"、公安部于2020年8月28日印发了《关于依法适用正当防卫制度的指导意见》，"两高"还分别发布了相关的指导案例。

二、正当防卫的成立条件

（一）必须存在不法侵害

这是正当防卫的起因条件。正当防卫的前提是存在不法侵害。不法，就是非法、违法的意思。不法侵害是指行为人对某种权益作出违反法律规定的侵袭与损害，具有社会危害性的行为。因此，对依照法令的行为、执行合法命令的行为、公民依法扭送犯罪嫌疑人的行为等，不能实行正当防卫。此外，正当防卫、紧急避险中受到损害的一方，也不能借口保护自身权益而对正当防卫者、紧急避险者再进行所谓的防卫。

对"存在不法侵害"这个条件应当从以下方面理解和把握：

1. 不法侵害既包括侵犯生命、健康权利的行为，也包括侵犯人身自由、公私财产等权利的行为；既包括犯罪行为，也包括违法行为。不应将不法侵害不当限缩为暴力侵害或者犯罪行为。也就是说，对轻微暴力侵害或者非暴力侵害以及违法行为，亦可实行正当防卫。对于非法限制他人人身自由、非法侵入他人住宅等不法侵害，可以实行防卫。

不法侵害既包括针对本人的不法侵害，也包括危害国家、公共利益或者针对他人的不法侵害。对于正在进行的拉拽方向盘、殴打司机等妨害安全驾驶、危害公共安全的违法犯罪行为，可以实行防卫。

2. 不法侵害具有紧迫性。由于正当防卫行为是一种带有积极进攻性、暴力性的反侵害行为，而且是以给不法侵害人造成损害的方式进行的，因此，并非对所有的不法侵害行为都可以实行防卫，例如，对在公众场合的语言侮辱、诽谤等行为就不宜正当防卫。

一般认为，只有对那些已经形成现实、紧迫危险的不法侵害，才能实行正当防卫。具体而言，通常只有对那些带有紧迫性的危害公共安全、侵犯公民人身权利或财产权利、妨害社会管理秩序的故意犯罪，如放火、爆炸、故意杀人、强奸、非法拘禁、非法侵入住宅、绑架、抢劫等犯罪行为，才可以实行正当防卫。对那些不具有侵害紧迫性的贪污贿赂、滥用职权、破坏经济秩序等犯罪行为，一般不宜实行正当防卫。

3. 不法侵害必须是现实存在的，而不是主观想象或者推测的。如果并不存在不法侵害，行为人却误以为存在，因而实行了所谓的防卫行为，造成他人无辜的损害，这在刑法理论上称为"假想防卫"。假想防卫是由于行为人对事实认识的错误而发生的，因此应排除犯罪故意的存在。假想防卫不是正当防卫，如果已经造成法定危害结果的，应当根据具体情况分别按过失犯罪或者意外事件处理。

4. 不法侵害通常应是指人的不法侵害。受到他人豢养的或者野生动物的侵袭，自然可以进行打击，但不能认为动物的自然侵袭是不法侵害。因此，对实施自然侵袭的动物进行反击，只能成立紧急避险。当然,在动物受人驱使而侵害他人的情况下,动物是人进行不法侵害的工具,则打击动物的行为实际上是对不法侵害的反击,应当认定为防卫行为。

(二) 必须是不法侵害正在进行

这是正当防卫的时间条件。正当防卫必须是针对正在进行的不法侵害,即不法侵害已经开始但尚未结束。

1. 不法侵害已经开始。不法侵害已经开始,通常是指不法侵害人已经着手直接实施不法侵害行为。例如,杀人犯持刀向受害人砍去,强奸行为人对妇女施以暴力或者以暴力相威胁等。应当指出,对于不法侵害已经形成现实、紧迫危险的,也应当认定为不法侵害已经开始。就是说,在某些情况下,只要不法侵害的现实危险已经迫在眼前,就应当认定为正在进行。否则,防卫人就很可能丧失了有效防卫的时机、条件或者能力。

2. 不法侵害尚未结束。具体是指三种情形:其一,不法侵害行为尚在继续之中,如纵火者正在向房屋泼洒汽油。其二,对于不法侵害虽然暂时中断或者被暂时制止,但不法侵害人仍有继续实施侵害的现实可能性的。例如,不法侵害人在厮打中处于下风,暂时离开去寻找加害凶器,对此应当认定为不法侵害仍在进行。其三,由不法侵害行为导致的危险状态尚在继续之中,尚可以用防卫手段予以制止或者排除。换言之,犯罪已达既遂状态但侵害行为没有实施终了的,也应当认定为正在进行。例如,在财产犯罪中,不法侵害人虽已取得财物,但通过追赶、阻击等措施能够追回财物的,可以视为不法侵害仍在进行。应当指出,如果已经不能通过防卫手段来排除该危险状态,则应认为不法侵害已经结束。例如,行为人向井中投毒后逃跑,已经造成了可能使人畜中毒的危险状态,就无法通过杀死或者伤害投毒犯的防卫手段来排除,对之采取正当防卫也就失去了适时性

从实际情况看,不法侵害已经结束一般包括:①不法侵害行为已经实行完结,危害结果已经发生,无法挽回;②不法侵害人已经被制服;③不法侵害人确已放弃侵害;④不法侵害人确已失去侵害能力。

总之,对于不法侵害是否已经开始或者结束,应当立足防卫人在防卫时所处情境,按照社会公众的一般认知,依法作出合乎情理的判断,不能苛求防卫人。对于防卫人因为恐慌、紧张等心理,对不法侵害是否已经开始或者结束产生错误认识的,应当根据主客观相统一原则,依法作出妥当处理。

3. 防卫不适时。这是指防卫行为的实施逾越了正当防卫的时间限度,包括事先提前防卫和事后防卫。

(1) 事先防卫。即提前防卫,是指在不法侵害处于预备阶段或者犯意表示阶段,对于合法权益的威胁并未达到现实状态时,就对其采取某种损害权益的行为。在提前防卫的情况下,不法侵害人是否真要实施某种侵害还处于或然状态,客观上并不存在采取防卫手段的迫切性,因而提前防卫实际上是一种"先下手为强"的非法侵害行为,如果其社会危害性达到了犯罪程度,应当追究刑事责任。

(2) 事后防卫。即在不法侵害已经结束、危害后果已经发生且不能通过防卫来排除的情况下,对不法侵害人的权益进行损害的行为。在不法侵害已经结束的情况下,不能实行正当防卫。如果不法侵害者犯了罪,应交由司法机关依法处理,而不容许私力报复。事后防卫大多是出于故意的报复性侵害,对此应以故意犯罪论处。当然也不排除行为人出于过失或者由于认识上的错误,而实施了所谓的防卫行为,这应根据防卫人的心理态度不同认定为过失犯罪或者意外事件。

（三）必须是为了使国家、公共利益、本人或者他人的人身、财产和其他权利免受不法侵害

这是正当防卫的意图条件，即防卫人必须具有防卫意图。防卫意图是指防卫人对正在进行的不法侵害有明确认识，并希望以防卫手段制止不法侵害，保护合法权益的心理态度。它包括两方面的内容：一是防卫认识，即防卫人明确认识到不法侵害正在进行，并且能够以防卫手段加以制止；二是防卫目的，即通过防卫手段制止不法侵害，以保护合法权益。某些行为从形式上看似乎符合正当防卫的客观条件，但由于行为人主观上不具备正当的防卫意图，因而不能认定为正当防卫。这类行为主要有以下几种：

1. 防卫挑拨。防卫挑拨是指行为人出于侵害目的，故意以语言、行为等挑动对方侵害自己再予以反击的行为。在防卫挑拨中，虽然所谓的"防卫"在形式上可能完全符合正当防卫的客观条件，但由于挑拨人主观上具有侵害意图而没有防卫意图，其实质是借正当防卫之名实施自己预谋的违法犯罪行为，因此不应认定为防卫行为。对于以防卫为名行不法侵害之实的违法犯罪行为，要坚决避免认定为正当防卫或者防卫过当。

2. 相互斗殴。相互斗殴是指双方都出于侵害对方的非法意图，而实施相互殴打、攻击等侵害行为。由于双方都具有侵害对方的非法意图，而没有防卫意图，故不成立正当防卫，构成犯罪的，均按故意犯罪处理。但是，由于防卫行为与相互斗殴具有外观上的相似性，所以应当准确区分两者，要坚持主客观相统一原则，通过综合考量案发起因、对冲突升级是否有过错、是否使用或者准备使用凶器、是否采用明显不相当的暴力、是否纠集他人参与打斗等客观情节，准确判断行为人的主观意图和行为性质。具体认定中应注意以下几点：①如果一方已经放弃侵害、求饶、逃跑，而另一方不肯住手或者穷追不舍、继续进攻，则已放弃侵害的一方就具备了正当防卫的条件，可以为了制止对方的进一步加害而采取必要的反击措施，并可以成立正当防卫。②因琐事发生争执，双方均不能保持克制而引发打斗，对于有过错的一方先动手且手段明显过激，或者一方先动手，在对方努力避免冲突的情况下仍继续侵害的，还击一方的行为一般应当认定为防卫行为。③双方因琐事发生冲突，冲突结束后，一方又实施不法侵害，对方还击，包括使用工具还击的，一般应当认定为防卫行为。不能仅因行为人事先进行防卫准备，就影响对其防卫意图的认定。

3. 出于防护非法利益的防卫。这类行为明显缺乏防卫意图的正当性，不能成立正当防卫。例如，在抢劫赌场、盗窃他人走私货物之类的案件中，赌博者和走私分子就无权采取防卫手段保护其赌资、走私的货物和赃款。因为他们所保护的利益不属于合法权益，不具备正当防卫的意图条件。

（四）必须针对不法侵害人进行

这是正当防卫的对象条件。正当防卫是以给不法侵害人直接造成损害的方法阻止其不法侵害，这一本质决定了正当防卫的对象只能是不法侵害人，不能针对未实施不法侵害的第三人，包括不能及于不法侵害人的家属。对于多人共同实施不法侵害的，既可以针对直接实施不法侵害的人进行防卫，也可以针对在现场共同实施不法侵害的人进行防卫。如果行为人故意针对第三者进行所谓的"防卫"，应认定为故意犯罪。

不法侵害人有无责任能力，一般不影响正当防卫的成立。但是，如果明知侵害人是无刑事责任能力人或者限制刑事责任能力人的，应当尽量使用其他方式避免或者制止侵害；没有其他方式可以避免、制止不法侵害，或者不法侵害严重危及人身安全的，可以进行反击。成年人对于未成年人正在实施的针对其他未成年人的不法侵害，应当劝阻、制止；劝阻、制止无效的，

可以实行防卫。

应当指出，在对不法侵害人进行防卫反击的同时对第三者的合法权益造成损害的，不影响正当防卫的成立。如果因为实施防卫行为而损害了第三者的利益，应当根据不同情况处理：①在迫不得已的情况下，为避免不法侵害而损害第三者的合法权益，符合紧急避险条件的，认定为紧急避险；②将无辜的第三者误认为是不法侵害人而实行所谓的"防卫"，损害其合法权益的，属于防卫中的认识错误，应当按照假想防卫的原则处理。

（五）必须没有明显超过必要限度造成重大损害

这是正当防卫的限度条件。是否明显超过必要限度、是否造成重大损害是区别防卫的合法与非法、正当与过当的重要标志。所谓明显超过必要限度，是指根据所保护的权利性质、不法侵害的强度和紧迫程度等综合衡量，防卫措施缺乏必要性，防卫强度与侵害程度对比也相差悬殊。所谓造成重大损害，是指防卫行为对不法侵害人造成的损害，较为悬殊的大于不法侵害会造成的损害，具体是指造成不法侵害人重伤、死亡，造成轻伤及以下损害的不属于重大损害。

司法实践中，对于重大损害的认定比较好把握，但对明显超过必要限度的认定就相对复杂，我国学界对此也存在不同主张，包括"基本相适应说""需要说""必需说""适当说"等观点。从刑法的相关规定看，"适当说"较为合理，即"必要限度的确定，应以防卫行为是否能制止住正在进行的不法侵害为标准，同时考虑所防卫的利益的性质和可能遭受损害的程度，同不法侵害人造成损害的性质、程度大体相适应。"[1]

《关于依法适用正当防卫制度的指导意见》指出：在认定时，要立足防卫人防卫时的具体情境，综合考虑案件发生的整体经过，结合一般人在类似情境下的可能反应，依法准确把握防卫的时间、限度等条件。要充分考虑防卫人面临不法侵害时的紧迫状态和紧张心理，防止在事后以正常情况下冷静理性、客观精确的标准去评判防卫人。详言之，防卫是否"明显超过必要限度"，应当综合不法侵害的性质、手段、强度、危害程度和防卫的时机、手段、强度、损害后果等情节，考虑双方力量对比，立足防卫人防卫时所处情境，结合社会公众的一般认知作出判断。在判断不法侵害的危害程度时，不仅要考虑已经造成的损害，还要考虑造成进一步损害的紧迫危险性和现实可能性。不应当苛求防卫人必须采取与不法侵害基本相当的反击方式和强度。通过综合考量，对于防卫行为与不法侵害相差悬殊、明显过激的，应当认定防卫明显超过必要限度。但是，防卫行为虽然明显超过必要限度但没有造成重大损害的，不应认定为防卫过当。

《关于依法适用正当防卫制度的指导意见》还指出：防止将滥用防卫权的行为认定为防卫行为。对于显著轻微的不法侵害，行为人在可以辨识的情况下，直接使用足以致人重伤或者死亡的方式进行制止的，不应认定为防卫行为。不法侵害系因行为人的重大过错引发，行为人在可以使用其他手段避免侵害的情况下，仍故意使用足以致人重伤或者死亡的方式还击的，不应认定为防卫行为。

三、防卫过当及其刑事责任

防卫过当，是指在普通正当防卫中，防卫行为明显超过必要限度造成重大损害的行为。《刑法》第20条第2款规定："正当防卫明显超过必要限度造成重大损害的，应当负刑事责任，但是应当减轻或者免除处罚。"在认定和处理防卫过当时应注意以下几个方面：

1. 认定防卫过当应当同时具备"明显超过必要限度"和"造成重大损害"两个条件，缺

---

[1] 谢望原主编：《刑法学》，北京大学出版社2003年版，第194页。

一不可。

2. 防卫人在主观上对过当结果具有罪过。关于防卫过当的罪过形式，通说认为包括过失和间接故意，但不可能是直接故意。具体而言，在大多数情况下，防卫过当的罪过形式是过失。在少数情况下可能是间接故意，即防卫人在防卫过程中明知可能造成重大损害，因出于义愤等原因而放任重大损害的发生。认为防卫过当的罪过形式不可能是直接故意的理由是：直接故意犯罪的主观方面是行为人希望危害结果发生，而正当防卫的目的是保护合法权益，这两种目的在一个人大脑中不可能同时存在。

3. 防卫过当不是独立的罪名。防卫过当行为的罪名只能根据防卫人的主观罪过形式和客观事实主要是危害结果，依照刑法分则的有关条款来确定，如过失致人死亡罪、（间接）故意杀人罪等。

4. 防卫过当应当负刑事责任，但是应当减轻或者免除处罚。至于是选择减轻处罚还是免除处罚，或者减轻到什么程度，要综合考虑案件情况，包括过当程度、罪过形式、防卫人所保护的权益和其侵害的权益、社会舆论等因素。特别是不法侵害人的过错程度、不法侵害的严重程度以及防卫人面对不法侵害的恐慌、紧张等心理，确保刑罚裁量适当、公正。对于因侵害人实施严重贬损他人人格尊严、严重违反伦理道德的不法侵害，或者多次、长期实施不法侵害所引发的防卫过当行为，在量刑时应当充分考虑，以确保案件处理既经得起法律检验，又符合社会公平正义观念。

本章"导入案例一"中，公安机关以陈某涉嫌故意伤害罪立案侦查，并对其刑事拘留，后提请检察机关批准逮捕。检察机关根据审查认定的事实，依据《刑法》第20条第1款的规定，认为陈某的行为属于正当防卫，不负刑事责任，决定不批准逮捕。公安机关将陈某释放同时要求复议。检察机关经复议，维持原决定。

一般防卫有限度要求。刑法规定的限度条件是"明显超过必要限度造成重大损害"，具体而言，行为人的防卫措施虽明显超过必要限度但防卫结果客观上并未造成重大损害，或者防卫结果虽客观上造成重大损害但防卫措施并未明显超过必要限度，均不能认定为防卫过当。公安机关认为，陈某的行为虽有防卫性质，但已明显超过必要限度，属于防卫过当，涉嫌故意伤害罪。检察机关则认为，陈某为了保护自己的人身安全而持刀反击，就所要保护的权利性质以及与侵害方的手段强度比较来看，不能认为防卫措施明显超过了必要限度，所以即使防卫结果在客观上造成了重大损害，也不属于防卫过当，不构成犯罪。主要理由如下：

第一，陈某面临正在进行的不法侵害，反击行为具有防卫性质。任何人面对正在进行的不法侵害，都有予以制止、依法实施防卫的权利。本案中，甲等人借故拦截陈某并实施围殴，属于正在进行的不法侵害，陈某的反击行为显然具有防卫性质。

第二，陈某随身携带刀具，不影响正当防卫的认定。对认定正当防卫有影响的，并不是防卫人携带了可用于自卫的工具，而是防卫人是否有相互斗殴的故意。陈某在事前没有与对方约架斗殴的意图，被拦住后也是先解释退让，最后在遭到对方围打时才被迫还手，其随身携带水果刀，无论是日常携带还是事先有所防备，都不影响对正当防卫作出认定。

第三，陈某的防卫措施没有明显超过必要限度，不属于防卫过当。陈某的防卫行为致实施不法侵害的3人重伤，客观上造成了重大损害，但防卫措施并没有明显超过必要限度。陈某被9人围住殴打，其中有人使用了钢管、石块等工具，双方实力相差悬殊，陈某借助水果刀增强防卫能力，在手段强度上合情合理。并且，对方在陈某逃脱时仍持续追打，共同侵害行为没有停止，所以就制止整体不法侵害的实际需要来看，陈某持刀挥刺也没有不相适应之处。

综合来看，陈某的防卫行为虽有致多人重伤的客观后果，但防卫措施没有明显超过必要限度，依法不属于防卫过当。[1]

四、特殊防卫

《刑法》第 20 条第 3 款规定："对正在进行行凶、杀人、抢劫、强奸、绑架以及其他严重危及人身安全的暴力犯罪，采取防卫行为，造成不法侵害人伤亡的，不属于防卫过当，不负刑事责任。"通常称这种正当防卫为特殊防卫、无过当防卫。特殊防卫也是正当防卫的一种，它与普通正当防卫在成立条件上有相同之处，都要求有不法侵害存在、不法侵害正在进行、防卫人具有防卫意图、针对不法侵害人进行防卫。也就是说，成立特殊防卫首先要符合上述方面的条件。与普通正当防卫相比，特殊防卫的成立条件有下三个特殊之处：

1. 在防卫的起因条件上，防卫人所面临的不法侵害必须是特定的，即"行凶、杀人、抢劫、强奸、绑架以及其他严重危及人身安全的暴力犯罪"。这里的"行凶"包括下列行为：①使用致命性凶器，严重危及他人人身安全的；②未使用凶器或者未使用致命性凶器，但是根据不法侵害的人数、打击部位和力度等情况，确已严重危及他人人身安全的。虽然尚未造成实际损害，但已对人身安全造成严重、紧迫危险的，可以认定为"行凶"。这里的"杀人、抢劫、强奸、绑架"，是指具体犯罪行为而不是具体罪名。在实施不法侵害过程中存在杀人、抢劫、强奸、绑架等严重危及人身安全的暴力犯罪行为的，如以暴力手段抢劫枪支、弹药、爆炸物或者以绑架手段拐卖妇女、儿童的，可以实行特殊防卫。"其他严重危及人身安全的暴力犯罪"应当是与杀人、抢劫、强奸、绑架行为相当，并具有致人重伤或者死亡的紧迫危险和现实可能的暴力犯罪。也就是说，判断不法侵害行为是否属于"其他严重危及人身安全的暴力犯罪"，应当以本款列举的"杀人、抢劫、强奸、绑架"为参照，通过比较暴力程度、危险程度和刑法给予惩罚的力度等综合作出判断。[2] 对于不符合特殊防卫起因条件的防卫行为，致不法侵害人伤亡的，如果没有明显超过必要限度，也应当认定为正当防卫，不负刑事责任。

2. 在防卫意图上，必须是出于保护人身安全，不包括人身安全之外的财产权利、民主权利等其他合法权利。有关行为没有严重危及人身安全的，应当适用一般防卫的法律规定。

3. 在防卫限度上没有要求，不存在防卫过当的问题，即使造成不法侵害人伤亡后果的，也属于正当防卫。

本章"导入案例二"中，村民年某夜晚窜入李女家，对李女实施强奸犯罪，这是一种不法侵害行为且已经开始实施。李女在自己的性权利和人身安全受到严重侵害时，采用刺伤年某的手段制止强奸犯罪，符合正当防卫的成立条件。虽然造成了年某死亡结果，但这符合《刑法》第 20 条第 3 款关于特殊防卫的规定。因此，李女的行为属于正当防卫，依法不负刑事责任。

第三节 紧急避险

一、紧急避险的概念和意义

《刑法》第 21 条第 1 款规定："为了使国家、公共利益、本人或者他人的人身、财产和其

---

[1] 参见"第十二批指导性案例：陈某正当防卫案"，载中华人民共和国最高人民检察院网，http://www.spp.gov.cn/spp/jczdal/201812/t20181219_402920.shtml，最后访问日期：2021 年 1 月 10 日。

[2] 详见"第十二批指导性案例：侯某秋正当防卫案"，载中华人民共和国最高人民检察院网，http://www.spp.gov.cn/spp/jczdal/201812/t20181219_402920.shtml，最后访问日期：2021 年 1 月 20 日。

他权利免受正在发生的危险,不得已采取的紧急避险行为,造成损害的,不负刑事责任。"第2款规定:"紧急避险超过必要限度造成不应有的损害的,应当负刑事责任,但是应当减轻或者免除处罚。"

所谓紧急避险,是指为了使国家、公共利益、本人或者他人的人身、财产和其他权利免受正在发生的危险,不得已采取的损害另一较小合法权益的行为。紧急避险的本质在于在两个合法权益发生冲突、只能保全其中之一的紧急状态下,法律允许为了保全较大的权益而牺牲较小的权益。虽然对较小的权益造成了损害,但从整体说,它是有益于社会统治秩序的行为,应当受到鼓励和支持。

我国刑法规定紧急避险具有重要的意义。这表现在以下几个方面:①鼓励公民在必要的情况下,通过损害较小的合法权益以保全较大的合法权益。②鼓励和支持公民树立公共利益、整体利益的观念,使人们在与自然灾害、不法侵害等危险的斗争中,培养集体主义精神,提高思想境界。③紧急避险是公民的一项权利,同时也是公民道义上的义务,在某些情况下也是公民的法律义务。这对增强公民在社会生活中的责任心、义务感也有着积极的意义。

二、紧急避险的成立条件

(一) 必须有危险发生

这是紧急避险的起因条件。"有危险发生"是指出现了足以致使合法权益遭到严重损害的危险情况。从司法实践上看,危险的主要来源有以下四种:①来自大自然的危险,如山崩、海啸、火灾、水祸、地震、风暴等。②来自动物侵袭的危险,如狗的扑咬、毒蛇的袭击等。③来自人的违法犯罪行为的危险,包括有责任能力人的违法犯罪行为和无责任能力人的危害社会行为;④来自人的生理、病理原因形成的危险,如运送病危者的车辆闯红灯等。

危险必须是客观存在的。如果实际上并不存在危险,行为人却由于对事实的认识错误,误认为危险存在,因而实行了所谓的紧急避险,刑法理论上称之为"假想避险"。假想避险不是紧急避险,假想避险造成严重后果的,应根据处理事实认识错误的原则,确定是否应追究刑事责任。

(二) 必须是危险正在发生

这是紧急避险的时间条件。"危险正在发生"是指足以造成合法权益遭受严重损害的危险已经出现而又尚未结束的状态。危险的出现是这样一种状态,即由于某种事实的发生,合法权益直接面临迫在眉睫的危险。如果危险还处于潜在状态,其是否出现还有或然性,那么只可以采取某种防范措施,而不应实行紧急避险。行为人在危险尚未出现或者危险已经结束的情况下实施所谓的避险,刑法理论上称之为"避险不适时"。行为人因此而对合法权益造成损害的,应根据案件具体情况,追究行为人相应的刑事责任或者民事责任。

(三) 必须是为了保护合法权益

这是紧急避免的意图条件或主观条件,即避险人必须有避险意图。避险意图,是指避险人对正在发生的危险有明确的认识,并希望通过避险行为使国家、公共利益、本人或者他人的人身、财产和其他权利免受危险损害的心理状态。如果行为人故意制造某种危险,然后借口紧急避险侵害另一合法权益,这在刑法理论中称为"避险圈套"。对于避险圈套,应以故意犯罪论处。[1]例如,甲为了报复乙,将丙家的房子点燃,然后以紧急避险为由来拆除乙家的房子。

---

[1] 刘宪权、杨兴培:《刑法学专论》,北京大学出版社2007年版,第206页。

(四）必须是针对第三者合法权益实施

这是紧急避险的对象条件。紧急避险是通过对另一权益的损害来避免危险，所以，紧急避险所造成的损害只能是第三者的合法利益，包括公共利益和公民的合法权益。但是避险行为所损害的第三者利益，必须比所保全的合法权益次要，否则，只能是无谓的牺牲。一般情况下，不允许用损害他人生命和健康的方法保护另一种合法权益。应当指出，如果危险来自于他人的不法侵害行为，为了保护合法权益，而对不法侵害者本人的人身、财产等进行损害，以制止不法侵害，这属于正当防卫而不是紧急避险。

（五）必须是在迫不得已的情况下实施

这是紧急避险的限制条件。所谓"迫不得已"，是指在危险发生之时，损害第三者合法权益是唯一途径，别无选择。这是紧急避险与正当防卫的重要区别。如果能够采取其他合法方法来避免危险，行为人却实施避险行为，给无辜第三者造成不必要的损害，则不能成立紧急避险，应视行为人的主观认识与客观损害，分别认定为故意犯罪、过失犯罪或者意外事件。

考察是否出于迫不得已，应充分考虑危险的客观情况（包括环境、时间、危险的紧急程度等）、行为人的自身生理和心理状况（包括年龄、体格、经验、主观认识条件等），进行综合的分析认定。

（六）紧急避险不能超过必要限度造成不应有的损害

这是紧急避险的限度条件。对于紧急避险的必要限度，刑法未作规定，但刑法学界和司法实务界对此的认识基本一致，即避险行为所造成的损害必须小于所保护的合法权益，而不能等于或大于所保护的法益。一般认为，权衡合法权益大小的基本标准是：人身权利大于财产权益；人的生命权利大于人的健康权利；财产权的大小可以用财产价值的大小来衡量。

本章"导入案例三"中，齐某的行为符合紧急避险的成立条件：首先，齐某收到了台风紧急警报，危险迫在眉睫，符合避险的前提条件、时间条件。其次，根据当时的情况，只有抛弃相当于总量10%的货物才能确保船只和旅客、船员的人身安全，符合紧急避险的主观条件、对象条件、限制条件和限度条件。因此，齐某的行为不构成犯罪。

（7）紧急避险不适用职务上、业务上负有特定责任的人

这是紧急避险的禁止条件。《刑法》第21条第3款规定，"第1款中关于避免本人危险的规定，不适用于职务上、业务上负有特定责任的人。"所谓职务上、业务上负有特定责任，是指某些人依法承担的职务或者所从事的业务活动本身就要求他们与一定的危险进行斗争。例如，军人服从命令参加战斗，面对战死沙场的危险；消防队员必须奋勇扑火，面对烧伤的危险；医生、护士在治疗疾病时，面对病菌传染的危险，等等。如果这些负有特定责任的人员，为了避免与自己职务、业务有关的上述各种危险，而擅离职守，逃避责任，其行为不能成立紧急避险，因渎职造成严重危害后果构成犯罪的，应当依法追究刑事责任。

三、避险过当及其刑事责任

避险过当是指避险行为超过必要限度造成不应有的损害的情形。在理解时应把握以下几点：①行为人在客观上实施了超过必要限度的避险行为，造成了合法权益的不应有损害。②行为人在主观上对避险过当行为具有罪过，通常是疏忽大意的过失，少数情况下也可能是间接故意或过于自信的过失。③避险过当不是独立的罪名，应根据行为人的主观罪过形式及过当行为特征，依照刑法分则相应条款确定罪名。④避险过当的，应当负刑事责任，但是应当减轻或者免除处罚。

思考题

1. 试述正当防卫的概念和成立条件。
2. 什么是特殊防卫？特殊防卫的成立条件是什么？
3. 什么是防卫过当？防卫过当应如何承担刑事责任？
4. 试述紧急避险的概念和成立条件。
5. 试比较正当防卫与紧急避险的异同。

实务训练

[案例1] 一天晚上，田某从同学家归来，路过一条偏僻的胡同时，突然跳出一个持刀青年黄某。黄某把刀逼向田华并让他交出钱和手表。田某扭头就跑，结果跑进了死胡同，而黄某持刀紧随其后，慌乱害怕中，田某拿起墙角的一根木棒向黄某挥去，黄某应声倒下。田华立即向派出所投案，后经查验，黄某已死亡。

[问题] 田某的行为是否成立正当防卫？为什么？

[案例2] 被告人叶某（男，28岁，司机）于某年10月份的一天，驾驶一辆大卡车为运输公司送磷肥。途经一段山路时，正当下坡，突然汽车刹不住，急速下行，随时都有翻车于深谷的危险。在这危急时刻，叶某急中生智，把方向盘往里打，使车头本身擦山而行，用车身与山壁的摩擦力减慢车速。车速减慢了，但仍不能停住，危险并没有消除。这时，对面有辆运煤卡车，慢速爬坡上行。叶某见两辆车车速均较慢，为了使自己的下行车停住，消除危险，就采取了与上行车相撞的措施。结果，车停住了，但两辆车的发动机都撞坏了，后来花去修理费47 000余元，加上叶某用车头与山壁摩擦所造成的损坏修理费12 000余元，共计59 000余元。未发生任何人身伤亡，货物也均无损失。

[问题] 试分析叶某的行为是否属于紧急避险？

延伸阅读

阅读资料1：其他排除犯罪的事由

除了刑法典明确规定的正当防卫和紧急避险外，刑法理论认为，对于依照法令行为、正当业务行为、被害人承诺的行为、基于推定承诺的行为、自力救济行为、自损行为、义务冲突等，也可以作为排除犯罪的事由。这里简要介绍其中的几种。

一、依照法令行为

依照法令行为是指根据法律、法规、规章的规定或者合法有效命令，作为权利或义务实施的行为，如职务行为、警察逮捕犯罪嫌疑人的行为、公务员执行上级指示的行为、有权机构发行彩票的行为等。

二、正当业务行为

正当业务行为是指虽然没有法律法规的直接规定，但行为人基于所从事的职业性质和范围所实施的正当行为，包括医疗行为和竞技行为等。例如，体育竞技运动中对他人造成的伤害，医生遵循医疗常规给患者截肢、开颅等。正当业务必须以客观事实以及一般社会观念为根据并结合专门职业的知识、技术、经验及相关法律法规的规定进行综合判断，如职业杀手、黑社会讨债等，就不属于正当业务。

三、被害人承诺的行为

被害人承诺的行为是指行为人经有权处分的被害人的同意或者请求,实施损害其某种法益的行为。对于侵害个人法益的行为,被害人的承诺在特定条件下可以否定行为的犯罪性,如经过女性同意的性行为就不是强奸。被害人承诺的行为成为排除犯罪的事由,必须符合一定的条件,如承诺人具有承诺能力、出于其真实意思、是事先做出的,其中主要是承诺人对被侵害的法益有处分权,不得侵犯公共利益。如果不是承诺人有权处分的法益,则不排除犯罪性,如儿童的监护人同意出卖儿童的,经自杀人请求帮助其自杀的、"安乐死"等。

四、自力救济行为

自力救济属于私力救济的范畴,是指权利人在合法权益受到侵害时,由于情况紧迫,来不及请求国家机关保护,自己采取合理措施保护其权益的行为。例如,被害人在财产被盗之后及时追上犯罪嫌疑人,并通过暴力等手段抢回被盗财物的行为。《民法典》第1177条规定:"合法权益受到侵害,情况紧迫且不能及时获得国家机关保护,不立即采取措施将使其合法权益受到难以弥补的损害的,受害人可以在保护自己合法权益的必要范围内采取扣留侵权人的财物等合理措施;但是,应当立即请求有关国家机关处理。"这样,自力救济与正当防卫、紧急避险一样,都是法律责任的抗辩事由。

五、自损行为

自损行为是指自己损害自己利益的行为,如自杀、自伤、自己损毁自己的财物等。自损行为本身一般不是犯罪,但是,如果危害国家、社会或者他人利益的,则可能成立犯罪。例如,军人战时自伤、放火烧毁自己的财物但危害公共安全的,分别构成战时自伤罪、放火罪。

阅读资料2:于某明正当防卫案[1]

[关键词] 行凶 正当防卫 撤销案件

[要旨] 对于犯罪故意的具体内容虽不确定,但足以严重危及人身安全的暴力侵害行为,应当认定为《刑法》第20条第3款规定的"行凶"。行凶已经造成严重危及人身安全的紧迫危险,即使没有发生严重的实害后果,也不影响正当防卫的成立。

[基本案情] 于某明,男,1977年3月18日出生,某酒店业务经理。2018年8月27日21时30分许,于某明骑自行车在江苏省昆山市震川路正常行驶,刘某醉酒驾驶小轿车(经检测,血液酒精含量87mg/100ml),向右强行闯入非机动车道,与于某明险些碰擦。刘某的一名同车人员下车与于某明争执,经同行人员劝解返回时,刘某突然下车,上前推搡、踢打于某明。虽经劝解,刘某仍持续追打,并从轿车内取出一把砍刀(系管制刀具),连续用刀面击打于某明颈部、腰部、腿部。刘某在击打过程中将砍刀甩脱,于某明抢到砍刀,刘某上前争夺,在争夺中于某明捅刺刘某的腹部、臀部,砍击其右胸、左肩、左肘。刘某受伤后跑向轿车,于某明继续追砍2刀均未砍中,其中1刀砍中轿车。刘某跑离轿车,于某明返回轿车,将车内刘某的手机取出放入自己口袋。民警到达现场后,于某明将手机和砍刀交给处警民警(于某明称,拿走刘某的手机是为了防止对方打电话召集人员报复)。刘某逃离后,倒在附近绿化带内,后经送医抢救无效,因腹部大静脉等破裂致失血性休克于当日死亡。于某明经人身检查,见左颈部条形挫伤1处、左胸季肋部条形挫伤1处。

8月27日当晚公安机关以"于某明故意伤害案"立案侦查,8月31日公安机关查明了本案的全部事实。9月1日,江苏省昆山市公安局根据侦查查明的事实,依据《刑法》第20条

---

[1] "第十二批指导性案例:于某明正当防卫案",载中华人民共和国最高人民检察院网,http://www.spp.gov.cn/spp/jczdal/201812/t20181219_402920.shtml,最后访问日期:2021年1月20日。

第 3 款的规定，认定于某明的行为属于正当防卫，不负刑事责任，决定依法撤销于某明故意伤害案。其间，公安机关依据相关规定，听取了检察机关的意见，昆山市人民检察院同意公安机关的撤销案件决定。

[检察机关的意见和理由] 检察机关的意见与公安机关的处理意见一致，具体论证情况和理由如下：

第一，关于刘某的行为是否属于"行凶"的问题。在论证过程中有意见提出，刘某仅使用刀面击打于某明，犯罪故意的具体内容不确定，不宜认定为行凶。论证后认为，对行凶的认定，应当遵循刑法第二十条第三款的规定，以"严重危及人身安全的暴力犯罪"作为把握的标准。刘某开始阶段的推搡、踢打行为不属于"行凶"，但从持砍刀击打后，行为性质已经升级为暴力犯罪。刘某攻击行为凶狠，所持凶器可轻易致人死伤，随着事态发展，接下来会造成什么样的损害后果难以预料，于某明的人身安全处于现实的、急迫的和严重的危险之下。刘某具体抱持杀人的故意还是伤害的故意不确定，正是许多行凶行为的特征，而不是认定的障碍。因此，刘某的行为符合"行凶"的认定标准，应当认定为"行凶"。

第二，关于刘某的侵害行为是否属于"正在进行"的问题。在论证过程中有意见提出，于某明抢到砍刀后，刘某的侵害行为已经结束，不属于正在进行。论证后认为，判断侵害行为是否已经结束，应看侵害人是否已经实质性脱离现场以及是否还有继续攻击或再次发动攻击的可能。于某明抢到砍刀后，刘某立刻上前争夺，侵害行为没有停止，刘某受伤后又立刻跑向之前藏匿砍刀的汽车，于某明此时作不间断的追击也符合防卫的需要。于某明追砍两刀均未砍中，刘某从汽车旁边跑开后，于某明也未再追击。因此，在于某明抢得砍刀顺势反击时，刘某既未放弃攻击行为也未实质性脱离现场，不能认为侵害行为已经停止。

第三，关于于某明的行为是否属于正当防卫的问题。在论证过程中有意见提出，于某明本人所受损伤较小，但防卫行为却造成了刘某死亡的后果，二者对比不相适应，于某明的行为属于防卫过当。论证后认为，不法侵害行为既包括实害行为也包括危险行为，对于危险行为同样可以实施正当防卫。认为"于某明与刘某的伤情对比不相适应"的意见，只注意到了实害行为而忽视了危险行为，这种意见实际上是要求防卫人应等到暴力犯罪造成一定的伤害后果才能实施防卫，这不符合及时制止犯罪、让犯罪不能得逞的防卫需要，也不适当地缩小了正当防卫的依法成立范围，是不正确的。本案中，在刘某的行为因具有危险性而属于"行凶"的前提下，于某明采取防卫行为致其死亡，依法不属于防卫过当，不负刑事责任，于某明本人是否受伤或伤情轻重，对正当防卫的认定没有影响。公安机关认定于某明的行为系正当防卫，决定依法撤销案件的意见，完全正确。

[指导意义] 刑法作出特殊防卫的规定，目的在于进一步体现"法不能向不法让步"的秩序理念，同时肯定防卫人以对等或超过的强度予以反击，即使造成不法侵害人伤亡，也不必顾虑可能成立防卫过当因而构成犯罪的问题。司法实践中，如果面对不法侵害人"行凶"性质的侵害行为，仍对防卫人限制过苛，不仅有违立法本意，也难以取得制止犯罪，保护公民人身权利不受侵害的效果。

"行凶"是认定的难点，对此应当把握以下两点：一是必须是暴力犯罪，对于非暴力犯罪或一般暴力行为，不能认定为行凶；二是必须严重危及人身安全，即对人的生命、健康构成严重危险。在具体案件中，有些暴力行为的主观故意尚未通过客观行为明确表现出来，或者行为人本身就是持概括故意予以实施，这类行为的故意内容虽不确定，但已表现出多种故意的可能，其中只要有现实可能造成他人重伤或死亡的，均应当认定为"行凶"。

正当防卫以不法侵害正在进行为前提。所谓正在进行，是指不法侵害已经开始但尚未结束。不法侵害行为多种多样、性质各异，判断是否正在进行，应就具体行为和现场情境作具体分析。判断标准不能机械地对刑法上的着手与既遂作出理解、判断，因为着手与既遂侧重的是侵害人可罚性的行为阶段问题，而侵害行为正在进行，侧重的是防卫人的利益保护问题。所以，不能要求不法侵害行为已经加诸被害人身上，只要不法侵害的现实危险已经迫在眼前，或者已达既遂状态但侵害行为没有实施终了的，就应当认定为正在进行。

需要强调的是，特殊防卫不存在防卫过当的问题，因此不能作宽泛的认定。对于因民间矛盾引发、不法与合法对立不明显以及夹杂泄愤报复成分的案件，在认定特殊防卫时应当十分慎重。

阅读资料3：朱某山故意伤害（防卫过当）案、侯某秋正当防卫案

最高人民检察院第十二批指导性案例，详见http：//www.spp.gov.cn/spp/jczdal/201812/t20181219_402920.shtml。

阅读资料4：于某故意伤害案

最高人民法院指导案例93号，详见http：//www.court.gov.cn/shenpan-xiangqing-104262.html。

模块三　犯罪形态

第十章

故意犯罪形态

学习目标与工作任务

通过本章的学习,理解犯罪既遂、犯罪预备、犯罪未遂、犯罪中止的概念及其种类,掌握四种犯罪形态的构成条件和处罚原则。能够运用所学知识正确认定具体案件的犯罪形态。

导入案例

1. 陈某,男,某市建筑公司工人。某日晚12时许,陈某在外喝酒后回家,行至一小路岔口处,看到前面有一妇女单身行走,便起歹意。遂从后面冲上去,抓住该妇女的皮包就往回跑。刚跑出不到10米,只听后面喊道:"陈某,你怎么抢我的东西?"陈某回头一看,见被抢者是其同学的妹妹,便赶紧走上前说:"阿妹,我看你一个人走路,不放心,逗你玩的,走吧,我送你回家。"遂将该妇女护送到家。当时,该妇女包内有现金3000元。

问:陈某的行为是否属于犯罪既遂?

2. 马某持刀往仇人乙的住所,欲杀害乙。到达乙居住地附近,发现周围停有多辆警车,并有警察在活动,感到无法下手,遂返回。

问:马某的行为属于何种犯罪停止形态?

3. 郝某,男,24岁,某厂工人。郝某因赌博欠债,难以偿还,便图谋盗窃本厂财务室保险柜里的现金。某日晚10时许,郝某撬开了财务室的房门,但因无法打开小保险柜,于是,郝某将小保险柜搬离财务室,隐藏在厂内仓库旁,想等待时机再撬开小保险柜,窃取现金。第二天,财务室的会计发现办公室门被撬、小保险柜失踪,当即报案。公安人员在厂内仓库旁找到保险柜,柜门尚未打开,柜内人民币也原封未动。

问:郝某的行为是盗窃既遂还是盗窃未遂?

4. 尤某欲盗窃某仓库的财物,并事先去仓库周围"踩道"。某夜,尤某按照预先观察好的路线进入仓库,在搬东西时,碰翻了堆放在仓库中的水桶,水桶发出巨大响声。尤某惊恐,急忙逃走。

问:尤某的行为属于犯罪中止还是犯罪未遂?

教学内容

第一节 故意犯罪形态概述

一、故意犯罪形态的概念和特征

（一）故意犯罪形态的概念

故意犯罪形态即故意犯罪停止形态，是指故意犯罪在其发生、发展和完成的过程及阶段中，因各种主客观原因而停止下来的各种犯罪形态。故意犯罪行为往往有一个发展过程，在这个发展过程中，并非任何犯罪行为都能顺利得以实施，并非任何犯罪人都能实现预期的目的。于是，故意犯罪就出现了不同的停止形态，即犯罪预备、犯罪未遂、犯罪中止和犯罪既遂。

故意犯罪形态包括以下两种基本类型：①犯罪的完成形态，即犯罪既遂形态，是指故意犯罪在其发展过程中未在中途停止下来，行为人完成了犯罪的情形。②犯罪的未完成形态，是指故意犯罪在其发展过程中居于中途停止下来，缺乏犯罪构成客观方面的某些要素，但依据刑法总则的规定已构成犯罪，它包括犯罪预备、犯罪未遂和犯罪中止三种形态。

（二）故意犯罪形态的特征

1. 故意犯罪形态只能存在于犯罪过程中。这里的"犯罪过程"，是指故意犯罪发生、发展和完成所要经过的程序、阶段的总和与整体。故意犯罪的过程不是以行为人产生犯意为起点，而是以行为人开始实施犯罪的预备行为为起点，至行为人完成犯罪为其终点。故意犯罪形态只能存在于犯罪过程中，在犯罪过程以外出现的某种状态，不是故意犯罪形态。例如，甲基于仇恨而产生杀害乙的犯意，但经过考虑后打消了杀害乙的想法，这就不是故意犯罪形态。

2. 故意犯罪形态具有局限性。即故意犯罪形态只存在于部分直接故意犯罪中。

（1）过失犯罪不存在犯罪停止形态。在过失犯罪中，由于行为人主观上对危害结果的发生是没有预见或者是反对的，不可能为犯罪实施预备行为，客观上我国刑法又限定只有发生危害结果才构成过失犯罪，因此过失犯罪只存在是否成立的问题，而不可能存在犯罪预备、犯罪未遂和犯罪中止形态。

（2）间接故意犯罪也不存在犯罪停止形态。在间接故意犯罪中，由于行为人对危害结果的发生是持放任态度，决定了其不可能进行犯罪预备，而且在没有发生危害结果的情况下，也难以认定行为人有间接故意。从客观上看，基于间接故意实施的危害行为只有在发生了法定的危害结果时，才构成犯罪。因此，间接故意犯罪中不可能存在犯罪未完成形态。既然不存在犯罪的未完成形态，也就没有必要肯定其有犯罪完成形态。

（3）直接故意犯罪并非都存在犯罪停止形态。直接故意犯罪的行为人具有希望、追求完成某种特定犯罪的主观罪过。在这种主观罪过支配下，客观上就会有进行犯罪的过程，因而直接故意犯罪就形成了犯罪的四种停止形态。但并非一切直接故意犯罪都可以存在四种停止形态。例如，依法一着手实行即告完成犯罪的举动犯，刑法规定的某些情节犯，都不可能存在犯罪未遂。再如，突发性的直接故意犯罪往往没有犯罪预备形态。另外，有的行为由于其社会危害性较小，如果没有完成，一般可不认为犯罪，如故意毁坏财物行为、重婚行为等。有些行为如果还处于预备或者未遂状态，其性质就很难认定，一般可不按犯罪论处。

3. 故意犯罪形态具有结局性和排他性。①结局性。故意犯罪形态是在犯罪过程中由于某种原因停止下来所呈现的状态，这种停止不是暂时性的停顿，而是结局性的停止，即该犯罪行为由于某种原因不可能继续向前发展。②排他性。就是说，不同犯罪形态之间是一种彼此独立存在、不可相互转化的关系。就同一犯罪行为而言，出现了一种犯罪形态后，就不可能再出现另一种犯罪形态。故意犯罪形态是就已经实施的犯罪行为整体而言，而不是就犯罪行为的某一部分而言，不能认为一个人实施的一个犯罪中一部分是此犯罪形态，而另一部分是彼犯罪形态。

二、故意犯罪形态与故意犯罪阶段、犯罪构成的关系

故意犯罪阶段是指故意犯罪发展过程中因主客观具体内容的不同而划分的段落。一般认为，故意犯罪阶段可分为以下两个：一是犯罪预备阶段，它以行为人开始实施犯罪预备行为之时为起点，以行为人完成犯罪预备行为而尚未着手犯罪实行行为之时为终点。在这个阶段，只能出现犯罪预备和犯罪中止形态；二是犯罪实行阶段，它以行为人着手犯罪实行行为之时为起点，以行为人完成犯罪即达到犯罪既遂为终点。在这个阶段，可以存在犯罪未遂、犯罪中止和犯罪既遂形态。

故意犯罪形态虽然存在于故意犯罪阶段之中，但二者是有区别的。主要区别在于：故意犯罪形态属于相对静止范畴的概念，而故意犯罪阶段则是动态的发展过程；故意犯罪形态没有先后连续性，故意犯罪阶段具有连续性；一个故意犯罪行为可能经过几个犯罪阶段，但只能形成一种犯罪形态。

刑法理论通说认为，我国刑法分则所规定的犯罪构成以犯罪既遂形态为模式，在此意义上说，犯罪既遂是完全符合犯罪构成的。犯罪预备、犯罪未遂和犯罪中止则是犯罪的未完成状态。犯罪的未完成形态还没有具备刑法分则所规定的某种犯罪构成的全部要件，但是，也不能说犯罪的未完成形态不符合犯罪构成的要求，只不过未完成形态的犯罪构成，是以刑法分则规定的某种具体犯罪构成为基础，并以刑法总则的有关规定为补充、修改，形成了修正的犯罪构成。修正的犯罪构成也是要件完整齐备的犯罪构成，是一个主客观诸要件有机统一的整体。

第二节 犯罪既遂

一、犯罪既遂的概念和标准

犯罪既遂是指行为人故意实施的行为已经具备了刑法分则规定的某种犯罪的全部构成要件。其基本特征是：①行为人必须具有犯罪的故意，这是构成犯罪既遂的主观条件。②行为人已经着手实施刑法分则规定的某种犯罪的构成要件的行为，这是构成犯罪既遂的时间条件。③已经具备了刑法总则和分则规定的某种犯罪构成的全部要件，这是构成犯罪既遂的核心条件。

认定犯罪既遂，应当以行为人所实施的行为是否具备了刑法分则所规定的某一犯罪的全部构成要件为标准，完全具备的为既遂，未能完全具备的为未完成形态。而不能以犯罪目的达到或者以犯罪结果的发生作为认定标准。

本章"导入案例一"中，陈某的行为属于抢夺罪的既遂形态。根据我国刑法理论，抢夺罪的既遂标准是行为人已经将财物抢夺到手、占为己有。本案中，陈某趁被害人不备，从身后冲上去将包抢到手，且已经逃离，此时他已完成了抢夺犯罪行为，逃跑已不是抢夺罪的构成条件。至于在刚逃跑时由于被被害人认出而将已经取得的财物返还，属于犯罪既遂之后的事情，与犯罪的既遂与否不再有关系。因此在抢夺他人财物之后被人认出又主动返还财物的，不影响犯罪既遂的成立。

二、犯罪既遂的类型

根据我国刑法分则对各种直接故意犯罪构成要件的不同规定，犯罪既遂主要有以下几种类型：

（一）结果犯

结果犯是指不仅要实施具体犯罪构成客观要件的行为，而且必须发生某种法定的犯罪结果才构成既遂的犯罪。如果法定的犯罪结果未发生，一般不影响犯罪成立，但只能构成犯罪的未完成形态。例如，故意杀人而未造成他人死亡结果的，就只能成立故意杀人罪的未遂或中止。所谓"法定的犯罪结果"，是指刑法分则明文规定的犯罪行为对犯罪对象造成物质性、有形的、可以具体测量确定的损害结果。另外，结果犯还有一种特殊的表现形式，即结果加重犯。

（二）行为犯

行为犯是指以法定犯罪行为的实施完毕作为既遂标志的犯罪。这类犯罪的既遂并不要求造成犯罪结果，而是以危害行为的完成为标志，如诬告陷害罪就是典型的行为犯。应当指出，法定的犯罪行为不是一着手即告完成的，而是有一个实行的过程，要达到一定程度，才能视为行为的完成，从而成立犯罪既遂。如果未达到法律所要求的程度，则是犯罪行为未完成，应成立犯罪未完成形态。这类犯罪在我国刑法中有相当的数量，如强奸罪、脱逃罪等。

（三）危险犯

危险犯是指以危害行为造成法律规定的发生某种危害结果的危险状态作为既遂标志的犯罪。危险犯以法益遭到可能的损害为既遂，如果发生了实际危害结果，则为实害犯。例如，破坏交通工具的行为，只要足以使火车、汽车、电车、船只、航空器发生倾覆、毁坏的危险，就成立犯罪既遂，而不要求严重后果的实际发生。

（四）举动犯

举动犯是指行为人一着手犯罪实行行为即告犯罪完成和完全符合构成要件，从而构成既遂的犯罪。举动犯既遂的认定，关键在于行为人是否着手实行犯罪的实行行为，而不在于行为实施到什么程度，更不在于行为是否引起危害结果，只要行为人着手实行犯罪就具备犯罪构成全部要件而成立既遂。我国刑法中的举动犯大致包括两种情况：①法律将预备性质的行为提升为实行行为的犯罪，如组织、领导、参加黑社会性质组织罪等；②将教唆、煽动性质的行为规定为实行行为的犯罪，如煽动分裂国家罪等。由于举动犯是着手实行犯罪就构成犯罪既遂，因而不存在犯罪未遂的问题，但存在着犯罪既遂与犯罪预备、预备阶段的犯罪中止形态。

三、既遂犯的处罚原则

由于我国刑法分则对各种犯罪所配置的法定刑都是以犯罪既遂为标准的，因此，对既遂犯应当直接依照刑法分则中相应犯罪的法定刑处罚。当然，刑法总则所规定的一般量刑原则必须严格遵守。

第三节 犯罪预备

一、犯罪预备的概念与特征

《刑法》第22条第1款规定："为了犯罪，准备工具、制造条件的，是犯罪预备。"据此，犯罪预备是指行为人已经开始实施为犯罪创造条件的行为，但由于其意志以外的原因而尚未能着手犯罪的实行行为的犯罪停止形态。构成犯罪预备，必须同时具备以下四个特征：

1. 主观上为了实行犯罪。行为人进行犯罪预备的意图和目的，是顺利着手实施和完成犯罪。为了实行犯罪，包括为了自己实行犯罪和为了他人实行犯罪；为了实行犯罪，表明行为人具有明确的犯罪故意，已经认识到自己的预备行为是为实行行为服务的，对危害结果的发生起着促进作用。

2. 客观上实施了犯罪的预备行为。预备行为是指为了犯罪的实行和完成而制造便利条件的行为，包括准备犯罪工具、创造犯罪条件。如为杀害仇人而购买匕首、调查仇人的行踪等。

犯罪预备不同于犯意表示。所谓犯意表示，是指行为人以口头、文字或其他方式将自己的犯罪意图流露于外并为他人所知悉的行为。犯意表示表明行为人尚未开始实施任何危害社会的行为，是单纯的思想表露，属于犯罪思想的范畴，不具有社会危害性，因而不能认定为犯罪。两者的区别包括：①犯罪预备表现为一种主观思想影响客观世界的积极行为，已经超出了思想流露的范畴；而犯意表示只表现行为人的犯罪意识，不可能为犯罪创造条件。②犯罪预备的作用是促成犯罪的顺利实施；而犯意表示则不具有这种作用。③犯罪预备行为虽然不可能直接造成实行行为所要造成的危害结果，但对刑法所保护的社会关系已经构成了现实的威胁；而犯意表示没有对社会关系构成现实威胁。④犯罪预备表明行为人已经开始犯罪；而犯意表示只是说明行为人想实施犯罪，但并未以任何形式开始实施犯罪。

3. 行为人尚未着手实施犯罪的实行行为。这是区分犯罪预备与犯罪未遂、犯罪既遂的根本标准。所谓犯罪的实行行为，是指刑法分则中具体犯罪构成客观方面的行为。犯罪预备作为一种停止形态，只能出现在犯罪预备阶段，犯罪行为必须在着手实行犯罪以前停止下来。如果已经进入犯罪实行阶段，那么犯罪预备就不复存在。尚未着手实行犯罪表现为两种情况：①预备行为没有完成，因而不可能着手实行犯罪；②预备行为虽已完成，但由于某些原因未能着手实行犯罪。

4. 未能着手实行犯罪是由于行为人意志以外的原因所致。这一特征是犯罪预备与预备阶段的犯罪中止形态区别的关键所在。这一特征说明，行为人在着手犯罪实行行为前停止下来，是被迫的而不是自愿的，从而进一步揭示出预备犯的主观恶性。如果行为人自动放弃预备行为或者自动不着手实行犯罪，则成立犯罪中止。

本章"导入案例二"中，马某的行为属于犯罪预备。马某到达乙的住地时，发现有警车停放此处和警察在活动，感到无法下手而没有着手实施杀人行为，警车的存在和警察活动属于马某意志以外的因素，该因素使得其不得不放弃了原来的犯罪计划，故构成犯罪预备。

二、预备行为的类型

（一）准备工具

准备工具即准备犯罪工具，是指准备为实行犯罪活动所用的一切器械物品，包括制造犯罪工具、寻求犯罪工具、加工犯罪工具使之适合于犯罪需要等。如为了杀害仇家而购买凶器或盗窃枪支等。准备犯罪工具事实上也是为实行犯罪制造条件的行为，但由于它是犯罪预备行为最常见的形式，所以《刑法》第22条将其明列出来。

（二）制造条件

制造条件即制造犯罪条件，是指除准备工具以外的一切为实行犯罪制造条件的预备行为。根据刑法理论和司法实践，这类预备行为通常有：为实施犯罪事先调查犯罪的场所、时机和被害人的行踪；准备实施犯罪的手段，如为实施扒窃而事先练习扒窃技术；排除实施犯罪的障碍；追踪、守候被害人的到来或者进行接近被害人和犯罪对象的行为；前往犯罪场所守候或者诱骗被害人赶赴犯罪预定地点；勾引、集结共同犯罪人，进行犯罪预谋；拟订实施犯罪和犯罪后逃避侦查追踪的计划等。

三、预备犯的处罚原则

《刑法》第22条第2款规定:"对于预备犯,可以比照既遂犯从轻、减轻处罚或者免除处罚。"预备犯不是独立的罪名,也无相应的法定刑,因此,对预备犯只能比照既遂犯处罚。

第四节 犯罪未遂

一、犯罪未遂的概念和特征

《刑法》第23条第1款规定:"已经着手实行犯罪,由于犯罪分子意志以外的原因而未得逞的,是犯罪未遂。"根据这一规定和刑法理论,犯罪未遂是指行为人已经着手实行犯罪,由于其意志以外原因而未得逞的犯罪停止形态。犯罪未遂具有以下三个特征:

1. 行为人已经着手实行犯罪。这是犯罪未遂与犯罪预备的主要区别。所谓已经着手实行犯罪,是指行为人已经开始实施刑法分则条文规定的某种犯罪构成客观要件的行为,即已经开始实行具体犯罪的实行行为,如故意杀人罪中的杀害行为,抢劫罪中侵犯人身行为和劫取财物的行为等。判断是否"已经着手实行犯罪"是一个比较复杂而困难的问题,不可能有一个绝对、统一的标准。按照主客观相统一的原则,具体认定某一犯罪是否已经着手,只能根据刑法分则条文的规定和具体案件的特点,作具体分析判断。在司法实践中,正确理解"已经着手实行犯罪",可以从以下几个方面把握:

(1) 实行行为已能够比较明显地反映出行为人的犯罪意图。例如,举刀或者用枪对准被害人,就可以看出是行凶杀人。如果行为人的行为还不能反映出其主观上有犯罪意图,就不能认定是已经着手。

(2) 实行行为实际接触或者接近犯罪对象。例如,举刀或者用枪对准被害人,就是已经着手实行故意伤害或故意杀人犯罪。相反,为杀人而准备凶器,就是尚未着手实行犯罪。

(3) 实行行为对犯罪的直接客体造成了直接威胁。如撬保险柜的门锁,就对保险柜里的财物构成了直接的威胁。如果没有这种实际威胁,就不能认为是"着手",如站在保险柜前观察、思考如何打开它。

(4) 实行行为能够直接引起危害后果的发生。有些实行行为虽然还没有直接接触犯罪对象,但只要能够直接对犯罪客体造成危害结果,就应认为是已经着手实行犯罪。如行为人将毒物放入被害人食物内的行为,就有可能发生被害人死亡的结果,这样的行为就是"着手"。

(5) 某种犯罪的实行行为包含多个环节或多种形式时,行为人开始实施其中任何一个环节或者任何一种形式的行为,原则上也应认定为已经着手。例如,抢劫罪的实行行为包括使用暴力、胁迫或其他强制手段和抢取财物。因此,当行为人开始实施暴力等行为时,就是已经着手实施抢劫犯罪。

2. 犯罪未得逞。这是犯罪未遂与犯罪既遂的主要区别。"犯罪未得逞"是指犯罪行为没有完全具备刑法分则规定的某一犯罪构成的全部要件。犯罪未得逞是主观和客观两方面的统一:从主观上看,犯罪未得逞是指犯罪的直接故意内容没有完全实现;从客观上看,行为人实施的犯罪是不完整的,有的表现为未把刑法规定的实行行为实施完毕,有的表现为法定的危害结果没有发生等。

3. 犯罪未得逞是由于犯罪分子意志以外的原因所致。这是犯罪未遂与犯罪中止的根本区别。"意志以外的原因"是指违背行为人的犯罪意志,行为人没有预料或者不能控制的主客观原因。犯罪分子意志以外的原因既包括客观障碍,又包括主观认识因素,大致包括三种情况:

①犯罪人自身的客观原因，如体力不支、突发疾病等对完成犯罪的不利因素。②犯罪人自身方面以外的客观原因，如被害人、第三者、自然力等方面对完成犯罪的不利因素。③主观因素，如对犯罪对象、犯罪工具、因果关系等的错误认识而导致未得逞。上述"意志以外的原因"必须达到足以阻止犯罪意志和犯罪活动完成的程度，才能构成犯罪未遂。

本章"导入案例三"中，郝某的行为属于犯罪未遂。根据我国刑法理论和司法实践经验，盗窃罪的既遂是以财物所有人、监管人失去对财物的控制为标准的。如果仅仅是行为人控制了物品，但财物的所有人、监管人尚未失去控制的，盗窃行为仍未达到既遂状态。本案中，郝某已经着手实施盗窃行为，由于无法打开小保险柜，以及工厂及时报案、公安人员及时寻找，这些意志以外的原因使得郝某未能实际控制财物，工厂也尚未丧失对财物的控制。所以，对郝某仍应以盗窃未遂处理。

二、犯罪未遂的类型

我国刑法理论上，一般根据两种不同标准，把犯罪未遂划分为以下两类：

（一）实行终了的未遂与未实行终了的未遂

这是以犯罪的实行行为是否已经实行终了为标准所作的划分。

实行终了的未遂，是指行为人已经着手实行犯罪，并且自认为已经把实现犯罪意图所必要的全部行为实施完毕，但由于其意志以外的原因而未得逞。例如，在投毒杀人时，毒药已经投放完毕，由于被害人及时发现或者服下毒药后遇救未死；杀人后以为被害人已经死亡而离去，但被害人实际未死；抢劫时，搜遍被害人全身却身无分文，等等。

未实行终了的未遂，是指行为人已经着手实行犯罪，但由于意志以外的原因，未能够把自认为实现犯罪意图所必要的全部行为实行完毕，以致犯罪未得逞。例如，甲举刀杀乙时，被乙或他人制服；盗窃犯在室内盗窃时被当场抓获等。

（二）能犯未遂与不能犯未遂

这是以犯罪行为实际上能否达到既遂为标准所作的划分。

能犯未遂，即犯罪行为实际有可能达到既遂的未遂。例如，甲开枪射击乙，第一枪未击中，在准备开第二枪时，被警察当场抓获，即为能犯未遂。如果甲不被当场制止，完全有可能杀死乙。

不能犯未遂，是指由于对事实认识错误而根本不可能达到既遂的情形。不能犯未遂包括以下两种：①对象不能犯未遂。这是指由于行为人的错误认识，使得犯罪行为所指向的犯罪对象不在犯罪行为的有效作用范围内，或者因犯罪对象具有某种属性使得犯罪不能既遂而只能未遂。例如，甲本想杀乙，但将稻草人误认为是乙而开枪，因而不可能导致乙的死亡。②手段不能犯未遂。这是指行为人由于认识错误而使用了按其客观性质不能实现其犯罪意图、不能构成既遂的犯罪工具，以致犯罪未遂。例如，误把白糖等无毒物当做砒霜进行投毒杀人等。

三、未遂犯的处罚原则

《刑法》第23条第2款规定："对于未遂犯，可以比照既遂犯从轻或者减轻处罚。"至于是从轻还是减轻以及具体从宽处罚的程度，则应当综合考虑犯罪行为的实行程度、造成损害的大小、犯罪未得逞的原因等情况来决定。

第五节 犯罪中止

一、犯罪中止的概念和特征

《刑法》第 24 条第 1 款规定:"在犯罪过程中,自动放弃犯罪或者自动有效地防止犯罪结果发生的,是犯罪中止。"据此,犯罪中止是指在犯罪过程中,行为人自动放弃犯罪或者自动有效地防止犯罪结果发生,而未完成犯罪的一种犯罪形态。我国刑法理论上把犯罪中止分为未实行终了的犯罪中止和实行终了的犯罪中止两种类型。这两种类型的犯罪中止的特征有所不同。

(一) 未实行终了的犯罪中止

未实行终了的犯罪中止,是指行为人在犯罪过程中自动放弃犯罪从而使犯罪未完成。它具备以下三个特征:

1. 犯罪中止必须发生在犯罪过程中。犯罪中止具有时空性,即犯罪中止必须发生在犯罪预备行为开始实施至犯罪既遂之前的时间内,且犯罪又处于运动过程中而尚未形成任何停止形态。这是犯罪中止成立的客观前提条件。这个犯罪过程包括预备犯罪过程、实行犯罪的过程、实现行为终了但法定的危害结果没有发生前的过程。如果犯罪在发展过程中已由于行为人意志以外的原因而停止,则属于犯罪预备或犯罪未遂。如果犯罪已经达到既遂形态,则行为人不可能再中止犯罪。即使行为人在犯罪既遂后又自动恢复原状或主动赔偿损失,也不能认为是犯罪中止。当然,对于其退还赃款赃物或主动赔偿的举动可以作为从宽情节,在处罚时酌情考虑。

2. 行为人必须自动放弃犯罪,即犯罪中止必须具有自动性。这是成立犯罪中止的实质性条件,也是犯罪中止与犯罪预备、犯罪未遂的根本区别所在。所谓自动性,是指行为人出于自己的意志而放弃了自认为当时本可以继续实施和完成的犯罪。

这里的"自动性"包括以下两层含义:①必须是行为人自认为当时能够继续实施并完成犯罪。对于其中的"能"与"不能",应以行为人的认识为标准进行判断,即只要行为人认为可能既遂而不愿意达到既遂的,即使客观上不可能既遂,也是中止。反之,只要行为人认为不可能达到既遂而放弃,即使客观上可能达到既遂,也不是中止,而是未遂。②必须是行为人出于本人的意志而自愿放弃犯罪。就是说,行为人在自认为可以继续实施和完成犯罪的情况下,自愿作出停止犯罪的决定。在主观上表现为自愿放弃犯罪意图;在客观上表现为停止和放弃犯罪的继续实施与完成。

行为人中止犯罪的动机是多种多样的,有的是因为行为人真诚悔悟,不愿继续犯罪;有的是由于他人的规劝、教育或斥责,思想起了变化;有的是因为对被害人产生同情或怜悯;有的是慑于法律的威严和法网难逃;有的是为了争取宽大处理;有的是由于遇到了对完成犯罪有轻微不利的客观因素,等等。这些不同的因素只是反映了行为人中止犯罪的不同悔悟程度,并不影响犯罪中止的成立。应当指出,在存在客观障碍的情况下,有时行为人并没有认识到,而是出于其他原因放弃犯罪,仍应认定为中止。有时行为人认识到了,但同时认为该客观障碍并不足以阻止其继续犯罪,而是由于其他原因放弃犯罪的,也应认定为中止。

3. 行为人必须彻底放弃了原来的犯罪,即犯罪中止必须具有彻底性。所谓彻底性,是指行为人在主观上彻底打消了原来的犯罪意图,在客观上彻底放弃了自认为本可以继续实施并完成的犯罪行为,也不打算以后再继续实施此项犯罪。彻底性不仅表明了行为人自动停止犯罪的真诚和决心,而且表明行为人在客观上不再实施犯罪行为。如果因为准备不充分、时机不成熟、环境条件不利等而停止当时的犯罪行为，意图等待条件适宜时再继续实施该项犯罪的，就不符合彻底性的要求，因而不能成立犯罪中止，而是犯罪的暂时中断。另外，彻底性只是要求行为人彻底放弃实施正在预备或实行的特定犯罪行为，而不能苛求行为人保证从此以后再不犯任何罪行。

（二）实行终了的犯罪中止

实行终了的犯罪中止是指行为人在实行行为终了以后，出于本意而以积极有效的行为阻止了既遂之犯罪结果的发生。实行终了的犯罪中止的成立，除了要具备未实行终了的犯罪中止的时空性、自动性、彻底性外，还要求具备"有效性"的特征。这里的"有效性"，是指在实行行为实行终了、犯罪结果尚未发生的特定场合，行为人自动采取积极行动实际有效地阻止了犯罪结果的发生。如果行为人虽有意停止犯罪并采取了防止犯罪结果发生的措施，但未能够有效地阻止犯罪结果发生的，则不成立犯罪中止，而成立犯罪既遂。如果行为人虽然采取了防止犯罪结果发生的措施，事实上犯罪结果也没有发生，但没有发生是由于其他原因所致，而不是行为人所采取的措施起的作用，则不能成立犯罪中止，而是犯罪未遂。

应当指出，在共同犯罪中，未实行终了的犯罪中止的成立，同样要求具备"有效性"这一特征（详见本书第十一章共同犯罪形态）。

本章"导入案例四"中，尤某的行为属于盗窃罪的中止形态。尤某在行窃时将仓库中的水桶碰翻，发生巨大声音，这的确是他意志以外的原因和现象。在出现这种意志以外原因和现象的情况下，停止继续犯罪，是构成犯罪中止还是犯罪未遂，主要应考察这种现象对行为人的影响，即这种意志以外原因对行为人停止犯罪是否起了主要作用。如果意志以外原因的出现，并不足以阻止行为人继续实施犯罪，而行为人基于这种不利条件而放弃犯罪的，应成立犯罪中止；如果意志以外原因的出现，足以阻止行为人继续实施犯罪的，应当成立犯罪未遂。本案中，尤某在盗窃时碰翻水桶，发出巨大声音，只是为他继续实施盗窃行为制造了不利条件，但并不足以阻止其继续实施盗窃行为。所以，尤某的行为成立犯罪中止。

二、中止犯的处罚原则

《刑法》第24条第2款规定："对于中止犯，没有造成损害的，应当免除处罚；造成损害的，应当减轻处罚。"是否造成损害结果是对中止犯予以不同从宽处罚的依据。这里的"造成损害"是指行为人的犯罪行为所造成的损害小于法定危害结果。

思考题

1. 简述犯罪既遂的概念及其类型。
2. 分别简述犯罪预备、犯罪未遂、犯罪中止概念、特征及处罚原则。
3. 试比较犯罪未遂与犯罪预备、犯罪中止的异同点。

实务训练

[案例1] 甲因有外遇而喜新厌旧，欲与妻子乙离婚，但乙坚决不同意。于是，甲在乙的茶杯里投放毒药后就离开了家。乙饮用毒茶后，疼痛难忍，大声地喊"救命"。

[问题] 1. 如果甲感到人命关天，法网难逃，立即将乙送往医院抢救，经抢救乙幸免未死，则甲的行为属于哪种犯罪形态？为什么？

2. 如果甲虽然将乙送往医院抢救，但由于药性已发作，抢救无效导致乙死亡，则甲的行为是属于哪种犯罪形态？为什么？

3. 如果甲赶回家打算送乙去医院抢救，但乙已被邻居送去医院抢救而脱险，则甲的行为属于哪种犯罪形态？为什么？

[案例2] 某日晚8时许，金某乘邻居陈某一人在家，闯进陈家，锁上房门，提出和陈某发生性关系。陈不同意，金即按住陈的双手，欲行强奸。陈急中生智说，我丈夫马上要到家，并看了一下手表。金闻听，恐陈告发，就罢手起身，向陈赔礼后走掉。

[问题] 试分析金某的行为属于何种犯罪停止形态？

[案例3] 某县城关镇连续发生数起拦路强奸案，均未能破获。为此，县公安局派公安人员杨某男扮女装，诱捕犯罪分子。某日晚，钱某在途中遇到杨某，即起强奸之念。钱某从后面扑上去，掐住杨的脖子，欲行强奸。杨转身抓钱某，钱某将杨的假发抓掉，发现是个男的，便脱身逃跑，被巡逻的公安人员抓获。

[问题] 对钱某的行为应如何认定，并说明理由。

[案例4] 宣某（男）与薛某（女）长期通奸。宣某为达到与薛某结婚的目的，与薛某共谋除掉薛某的丈夫赵某。宣某提出由他提供毒药，由薛某趁吃饭时，把毒药放入赵某碗内，将赵某毒死。薛某虽然同意，并已把宣某提供的毒药准备好，但她有一个3岁女孩，顾虑会把孩子毒死，便没有按约定的办法实施毒杀行为。后宣某要继续和薛某通奸遭到拒绝，薛某便揭发了宣某上述罪行。

[问题] 试分析宣某和薛某的行为属于何种犯罪形态，并说明理由。

第十一章

共同犯罪形态

学习目标与工作任务

通过本章的学习，掌握共同犯罪的概念和成立条件，理解不成立共同犯罪的情形和共同犯罪的形式，熟悉共同犯罪人的种类及其刑事责任。能够运用共同犯罪的原理分析是否存在共同犯罪，准确认定主犯、从犯、胁从犯和教唆犯。

导入案例

蒋某和韩某合谋盗窃一电脑公司，韩某配制了一把"万能钥匙"给了蒋某，二人约定某日晚前去盗窃。韩某因为妻子规劝，届时未到现场。蒋某到现场后，因未等到韩某，便用"万能钥匙"打开公司仓库，窃得价值4万余元的电脑配件。事后，蒋某分了5000元给韩某，韩某推脱后分文未取。

问：蒋某和韩某是否成立共同犯罪？韩某是否构成犯罪中止？

教学内容

第一节 共同犯罪形态概述

一、共同犯罪的概念

共同犯罪简称"共犯"。《刑法》第25条第1款规定："共同犯罪是指二人以上共同故意犯罪。"共同犯罪是相对于单个人犯罪的一种特殊犯罪形式，它具有以下特点：一是共同犯罪的主客观统一性。共同犯罪要求二人以上既有共同故意，又有共同行为，而且二者之间具有统一关系。二是共同犯罪的整体性。共同犯罪是二人以上在共同故意支配下实施犯罪行为形成的一个整体，而不是个人行为的简单相加。三是共同犯罪类型、共同犯罪人的差异性。

二、共同犯罪的成立条件

（一）共同犯罪的主体要件

共同犯罪的主体必须是二人以上。"二人以上"即两个以上符合犯罪主体要件的人，主要包括两个以上自然人、两个以上单位、自然人与单位之间所构成的共同犯罪等情形。

在理解共同犯罪的主体要件时应注意以下问题：①一个具有刑事责任能力的人利用一个无刑事责任能力的人去实施刑法禁止的行为，不成立共同犯罪。在这种情况下，应当把利用者作为实行犯来处理,这在刑法理论上称为"间接正犯"。②一般主体与特殊主体可以构成共同犯罪。就是说,不具有特殊身份的人与具有特殊身份的人共同故意实施以特殊身份为构成要件的犯罪时,可以构成共同犯罪。

(二) 共同犯罪的主观要件

共同犯罪的主观要件是指各共同犯罪人必须有共同的犯罪故意。所谓共同犯罪故意,是指各行为人通过意思联络,明知自己与他人配合共同实施犯罪行为会发生危害社会的结果,并决意参加共同犯罪,希望或放任这种结果发生的心理态度。这要求各共犯人不仅有相同的犯罪故意,而且相互之间具有意思联络。共同犯罪故意包括认识因素与意志因素两个方面。

1. 认识因素包括以下内容:①具有意思联络,即各行为人在主观上相互沟通,彼此联络,都认识到不是自己一个人在单独实施犯罪,而是在和他人一起实施某种犯罪;②各行为人都明知自己行为和共同行为的性质及其危害结果;③各共同犯罪人都认识到共同犯罪行为与共同犯罪结果之间有因果关系。

2. 在意志因素方面,不仅是各共犯人是经过自己的自由选择而决意与他人共同协力实施犯罪,而且各共犯人对他们的共同犯罪行为会发生危害结果都是持希望或放任的心理态度。

共同犯罪故意的类型具体包括三种情形:一是共同直接故意;二是共同间接故意;三是直接故意与间接故意相结合的共同犯罪故意,例如,甲乙共谋放火烧丙家的房子,明知丙的2岁孩子在屋内,可能被烧死,但仍然放火,其中甲希望丙的孩子被烧死,而乙持放任的态度。

(三) 共同犯罪的客观要件

共同犯罪的客观要件是指各犯罪人必须具有共同犯罪行为。所谓共同犯罪行为,是指各犯罪人为追求同一危害结果、完成同一犯罪,而实施的相互联系、彼此配合的犯罪行为。具体可以从以下三个方面理解:

1. 各共同犯罪人都实施了属于同一犯罪构成客观要件的行为。

2. 各共犯人所实施的犯罪行为在共同故意支配下指向同一犯罪目标,彼此联系,互相配合、协调和补充,形成一个有机的犯罪活动整体。即各个共同犯罪人尽管在具体分工和行为表现形式上有所不同,但他们之间并不是孤立的,而是由一个共同的犯罪目标将他们的单个行为联系在一起,其中每个人的行为都是这个整体行为的必要组成部分。

3. 共同犯罪行为的表现形式和共同犯罪人之间的分工对认定共同犯罪没有影响。共同犯罪行为有三种表现形式,即共同作为、共同不作为以及作为与不作为的结合。根据行为人之间的分工情况,共同犯罪行为可以分为以下两类:

(1) 没有分工的共同犯罪行为。即各共同犯罪人均直接实施了犯罪的实行行为,都是实行犯,刑法理论上称之为"共同正犯"。

(2) 存在分工的共同犯罪行为,即各共同犯罪人不都直接实施犯罪的实行行为,而是由一部分人实施实行行为,另一部分人实施教唆行为、组织行为或者帮助行为。①实行行为(正犯行为),即实施符合犯罪构成客观方面要件的行为,它对共同犯罪故意内容的实现起关键作用;②组织行为,即组织、领导、策划、指挥共同犯罪的行为,它对共同犯罪的性质、规模等起决定性作用;③教唆行为,即故意劝说、收买、威胁或者采用其他方法唆使他人故意实施犯罪的行为,它对他人犯意的形成起原因性作用;④帮助行为,即为共同犯罪创造条件的行为,它对共同犯罪起辅助作用。虽然组织犯、教唆犯或帮助犯的行为是危害结果发生的间接原因,他们的行为只是引起或促使实行犯实行犯罪,但都与危害结果之间存在因果关系。

应当指出,共同犯罪行为既包括共同实行行为,即具体犯罪构成的客观方面的行为,也包括共同预备行为，还包括预备行为和实行行为的结合。因此，仅仅参与犯罪预备行为，而未参与犯罪实行行为的，同样构成共同犯罪行为。

4. 共同犯罪行为与犯罪结果之间具有因果关系。在发生了危害结果的情况下，不仅各共同犯罪人的行为作为一个整体与危害结果之间具有因果关系，而且每个人的行为与危害结果之间都具有因果关系。具体而言，在没有分工的直接实行共同犯罪的场合，如果其中一个人的行为直接引起危害结果发生，其他共犯人的行为虽然没有直接产生危害结果，但根据共同犯罪行为整体性的特点，也应认为其他共犯人的行为与危害结果之间具有因果关系。如甲、乙约定杀害丙，两人同时向丙开枪，结果甲的子弹出现偏差没有击中丙，乙的子弹击中丙，导致丙死亡。在该案中，甲、乙共同对丙的死亡承担故意杀人罪既遂的刑事责任。

本章的导入案例中，蒋某和韩某共谋盗窃，二人有共同实施犯罪的故意。虽然韩某因妻子规劝未前往盗窃现场，事后也没有接受赃款，但犯罪中止的成立条件之一是"有效性"。在共同犯罪的场合，有效性的要求在于不仅自己自动放弃了犯罪，而且还要求有效地阻止其他共犯造成危害后果或者有效消除自己的行为对共同犯罪的影响。据此，虽然韩某自动放弃了犯罪，但却未能消除其先前的行为对共同犯罪的作用和影响，实际上正是韩某提供的"万能钥匙"让蒋某的盗窃行为得以完成。在共同犯罪中，虽然一人中止其行为，但只要其他共犯人达到了既遂，所有共犯人都是既遂。所以，蒋某和韩某构成共同犯罪，成立盗窃罪既遂。

三、不成立共同犯罪的主要情形

1. 共同过失行为。《刑法》第 25 条第 2 款规定："二人以上共同过失犯罪，不以共同犯罪论处；应当负刑事责任的，按照他们所犯的罪分别处罚。"在二人以上共同实施过失行为造成一个危害结果的情况下，由于各行为人彼此之间没有犯意联络，不可能形成相互支持、相互配合的统一整体，因此不成立共同犯罪。[1]

2. 故意犯与过失犯。即一方故意与一方过失行为共同造成危害结果的，不构成共同犯罪。例如，看守所值班武警擅离职守，重大案犯乘机脱逃。前者为过失，后者为故意，客观上虽然有一定的联系，但缺少共同犯罪故意，所以不成立共犯。

3. 同时犯。即二人以上在同一时间、同一场所实施行同一性质的犯罪，但彼此之间没有实行犯罪的意思联络，客观上缺乏行为间的相互协调、配合，因而不成立共同犯罪。例如，甲、乙与丙有仇，近乎同时在丙的食物中投毒致丙死亡。甲、乙虽然都是故意犯罪，但在主观上和客观上均无联系，故不构成共犯。

4. 故意内容不同的共同行为。即两个以上行为人共同实施的犯罪行为，如果行为人的故意内容及其行为的整体性质不属于同一犯罪构成，因其缺乏相同的客体或相同的故意，不成立共犯，由行为人各自对其行为负责。如甲、乙同时侵害丙，甲出于伤害故意，乙则出于杀人故意，甲、乙就不是共同犯罪。如果造成死亡结果，对甲、乙应分别以故意伤害罪和故意杀人罪论处。

5. 实行过限行为。即超出共同故意之外的犯罪，不构成共同犯罪。在共同犯罪中，有的行为人超出了共同故意的范围，单独地实施其他犯罪，由于其他行为人对此缺乏共同故意，只能由实施该种犯罪的行为人单独承担刑事责任。如甲、乙共同盗窃，甲在外面放风，乙入室行

---

[1] 根据 2000 年 11 月 15 日《最高人民法院关于审理交通肇事刑事案件具体应用法律若干问题的解释》第 5 条第 2 款之规定，交通肇事罪虽然属于过失犯罪，但在某种情况下可以成立共同犯罪，即交通肇事后，单位主管人员、机动车辆所有人、承包人或者乘车人指使肇事人逃逸，致使被害人因得不到救助而死亡的，以交通肇事罪的共犯论处。

窃时，见一女孩熟睡，将该女孩强奸，后窃取财物和甲离开。本案甲、乙只就盗窃罪构成共犯，而对强奸罪不成立共犯，应由乙单独对强奸罪负刑事责任。

6. 事前无通谋的事后帮助行为，不构成共同犯罪。事前无通谋的事后帮助行为主要是指事后窝藏、包庇以及掩饰、隐瞒犯罪所得及其产生的收益的行为。这种"事后帮助行为"应分别成立窝藏、包庇罪，掩饰、隐瞒犯罪所得、犯罪所得收益罪或者洗钱罪等。如果事前通谋的，则成立共犯。如《刑法》第310条第2款就窝藏、包庇罪规定："犯前款罪，事前通谋的，以共同犯罪论处。"

四、共同犯罪的形式

共同犯罪的形式即共同犯罪的结构，是指各共同犯罪人的故意犯罪行为之间相互联系、相互作用的方式。我国刑法理论通常将共同犯罪区分为四类八种：

（一）任意共同犯罪与必要共同犯罪

这是依据共同犯罪能否任意形成为标准所作的划分。

任意共同犯罪是指刑法分则规定的一人能够单独实施的犯罪，由二人以上共同故意实施而构成的共犯。刑法分则规定的绝大多数犯罪，既可以由一人单独实施，也可以由二人以上共同实施。而当二人以上共同故意实施时，就是任意共犯。

必要共同犯罪是指刑法分则规定必须由二人以上共同故意实施才能构成的犯罪。我国刑法中的必要共犯主要有两种形式：①聚众性共同犯罪，这是以不特定多数人的聚合行为为犯罪构成要件的共犯。如《刑法》第317条第2款的聚众持械劫狱罪。②集团性共同犯罪，如《刑法》第120条的组织、领导、参加恐怖组织罪。

（二）事前通谋的共同犯罪与事前无通谋的共同犯罪

这是依据共同犯罪故意形成的时间为标准所作的划分。

事前通谋的共同犯罪简称事前共犯，是指各共犯人的共同犯罪故意在着手实行犯罪之前已经形成的共同犯罪。所谓通谋，是指共同犯罪人之间犯罪意图的互相联络、沟通，既可以是全面的谋划，也可以是简单的表态。

事前无通谋的共同犯罪简称事中共犯，是指共同犯罪故意是在刚着手实行犯罪或者实行犯罪的过程中形成的共同犯罪。例如，甲对乙实施抢劫，乙奋起抗争，恰逢甲的朋友丙经过。甲请丙帮忙，共同抢得乙身上钱财价值5000多元，甲、丙即为事前无通谋的共同犯罪。在这类共同犯罪中，如果各共犯人是在刚着手实行时形成共同故意，并共同实施犯罪行为的，则各共犯人均应对共同犯罪行为及其结果承担刑事责任；如果先行为人已实施一部分实行行为后，后行为人以共同犯罪的意思参与实行或者提供帮助，则称为"承继的共同犯罪"，后行为人仅就其参与后的行为与先行为人构成共同犯罪。

（三）简单共同犯罪与复杂共同犯罪

这是依据共同犯罪人之间有无分工为标准所作的划分。

简单共同犯罪亦称"共同正犯"，是指各共犯人都直接实行某一具体犯罪构成要件的行为，都是实行犯。对简单共犯追究刑事责任应遵循以下原则：①"部分实行全部责任"的原则。如甲、乙共同开枪射击丙，甲射中而乙未射中，致丙死亡，乙也应负杀人既遂的责任。②区别对待原则，即应当根据各共犯人在共同犯罪中所起作用的大小，分清主犯、从犯与胁从犯。③罪责自负原则，即各共犯人对其中某人超出共同故意以外的犯罪不承担刑事责任。

复杂共同犯罪是指各共犯人之间存在着实行行为与非实行行为分工的共同犯罪，即各共犯人有的实施实行行为，而有的实施教唆行为、组织行为或者帮助行为等。对于复杂共犯，应按各共犯人所起的作用大小分别处罚。

（四）一般共同犯罪与特殊共同犯罪

这是依据共同犯罪有无组织形式为标准所作的划分。

一般共同犯罪是指没有特殊组织形式的共同犯罪。其特点是，共同犯罪人一般为实施某种特定犯罪而临时结合，且结合程度上比较松散，一旦犯罪完成，这种结合体就不复存在。

特殊共同犯罪是指有组织的共同犯罪，即通常所说的"犯罪集团"，其社会危害性比一般共同犯罪要严重得多。根据《刑法》第26条第2款的规定，犯罪集团是指三人以上为共同实施犯罪而组成的较为固定的犯罪组织，它一般具有以下特征：

1. 犯罪主体人数较多，即必须是三人以上。"三人以上"只是构成犯罪集团人数的最低限度。

2. 有一定的组织性，这是犯罪集团最本质的特征。所谓组织性，主要是指成员较为固定，且内部存在着领导与被领导的关系，其中有首要分子、骨干分子和一般成员，犯罪人之间通过成文或不成文的律规维系在一起。

3. 犯罪目的明确性。犯罪集团是以反复多次实施某一种或某几种犯罪为目的而组织起来的，因此具有明确的犯罪目的。应当指出，反复多次实施犯罪仅是他们的目的，即使没有来得及实施或者只实施了一次犯罪，也不影响犯罪集团的认定。

4. 具有一定的稳定性。各犯罪人在实施一次或数次犯罪后，其间的相互关系和组织形式仍然存在，集团成员并不因某次犯罪的完成而发生较大的变化，更不会在完成一次犯罪后即行散伙。

第二节　共同犯罪人的种类及其刑事责任

共同犯罪人的种类是指按照一定标准将共同犯罪人划分为不同的类型。我国刑法以共同犯罪人在共同犯罪中所起的作用为主，同时兼顾共同犯罪人的分工情况，将共同犯罪人分为主犯、从犯、胁从犯和教唆犯。

一、主犯及其刑事责任

（一）主犯的概念和种类

根据《刑法》第26条第1款的规定，主犯是指组织、领导犯罪集团进行犯罪活动或者在共同犯罪中起主要作用的犯罪分子。主犯可分为以下两类：

1. 犯罪集团的首要分子，即组织、领导犯罪集团进行犯罪活动的犯罪分子。"组织"主要是指为首纠集、串联他人组成犯罪集团，使集团成员固定或基本固定。"领导"就是策划、指挥犯罪集团进行犯罪活动的行为，通常是为集团犯罪活动出谋划策、作出决定，主持制定犯罪活动计划，指使、安排、调配犯罪集团成员的具体犯罪活动等。

2. 一般主犯，即在共同犯罪中起主要作用的犯罪分子。这里的"主要作用"是指对共同犯罪的形成、实施与完成起决定或者重要作用的犯罪分子。是否起主要作用，应当从主客观方面进行综合分析认定。这类主犯具体又可分为以下几种：

（1）犯罪集团中除首要分子以外的其他起主要作用的人，即犯罪集团的骨干分子。这里所说的"起主要作用"，主要表现为积极参加犯罪集团，进行犯罪活动特别活跃，或者在犯罪集团中直接实行犯罪，罪行重大等。

（2）在一般共同犯罪中起主要作用的犯罪分子。这包括两种情况：

第一，某些聚众犯罪中起组织、策划、指挥作用的首要分子。我国刑法规定的聚众犯罪有三种：一是全部可罚性的聚众犯罪，如组织越狱罪等。二是部分可罚性的聚众犯罪，如聚众扰乱社会秩序罪等。在全部和部分具有可罚性的聚众犯罪中，起组织、策划、指挥作用的首要分子和积极参加的犯罪分子都属于主犯。三是个别可罚性的聚众犯罪，即只有其中的首要分子才构成犯罪，如聚众扰乱公共场所秩序、交通秩序罪等。由于在个别可罚性的聚众犯罪中，首要分子是该罪的主体要件，其他参加者一律不构成犯罪，因此一般不存在主犯与从犯之分。

第二，在集团犯罪和聚众犯罪以外的一般共同犯罪中起主要作用的犯罪分子。这主要是指实行犯，具体表现为：在共同犯罪中积极献计献策，对完成共同犯罪起关键作用，直接造成严重危害结果，罪行重大或者情节特别严重等。这类主犯比较常见。

在共同犯罪中，主犯可能是一个，也可能是多个。因此在认定时，只要符合主犯特征，不论数量多少，都应按主犯论处。在有的共同犯罪案件中，各共犯人的情况大体相同，难以分清主犯、从犯的，那就不必强求划分。

(二) 主犯的刑事责任

1. 犯罪集团首要分子的刑事责任。《刑法》第26条第3款规定："对组织、领导犯罪集团的首要分子，按照集团所犯的全部罪行处罚。""集团所犯的全部罪行"是指首要分子组织、领导的犯罪集团在预谋犯罪的范围内所犯的全部罪行。因此，即使个别成员实施的犯罪行为不是由首要分子直接指挥的，但只要属于集团预谋范围内的犯罪，首要分子也要承担刑事责任。对于集团个别成员超出集团犯罪计划（集团犯罪故意）范围所实施的罪行，则不能要求首要分子承担刑事责任。

2. 其他主犯的刑事责任。《刑法》第26条第4款规定："对于第3款规定以外的主犯，应当按照其所参与的或者组织、指挥的全部犯罪处罚。"据此，对犯罪集团首要分子以外的主犯，应区分两种情况处罚：一是对于没有从事组织、指挥活动但在共同犯罪中起主要作用的人，应按其参与的全部犯罪处罚。二是对于组织、指挥共同犯罪的人，应当按照其组织、指挥的全部犯罪处罚。需要指出的是，对于聚众犯罪，刑法分则均规定有独立的法定刑。

二、从犯及其刑事责任

《刑法》第27条第1款规定："在共同犯罪中起次要或者辅助作用的，是从犯。"从犯分为以下两种：

1. 在共同犯罪中起次要作用的犯罪分子，即次要的实行犯。具体是指行为人虽然直接实施了具体犯罪构成客观要件的行为，但在整个共同犯罪活动中所起的作用比主犯小。通常表现为：在犯罪集团中，听从首要分子或者其他主犯的指挥，罪行较小或者情节不严重；在一般共同犯罪中，虽然直接参与实行犯罪，但所起作用不大，不能单独、直接引起严重后果。如按住被害人的手脚，便于主犯对被害人实施伤害；在绑架犯罪中，受主犯安排看守人质等。

2. 在共同犯罪中起辅助作用的犯罪分子，即通常所说的帮助犯。所谓辅助作用，是指行为人不直接实施具体犯罪构成客观要件的行为，而是为共同犯罪的预备、着手实行和完成以及犯罪"善后"提供各种帮助、创造有利条件，辅助实行犯罪。主要表现为提供犯罪工具，打探和传递有利于实施犯罪的信息，事前通谋、事后隐匿犯罪嫌疑人等。应当指出，只要为他人实施犯罪提供了帮助，如事前提供万能钥匙、画现场结构图等，即使在实施犯罪时没有派上用场，或者客观上没能为他人犯罪提供实质的帮助，也不影响成为共犯。

我国对从犯的处罚采用的是必减原则。《刑法》第27条第2款规定："对于从犯，应当从轻、减轻处罚或者免除处罚。"至于是从轻、减轻抑或免除处罚，则应当综合考虑其在共同犯罪的地位、作用等情况来决定。应当注意，我国刑法将一些从犯行为规定了独立的犯罪，配置有独立的法定刑，如《刑法》第358条规定的协助组织卖淫罪，对此就不再适用上述从犯的处罚原则。

三、胁从犯及其刑事责任

根据《刑法》第28条的规定，胁从犯是指被胁迫参加犯罪的人。所谓胁迫，是指通过暴力威胁或者精神强制，迫使他人屈从淫威，被迫参与共同犯罪。如以伤害他人身体相威胁，以暴露隐私、毁灭财产相要挟等。胁从犯的特征是：①行为人仅仅是精神上受到强制，并没有丧失意志自由，实施共同犯罪行为仍是受其意志支配的。②行为人虽然参与了共同犯罪，但所起作用较小，而且比较消极，其主观恶性远小于主犯和从犯。

在认定胁从犯时应注意以下问题：①胁从犯仅限于被胁迫参加犯罪的，被诱骗参加犯罪的不是胁从犯。②将受精神强制和受身体强制的情况区别开。行为人在身体完全受强制、完全丧失意志自由的情况下实施了某种行为的，不构成胁从犯。③胁从犯可以转化为主犯。如果行为人起先是被胁迫参加共同犯罪，但后来发生了变化，积极主动实施犯罪行为，起了主要作用的，则应认定为主犯。

根据《刑法》第28条的规定，对于胁从犯，应当按照他的犯罪情节减轻处罚或者免除处罚。这里的"犯罪情节"主要是指被胁迫的程度和在共同犯罪中所起的作用。

四、教唆犯及其刑事责任

（一）教唆犯的概念和成立条件

教唆犯亦称"造意犯"，是指故意唆使他人实行犯罪的人。所谓教唆，就是使具有刑事责任能力且没有犯罪故意的他人产生犯罪意图。成立教唆犯，必须具备以下条件：

1. 客观条件，即实施了教唆行为，这应当从以下方面理解和把握：

（1）教唆内容具有明确性，即必须是教唆他人实施较为特定的犯罪行为。如果教唆的内容不明确，只是笼统地说："你去犯罪吧！"就难以认定为教唆行为。教唆他人实施一般违法行为的，也不成立教唆犯。

（2）教唆行为具有独立性。教唆行为对他人实施犯罪都是起着积极的作用，而不可能是消极的作用。行为人只要实施了教唆行为，就成立教唆犯。至于被教唆人有无接受教唆以及是否实施了所教唆的犯罪，均不影响教唆行为的成立。

（3）教唆行为的方式、方法具有多样性。既可以是口头教唆，也可以是书面教唆或网上教唆，还可以是通过打手势、使眼神等形体语言进行教唆。教唆方法通常表现为指使、挑拨、激将、怂恿、嘱托、请求、命令、劝诱、收买、强迫等。

（4）不要求行为人就具体犯罪的时间、地点、方法、手段等作出指示。例如，某甲教唆某乙入户抢劫，某乙接受教唆后实施的是拦路抢劫，某甲仍然成立教唆犯。

2. 对象条件。教唆对象具有限定性和特定性，即必须是具有刑事责任能力且未曾产生犯意的他人，可以是特定的一个人，也可以是特定的几个人。在特定情况下对众人进行煽动的，也可以认定是教唆行为。应当注意：①如果教唆的对象是无刑事责任能力的人，则不成立教唆犯，而是间接正犯。但如果行为人误以为无刑事责任能力人为有刑事责任能力人而教唆其犯罪，仍构成教唆犯。②行为人不知被教唆人已有犯罪意图而教唆其实施犯罪的，这属于认识错误，仍应按教唆行为处理。③行为人对已有犯意但尚在犹豫的人，用言辞激发，促使其下定实施犯罪的决心，也属于教唆行为。如果是对已经决意犯罪的人再用言辞鼓励，为其出谋划策，帮助促成犯罪的，该种行为应属于帮助性质，不成立教唆犯。

3. 主观条件。在主观方面必须有教唆他人犯罪的故意，即行为人明知自己的教唆行为会引起他人产生犯罪意图进而实施犯罪，并且希望或者放任他人去犯罪。如果行为人没有唆使他人犯罪的故意，仅仅是由于出言不慎，客观上引起了他人犯罪的意念，这属于过失教唆，不能认定为教唆犯。

（二）认定教唆犯时应当注意的问题

1. 对于教唆犯，一般应按其所教唆之罪定罪，而不能笼统定教唆罪。例如，教唆他人犯抢劫罪的，对教唆犯定抢劫罪。如果被教唆者将教唆的罪理解错了，实施了其他犯罪，或者实行过限，则教唆犯只对自己所教唆之罪负刑事责任。

2. 把教唆犯与以教唆方法独立构成犯罪的情形区别开。当刑法将教唆他人实施特定犯罪的行为规定为独立犯罪时，如煽动分裂国家罪、教唆他人吸毒罪等，对教唆者不能依所教唆之罪定罪，也不再适用刑法总则关于教唆犯的规定。

3. 间接教唆的，应按教唆犯处罚。行为人教唆他人实施犯罪，可以由本人直接进行教唆，也可以由第三者转达进行教唆，即间接教唆。

（三）教唆犯的刑事责任

1. 教唆他人犯罪的，应当按照他在共同犯罪中所起的作用处罚。这是在被教唆者已经实施了所教唆之罪的情况下对教唆犯的处罚原则。具体而言，如果教唆犯在共同犯罪中起主要作用的，则认定为主犯。教唆犯是他人犯罪意图的制造者，是引起犯罪的重要原因，没有教唆犯的教唆，他人就不会产生犯意并实行犯罪，因而教唆犯在共同犯罪中通常起主要作用，审判实践中对教唆犯一般都按主犯处罚。如果在共同犯罪中起次要或辅助作用，如教唆他人帮助别人犯罪，教唆他人教唆别人犯罪等，则应认定为从犯。

2. 如果被教唆的人没有犯被教唆的罪，对于教唆犯，可以从轻或者减轻处罚。"被教唆的人没有犯被教唆的罪"包括以下四种情况：①被教唆的人拒绝了教唆犯的教唆；②被教唆的人虽然接受教唆，但并没有实施犯罪行为；③被教唆的人实施犯罪并不是教唆犯的教唆行为所致；④被教唆的人虽然实施了犯罪，但实际所犯之罪并非被教唆之罪。

3. 教唆不满18周岁的人犯罪，应当从重处罚。

思考题

1. 简述共同犯罪的概念和成立条件。
2. 不成立共同犯罪的情形包括哪些？
3. 简述主犯的概念、种类和刑事责任。
4. 什么是从犯和胁从犯？对从犯和胁从犯应如何处理？
5. 试述教唆犯的概念、成立条件及刑事责任。

实务训练

[案例1] 张某、丁某、薛某共谋要"狠狠教训一下"他们共同的仇人黄某。到黄某家后，张某在门外望风，丁某、薛某进屋准备殴打黄某。但当时只有黄某的好友周某在家，丁某、薛某误把体貌特征和黄某极为相似的周某当做是黄某进行殴打，遭到周某的强烈抵抗和辱骂后，二人分别举起板凳和花瓶向周某砸去，造成其重伤。

[问题] 张某、丁某、薛某是否成立共同犯罪？应当如何处罚？

[案例2] 一天，章某在住宅区行窃。当他从阳台进入屋内的时候，看见宣某正在撬箱子，

遂喊道:"你小子在这干活!"宣某受惊,弃箱欲逃,被章某拉住。宣某转头一看,原来是老相识,便说:"这箱子真难撬!"两人便合作来干,终于将箱子撬开,窃得人民币5000余元。在逃离现场时,宣某为了破坏现场,将房间内的一个电炉插上,并在上面扔了一个纸箱。离开房间后,章问宣:"你在后面磨蹭什么?"宣回答:"我把电炉插上了。"章听后未吱声。当晚,该住宅区发生火灾。

[问题] 1. 章某和宣某共同盗窃是否成立共同犯罪?
2. 就放火行为来说,章某和宣某是否成立共同犯罪?

第十二章

罪数形态

学习目标与工作任务

通过本章的学习,掌握区分一罪与数罪的标准;理解结果加重犯的概念和特征,吸收关系的种类;掌握继续犯、想象竞合犯、连续犯、牵连犯、吸收犯的概念、特征和处罚原则;明确法条竞合的概念和适用原则。能够运用所学知识正确认定具体案件的一罪与数罪、异种数罪与同种数罪、并罚数罪与非并罚数罪,能够区分涉及继续犯、想象竞合犯、连续犯、牵连犯、吸收犯时的罪数问题。在法条竞合的情况下,能够准确选择应当适用的法条。

导入案例

1. 邹某,男,31周岁。某日晚,邹某趁俞某(女,25周岁)不备,往其臀部扎了一针麻醉药致俞某昏迷,邹某随即拿走俞某的手提包(内有人民币3200余元)。邹某正欲离去,发现俞某貌美,顿生歹意,便奸淫俞某。俞某在被奸淫的过程中苏醒,奋起反抗。邹某见状害怕罪行暴露,于是产生杀人灭口的念头,用地上的石块猛击俞某的头部致其死亡。邹某随即逃离现场。

问:邹某的行为是构成一罪还是数罪?

2. 董某欠梁某人民币5万元,梁某多次索要,但董某以种种借口拖延不还。2020年9月12日晚,梁某将董某骗至家中拘禁起来,管吃管喝,要董某还钱后就放他走。直至9月15日上午,董某的妻子拿来5万元现金给梁某,梁某才把董某放走。

问:梁某的行为是否符合继续犯的特征?

教学内容

第一节 罪数形态概述

一、区分罪数的意义

罪数即犯罪的个数,是指一个人所犯之罪的数量,是一罪还是数罪。正确区分罪数,对于正确定罪量刑,贯彻刑法基本原则,实现司法公正,都具有重要意义。

1. 有助于准确定罪。准确定罪除了要求准确地认定行为人的行为是否构成犯罪、是构成此罪还是彼罪之外,还要求正确地认定是构成一罪还是数罪。如果本来是一罪而认定为数罪,或者本来是数罪却认定成一罪,都会影响罪名的准确认定。例如,某甲实施抢劫,为制服被害人某乙的反抗而故意杀死某乙，然后取走其钱物。对于某甲的行为，如果认定为一罪，就是抢劫罪；如果认定为数罪，就可能是故意杀人罪与盗窃罪。

2. 有助于恰当量刑。一般而言，对一罪只能一罚，对数罪应当并罚。因此只有正确认定是一罪还是数罪，是并罚数罪还是非并罚数罪，才能为正确适用刑罚提供保障，否则，就很可能导致无根据地加重或者减轻行为人的刑事责任。

3. 有助于正确适用我国刑法中的一些重要制度。我国刑法中的某些罪数形态如继续犯、连续犯、牵连犯等的认定，与刑法的效力范围、追诉时效等规定有着密切联系。如果不能正确认定这些罪数形态，就会在适用上述制度时出现偏差。

二、区分一罪与数罪的标准

关于区分一罪与数罪的标准，我国刑法学界通常采取"犯罪构成说"，即以犯罪构成的个数作为判断一罪与数罪的标准。按此标准，行为具备一个犯罪构成的为一罪，行为具备数个犯罪构成的为数罪。采用这一标准的理由很简单，犯罪构成既然是行为成立犯罪的唯一标准，理所当然也是区分行为成立一罪或数罪的标准。

需要指出的是，上述区分标准有时却与刑法的规定不相一致。例如，对于牵连犯，一般认为属于处断上的一罪，但我国刑法对有的牵连犯却规定实行数罪并罚，如《刑法》第198条的有关规定。因此，在区分一罪与数罪时，还应注意到刑法中的有关特殊规定。

本章"导入案例一"中，邹某出于非法占有俞某财物的故意和目的，以注射麻醉药的手段劫取俞某的钱财，侵犯了俞某的财产权，其行为符合抢劫罪的犯罪构成，成立抢劫罪。邹某在抢劫犯罪既遂之后，又产生强奸俞某的故意，乘俞某昏迷之际实施奸淫行为，侵犯了妇女的性的自己决定权，其行为符合强奸罪的犯罪构成，成立强奸罪。之后，邹某害怕罪行暴露，于是产生杀害俞某的故意，实施了杀人行为，侵犯了公民的生命权，该行为符合故意杀人罪的犯罪构成，成立故意杀人罪。因此，邹某的行为具备数个犯罪构成，属于数罪（三个罪名）。

三、一罪与数罪的类型

1. 一罪的类型。一罪是指一个犯罪，包括单纯的一罪与特殊的一罪。单纯的一罪，即典型的一罪，是指行为人出于一个罪过，实施一个危害行为，侵犯一种社会关系，触犯一个罪名的犯罪。特殊的一罪，是指一些介于一罪与数罪之间的情况，其中主要是一些貌似数罪而实为一罪的情况。一般而言，单纯的一罪是容易认定的，难以把握的是特殊的一罪。我国刑法理论通常将特殊的一罪划分为实质的一罪、法定的一罪和处断的一罪。

2. 数罪的类型。数罪是指行为人基于数个犯罪故意或过失，实施数个行为，符合数个犯罪构成，构成数个独立的犯罪。

第二节 一罪的类型

一、实质的一罪

实质的一罪又称形式上的数罪，是指在外观上具有数罪的某些特征，但实质上构成一罪的犯罪形态的总称，其本质是行为人只实施了一个犯罪行为。

（一）继续犯

继续犯亦称持续犯，是指犯罪行为从着手实行到由于某种原因停止以前，该犯罪行为与由其所引起的不法状态同时处于持续状态的犯罪。非法拘禁罪被我国刑法学界公认为典型的继续犯。另外，绑架罪、重婚罪、窝藏罪、遗弃罪、非法持有毒品罪等，通常也被认为是继续犯。

继续犯有以下四个特征，这也是构成继续犯的四个条件：

1. 行为人出于一个犯罪故意，仅实施了一个犯罪行为。所谓一个犯罪行为，是指刑法分则所规定的犯罪构成要件的行为，而不是指一个举动。如果行为人是出于数个故意，那么相应地就有数个行为，因而不可能成立继续犯。

2. 必须是一个犯罪行为持续地侵害同一具体的社会关系。我国刑法学界通说认为，继续犯的犯罪行为必须自始至终都针对同一对象，持续侵害同一具体社会关系。

3. 犯罪行为必须具有时间上的持续性，即犯罪行为从着手实行时起到行为终了时止继续了一定时间，有一个时间过程。而且，在这个过程中，实行行为一直处于不间断的进行状态之中。总之，继续犯必须以一定时间的继续为要件。至于构成继续犯的"继续"应该以多长时间为标准，法律没有规定，应当根据犯罪的性质、情节和社会危害程度进行具体分析，综合确定。例如，某甲将某乙非法关押1个小时，就不构成非法拘禁罪。因为有关司法解释规定，非法拘禁行为持续时间超过24小时的，才应当予以立案。再如遗弃行为，如果时间很短，也没有造成严重后果，就不构成遗弃罪。因此，认为持续时间的长短不影响继续犯成立的观点是片面的。

4. 必须是犯罪行为与不法状态同时继续，即犯罪行为和由其产生的不法状态处于同步持续或基本同步持续之中。所谓不法状态，是指犯罪行为对客体所造成的损害状态。如果犯罪行为一经实施即告完成，只是由其所造成的不法状态处于继续之中，则只能是状态犯。例如，盗窃犯窃取财物后，作为盗窃罪构成要件的盗窃行为即告结束，但占有他人财物的不法状态一直继续，即属于状态犯。[1]

我国刑法分则对继续犯及其法定刑作了专门规定，所以，对于继续犯只要按照刑法分则相关条文的规定处理即可，无须数罪并罚。当然，继续时间的长短是影响量刑的重要情节。

本章"导入案例二"中，梁某为索取债务，出于一个犯罪故意，只实施了一个犯罪行为——非法拘禁董某的行为，并且自始至终都针对董某一个人，持续地侵害董某的人身自由。梁某从实施非法拘禁行为时起到解除对董某的拘禁时止，其犯罪行为一直持续了2天多时间，中间没有停顿、间断，具有时间上的持续性。而且，由非法拘禁行为所引起的不法状态——董某的人身自由被剥夺也持续了2天多，属于犯罪行为与不法状态同时继续。梁某在拿到钱款时，将董某放走，非法拘禁行为终了，董某人身自由被剥夺的不法状态也随之消除。因此，梁某的行为符合继续犯的特征或要件，成立继续犯。

(二) 想象竞合犯

想象竞合犯亦称"想象的数罪"，是指一个行为触犯数个罪名的犯罪形态。例如，甲意图杀害乙，趁乙在鱼塘边全神贯注钓鱼之际，扔去一爆炸物，结果炸死乙，炸伤围观者丙。甲的一个犯罪行为同时触犯了故意杀人罪和故意伤害罪两个罪名。想象竞合犯具有如下特征：

1. 行为人只实施了一个行为。这里的"一个行为"，指基于自然的观察，在社会的一般观念上被认为是一个行为，即从次数上讲一次行为，而不是多次行为，如杀人犯只开了一枪或只放了一把火。从形式上看，一个行为可能是单一的动作，如一枪致一人死亡一人残废，也可能是由一系列的举动组合而成的行为，如把毒药兑入饮料中，送给多人饮用，致人死亡或伤残，这从通常的意义上观察，仍属于一个行为。从主观上看，一个行为可以是出于故意，也可

---

[1] 还应注意继续犯与即成犯的区别。即成犯是指犯罪行为实施完毕以后即告结束的犯罪，既不存在犯罪行为的继续，也不存在不法状态的继续。例如故意杀人罪，将被害人杀死就是适例。

以是出于过失。

2. 一个行为必须触犯了数个罪名，即一个行为在外观或形式上同时符合数个犯罪构成。一行为之所以会触犯数个罪名，有的是因为该行为本身具有多重属性，而更多的是因为该行为造成了数个结果，数个结果分别属于不同犯罪，把这一个行为与其所造成的每一个结果联系起来，都可构成一种犯罪。应当指出，一行为必须触犯数个不同的罪名，才成立想象竞合犯。

对于想象竞合犯，只能按一罪论处。通说主张按"从一重处断"的原则处理，即依照行为所触犯的数个罪名中的一个重罪论处。应当指出，如果刑法对想象竞合犯的处罚另有特别规定的，则应从特别规定。

（三）结果加重犯

结果加重犯亦称"加重结果犯"，是指实施基本犯罪构成要件的行为，由于发生了基本犯罪构成要件以外的重结果，刑法规定加重其法定刑的犯罪形态。结果加重犯一般由基本犯罪和加重结果两部分构成。例如，我国《刑法》第260条第1款规定的是虐待罪的基本犯，其法定刑是"处2年以下有期徒刑、拘役或者管制"。第2款规定，犯前款罪，致使被害人重伤、死亡的，处2年以上7年以下有期徒刑，这就是结果加重犯。结果加重犯具有以下几个特征：

1. 实施了基本犯罪构成要件的行为，即实施了一个基本犯罪行为。我们认为，这里的基本犯罪不以结果犯为限。例如，《刑法》第238条规定的非法拘禁罪，其基本犯不是结果犯，但非法拘禁致人重伤或死亡的，同样成立本罪的结果加重犯。

2. 产生了基本犯罪构成要件以外的加重结果，且基本犯罪行为与加重结果之间具有因果关系。这包括两个方面：①成立结果加重犯以发生加重结果为必要条件。这里的加重结果，必须是超出了基本犯罪构成的结果，或者说是他罪结果。如果发生的现实结果能够为基本犯罪构成所要求的结果涵盖，就不是结果加重犯。如故意伤害他人，即使造成被害人重伤，这也是伤害行为通常应有之结果，仍属于故意伤害罪的基本结果，不属于结果加重犯。但如果伤害行为造成了被害人死亡，死亡结果则不是伤害行为之基本结果，它已经超出了故意伤害罪所预定的基本犯罪构成，故属于结果加重犯。②加重结果与基本犯罪行为之间具有因果关系。如果加重结果不是由基本犯罪行为所引起的，就不构成结果加重犯。如甲将乙打成轻伤，乙在住院治疗过程中因医疗事故而死亡，就不属于故意伤害罪的结果加重犯。

3. 行为人对基本犯罪一般是出于故意，对加重结果至少是过失。关于基本犯罪的罪过形式，一种观点认为，仅限于故意，不应包括过失。[1] 另一种观点认为，行为人对基本犯罪一般持故意，但也有少数情况是持过失，如《刑法》第136条规定的危险物品肇事罪，后果严重的基本犯是过失，后果特别严重也是出于过失。[2] 我们赞同后一种观点。

4. 刑法明文规定加重其法定刑，即刑法专门就发生的加重结果规定了重于基本犯的法定刑。如果刑法没有规定加重法定刑，结果再严重也不是结果加重犯。

对于结果加重犯，由于刑法分则条款对之规定有独立的法定刑，所以只要在加重的法定刑幅度内量刑即可。

二、处断的一罪

处断的一罪又称"裁判的一罪"，是指本来是符合数个犯罪构成的数罪，因其固有的特征，司法机关在处理时将其作为一罪。

---

[1] 李邦友：《结果加重犯基本理论研究》，武汉大学出版社2001年版，第37页。
[2] 高铭暄主编：《刑法学（新编本）》，北京大学出版社1998年版，第131页。

（一）连续犯

连续犯是指行为人基于一个犯罪故意，连续实施性质相同的数个犯罪行为，触犯同一罪名的犯罪形态。例如，甲因为其妻与他人通奸，就蓄意杀死妻子及奸夫，一天下午，甲在家杀死妻子，晚上又潜入乙家杀死乙，这就构成了故意杀人罪的连续犯。连续犯具有以下特征：

1. 行为人实施同一性质的独立成罪的数个行为，即所实施的同一性质的数个行为中至少有两个以上行为能够分别独立成罪。只实施一次行为的，或者以数个举动完成犯罪而数个举动仅形成一个行为的，不可能成立连续犯。如果实施的数个行为性质不同，也不发生连续犯问题。如果连续实施同一种行为，但每次行为分开看都不能单独成罪，只有就这些行为的整体看才构成犯罪的，则不是连续犯，而是徐行犯。[1]

2. 行为人基于一个犯罪故意，包括同一的犯罪故意和概括的犯罪故意。"同一的犯罪故意"是指行为人具有数次实施同一犯罪的故意，即行为人预计实施数次同一犯罪。如甲一开始就计划好分三次杀死某乙家的三口人。"概括的犯罪故意"是指虽然在实施相同犯罪的次数及时间、地点等方面没有明确具体的计划，但是有一个概括的犯罪意向、总的犯罪意图。换言之，就是行为人主观上具有只要有条件就实施特定犯罪的故意。例如，出于抢劫的故意，到处寻找着手的机会和对象。再如，甲与乙有仇，蓄意报复，准备对乙及其家人进行伤害，除了明确伤害乙外，对其家里什么人进行伤害并无明确目标。随后，甲伤害了乙，不久又伤害了乙的妻子。这都属于出于概括故意的连续犯。

3. 独立成罪的数次行为之间具有连续性。所谓连续性，一般理解为在一定的时间内连续实施某种犯罪行为，而且这些连续实施的行为均未经处理。通说认为，数次行为是否具有连续性，应当从主客观两个方面加以认定，既要看行为人有无连续实施某种犯罪行为的故意，又要注意分析客观行为的性质、对象、方法、环境、结果等。据此，如果行为人基于同一的或概括的犯罪故意，实施了性质、手段相同或类似的犯罪行为，且时间上前后具有连贯性，就应认定为具有连续性。

4. 数行为触犯了同一罪名。

关于连续犯的处罚原则，根据刑法有关规定和审判实践经验，应当按照不同情况分别处理：对于一般的连续犯，应按一罪从重处罚；危害严重的连续犯，可以按照情节加重犯处罚，以做到罪刑均衡。

（二）牵连犯

牵连犯是指出于一个犯罪目的，实施某一犯罪（本罪），但其方法行为或结果行为又触犯了其他罪名（他罪）的犯罪形态。如为诈骗财物而伪造国家机关公文的，该诈骗行为（目的行为）构成诈骗罪，其伪造国家机关公文行为（方法行为）又触犯了伪造国家机关公文罪。牵连犯有以下几个特征：

1. 出于一个犯罪目的。这里的"一个犯罪目的"，是指行为人最终所要实现的那个目的。虽然行为人还同时实施了手段行为或结果行为，但最终都附属于或服务于目的行为。例如，甲男为强奸乙女，首先将乙女骗到家中关起来，关押30个小时后才强奸了乙女。这里，甲男的最终目的或者说目的犯罪是强奸乙女，其手段行为虽然又触犯了非法拘禁罪，但它是为实现最

---

[1] 徐行犯是指本来可以即时达到预期目的的犯罪，行为人有意采取徐缓方式陆续完成的情形，即有意识地以数个举动完成犯罪。例如，某甲为毁坏某乙的房屋，今天拆其一块砖，明天掀其一片瓦，天长日久，日积月累，使某乙的房屋倒塌，从而达到毁坏他人房屋的目的。

终目的服务的。

2. 实施了数个（两个以上的）行为。牵连犯的数个行为之间的关系表现为两种方式：一是目的行为与手段（方法）行为的关系，如前述所举的以伪造国家机关公文的方法骗取财物的例子；二是原因行为与结果行为的关系，如盗窃信用卡并冒名消费，盗窃是原因行为，冒名消费是结果行为（从行为、辅助行为），分别构成盗窃罪和信用卡诈骗罪。

3. 数个行为之间具有牵连关系。一般认为，判断行为人实施的数行为之间是否存在牵连关系，应当从主客观两个方面考察，即行为人在主观上具有牵连的意思，数行为之间在客观上又具有通常的目的与手段或者原因与结果关系的，才能认为具有牵连关系。据此，如果仅仅客观上存在牵连关系而行为人主观上不具有牵连的意思，不宜认定为牵连犯。

4. 数个行为侵犯了不同法益，触犯了不同罪名，即在目的行为或者原因行为触犯某一罪名的情况下，其方法行为或结果行为又触犯了另一罪名。

对牵连犯如何处罚，我国刑法总则未作规定。刑法理论上一般主张，对牵连犯应从一重处断或者从一重从重处罚，即按照数罪中的一个重罪处罚或者按照数罪中的一个重罪定罪并且从重处罚。必须注意的是，刑法分则对少数牵连犯的处罚作出了规定，但规定不一。有的规定"从一重从重处罚"，如《刑法》第253条第2款规定，犯前款罪（私自开拆、隐匿、毁弃邮件、电报罪）而窃取财物的，依照本法第264条的规定定罪（盗窃罪）从重处罚。有的条文对牵连犯规定了独立的较重法定刑，如根据《刑法》第318条第1款第5项的规定，犯组织他人偷越国（边）境罪，以暴力、威胁方法抗拒检查的，仍只定组织他人偷越国（边）境罪一罪，并适用高一档的法定刑。有的规定对牵连犯实行数罪并罚，如《刑法》第157条第2款和第198条第2款的规定。因此，关于牵连犯的处罚原则包括两种情况：①刑法分则条款有特别规定的，则依照该特别规定处理；②刑法分则未作特别规定的，则实行"从一重处断"或者"从一重从重处罚"的原则。

（三）吸收犯

吸收犯是指事实上存在数个不同的犯罪行为，其中的一个犯罪行为吸收其他犯罪行为，仅成立吸收的犯罪行为一个罪名的犯罪形态。例如，行为人盗窃枪支后私藏于家中，私藏枪支的行为被盗窃枪支的行为所吸收，仅成立盗窃枪支罪。吸收犯具有以下特征：

1. 实施了数个独立的犯罪行为，这是成立吸收犯的基础。首先，必须有数个（两个以上的）行为。其次，数个行为都必须是犯罪行为，即每个行为都符合某一犯罪构成，均能独立成罪。

2. 数行为之间具有吸收关系。所谓吸收，就是一个犯罪行为包容其他犯罪行为，其他犯罪行为失去独立存在的意义。一个犯罪行为之所以能够吸收其他犯罪行为，是因为这些行为通常属于实施某种犯罪的同一过程，彼此之间存在着密切的联系。这种密切联系主要表现为前一个行为是后一个行为发展所经阶段，后一个行为是前一个行为发展的自然结果（当然或盖然性的结果）。例如，行为人伪造货币后一般要附带实施出售假币的行为，否则，其犯罪目的就不会完全达到，出售假币行为就是伪造货币行为发展的自然结果。

一般认为，吸收关系表现为三种形式：①重行为吸收轻行为，即社会危害性程度大、罪质重、法定刑高的犯罪行为，吸收社会危害性程度小、罪质轻、法定刑低的犯罪行为。②主行为吸收从行为，这是就共同犯罪行为而言的。如先教唆甲盗窃，后又向甲提供盗窃工具，只以盗窃罪的教唆犯论处，帮助行为（从行为）被教唆行为（主行为）吸收。③实行行为吸收非实行行为。非实行行为包括预备行为、帮助行为、教唆行为。例如，为了骗取钱财，先伪造信用卡，之后使用伪造的信用卡诈骗了大量钱财，其中，预备行为触犯了伪造金融票证罪，实行行为触犯了信用卡诈骗罪，对此应只以信用卡诈骗罪定罪处罚。

对于吸收犯，应当依照吸收行为所构成的犯罪处罚，即只能以一罪论处。

第三节　数罪的类型

对数罪可以按照不同标准进行分类。以符合数个犯罪构成的行为的个数为标准，可将数罪分为实质数罪与想象数罪；以数行为充足符合的数个犯罪构成的性质是否一致为标准，可分为异种数罪与同种数罪；以行为人已构成的实质数罪在处罚时是否实行数罪并罚为标准，可分为并罚数罪与非并罚数罪；以实质数罪发生的时间为标准，可分为判决宣告以前的数罪与刑罚执行期间的数罪。这里仅介绍以下两种主要类型的数罪。

一、异种数罪与同种数罪

异种数罪是指行为人出于数个不同的犯意，实施数个行为，符合数个性质不同的犯罪构成，触犯数个不同罪名的情况。通常触犯数个条文的就构成异种数罪，但也有不同罪名规定于同一法条的情形，因此触犯同一法条的也可能构成异种数罪。根据我国刑法的规定，对异种数罪，除少数情况外，应实行并罚。这里的"少数情况"，除指前面介绍的吸收犯和法律未作并罚规定的牵连犯外，还指刑法明文规定不按数罪处理的其他情况。

同种数罪是指行为人出于数个相同的犯意，实施数个行为，符合数个性质相同的犯罪构成，触犯同一罪名的情况。对于同种数罪，一般不实行并罚，只要按照一罪从重处罚即可，但在一些特殊场合，则应当实行数罪并罚。例如，在因一罪而判处的刑罚执行期间，又被发现有同种"漏罪"或又犯同种"新罪"，就应对"漏罪"或"新罪"与原判之罪实行数罪并罚。

二、并罚数罪与非并罚数罪

并罚数罪是指行为人出于数个罪过，实施数个行为，构成数个独立的犯罪，依照法律应当实行并罚的数罪。如前所述，异种数罪在一般情况下都是并罚数罪。同种数罪在法律有特别规定的情况下，也可以成为并罚数罪。

非并罚数罪是指行为人虽然实施数个行为，符合数个犯罪构成，触犯数个罪名，但由于特定事由或者法律规定不实行并罚，只按一罪处理的数罪。一般情况下的同种数罪、处断的一罪中的吸收犯、牵连犯等，都属于非并罚数罪。

第四节　法条竞合

一、法条竞合的概念和特征

法条竞合亦称法规竞合，是指一个行为同时符合数个法律条文规定的犯罪构成，但从数法律条文之间的逻辑关系来看，只能适用其中一个法条，排除其他法条适用的情况。法条竞合实质上也是一种犯罪行为触犯数个罪名的情况，它具有以下基本特征：

1. 行为人实施了一个犯罪行为。如果是基于数个罪过实施数个犯罪行为，就不能构成法条竞合。

2. 行为同时触犯数个法条。数个法条可以是同一刑事法律中的不同法条，也可以是不同法律中的不同刑事法条。

3. 数个法条的内容具有重合关系。这种重合关系包括两种情况：①包容关系，即一法条的全部内容为另一法条的内容所包含，成为另一法条内容的一部分。如《刑法》第266条规定的诈骗罪就包括《刑法》第196条规定的信用卡诈骗罪。②交叉关系，即两个法条的内容部分重合。如《刑法》第266条规定的诈骗罪与《刑法》第279条规定的招摇撞骗罪就属于交叉型重合关系。

现实生活中的犯罪是多种多样的，反映在刑事法律上便是错综复杂的规定，刑事立法越详尽、具体，法条竞合的情况就越多。从法律上看，法条竞合主要表现为两种情况：①一个行为同时符合不同法律之间的法条竞合，即普通刑法与特殊刑法的竞合。②一个行为同时触犯同一法律之中不同规定的法条竞合，即普遍法条与特别法条的竞合。

二、法条竞合的适用原则

（一）特别法优于普通法

所谓普通法，是指刑法规定的犯罪构成外延大的法条。所谓特别法，是指在普通法基础上附加其他限制条件，从而缩小了外延的法条。立法者在普通法条之外又设特别法条，是为了对特别犯罪给予特定处罚，或者因为某种犯罪特别突出而予以特别规定。所以，当一个行为同时触犯普通法条与特别法条时，通常情况下，应依照特别条款优于普通条款适用的原则处理。

（二）重法优于轻法

对于法条竞合，应当采用特别法优于普通法适用的原则，但在特定情况下，应当采用重法优于轻法适用的原则。换言之，当普通法规定的法定刑重于特别法规定的法定刑时，应当以普通法的规定定罪处罚。这种适用原则，是有法律根据的。例如，《刑法》第149条第2款规定："生产、销售本节第141条至第148条所列产品，构成各该条规定的犯罪，同时又构成本节第140条规定之罪的，依照处罚较重的规定定罪处罚。"其中，《刑法》第140条是普通法，第141~148条是特别法。《刑法》第140条规定的生产、销售伪劣产品罪与第141~148条规定的8种犯罪的关系，是法条竞合中的包容关系。当然，在法律没有明确规定的情况下，也应当遵循重法优于轻法适用的原则，否则会导致罪刑失衡。

思考题

1. 什么是一罪和数罪？区分一罪与数罪的标准是什么？
2. 简述继续犯的概念和特征。
3. 简述想象竞合犯的概念、特征和处罚原则。
4. 如何理解结果加重犯的特征？
5. 简述连续犯的概念和特征。
6. 什么叫吸收犯？吸收犯中的吸收关系有哪几种？
7. 试述牵连犯的概念、特征和处罚原则。
8. 试述法条竞合及其适用原则。

实务训练

［案例1］项某欲枪杀仇人骆某，射击的结果却是骆某重伤，同时导致骆某身边的魏某死亡。

［问题］对项某的行为应如何认定？

［案例2］甲公司欠汪某货款12万元，迟迟不付。为了讨回该笔货款，汪某于3月2日将甲公司的经营部经理曹某扣押。曹某说，付款手续早已办好交给了公司财务处，迟迟不付货款

是财务处的原因，与自己无关，汪某随于3月4日放走曹某。3月6日，汪某以请甲公司财务处处长李某吃饭为名，将李某拘禁，要其指示手下人员将12万元打到他的账户上。直到3月9日，汪某拿到该笔货款后，李某才恢复人身自由。

[问题] 汪某的犯罪是否属于继续犯或连续犯？为什么？

[案例3] 吴某伪造了某市"户口专用章"及有关国家机关的公函，并以此为诱饵对一些急于想调入、转入该市的人进行诈骗，共骗得人民币5万余元。

[问题] 吴某的犯罪属于想象竞合犯、连续犯、吸收犯、牵连犯中的哪一种？并说明理由。

[案例4] 2011年7月，姚某（男，26周岁）先后多次闯入他人住宅，手持自制火枪，要求他人交出财物。姚某通过此种方式，共抢得财物1万余元。

[问题] 姚某是构成一罪还是数罪，为什么？[提示]《刑法》245条规定："非法搜查他人身体、住宅，或者非法侵入他人住宅的，处3年以下有期徒刑或者拘役。"

[案例5] 许某（男，出租车司机），一天晚上驾车经一路口处时，遇到一个从外地来该市探亲的冯某。许某停车问冯某到哪儿去，冯某说到某单位找丈夫。许某以带路为名将冯某骗上车，后将车开到郊区停下，在车内用暴力欲对冯某实施强奸。冯某在奋力反抗中，将许某的嘴唇咬破。许某认为这是给其犯罪行为留下罪证，惟恐罪行败露，即决意杀人灭口。许某先用双手掐冯某的颈部，又用铁锤朝冯的头部猛击数下，遂拖出车外，扔在路旁。后冯某被路过这里的张某送进医院，经抢救脱险，但造成了重残。

[问题] 1. 许某构成一罪还是数罪？为什么？

2. 如果许某在实施强奸过程中，为了制止冯某的呼救，用毛巾堵住冯某的嘴，等强奸完毕，发现冯某已窒息死亡，则许某构成一罪还是数罪？

延伸阅读

阅读资料1：法定的一罪

法定的一罪是指刑法将数个本来可能独立构成犯罪的行为明文规定为一罪的情况。法定的一罪包括结合犯和集合犯两种。

一、结合犯

结合犯是指数个（两个以上）原本独立的犯罪行为，根据刑法的明文规定，结合成另一个独立的新罪的犯罪形态。如《日本刑法》第241条将犯强盗罪而又强奸妇女的，规定为独立的强盗强奸罪，即是典型的结合犯。一般认为，我国刑法中没有典型的结合犯。结合犯具有以下特征：

1. 结合犯所结合的数罪，原本为刑法上数个独立且罪名不同的犯罪。

2. 结合犯是将数个原本独立的犯罪结合成为另一个独立的新罪。用公式表示就是：甲罪+乙罪＝丙罪，或者甲罪+乙罪＝甲乙罪。丙罪、甲乙罪便是结合犯。如果刑法将数个独立的犯罪结合成为其中的一个罪，则不是结合犯。

3. 数个原本独立的犯罪被结合成另一新罪后，就失去原有的独立犯罪的意义，成为新罪的一部分。

4. 数个独立的犯罪结合成一个独立的新罪，是基于刑法的明文规定。

对于结合犯，应当按照刑法分则条文规定的法定刑处罚，不得数罪并罚。

二、集合犯

（一）集合犯的概念和成立要件

集合犯是指基于刑法规范的预设，反复实施数个同种类构成要件行为不成立数罪，而应以一罪论处的犯罪形态。概言之，集合犯是指犯罪构成预定了数个同种类的行为的犯罪。如我国《刑法》第165条、第303条第1款所规定的非法经营同类营业罪、赌博罪，均是集合犯。成立集合犯，必须具备以下要件：

1. 在主观方面，行为人具有反复实施不定次数的同种犯罪行为的目的。即行为人不是意图实施一次犯罪行为即行结束，而是预定实施不定次数的同种犯罪行为。如我国《刑法》第336条第1款规定的非法行医罪，行为人就具有实施不定次数的非法行医行为的故意。

2. 在客观方面，行为人通常是反复实施了数个同种的犯罪行为。集合犯虽然是行为人意图实施不定次数的同种犯罪行为，客观上通常也实施了数个同种的犯罪行为，如多次非法行医、多次赌博，但是行为人即便只实施了一次，只要符合犯罪构成的预定，也是集合犯。如某甲第一次实施非法行医行为，就造成了就诊人身体健康受到严重损害，构成非法行医罪，属于集合犯。

3. 必须是刑法将可能实施的数个同种犯罪行为规定为一罪。集合犯是以同种行为的反复为构成要件要素的犯罪，即"因为构成要件本身预定了同种行为的反复，所以被反复的同种行为无例外地予以包括，被作为一罪评价"。[1]正因为刑法将可能实施的数个同种行为规定为一罪，所以行为人实施了数个同种行为，仍只构成一罪。

（二）集合犯的种类

一般认为，集合犯包括常习犯、职业犯和营业犯三种。

1. 常习犯。常习犯是指多次反复实施某一犯罪，换言之，犯罪构成预定具有常习性的行为人反复多次实施行为的，称为常习犯。我国现行刑法典中没有规定常习犯。

2. 职业犯。职业犯是指将一定犯罪作为职业或业务反复实施。职业犯的特点是不以取得财产上的不法利益为目的，只要行为人将犯罪作为职业或业务即可，而不论有无"营利目的"。如前述提到的非法行医罪，就是典型的职业犯。《刑法》第336条第1款规定，"未取得医生执业资格的人非法行医，情节严重的"，构成非法行医罪。这里的"执业""行医"实际上就是一种业务或职业。根据该规定，只要行为人确属"未取得医生执业资格"而行医且"情节严重"，就构成犯罪，至于行为人非法开业"行医"，是基于营利目的还是治病救人目的抑或其他目的，刑法在所不问。

3. 营业犯。犯罪构成预定以营利为目的反复实施一定犯罪的，是营业犯，又称"常业犯""营利犯"。其显著特点是将"营利目的"作为犯罪构成的必备要件。如《刑法》第303条规定的"以赌博为业的"行为，就属于营业犯。以赌博为业意味着行为人以营利为目的，反复实施赌博行为。每次赌博行为本身并不构成独立的赌博罪，刑法将反复实施的赌博行为类型化为一个犯罪构成，故只成立一罪。

（三）集合犯的处罚原则

对于集合犯，无论行为人实施了多少次同种的犯罪行为，都只能根据刑法的规定以一罪论处。

阅读资料2：法条竞合与想象竞合犯的关系

---

[1] [日]中山研一：《刑法总论》，成文堂1989年版，第527页。

法条竞合与想象竞合犯是两个既有联系又有区别的概念。

一、二者的联系

二者的相同之处包括：①行为人都只实施了一个犯罪行为。②一个行为都同时触犯了两个以上法条和两个以上罪名。③对于这一行为最终都只能选择其中一个法条的规定来定罪处罚，即都只成立一个罪。

二、二者的区别

1. 是否具有重合关系不同。这是二者的根本区别。法条竞合中的数个法条所规定之罪在构成要件要素方面存在必然的重合关系，并且这种重合关系直接根据法律的规定就可以认识到；而想象竞合中的数个法条之间不具有这种重合关系，仅仅是行为人实施的具体犯罪事实而使数个条文对一行为均具有符合性。

2. 触犯数个罪名的原因不同。想象竞合犯触犯数个罪名具有偶然性、不确定性。例如用手枪实施杀人行为，一般情况下一枪只能杀死一人，不可能同时致使另外一个人死亡或重伤，只有在特定情况下才会发生同时造成另外一个人死亡或重伤的结果。而法条竞合具有必然性和确定性，无论是什么人在什么情况下实施犯罪行为，都必然会发生法条竞合问题。

3. 定罪原则不同。对想象竞合犯一般是"从一重处断"，而法条竞合的定罪原则是优先适用特别法，在特定情形下则优先适用普通法（重法）。

另外，就结果犯而言，如果一个行为只产生一个结果，虽然触犯了数个法条的罪名，但肯定是法条竞合；如果一行为产生数个结果，触犯数个法条规定的数个罪名，则肯定属于想象竞合犯。

模块四　法律后果

第十三章

刑事责任与刑罚概说

学习目标与工作任务

通过本章的学习，了解刑事责任的含义和特征，理解刑事责任的解决方式；掌握刑罚的概念、特征、目的，以及刑罚与其他法律制裁方法的区别，把握特殊预防与一般预防的内涵。能够运用刑法总则的相关规定，确定具体刑事案件中的行为人刑事责任的解决方式。

导入案例

冯某（男，26周岁），某公司职工。2004年2月，冯某发现与自己已经交往4年的女朋友舒某突然对他比较冷淡。经过探听，知道舒某想与他断绝关系。冯某很生气，决定以死迫使舒某回心转意。2月21日晚8时许，冯某来到舒某的单身宿舍，要求其看在交往多年的情分上，不要离开他。但舒某态度坚决，表示自己的主意已经拿定了，请冯某不要再纠缠。冯某见舒某态度如此强硬，就从身上抽出事先准备好的匕首，说："你要是这样我就死给你看。"舒某摇了摇头，冯某大怒，说："那你和我一起死吧。"即把匕首向舒某的腹部刺去，舒某及时躲闪，未刺中。舒某见冯某动真的，就苦苦哀求，让冯某不要这样。冯某产生怜悯，转身离开。

问：对冯某的刑事责任的解决方式是什么？

教学内容

第一节 刑事责任

一、刑事责任的概念和特征

我国刑法典中多处出现了"刑事责任"这一术语，刑法总则第二章第一节则以"犯罪和刑事责任"作为标题，附属刑法一般都使用"刑事责任"一词，足见刑事责任是刑法的基本内容和核心问题之一。如何给刑事责任下定义，我国刑法学界意见不一。

我们认为，给刑事责任下定义必须面对以下三种事实：①行为构成犯罪，给予刑罚处罚；②行为虽然构成犯罪，但只给予非刑罚处罚；③行为虽然构成犯罪，但只是单纯宣告有罪，既没有给予刑罚处罚，也没有给予非刑罚处罚。这三种情况都是刑法明确规定的，而且在这三种情况下都追究了行为人的刑事责任。因此，刑事责任是指刑事法律规定的，因实施犯罪行为而产生的，由司法机关强制犯罪人承受的刑事惩罚或者单纯否定性法律评价的负担。[1] 对该定义可以从以下方面作进一步的理解：

1. 刑事责任具有法定性。刑事责任作为一种负担，并不以犯罪人的意志为转移。它与犯罪一样，都是由我国刑事法律规定的。例如，《刑法》第14条第2款规定："故意犯罪，应当负刑事责任。"第15条第2款规定："过失犯罪，法律有规定的才负刑事责任。"所以实施了犯罪行为，就应当依法承担相应的刑事责任。因此，刑事责任与犯罪同时产生，同时成立。

2. 刑事责任具有应当性。刑事责任是因实施犯罪行为而产生，具有应当性或必然性的特征。实施犯罪是刑事责任产生的原因，刑事责任则是立法者以法律形式为犯罪设定的后果。只要行为人实施了犯罪，就必然产生刑事责任，要接受法律的否定评价、谴责或惩罚。

3. 刑事责任具有代价性。刑事责任作为刑事法律规定的一种负担，具有代价性，表现为犯罪人承受对自己不利的后果，其核心内容表现为行为人要受到刑罚惩罚或者否定的法律评价，实际效果则是行为人要遭受身体、精神、财产等方面的剥夺性痛苦和损失。即便是给予非刑罚处理方法的惩罚或者单纯的定罪免刑，也体现了国家、社会在政治上、伦理上对犯罪人及其犯罪行为的否定评价和谴责。

4. 刑事责任具有多样性。刑事责任以刑事惩罚或单纯否定性法律评价为内容，具有多样性的特征。刑事惩罚包括刑罚处罚和非刑罚处理方法的惩罚，其中，刑罚处罚包括剥夺政治权利、财产权利、人身自由甚至是生命；非刑罚处理方法的惩罚包括赔偿损失、训诫、责令具结悔过、责令赔礼道歉、行政处罚、行政处分、职业禁止。

5. 刑事责任具有强制性和严厉性。刑事责任是由司法机关代表国家强制犯罪人承担的，而且这种强制性较其他法律责任更为严厉。首先，刑事责任是直接借助国家强制力实现的责任，即必须由公安机关、国家安全机关、国家监察委员会、人民检察院、人民法院、监狱机关等特定国家机关予以追究。而民事责任则可以由当事人在法律规定的范围内平等自愿协商解决，协商不成时，可通过法院予以解决，一般不需要借助检察机关，更不需要通过其他特定国家机关。其次，刑事责任由法院确定后，通过法定机关强制犯罪人承担，犯罪人必须承担。而民事责任在法院审理民事案件时可以通过调解解决，在法院确定民事责任之后当事人仍可以进行和解。最后，刑事责任的主要表现形式是刑罚，而刑罚是一种最严厉的强制方法。刑事责任即使是以单纯有罪宣告的方式实现，其否定评价的程度也最为强烈。

6. 刑事责任具有专属性和时效性。我国刑法实行罪责自负的原则，所以刑事责任只能由实施了犯罪的人承担，既不能株连没有实施犯罪的人，也不能转移给没有实施犯罪的人代为承担。刑事责任的时效性表现在，行为人犯罪后，国家追究其刑事责任一般是有法定期限的。

二、刑事责任的过程及其发展阶段

刑事责任的过程，包括国家追究刑事责任的过程和行为人承担刑事责任的过程。如前所述，只要实施了犯罪，就必然产生刑事责任，行为人就应当承担刑事责任，但这并不意味着刑事责任已经实现。刑事责任从应然状态变为实然状态，不仅要有一定过程，经历若干个阶段，而且在这个过程中还充满各种变数。一般认为，可以将刑事责任从产生到实现的过程划分为以下三个阶段：

1. 刑事责任的产生阶段。刑事责任的产生阶段，是从行为成立犯罪时起，到司法机关开始立案侦查时止。犯罪与刑事责任可谓是"孪生兄弟"，二者具有质的一致性。行为人只要实

---

[1] 高铭暄、马克昌主编：《刑法学》，北京大学出版社、高等教育出版社2016年版，第201页。

施了犯罪,其刑事责任就同时产生,并客观地存在着,而不论司法机关是否发现了犯罪。在这一阶段,司法机关还没有进行确认和追究刑事责任的活动,主要是因为犯罪没有被发现,或者被害人对属于告诉才处理的犯罪没有告诉。如果犯罪已经被发现,且司法机关已经立案,那么就转入刑事责任的确认阶段。司法机关确认和追究刑事责任,只是使这种客观存在的刑事责任现实化,而并不属于刑事责任产生的范畴。

2. 刑事责任的确认阶段。刑事责任的确认阶段,就公诉案件而言,是从司法机关立案侦查时起,到人民法院作出的有罪判决生效时止;就自诉案件来说,是从人民法院受理案件时起,到人民法院作出的有罪判决生效时止。在这一阶段,首先是司法机关依照法定程序,通过对案件的调查和审理活动,确认行为人实施的危害行为是否符合某罪的犯罪构成,因此会出现以下两种结果:①行为人被确定为有罪。如果确认行为人的行为构成犯罪,也就意味着确认了行为人应当承担刑事责任,接下来的工作就是进一步确定行为人应负担的刑事责任的大小以及如何实现刑事责任。②行为人被确定无罪。如果经调查或审理,确认行为人的行为不构成犯罪,行为人也就不承担刑事责任。尽管在侦查、起诉或审理过程中,该行为人可能被司法机关采取过必要的刑事强制措施,但强制措施并不代表刑事责任本身。不能因为无罪的行为人曾经被采取过强制措施,就认为该行为人被追究了刑事责任。因此,不能将确认刑事责任这段时间等同于行为人实际承担刑事责任的时间。

3. 刑事责任的实现阶段。刑事责任的实现阶段,又可称为"刑事责任的实际承担阶段",是从人民法院所作出的有罪判决生效时起,到所决定的刑事制裁措施、社区矫正执行完毕或者罪犯在受刑期间被赦免时止。这一阶段是刑事责任的最终阶段,也是刑事责任阶段的核心。这一阶段的完结,意味着国家对犯罪人否定性法律评价与谴责的活动结束,标志着刑事责任的完全实现。

三、刑事责任的解决方式

刑事责任的解决,是指对已经产生的刑事责任予以处理,使刑事责任得以终结。按照我国刑法的规定,刑事责任的解决方式主要有以下几种:

1. 定罪判刑的方式。定罪判刑是指人民法院认定行为人的行为构成犯罪,在作出有罪判决的同时宣告适用相应的刑罚。由于在大多数情况下,追究行为人的刑事责任,最终结果表现为对犯罪人判处相应轻重的刑罚,所以适用刑罚或者说定罪判刑是刑事责任最基本、最主要的实现方式。

2. 定罪免刑的方式。这包括以下两种情况:

(1) 单纯的定罪免刑。即只对行为人作有罪判决而不给予任何处罚,即既免除刑罚,也不给予非刑罚处理方法的处理。根据我国刑法规定,犯罪情节轻微不需要判处刑罚的,或者犯罪分子具有法定的免除处罚情节的,可以或者应当免除刑罚处罚。但是,免除处罚并不是否定行为人的刑事责任的存在。根据我国刑事诉讼法规定,宣告有罪判决一律公开进行。公开宣告行为是犯罪、行为人是犯罪人,本身就表明了对犯罪行为的否定和对犯罪人的谴责,也必然对犯罪人的社会生活产生不利反应。所以,单纯的定罪免刑也是刑事责任实现的一种方式。

本章导入案例中,对冯某应当定罪免刑。首先,冯某在主观上具有杀人的故意,在客观上实施了杀人的行为,符合故意杀人罪的犯罪构成,对冯某应当以故意杀人罪追究刑事责任。其次,冯某虽然已经着手实施杀害舒某的行为,但在第一刀未刺中后,他完全有机会也有能力把犯罪进行到底,可他出于对舒某的怜悯,没有继续加害舒某,而是停止了进一步的犯罪行为,其行为符合犯罪中止的特征,应当认定为犯罪中止。再次,我国《刑法》第24条第2款规定:

"对于中止犯,没有造成损害的,应当免除处罚;造成损害的,应当减轻处罚。"本案中,冯某的犯罪行为并没有给舒某造成实际损害,所以,对冯某应当以故意杀人罪定罪并免除刑罚处罚。

(2)非单纯的定罪免刑。是指对行为人虽然定罪免刑,但要给予非刑罚处理方法的处理。《刑法》第37条规定:"对于犯罪情节轻微不需要判处刑罚的,可以免予刑事处罚,但是可以根据案件的不同情况,予以训诫或者责令具结悔过、赔礼道歉、赔偿损失,或者由主管部门予以行政处罚或者行政处分。"这里的几种非刑罚处理方法,都是实现刑事责任的方式。

3. 消灭处理方式。是指行为人的行为已经构成犯罪,应当负刑事责任,但由于存在法律规定的实际阻却追究其刑事责任的事由,从而使刑事责任归于消灭,此时,国家不再追究行为人的刑事责任。例如,犯罪已过追诉时效期限、行为人死亡等,就使得客观存在的刑事责任得以终结。

4. 转移处理方式。是指特定行为人的刑事责任不由我国司法机关解决,而是通过外交途径解决。

第二节　刑罚概说

一、刑罚和刑罚权

(一)刑罚的概念和特征

刑罚是一种工具,是国家对犯罪人实行惩罚的一种强制方法。在我国,刑罚是指法律明文规定的,由人民法院依法对犯罪人适用的,剥夺或者限制其某种权益的强制性法律制裁方法。我国刑罚具有以下特征:

1. 刑罚是我国刑法明文规定的强制性制裁方法。我国刑法确立了罪刑法定原则,犯罪和刑罚都由刑法事先作出明文规定,从而实现了犯罪的法定化和刑罚的法定化。刑法总则明确规定了刑罚的种类和各种量刑制度,刑法分则对各种具体犯罪所应适用的刑罚作出了明文规定。在刑事司法实践中,对犯罪人决定刑罚的种类及适用标准,应以刑法明文规定为依据。对于刑法没有规定的制裁方法,不能以刑罚之名适用于犯罪人。

2. 刑罚是仅适用于犯罪人的强制性制裁方法。刑罚是因犯罪所产生的当然的法律后果,其适用对象只能是实施了犯罪行为的犯罪人,包括自然人和单位。

3. 刑罚是以对犯罪人的一定权益予以剥夺或者限制为内容的强制性制裁方法。尽管各国刑法所规定的具体刑罚方法有所不同,但都具有惩罚犯罪人或者使犯罪人承受一定剥夺性痛苦的本质特征。我国一贯反对以残酷、野蛮的刑罚方法来摧残、折磨犯罪人,但不可否认,刑罚作为国家对犯罪行为的否定评价与对犯罪人谴责的一种最严厉的形式,它的适用必然要给犯罪人带来身体的、精神的或财产的剥夺性痛苦。相对于其他法律制裁措施而言,是一种最强烈的痛苦。刑罚的基本内容就是剥夺或限制犯罪人的某种权益。我国刑法规定的各种刑罚方法的具体适用,不仅可以剥夺犯罪人的政治权利、财产权利,而且可以限制或者剥夺犯罪人的人身自由,乃至剥夺生命。

4. 刑罚是由法定机关依法适用的强制性制裁方法。在我国,刑罚只能由人民法院依法适用。依法适用刑罚,就是必须以刑法的规定为根据,并严格遵循刑事诉讼法规定的诉讼程序。非经法定的刑事诉讼程序,不能适用刑罚。

5. 刑罚是由特定机关依法执行的强制性制裁方法。为了保证刑罚执行工作的严肃性,我国法律规定由特定的国家机关负责刑罚的执行工作。我国的刑事执行机关呈现多样性的特点，根据人民法院裁决的刑罚不同，分别由人民法院、公安机关（包括看守所）、监狱（包括未成年犯管教所）、社区矫正机构负责执行，其他任何机关、单位或者个人都无权执行刑罚。

（二）刑罚权的概念和内容

刑罚权是基于犯罪行为而对犯罪人实行刑罚惩罚的国家权能，是国家主权的组成部分，其内容表现为国家对犯罪人实行刑罚惩罚。[1]刑罚权与刑罚紧密相连，不可分割。刑罚是惩罚犯罪的一种强制方法，是国家创制并且以国家的名义适用与执行的，它是刑罚权的外在表现。刑罚权则是据以确立刑罚及保证其运行的内在源泉。

刑罚权包括制刑权、追诉权、量刑权和行刑权四个方面。制刑权是国家立法机关在刑事立法中创制刑罚的权力，其内容主要包括确定刑种、建立刑罚体系、规定刑罚裁量的原则、刑罚执行方法与制度，以及具体犯罪的法定刑。制刑权是刑罚权的决定性因素和重要表现形式，没有制刑权，追诉权、量刑权和行刑权就无法实现，也就没有刑罚权。追诉权亦称求刑权，是对犯罪人依法提起刑事诉讼，追究其刑事责任的权力。这种权力原则上由人民检察院依法行使，但国家也将部分轻罪（告诉才处理的犯罪）的追诉权赋予被害人等。量刑权是人民法院对犯罪人裁量决定刑罚的权力。这种权力只能由人民法院在认定行为人有罪的基础上行使，其内容包括是否科处刑罚与科处何种刑罚两个方面。行刑权是国家对犯罪人执行刑罚的权力，是量刑权的自然延伸。行刑的根据是人民法院已经发生法律效力的判决或裁定，行刑的内容是执行生效裁判所确定的刑罚，行刑的机关是特定的国家机关。

（三）刑罚与其他法律制裁方法的区别

一个国家的法律制裁体系，通常是由多种制裁措施构成的，除了刑罚之外，还有民事制裁、行政制裁等。刑罚与其他法律制裁具有一定联系，如都属于国家法律规定的制裁措施，都对受制裁人产生不利影响。但刑罚与其他法律制裁方法具有明显的区别：

1. 严厉程度不同。刑罚是一种最严厉的法律制裁方法，它涉及对犯罪人的人身自由、生命、财产、资格的限制或者剥夺；而其他法律制裁措施绝对排除对生命的剥夺，一般也不涉及剥夺违法分子人身自由的问题，即使是剥夺人身自由（如行政拘留），时间也是极为短暂的。

2. 适用对象不同。刑罚的适用对象是犯罪分子，对其他违法者绝对不能适用刑罚。刑罚的这一特点决定了刑事拘留、逮捕等剥夺人身自由的强制方法不属于刑罚的范畴。而其他法律制裁方法主要适用于仅有一般违法行为尚未构成犯罪的违法者，同时在一定条件下也可以适用于犯罪人，即在对犯罪人科处刑罚的同时，也可以给予其他法律制裁。

3. 适用机关不同。刑罚只能由国家刑事审判机关适用，在我国只能由人民法院依法适用，其他任何国家机关和单位都无权适用；而民事制裁由人民法院适用，行政制裁只能由国家各级行政执法机关适用。

4. 适用根据和程序不同。刑罚只能由人民法院根据刑法并依照刑事诉讼法规定的诉讼程序予以适用。而其他法律制裁则分别依照民法与民事诉讼法、行政法与行政诉讼法等法律的规定适用。

5. 法律后果不同。受过刑罚处罚的人，在法律和事实上被视为有前科的人，被贴上了犯罪的"标签"。根据我国有关法律的规定，某些受过刑罚处罚的人，将在一定期限内甚至终身被剥夺从事某种职业或者担任某种职务的资格；有的还会在出国、就业等方面产生重大不良影

---

[1] 张明楷：《刑法学》（上），法律出版社2016版，第503页。

响;当其重新犯罪时,可能要受到比初犯者更为严厉的处罚。例如,《刑法》第100条第1款规定,依法受过刑事处罚的人,在入伍、就业的时候,应当如实向有关单位报告自己曾受过刑事处罚,不得隐瞒。根据我国《刑法》和《道路交通安全法》的规定,在道路上醉酒驾驶机动车的,构成危险驾驶罪,由公安机关交通管理部门吊销机动车驾驶证,5年内不得重新取得机动车驾驶证;醉酒驾驶营运机动车的,依法追究刑事责任,10年内不得重新取得机动车驾驶证,重新取得机动车驾驶证后,不得驾驶营运机动车;饮酒后或者醉酒驾驶机动车发生重大交通事故,构成犯罪的,依法追究刑事责任,并由公安机关交通管理部门吊销机动车驾驶证,终生不得重新取得机动车驾驶证。我国《法官法》和《检察官法》规定,曾因犯罪受过刑事处罚的,不得担任法官、检察官。而仅仅受过民事、行政、经济处罚的人,在法律评价和法律后果上,将不会产生上述极端不利于被处罚者的严重后果。

二、刑罚的目的

(一) 刑罚目的的概念

刑罚目的,是指国家制定刑罚以及对犯罪人适用、执行刑罚所预期实现的效果。在刑事立法上,刑罚目的决定着刑罚体系和刑罚种类的确立,关系到刑罚适用原则的制定;在刑罚适用中,刑罚目的是决定刑罚裁量结果的重要因素;在刑罚执行中,刑罚目的直接影响国家的行刑政策、原则和实践。

对犯罪人适用刑罚,虽然在形式上看是为了惩罚犯罪人,但是惩罚并不是刑罚的最终目的。我国刑罚的目的是通过惩罚和教育相结合,改造罪犯,预防犯罪。

(二) 刑罚目的的内容

我国刑法没有规定刑罚的目的,以致学界认识不一,学说林立。多数学者认为,我国刑罚的目的就是预防犯罪,它包括特殊预防和一般预防两个方面。

1. 特殊预防。特殊预防是指通过对犯罪人适用、执行刑罚,预防其重新犯罪。特殊预防的对象是已经实施了犯罪并受到刑罚处罚的人。防止已经犯罪的人重新犯罪,可以采取多种方式,而刑罚则是最重要的一种预防手段。特殊预防的内容主要是:一方面通过对犯罪人适用刑罚,剥夺或者限制其再犯罪的能力,从而使其不能犯罪、不敢犯罪乃至不愿犯罪。另一方面,通过刑罚的适用,教育和改造犯罪分子,使其成为遵纪守法的人,不致再危害社会。这是特殊预防最基本、最重要的方式。

刑罚在特殊预防中的具体作用表现为:①通过对极少数罪行极其严重的犯罪人适用和执行死刑,永远剥夺其再犯罪的能力。这是一种最简单、最有效的特殊预防,但在现代社会这种方式不应成为实现特殊预防的主要途径。②通过对绝大多数犯罪人适用和执行自由刑,一方面使其在一定期间内与社会隔离,失去了危害社会的机会;另一方面对罪犯实行强制劳动改造,同时进行思想、文化和职业技能教育,不仅使其学到自谋生活的能力,而且思想也有所悔悟,从而改过自新,重新做人。③通过对经济犯罪、财产犯罪和其他贪财图利型犯罪的罪犯适用和执行财产刑,削弱乃至摧垮其再犯罪的物质条件,也是对其贪财图利思想的教育矫正。④通过对某些犯罪人适用和执行资格刑,剥夺其某种权利或者资格,可以防止他们利用这些权利或资格进行新的犯罪活动。

2. 一般预防。一般预防是指通过制定、适用和执行刑罚,防止社会上可能犯罪的人走上犯罪道路。一般预防的对象不是犯罪人,而是没有犯罪的社会成员,主要包括危险分子、不稳定分子和刑事被害人等。

一般预防的方式只能是通过对犯罪人适用和执行刑罚这一客观事实,以期对其他社会成员造成一定的心理影响。具体来说，一般预防的方式主要包括：①国家通过制定刑罚，向全社会昭示犯罪是应当受刑罚惩罚的行为，使危险分子、不稳定分子不敢轻举妄动。人民法院对犯罪人判处刑罚，更是向人们宣告，任何人犯罪都将受到刑罚处罚，都将承受剥夺性痛苦，于是对危险分子和不稳定分子起到了警戒与抑制作用。②通过制定、适用和执行刑罚，表明国家和社会对犯罪的不能容忍，对犯罪人给予刑罚惩罚，对犯罪行为进行否定评价，无疑可以安抚被害人及其亲属，对其心理进行补偿，避免报复性犯罪行为的发生。③通过制定、适用和执行刑罚，对全体社会成员也具有教育和鼓励作用，使人们通过具体的案例深刻认识到犯罪行为的社会危害性和对其惩罚的必要性，从而增强法治观念，自觉遵纪守法，积极地同犯罪作斗争。

作为刑罚目的的两个方面，特殊预防与一般预防是紧密结合、不可分割的整体。对任何一个犯罪人适用刑罚，都包含着特殊预防和一般预防的目的。

思考题

1. 如何理解刑事责任的概念？
2. 刑事责任的解决方式有哪些？
3. 刑罚的概念和特征是什么？
4. 如何理解我国刑罚的目的？

延伸阅读

阅读资料1：刑事责任的地位、功能和根据

一、刑事责任的地位和功能

我国刑法中有关犯罪和刑罚的规定，实际上都是围绕着"要不要追究刑事责任""追究什么样的刑事责任""如何追究刑事责任"等问题展开的，整个刑事诉讼活动也是围绕正确、合法、及时地解决行为人的刑事责任问题进行的。可见，刑事责任与犯罪、刑罚一样，是刑法的基本内容之一，是介于犯罪与刑罚之间的独立的基本范畴，是整个刑法关系的核心，处于举足轻重的地位。可以说，离开刑事责任问题，刑法的生命也就停止了。[1] 这样说的主要依据有三：①全部刑事立法和刑事司法活动都是围绕着解决行为人的刑事责任问题展开的；②传统的罪刑相适应原则已经被修正为现代的罪责刑相适应原则；③刑法中设置的刑罚只是实现刑事责任的主要方式。如前所述，刑事责任产生于犯罪，是犯罪引起的必然后果，而刑事责任又是刑罚的前提或先导，所以，刑事责任是介于犯罪与刑罚之间的桥梁与纽带。罪—责—刑的逻辑结构，乃是整个刑法内容的缩影。[2]

刑事责任的功能，主要在于对犯罪与刑罚之间的关系起着调节的作用。由于各种犯罪的社会危害程度不同，犯罪人承担的刑事责任大小也就不同。一般说来，罪重，刑事责任就大；罪轻，刑事责任就小。相应地，刑事责任大，刑罚就重；刑事责任小，刑罚就轻。当然，刑事责任的实现方式是多元的，刑事责任并不必然导致刑罚。刑事责任与刑罚是两个既相互联系又相互区别的概念。

二者的联系表现在：①刑事责任的存在决定刑罚适用的现实可能性。没有刑事责任，就不可能适用刑罚。②刑事责任的大小与刑罚的轻重成正比。刑罚的轻重根据刑事责任的大小来确

---

[1] 高铭暄主编：《刑法学（新编本）》，北京大学出版社1998年版，第53页。
[2] 高铭暄主编：《刑法学（新编本）》，北京大学出版社1998年版，第56页。

定。在对犯罪人判处刑罚时，除了考虑犯罪行为的社会危害程度外，还必须考虑影响刑事责任轻重的情节。对于影响刑事责任轻重的情况，法律规定有从轻、减轻或免除处罚的情节或从重处罚的情节。③刑事责任主要是通过刑罚的适用而实现，它是刑罚的上位概念。刑事责任虽然也有其他的实现方式，但适用刑罚是刑事责任最主要的实现方式。

二者的区别主要包括：①性质不同。刑事责任是行为人因实施犯罪而在国家面前应当承担的否定评价和谴责，内容比较抽象；而刑罚是国家对犯罪人科处的具体的惩罚方法，内容十分具体。②内容不同。刑事责任以犯罪人承受刑法规定的否定性法律评价为内容；而刑罚则以剥夺犯罪人一定的法益为内容。③外延不同。刑事责任并不必然产生刑罚，它还可以通过免予刑罚、非刑罚处理方法的方式实现，所以刑事责任的外延要比刑罚大。④产生的根据或时间不同。刑事责任随实施犯罪而产生，刑罚则以刑事责任为前提，其产生于人民法院作出判处刑罚的有效判决之时。另外，刑事责任是不能免除的，而刑罚却可以被免除。

二、刑事责任的根据

关于刑事责任根据的含义，刑法理论上存在各种不同学说。我们认为，刑事责任的根据，是指犯罪人基于何种理由和法律事实承担刑事责任以及决定刑事责任程度的因素。这实际上包括两个方面：①刑事责任的哲学根据，即犯罪人为什么要承担刑事责任；②刑事责任的法学根据，即能够引起刑事责任产生并决定刑事责任存在及其程度的法律事实是什么。

（一）刑事责任的哲学根据

辩证唯物主义认为，社会物质生活条件决定人们的意识，人们的意识总是社会物质生活条件的反映。在意识与存在的关系上，马克思主义主张决定论，但马克思主义并不完全否定意志自由。按照马克思主义的相对意志自由论，人具有意志自由，而自由只是借助于对事物的认识来作出决定的那种能力，"自由不在于幻想中摆脱自然规律而独立，而在于认识这些规律，从而能够有计划地使自然规律为一定的目的服务。"[1] 可见，究竟实施何种行为，人具有选择的自由，这就是人的意志自由的主观能动作用。能动性是人的本质特性之一。由于人具有自由选择的能力，就使得国家有理由要求人们按照一定的社会标准，选择有利于国家和人民利益的行为，至少是能够避免对国家和人民利益造成危害的行为。在国家已经将严重危害国家和人民利益的行为宣布为犯罪的情况下，行为人仍然选择该行为，或者本来能够避免给国家和人民利益造成严重损害，但没能避免，那么国家就有理由对行为人给予否定的评价和谴责，即追究其刑事责任。因此，行为人负刑事责任的哲学根据，就在于行为人具有相对的意志自由，却偏偏选择了实施犯罪行为。

（二）刑事责任的法学根据

刑事责任的法学根据，又称法律事实根据。从刑法学角度看，刑事责任的根据就是行为人的行为具备刑法所规定的犯罪构成。在这方面，我国刑法学界不存在争论。我国刑法中虽未出现犯罪构成这一术语，但刑法总则规定了成立犯罪的一般要件，如危害行为、刑事责任能力、刑事责任年龄、故意或过失等，刑法分则更是明确规定了构成各种犯罪所必须具备的特定要件。因此，刑法理论将成立犯罪必须具备的各种要件的总和称为犯罪构成，这无疑反映了刑法的实质规定。犯罪构成不是空洞的法律模式，立法者通过设置一个个犯罪构成，使具有一定社会危害性的犯罪行为具体化、特定化，也使抽象的社会危害性通过具体的法律禁止规定反映出来，符合犯罪构成也就意味着行为具备了犯罪的本质属性。不仅如此，立法者还通过规定符合

---

[1]《马克思恩格斯选集》（第3卷），人民出版社1995年版，第455页。

犯罪构成所导致的法律后果来禁止某些行为，这种法律后果不仅是犯罪的基本属性的表现，而且是刑事责任实现的最主要方式。行为符合犯罪构成与行为违反刑法是完全一致的。行为人的行为符合犯罪构成，等同于行为人犯了罪，而刑事责任是由犯罪产生的。所以，刑事责任的法律事实根据就是行为符合犯罪构成。

由上可见，行为符合犯罪构成是应当追究行为人刑事责任的唯一根据。但是，由于刑事责任有轻重之分，因此，行为具备犯罪构成对于确定刑事责任的轻重来说，只是主要根据，而不是唯一根据。因为，不仅仅是犯罪构成事实影响刑事责任的程度，犯罪构成要件之外的能够说明行为的社会危害性和行为人的人身危险性大小的事实，也影响着刑事责任的程度。

阅读资料2：刑罚的功能

刑罚的功能，是指国家制定、适用、执行刑罚所产生的社会效应，如威慑作用、教育作用、安抚作用等。一般来说，刑罚功能可以分为三个方面的内容：一是对犯罪人的效应，二是对社会一般公民的效应，三是对被害人及其亲属的效应。具体而言，刑罚的功能包括以下几种：

1. 限制、剥夺功能，即惩罚功能。刑罚的固有属性，就是通过剥夺、限制犯罪人享有的某些权益而使其感受到一定痛苦。任何人只要犯了罪，一般都要受到刑罚的惩罚，通过适用刑罚来剥夺或限制犯罪人的某种权益，使其丧失再次犯罪的能力和条件，使之永远不能再犯罪或者在一定时期内不能再犯罪。例如，对犯罪分子适用自由刑，将其隔离于正常社会之外，就可以防止其继续利用人身自由实施犯罪。

2. 矫正功能，即改造功能。刑罚惩罚只是一种手段，刑罚的最终功能在于把犯罪人矫正成为社会的无害因素，使他们通过刑罚惩罚所带来的痛苦和道义上的非难，在内心产生畏惧感，从而悔悟，改变其价值观念和行为方式，不再危害社会。刑罚的矫正功能是通过刑罚的实际执行实现的。

3. 安抚功能。刑罚的安抚功能是针对刑事案件中的被害人及其亲属而言的。刑罚自产生以来，始终没有消除其原始的报复属性，这在很大程度上正是为了满足被害人及其亲属复仇的愿望。犯罪行为的实施，不仅侵害了被害人的人身、财产及名誉等各种合法权益，而且也破坏了被害人及其亲属的心理平衡，他们必然产生对犯罪人的愤怒和仇恨。对犯罪人适用刑罚，就可以使被害人及其亲属受伤的心灵得到抚慰，平息其愤怒与仇恨心理，避免出现私力报复，酿成新的犯罪。所以，从稳定社会秩序的角度来说，刑罚具有其特有的安抚功能。

4. 威慑功能。刑罚的威慑功能主要是针对社会上有可能犯罪的不稳定分子而言的。通过刑罚的适用和执行，使那些意图犯罪之人因目击他人的受刑之痛苦，在思想上、心理上产生震撼，从中得到警戒和感悟，出于对刑罚的畏惧而不敢重蹈犯罪的覆辙。当然，刑罚的威慑功能也包括对犯罪分子本身的威慑。

5. 教育功能。这表现在两个方面：一方面是通过对犯罪的人适用和执行刑罚，教育和改造犯罪人，使他们去恶从善、弃旧求新，重新做人；另一方面是通过规定、适用和执行刑罚，可以使广大公民了解犯罪的后果，从具体的案例中受到法制教育，从而增强法治观念和依法办事意识。

第十四章

刑罚的体系和种类

学习目标与工作任务

通过本章的学习，了解我国刑罚体系的概况和我国刑法规定的非刑罚处理方法，掌握我国刑法规定的各个刑种的概念、内容和适用对象，以及我国刑法对适用死刑的限制。能够根据案件的具体情况对被告人准确选用各种刑罚方法。

导入案例

被告人鲁某因犯抢劫罪于2005年9月被判处死缓，在缓期执行期间，鲁某于2005年12月检举了监狱内另一犯人的重大犯罪活动，2006年6月检举监狱外两起重大犯罪活动并经查证属实。2007年1月11日，鲁某与同监区犯人姚某因琐事发生争执，鲁某向姚某腹部猛击一拳，将姚某踢倒在地上后，又朝其腹部猛踹一脚，致姚某脾脏破裂摘除（重伤）。

问：对鲁某应当如何处理？

教学内容

第一节　刑罚体系

一、刑罚体系的概念

刑罚体系，是指刑法规定的，依照一定的标准分类并按照一定的顺序排列的各种刑罚方法的总和。犯罪是一种复杂的社会现象，社会上所发生的犯罪是各种各样的，不仅犯罪的性质各不相同，而且犯罪的情节也各不相同。犯罪的复杂性，决定了适用于各种不同犯罪的刑罚方法的多样性。

1. 刑法体系是对刑罚方法按照一定次序排列组合而成的。对各种刑罚方法可以从两个方面进行分类：①理论上的分类，即以限制或剥夺的权益性质为标准，将刑罚方法分为自由刑、生命刑、财产刑和资格刑等。另外，按照刑罚的轻重为标准，将刑罚分为轻刑和重刑。②立法上的分类。我国刑法把刑罚分为主刑和附加刑，这是依据各刑种能否独立适用为标准所作的划分。其中，主刑依次为管制、拘役、有期徒刑、无期徒刑和死刑；附加刑依次为罚金、剥夺政治权利、没收财产和驱逐出境。主刑和附加刑都是按照各自的严厉程度由轻到重进行排列的，刑法分则罪刑关系条文中的刑罚，也基本采用由轻到重的排列方法。

2. 刑罚体系是由刑法规定的。我国刑罚体系内的刑罚方法分类、刑种类别和刑种的排列顺序，均是由刑法明文规定的。

3. 刑罚体系的确立以有利于发挥刑罚功能、实现刑罚目的为指导原则。刑罚体系不是所有刑罚方法毫无目的地、杂乱无序地堆积，而必须建立在一定的指导原则基础上。只有在刑种的选择、分类和排列顺序等方面，都有利于发挥刑罚的积极功能、有利于实现刑罚预防犯罪的目的，才有其合理存在的根据。

二、我国刑罚体系的特点

1. 体系完整、结构严谨。我国的刑罚体系是由主刑和附加刑构成的一个有机整体，主刑在先，起主导作用，附加刑在后，起补充作用，二者既有区别又功能互补。各种刑罚方法全部由轻到重顺序排列，轻重衔接，具有结构上的层次性和严谨性。如拘役与有期徒刑是不同刑种，但期限却是衔接的。主刑和附加刑分别包括若干刑种，既有自由刑、生命刑，又有财产刑和资格刑等，避免了单一刑种的局限性，形成了我国刑罚体系的合理结构。

2. 宽严相济[1]、目标统一。主刑和附加刑中的各个刑种都轻重有别，如主刑中最轻的管制只是限制犯罪人的一定自由，拘役仅仅是短期剥夺犯罪人的人身自由，最重的死刑则是剥夺生命。这使得刑罚体系有宽有严，宽严相济。我国刑罚体系中的各种刑罚方法，其目标是一致的，就是通过贯彻惩罚与教育相结合的方针，收到预防犯罪、减少犯罪的实效。

3. 内容合理，创新发展。我国刑罚体系的内容立足我国的实际情况，各个刑种都包含惩罚与教育的机制，如死刑中死刑缓期2年执行，既判处死刑又不立即执行，在2年的考验期内进行教育矫正。虽然刑罚的适用会使犯罪人承受一定的剥夺性痛苦，但任何刑种都不含有侮辱人格、摧残肉体、折磨精神等残酷、野蛮的成分。有的刑种如管制，还是我国所独创的开放性刑种，体现了专门机关与人民群众相结合同犯罪做斗争的方针。在以自由刑为中心的基础上，我国刑法扩大了罚金刑的适用范围，确立了社区矫正制度，先后削减死刑罪名，这都符合世界各国刑罚逐渐缓和的发展趋势。

第二节 主　刑

主刑，亦称基本刑，是指对犯罪分子独立适用的主要刑罚方法。主刑的特点是：只能独立适用，不能附加适用；对一个罪只能适用一种主刑，不能同时适用两个以上的主刑。根据《刑法》第33条规定，主刑包括管制、拘役、有期徒刑、无期徒刑和死刑。

一、管制

（一）管制的概念、特点和适用对象

管制，是指对犯罪分子不予关押，但限制其一定自由，依法实行社区矫正的刑罚方法。管制是我国刑罚中最轻的主刑，是唯一不剥夺犯罪分子人身自由的开放性主刑。管制也是我国独创的一种刑罚方法，产生于民主革命时期，新中国建立后沿用至今。实践证明，管制的适用，不仅可以避免短期自由刑的固有弊害，而且可以调动社会力量参与对犯罪分子的教育矫治，减少国家的行刑投入，也不至于影响犯罪分子的劳动、工作和家庭生活。这对于犯罪分子的改造和社会秩序的安定，都具有积极的意义。

---

[1] 宽严相济刑事政策是我国的基本刑事政策，贯穿于刑事立法、刑事司法和刑罚执行的全过程，是惩办与宽大相结合政策在新时期的继承、发展和完善，是司法机关惩罚犯罪，预防犯罪，保护人民，保障人权，正确实施国家法律的指南。

管制的主要特点包括：①对罪犯不予关押，不剥夺其人身自由。被判处管制的犯罪分子，在执行期间除了必须遵守《刑法》第39条第1款和《社区矫正法》的各项规定外，其行动仍然是自由的，这是管制与拘役、有期徒刑等剥夺自由刑的重要区别。②限制一定人身自由。管制犯在执行期间，其活动往往受到社区矫正机构和群众的监督，当然，限制人身自由是有期限的。③人民法院判处管制，可以根据犯罪情况，同时宣告禁止令。④采取实行社区矫正的执行方式，通过实行社区矫正，矫正罪犯的犯罪心理和行为恶习。

管制作为最轻的一种主刑，只能适用于罪行较轻、不予关押也不再有犯罪危险的犯罪分子。究竟对哪些犯罪分子可以判处管制，要取决于刑法分则相关条文的规定。

（二）管制的期限和刑期计算

根据《刑法》第38条、第69条的规定，管制的期限为3个月以上2年以下，数罪并罚时最高不能超过3年。

根据《刑法》第41条的规定，管制的刑期，从判决执行之日起计算；判决执行以前先行羁押的，羁押1日折抵刑期2日。《刑事诉讼法》第76条规定："指定居所监视居住的期限应当折抵刑期。被判处管制的，监视居住1日折抵刑期1日……"所谓判决执行之日，是指人民法院签发执行通知书之日（将犯罪分子交付执行机关执行之日）。

（三）管制的执行内容

管制作为一种限制自由刑，主要体现在罪犯在管制期间必须遵守下列规定：

1. 遵守《刑法》第39条的规定。《刑法》第39条第1款规定，被判处管制的犯罪分子，在执行期间即社区矫正期间，应当遵守下列规定：①遵守法律、行政法规，服从监督；②未经执行机关批准，不得行使言论、出版、集会、结社、游行、示威自由的权利；③按照执行机关规定报告自己的活动情况；④遵守执行机关关于会客的规定；⑤离开所居住的市、县或者迁居，应当报经执行机关批准。但是，对犯罪人的劳动报酬不得进行限制。《刑法》第39条第2款规定："对于被判处管制的犯罪分子，在劳动中应当同工同酬。"

2. 遵守禁止令。被宣告禁止令的管制犯必须遵守禁止令，即不得在管制执行期间从事特定活动，进入特定区域、场所，接触特定的人。对于禁止令确定需经批准才能进入的特定区域或场所，社区矫正人员确需进入的，应当经县级司法行政机关批准。

（四）管制的执行方式和执行机关

《刑法》第38条第3款规定："对判处管制的犯罪分子，依法实行社区矫正。"这就明确了管制的执行方式。《社区矫正法》第9条规定："县级以上地方人民政府根据需要设置社区矫正机构，负责社区矫正工作的具体实施。社区矫正机构的设置和撤销，由县级以上地方人民政府司法行政部门提出意见，按照规定的权限和程序审批。司法所根据社区矫正机构的委托，承担社区矫正相关工作。"从而明确了社区矫正的执行机关是社区矫正机构。

社区矫正是指将特定罪犯置于社区内，由专门国家机关在社会力量协助下，于一定期限内矫正其犯罪心理和行为恶习的非监禁刑事执行活动。我国社区矫正的适用对象仅限于被人民法院认定犯罪成立并判处刑罚的人，具体包括以下四种社区矫正对象：①被判处管制的罪犯；②被宣告缓刑的罪犯；③被裁定假释的罪犯；④暂予监外执行的罪犯。

（五）管制的解除

《刑法》第40条规定："被判处管制的犯罪分子，管制期满，执行机关应即向本人和其所在单位或者居住地的群众宣布解除管制。"《社区矫正法》第44条规定："社区矫正对象矫正期满或者被赦免的，社区矫正机构应当向社区矫正对象发放解除社区矫正证明书，并通知社区矫正决定机关、所在地的人民检察院、公安机关。"对于附加剥夺政治权利的，还应当同时宣布恢复政治权利。

二、拘役

（一）拘役的概念、特点和适用对象

拘役，是指短期剥夺犯罪分子的人身自由，就近实行劳动改造的刑罚方法。拘役的特点是：它虽然是一种剥夺人身自由的刑罚方法，但相对于有期徒刑来说刑期又很短；对被判处拘役的罪犯就近关押，并对有劳动能力的，实行劳动改造。拘役与行政拘留、刑事拘留、司法拘留虽然都是对一定人员的短期关押，但它们在法律性质、适用对象、适用机关、适用程序和法律依据等方面有明显的区别。

拘役是一种短期自由刑，主要适用于罪行较轻但又必须短期剥夺其人身自由的犯罪人。刑法分则中把拘役作为选择法定刑的条文占全部条文的3/4左右。

（二）拘役的期限和刑期计算

根据《刑法》第42条、第44条、第69条的规定，拘役的期限为1个月以上6个月以下，数罪并罚时最高不能超过1年。拘役的刑期，从判决执行之日起计算；判决执行以前先行羁押的，羁押1日折抵刑期1日。《刑事诉讼法》第76条规定，指定居所监视居住的期限应当折抵刑期，被判处拘役、有期徒刑的，监视居住2日折抵刑期1日。应当指出，如果被告人被判处刑罚的犯罪行为和被行政拘留的行为系同一行为，其被行政拘留的日期可以折抵刑期，此时行政拘留1日折抵有期徒刑或拘役的刑期1日。

（三）拘役的执行

《刑法》第43条第1款规定："被判处拘役的犯罪分子，由公安机关就近执行。""就近执行"就是将犯罪分子放在其所在地的县、市公安机关的看守所执行。[1]

《刑法》第43条第2款规定："在执行期间，被判处拘役的犯罪分子每月可以回家1天至2天；参加劳动的，可以酌量发给报酬。"就是说，拘役犯在刑罚执行期间享受一定的待遇。拘役犯回家的天数应计算在刑期之内。

三、有期徒刑

（一）有期徒刑的概念和特点

有期徒刑，是指剥夺犯罪分子一定期限的人身自由，强制其参加劳动，接受教育和改造的刑罚方法。有期徒刑是适用范围最广的一种刑罚，既可适用于较重的犯罪，又可适用于较轻的犯罪。在我国刑法分则中，除危险驾驶罪、代替考试罪和使用虚假身份证件、盗用身份证件罪外，其他各种犯罪的法定刑都包括有期徒刑在内。有期徒刑和拘役虽然都是剥夺犯罪分子人身自由的刑罚方法，但二者在许多方面具有较大区别，包括执行机关、执行场所、期限、执行期间的待遇和法律后果均有所不同。

（二）有期徒刑的期限和刑期计算

根据《刑法》第45条、第47条、第50条第1款、第69条的规定，有期徒刑的期限为6个月以上15年以下，在下列两种情况下可能超过15年：①数罪并罚时，有期徒刑总和刑期不满35年的，最高不能超过20年；总和刑期在35年以上的，最高不能超过25年。②判处死刑缓期执行的，在死刑缓期执行期间如果确有重大立功表现，2年期满以后，减为25年有期徒

---

[1] 公安部于2012年12月13日印发的《公安机关办理刑事案件程序规定》第290条第2款规定："对被判处拘役的罪犯，由看守所执行。"

刑。有期徒刑的刑期，从判决执行之日起计算；判决执行以前先行羁押的，羁押1日折抵刑期1日。

（三）有期徒刑的执行

有期徒刑的基本内容是强制犯罪人参加劳动，接受教育和改造。《刑法》第46条规定，被判处有期徒刑的犯罪分子，在监狱或者其他执行场所执行；凡有劳动能力的，都应当参加劳动，接受教育和改造。所谓其他执行场所，是指监狱以外的执行场所，如看守所。对被判处有期徒刑的罪犯，在被交付执行刑罚前，剩余刑期在3个月以下的，由看守所代为执行。

四、无期徒刑

（一）无期徒刑的概念和特点

无期徒刑，是指剥夺犯罪分子终身自由，强制其参加劳动，接受教育和改造的刑罚方法。无期徒刑主要适用于那些罪行严重但不够判处死刑，而判处有期徒刑又不足以惩罚其罪的犯罪分子。未成年人犯罪只有罪行极其严重的，才可以适用无期徒刑。对已满12周岁不满16周岁的人犯罪一般不判处无期徒刑。[1]

无期徒刑是自由刑中最严厉的刑罚方法，主要表现在剥夺犯罪分子的终身自由。同时，在判决执行前先行羁押的时间不能折抵刑期。另外，无期徒刑不能孤立适用，根据《刑法》第57条的规定，对于被判处无期徒刑的犯罪分子，应当附加剥夺政治权利终身。

（二）无期徒刑的执行

刑法对无期徒刑执行的规定，与有期徒刑相同。无期徒刑虽然没有刑期限制，但在具体执行中，并不一定将犯罪分子关押到死，而是充分给其悔过自新、重新做人的机会。根据我国刑法规定，被判处无期徒刑的犯罪人，如果符合法定条件，可予以减刑或者假释；在国家颁布特赦令的情况下，符合特赦条件的无期徒刑罪犯可以被释放。从实际情况看，被判处无期徒刑的罪犯很少有终身在监狱服刑的。

不过，根据《刑法》第383条第4款和第386条的规定，因贪污、受贿数额特别巨大，并使国家和人民利益遭受特别重大损失，"被判处死刑缓期执行的，人民法院根据犯罪情节等情况可以同时决定在其死刑缓期执行2年期满依法减为无期徒刑后，终身监禁，不得减刑、假释"。应当指出，我国刑法中的"终身监禁"不是独立的刑种，而是无期徒刑的一种特殊执行方式，并且仅针对极少数特定的罪犯。

五、死刑

（一）死刑的概念

死刑，亦称极刑或生命刑，是剥夺犯罪分子生命的刑罚方法。在我国，死刑包括死刑立即执行和死刑缓期2年执行两种情况。死刑在我国刑罚体系中是最严厉的刑罚方法，保留死刑，严格限制和慎重适用死刑，是我国一贯坚持的一项刑事政策。我国1997年《刑法》规定了68个死刑罪名。2011年《刑法修正案（八）》取消了近年来较少适用或基本未适用的13个经济性非暴力犯罪的死刑。2015年《刑法修正案（九）》又进一步取消了9个非暴力犯罪的死刑。目前，我国的死刑罪名为46个。

（二）死刑的适用

我国刑事法律对死刑的适用作出了一系列的限制性规定，具体包括：

---

[1] 参见2006年1月11日《最高人民法院关于审理未成年人刑事案件具体应用法律若干问题的解释》第13条之规定。

1. 死刑适用条件或适用范围上的限制。《刑法》第48条规定:"死刑只适用于罪行极其严重的犯罪分子。"这是刑法总则对死刑适用条件所作的限制性规定。"罪行极其严重"一般认为是犯罪行为对国家和人民利益的危害特别严重,手段极其残忍,情节特别恶劣,犯罪分子的人身危险性极大。刑法分则条文则对哪些犯罪、哪些情形下可以适用死刑作出了限制性规定。凡是没有达到罪行极其严重程度和刑法分则没有规定可以适用死刑的犯罪,一律不得适用死刑。

2. 死刑适用对象上的限制。根据《刑法》第49条的规定,包括以下方面的限制:

(1) 犯罪的时候不满18周岁的人不适用死刑。"不适用死刑"是指既不能判处死刑立即执行也不能判处死刑缓期2年执行。

(2) 审判的时候怀孕的妇女不适用死刑。这里的"审判的时候"应指整个羁押期间,包括受审前羁押期间、审判期间和判决后执行期间。"审判的时候怀孕的妇女"是指整个羁押期间已怀孕或流产(包括自然流产和人工流产)的妇女。对于怀孕的妇女,无论是在羁押期间还是在受审期间,都不应当为了要判死刑而对其进行人工流产。已经人工流产的,仍应视同审判的时候怀孕的妇女,不能适用死刑。而如果怀孕的妇女因涉嫌犯罪,在羁押期间自然流产后,又因同一事实被起诉、交付审判的,应当视为"审判的时候怀孕的妇女",依法不适用死刑。[1]

(3) 审判的时候已满75周岁的人,不适用死刑,但以特别残忍手段致人死亡的除外。这里的"以特别残忍手段致人死亡",是指令人发指的手段,如以肢解、残酷折磨、毁容、摘除人体器官等惨无人道的手段致使被害人死亡的。应当注意,虽然犯罪的时候不满75周岁,但只要审判的时候已满75周岁,就原则上不适用死刑。

3. 死刑适用程序上的限制。根据《刑事诉讼法》第21条的规定,可能判处死刑的案件只能由中级以上人民法院进行第一审。《刑法》第48条第2款规定:"死刑除依法由最高人民法院判决的以外,都应当报请最高人民法院核准。"从而在审判程序上为严格控制死刑,确保死刑的正确适用提供了有力保障。

4. 死刑执行制度上的限制。我国刑法规定了死刑缓期2年执行制度,从而有效地减少了死刑立即执行的适用。

(三) 死刑缓期执行制度

《刑法》第48条第1款规定:"对于应当判处死刑的犯罪分子,如果不是必须立即执行的,可以判处死刑同时宣告缓期2年执行。"这就是我国独创的死刑缓期执行制度,简称"死缓"。死缓不是独立的刑种,而是死刑的一种执行制度。通过创设死缓制度,减少死刑立即执行的适用,以贯彻少杀方针。

1. 死缓的适用条件。适用死缓必须具备以下两个条件:

(1) 必须是应当判处死刑的犯罪分子。这是适用死缓的前提条件。所谓应当判处死刑,就是说犯罪分子所犯的罪行极其严重,按照刑法分则的有关规定,对其应当判处死刑刑种。

(2) 不是必须立即执行。这是适用死缓的实质条件,是区分死刑立即执行与死刑缓期执行的原则界限。对于罪行极其严重,但只要是依法可不立即执行的,就不应当判处死刑立即执行。关于"应当立即执行"和"不是必须立即执行"的具体情形,有关司法文件先后作出了

---

[1] 1998年8月4日《最高人民法院关于对怀孕妇女在羁押期间自然流产审判时是否可以适用死刑问题的批复》。

一些规定。如最高人民法院于 2007 年 9 月 13 日印发的《最高人民法院关于进一步加强刑事审判工作的决定》第 44 条、第 45 条指出：适用死刑应当充分考虑维护社会稳定的实际需要，充分考虑社会和公众的接受程度，对那些罪行极其严重，性质极其恶劣，社会危害极大，罪证确实充分，必须依法判处死刑立即执行的，坚决依法判处死刑立即执行。同时，要贯彻执行"保留死刑，严格控制死刑"的刑事政策。对于具有法定从轻、减轻情节的，依法从轻或者减轻处罚，一般不判处死刑立即执行。对于因婚姻家庭、邻里纠纷等民间矛盾激化引发的案件，因被害方的过错行为引起的案件，案发后真诚悔罪积极赔偿被害人经济损失的案件等具有酌定从轻情节的，应慎用死刑立即执行。注重发挥死缓制度既能够依法严惩犯罪又能够有效减少死刑执行的作用，凡是判处死刑可不立即执行的，一律判处死刑缓期 2 年执行。

2. 死缓的核准。《刑法》第 48 条第 2 款规定："死刑缓期执行的，可以由高级人民法院判决或者核准。"

3. 死缓的考验期限及其计算。死缓犯有 2 年的缓期执行考验期限。《刑法》第 51 条规定："死刑缓期执行的期间，从判决确定之日起计算。死刑缓期执行减为有期徒刑的刑期，从死刑缓期执行期满之日起计算。"这就是说，死缓判决确定之日以前的羁押时间，不能计算在缓期 2 年的期限之内，也不能把缓期 2 年执行的时间计算在减刑后的有期徒刑的刑期之内。

4. 死缓的执行和考验结果。被判处死缓的罪犯，在监狱场所执行刑罚，凡有劳动能力的，应当参加劳动，接受教育和改造。根据《刑法》第 50 条第 1 款的规定，判处死缓的犯罪分子在死刑缓期执行期间因其表现不同而有不同的结果，包括减刑（对死缓罪犯的减刑属于死缓制度的组成部分）、核准执行死刑和重新计算死刑缓期执行期间。

（1）如果没有故意犯罪，2 年期满以后，减为无期徒刑。

（2）如果确有重大立功表现，2 年期满以后，减为 25 年有期徒刑。

（3）如果故意犯罪，情节恶劣的，报请最高人民法院核准后执行死刑。对"故意犯罪，情节恶劣"应根据死缓制度的精神与目的予以理解和认定，只有当故意犯罪本身的情节恶劣，并且表明其抗拒改造情节恶劣时，才能执行死刑。[1]

（4）对于故意犯罪未执行死刑的，死刑缓期执行的期间重新计算，并报最高人民法院备案。这里的"故意犯罪"需要经过法院审判确定。

另外，2017 年 1 月 1 日施行的《最高人民法院关于办理减刑、假释案件具体应用法律的规定》（以下简称《减刑假释规定》）第 12 条规定，被判处死缓的罪犯经过一次或几次减刑后，其实际执行的刑期不得少于 15 年，死刑缓期执行期间不包括在内。

本章导入案例中，鲁某死刑缓期执行期间，检举监内外的三起重大犯罪活动，并经查证属实，根据有关规定，构成重大立功表现。由于确有重大立功表现，根据《刑法》第 50 条第 1 款的规定，应当减为 25 年有期徒刑，但这必须在死缓 2 年考验期满后才能进行。可是，鲁某在 2007 年 1 月 11 日故意伤害他人身体并造成重伤结果，属于在死缓考验期限内故意犯罪，依照《刑法》第 50 条第 1 款的规定，如果属于情节恶劣，应报请最高人民法院核准后执行死刑；如果不构成情节恶劣，则不应当报请核准执行死刑，但应当重新计算死刑缓期执行的期间。

5. 特殊死缓罪犯的减刑限制。《刑法》第 50 条第 2 款规定："对被判处死刑缓期执行的累犯以及因故意杀人、强奸、抢劫、绑架、放火、爆炸、投放危险物质或者有组织的暴力性犯罪被判处死刑缓期执行的犯罪分子，人民法院根据犯罪情节等情况可以同时决定对其限制减刑。"

---

[1] 张明楷：《刑法学》（上），法律出版社 2016 年版，第 532 页。

这里明确了"限制减刑"的对象范围。当然是否限制减刑,人民法院有酌定裁量权。所谓限制减刑,是指死缓罪犯被减为无期徒刑或因有重大立功表现被减为 25 年有期徒刑后,虽然可以适用减刑,但是应当比照未被限制减刑的死缓罪犯在减刑的起始时间、间隔时间和减刑幅度上从严掌握。如《减刑假释规定》第 10 条、第 13 条规定,被判处死刑缓期执行的罪犯减为无期徒刑后,符合减刑条件的,执行 3 年以上方可减刑;被限制减刑的死刑缓期执行罪犯,减为无期徒刑后,符合减刑条件的,执行 5 年以上方可减刑。

第三节 附加刑

附加刑,亦称从刑,是补充主刑适用的刑罚方法。附加刑的特点在于适用上具有双重性,它既可以附加主刑适用,也可以独立适用;在附加适用时,可以同时适用两个以上的附加刑。附加刑包括罚金、剥夺政治权利和没收财产。另外,刑法还规定了只适用于犯罪的外国人的特殊附加刑——驱逐出境。

一、罚金

(一) 罚金的概念

罚金,是指人民法院判处犯罪分子向国家缴纳一定数额金钱的刑罚方法。罚金不同于行政罚款,它属于财产刑的一种,是对犯罪人财产权的剥夺,主要适用于贪利性犯罪以及与财产有关的犯罪。具体对哪些犯罪以及在何种情形下应当或可以判处罚金,取决于刑法分则条文的规定。

(二) 罚金的数额和适用方式

《刑法》第 52 条规定:"判处罚金,应当根据犯罪情节决定罚金数额。"关于罚金数额,从刑法分则和有关司法解释的规定看,主要有倍数罚金制、比例罚金制、定额罚金制和不定额罚金制。为了保证准确裁量罚金数额,2000 年 12 月 19 日实施的《最高人民法院关于适用财产刑若干问题的规定》第 2 条规定:"人民法院应当根据犯罪情节,如违法所得数额、造成损失的大小等,并综合考虑犯罪分子缴纳罚金的能力,依法判处罚金。刑法没有明确规定罚金数额标准的,罚金的最低数额不能少于 1000 元。对未成年人犯罪应当从轻或者减轻判处罚金,但罚金的最低数额不能少于 500 元。"另外,行政机关对被告人就同一事实已经处以罚款的,人民法院判处罚金时应当折抵,扣除行政处罚已执行的部分。

罚金的适用方式包括单处罚金、并处罚金、选处罚金、并处或者单处罚金四种情形。《最高人民法院关于适用财产刑若干问题的规定》第 4 条规定,犯罪情节较轻,适用单处罚金不致再危害社会并具有下列情节之一的,可以依法单处罚金:①偶犯或者初犯;②自首或者有立功表现的;③犯罪时不满 18 周岁的;④犯罪预备、中止或者未遂的;⑤被胁迫参加犯罪的;⑥全部退赃并有悔罪表现的;⑦其他可以依法单处罚金的情形。

(三) 罚金的执行

罚金的执行机关是第一审人民法院。根据《刑法》第 53 条的规定,罚金的执行方式包括以下四种:

1. 限期缴纳。即罚金在判决规定的期限内一次或者分期缴纳。

2. 强制缴纳。即在判决规定的缴纳期满无故不缴纳或者未足额缴纳的,人民法院应当强制缴纳,即应当采取查封、拍卖财产、冻结账户、扣留收入等措施,强制其缴纳。

3. 经强制缴纳仍不能全部缴纳的,在任何时候,包括主刑执行完毕后,发现被执行人有可供执行的财产的，应当追缴。

4. 延期缴纳、酌情减少或免除。由于遭遇不能抗拒的灾祸等原因缴纳确实有困难的，经人民法院裁定，可以延期缴纳、酌情减少或者免除。"由于遭遇不能抗拒的灾祸等原因"主要是指因遭受火灾、水灾、地震等灾祸而丧失财产，罪犯因重病、伤残等而丧失劳动能力，或者需要罪犯抚养的近亲属患有重病，需支付巨额医药费等，确实没有财产可供执行的情形，以及犯罪单位由于破产或者严重亏损导致缴纳确实有困难。延期缴纳或者减免缴纳，应当由罪犯本人、亲属或者犯罪单位提出书面申请并提交相关证明材料。人民法院应当在收到申请后1个月以内作出裁定。符合法定条件的，应当准许；不符合条件的，驳回申请。

二、剥夺政治权利

（一）剥夺政治权利的概念和内容

剥夺政治权利，是剥夺犯罪分子参加国家管理和政治活动权利的刑罚方法。根据《刑法》第54条的规定，剥夺政治权利是剥夺下列权利：①选举权和被选举权；②言论、出版、集会、结社、游行、示威自由的权利；③担任国家机关职务的权利；④担任国有公司、企业、事业单位和人民团体领导职务的权利。一般来说，剥夺政治权利是同时剥夺上述四项权利。

（二）剥夺政治权利的适用对象

1. 附加适用。根据《刑法》第56条、第57条的规定，附加适用剥夺政治权利的对象包括以下三种：①对于危害国家安全的犯罪分子，应当附加剥夺政治权利；②对于被判处死刑、无期徒刑的犯罪分子，应当剥夺政治权利终身。③对于故意杀人、强奸、放火、爆炸、投放危险物质、抢劫等严重破坏社会秩序的犯罪分子，可以附加剥夺政治权利。另外，根据1998年1月13日《最高人民法院关于对故意伤害、盗窃等严重破坏社会秩序的犯罪分子能否附加剥夺政治权利问题的批复》，对故意伤害、盗窃等其他严重破坏社会秩序的犯罪，犯罪分子主观恶性较深、犯罪情节恶劣、罪行严重的，也可以依法附加剥夺政治权利。

2. 独立适用。独立适用剥夺政治权利的对象是较轻的犯罪。至于对哪些犯罪可以独立适用剥夺政治权利，则取决于刑法分则的明文规定。当刑法规定主刑与剥夺政治权利可以选择适用时，如果选择适用剥夺政治权利，就不能再适用主刑。

（三）剥夺政治权利的期限和刑期起算

根据《刑法》第55条、第57条、第58条的规定，剥夺政治权利的期限和刑期起算包括以下几种情况：

1. 独立适用剥夺政治权利的，期限为1年以上5年以下，从判决执行之日起计算。
2. 判处管制附加剥夺政治权利的，剥夺政治权利的期限与管制的期限相等，同时执行。
3. 判处拘役、有期徒刑附加剥夺政治权利的，期限为1年以上5年以下。剥夺政治权利的刑期，从主刑执行完毕之日或者从假释之日起计算；剥夺政治权利的效力当然施用于主刑执行期间。也就是说，被附加剥夺政治权利的罪犯在主刑执行期间，当然不享有政治权利。
4. 判处死刑、无期徒刑的，剥夺政治权利终身，不存在起算问题。
5. 在死刑缓期执行减为有期徒刑或者无期徒刑减为有期徒刑的时候，应当把附加剥夺政治权利的期限改为3年以上10年以下。其刑期应当从减刑后的有期徒刑执行完毕之日或者假释之日起计算。

另外，根据《减刑假释规定》第17条的规定，被判处有期徒刑罪犯减刑时，对附加剥夺政治权利的期限可以酌减，酌减后的期限不得少于1年。

（四）剥夺政治权利的执行

剥夺政治权利由公安机关执行。执行期满，应当由执行机关书面通知本人及其所在单位、居住地基层组织。根据《刑法》第58条第2款规定，被剥夺政治权利的罪犯，在执行期间，应当遵守法律、行政法规和国务院公安部门有关监督管理的规定，服从监督；不得行使《刑法》第54条规定的各项权利。

三、没收财产

（一）没收财产的概念

没收财产，是指将犯罪分子个人所有财产的一部分或者全部强制无偿地收归国有的刑罚方法。

没收财产与没收犯罪物品、没收财物具有本质的区别。《刑法》第64条规定："犯罪分子违法所得的一切财物，应当予以追缴或者责令退赔；对被害人的合法财产，应当及时返还；违禁品和供犯罪所用的本人财物，应当予以没收。没收的财物和罚金，一律上缴国库，不得挪用和自行处理。"这里的追缴违法所得的财物、没收违禁品和供犯罪所用的本人财物，均不属于没收财产的性质。也就是说，没收财产作为一种刑罚，是专指没收犯罪人合法所有并且没有用于犯罪的财产。

（二）没收财产的范围

《刑法》第59条规定："没收财产是没收犯罪分子个人所有财产的一部或者全部。没收全部财产的，应当对犯罪分子个人及其扶养的家属保留必需的生活费用。在判处没收财产的时候，不得没收属于犯罪分子家属所有或者应有的财产。""犯罪分子个人所有财产"是指犯罪分子实际所有的一切财产以及在家庭共有财产中应得的财产。2021年3月1日《最高人民法院关于适用〈刑事诉讼法〉的解释》第526条规定，执行财产刑，应当参照被扶养人住所地政府公布的上年度当地居民最低生活费标准，保留被执行人及其所扶养人的生活必需费用。

（三）没收财产的执行

判处没收财产的，判决生效后，应当立即执行。在执行没收财产刑和罚金刑时，需要注意以下特别规定：

1. 关于以没收的财产偿还债务的问题。《刑法》第60条规定："没收财产以前犯罪分子所负的正当债务，需要以没收的财产偿还的，经债权人请求，应当偿还。"所谓正当债务，是指犯罪分子在判决生效前所负他人的合法债务。对于赌债等非法债务，不能请求以被执行的财产偿还。此外，如果犯罪分子被判处没收财产后，还有其他财产可供偿还债务的，债权人不能请求以被执行的财产偿还。

2. 民事赔偿优先原则。《刑法》第36条第2款规定："承担民事赔偿责任的犯罪分子，同时被判处罚金，其财产不足以全部支付的，或者被判处没收财产的，应当先承担对被害人的民事赔偿责任。"就是说，犯罪人被判处财产刑，同时又要承担附带民事赔偿责任的，应当先履行民事赔偿义务。

四、驱逐出境

驱逐出境，是强迫犯罪的外国人离开中国国（边）境的刑罚方法。《刑法》第35条规定："对于犯罪的外国人，可以独立适用或者附加适用驱逐出境。"可见，驱逐出境是一种仅适用于犯罪的外国人（包括具有外国国籍的人和无国籍的人）的一种特殊附加刑。驱逐出境独立适用时，从判决生效之日起执行；附加适用时，从主刑执行完毕之日起执行。

第四节 非刑罚处理方法

非刑罚处理方法，是指人民法院对犯罪分子适用刑罚以外的其他处理方法的总称。非刑罚处理方法的适用，以行为人的行为已构成犯罪为前提，它虽然是犯罪的法律后果，但不具有刑罚性质，而是刑罚的必要补充。非刑罚处理方法包括以下几种：

一、赔偿损失

赔偿损失，是指人民法院根据犯罪人的犯罪行为给被害人造成的损失情况，判处或者责令犯罪人给予被害人一定的经济赔偿的处理方法，具体分为判处赔偿损失和责令赔偿损失两种。《刑法》第36条第1款规定："由于犯罪行为而使被害人遭受经济损失的，对犯罪分子除依法给予刑事处罚外，并应根据情况判处赔偿经济损失。"《刑法》第37条规定："对于犯罪情节轻微不需要判处刑罚的，可以免予刑事处罚，但是可以根据案件的不同情况，予以训诫或者责令具结悔过、赔礼道歉、赔偿损失，或者由主管部门予以行政处罚或者行政处分。"判处赔偿损失和责令赔偿损失，虽然在性质上均属于刑事附带民事的强制处分，但二者的适用对象或条件是不同的。

二、训诫、责令具结悔过、赔礼道歉

适用这三种处理方法，均以犯罪人的犯罪情节轻微不需要判处刑罚为前提。训诫，是指人民法院对犯罪人当庭予以批评、谴责，并责令其改正的一种教育方法。责令具结悔过，是指人民法院责令犯罪人用书面方式保证悔改，以后不再重新犯罪的一种方法。责令赔礼道歉，是指人民法院责令犯罪人公开向被害人当面承认错误、表示歉意的一种方法。

三、由主管部门予以行政处罚或者行政处分

这是指人民法院根据案情，向犯罪分子的主管部门提出对犯罪分子予以行政处罚或者行政处分的建议，由主管部门给予犯罪分子一定的行政处罚或者行政处分的一种非刑罚处理方法。其适用的前提和条件同样是犯罪人的犯罪情节轻微不需要判处刑罚。行政处罚，是指行政机关、法定授权组织、行政委托组织依照国家行政法律法规的规定，对被免除刑罚的犯罪人给予行政制裁，包括经济制裁和剥夺人身自由，如罚款、行政拘留等。行政处分，是指犯罪人的所在单位、任免机关或者监察机关按照管理权限，依照行政规章等，对被免予刑事处罚的犯罪人予以行政纪律处分，包括警告、记过、记大过、降级、撤职和开除。

四、职业禁止

《刑法》第37条之一对职业禁止作出了如下规定：

1. 因利用职业便利实施犯罪，或者实施违背职业要求的特定义务的犯罪被判处刑罚的，人民法院可以根据犯罪情况和预防再犯罪的需要，禁止其自刑罚执行完毕之日或者假释之日起从事相关职业，期限为3年至5年。例如，证券从业者利用职业便利实施操纵证券市场的犯罪，负有监护、看护职责的人虐待被监护、看护的人且情节恶劣等，人民法院可以作出从业禁止的决定。

2. 被禁止从事相关职业的人违反人民法院依法作出的禁止从事相关职业的决定的，由公安机关依法给予处罚；情节严重的，依照《刑法》第313条拒不执行判决、裁定罪的规定定罪处罚。

3. 其他法律、行政法规对其从事相关职业另有禁止或者限制性规定的，从其规定。例如，《食品安全法》的135条第2款规定："因食品安全犯罪被判处有期徒刑以上刑罚的，终身不得

从事食品生产经营管理工作，也不得担任食品生产经营企业食品安全管理人员。"

思考题

1. 我国刑罚体系的特点是什么？
2. 我国刑法中的主刑包括哪些基本内容？
3. 试述我国对适用死刑的限制。
4. 我国刑法中的附加刑包括哪些基本内容？
5. 我国刑法规定的非刑罚处理方法有哪些？

实务训练

[案例1] 曹甲（女，1987年2月22日出生）与其弟曹乙（1992年8月15日出生）为劫取他人财物，于2009年3月至2010年7月期间先后杀害2人、重伤3人，劫得钱财8万余元。两人于2010年8月被逮捕羁押于看守所。曹甲听说对怀孕的妇女不能判死刑，就利用钱财和自己的美色引诱看守所工作人员林某与其发生性关系。林某先后与曹甲发生了3次性关系。至案件交付审判时，曹甲向法官声称自己已经怀孕。经鉴定，曹甲确实已经怀孕2个月。

[问题] 1. 曹甲和曹乙是否属于罪行极其严重？
2. 人民法院对曹甲和曹乙可以判处哪些主刑和附加刑？为什么？

[案例2] 在一起共同犯罪案件中，主犯王某被判处有期徒刑15年，剥夺政治权利3年，并处没收个人财产；主犯朱某被判处有期徒刑10年，剥夺政治权利2年，罚金2万元人民币；从犯李某被判处有期徒刑8个月；从犯周某被判处管制1年，剥夺政治权利1年。

[问题] 对各被告人所判处的刑罚分别由哪些机关负责执行？

[案例3] 杨某因犯间谍罪被判处有期徒刑8年，剥夺政治权利3年。

[问题] 杨某实际被剥夺政治权利的期限是多少？

延伸阅读

阅读资料1：禁止令

一、禁止令的概念和性质

禁止令是指人民法院根据犯罪情况，在判处管制、宣告缓刑的同时，作出的禁止犯罪分子在执行期间从事特定活动，进入特定区域、场所，接触特定的人的命令。禁止令只适用于被判处管制、被宣告缓刑的罪犯。《刑法》第38条第2款和第72条第2款规定：判处管制、宣告缓刑，可以根据犯罪情况，同时禁止犯罪分子在执行期间、缓刑考验期限内从事特定活动，进入特定区域、场所，接触特定的人。

禁止令不是一种新的刑罚，而是对管制犯、缓刑犯具体执行监管措施的革新。依法正确适用禁止令，切实保障和强化管制、缓刑的适用效果，对于进一步切实贯彻宽严相济刑事政策，进一步充分发挥非监禁性刑罚在避免交叉感染、节约司法资源等方面的积极、重要、独特功能，具有十分重要的意义。

二、禁止令的适用条件

禁止令的适用条件包括对象条件和实质条件。"两高"、公安部、司法部颁布的《关于对判处管制、宣告缓刑的犯罪分子适用禁止令有关问题的规定（试行）》第1条规定："对判处管制、宣告缓刑的犯罪分子，人民法院根据犯罪情况，认为从促进犯罪分子教育矫正、有效维护社会秩序的需要出发,确有必要禁止其在管制执行期间、缓刑考验期限内从事特定活动,进入特定区域、场所,接触特定人的,可以根据刑法第38条第2款、第72条第2款的规定,同时宣告禁止令。"这就是说,人民法院根据犯罪情况、认为确有必要的,可以依据《刑法》的规定宣告禁止令,而不是说对被判处管制、宣告缓刑的罪犯一律必须宣告禁止令。

人民法院宣告禁止令,应当根据犯罪分子的犯罪原因、犯罪性质、犯罪手段、犯罪后的悔罪表现、个人一贯表现等情况,充分考虑与犯罪分子所犯罪行的关联程度,有针对性地决定禁止其在管制执行期间、缓刑考验期限内"从事特定活动,进入特定区域、场所,接触特定的人"的一项或者几项内容。

三、禁止令的内容

1. 禁止从事特定活动。即禁止从事以下一项或者几项活动:①个人为进行违法犯罪活动而设立公司、企业、事业单位或者在设立公司、企业、事业单位后以实施犯罪为主要活动的,禁止设立公司、企业、事业单位;②实施证券犯罪、贷款犯罪、票据犯罪、信用卡犯罪等金融犯罪的,禁止从事证券交易、申领贷款、使用票据或者申领、使用信用卡等金融活动;③利用从事特定生产经营活动实施犯罪的,禁止从事相关生产经营活动;④附带民事赔偿义务未履行完毕,违法所得未追缴、退赔到位,或者罚金尚未足额缴纳的,禁止从事高消费活动;⑤其他确有必要禁止从事的活动。

2. 禁止进入特定区域、场所。即禁止进入以下一类或者几类区域、场所:①禁止进入夜总会、酒吧、迪厅、网吧等娱乐场所;②未经执行机关批准,禁止进入举办大型群众性活动的场所;③禁止进入中小学校区、幼儿园园区及周边地区,确因本人就学、居住等原因,经执行机关批准的除外;④其他确有必要禁止进入的区域、场所。

3. 禁止接触特定的人。即禁止接触以下一类或者几类人员:①未经对方同意,禁止接触被害人及其法定代理人、近亲属;②未经对方同意,禁止接触证人及其法定代理人、近亲属;③未经对方同意,禁止接触控告人、批评人、举报人及其法定代理人、近亲属;④禁止接触同案犯;⑤禁止接触其他可能遭受其侵害、滋扰的人或者可能诱发其再次危害社会的人。

四、禁止令的期限和执行机关

禁止令的期限,既可以与管制执行、缓刑考验的期限相同,也可以短于管制执行、缓刑考验的期限,但判处管制的,禁止令的期限不得少于3个月;宣告缓刑的,禁止令的期限不得少于2个月。禁止令的执行期限,从管制、缓刑执行之日起计算。

判处管制的犯罪分子在判决执行以前先行羁押以致管制执行的期限少于3个月的,禁止令的期限不受上述规定的最短期限的限制。被宣告禁止令的犯罪分子被依法减刑时,禁止令的期限可以相应缩短,由人民法院在减刑裁定中确定新的禁止令期限。

禁止令由社区矫正机构负责执行。

五、违反禁止令的后果[1]

1. 违反人民法院禁止令,情节轻微的,由执行机关给予训诫、警告。

2. 违反人民法院禁止令,依法应予治安管理处罚的,由负责执行禁止令的社区矫正机构所在地的公安机关依照《治安管理处罚法》第60条的规定处罚。

3. 缓刑犯违反人民法院禁止令,情节严重的,由人民法院依法裁定撤销缓刑,收监执行

---

[1]《社区矫正法》第28条规定:"……社区矫正对象违反法律法规或者监督管理规定的,应当视情节依法给予训诫、警告、提请公安机关予以治安管理处罚,或者依法提请撤销缓刑、撤销假释、对暂予监外执行的收监执行。"

刑罚。人民法院撤销缓刑的裁定一经作出，立即生效。违反禁止令，具有下列情形之一的，应当认定为"情节严重"：①3次以上违反禁止令的；②因违反禁止令被治安管理处罚后，再次违反禁止令的；③违反禁止令，发生较为严重危害后果的；④其他情节严重的情形。

阅读资料2：药某鑫故意杀人被判处死刑案[1]

2010年10月20日22时30分许，被告人药某鑫驾驶陕A419NO号红色雪佛兰小轿车从外国语大学长安校区由南向北行驶返回西安市区，当行至西北大学西围墙外翰林南路时，将前方在非机动车道上骑电动车同方向行驶的被害人张某撞倒。药某鑫下车查看，见张某倒地呻吟，因担心张某看到其车牌号后找麻烦，即拿出其背包中的一把尖刀。向张某胸、腹、背等处连捅数刀，致张某主动脉、上腔静脉破裂大出血当场死亡。杀人后，药某鑫驾车逃离，当行至翰林路郭南村口时，又将行人马某娜、石某鹏撞伤，西安市公安局长安分局交警大队郭杜中队接报警后，将肇事车辆扣留待处理。同月22日，郭杜中队和郭杜派出所分别对药某鑫进行了询问，药某鑫否认杀害张某之事。同月23日，药某鑫在其父母陪同下到公安机关投案，如实供述了杀人事实。

法院认为，被告人药某鑫在发生交通事故后，用随身携带的尖刀将被害人张某杀死，其行为已构成故意杀人罪。药某鑫作案后虽有自首情节并当庭认罪，但纵观本案，药某鑫在开车将被害人张某撞伤后，不但不施救，反而因怕被害人看见其车牌号而杀人灭口，犯罪动机极其卑劣，主观恶性极深；药某鑫持尖刀在被害人前胸、后背等部位连捅数刀，致被害人当场死亡，犯罪手段特别残忍，情节特别恶劣，罪行极其严重；药某鑫仅因一般的交通事故就杀人灭口，丧失人性，人身危险性极大，依法仍应严惩。故不予采纳辩护律师所提药某鑫有自首、属于激情杀人、系初犯、偶犯，应对其从轻处罚的辩护意见。药某鑫及其父母虽愿意赔偿附带民事诉讼原告人的经济损失，但附带民事诉讼原告人不接受药某鑫父母以期获得对药某鑫从轻处罚的赔偿，故不能以此为由对药某鑫从轻处罚。

根据被告人药某鑫犯罪的事实、性质、情节和随社会的危害程度，依照《刑法》第232条、第57条第1款、第67条第1款、第64条、第36条第1款和最高人民法院《关于审理人身损害赔偿案件适用法律若干问题的解释》第27条、第28条之规定，判决如下：

一、被告人药某鑫犯故意杀人罪，判处死刑，剥夺政治权利终身；

二、被告人药某鑫赔偿附带民事诉讼原告人……经济损失丧葬费、被抚养人王思宇生活费共计人民币45 498.50元，限判决生效后10日内支付；

三、作案刀具予以没收。

如不服本判决，可在接到判决书的第2日起10日内，通过本院或直接向陕西省高级人民法院提出上诉。书面上诉的，应当提交上诉状正本1份，副本5份。

---

[1] 摘自：陕西省西安市中级人民法院刑事附带民事判决书（2011）西刑一初字第68号。

2011年5月20日，陕西省高级人民法院对被告人药某鑫故意杀人一案进行了二审公开开庭审理并宣判，依法裁定驳回药某鑫上诉，维持原判。2011年6月7日上午，药某鑫被以注射方式执行死刑。

第十五章

刑罚裁量

学习目标与工作任务

通过本章的学习,了解刑罚裁量的概念和内容,理解刑罚裁量原则;明确量刑情节的含义、分类和适用规则。掌握累犯的概念、成立条件和处罚原则,自首的概念、成立条件、处罚原则以及认定自首时应注意的问题,成立立功的各种情形;掌握数罪并罚的概念、原则以及我国刑法的具体规定;掌握缓刑的概念、种类、适用条件以及法律后果。能够运用所学知识,正确分析和认定被告人是否成立累犯、自首、立功;能够根据数罪的具体情况正确选择不同的数罪并罚原则和方法,能够准确适用缓刑。

导入案例

1. 梁某与被害人曹某之妻汪某通奸长达数年。2019年3月6日19时许,曹某在梁某家门口遇见梁某时,因曹某询问其妻汪某是否在他家中,双方发生口角并互相厮打。梁某将曹某打倒后又用手扼其颈部,致曹某窒息死亡。作案后,梁某逃往外地躲避。梁某经其父亲反复规劝后,于2019年4月11日在其父亲陪同下到公安机关投案,交代了全部罪行,但时时翻供,至一审判决前如实供述了自己的全部罪行,包括犯罪事实和自己的姓名、年龄、职业、住址等情况。

问:梁某的行为是否成立自首?

2. 吴某因犯伪造货币罪被人民法院依法判处有期徒刑15年。原判刑罚执行10年时,吴某因琐事与狱友丁某发生争执,并以特别残忍的手段致丁某重伤,人民法院经审理认为,吴某重伤丁某的行为构成故意伤害罪,并依法判处有期徒刑11年。

问:对吴某所犯两罪应适用哪种"数罪并罚"方法?

教学内容

第一节 刑罚裁量的概念和原则

一、刑罚裁量的概念

刑罚裁量,简称量刑,是指人民法院在对被告人定罪的同时,依法决定对其是否判处刑罚、判处何种刑罚以及判处多重的刑罚,并决定对所判刑罚是否立即执行的刑事审判活动。量刑具有以下特征:①量刑的性质是一种刑事审判活动。人民法院在量刑过程中必须遵循量刑的原则，正确适用刑法所规定的累犯、自首、坦白、立功、数罪并罚和缓刑等量刑制度。②量刑的主体是人民法院。根据我国宪法规定，人民法院是我国的审判机关，人民法院独立行使审判权包括刑事审判权，其他任何机关、组织和个人都没有这种权力。③量刑的前提是行为构成犯罪。定罪与量刑是刑事审判活动的两个基本环节，没有定罪，就没有量刑。④量刑的对象只能是犯罪人。只有经人民法院的审判，确定已经构成犯罪的人，才能成为量刑的对象。⑤量刑的任务和内容包括：决定对犯罪人是否适用刑罚；决定对犯罪人判处何种刑罚和多重刑罚；决定对犯罪人所判处的刑罚是否立即执行。

二、刑罚裁量的指导原则

《刑法》第61条规定："对于犯罪分子决定刑罚的时候，应当根据犯罪的事实、犯罪的性质、情节和对于社会的危害程度，依照本法的有关规定判处。"据此，我国量刑的指导原则是：以犯罪事实为根据，以刑事法律为准绳。

（一）以犯罪事实为根据

以犯罪事实为根据，是指以犯罪的事实、犯罪的性质、情节和对于社会的危害程度为根据。犯罪事实有广义和狭义之分。广义的犯罪事实包括《刑法》第61条所说的"犯罪的事实、犯罪的性质、情节和对于社会的危害程度"；而狭义的犯罪事实，是指犯罪构成的基本事实，即犯罪客体、犯罪客观方面、犯罪主体、犯罪主观方面的各种情况。对"以犯罪事实为根据"中的"犯罪事实"应作广义理解，这就要求量刑必须做到：

1. 全面查清犯罪事实。这里的"犯罪事实"是指狭义的犯罪事实。查清犯罪事实，就是要查明什么人、在什么心理状态支配下、针对什么社会关系、实施了什么危害行为，以及造成了什么危害结果。

2. 准确认定犯罪的性质，即准确认定行为人的行为构成何种具体犯罪。各种犯罪都有其独立的法定刑，只有正确区分此罪与彼罪的界限，准确地认定犯罪的性质，才能正确选择应当适用的法定刑。

3. 全面考察犯罪情节。犯罪情节可以分为两种，一种是定罪情节，就是与定罪直接相关的情节，如有的刑法条文规定必须"情节严重"才构成犯罪；另一种是量刑情节，就是与定罪无关但与量刑直接相关的情节，如犯罪动机、犯罪对象、时间、地点等。《刑法》第61条中的"犯罪情节"是指后一种情节，即不具有犯罪构成事实的意义，却能够影响行为的社会危害程度以及表明行为人的人身危险性程度的各种事实情况。同一性质的犯罪，由于犯罪情节不尽相同，其社会危害程度就有差别，因而量刑的轻重也应当有所不同。准确地认定了犯罪性质，只是确定了应当适用刑法分则哪一条文规定的量刑幅度问题，而究竟选择该量刑幅度内的哪一刑种和刑度，还得根据犯罪情节加以判定。因此，量刑时必须全面掌握、准确分析犯罪的各种情节。

4. 综合评价犯罪的社会危害程度。犯罪的社会危害程度是由犯罪的事实、性质与情节决定的，不仅不同的犯罪对社会的危害程度不相同，即使同一种犯罪其社会危害程度往往也不相同。因此，分别弄清了犯罪的事实、性质和情节后，还需要综合评价犯罪的社会危害程度。在综合评价和衡量时，既要以犯罪的事实、犯罪的性质和情节为基本依据，同时也要适当考虑国家的政治、经济特别是社会治安形势等。只有结合当时的社会形势综合评价犯罪的社会危害程度，才能做到量刑准确。

（二）以刑事法律为准绳

坚持量刑以刑事法律为准绳，必须做到以下几点：

1. 依照刑法总则的规定正确适用各刑种和刑期。刑法总则对刑罚的种类及其适用对象、条件和期限等作出了明确规定，如规定：死刑只适用于罪行极其严重的犯罪分子，对于危害国家安全的犯罪分子应当附加剥夺政治权利等，这些规定都是在量刑时必须严格遵守的。

2. 依照刑法分则规定的法定刑裁量刑罚。对于设置了单一法定刑幅度的犯罪，要在该法定刑幅度内选择与犯罪分子的罪行相适应的刑种和刑期。对于有两个以上法定刑幅度的犯罪，首先要根据犯罪的社会危害程度来选定应当适用的法定刑幅度，然后进一步选择刑种和刑期。即使是从重、从轻或减轻处罚，也要以选定的法定刑为标准。

3. 依照刑法关于各种量刑情节的规定裁量刑罚。刑法总则和分则规定了各种量刑情节，具体量刑时，必须明确这些法定量刑情节的意义、适用原则与适用范围，并严格遵守。

4. 依照刑法总则关于量刑制度的规定裁量刑罚。刑法总则规定的量刑制度包括自首、坦白、立功、累犯、缓刑、数罪并罚制度等，人民法院在量刑时，应当分析案件中是否具备适用这些制度的条件，如果具备就应当依法予以适用。

5. 依照《刑事诉讼法》关于认罪认罚从宽的规定裁量刑罚。《刑事诉讼法》第15条规定："犯罪嫌疑人、被告人自愿如实供述自己的罪行，承认指控的犯罪事实，愿意接受处罚的，可以依法从宽处理。"认罪认罚从宽的内容详见本章后面的"延伸阅读"。

根据《最高人民法院关于常见犯罪的量刑指导意见》（2017年4月1日起施行），在量刑时还应当遵守以下指导原则：一是做到罪责刑相适应。量刑既要考虑被告人所犯罪行的轻重，又要考虑被告人应负刑事责任的大小，做到罪责刑相适应，实现惩罚和预防犯罪的目的。二是应当贯彻宽严相济的刑事政策，做到该宽则宽，当严则严，宽严相济，罚当其罪，确保裁判法律效果和社会效果的统一。三是要客观、全面把握不同时期不同地区的经济社会发展和治安形势的变化，确保刑法任务的实现；对于同一地区同一时期、案情相似的案件，所判处的刑罚应当基本均衡。

第二节 刑罚裁量的情节和基本方法

一、刑罚裁量情节

（一）刑罚裁量情节的概念和分类

刑罚裁量情节即量刑情节，是指人民法院对犯罪人量刑时应当考虑的，据以决定刑罚轻重或者免除刑罚处罚的各种事实情况。

量刑情节是在某种行为已经构成犯罪并且犯罪性质已经确定的前提下，在量刑时应考虑的各种情况。因此，量刑情节只能是犯罪构成要件之外的事实情况。如果某种事实情况属于犯罪构成要件的内容，则是区分罪与非罪、此罪与彼罪的事实因素，而不是量刑情节。有些事实情况，兼有犯罪构成要件和量刑情节两种功能，这就要根据刑法的具体规定予以区分。例如危害结果、犯罪目的，对于某些犯罪来说属于犯罪构成要件的事实情况，因而不是量刑情节，但对于大多数不以危害结果、犯罪目的为犯罪构成要件的犯罪来说，则属于量刑情节。

对量刑情节可以按照不同的标准进行分类。主要有以下方面的分类：

1. 法定情节与酌定情节。这是以刑法有无明文规定为标准所作的划分，也是最基本的分类。法定情节是指刑法明文规定在量刑时必须予以考虑的情节。酌定情节是指虽然刑法没有明文规定，但根据立法精神和审判实践经验，在量刑时应当灵活掌握酌情适用的情节。

2. 从宽情节与从严情节。这是以量刑情节对量刑产生的轻重作用为标准所作的划分。从宽情节是指对犯罪人的量刑具有从宽作用或有利影响的情节,包括从轻处罚、减轻处罚和免除处罚的情节。从严情节是指对犯罪人的量刑具有从严作用或不利影响的情节,包括从重处罚和加重处罚情节。我国现行刑法只规定了从重处罚情节,而没有规定加重处罚情节。

3. 硬性情节与弹性情节。这是以量刑时是否必须考虑为标准所作的划分。硬性情节亦称"应当"型情节,是指刑法明文规定在量刑时必须考虑的情节,通常以"应当……"来表示,但也有没有用"应当"一词的,如《刑法》第 236 条第 2 款规定:"奸淫不满 14 周岁的幼女的,以强奸论,从重处罚。"弹性情节亦称"可以"型情节,是指刑法明文规定的供人民法院在量刑时选择适用的情节,通常用"可以……"来表示。

另外,按照不同的标准,还可以将量刑情节分为单功能情节与多功能情节,罪前情节、罪中情节与罪后情节等。

(二) 法定量刑情节

法定量刑情节即法定情节,分为总则性情节与分则性情节。总则性情节是指刑法总则规定的对各种犯罪共同适用的量刑情节。如《刑法》第 27 条第 2 款规定,对于从犯,应当从轻、减轻处罚或者免除处罚。分则性情节是指刑法分则规定的对特定犯罪适用的量刑情节。如《刑法》第 238 条第 1 款规定,犯非法拘禁罪,具有殴打、侮辱情节的,从重处罚。法定情节包括从重处罚、从轻处罚、减轻处罚和免除处罚四种。

1. 从重处罚和从轻处罚情节。从重处罚,是指在法定刑幅度内判处相对较重的刑罚,即在刑法分则规定的法定刑中选择适用一个相对较重的刑种或者在量刑幅度内判处相对较长的刑期。从轻处罚,是指在法定刑幅度内判处相对较轻的刑罚。《刑法》第 62 条规定:"犯罪分子具有本法规定的从重处罚、从轻处罚情节的,应当在法定刑的限度以内判处刑罚。"无论是从重处罚还是从轻处罚,都必须"在法定刑的限度以内判处刑罚",不允许在法定最高刑以上或法定最低刑以下判处刑罚,否则便成了加重处罚或减轻处罚。应当注意,判处较重或者较轻的刑罚是相对而言的,不能理解为一律在法定刑内判处最高(最低)或接近最高(最低)的刑罚。

2. 减轻处罚情节。减轻处罚是指判处低于法定最低刑的刑罚,它包括:

(1) 法定的减轻处罚。《刑法》第 63 条第 1 款规定:"犯罪分子具有本法规定的减轻处罚情节的,应当在法定刑以下判处刑罚;本法规定有数个量刑幅度时,应当在法定量刑幅度的下一个量刑幅度内判处刑罚。""在法定刑以下判处刑罚"是指在法定量刑幅度的最低刑以下判处刑罚。

(2) 酌定的减轻处罚。《刑法》第 63 条第 2 款规定:"犯罪分子虽然不具有本法规定的减轻处罚情节,但是根据案件的特殊情况,经最高人民法院核准,也可以在法定刑以下判处刑罚"。这里的"特殊情况",是指与国家、社会利益有重要关系的情况。这种减轻处罚,必须经最高人民法院审核批准后才能适用。

3. 免除处罚。免除处罚是指对行为人作有罪宣告但不予以刑罚处罚。

(三) 酌定量刑情节

酌定量刑情节即酌定情节。酌定情节是多种多样的,但在刑事审判实践中经常适用的酌定情节主要包括以下几种:

1. 犯罪动机。犯罪动机不同,表明犯罪人的主观恶性大小不同,相应地,其社会危害性程度也不同,因而是量刑时需要考虑的因素。

2. 犯罪手段。犯罪手段不同,直接说明犯罪行为的危害程度和犯罪人的主观恶性大小不同。在犯罪手段不是犯罪构成要件要素的情况下，对量刑有重要意义。例如，采用硫酸伤人的手段就比一般的刀枪伤人的手段更为残忍，因此，在量刑时不能不考虑犯罪手段。

3. 犯罪对象。在犯罪对象不是犯罪构成要件要素时，犯罪对象的具体差异也反映行为的社会危害程度不同，从而影响到量刑。例如，对于犯罪对象为未成年人、老年人、残疾人、孕妇等弱势人员的，要综合考虑犯罪的性质、犯罪的严重程度等情况，酌情予以从重处罚。

4. 危害结果。当危害结果不是犯罪构成要件要素时，其大小同样体现着犯罪行为的不同社会危害程度，因而是重要的酌定情节。

5. 犯罪的时间、地点。犯罪的时间、地点与行为人的主观恶性和社会危害程度有一定联系，对量刑具有一定意义。例如，在发生自然灾害时抢劫，就比在其它时间、地点实施抢劫具有更大的社会危害性。所以，对于在重大自然灾害、预防、控制突发传染病疫情等灾害期间故意犯罪的，根据案件的具体情况，酌情从重处罚。

6. 犯罪后的态度。行为人在犯罪后是真诚坦白、彻底交代罪行、积极退赃、主动赔偿损失、积极采取措施消除或减轻危害结果，还是拒不认罪、负隅顽抗、订立攻守同盟、有赃不退、毁灭证据，这些不同的态度表明其人身危险性大小和改造的难易程度不同，因此量刑时应予区别对待。对于当庭自愿认罪的，根据犯罪的性质、罪行的轻重、认罪程度以及悔罪表现等情况，予以从宽处罚。对于退赃、退赔的，综合考虑犯罪性质，退赃、退赔行为对损害结果所能弥补的程度，退赃、退赔的数额及主动程度等情况，可以从宽处罚；对于积极赔偿被害人经济损失并取得谅解的，综合考虑犯罪性质、赔偿数额、赔偿能力以及认罪、悔罪程度等情况，可以从宽处罚；积极赔偿但没有取得谅解的，或者没有赔偿但取得谅解的，也可以从宽处罚。

7. 犯罪人的一贯表现。犯罪人的平时表现情况，也是反映其人身危险大小和改造难易程度的一个因素，因而有必要在量刑时加以考虑。对于一贯表现良好，只是偶尔失足实施犯罪的人，因其主观恶性较小，处罚就可适当从宽；相反，对于一贯道德败坏、经常违法的行为人，由于其主观恶性较大，处罚时就可适当从重。

8. 前科。前科是指依法受过刑事处罚的事实。依法受过刑事处罚后又犯罪的，说明行为人的人身危险性较为严重，应当成为酌定量刑情节。但是如果构成累犯或者特定再犯的，则属于法定情节。对于有前科的，应综合考虑前科的性质、时间间隔长短、次数、处罚轻重等情况，可以酌情从重处罚，但前科犯罪为过失犯罪和未成年人犯罪的除外。

(四) 量刑情节的适用

1. 对于法定的硬性量刑情节，要不折不扣地予以执行。这类情节多冠名"应当"，这是绝对的、指令性的规定。

2. 对于法定的弹性量刑情节，要综合考虑案件的全部情况予以运用。我国刑法中的弹性量刑情节均属于从宽处罚情节，这类情节冠名"可以"。"可以"虽然是相对的、选择性的规定，但却是一种立法倾向，即除了个别特殊情况外，均要从宽处罚。只有在特殊情况下，才不予从宽处罚。例如，《刑法》第67条规定："对于自首的犯罪分子，可以从轻或减轻处罚。其中，犯罪较轻的，可以免除处罚。"据此，对于自首犯，一般应依法从轻或减轻处罚；如果罪行确实较轻的，要免除处罚。只有特殊情况下，如犯罪情节特别恶劣、犯罪后果特别严重、被告人主观恶性深、人身危险性大，或者恶意利用自首规避法律制裁等，才可以不从宽处罚。对于法定的弹性量刑情节，审判人员也必须领会立法精神，很好把握，绝不能凭个人好恶随意决定。

3. 应当注意酌定情节的运用。酌定情节虽然不是刑法明文规定的，其适用不具有必然性、强制性，但对正确量刑却起着重要作用。因此，在量刑时也要给予足够的重视。例如，行为人由于受到被害人的极大侮辱，在激愤状态下杀害了被害人。这里的"激愤杀人"不是法定的量刑情节，但审判机关一般都会充分考虑激愤杀人的情节，酌情作出从轻处罚的裁判。

4. 量刑时要充分考虑各种法定和酌定量刑情节，根据案件的全部犯罪事实以及量刑情节的不同情形，依法确定量刑情节的适用。对严重暴力犯罪、毒品犯罪等严重危害社会治安犯罪，在确定从宽的幅度时，应当从严掌握；对犯罪情节较轻的犯罪，应当充分体现从宽。

5. 禁止重复评价量刑情节。禁止重复评价是指在定罪量刑时，禁止对同一犯罪构成事实予以二次或二次以上的法律评价。就量刑而言，同一量刑情节不能重复使用。刑法中的"情节"根据其作用可以分为三种：一是作为符合犯罪构成要件的情节；二是作为选择法定刑依据的情节；三是在既定法定刑之下影响具体量刑的情节。前两种情况发挥了各自的作用后，就不能再作为第三种的量刑情节予以考虑。

二、刑罚裁量的基本方法[1]

量刑时，应以定性分析为主，定量分析为辅，依次确定量刑起点、基准刑和宣告刑。

（一）量刑步骤

1. 根据基本犯罪构成事实在相应的法定刑幅度内确定量刑起点；
2. 根据其他影响犯罪构成的犯罪数额、犯罪次数、犯罪后果等犯罪事实，在量刑起点的基础上增加刑罚量确定基准刑；
3. 根据量刑情节调节基准刑，并综合考虑全案情况，依法确定宣告刑。

（二）调节基准刑的方法

1. 具有单个量刑情节的，根据量刑情节的调节比例直接调节基准刑。
2. 具有多个量刑情节的，一般根据各个量刑情节的调节比例，采用同向相加、逆向相减的方法调节基准刑；具有未成年人犯罪、老年人犯罪、限制行为能力的精神病人犯罪、又聋又哑的人或者盲人犯罪、防卫过当、避险过当、犯罪预备、犯罪未遂、犯罪中止、从犯、胁从犯和教唆犯等量刑情节的，先适用该量刑情节对基准刑进行调节，在此基础上，再适用其他量刑情节进行调节。
3. 被告人犯数罪，同时具有适用于各个罪的立功、累犯等量刑情节的，先适用该量刑情节调节个罪的基准刑，确定个罪所应判处的刑罚，再依法实行数罪并罚，决定执行的刑罚。

（三）确定宣告刑的方法

1. 量刑情节对基准刑的调节结果在法定刑幅度内，且罪责刑相适应的，可以直接确定为宣告刑；如果具有应当减轻处罚情节的，应依法在法定最低刑以下确定宣告刑。
2. 量刑情节对基准刑的调节结果在法定最低刑以下，具有法定减轻处罚情节，且罪责刑相适应的，可以直接确定为宣告刑；只有从轻处罚情节的，可以依法确定法定最低刑为宣告刑；但是根据案件的特殊情况，经最高人民法院核准，也可以在法定刑以下判处刑罚。
3. 量刑情节对基准刑的调节结果在法定最高刑以上的，可以依法确定法定最高刑为宣告刑。
4. 综合考虑全案情况，独任审判员或合议庭可以在20%的幅度内对调节结果进行调整，确定宣告刑。当调节后的结果仍不符合罪责刑相适应原则的，应提交审判委员会讨论，依法确定宣告刑。

---

〔1〕 参见2017年4月1日起施行的《最高人民法院关于常见犯罪的量刑指导意见》。

5. 综合全案犯罪事实和量刑情节，依法应当判处无期徒刑以上刑罚、管制或者单处附加刑、缓刑、免刑的，应当依法适用。

第三节 累 犯

累犯，是指受过一定的刑罚处罚，在刑罚执行完毕或者赦免后的法定期限内，又犯应判处一定刑罚之罪的犯罪人。我国刑法中的累犯分为一般累犯和特别累犯。

一、一般累犯

（一）一般累犯的概念和成立条件

一般累犯又称"普通累犯"。《刑法》第65条第1款规定："被判处有期徒刑以上刑罚的犯罪分子，刑罚执行完毕或者赦免以后，在5年以内再犯应当判处有期徒刑以上刑罚之罪的，是累犯，应当从重处罚，但是过失犯罪和不满18周岁的人犯罪的除外。"一般累犯的成立条件是：

1. 前罪与后罪都必须是故意犯罪。设立累犯制度的目的在于遏制犯罪的人再次犯罪，由于过失犯罪的主观恶性远小于故意犯罪，因此没有必要对过失犯罪设立累犯制度。

2. 犯罪时必须已满18周岁。如果犯前罪时不满18周岁，即使犯后罪时已满18周岁，也不构成累犯。

3. 前罪被判处有期徒刑以上刑罚，后罪应当被判处有期徒刑以上刑罚。"前罪被判处有期徒刑以上刑罚"是指人民法院最后确定的宣告刑是有期徒刑以上刑罚。"后罪应当被判处有期徒刑以上刑罚"是指根据犯罪事实和刑法的规定，对后罪实际上应当判处有期徒刑以上刑罚，而不是指后罪的法定刑包括有期徒刑以上刑罚。

4. 后罪发生在前罪的刑罚执行完毕或者赦免以后5年以内。这里的"刑罚执行完毕"是指主刑执行完毕，附加刑是否执行完毕不影响累犯的构成。如果后罪发生在前罪的刑罚执行期间，或者发生在前罪刑罚执行完毕或赦免5年以后，均不构成累犯。2018年12月30日《最高人民检察院关于认定累犯如何确定刑罚执行完毕以后"5年以内"起始日期的批复》指出，"5年以内"的起始日期，应当从刑满释放之日起计算。《刑法》第65条第2款规定，对于被假释的犯罪分子，从假释期满之日起计算。

（二）假释犯和缓刑犯能否构成累犯的问题

被假释的犯罪分子在假释考验期满以后5年之内再犯罪的，可以构成累犯。因为假释犯的假释考验期满时"就认为原判刑罚已经执行完毕"。如果是在假释考验期限内又犯新罪的，则不构成累犯，而应撤销假释，适用数罪并罚。

被判处有期徒刑宣告缓刑的犯罪人，在缓刑考验内又犯罪，不构成累犯，而应当撤销缓刑，实行数罪并罚；如果是在缓刑考验期满以后5年内又犯罪的，也不构成累犯。因为缓刑犯的缓刑考验期满时"原判的刑罚就不再执行"了，也就不存在刑罚执行完毕一说。

二、特别累犯

《刑法》第66条规定："危害国家安全犯罪、恐怖活动犯罪、黑社会性质的组织犯罪的犯罪分子，在刑罚执行完毕或者赦免以后，在任何时候再犯上述任一类罪的，都以累犯论处。"特别累犯的成立条件是：

1. 前罪和后罪都必须是危害国家安全犯罪、恐怖活动犯罪、黑社会性质的组织犯罪。前罪和后罪只要都属于上述三类犯罪之一，就可构成特别累犯，而不论属于三类犯罪中的哪一类。如果前罪或后罪有一个不属于上述三类犯罪的，就不构成特别累犯，至于是否构成一般累犯，应根据一般累犯的成立条件加以认定。

2. 前罪必须被判处刑罚。如果前罪没有被判处刑罚，即使再犯上述三类犯罪的，也不构成特别累犯。至于前罪被判处的刑种及其轻重，刑法未作任何限制。

3. 再犯之罪必须发生于前罪的刑罚执行完毕或者赦免以后，而且前后两罪无相距时间长短的限制。

三、累犯的处罚原则

犯罪分子在刑罚执行完毕或者赦免以后再次实施可以构成累犯的犯罪，说明其主观恶性相当深、人身危险性相当大，对社会的危害性也相当严重，教育、改造这样的犯罪分子有相当的难度。因此，对累犯应当从重处罚，具体量刑时应当综合考虑前后罪的性质、刑罚执行完毕或赦免以后至再犯罪时间的长短以及前后罪罪行轻重等情况。另外，刑法对累犯的法律后果作出了以下特别规定：①对于累犯不适用缓刑（《刑法》第74条）；②对累犯不得假释（《刑法》第81条）。

第四节 自首、坦白与立功

一、自首

自首是指犯罪以后自动投案，如实供述自己的罪行的行为，或者被采取强制措施的犯罪嫌疑人、被告人和正在服刑的罪犯，如实供述司法机关还未掌握的本人其他罪行的行为。根据《刑法》第67条的规定，自首分为一般自首和特别自首。

为正确认定自首和立功，最高人民法院于1998年4月6日颁布了《关于处理自首和立功具体应用法律若干问题的解释》（以下简称《自首立功解释》）、于2010年12月22日颁布了《关于处理自首和立功若干具体问题的意见》（以下简称《自首立功意见》）。[1]

（一）一般自首

一般自首，是指犯罪以后自动投案，如实供述自己罪行的行为。一般自首的成立，必须同时具备以下两个条件：

1. 自动投案。自动投案，一般是指犯罪嫌疑人在犯罪之后归案之前，出于本人意志而向监察委员会、公安机关、人民检察院、人民法院及其他有关单位和人员承认自己实施了犯罪，并自愿置于上述单位和人员的控制之下，等待法律制裁的行为。自动投案的本质属性是投案的主动性和自愿性。自动投案可分为以下两种：

（1）典型的自动投案。《自首立功解释》第1条第1款规定，自动投案，是指犯罪事实或者犯罪嫌疑人未被司法机关发觉，或者虽被发觉，但犯罪嫌疑人尚未受到讯问、未被采取强制措施时，主动、直接向公安机关、人民检察院或者人民法院投案。

（2）非典型的自动投案，即视为自动投案的情形。根据《自首立功解释》第1条第1款的规定，下列情形体现了投案主动性和自愿性的本质特征，应当视为自动投案：①犯罪嫌疑人向其所在单位、城乡基层组织或者其他有关负责人员投案的；②犯罪嫌疑人因病、伤或者为了减轻犯罪后果，委托他人先代为投案，或者先以信电投案的；③罪行尚未被司法机关发觉，仅

---

[1] 2009年3月12日"两高"《关于办理职务犯罪案件认定自首、立功等量刑情节若干问题的意见》还就职务犯罪案件的自首认定问题作出了具体规定。

因形迹可疑，被有关组织或者司法机关盘问、教育后，主动交代自己的罪行的；④犯罪后逃跑，在被通缉、追捕过程中，主动投案的；⑤经查实确已准备去投案，或者正在投案途中，被公安机关捕获的；⑥并非出于犯罪嫌疑人主动，而是经亲友规劝、陪同投案的；⑦公安机关通知犯罪嫌疑人的亲友，或者亲友主动报案后，将犯罪嫌疑人送去投案的。至于犯罪后被群众扭送归案的，或者在群众、警察的包围阻截之下走投无路而当场被捕的，或者经司法机关传讯、采取强制措施后归案的，均不能认定是自动投案。另外，犯罪嫌疑人自动投案后又逃跑的，不能认定为自首。

根据《自首立功意见》的规定，犯罪嫌疑人具有以下情形之一的，也应当视为自动投案：①犯罪后主动报案，虽未表明自己是作案人，但没有逃离现场，在司法机关询问时交代自己罪行的；②明知他人报案而在现场等待，抓捕时无拒捕行为，供认犯罪事实的；③在司法机关未确定犯罪嫌疑人，尚在一般性排查询问时主动交代自己罪行的；④因特定违法行为被采取行政拘留、司法拘留、强制隔离戒毒等行政、司法强制措施期间，主动向执行机关交代尚未被掌握的犯罪行为的；⑤其他符合立法本意，应当视为自动投案的情形。

《自首立功意见》还特别指出了以下几点：①犯罪嫌疑人被亲友采用捆绑等手段送到司法机关，或者在亲友带领侦查人员前来抓捕时无拒捕行为，并如实供认犯罪事实的，虽然不能认定为自动投案，但可以参照法律对自首的有关规定酌情从轻处罚。②罪行未被有关部门、司法机关发觉，仅因形迹可疑被盘问、教育后，主动交代了犯罪事实的，应当视为自动投案，但有关部门、司法机关在其身上、随身携带的物品、驾乘的交通工具等处发现与犯罪有关的物品的，不能认定为自动投案。③交通肇事后保护现场、抢救伤者，并向公安机关报告的，应认定为自动投案，构成自首的，因上述行为同时系犯罪嫌疑人的法定义务，对其是否从宽、从宽幅度要适当从严掌握。交通肇事逃逸后自动投案，如实供述自己罪行的，应认定为自首，但应依法以较重法定刑为基准，视情况决定对其是否从宽处罚以及从宽处罚的幅度。

自动投案的动机是多种多样的，有的出于真诚悔罪，有的为了争取宽大处理，有的经亲友规劝而醒悟，有的慑于法律的威严，有的潜逃在外生活无着等。出于何种动机，不影响自动投案的成立。

2. 如实供述自己的罪行。这是成立自首的根本条件。如实供述自己的罪行，除供述自己的主要犯罪事实外，还应包括姓名、年龄、职业、住址、前科等情况。

（1）必须如实交代自己的主要犯罪事实。就是说，犯罪嫌疑人自动投案后，由于主客观原因而不能如实交代全部犯罪事实，但只要如实交代了自己的主要犯罪事实，就应当认定为自首。这里的"主要犯罪事实"是指对犯罪嫌疑人行为的性质认定有决定意义的事实、情节（即定罪事实）以及对量刑有重大影响的事实、情节（即重大量刑事实）。《自首立功意见》规定：犯罪嫌疑人多次实施同种罪行的，应当综合考虑已交代的犯罪事实与未交代的犯罪事实的危害程度，决定是否认定为如实供述主要犯罪事实；虽然投案后没有交代全部犯罪事实，但如实交代的犯罪情节重于未交代的犯罪情节，或者如实交代的犯罪数额多于未交代的犯罪数额，一般应认定为如实供述自己的主要犯罪事实；无法区分已交代的与未交代的犯罪情节的严重程度，或者已交代的犯罪数额与未交代的犯罪数额相当，一般不认定为如实供述自己的主要犯罪事实。从上述规定不难看出，只要如实供述的犯罪事实对量刑的影响大于所隐瞒的事实，就可以认定为"如实供述主要犯罪事实"。

就如何认定"如实供述自己的罪行"，《自首立功解释》和《自首立功意见》作了以下规定：①犯有数罪的犯罪嫌疑人仅如实供述所犯数罪中部分犯罪的，只对如实供述部分犯罪的行为，认定为自首。②共同犯罪案件中的犯罪嫌疑人，除如实供述自己的罪行，还应当供述所知的同案犯，主犯则应当供述所知其他同案犯的共同犯罪事实，才能认定为自首。③犯罪嫌疑人自动投案并如实供述自己的罪行后又翻供的，不能认定为自首，但在一审判决前又能如实供述的，应当认定为自首。④犯罪嫌疑人自动投案时虽然没有交代自己的主要犯罪事实，但在司法机关掌握其主要犯罪事实之前主动交代的，应认定为如实供述自己的罪行。

应当指出，如果犯罪嫌疑人在供述过程中，避重就轻，掩盖事实真相，隐瞒犯罪情节，企图蒙混过关的，均不属于如实供述自己的罪行。同样，在共同犯罪的场合下，犯罪嫌疑人投案后推揽罪责，隐瞒重大犯罪情节的，也不能认定为如实供述主要犯罪事实。如甲与他人结伙入户抢劫，其直接致死一人，劫得财物数千元，但其自动投案后仅如实交代参与抢劫的基本事实，隐瞒了自己直接致死被害人的关键事实。在此情形下，甲虽然如实供述了参与抢劫的事实，但未如实供述直接致人死亡这一更严重的犯罪情节，故不能认定为如实供述主要犯罪事实。

（2）必须如实交代自己的姓名、年龄、职业、住址、前科等情况。犯罪嫌疑人供述的身份等情况与真实情况虽有差别，但不影响定罪量刑的，应认定为如实供述自己的罪行。犯罪嫌疑人自动投案后隐瞒自己的真实身份等情况，影响对其定罪量刑的，不能认定为如实供述自己的罪行。

本章"导入案例一"中，对梁某应当认定为自首。首先，梁某在犯罪后逃往外地，在尚未受到讯问、未被采取强制措施时，经其父亲规劝和陪同到案，主动接受司法机关的控制，属于自动投案；其次，梁某在自动投案后交代了自己的罪行，虽然后又不时翻供，但在一审判决前又如实供述了自己的全部罪行。因此，梁某的行为符合自首的成立条件。

（二）特别自首

特别自首亦称"准自首"，是指被采取强制措施的犯罪嫌疑人、被告人和正在服刑的罪犯，如实供述司法机关还未掌握的本人其他罪行的行为。其成立条件是：

1. 特别自首的主体必须是被采取强制措施的犯罪嫌疑人、被告人和正在服刑的罪犯。这里的"强制措施"是指我国刑事诉讼法规定的拘传、取保候审、监视居住、拘留和逮捕等措施。因特定违法行为被采取行政拘留、司法拘留、强制隔离戒毒等行政、司法强制措施期间，主动向执行机关交代尚未被掌握的犯罪行为的，也可成立自首。

2. 必须如实供述司法机关还未掌握的本人其他罪行。根据《自首立功解释》的规定，被采取强制措施的犯罪嫌疑人、被告人和正在服刑的罪犯，如实供述司法机关尚未掌握的罪行，与司法机关已掌握的或者判决确定的罪行属不同种罪行的，以自首论；如果属于同种罪行的，不构成自首，但"可以酌情从轻处罚；如实供述的同种罪行较重的，一般应当从轻处罚"。

关于"司法机关还未掌握的本人其他罪行"的认定和"关于不同种罪行"的认定，《自首立功意见》均作了明确规定。

（三）对自首犯的处罚原则

《刑法》第67条第1款规定："对于自首的犯罪分子，可以从轻或者减轻处罚。其中，犯罪较轻的，可以免除处罚。"但是，恶意利用自首规避法律制裁等不足以从宽处罚的除外。具体确定从轻、减轻还是免除处罚，应当综合考虑自首的动机、时间、方式、罪行轻重、如实供述罪行的程度以及悔罪表现等情况。

二、坦白

（一）坦白的概念

坦白是指犯罪分子被动归案之后，如实供述自己罪行的行为。坦白与自首有共同之处，如都是在归案后如实供述自己的罪行，都是法定的从宽处罚情节；坦白与特别自首都是犯罪人被动归案，但它们也存在诸多不同。

1. 坦白与一般自首的区别。二者的区别要点在于是否自动投案。一般自首是犯罪人自动投案后如实供述自己的罪行；坦白则是被动归案后如实供述自己的罪行。这里的"被动归案"包括三种情况：①被司法机关采取强制措施而归案；②被司法机关传唤到案；③被群众扭送归案。另外，犯罪人所交代的罪行范围也不同。自首交代的既可以是已被发觉的罪行，也可以是尚未被发觉的罪行，坦白交代的只限于已被发觉、被指控的罪行。

2. 坦白与特别自首的区别。二者的区别要点在于所供述的罪行是否已经被司法机关掌握。被采取强制措施的犯罪嫌疑人、被告人和正在服刑的罪犯，如实供述司法机关还未掌握的本人其他罪行的，成立特别自首；如实供述司法机关已经掌握的本人罪行的，是坦白。

（二）对坦白犯的处罚原则

根据《刑法》第67条第3款的规定，犯罪嫌疑人虽不具有自首情节，但是如实供述自己罪行的，可以从轻处罚；因其如实供述自己罪行，避免特别严重后果发生的，可以减轻处罚。另外，如实供述司法机关尚未掌握的同种较重罪行的，一般应当从轻处罚。实践中，对于坦白情节，综合考虑如实供述罪行的阶段、程度、罪行轻重以及悔罪程度等情况，确定从宽的幅度。

三、立功

（一）立功的种类和具体情形

立功即立功表现。《刑法》第68条规定："犯罪分子有揭发他人犯罪行为，查证属实的，或者提供重要线索，从而得以侦破其他案件等立功表现的，可以从轻或者减轻处罚；有重大立功表现的，可以减轻或者免除处罚。"立功分为一般立功和重大立功两种，《自首立功解释》对两种立功的具体情形作出了规定。

1. 一般立功的具体情形。犯罪分子有下列情形之一的，应当认定为有立功表现：①到案后有检举、揭发他人犯罪行为，包括共同犯罪案件中的犯罪分子揭发同案犯共同犯罪以外的其他犯罪，经查证属实；②提供侦破其他案件的重要线索，经查证属实；③阻止他人犯罪活动；④协助司法机关抓捕其他犯罪嫌疑人（包括同案犯）；⑤具有其他有利于国家和社会的突出表现的。

根据《自首立功意见》的规定，犯罪分子具有下列行为之一，使司法机关抓获其他犯罪嫌疑人的，属于"协助司法机关抓捕其他犯罪嫌疑人"：①按照司法机关的安排，以打电话、发信息等方式将其他犯罪嫌疑人（包括同案犯）约至指定地点的；②按照司法机关的安排，当场指认、辨认其他犯罪嫌疑人（包括同案犯）的；③带领侦查人员抓获其他犯罪嫌疑人（包括同案犯）的；④提供司法机关尚未掌握的其他案件犯罪嫌疑人的联络方式、藏匿地址的，等等。

2. 重大立功的具体情形。包括：①犯罪分子有检举、揭发他人重大犯罪行为，经查证属实；②提供侦破其他重大案件的重要线索，经查证属实；③阻止他人重大犯罪活动；④协助司法机关抓捕其他重大犯罪嫌疑人（包括同案犯）；⑤对国家和社会有其他重大贡献等表现。以上所称"重大犯罪""重大案件""重大犯罪嫌疑人"的标准，一般是指犯罪嫌疑人、被告人可能被判处无期徒刑以上刑罚或者案件在本省、自治区、直辖市或者全国范围内有较大影响等情形。

(二) 不构成立功的情形

《自首立功意见》指出，下列情形不能认定为犯罪分子有立功表现：①犯罪分子通过贿买、暴力、胁迫等非法手段，或者被羁押后与律师、亲友会见过程中违反监管规定，获取他人犯罪线索并"检举揭发"的；②犯罪分子将本人以往查办犯罪职务活动中掌握的，或者从负有查办犯罪、监管职责的国家工作人员处获取的他人犯罪线索予以检举揭发的；③犯罪分子亲友为使犯罪分子"立功"，向司法机关提供他人犯罪线索、协助抓捕犯罪嫌疑人的。另外，犯罪分子提供同案犯姓名、住址、体貌特征等基本情况，或者提供犯罪前、犯罪中掌握、使用的同案犯联络方式、藏匿地址，司法机关据此抓捕同案犯的，不能认定为协助司法机关抓捕同案犯，即不能认定有立功表现。

(三) 对立功犯的处理原则

根据《刑法》第68条的规定，对于立功的犯罪分子分别不同情况予以从宽处罚：①有一般立功表现的，可以从轻或者减轻处罚；②有重大立功表现的，可以减轻或者免除处罚。《自首立功意见》指出，对具有立功情节的被告人是否从宽处罚、从宽处罚的幅度，应当考虑其犯罪事实、犯罪性质、犯罪情节、危害后果、社会影响、被告人的主观恶性和人身危险性等。同时还应考虑检举揭发罪行的轻重、被检举揭发的人可能或者已经被判处的刑罚、提供的线索对侦破案件或者协助抓捕其他犯罪嫌疑人所起作用的大小等。《最高人民法院关于常见犯罪的量刑指导意见》则指出：对于立功情节，综合考虑立功的大小、次数、内容、来源、效果以及罪行轻重等情况，确定从宽的幅度。

根据《自首立功解释》第6条的规定，共同犯罪案件的犯罪分子到案后，揭发同案犯共同犯罪事实的，可以酌情予以从轻处罚。

第五节 数罪并罚

一、数罪并罚的概念和特征

数罪并罚即对一人犯有数罪合并处罚的制度，具体是指人民法院对于行为人在法定时间界限内所犯数罪分别量刑后，按照法定的并罚原则及刑期计算方法决定其所应执行的刑罚的制度。根据《刑法》第69条、第70条和第71条的规定，数罪并罚具有以下特征或者说适用数罪并罚必须符合以下条件：

1. 一人犯数罪，这是适用数罪并罚的前提条件。"数罪"既可以是故意犯罪，也可以是过失犯罪；既可以是单独犯形式，也可以是共犯形式；既可以表现为犯罪的完成形态，也可以表现为犯罪的未完成形态；既可以是异种数罪，也可以是同种数罪。对一人犯异种数罪的，除刑法有特别规定的以外，应一律实行数罪并罚。对一人犯同种数罪的是否并罚，这存在一定的争议。一般而言，对犯同种数罪的，应按一罪从重处罚，但如果刑法另有特别规定的，则应实行数罪并罚。

2. 数罪必须是在法定期间内发生的，即必须是在刑罚执行完毕以前实施的，这是适用数罪并罚的时间条件。根据刑法的规定，以下情形应当实行数罪并罚：①判决宣告以前一人犯数罪的，主要指异种数罪。②判决宣告以后刑罚尚未执行完毕，发现被判刑的犯罪分子在判决宣告以前还有其他罪没有判决的。即在刑罚执行期间被发现的"漏罪"不论与已判之罪是否属于同种犯罪，均应并罚。③判决宣告以后刑罚尚未执行完毕，被判刑的犯罪分子又犯罪的，不论所犯新罪与前罪是否属于同种犯罪，均应并罚。④被宣告缓刑或假释的犯罪人在缓刑或假释考验期限内被发现有漏判或者又犯新罪的。刑罚执行完毕以后又犯罪或者被发现有"漏罪"的，都不得实行数罪并罚。

3. 对一人所犯数罪合并处罚，这是适用数罪并罚的操作规则。合并处罚，就是对一人所犯的数罪先分别量刑，然后按照法定的并罚原则、范围与方法，决定执行的刑罚。

二、数罪并罚原则

（一）数罪并罚原则概述

数罪并罚原则，是指对一人所犯数罪合并处罚所依据的原则。各国刑事立法从本国实际出发，所规定的数罪并罚原则不完全相同，概括起来主要有以下几种：

1. 并科原则。亦称"相加原则""合并原则"，是指对一人所犯数罪分别裁量刑罚，然后数刑相加的总和即为应执行的刑罚。并科原则不具有普遍适用性，而且自身存在一定的缺陷。

2. 吸收原则。是指在对数罪分别量刑后，选择其中最重的一种刑罚作为应执行的刑罚，其余较轻的刑罚被最重的刑罚所吸收而不予执行。对数罪中有被判处死刑、无期徒刑等刑种的，采用吸收原则无疑合理，但若普遍适用于其他刑种则有明显的弊端，即会造成犯数罪与犯一罪处罚结果相同的不合理现象，违背了罪责刑相适应原则。

3. 限制加重原则。亦称"限制相加原则"，是指对数罪分别量刑后，以其中最重的刑罚为基础，再加重一定的刑罚作为应执行的刑罚，或者是在数刑的合并刑期以下，依法酌情决定应执行的刑罚。限制加重原则克服了并科原则和吸收原则的弊端，既使得数罪并罚制度贯彻了有罪必罚和罪责刑相适应的原则，又采取了较为灵活、合乎情理的合并处罚方式，但它也有一定的局限性，即无法适用于无期徒刑和死刑等刑种的合并处罚。

4. 分别执行原则。是指对一人所犯数罪分别裁量刑罚并分别予以执行。

5. 折衷原则。亦称"混合原则"，是指根据刑种分别采用上述不同原则的做法。由于折衷原则能够使上述各原则扬长避短，互为补充，因而成为当今各国刑法普遍采用的数罪并罚原则。

（二）我国刑法规定的数罪并罚原则

《刑法》第69条规定："判决宣告以前一人犯数罪的，除判处死刑和无期徒刑以外，应当在总和刑期以下、数刑中最高刑期以上，酌情决定执行的刑期，但是管制最高不能超过3年，拘役最高不能超过1年，有期徒刑总和刑期不满35年的，最高不能超过20年，总和刑期在35年以上的，最高不能超过25年。""数罪中有判处有期徒刑和拘役的，执行有期徒刑。数罪中有判处有期徒刑和管制，或者拘役和管制的，有期徒刑、拘役执行完毕后，管制仍须执行。""数罪中有判处附加刑的，附加刑仍须执行，其中附加刑种类相同的，合并执行，种类不同的，分别执行。"据此，我国刑法对数罪并罚采取的是混合原则。

1. 数罪中有判处死刑或无期徒刑的，采取吸收原则，应当执行死刑或无期徒刑，低于死刑或无期徒刑的其他主刑不再执行。必须指出，不允许将两个以上无期徒刑升格为一个死刑，因为二者是性质截然不同的刑种。

2. 数罪所判处的主刑均为有期徒刑或均为拘役或均为管制的，采用限制加重原则。这里的"限制"表现为两个方面：①受总和刑期的限制，即应当在总和刑期以下、数刑中最高刑期以上，酌情决定执行的刑期；②酌情决定执行的刑期受数罪并罚法定最高刑期的限制，即管制最高不能超过3年，拘役最高不能超过1年；有期徒刑总和刑期不满35年的，最高不能超过 20 年，总和刑期在 35 年以上的，最高不能超过 25 年。

3. 数罪中有判处有期徒刑和拘役的，执行有期徒刑，即采用吸收原则。

4. 数罪中有判处有期徒刑和管制，或者拘役和管制的，有期徒刑、拘役执行完毕后，管制仍须执行，即采用分别执行原则。

5. 数罪中有判处附加刑的，附加刑仍须执行。其中，附加刑种类相同的，合并执行；种类不同的，分别执行。《最高人民法院关于适用财产刑若干问题的规定》第 3 条规定："依法对犯罪分子所犯数罪分别判处罚金的，应当实行并罚，将所判处的罚金数额相加，执行总和数额。一人犯数罪依法同时并处罚金和没收财产的，应当合并执行；但并处没收全部财产的，只执行没收财产刑。"

三、不同情况下数罪的并罚规则

（一）普通数罪的并罚规则

普通数罪的并罚，是指对判决宣告以前一人犯数罪的并罚，这是数罪并罚的最基本形态。《刑法》第 69 条对普通数罪的并罚规则作了具体规定，是数罪并罚的基本方法。

（二）发现漏罪的并罚规则

《刑法》第 70 条规定："判决宣告以后，刑罚执行完毕以前，发现被判刑的犯罪分子在判决宣告以前还有其他罪没有判决的，应当对新发现的罪作出判决，把前后两个判决所判处的刑罚，依照本法第 69 条的规定，决定执行的刑罚。已经执行的刑期，应当计算在新判决决定的刑期以内。"该条规定的数罪并罚方法简称为"先并后减"。这里的"判决宣告"应是指已经发生法律效力的判决宣告。"刑罚执行完毕以前"包括刑罚实际执行期间、缓刑考验期间和假释考验期间。

对于发现漏罪实行并罚的操作规则是：首先是"先并"，即应当对发现的漏罪单独作出判决，然后把前罪所判处的刑罚与漏罪所判处的刑罚，依照《刑法》第 69 条规定的数罪并罚原则决定应执行的刑罚。这里的"漏罪"可以是一罪或数罪，也可以是与原判决的罪相同的罪名。其次，在"先并"的基础上实行扣减，即在计算刑期时应当把已经执行的刑期计算在新判决决定的刑期之内。例如，甲犯抢劫罪被判处有期徒刑 14 年，执行 3 年后发现甲在判决宣告以前还犯有盗窃罪没有处理，这时应当对其所犯盗窃罪量刑。如果对盗窃罪判处有期徒刑 8 年，则"先并"的量刑幅度为 14 年以上 22 年以下。由于总和刑期未超过 35 年，故应在 14 年以上 20 年以下的幅度内裁量刑罚。假设决定执行的刑期为 18 年，则应当将已经执行的 3 年从 18 年中减去，即"后减"，因此甲还需继续执行 15 年有期徒刑。

根据《减刑假释规定》第 34 条的规定，罪犯被裁定减刑后，刑罚执行期间因发现漏罪而数罪并罚的，原减刑裁定自动失效。如漏罪系罪犯主动交代的，对其原减去的刑期，由执行机关报请有管辖权的人民法院重新作出减刑裁定，予以确认；如漏罪系有关机关发现或者他人检举揭发的，由执行机关报请有管辖权的人民法院，在原减刑裁定减去的刑期总和之内，酌情重新裁定。

（三）再犯新罪的并罚规则

《刑法》第 71 条规定："判决宣告以后，刑罚执行完毕以前，被判刑的犯罪分子又犯罪的，应当对新犯的罪作出判决，把前罪没有执行的刑罚和后罪所判处的刑罚，依照本法第 69 条的规定，决定执行的刑罚。"该条规定的数罪并罚方法简称为"先减后并"。对这里的"判决宣告"和"刑罚执行完毕以前"的理解，如上所述。这里的"新罪"与原判决的罪名是否相同，不影响数罪并罚的适用。

对再犯新罪实行并罚的操作规则是：首先对新罪裁量刑罚，然后把前罪没有执行完毕的刑罚（即先减）与新罪所判处的刑罚，依照《刑法》第69条的原则进行并罚（即后并），决定应执行的刑罚。已经执行的刑期不得计算在新判决确定的刑期以内。

本章"导入案例二"中，对吴某应当适用"先减后并"的方法来决定应执行的刑期。即应当将前罪（伪造货币罪）所判15年有期徒刑中没有执行的部分即5年，与新罪（故意伤害罪）所判处的11年实行并罚，在11年以上16年以下的幅度内决定执行的刑期。如果决定执行14年，则吴某还需服刑14年。加上已经执行的刑期10年，吴某实际执行的刑期为24年。

从上述例子还可以看出，"先减后并"比"先并后减"表现出明显的从严惩处精神。在犯罪分子已经执行的刑期较长，所犯新罪处刑较重的情况下，实际服刑期可能更长，甚至会超过法定的数罪并罚最高刑期20年或25年的限制。

根据《减刑假释规定》第33条的规定，罪犯被裁定减刑后，刑罚执行期间因故意犯罪而数罪并罚时，经减刑裁定减去的刑期不计入已经执行的刑期。原判死刑缓期执行减为无期徒刑、有期徒刑，或者无期徒刑减为有期徒刑的裁定继续有效。

第六节 缓 刑

一、缓刑的概念、特点和意义

缓刑，即有条件地不执行所判决的刑罚，具体是指人民法院对于被判处拘役、3年以下有期徒刑的犯罪分子，认为暂不执行原判刑罚，确实不致再危害社会的，在一定考验期内暂缓执行原判刑罚的制度。我国的缓刑包括一般缓刑与战时缓刑两种。

缓刑不是独立的刑种，而是从属于拘役和有期徒刑的一种量刑制度。宣告缓刑必须以判处一定的刑罚为先决条件，即缓刑不能脱离原判刑罚而独立存在。所以，缓刑的基本特征为：判处一定的刑罚，同时宣告暂不执行，但又在一定期限内保留着执行所判刑罚的可能性。由此可见，缓刑的实质在于当缓刑犯符合法定条件时，原判刑罚就不再执行或者不以犯罪论处。

缓刑与暂予监外执行不同。暂予监外执行，是指对于被判处有期徒刑、拘役或者无期徒刑的罪犯，因具备或出现某些法定情形不宜在监内执行，[1] 司法机关决定或批准暂时将其放在监外交由社区矫正机构执行刑罚的一种变通方法。一旦监外执行的法定情形消失且刑期未满的，仍应当收监执行。监外执行不中断刑期，仍视为刑罚的继续执行，与监内执行相比只有执行场所和执行方式的差异而没有法律后果上的不同。与暂予监外执行相比，缓刑的宣告不以犯罪分子是否有特殊情况为条件，只要犯罪分子在缓刑考验期内遵守缓刑的有关规定，就不再执行原判刑罚。

缓刑与死刑缓期2年执行不同。死缓是从属于死刑的一种刑罚制度，二者在适用对象、执行方法、考验期限和法律后果等方面都是不同的。

缓刑是惩办与宽大相结合的刑事政策的具体体现。实践证明，正确运用缓刑制度，有助于合理配置司法资源和社会资源，节约国家的刑罚执行成本；有利于缓刑犯顺利回归社会和融入

---

[1]《刑事诉讼法》第265条第1款规定："对被判处有期徒刑或者拘役的罪犯，有下列情形之一的，可以暂予监外执行：（一）有严重疾病需要保外就医的；（二）怀孕或者正在哺乳自己婴儿的妇女；（三）生活不能自理，适用暂予监外执行不致危害社会的。"第2款规定："对被判处无期徒刑的罪犯，有前款第2项规定情形的，可以暂予监外执行。"

社会，也有利于化解消极因素，缓和社会矛盾，有效预防和减少犯罪，促进社会和谐，维护社会稳定和国家的长治久安。

二、一般缓刑

（一）一般缓刑的适用条件

根据《刑法》第72条、第74条的规定，适用一般缓刑的条件包括：

1. 犯罪分子必须被判处拘役或者3年以下有期徒刑，这是对象条件。缓刑是把犯罪分子留在社会上进行监督管理和教育帮扶，基于保证社会治安的考虑，只能适用于罪行较轻的犯罪分子。对于被判处3年以上有期徒刑的犯罪分子，因其罪行较重，社会危害性和人身危险性较大，不予关押放在社会上改造，不利于社会的安定，因此不宜规定适用缓刑。这里所说的"被判拘役或者3年以下有期徒刑"，是指宣告刑而不是指法定刑。因此，即使所犯之罪的法定最低刑高于3年有期徒刑，但因具有减轻处罚情节而判处3年以下有期徒刑的，也可以适用缓刑。如果一人犯数罪，实行并罚后，决定执行的刑罚为3年以下有期徒刑或者拘役的，同样可以适用缓刑。对被判处管制的，没有必要适用缓刑。

2. 犯罪情节较轻，有悔罪表现，没有再犯罪的危险，宣告缓刑对所居住社区没有重大不良影响，这是适用一般缓刑的实质条件。就是说，被判处拘役和3年以下有期徒刑的犯罪分子，还必须同时符合以下四个条件，才可以或者应当宣告缓刑：

（1）犯罪情节较轻。是指犯罪人的行为性质不严重，犯罪情节不恶劣；犯罪的动机、手段、危害后果等比较轻。这里的"犯罪情节"是一个综合性概念，既包括客观方面的情节，也包括主观方面的情节；既包括案中情节，也包括案外情节。

（2）有悔罪表现。是指犯罪人对其犯罪行为能够认识到错误，真诚悔悟并有悔改的意愿和行为，比如积极向被害人道歉，赔偿被害人的损失，获取被害人的谅解等。

（3）没有再犯罪的危险。是指综合犯罪人的犯罪情节和悔罪表现，表明对其适用缓刑没有再犯罪的可能性。

（4）宣告缓刑对所居住社区没有重大不良影响。是指对该犯罪人适用缓刑，不会对其所居住社区的安全、秩序和稳定带来重大的、现实的不良影响。具体情形由法官根据个案情况判断。

同时符合上述四项条件的，就可以宣告缓刑。对于符合上述条件的不满18周岁的人、怀孕的妇女和已满75周岁的人，则应当宣告缓刑。

3. 必须不是累犯和犯罪集团的首要分子。《刑法》74条规定："对于累犯和犯罪集团的首要分子，不适用缓刑。"这是适用缓刑的除外条件、禁止性条件，体现了对累犯和犯罪集团的首要分子从严惩处的精神。累犯屡教不改，犯罪集团的首要分子在犯罪集团中起组织、领导作用，他们的主观恶性和人身危险性极大，把他们放在社会上，极有可能再次违法犯罪。所以，即便被判处拘役或者3年以下有期徒刑，也不能适用缓刑。

（二）一般缓刑的考验期限及计算

一般缓刑的考验期限，是指对缓刑犯进行考察和实行社区矫正的期限。《刑法》第73条第1~2款规定："拘役的缓刑考验期限为原判刑期以上1年以下，但是不能少于2个月。""有期徒刑的缓刑考验期限为原判刑期以上5年以下，但是不能少于1年。"缓刑考验期限的长短应当适当，既不能短于原判刑期和法定的最低期限，也不能超过法定的最高期限，一般以不超过原判刑期2倍为宜。否则，不能充分发挥缓刑应有的作用或者有失缓刑的严肃性。

根据《刑法》第73条第3款的规定，一般缓刑考验期限从判决确定之日起计算。判决以前先行羁押的时间，不能折抵缓刑的考验期。

(三) 缓刑考验期限内的考察

1. 缓刑的考察机关。《刑法》第76条规定："对宣告缓刑的犯罪分子，在缓刑考验期限内，依法实行社区矫正，……"社区矫正的执行机关是社区矫正机构。

2. 应当遵守监督管理方面的规定。根据《刑法》第75条的规定，缓刑犯在社区矫正期间必须遵守以下规定：①遵守法律、行政法规，服从监督；②按照考察机关的规定报告自己的活动情况；③遵守考察机关关于会客的规定；④离开所居住的市、县或者迁居，应当报经考察机关批准。

3. 应当遵守禁止令。《刑法》第72条第2款规定："宣告缓刑，可以根据犯罪情况，同时禁止犯罪分子在缓刑考验期限内从事特定活动，进入特定区域、场所，接触特定的人。"因此，缓刑犯如果被附加宣告禁止令的，在社区矫正期间应当遵守禁止令。

(四) 一般缓刑的法律后果

根据缓刑犯在缓刑考验期内的不同表现，一般缓刑的法律后果有以下三种：

1. 撤销缓刑，实行数罪并罚。根据《刑法》第77条第1款的规定，被宣告缓刑的犯罪分子，在缓刑考验期限内犯新罪或者发现判决宣告以前还有其他罪没有判决的，应当撤销缓刑，对新犯的罪或者新发现的罪作出判决，把前罪和后罪所判处的刑罚，依照《刑法》第69条的规定，决定执行的刑罚。

2. 撤销缓刑，执行原判刑罚。根据《刑法》第77条第2款的规定，被宣告缓刑的犯罪分子，在缓刑考验期限内，违反法律、行政法规或者国务院有关部门关于缓刑的监督管理规定，或者违反人民法院判决中的禁止令，情节严重的，应当撤销缓刑，执行原判刑罚。《最高人民法院关于适用〈刑事诉讼法〉的解释》第543条规定，人民法院收到社区矫正机构的撤销缓刑建议书后，经审查，确认罪犯在缓刑考验期限内具有下列情形之一的，应当作出撤销缓刑的裁定：①违反禁止令，情节严重的；②无正当理由不按规定时间报到或者接受社区矫正期间脱离监管，超过1个月的；③因违反监督管理规定受到治安管理处罚，仍不改正的；④受到执行机关2次警告，仍不改正的；⑤违反有关法律、行政法规和监督管理规定，情节严重的其他情形。

3. 缓刑考验期满，原判刑罚不再执行。根据《刑法》第76条的规定，被宣告缓刑的犯罪分子，在缓刑考验期限内，如果没有《刑法》第77条规定的情形，缓刑考验期满，原判的刑罚就不再执行，并公开予以宣告。

此外，《刑法》第72条第3款规定："被宣告缓刑的犯罪分子，如果被判处附加刑，附加刑仍须执行。"这就是说，缓刑的效力不及于附加刑。

三、战时缓刑

战时缓刑，又称特别缓刑。《刑法》第449条规定："在战时，对被判处3年以下有期徒刑没有现实危险宣告缓刑的犯罪军人，允许其戴罪立功，确有立功表现时，可以撤销原判刑罚，不以犯罪论处。"战时缓刑的适用条件包括：①适用的时间是在战时。所谓"战时"，根据《刑法》第451条的规定，是指国家宣布进入战争状态、部队受领作战任务或者遭敌突然袭击时。部队执行戒严任务或者处置突发性暴力事件时，以战时论。②适用的对象只能是被判处3年以下有期徒刑的犯罪军人。③适用的基本根据是在战争条件下宣告缓刑没有现实危险。

战时缓刑在犯罪军人确有立功表现的情况下，原判刑罚可以撤销，不以犯罪论处，即罪与刑同时消灭。可见，战时缓刑与一般缓刑在适用对象、适用时间、有无考验期限、考验方法、法律后果等方面均有所不同。

思考题

1. 什么是刑罚裁量？刑罚裁量的指导原则是什么？
2. 对量刑情节可以作怎样的分类？
3. 如何理解从重、从轻、减轻、免除处罚情节？
4. 什么是累犯？累犯的成立条件和处罚原则是什么？
5. 试述一般自首的概念、成立条件和对自首犯的处罚原则。
6. 什么是坦白？坦白与自首的主要区别是什么？
7. 试述刑法规定的数罪并罚原则以及不同情况下的数罪并罚规则。
8. 如何理解刑法规定的缓刑制度？

实务训练

[案例1] 2017年3月，徐某（2002年6月出生）因犯抢劫罪被判处有期徒刑2年。2020年5月20日，徐某强奸女青年沈某后逃跑到外地躲藏，2个月后被抓捕归案。

[问题] 1. 徐某是否构成累犯？
2. 对徐某在量刑时是否应当从宽处罚？
3. 徐某在审判时已满18周岁，是否可以适用死刑？

[案例2] 2012年8月，乙（1996年4月出生）和同学发生冲突，并掏出随身携带的凶器将同学捅成重伤，然后逃到老家叔叔那里躲藏。叔叔观其神色异常，就问乙发生了什么事。经过教育，乙将捅伤同学一事告诉了叔叔，并答应第二天早上随叔叔去投案。晚上，其叔叔怕乙反悔，就主动向公安机关报了案。公安人员到达时，乙正在床上睡觉。当拘捕时，乙惊醒，但没有反抗。乙到案后，如实交代了自己的犯罪事实和姓名、年龄、住址等情况。

[问题] 乙的行为是属于自首还是属于坦白？

[案例3] 丙因购买境外人士赵某的毒品（海洛因）被抓获后，按公安机关要求向赵某发短信"报平安"，并表示还要购买毒品，赵某因此未离境。随后，丙又按公安机关的指令，与赵某约定了交易地点。赵某在约定的地点等待乙时被公安机关抓获。

[问题] 什么是立功？丙的行为是否构成立功？

[案例4] 丁因犯强奸罪被依法判处有期徒刑12年，执行7年后，又发现判决前尚有一盗窃罪未被判决，该盗窃罪应判处有期徒刑10年。

[问题] 对丁仍需要执行的刑期幅度应如何确定？

[案例5] 葛某犯信用卡诈骗罪，被一审法院判处有期徒刑7年。在上诉期间，葛某又犯故意伤害罪，应当判处有期徒刑3年。

[问题] 对葛某的犯罪如何实行并罚？

[案例6] 陈某因犯聚众扰乱社会秩序罪，于2011年5月被某县人民法院依法判处有期徒刑2年缓刑3年，同时宣告禁止令。禁止令的内容为：禁止陈某在缓刑考验期限内进入夜总会、酒吧、迪厅、网吧等娱乐场所。2013年5月，有人举报陈某在社区矫正期间先后四次进入酒吧、迪厅、网吧等娱乐场所。区司法局接到举报后经调查，查明举报内容属实。

[问题] 对陈某应如何处理？

延伸阅读

认罪认罚从宽制度[1]

一、认罪认罚从宽的概念和意义

《刑事诉讼法》第15条规定："犯罪嫌疑人、被告人自愿如实供述自己的罪行，承认指控的犯罪事实，愿意接受处罚的，可以依法从宽处理。"认罪认罚从宽，是指对犯罪嫌疑人、刑事被告人自愿如实供述自己的罪行，对指控的犯罪事实没有异议，同意人民检察院量刑建议并签署具结书的案件，可以依法从宽处理。认罪认罚从宽是2018年修改后刑事诉讼法规定的一项重要制度，是全面贯彻宽严相济刑事政策的重要举措。适用认罪认罚从宽制度，对准确及时惩罚犯罪、强化人权司法保障、推动刑事案件繁简分流、节约司法资源、化解社会矛盾、推动国家治理体系和治理能力现代化，具有重要意义。

二、"认罪""认罚"的把握

认罪认罚从宽制度中的"认罪"，是指犯罪嫌疑人、被告人自愿如实供述自己的罪行，对指控的犯罪事实没有异议。承认指控的主要犯罪事实，仅对个别事实情节提出异议，或者虽然对行为性质提出辩解但表示接受司法机关认定意见的，不影响"认罪"的认定。犯罪嫌疑人、被告人犯数罪，仅如实供述其中一罪或部分罪名事实的，全案不作"认罪"的认定，不适用认罪认罚从宽制度，但对如实供述的部分，人民检察院可以提出从宽处罚的建议，人民法院可以从宽处罚。

认罪认罚从宽制度中的"认罚"，是指犯罪嫌疑人、被告人真诚悔罪，愿意接受处罚。"认罚"，在侦查阶段表现为表示愿意接受处罚；在审查起诉阶段表现为接受人民检察院拟作出的起诉或不起诉决定，认可人民检察院的量刑建议，签署认罪认罚具结书；在审判阶段表现为当庭确认自愿签署具结书，愿意接受刑罚处罚。"认罚"考察的重点是犯罪嫌疑人、被告人的悔罪态度和悔罪表现，应当结合退赃退赔、赔偿损失、赔礼道歉等因素来考量。犯罪嫌疑人、被告人虽然表示"认罚"，却暗中串供，干扰证人作证，毁灭、伪造证据或者隐匿、转移财产，有赔偿能力而不赔偿损失，则不能适用认罪认罚从宽制度。

三、认罪认罚后"从宽"的把握

（一）"从宽"的理解

"可以从宽"是指一般应当体现法律规定和政策精神，予以从宽处理。但可以从宽不是一律从宽，对犯罪性质和危害后果特别严重、犯罪手段特别残忍、社会影响特别恶劣的犯罪嫌疑人、被告人，认罪认罚不足以从轻处罚的，依法不予从宽处罚。办理认罪认罚案件，应当依照刑法、刑事诉讼法的基本原则，根据犯罪的事实、性质、情节和对社会的危害程度，结合法定、酌定的量刑情节，综合考虑认罪认罚的具体情况，依法决定是否从宽、如何从宽。对于减轻、免除处罚，应当于法有据；不具备减轻处罚情节的，应当在法定幅度以内提出从轻处罚的量刑建议和量刑；对其中犯罪情节轻微不需要判处刑罚的，可以依法作出不起诉决定或者判决免予刑事处罚。

---

[1] 分别参见《全国人大常委会关于授权最高人民法院、最高人民检察院在部分地区开展刑事案件认罪认罚从宽制度试点工作的决定》《最高人民法院、最高人民检察院、公安部、国家安全部、司法部关于适用认罪认罚从宽制度的指导意见》。

（二）从宽幅度的把握

办理认罪认罚案件，应当区别认罪认罚的不同诉讼阶段、对查明案件事实的价值和意义、是否确有悔罪表现，以及罪行严重程度等，综合考量确定从宽的限度和幅度。在刑罚评价上，主动认罪优于被动认罪，早认罪优于晚认罪，彻底认罪优于不彻底认罪，稳定认罪优于不稳定认罪。认罪认罚的从宽幅度一般应当大于仅有坦白，或者虽认罪但不认罚的从宽幅度。对犯罪嫌疑人、被告人具有自首、坦白情节，同时认罪认罚的，应当在法定刑幅度内给予相对更大的从宽幅度。认罪认罚与自首、坦白不作重复评价。对罪行较轻、人身危险性较小的，特别是初犯、偶犯，从宽幅度可以大一些；罪行较重、人身危险性较大的，以及累犯、再犯，从宽幅度应当从严把握。

第十六章

刑罚执行与刑罚消灭

学习目标与工作任务

通过本章的学习，领会刑罚执行的概念和特征；掌握减刑的概念、条件与限度，假释的概念、适用条件、考验期限和假释的效果；掌握时效、追诉时效和赦免的概念。能够运用所学知识正确处理减刑、假释案件，准确判断对假释犯是否应当撤销假释；能够运用关于追诉时效的期限与计算方法解决具体案件的追诉与否问题。

导入案例

1. 曹某因犯集资诈骗罪，被C市中级人民法院判处有期徒刑8年（刑期自2009年9月11日起至2017年9月10日止），并处罚金40万元，但该笔罚金一直没有执行到位。经过几年的教育改造，C监狱认为曹某综合表现符合减刑条件，遂于2016年6月报请减刑。C市中级人民法院经审理后，裁定不予减刑。

问：C市中级人民法院的裁定是否正确？

2. 邹某犯诈骗罪被判处有期徒刑3年、缓刑4年。在社区矫正的第2年，邹某犯故意伤害罪，应判8年，数罪并罚决定执行10年有期徒刑。在服刑6年后，邹某有悔改表现，没有再犯罪的危险，而且假释后对所居住的社区也无不好影响。

问：对邹某是否可以适用假释？

教学内容

第一节 刑罚执行与刑罚消灭概述

一、刑罚执行

（一）刑罚执行的概念和特征

刑罚执行简称"行刑"，是指法律规定的刑罚执行机关依法将人民法院所作的发生法律效力的刑事裁判所确定的刑罚内容付诸实施，以及解决由此产生的法律问题的各种活动的总称。

刑罚执行是国家整个刑事司法活动的有机组成部分，它具有以下基本特征：①刑罚执行的对象是受刑人。②刑罚执行的主体是法律规定的刑罚执行机关。③刑罚执行的依据是人民法院作出的已经发生法律效力的刑事判决与裁定。④刑罚执行的基本内容是将生效裁判所确定的刑罚付诸实施、实现。⑤刑罚执行过程中还须解决一些法律问题。刑罚执行虽然是以判决或裁定所确定的刑罚为执行内容，但并不意味着行刑机关只能一成不变地服从刑罚的裁判内容。按照法律规定，本着有利于教育和改造罪犯的原则，根据实际情况，可以适时对原判刑罚作一定限度的调整。调整的方式包括减刑、假释、监外执行和赦免等。这种调整并不是对原裁判的否定和改判，而是刑罚执行中的变通处理，其目的在于求得刑罚适用的最佳效果。

（二）刑罚执行机关

根据我国《刑法》《刑事诉讼法》的规定，我国的刑罚执行机关分别是人民法院、公安机关（包括看守所）、监狱等。具体来说，人民法院是罚金、没收财产、死刑立即执行的执行机关。公安机关是拘役、剥夺政治权利的执行机关。对被判处有期徒刑的罪犯，在被交付执行刑罚前剩余刑期在3个月以下的，由看守所代为执行。监狱是有期徒刑、无期徒刑、死刑缓期2年执行的执行机关，对未成年犯应当在未成年犯管教所执行刑罚。须特别指出的是，由于社区矫正的性质是非监禁刑事执行活动，所以不能认为社区矫正机构是刑罚执行机关，而只能称为刑事执行机关。

关于各种刑罚的具体执行问题，已在第十四章中作了阐述，故本章仅对我国刑法规定的减刑和假释这两种重要的刑罚执行制度加以介绍。

二、刑罚消灭

（一）刑罚消灭的概念和特征

刑罚消灭，是指由于一定的法定原因或事实原因，致使基于具体犯罪而产生的刑罚适用权消灭。刑罚消灭具有以下特征：

1. 刑罚消灭以行为人的行为构成犯罪为前提。因为刑罚消灭以应当适用刑罚或者正在执行刑罚为前提，而应当适用或者正在执行刑罚以行为构成犯罪为前提。

2. 刑罚消灭意味着代表国家的司法机关不能对犯罪人行使具体的刑罚权。刑罚权包括制刑权、求刑权、量刑权与行刑权。就制刑权而言，只能由立法机关行使，它在任何时候都不可能消灭。所以，刑罚权的消灭是指求刑权、量刑权和行刑权的消灭。

3. 刑罚消灭必须基于一定事由。引起刑罚消灭的原因可分为两类：一类是法定事由，如超过追诉时效。另一类是事实上的原因，如正在执行刑罚的罪犯死亡，使刑罚执行的对象不复存在，刑罚执行权自然消灭。

（二）刑罚消灭的原因

根据我国刑法的规定，引起刑罚消灭的事由主要包括：①超过追诉时效；②经特赦令免除刑罚；③告诉才处理的犯罪，没有告诉或者撤回告诉；④犯罪嫌疑人、被告人死亡；⑤其他的法定事由，例如，被判处罚金的犯罪人由于遭遇不能抗拒的灾祸等原因缴纳确实有困难的，而免除缴纳罚金。一般认为，刑罚执行完毕、缓刑考验期满和假释考验期满，也是刑罚消灭事由。本章仅介绍时效与赦免两种刑罚消灭事由。

第二节 减刑与假释

为确保依法公正办理减刑、假释案件，最高人民法院于2014年4月23日公布了《关于减刑、假释案件审理程序的规定》（以下简称《减刑假释审理程序规定》，自2014年6月1日起施行）；于2016年11月14日公布了《减刑假释规定》（自2017年1月1日起施行）；于2019年4月24日公布了《关于办理减刑、假释案件具体应用法律的补充规定》（自2019年6月1日起施行），对《刑法修正案（九）》施行后，依照刑法分则第八章贪污贿赂罪判处刑罚的原具有国家工作人员身份的罪犯的减刑、假释作出了规定。

一、减刑

(一) 减刑的概念

根据《刑法》第78条的规定,减刑是指对于被判处管制、拘役、有期徒刑或者无期徒刑的犯罪分子,因其在刑罚执行期间认真遵守监规,接受教育改造,确有悔改或者立功表现,将其原判刑罚予以适当减轻的一种刑罚执行制度。减刑,既可以是刑种的减轻(仅限于无期徒刑减为有期徒刑),也可以是同一刑种刑期上的缩短。《刑法》第78条规定的减刑制度具有以下特征:

1. 减刑的适用对象的限定性,即只能是被判处管制、拘役、有期徒刑或者无期徒刑的犯罪分子。死刑立即执行,没有减刑必要和可能。死缓罪犯在死刑缓期执行期间没有故意犯罪,2年期满以后减为无期徒刑或25年有期徒刑的,这从广义上说,也是一种减刑,但它是依照法律的特别规定按期进行的,属于死缓制度的组成部分,这种变更与减刑的根据是不同的,因而不属于《刑法》第78条规定的减刑。罚金的减免,是根据犯罪人的实际负担能力而采取的一种变通措施。附加剥夺政治权利期限的调整或酌减则是由于主刑种类的改变或刑期的减轻而引起的相应变化。这些都不是《刑法》第78条意义上的减刑。

2. 减刑的适用时间的限定性,即仅限于刑罚执行过程中。因此,减刑与减轻处罚明显不同,主要区别是发生的时间不同。减轻处罚是一项量刑活动,是人民法院在裁量刑罚时,对具有减轻处罚情节的犯罪分子在法定刑以下判处刑罚,只适用于判决确定之前的未决犯。而减刑是一项行刑制度,是在原判刑罚的执行过程中,根据罪犯的服刑表现而将原判刑罚予以适当减轻,只适用于已决犯。

3. 适用减刑的后果的限定性,即基于法定事由将原判刑罚予以减轻。因此,减刑与改判不同。减刑是在肯定原判决的基础上,根据犯罪分子在刑罚执行期间的表现,按照法定条件和程序将原判刑罚予以适当减轻,它只涉及刑罚的变更,而且是变轻。改判则是对错误的生效裁判的纠正,即原判决在认定事实或者适用法律上确有错误时,依照第二审程序或者审判监督程序撤销原判决,重新作出判决,改判的结果也是多种多样的。

减刑是激励罪犯改造的刑罚制度和奖励性措施,是宽严相济刑事政策在刑罚执行过程中的具体体现,它对于激励罪犯积极改造,促进其回归、融入社会,最大限度地发挥刑罚的功能,实现刑罚的目的,具有非常重要的意义。

(二) 减刑的条件

1. 减刑的对象条件。减刑的对象只能是被判处管制、拘役、有期徒刑和无期徒刑的犯罪分子。在这里,只有刑种的限制,而没有犯罪性质、罪行轻重和罪过形式方面的限制。《社区矫正法》第33条第1款规定:"社区矫正对象符合刑法规定的减刑条件的,社区矫正机构应当向社区矫正执行地的中级以上人民法院提出减刑建议,并将减刑建议书抄送同级人民检察院。"这表明,对缓刑犯、假释犯、暂予监外执行犯均可适用减刑。不过,根据《减刑假释规定》第18条的规定,对于缓刑罪犯一般不适用减刑,但如果在缓刑考验期内有重大立功表现的,可以予以减刑,同时应当依法缩减其缓刑考验期,缩减后,拘役的缓刑考验期限不得少于2个月,有期徒刑的缓刑考验期限不得少于1年。对被判处终身监禁的罪犯,在死刑缓期执行期满依法减为无期徒刑的裁定中,应当明确终身监禁,不得再减刑或者假释。

2. 减刑的实质条件。减刑的实质条件是受刑人在刑罚执行过程中确有悔改表现或者立功表现。根据《刑法》第78条的规定,减刑分为可以减刑和应当减刑两种,其适用的实质条件有所不同。

（1）可以减刑的实质条件。可以减刑的实质条件是犯罪分子在刑罚执行期间，认真遵守监规，接受教育改造，确有悔改表现或者立功表现。这里的"认真遵守监规，接受教育改造"实际上是"确有悔改表现"的具体内容和成立条件之一。《减刑假释规定》对"确有悔改表现"和"立功表现"作出了具体规定。

"确有悔改表现"是指同时具备以下条件：①认罪悔罪；②遵守法律法规及监规，接受教育改造；③积极参加思想、文化、职业技术教育；④积极参加劳动，努力完成劳动任务。对职务犯罪、破坏金融管理秩序和金融诈骗犯罪、组织（领导、参加、包庇、纵容）黑社会性质组织犯罪等罪犯，不积极退赃、协助追缴赃款赃物、赔偿损失，或者服刑期间利用个人影响力和社会关系等不正当手段意图获得减刑、假释的，不能认定其"确有悔改表现"。需要注意的是，申诉是法律赋予包括罪犯在内的刑事诉讼当事人的一项重要权利，因此，对于罪犯在刑罚执行期间的申诉权应当依法保护，对其正当申诉不能不加分析地认为是不认罪悔罪。

具有下列情形之一的，可以认定为有"立功表现"：①阻止他人实施犯罪活动的；②检举、揭发监狱内外犯罪活动，或者提供重要的破案线索，经查证属实的；③协助司法机关抓捕其他犯罪嫌疑人的；④在生产、科研中进行技术革新，成绩突出的；⑤在抗御自然灾害或者排除重大事故中，表现积极的；⑥对国家和社会有其他较大贡献的。

对"可以减刑"的实质条件应当注重综合考察。《减刑假释规定》第2条规定，对于罪犯符合《刑法》第78条第1款规定"可以减刑"条件的案件，在办理时应当综合考察罪犯犯罪的性质和具体情节、社会危害程度、原判刑罚及生效裁判中财产性判项的履行情况、交付执行后的一贯表现等因素。所谓"财产性判项"，是指判决罪犯承担的附带民事赔偿义务判项，以及追缴、责令退赔、罚金、没收财产等判项。《减刑假释审理程序规定》第5条规定："人民法院审理减刑、假释案件，除应当审查罪犯在执行期间的一贯表现外，还应当综合考虑犯罪的具体情节、原判刑罚情况、财产刑执行情况、附带民事裁判履行情况、罪犯退赃退赔等情况。"

《减刑假释规定》第20条规定，老年罪犯、患严重疾病罪犯或者身体残疾罪犯减刑时，应主要考察其认罪悔罪的实际表现。

本章"导入案例一"中，罪犯曹某在服刑期间，认真遵守监规，接受教育改造，确有悔改表现，虽然符合"可以减刑"的实质条件，但由于判决确定的罚金40万元未履行，根据上述司法解释的规定，对这种罪犯在减刑时应当从严掌握。因此，C市中级人民法院对罪犯曹某作出不予减刑的裁定是正确的。

（2）应当减刑的实质条件。应当减刑的实质条件是犯罪分子在刑罚执行期间有重大立功表现。《刑法》第78条规定，有下列重大立功表现之一的，应当减刑：①阻止他人重大犯罪活动的；②检举监狱内外重大犯罪活动，经查证属实的；③有发明创造或者重大技术革新的；④在日常生产、生活中舍己救人的；⑤在抗御自然灾害或者排除重大事故中，有突出表现的；⑥对国家和社会有其他重大贡献的。另外，《减刑假释规定》还增加了一种情形，即"协助司法机关抓捕其他重大犯罪嫌疑人的"也构成重大立功表现。

3. 减刑的限度条件。减刑的限度是指犯罪分子经过一次或者数次减刑以后，应当实际执行的最低刑期。减刑是以原判刑罚为基础的，因此减刑必须适当。根据《刑法》第78条第2款和《减刑假释规定》第12条的规定，减刑以后实际执行的刑期不能少于下列期限：①判处管制、拘役、有期徒刑的，不能少于原判刑期的1/2；②判处无期徒刑的，不能少于13年；③人民法院依照《刑法》第50条第2款规定限制减刑的死刑缓期执行的犯罪分子，缓期执行期满后依法减为无期徒刑的,不能少于25年,缓期执行期满后依法减为25年有期徒刑的,不能少于20年;④死缓罪犯经过一次或者几次减刑后,其实际执行的刑期不得少于15年,死刑缓期执行期间不包括在内。所谓"实际执行的刑期",是指判决交付执行后犯罪分子在监所实际服刑改造或接受社区矫正的时间。

《刑法》第78条只就减刑的限度条件作了规定,而对减刑的次数、起始时间、间隔时间和减刑幅度等没有作出规定。在办理减刑案件时,除了必须严格遵守减刑的限度和法定程序外,还要掌握好减刑的次数、起始时间、间隔时间和减刑幅度等问题,以求减刑的最佳效果。总的原则是,既有利于鼓励犯罪分子积极改造,又要维护法律和判决的严肃性。

虽然减刑的次数不受限制,但无论是经过一次减刑还是数次减刑,实际执行的刑期都不能低于上述法定的最低限度。关于减刑的起始时间、减刑幅度和间隔时间等问题,《减刑假释规定》就不同刑种作出了全面而详细的规定。

(三)减刑的程序

减刑是一项极其严肃的司法工作,必须严格按照法定程序进行。《刑法》第79条规定:"对于犯罪分子的减刑,由执行机关向中级以上人民法院提出减刑建议书。人民法院应当组成合议庭进行审理,对确有悔改或者立功事实的,裁定予以减刑。非经法定程序不得减刑。"《减刑假释审理程序规定》和《最高人民法院关于适用<刑事诉讼法>的解释》对减刑、假释案件的管辖法院、审理期限和审理方式等问题作出了明确规定。

(四)减刑后刑期的计算

减刑后刑期的计算方法,因原判刑罚的种类不同而有所区别:①对于原判管制、拘役、有期徒刑的,减刑后的刑期自原判决执行之日起计算,已经执行过的刑期(包括判决宣告以前先行羁押的日期在内)应当计算在减刑后的刑期之内。"判决执行之日"是指罪犯实际送交刑罚执行机关之日。②无期徒刑减为有期徒刑的,从裁定减刑之日起计算,即裁定减刑前已执行的刑期,不得计入减刑后的刑期之内。③对于无期徒刑减为有期徒刑之后再次减刑的,应当从前次裁定减为有期徒刑之日算起。

根据《减刑假释规定》第32条的规定,法院按照审判监督程序重新审理的案件,裁定维持原判决、裁定的,原减刑裁定继续有效;再审裁判改变原判决、裁定的,原减刑裁定自动失效,执行机关应当及时报请有管辖权的法院重新作出是否减刑的裁定;再审改判为死刑缓期执行或者无期徒刑的,在新判决减为有期徒刑之时,原判决已经实际执行的刑期一并扣减;再审裁判宣告无罪的,原减刑裁定自动失效。

二、假释

(一)假释的概念

根据《刑法》第81条的规定,假释是指对于被判处有期徒刑、无期徒刑的犯罪分子,在执行一定刑期之后,因认真遵守监规,接受教育改造,确有悔改表现,没有再犯罪的危险的,而附条件地将其提前释放,在假释考验期限内依法实行社区矫正的制度。对此应作如下方面的理解:

1. 假释是将部分犯罪人附条件地提前释放,因而它不同于刑满释放。所谓"附条件",是指尚未执行的刑期不是无条件地免除,而是在一定期限内仍然保留着执行的现实可能性,即被假释的犯罪人如果没有遵守假释的规定,就撤销假释,收监执行剩余的刑罚。而刑满释放是不附加任何条件的,不存在再执行刑罚的问题。

2. 假释是为追求最佳的刑罚效果而采取的处遇手段,因而不同于暂予监外执行。暂予监外执行适用于因具有法定特殊情况不宜在监内执行的有期徒刑、拘役罪犯和无期徒刑罪犯,[1]是为了解决犯罪分子某些特殊情况,诸如有严重疾病需保外就医,妇女怀孕或者正在哺乳自己的婴儿等,而采取的暂不在监内执行的临时性措施。一旦暂予监外执行的法定条件消失而刑期又未满,就应当收监执行,其在监外执行的期间应当计入原判刑期之内。假释适用于执行了一定刑期、确有悔改表现、没有再犯罪的危险的有期徒刑、无期徒刑罪犯。被假释者遵守假释的规定,考验期满即社区矫正期满,就认为原判刑罚[2]已经执行完毕,当然也就不发生再收监执行的问题。如果因违反规定被撤销假释,那么,假释后所经过的考验期不能计入原判刑罚或新判决决定的刑罚之内。

3. 假释是对犯罪分子原判刑罚的剩余刑期变更执行方式,因而它不同于缓刑。假释与缓刑虽然具有相同之处,如都是依法实行社区矫正,都有一定的考验期即社区矫正期限,执行或考验的内容相近,都以限制人身自由为主,都以犯罪分子在考验期限内发生法定情形为撤销条件,但二者有明显的区别,具体包括:①假释适用于被判处有期徒刑、无期徒刑的犯罪人;而缓刑则适用于被判处拘役、3年以下有期徒刑的犯罪人。②适用假释的实质条件是犯罪分子在服刑期间确有悔改表现、没有再犯罪的危险,并应当考虑其假释后对所居住社区的影响;适用缓刑的实质条件则是犯罪分子的犯罪情节较轻、判决前有悔罪表现、没有再犯罪的危险、宣告缓刑对所居住社区没有重大不良影响。③假释是罪犯服刑一定时间后,由法院依法裁定的;而缓刑则是法院在判决的同时予以宣告的。④假释必须执行原判刑期的一部分后,有条件地不在监所执行余刑;而缓刑则是有条件的不在监所执行所判的全部刑期。⑤假释犯在考验期间没有发生应当撤销假释的情形,就认为原判刑罚执行完毕;缓刑犯在考验期间没有发生应当撤销缓刑的情形,原判刑罚就不再执行。⑥假释考验期满就视为刑罚执行完毕;而缓刑考验期满后原判的刑罚就不再执行。

4. 假释作为一种刑罚执行制度,也是对有悔改表现、没有再犯罪危险的受刑人的一种奖赏,但它不同于减刑。二者在适用的对象范围、实质条件、适用的时间和次数、适用的直接结果、有无考验期限等方面均是有区别的。

尽管假释与减刑之间存在着诸多区别,但二者的意义是相同的。而且从司法实践看,假释制度比减刑制度改造效果更好,假释罪犯再犯罪率更低。我国社区矫正制度日益健全,扩大假释适用的条件不断改善,根据《减刑假释规定》第26条的规定,对部分罪行较轻、符合规定条件的罪犯,适用假释时可以依法从宽掌握;罪犯既符合减刑条件又符合假释条件的,可以优先适用假释。

(二) 假释的适用条件

1. 适用假释的对象条件。假释只适用于被判处有期徒刑、无期徒刑的犯罪分子。管制本身就是对犯罪分子不予关押,故不发生假释问题。拘役的刑期很短,没有必要适用假释。因为适用假释的主要根据是犯罪分子的服刑时间和悔改表现等,而考察服刑人有无悔改表现,需要较长的刑期作保证。死刑立即执行因其特殊性质,不存在假释的问题。对限制减刑的死缓罪犯不得假释,对普通死缓罪犯不能直接适用假释。

应当指出,假释并非适用于全部有期徒刑、无期徒刑罪犯,对重大刑事罪犯应当排除或禁止适用假释。根据《刑法》第81条第2款和《减刑假释规定》,排除适用假释的情形包括:

---

[1] 此处的无期徒刑罪犯,专指被判处无期徒刑的怀孕或者正在哺乳自己婴儿的妇女。
[2] 本节中所讲的"原判刑罚""原判刑期",一般是指监禁刑。

（1）对累犯不得假释。因为累犯主观恶性较深，人身危险性很大，只有实行较长时间的监禁和教育矫正，才能消除其再次犯罪的危险性。

（2）对因故意杀人、强奸、抢劫、绑架、放火、爆炸、投放危险物质或者有组织的暴力性犯罪被判处10年以上有期徒刑、无期徒刑的犯罪分子，不得假释。这类犯罪人的犯罪性质、严重犯罪事实和对社会造成的严重危害等，足以表明其主观恶性和人身危险性都很大，改造的难度也大，适用假释难以防止其再危害社会。理解该规定时应注意以下几点：①这里的"有组织的暴力性犯罪"是指以犯罪组织形式实施的暴力犯罪，如黑社会性质的组织、恐怖组织、犯罪集团实施的暴力犯罪等。②这里的"暴力性犯罪"，不仅包括《刑法》第81条第2款所列举的上述几种犯罪，而且还包括其他使用暴力，以特定的或者不特定的人为侵害对象，蓄意危害他人人身安全的犯罪。[1]③这里的"被判处10年以上有期徒刑"，是指因"一罪"被判处10年以上有期徒刑。如果因数罪合并达到被判处10年以上但没有单个罪达到被判10年以上的，则不在禁止假释之列。[2]④对于被判处10年以上有期徒刑、无期徒刑的上述犯罪人，即使经减刑后其刑期低于10年有期徒刑的，也不得假释。

（3）对被判处死刑缓期执行的累犯以及因故意杀人、强奸、抢劫、绑架、放火、爆炸、投放危险物质或者有组织的暴力性犯罪被判处死刑缓期执行的罪犯，被减为无期徒刑、有期徒刑后，也不得假释。

（4）对于生效裁判中有财产性判项，罪犯确有履行能力而不履行或者不全部履行的，不予假释。所谓"财产性判项"是指判决罪犯承担的附带民事赔偿义务判项，以及追缴、责令退赔、罚金、没收财产等判项。

（5）对被判处终身监禁的罪犯，在死刑缓期执行期满依法减为无期徒刑的裁定中，应当明确终身监禁，不得再减刑或者假释。

2. 适用假释的限制条件。适用假释的限制条件，包括执行刑期条件和时间间隔条件。假释只适用于已经实际执行一段刑期的犯罪分子，而且对获得减刑的犯罪分子适用假释，必须有一定的时间间隔。这是因为，只有通过一定时间的刑罚执行，才能比较准确地掌握犯罪人是否具有悔改表现，是否有再犯罪的危险；也只有如此，才能防止滥用假释而导致刑罚执行的混乱，以保持判决的稳定性和适用假释的严肃性。适用假释的限制条件包括以下方面：

（1）对有期徒刑、无期徒刑罪犯适用假释的时限要求。《刑法》第81条第1款规定："被判处有期徒刑的犯罪分子，执行原判刑期1/2以上，被判处无期徒刑的犯罪分子，实际执行13年以上，如果认真遵守监规，接受教育改造，确有悔改表现，没有再犯罪的危险的，可以假释。如果有特殊情况，经最高人民法院核准，可以不受上述执行刑期的限制。"这是对犯罪分子执行原判刑罚的最低要求。被判处有期徒刑的罪犯假释时，执行原判刑期1/2的时间，应当从判决执行之日起计算，判决执行以前先行羁押的，羁押1日折抵刑期1日。被判处无期徒刑的罪犯假释时，刑法中关于实际执行刑期不得少于13年的时间，应当从判决生效之日起计算，判决生效以前先行羁押的时间不予折抵。

上述条款中的"如果有特殊情况……"，这是对适用假释在执行刑期条件方面的例外规定，说明适用假释也具有一定的灵活性。根据《减刑假释规定》第24条的规定，这里的"特

---

[1] 黄太云：《刑法修正案解读全编——根据刑法修正案（八）全新阐释》，人民法院出版社2011年版，第18页。

[2] 阮齐林：《刑法学》，中国政法大学出版社2011年版，第310页。

殊情况"是指有国家政治、国防、外交等方面特殊需要的情况。

（2）对普通死缓罪犯适用假释的时限要求。《减刑假释规定》第23条第3款规定："被判处死刑缓期执行的罪犯减为无期徒刑或者有期徒刑后，实际执行15年以上，方可假释，该实际执行时间应当从死刑缓期执行期满之日起计算。死刑缓期执行期间不包括在内，判决确定以前先行羁押的时间不予折抵。"

（3）减刑后又假释的间隔时间。《减刑假释规定》第28条规定："罪犯减刑后又假释的，间隔时间不得少于1年；对一次减去1年以上有期徒刑后，决定假释的，间隔时间不能少于1年6个月。罪犯减刑后余刑不足2年，决定假释的，可以适当缩短间隔时间。"

3. 适用假释的实质条件。适用假释的实质条件是犯罪分子认真遵守监规，接受教育改造，确有悔改表现，没有再犯罪的危险。犯罪分子在监所中是否遵守法律法规、监规和接受教育改造，是可以通过犯罪分子的现实表现考察出来的，而是否确有悔改表现、有无再犯罪的危险，则是行刑机关和审判机关结合犯罪分子的现实表现以及犯罪的具体情节、原判刑罚情况等，所作的综合评估。

这里的"确有悔改表现"应具备的条件与减刑中的"确有悔改表现"相同。认定"没有再犯罪的危险"，除符合《刑法》第81条规定的情形外，还应当根据犯罪的具体情节、原判刑罚情况，在刑罚执行中的一贯表现，罪犯的年龄、身体状况、性格特征，假释后生活来源以及监管条件等因素综合考虑。

根据《减刑假释规定》第26条和第31条的规定，对下列罪犯适用假释时可以依法从宽掌握：①过失犯罪的罪犯、中止犯罪的罪犯、被胁迫参加犯罪的罪犯；②因防卫过当或者紧急避险过当而被判处有期徒刑以上刑罚的罪犯；③犯罪时未满18周岁的罪犯；④基本丧失劳动能力、生活难以自理，假释后生活确有着落的老年罪犯、患严重疾病罪犯或者身体残疾罪犯；⑤服刑期间改造表现特别突出的罪犯；⑥具有其他可以从宽假释情形的罪犯。罪犯既符合法定减刑条件，又符合法定假释条件的，可以优先适用假释。年满80周岁、身患疾病或者生活难以自理、没有再犯罪危险的罪犯，既符合减刑条件，又符合假释条件的，优先适用假释。

4. 适用假释的社区条件。《刑法》第81条第3款规定："对犯罪分子决定假释时，应当考虑其假释后对所居住社区的影响。"犯罪分子被假释后都是回到其所居住的社区接受社区矫正，如果假释后对所居住社区的影响不好，势必影响其融入社会，甚至会诱发新的犯罪，不利于社会的稳定与安宁。因此，刑法作出了上述规定。所谓"对所居住社区的影响"，主要是指所居住社区的居民对假释该罪犯的主观意愿、该社区原来的社会治安情况以及已接收社区矫正人员的数量或规模等。

本章"导入案例二"中，邹某符合适用假释的四个条件，可以假释。首先，邹某是在缓刑考验期内又犯新罪，不构成累犯。虽然被判处11年有期徒刑，但并不是一罪之罚，而且故意伤害罪不在禁止假释之列，所以符合假释的对象条件。其次，邹某有悔改表现，没有再犯罪的危险，而且假释后对所居住的社区也无不好影响，符合假释的实质条件和社区条件。再次，邹某已经服刑6年，符合"实际执行原判刑罚1/2以上"的执行刑期条件。因此，对邹某可以适用假释。

（三）假释的裁定和执行

1. 假释的程序。根据《刑法》第82条的规定，对于犯罪分子的假释，由执行机关向中级以上人民法院提出假释建议书，法院应当组成合议庭进行审理，对符合条件的，裁定予以假释。非经法定程序不得假释。

2. 假释的考验期限及执行。假释是对在押罪犯附条件地提前释放，因而需要设立一定的考验期限，以便对假释罪犯继续进行监督管理和教育矫正。考验期限必须适当，如果过短，就起不到假释的作用；如果过长，也不利于犯罪人的改造。所以，《刑法》第83条规定了与原判刑罚轻重相适应的考验期，即有期徒刑的假释考验期限，为没有执行完毕的刑期；无期徒刑的假释考验期限为10年。假释考验期限，从假释之日起计算。凡被附加剥夺政治权利的，自假释之日起执行。

对假释的犯罪分子，在假释考验期限内，依法实行社区矫正。

3. 假释犯的行为规范。对假释犯必须建立一定的行为约束机制。根据《刑法》第84条的规定，被宣告假释的犯罪分子，在假释考验期内应当遵守下列规定：①遵守法律、行政法规，服从监督；②按照监督机关的规定报告自己的活动情况；③遵守监督机关关于会客的规定；④离开所居住的市、县或者迁居，应当报经监督机关批准。

（四）假释的法律后果

假释犯在假释考验期限内的表现不同，最终效果也就不同。

1. 适用假释所不期望的结果——撤销假释、收监执行。根据《刑法》第86条的规定，假释犯有下列三种情形之一的，应当撤销假释，分别作出相应的处理：

（1）再犯新罪的处理。被假释的犯罪分子在假释考验期限内再犯新罪，不论新罪的性质和罪过形式如何，都应当撤销假释，依照《刑法》第71条规定的"先减后并"方法，实行数罪并罚。如果在假释考验期限内犯新罪，而在假释考验期满后才被发现，只要新罪未超过追诉时效期限，就应当撤销假释，按照"先减后并"的方法实行数罪并罚。

（2）发现"漏罪"的处理。在假释考验期限内，发现被假释的犯罪分子在判决宣告以前还有其他罪没有判决的，应当撤销假释，依照《刑法》第70条规定的"先并后减"的方法，实行数罪并罚。

（3）违反监督管理规定的处理。被假释的犯罪分子在假释考验期限内，有违反法律、行政法规或者国务院有关部门关于假释的监督管理规定的行为，尚未构成新的犯罪的，应当依照法定程序撤销假释，收监执行未执行完毕的刑罚。《最高人民法院关于适用〈刑事诉讼法〉的解释》第543条规定，人民法院收到社区矫正机构的撤销假释建议书后，经审查，确认罪犯在假释考验期限内具有下列情形之一的，应当作出撤销假释的裁定：①无正当理由不按规定时间报到或者接受社区矫正期间脱离监管，超过1个月的；②受到执行机关二次警告，仍不改正的；③有其他违反监督管理规定的行为，尚未构成新的犯罪的。

2. 适用假释所期望的结果——认为原判刑罚执行完毕。根据《刑法》第85条的规定，假释犯在假释考验期限内没有出现上述应当撤销假释的情形，假释考验期满，就认为原判刑罚已经执行完毕，并公开予以宣告。这里的"认为原判刑法已经执行完毕"与缓刑中的"原判的刑罚就不再执行"是根本不同的。

第三节 时效与赦免

一、时效

（一）时效的概念和意义

刑法中的时效分为追诉时效和行刑时效两种。追诉时效是指刑法规定的追究犯罪分子刑事责任的有效期限。超过这个期限，除法定最高刑为无期徒刑、死刑，经最高人民检察院核准必须追诉的外，都不得再追究犯罪人的刑事责任；已经追究的，应当撤销案件或者不起诉或者终止审理。行刑时效是指法律规定的对被判处刑罚的人执行刑罚的有效期限。

我国刑法只规定了追诉时效制度，没有规定行刑时效制度。在刑法中规定追诉时效，绝不是给犯罪分子提供"护身符"，而是为了更有效地同犯罪作斗争，维护社会的和谐稳定，实现我国刑法的任务。其意义主要有以下方面：

1. 有利于实现刑罚目的。我国适用刑罚的目的是预防犯罪，而不是为了惩罚而惩罚，更不是实行报复主义。如果犯罪分子在犯罪后经过一定期间没有受到追诉，也没有再犯罪，就说明他已经弃恶从善，再犯罪的危险性已不复存在，这就达到了适用刑罚所期望达到的目的，没有再进行追诉的必要。因此，在刑法中规定追诉时效，完全符合我国刑罚目的的要求。

2. 有利于司法机关集中精力打击现行犯罪活动。现行犯罪直接危害社会治安和经济社会发展，因此打击现行犯罪活动，历来是司法机关头等重要任务。而多年以前发生的刑事案件，则随着时间的推移和环境的变化，再进行侦查、起诉或审判，困难很大。刑法规定追诉时效制度，就能够使司法机关摆脱那些难以彻底查清而现实意义又不大的陈年旧案的拖累，节省人力、财力，集中力量办理现行案件，及时打击现行犯罪活动，以更好地保护国家和人民的利益。

3. 有利于社会的和谐稳定。在刑事案件中，有一部分是人民群众之间发生的轻微犯罪案件。这些犯罪的社会危害性较轻，而且经相当长时间没有提起诉讼，有的经过调解或因时间推移，被害人和犯罪人已不记旧恨、和睦相处。有了追诉时效制度，就可以稳定这种社会关系。如果对这些轻微犯罪的追诉时间不加限制，就可能使已经稳定的关系再度陷入紧张，还会使那些曾经犯过罪的人始终背着沉重的思想包袱，生活、工作不安心，不利于社会安定。

（二）追诉时效的期限

我国刑法中的追诉期限的长短，是与犯罪的社会危害性大小、刑罚的轻重相适应的。根据《刑法》第87条的规定，犯罪经过下列期限不再追诉：①法定最高刑为不满5年有期徒刑的，经过5年；②法定最高刑为5年以上不满10年有期徒刑的，经过10年；③法定最高刑为10年以上有期徒刑的，经过15年；④法定最高刑为无期徒刑、死刑的，经过20年。如果20年以后认为必须追诉的，须报请最高人民检察院核准。

准确计算追诉期限的关键是正确确定所犯之罪的"法定最高刑"。首先要根据所犯罪行的轻重，确定应当适用刑法分则相应条款或相应的量刑幅度，然后确定其法定最高刑并计算追诉期限。具体而言，如果所犯之罪的法定刑是由一个条款规定且只规定有一个量刑幅度的，则按该法定刑的最高刑计算追诉期限；如果所犯之罪的法定刑由一个条款规定，并且有数个量刑幅度的，则按其罪行应当适用的量刑幅度的最高刑计算；如果所犯之罪的法定刑分别规定在几条或几款时，则按其罪行应当适用的条或款的法定最高刑计算。

（三）追诉期限的计算

1. 追诉期限的起算。《刑法》第89条第1款规定："追诉期限从犯罪之日起计算；犯罪行为有连续或继续状态的，从犯罪行为终了之日起计算。"所谓犯罪之日，是指犯罪成立之日。由于法律对各种形态犯罪的构成要件规定不同，因而认定犯罪成立的标准也不相同。例如，行为犯的犯罪成立之日为犯罪行为实施之日，对行为犯的追诉期限应从犯罪行为实施之日起计算；结果犯的犯罪成立之日为犯罪结果发生之日，对结果犯的追诉期限应从犯罪结果发生之日起计算。这里的"犯罪行为终了之日"，就连续犯而言，是指最后的一个独立的犯罪成立之日；就继续犯而言，是指处于持续状态的一个犯罪行为的结束之日。

2. 追诉时效中断。是指在追诉时效进行期间，由于发生了法定的事由而使以前经过的时效期间归于无效，法定的事由终了之时，追诉时效重新开始计算。《刑法》第89条第2款规定："在追诉期限以内又犯罪的，前罪追诉的期限从犯后罪之日起计算。"例如，吴某于1998年5月16日犯甲罪，该罪的法定最高刑为10年有期徒刑。2000年7月9日，吴某又犯了乙罪，该罪的法定最高刑为5年。那么，对吴某所犯之罪如何确定追诉期限？追诉期限的结束时间是何时呢？本案中，对吴某所犯甲罪的追诉期限应当为15年，本应从1998年5月16日始至2013年5月15日止。但是，由于吴某在这个追诉期限内又犯了乙罪，表明其无悔改之意，前罪所体现出的人身危险性并没有消除，所以，甲罪的追诉期限中断，甲罪的追诉期限15年从吴某犯乙罪之日起即2000年7月9日重新计算，至2015年7月8日才结束。

4. 追诉时效延长。是指在追诉时效进行期间，因发生法定的事由，致使追诉期限暂时停止执行。《刑法》第88条规定："在人民检察院、公安机关、国家安全机关立案侦查或者人民法院受理案件以后，逃避侦查或者审判的，不受追诉期限的限制。""被害人在追诉期限内提出控告，人民法院、人民检察院、公安机关应当立案而不予立案的，不受追诉期限的限制。"刑法作这样的规定，是为了打击那些想方设法逃避侦查、审判的犯罪分子，无论他们逃避多久，司法机关都可以对其进行追诉；同时可以有效地保护被害人的合法权益，特别是对被害人进行精神上的抚慰。

司法实务中应当注意，如果犯罪分子没有逃避侦查和审判的行为，而是有的司法机关在立案或受理后，因某些原因又未继续采取侦查或追究措施，以至超过追诉期限的，不应适用《刑法》第88条的规定。

二、赦免

赦免，是指国家以发布命令的形式，对犯罪分子免予刑事追诉或免除执行全部或部分刑罚的法律制度，它分为大赦和特赦两种。

大赦是指国家对某一时期犯有某些罪行的不特定的多数犯罪分子的赦免。这种赦免的效力及于罪与刑两个方面，即被大赦的犯罪人既不受刑事追究和刑罚处罚，也不存在着犯罪记录。已受罪刑宣告的，宣告归于无效；已受追诉而未受罪刑宣告的，追诉归于无效。

特赦是指国家对受罪刑宣告的特定的犯罪分子，免除其刑罚的全部或部分的一项制度。特赦只赦其刑，不赦其罪，即只免除刑罚的执行而不消灭犯罪记录。

我国1954年《宪法》规定了大赦和特赦，但在实践中并没有实行过大赦。以后的宪法都只规定了特赦，没有规定大赦，因此我国刑法中的赦免均指特赦。根据我国宪法的规定，特赦由全国人民代表大会常务委员会决定，由国家主席发布特赦令实施特赦。我国自1959年以来先后实行过9次特赦，其中自1959年至1975年先后实行了7次特赦。最近两次的特赦分别是在2015年和2019年。

2015年8月29日，为纪念中国人民抗日战争暨世界反法西斯战争胜利70周年，体现依法治国理念和人道主义精神，全国人大常委会通过了《关于特赦部分服刑罪犯的决定》，对依据2015年1月1日前人民法院作出的生效判决正在服刑，释放后不具有现实社会危险性的四类罪犯实行特赦。决定特赦的四类罪犯分别是：参加过中国人民抗日战争、中国人民解放战争的；中华人民共和国成立以后，参加过保卫国家主权、安全和领土完整对外作战的，但犯贪污受贿犯罪，故意杀人、强奸、抢劫、绑架、放火、爆炸、投放危险物质或者有组织的暴力性犯罪，黑社会性质的组织犯罪，危害国家安全犯罪，恐怖活动犯罪的，有组织犯罪的主犯以及累犯除外；年满75周岁、身体严重残疾且生活不能自理的；犯罪的时候不满18周岁，被判处3年以下有期徒刑或者剩余刑期在1年以下的，但犯故意杀人、强奸等严重暴力性犯罪，恐怖活动犯罪，贩卖毒品犯罪的除外。

2019年6月29日，为庆祝中华人民共和国成立70周年，体现依法治国理念和人道主义精神，根据宪法，全国人大常委会通过了《关于在中华人民共和国成立七十周年之际对部分服刑罪犯予以特赦的决定》，决定对依据2019年1月1日前人民法院作出的生效判决正在服刑的九类罪犯实行特赦。

我国的特赦制度的特点是：不是针对个别的犯罪分子，而是以某一类或者某几类犯罪分子为特赦对象；适用于经过一定时期的关押改造，确已改恶从善的犯罪分子；不是免除全部刑罚，只是免除执行剩余的刑罚予以释放，或者减轻其原判的刑罚。

思考题

1. 简述刑罚执行的概念和特征。
2. 论述减刑的概念和适用条件。
3. 减刑后的刑期应如何计算？
4. 简述假释的概念和适用条件。
5. 假释的考验期限如何确定？应当撤销假释的情形有哪些？
6. 如何理解追诉时效制度？

实务训练

[案例1] 许某是某国有公司经理，因利用职务之便贪污被判处有期徒刑6年。在监狱中，许某积极改造，遵守法律法规及监规，并充分发挥自己是工科研究生这一有利条件，努力在生产劳动中学习和提高技术。同时借助监狱中的生产设备和资料，反复钻研，终于在入狱后的第9个月完成了一项发明创造。

[问题] 对许某是否应当减刑？为什么？

[案例2] 马某因犯抢劫罪被判处有期徒刑9年，2002年11月刑满释放。2005年1月，马某盗窃他人财物1万元，人民法院于2005年3月以盗窃罪判处马某有期徒刑7年，判决生效后，将马某交付某监狱执行。2009年1月，马某所在监狱认为马某已经具备适用假释的条件，遂向人民法院提出假释建议书。

[问题] 人民法院对马某是否应当裁定假释？为什么？

[案例3] 夏某被假释后第3天，在其姐开的旅店里见一年轻漂亮的女旅客徐某独自住在该店的405房间，遂生邪念。待夜深徐某熟睡后，翻窗进入405房间，先是对徐某进行猥亵，后又进行奸淫。此间，徐某曾被惊醒，但误以为夏某是其同住该店的未婚夫，而未反抗。夏某行奸后匆忙离开现场，这一举止引起了徐某的怀疑，徐某即向公安机关报案。夏某被抓获归案。

[问题] 对夏某应如何定罪处罚？并说明理由。

模块五　类罪与具体犯罪的构成及其处罚

第十七章

罪刑关系条文的构成

学习目标与工作任务

通过本章的学习，了解罪刑关系条文的构成，掌握罪状的概念和种类、罪名的概念和分类、法定刑的概念和种类，领会各种罪状和各种法定刑的特点。能够认定某一罪刑关系条文属于哪种罪状，能够准确选用法定刑。

教学内容

对于刑法分则的条文，按照其是否规定有具体犯罪和刑罚为标准，可以分为罪刑关系的条文和非罪刑关系的条文。罪刑关系的条文是指规定有具体犯罪并配置了相应刑罚的刑法分则条文，它由罪状和法定刑两部分构成。例如《刑法》第258条规定："有配偶而重婚的，或者明知他人有配偶而与之结婚的，处2年以下有期徒刑或者拘役。"这个条文前半部分的规定叫罪状，其中包含了罪名，后半部分的规定叫法定刑。非罪刑关系的条文是指不包含有具体犯罪和刑罚，而只是对有关概念、词语作解释的刑法分则条文。如《刑法》第367条规定："本法所称淫秽物品，是指具体描绘性行为或者露骨宣扬色情的诲淫性的书刊、影片、录像带、录音带、图片及其他淫秽物品。有关人体生理、医学知识的科学著作不是淫秽物品。包含有色情内容的有艺术价值的文学、艺术作品不视为淫秽物品。"我国刑法分则的条文绝大部分属于罪刑关系条文，极少数属于非罪刑关系条文。

第一节　　罪状和罪名

一、罪状

（一）罪状与犯罪构成要件

罪状，是指刑法分则条文对具体犯罪及其基本构成特征的描述。只有与法定刑相联系，具体描述犯罪构成特征的部分，才是罪状。

罪状是犯罪构成的载体和基本内容，是定罪的法律依据。只有通过对各罪状的准确分析，才能揭示各种具体犯罪的基本构成特征，明确如何区分罪与非罪、此罪与彼罪的界限。应当指出，任何一个罪状都不可能、也不必要对每一种罪的全部构成要件加以描述。罪状一般只是对某一犯罪特有的构成要件事实特征加以描述，而对具有共性的构成要件不作描述，因为共性的构成要件已被规定在刑法总则中，可以根据刑法总则的相关规定予以确定。例如，由于大多数犯罪的主体是一般主体，而一般主体应具备的责任年龄、责任能力等条件在刑法总则中已有规定，因此，罪状只对某种犯罪的特殊主体作出规定。基于同样的道理，关于犯罪主观方面的罪过形式，罪状中一般也不作描述。总之，罪状只是规定了部分的犯罪构成要件，对于某罪的全部犯罪构成还需要结合刑法总则的一般性规定予以确定。

(二) 罪状的种类

刑法理论一般根据罪状的描述方式及繁简程度的不同，把罪状划分为简单罪状、叙明罪状、引证罪状和空白罪状四种：

1. 简单罪状。是指仅写出犯罪名称即罪名，没有具体描述犯罪的构成特征的罪状。例如，《刑法》第232条规定："故意杀人的，处……"第234条规定："故意伤害他人身体的，处……"都属于简单罪状。采用简单罪状，一般是因为立法者认为这些犯罪的特征易于被人们理解和把握，无需在条文中作详细的描述。采用该种罪状，虽然能够使法律条文简化避免繁琐，但不利于对法律条文含义的准确理解和执行，因而较少使用。

2. 叙明罪状。是指对具体犯罪的构成特征作出较为详细描述的罪状。例如，《刑法》第305条规定："在刑事诉讼中，证人、鉴定人、记录人、翻译人对与案件有重要关系的情节，故意作虚假证明、鉴定、记录、翻译，意图陷害他人或者隐匿罪证的，处3年以下有期徒刑或者拘役；情节严重的，处3年以上7年以下有期徒刑。"该条文对伪证罪的主体、主观方面和客观方面的特征作了详细的描述，因而是典型的叙明罪状。采用这种描述方式，易为人们理解和掌握，有助于准确认定犯罪，因而多数刑法分则条文均采用叙明罪状。

3. 引证罪状。是指引用刑法中的其他条款来说明和确定某一犯罪构成特征的罪状。例如，《刑法》第124条第1款规定："破坏广播电视设施、公用电信设施，危害公共安全的，处3年以上7年以下有期徒刑……"该条款规定了破坏广播电视设施、公用电信设施罪的罪状，描述了该罪侵犯的客体、对象和客观方面表现。《刑法》第124条第2款规定："过失犯前款罪的，处……"该款规定的是过失损坏广播电视设施、公用电信设施罪，对该罪的构成特征要通过查看该条第1款的规定予以确定。引证罪状的标志性语句是"……犯前款罪的，处……"引证罪状的特点是引用、参照刑法中的其他条款。采用引证罪状，是为了避免条款间文字上的重复，保持条文的简明性。

4. 空白罪状。亦称参见罪状，是指没有具体说明某一犯罪的构成要件，但指明了必须参照的其他法律、法规。例如，《刑法》第133条规定："违反交通运输管理法规，因而发生重大事故，致人重伤、死亡或者使公私财产遭受重大损失的，处……"就是空白罪状。因为，该罪状中并没有全面写明交通肇事罪的客观表现，只能根据行为人所违反的交通运输管理法规的规定来确定。空白罪状的标志性语句是"违反……法规或规定""违反国家规定"。根据《刑法》第96条的规定，刑法中所称"违反国家规定"，是指违反全国人民代表大会及其常务委员会制定的法律和决定，国务院制定的行政法规、规定的行政措施、发布的决定和命令。采用空白罪状，是因为某些行为成立犯罪首先以触犯其他法律、法规为前提，而有关法律、法规对该行为的具体特征已有规定且内容较多，立法机关为了表述的方便和简化刑法条文，因而采用空白罪状。

以上几种罪状都属于基本罪状。有些罪刑关系条文在规定了基本罪状的同时，还规定了加重或减轻罪状。加重、减轻罪状，是指对加重或减轻法定刑的适用条件的描述。例如，《刑法》第232条规定："故意杀人的，处死刑、无期徒刑或者10年以上有期徒刑；情节较轻的，处3年以上10年以下有期徒刑。"该条就同时包括基本罪状和减轻罪状。再如，《刑法》第134条第1款规定："在生产、作业中违反有关安全管理的规定，因而发生重大伤亡事故或者造成其他严重后果的，处 3 年以下有期徒刑或者拘役；情节特别恶劣的，处 3 年以上 7 年以下有期徒刑。"该条就同时包括基本罪状和加重罪状。

二、罪名

（一）罪名的确定方式

罪名，顾名思义，是犯罪的名称，是对具体犯罪本质特征或主要特征的高度概括，如投放危险物质罪、盗窃罪。我国刑法分则关于罪名的确定方式，少数采用定义明示式，绝大多数采用包含式的方式。

1. 定义明示式罪名。又称为立法罪名，是指在条文中以定义的形式载明罪名，如《刑法》第 382 条第 1 款规定："国家工作人员利用职务上的便利，侵吞、窃取、骗取或者以其他手段非法占有公共财物的，是贪污罪。"

2. 包含式罪名。又称为司法罪名，是指将罪名包含在罪状之中，通过对罪状的分析来确定该条所规定的罪名。正确规定和使用罪名，对于准确划清此罪与彼罪的界限，正确定罪量刑，都具有重要的意义。由于我国刑法分则条文对大多数具体犯罪只规定了罪状，而没有明确罪名，这不利于刑事执法的统一，因此，最高司法机关通过制定司法解释对刑法分则各条文所规定的具体犯罪的名称作出了明确规定。

（二）罪名的分类

1. 类罪名与具体罪名。

（1）类罪名，是指某一类犯罪的总名称。在刑法分则中，类罪名就是各章节的标题，如刑法分则第二章"危害公共安全罪"等。类罪名没有具体的罪状和法定刑，因此它不能作为定罪的罪名使用。

（2）具体罪名，即种罪名、个罪名，是指各种具体犯罪的名称，如以危险方法危害公共安全罪、抢劫罪、受贿罪等。我国刑法分则中只有 10 个类罪名，而有 483 个具体罪名，每个具体罪名都有其定义、构成要件与法定刑。具体罪名是定罪时应当使用的罪名。

2. 单一罪名、选择罪名与概括罪名。

（1）单一罪名，是指一个罪状中只包括一种犯罪行为，概括一个犯罪构成、不能分解拆开使用的罪名。如故意杀人罪、故意伤害罪等。由于单一罪名只反映一种犯罪行为的名称，所以在使用时不会发生歧义，我国刑法分则中的大部分罪名是单一罪名。

（2）选择罪名，是指某一罪状中所包含的犯罪构成内容复杂，包括多种犯罪行为或者多种行为对象，既可以概括为一个罪名使用，也可以分解拆开使用的罪名。如《刑法》第 125 条第 1 款规定的非法制造、买卖、运输、邮寄、储存枪支、弹药、爆炸物罪，就属于选择罪名。选择罪名即使在多种行为方式或者多个行为对象同时存在的情况下，也只能定一个罪名，而不实行数罪并罚。应当注意，虽然选择罪名通常被规定在同一个条文中，但规定在同一个条文中的未必都是选择罪名，有时一个条文可能规定数个并列关系的罪名，如《刑法》第 114 条规定："放火、决水、爆炸以及投放毒害性、放射性、传染病病原体等物质或者以其他危险方法危害公共安全，尚未造成严重后果的，处 3 年以上 10 年以下有期徒刑。"该条中规定了放火罪、决水罪、爆炸罪、投放危险物质罪、以危险方法危害公共安全罪 5 个罪名，属于并列关系的罪名而不属于选择罪名，行为人实施两种以上具体犯罪行为时，应当分别定罪，实行并罚。

（3）概括罪名，是指虽然某一罪状中所包含的犯罪构成内容复杂，但是只能概括使用而不能分解拆开使用的罪名。如《刑法》第 196 条规定的信用卡诈骗罪，包括使用伪造的信用卡或者使用以虚假的身份证明骗领的信用卡、使用作废的信用卡、冒用他人信用卡、恶意透支四种行为类型，不管行为人是实施其中一种还是几种行为，都只定信用卡诈骗罪一罪。

第二节 法定刑

一、法定刑的概念

法定刑，是指刑法分则条文对具体犯罪所确定的适用刑罚的种类和刑罚的幅度。刑法总则规定了5种主刑和4种附加刑。刑法分则中的法定刑，是依据刑法总则的规定，根据具体犯罪的罪行程度和预防犯罪的需要所确定的刑种和刑度。法定刑是刑法分则罪刑关系条文的组成部分，是审判机关对犯罪人适用刑罚的依据。

法定刑不同于宣告刑。宣告刑是人民法院对具体犯罪判决宣告的应当执行的刑罚。二者的区别在于：①法定刑是国家立法机关在刑法中规定的，而宣告刑是人民法院在处理具体案件时确定的，且宣告刑必须以法定刑为依据，是法定刑的具体运用。②法定刑在没有具体适用之前是不确定的，一般有可供选择的刑种和刑度；而宣告刑一经判决就只能是确定的，是特定的刑种和刑期。③法定刑是立法上的规定，是国家立法机关针对某一具体犯罪的性质和危害程度而规定的，它着眼于某一具体犯罪的共性；而宣告刑是司法中的适用，是审判机关根据犯罪案件和犯罪人的具体情况确定的，它着眼于具体犯罪案件及犯罪人的特殊性。

法定刑也不同于执行刑。执行刑是对犯罪分子实际执行的刑罚，其执行依据是宣告刑而非法定刑。在通常情况下，执行刑与宣告刑是相等的，但在特殊情况下，执行刑要低于宣告刑。

二、法定刑的基本形式

从各国立法实践看，对法定刑的规定有以下三种基本形式：

（一）绝对确定的法定刑

绝对确定的法定刑，是指在刑法条文中对某种犯罪或某种犯罪的某种情形只规定单一、固定而无量刑幅度的刑种，审判机关没有自由裁量的余地。如对某种犯罪只规定"处无期徒刑"。采用这样的法定刑，审判机关容易操作，但缺乏灵活性，难以保证罪责刑相适应原则的贯彻。因此，包括我国在内的现代世界各国刑法一般都不采用之。

但是，我国刑法针对极个别犯罪的特定情节，规定了绝对确定的法定刑。例如，《刑法》第121条规定："以暴力、胁迫或者其他方法劫持航空器的，处10年以上有期徒刑或者无期徒刑；致人重伤、死亡或者使航空器遭受严重破坏的，处死刑。"从整体上看，该罪的法定刑不是绝对确定的，但是针对造成严重后果的情节，只规定单一的死刑，因此可以视为是一种绝对确定的法定刑。

（二）绝对不确定的法定刑

绝对不确定的法定刑，即绝对不定刑，是指在刑法条文中只笼统地规定对某种犯罪要处以刑罚，而不规定具体的刑种和刑度，具体如何处罚完全由法官自由裁量。如只规定对某种犯罪行为"依法追究刑事责任""依法制裁"等。采用这样的法定刑，给予法官的自由裁量权太大，容易造成执法的不统一和不平衡。由于我国实行罪刑法定原则，因此我国刑法中无此种类型的法定刑。

（三）相对确定的法定刑

相对确定的法定刑，是指在刑法条文中对某种犯罪规定了相对具体的刑种和刑度，它是我国刑法分则条文中普遍采用的法定刑形式。相对确定的法定刑有较大的裁量幅度，便于审判机关根据犯罪人的不同情况适用不同的刑罚。

三、我国刑法"相对确定法定刑"的表现形式

我国刑法分则中的相对确定法定刑，有以下几种表现形式：

1. 只规定有一个主刑刑种及其最高限度的法定刑，其最低限度决定于刑法总则对某个刑种下限的规定。

2. 只规定一个主刑刑种及其最低限度的法定刑，其最高限度决定于刑法总则对某个刑种上限的规定。如《刑法》第 317 条第 1 款规定："组织越狱的首要分子和积极参加的，处 5 年以上有期徒刑；其他参加的，处 5 年以下有期徒刑或者拘役。"该条前段的法定刑没有最高限度，但结合刑法总则关于有期徒刑最高期限的规定，其法定刑就是 5 年以上 15 年以下有期徒刑。

3. 只规定一个主刑刑种并且规定最高限度和最低限度的法定刑。如《刑法》第 294 条第 2 款规定："境外的黑社会组织的人员到中华人民共和国境内发展组织成员的，处 3 年以上 10 年以下有期徒刑。"

4. 规定有 2 个以上主刑刑种，同时对有期徒刑的最高限度或最低限度作出规定。如《刑法》第 232 条规定："故意杀人的，处死刑、无期徒刑或者 10 年以上有期徒刑；情节较轻的，处 3 年以上 10 年以下有期徒刑。"

5. 规定一种主刑并同时规定附加刑。如《刑法》第 133 条之一规定："在道路上驾驶机动车，有下列情形之一的，处拘役，并处罚金：……"

6. 规定两种以上主刑并同时规定附加刑，其中对有期徒刑规定了最低限度或最高限度。如《刑法》第 309 条规定："有下列扰乱法庭秩序情形之一的，处 3 年以下有期徒刑、拘役、管制或者罚金：（一）聚众哄闹、冲击法庭的；（二）殴打司法工作人员或者诉讼参与人的……"

7. 规定两种以上主刑，两个以上的量刑幅度并同时规定附加刑，其中有期徒刑规定了最高限度和最低限度。如《刑法》第 239 条第 1 款规定："以勒索财物为目的绑架他人的，或者绑架他人作为人质的，处 10 年以上有期徒刑或者无期徒刑，并处罚金或者没收财产；情节较轻的，处 5 年以上 10 年以下有期徒刑，并处罚金。"

8. 规定援引法定刑，即规定对某罪援引其他条文或同条的另一款的法定刑处罚。如《刑法》第 386 条规定："对犯受贿罪的，根据受贿所得数额及情节，依照本法第 383 条的规定处罚。索贿的从重处罚。"就是说，对犯受贿罪的，按照《刑法》第 383 条所规定的贪污罪的法定刑进行处罚。

思考题

1. 什么是罪状？罪状有哪几种？
2. 什么是罪名？对罪名可以作怎样的分类？
3. 什么是法定刑？我国刑法采用的是何种类型的法定刑？

第十八章

危害国家安全罪

学习目标与工作任务

通过本章的学习,理解危害国家安全罪的概念和构成特征,掌握各个罪名的概念、相关处罚的特别规定,熟悉重点罪名的构成要件以及认定时应注意的问题。能够根据刑法的相关规定与犯罪构成,进行案例分析,处理实务问题。

导入案例

王某系我国某直辖市原副市长,之前曾任该市公安局长。2012年2月6日,王某以洽谈工作为由,取消原定公务安排,于当日14时31分私自进入美国驻成都总领事馆,称因查办案件人身安全受到威胁,请求美方提供庇护,并书写政治避难申请。王某于2月7日23时35分自动离开美领馆,愿意接受组织调查。

问:王某的行为构成何种犯罪?

教学内容

第一节 危害国家安全罪概述

危害国家安全罪[1],是指故意危害中华人民共和国国家安全的行为,它是性质最为严重、危害性最大的一类犯罪。这类犯罪的构成特征是:

1. 这类犯罪的客体是中华人民共和国的国家安全。国家安全,不是泛指一切属于国家的利益,而是指国家的重大利益,具体是指国家政权、主权、统一和领土完整、人民福祉、经济社会可持续发展和国家其他重大利益相对处于没有危险和不受内外威胁的状态,以及保障持续安全状态的能力。危害国家安全罪不同于其他九类犯罪的突出特点,就是它不是危害某些人、某一部门或某一方面的利益,而是直接指向和威胁国家政权和社会主义制度的存在。

2. 这类犯罪在客观方面表现为实施危害国家安全的行为。危害国家安全的行为具体包括《刑法》第102~112条规定的各种行为。这类犯罪属于行为犯,即上述条文规定的任何一种行为,只要一经实施,就属于犯罪既遂。而且,在本章犯罪中,有大量的非实行行为(预备行

---

[1] 1979年《刑法》将危害国家根本利益和安全的一类犯罪称为"反革命罪"。鉴于使用"反革命罪"这个类罪名已经不适应我国社会政治、经济发展的状况,也不适应国际交往的形势,1997年修订刑法时就用"危害国家安全罪"予以取代。

为、教唆行为、帮助行为）实行化的规定。例如，为分裂国家而实施策划的行为，本是分裂国家罪的预备行为，但刑法把它规定为分裂国家罪的实行行为；煽动分裂国家、煽动颠覆国家政权的行为本是分裂国家罪、颠覆国家政权罪的教唆行为，但刑法规定这种非实行行为独立成罪；资助危害国家安全犯罪活动，本是危害国家安全罪的帮助行为，也被独立成罪。

3. 这类犯罪的主体，大多数是一般主体，少数是特殊主体。本章中的少数犯罪的主体只能是中国公民，如背叛国家罪、投敌叛变罪、资敌罪；叛逃罪的主体只能是具有特殊身份的中国公民。单位不可能成为本类犯罪的主体。

4. 这类犯罪的主观方面是故意，即明知自己的行为会危害国家安全，并且希望或者放任这种结果的发生。

本类罪共包括12个罪名，12个犯罪在处罚规定方面有些是相同的，包括：①一律应当附加剥夺政治权利；②一律可以并处没收财产；③根据《刑法》第113条第1款的规定，除煽动分裂国家罪、颠覆国家政权罪、煽动颠覆国家政权罪、资助危害国家安全犯罪活动罪、叛逃罪外，其他犯罪的最高法定刑均为死刑，即"对国家和人民危害特别严重、情节特别恶劣的，可以判处死刑"。④根据《刑法》第106条的规定，与境外机构、组织、个人相勾结，犯分裂国家罪，煽动分裂国家罪，武装叛乱、暴乱罪，颠覆国家政权罪，煽动颠覆国家政权罪的，从重处罚。这些方面的规定，后面在介绍各罪的处罚时一般不予重复。

第二节 危害国家安全罪分述

一、背叛国家罪

（一）背叛国家罪的概念和构成要件

背叛国家罪，是指勾结外国，或者与境外机构、组织、个人相勾结，危害国家的主权、领土完整和安全的行为。其构成要件是：

1. 本罪的客体是国家的主权、领土完整和安全。

2. 本罪在客观方面表现为勾结外国或者境外机构、组织、个人，危害国家主权、领土完整和安全的行为。所谓勾结，是指与外国的政府、政党、政治集团或者境外机构、组织、个人进行联络、密谋、策划。危害国家主权、领土完整和安全，是指签订卖国条约，出卖国家主权；非法割让国家领土，破坏国家领土完整；策划对我国发动侵略战争；制造国家争端向我国提出领土要求；勾结外国，迫使我国政府同意外国在我国领土上行使治外法权，以及其他危害国家安全的活动。

3. 本罪的主体仅限于中国公民，而且一般是掌握国家重要权力或者有一定社会地位和政治影响的中国公民。

4. 本罪的主观方面是直接故意，并且具有危害国家主权、领土完整和安全的目的。

（二）背叛国家罪的司法认定

主要是要划清本罪既遂与未遂的界限。本罪属于行为犯，即只要行为人具有与外国或境外机构、组织或个人相勾结，实施危害国家主权、领土完整和安全的行为，就构成本罪既遂。

（三）背叛国家罪的刑事责任

根据《刑法》第102条、第113条的规定，犯本罪的，处无期徒刑或者10年以上有期徒刑；对国家和人民危害特别严重、情节特别恶劣的，可以判处死刑。

二、分裂国家罪

分裂国家罪，是指组织、策划、实施分裂国家、破坏国家统一的行为。本罪的客体是国家的统一。"分裂国家"主要表现为推翻地方政府，拒绝中央政府领导，武装割据一方，进行分裂活动。"破坏国家统一"是指通过前述行为破坏统一的国家整体或者阻碍国家统一的进程。根据《刑法》第103条第1款、第113条的规定，犯本罪的，对首要分子或者罪行重大的，处无期徒刑或者10年以上有期徒刑；对积极参加的，处3年以上10年以下有期徒刑；对其他参加的，处3年以下有期徒刑、拘役、管制或者剥夺政治权利。对国家和人民危害特别严重、情节特别恶劣的，可以判处死刑。

三、煽动分裂国家罪

煽动分裂国家罪，是指煽动分裂国家、破坏国家统一的行为。"煽动"包括口头、书面或者其他方式。根据有关司法解释的规定，以下情形应当以本罪定罪处罚：①明知出版物中载有煽动分裂国家、破坏国家统一的内容，而予以出版、印刷、复制、发行、传播的；②组织和利用邪教组织，组织、策划、实施、煽动实施分裂国家、破坏国家统一的；③利用突发传染病疫情等灾害，制造、传播谣言，煽动分裂国家、破坏国家统一的；④以各种方式宣扬宗教极端、暴力恐怖思想，煽动分裂国家、破坏国家统一的。根据《刑法》第103条第2款的规定，犯本罪的，处5年以下有期徒刑、拘役、管制或者剥夺政治权利；首要分子或者罪行重大的，处5年以上有期徒刑。

四、武装叛乱、暴乱罪

（一）武装叛乱、暴乱罪的概念和构成要件

武装叛乱、暴乱罪，是指组织、策划、实施武装叛乱或者武装暴乱的行为。其构成要件是：

1. 本罪侵犯的客体是国家安全。

2. 本罪在客观方面表现为组织、策划、实施武装叛乱、武装暴乱的行为。"武装"是指行为人备有枪炮或者其他较大杀伤力、破坏力的器械。"武装叛乱"是指以投靠外国或者境外敌对势力为目的，纠集多人利用武装进行暴力破坏活动，这是一种反叛国家和政府的行为。"武装暴乱"是指在境内纠集多人，利用武装进行暴力破坏活动从而引起动乱，行为人不具有投靠境外敌对势力的目的。根据《刑法》规定，只要有组织、策划、实施武装叛乱或者武装暴乱行为之一，就构成本罪既遂。"组织"是指为首召集、网罗人员以进行武装叛乱、暴乱的行为。"策划"是指通过密谋，制定实施武装叛乱、暴乱的计划、方案的行为。"实施"是指实行武装叛乱、暴乱的行为。

3. 本罪的主体是一般主体，包括中国公民、外国人和无国籍人。

4. 本罪的主观方面是直接故意，并且具有危害国家安全的目的。

（二）武装叛乱、暴乱罪的司法认定

1. 本罪与非罪的界限。区分的关键在于把握行为人主观上是否具有危害国家政权和社会主义制度的故意，客观上是否有组织、策划、实施武装叛乱或者武装暴乱的行为。在实践中，有的群众由于对国家的某项政策不理解、不满意，或者因为政府对其某些要求没有给予满足和答复，或者由于有关部门和工作人员的严重官僚主义对关系群众切身利益的问题处理不当，而聚众起哄闹事，甚至冲击国家机关、殴打工作人员、毁坏公共财物等，这些行动在形式上是与政府相对抗的，但实质上行为人既无实施叛乱、暴乱行为的犯罪故意，也无危害国家安全的目的，因此不能以本罪论处。

2. 一罪与数罪的界限。在实施武装叛乱、暴乱犯罪过程中，往往伴有杀人、放火、抢劫、破坏公共设施等行为，又触犯了其他罪名，但由于上述行为属于武装叛乱、暴乱行为的具体内容，因此只能按本罪一罪论处。

（三）武装叛乱、暴乱罪的刑事责任

根据《刑法》第104条、第113条规定，犯本罪的，对首要分子或者罪行重大的，处无期徒刑或者10年以上有期徒刑；对积极参加的，处3年以上10以下有期徒刑；对其他参加的，处3年以下有期徒刑、拘役、管制或剥夺政治权利。策动、胁迫、勾引、收买国家机关工作人员、武装部队人员、人民警察、民兵进行武装叛乱、暴乱的，依照前述的规定从重处罚。犯本罪，对国家和人民危害特别严重、情节特别恶劣的，可以判处死刑。

五、颠覆国家政权罪

颠覆国家政权罪，是指组织、策划、实施颠覆国家政权、推翻社会主义制度的行为。本罪的客体是国家政权和社会主义制度。本罪的主体是一般主体，但主要是那些窃取国家党政军重要职位以及具有一定社会地位和影响力的人物。根据《刑法》第105条第1款的规定，犯本罪的，对首要分子或者罪行重大的，处无期徒刑或者10年以上有期徒刑；对积极参加的，处3年以上10年以下有期徒刑；对其他参加的，处3年以下有期徒刑、拘役、管制或者剥夺政治权利。

六、煽动颠覆国家政权罪

煽动颠覆国家政权罪，是指以造谣、诽谤或其他方法煽动颠覆国家政权、推翻社会主义制度的行为。根据《刑法》第105条第2款的规定，犯本罪的，处5年以下有期徒刑、拘役、管制或者剥夺政治权利；首要分子或者罪行重大的，处5年以上有期徒刑。

七、资助危害国家安全犯罪活动罪

资助危害国家安全犯罪活动罪，是指境内外机构、组织或者个人资助境内组织或者个人实施特定的危害国家安全罪的行为。本罪的客观方面表现为资助我国境内的组织、个人实施背叛国家罪、分裂国家罪、煽动分裂国家罪、武装叛乱、暴乱罪、颠覆国家政权罪、煽动颠覆国家政权罪的行为。本罪的主体是境内外机构、组织或者个人，但只处罚直接责任人员。主观方面是故意，即明知境内组织或者个人实施的是上述6种危害国家安全犯罪，而予以资助。根据《刑法》第107条的规定，犯本罪的，对直接责任人员，处5年以下有期徒刑、拘役、管制或者剥夺政治权利；情节严重的，处5年以上有期徒刑。

八、投敌叛变罪

投敌叛变罪，是指中国公民投奔敌方营垒，或者被捕、被俘后投降敌人，危害国家安全的行为。本罪的主观方面是故意，且具有危害国家安全的目的。如果行为人虽然实际上投奔了敌占区，但并没有危害国家安全的故意，也没有实施危害国家安全的行为，则不构成本罪。根据《刑法》第108条、第113条规定，犯本罪的，处3年以上10年以下有期徒刑；情节严重或者带领武装部队人员、人民警察、民兵投敌叛变的，处10年以上有期徒刑或者无期徒刑；对国家和人民危害特别严重、情节特别恶劣的，可以判处死刑。

九、叛逃罪

（一）叛逃罪的概念和构成要件

叛逃罪，是指国家机关工作人员在履行公务期间，擅离岗位，叛逃境外或者在境外叛逃，以及掌握国家秘密的国家工作人员叛逃境外或者在境外叛逃的行为。其构成要件是：

1. 本罪的客体是国家安全。

2. 本罪在客观方面表现为行为人实施了以下两种情形之一的行为:

(1) 国家机关工作人员在履行公务期间,擅离岗位,叛逃境外或在境外叛逃的行为。具体包括:①叛逃行为必须发生在履行公务期间。履行公务期间主要是指国家机关工作人员在代表国家履行职务期间,例如,作为国家机关代表团团员在外访问期间,我国驻外使领馆的外交人员以及代表我国在我国驻外机构或者国际机构履行职务期间等。②擅离岗位,叛逃境外或者在境外叛逃。所谓擅离岗位,是指违反规定私自离开代表国家履行职务的岗位,不能狭隘地理解叛逃只能是从行为人具体执行公务的地点叛逃。所谓叛逃,主要是指投靠境外的机构、组织,或者直接投奔国外有关组织,或者逃往外国驻我国使、领馆,背叛国家的行为。例如,向外国寻求政治避难或庇护、公开发表叛国言论,我国驻外使节宣布放弃中华人民共和国国籍等。叛逃的地点包括:一是由境内叛逃到境外;二是在境外叛逃,即行为人在境外履行公职期间,擅离岗位,叛变逃跑,或者利用公务出境之机滞留国外、境外不归,例如,在我国驻外机构工作的我国公民擅离岗位,投奔外国势力;中国访问外国代表团团员擅离代表团,投奔外国等。

(2) 掌握国家秘密的国家工作人员叛逃境外或者在境外叛逃的行为。这种情形的叛逃行为成立犯罪,不以"在履行公务期间,擅离岗位"为要件。就是说,掌握国家秘密的国家工作人员无论何时、在何种情况下实施叛逃的,都构成本罪。

3. 本罪的主体是特殊主体,包括国家机关工作人员和掌握国家秘密的国家工作人员。

4. 本罪的主观方面是直接故意。叛逃的动机可以是多种多样的,如贪图享受、逃避惩罚、出于对祖国的仇恨等。

本章的导入案例中,被告人王某身为国家机关工作人员,在履行公务期间,以洽谈工作为由,借故取消原定公务安排,擅离岗位,私自进入美国驻我国成都总领事馆,而且申请政治避难,属于叛逃境外。王某实施叛逃行为,其主观方面是故意的,符合叛逃罪的犯罪构成,应当以叛逃罪追究其刑事责任。

(二) 叛逃罪的司法认定

1. 本罪与非罪的界限。区分的关键在于行为人主观上是否有叛逃的故意,客观上是否实施了叛逃的行为。对于一般的国家机关工作人员到国外学习、探亲访友、旅游滞留境外不归,以及由于不以本人意志为转移的客观原因而被迫滞留境外的,不能简单地与"叛逃"划等号。

2. 本罪与背叛国家罪的界限。叛逃罪也属于一种背叛国家的性质,但与背叛国家罪在犯罪构成上有所区别:①客观行为表现不同。本罪在客观方面表现为叛逃境外或者在境外叛逃的行为,其实质是一种叛变;而背叛国家罪在客观方面表现为勾结外国或者境外机构、组织、个人,危害国家的主权、领土完整和安全的行为,其实质是一种卖国。②犯罪主体的范围不同。本罪的主体是特殊主体,而背叛国家罪则可以是任何具有刑事责任能力的中国公民。

3. 一罪与数罪的界限。叛逃罪是行为犯,至于行为人叛逃后是否实施了危害国家安全的行为,不影响本罪的成立。如果叛逃后实施了其他危害国家安全的活动,例如,加入间谍组织、为境外的机构提供我国国家秘密等,则又构成间谍罪、为境外非法提供国家秘密罪等,应实行数罪并罚。

(三) 叛逃罪的刑事责任

根据《刑法》第109条的规定,犯本罪的,处5年以下有期徒刑、拘役、管制或者剥夺政治权利;情节严重的,处5年以上10年以下有期徒刑。掌握国家秘密的国家工作人员犯本罪的,从重处罚。

十、间谍罪

（一）间谍罪的概念和构成要件

间谍罪，是指参加间谍组织或者接受间谍组织及其代理人的任务，或者为敌人指示轰击目标的行为。其构成要件是：

1. 本罪的客体是国家安全。

2. 本罪在客观方面表现为实施了间谍行为。根据《刑法》第 110 条的规定，间谍行为包括以下几种：[1]

（1）参加间谍组织。间谍组织，主要是指外国政府或者境外敌对势力建立的，旨在搜集我国秘密或情报、进行颠覆破坏活动等危害我国国家安全和利益的组织。参加间谍组织，主要是指经过一定程序加入间谍组织成为其成员的行为，包括履行了正式的加入手续，或者参加了某种形式的加入仪式，如接受挑选、专门训练等。应当指出，虽然没有履行上述程序，但实际上已为该间谍组织效力，或者接受间谍组织的代理人的单线发展的，也视为参加间谍组织。

（2）接受间谍组织及其代理人的任务。即受间谍组织及其代理人的命令、派遣、指使或者委托，为间谍组织服务，从事危害我国国家安全的活动，主要表现为执行窃取、刺探我国秘密或情报，建立间谍网络或者颠覆破坏等任务。"间谍组织代理人"是指接受间谍组织或者其成员的指使、委托、资助，而又指使、授意他人进行危害我国国家安全活动的人。只要行为人事实上接受间谍组织及其代理人的任务，不论其是否参加了间谍组织，均不影响本罪的构成。

（3）为敌人指示轰击目标。即为敌人指明、显示轰炸、袭击对象的行为。

3. 本罪的主体是一般主体。

4. 本罪的主观方面是故意，即明知是间谍组织而参加，或者明知是间谍组织或间谍组织的代理人而接受其派遣的任务，或者明知是我国的敌人而为其指示轰击目标，并且对危害国家安全结果的发生持希望的心理态度。

（二）间谍罪的司法认定

1. 本罪与非罪的界限。行为人是否出于危害国家安全的故意，并实施了上述间谍行为，是区分间谍罪与非罪的基本界限。对于因受蒙蔽、欺骗，不明真相而误入间谍组织，事后发现是间谍组织而主动退出，未从事间谍活动的；或者不知是间谍组织或其代理人派遣的任务而接受，一旦了解真相后拒绝执行该任务的，不应以间谍罪论处。对于在间谍组织中就业，从事勤杂、医务、传达等非间谍事务的，如果没有履行参加间谍组织的手续也没有从事间谍活动的，不应以间谍罪论处。另外，《反间谍法》第 28 条规定，在境外受胁迫或者受诱骗参加敌对组织、间谍组织，从事危害中华人民共和国国家安全的活动，及时向中华人民共和国驻外机构如实说明情况，或者入境后直接或者通过所在单位及时向国家安全机关、公安机关如实说明情况，并有悔改表现的，可以不予追究。

2. 罪数形态的问题。参加间谍组织后又实施窃取、刺探、收买、非法提供国家秘密、情报或其他破坏活动的，或者在接受间谍组织或其代理人派遣的任务后实施完成该任务的行为，而触犯其他罪名的，应当以间谍罪一罪论处。犯本罪，又实施颠覆政府、分裂国家等危害国家安全犯罪活动的，以及叛逃后又参加间谍组织或者接受间谍任务的，应当实行数罪并罚。

（三）间谍罪的刑事责任

根据《刑法》第 110 条、第 113 条的规定，犯本罪的，处 10 年以上有期徒刑或者无期徒

---

[1] 全国人大常委会于 2014 年 11 月 1 日通过的《中华人民共和国反间谍法》第 38 条对间谍行为作了更详尽的规定。

刑；情节较轻的，处3年以上10年以下有期徒刑；对国家和人民危害特别严重、情节特别恶劣的，可以判处死刑。

十一、为境外窃取、刺探、收买、非法提供国家秘密、情报罪

（一）为境外窃取、刺探、收买、非法提供国家秘密、情报罪的概念和构成要件

为境外窃取、刺探、收买、非法提供国家秘密、情报罪，是指为境外的机构、组织、人员窃取、刺探、收买、非法提供国家秘密或者情报的行为。其构成要件是：

1. 本罪的客体是国家的安全与利益。犯罪对象是国家秘密和情报。"国家秘密"是指关系国家安全和利益，依照法定程序确定，在一定时间内只限一定范围的人知悉的事项，[1]通常标示有"绝密""机密""秘密"。"情报"是指除国家秘密以外的关系国家安全和利益、尚未公开或者依照有关规定不应公开的事项。

2. 本罪在客观方面表现为，为境外机构、组织、人员窃取、刺探、收买或者非法提供国家秘密或者情报的行为。"境外机构、组织、人员"是指我国边境以外的国家和地区的官方的和非官方的机构、组织、人员，至于其是否与我国为敌，并不影响本罪的成立。本罪的行为包括四种方式：①窃取，即采取非法手段秘密取得国家秘密、情报的行为，如计算机窃密、照相窃密等。②刺探，即通过各种途径和手段非法探知国家秘密、情报的行为，如通过探听或者使用侦探技术等。③收买，即以给予钱物或者其他物质利益的方法非法获得国家秘密、情报的行为。④非法提供，即掌握国家秘密或情报的人员违反国家规定，将国家秘密、情报直接或者间接提供给境外机构、组织、人员的行为，如直接交付所掌握的纸质秘密、借助电话、传真等手段提供、通过互联网发送等。非法提供的国家秘密或情报，可以是行为人依法知悉或管理的，也可以是通过窃取、刺探、收买等手段获取的，还可以是因捡拾等偶然获得的。

3. 本罪的主体是一般主体，包括中国公民、外国人、无国籍人。

4. 本罪的主观方面是故意，即明知是国家秘密或情报，明知是境外机构、组织、人员而实施窃取、刺探、收买或者非法提供的行为。根据2001年1月22日实施的《最高人民法院关于审理为境外窃取、刺探、收买、非法提供国家秘密、情报案件具体应用法律若干问题的解释》（以下简称《涉国家秘密情报案件解释》）第5条的规定，行为人知道或者应当知道没有标明密级的事项关系国家安全和利益，而为境外窃取、刺探、收买、非法提供的，应当以本罪定罪处罚。

（二）为境外窃取、刺探、收买、非法提供国家秘密、情报罪的司法认定

1. 本罪与间谍罪的界限。窃取、刺探、收买、非法提供国家秘密、情报，是间谍罪的重要行为方式，因此，如果间谍组织的成员接受间谍组织的任务"搞秘密或情报"的，属于间谍活动之一，定间谍罪。除此以外为境外效力搞秘密或情报的情形，按本罪论处。

2. 本罪与其他涉密犯罪（包括非法获取国家秘密罪和故意泄露国家秘密罪）的界限。主要区别包括：①是否要求"为境外"不同。本罪的构成要求行为人"为境外效力"。虽然非法获取国家秘密罪也包含窃取、刺探、收买国家秘密的行为方式，故意泄露国家秘密罪也包含非法提供国家秘密的行为方式，但均不具有"为境外效力"的特征。②犯罪对象的范围不同。

---

[1]《保守国家秘密法》第9条规定：下列涉及国家安全和利益的事项，泄露后可能损害国家在政治、经济、国防、外交等领域的安全和利益的，应当确定为国家秘密：①国家事务重大决策中的秘密事项；②国防建设和武装力量活动中的秘密事项；③外交和外事活动中的秘密事项以及对外承担保密义务的秘密事项；④国民经济和社会发展中的秘密事项；⑤科学技术中的秘密事项；⑥维护国家安全活动和追查刑事犯罪中的秘密事项；⑦经国家保密行政管理部门确定的其他秘密事项。政党的秘密事项中符合前款规定的，属于国家秘密。

本罪的对象包括国家秘密和情报，而其他涉密犯罪的对象仅限于国家秘密。因此，《涉国家秘密情报案件解释》第6条规定，通过互联网将国家秘密或者情报非法发送给境外的机构、组织、个人的，以本罪定罪处罚；将国家秘密通过互联网予以发布，情节严重的，以故意泄露国家秘密罪定罪处罚。另外，如果犯罪对象是军事秘密，行为人是军人，则构成《刑法》第431条第2款规定的为境外窃取、刺探、收买、非法提供军事秘密罪。

（三）为境外窃取、刺探、收买、非法提供国家秘密、情报罪的刑事责任

根据《刑法》第111条、第113条的规定，犯本罪的，处5年以上10年以下有期徒刑；情节特别严重的，处10年以上有期徒刑或者无期徒刑；情节较轻的，处5年以下有期徒刑、拘役、管制或者剥夺政治权利；对国家和人民危害特别严重、情节特别恶劣的，可以判处死刑。

十二、资敌罪

资敌罪，是指战时供给敌人武器装备、军用物资资敌的行为。根据《刑法》第112条、第113条的规定，犯本罪的，处10年以上有期徒刑或者无期徒刑；情节较轻的，处3年以上10年以下有期徒刑；对国家和人民危害特别严重、情节特别恶劣的，可以判处死刑。

思考题

1. 简述叛逃罪的概念、构成要件和司法认定。
2. 简述间谍罪的犯罪构成和认定时应注意的问题。

实务训练

［案例1］甲原系我国某海关的领导干部。1998年随本单位组团赴某国考察。考察结束后，甲担心自己贪污和受贿犯罪被查处，遂脱离组织，滞留不归。为获得庇护，甲向所在国难民署提供我国从未对外公开且影响我国经济安全的海关数据。

［问题］甲的行为构成何罪？是一罪还是数罪？

［案例2］沈某于2005年被某国间谍机关招募为间谍，经过特工训练后，于2007年受该间谍机关的派遣，潜入我国境内，到处刺探、搜集我国的机密情报。2011年，沈某再次潜入我国某市时，被我国国家安全机关侦破。在国家安全机关对沈某实施抓捕时，沈某开枪拒捕，重伤国家安全机关工作人员一名。

［问题］沈某的行为构成何罪？并说明理由。

延伸阅读

吴某为香港报社记者非法提供国家秘密案

被告人：吴某，男，31岁，原系某通讯社编辑。

被告人：马某，女，29岁，原系某杂志社编辑，被告人吴某之妻。

1992年3月，被告人吴某与前来北京采访七届人大五次会议的香港《快报》记者梁某相识，梁为了获取中共十四大的报告稿，唆使吴某进行搜集。同年10月4日上午，吴某利用工作之便，将单位有关人员内部传阅的江泽民总书记《在中国共产党第十四次全国人民代表大会上的报告》送审稿（绝密版）私自复印一份，携带回家。当日下午，吴某指使被告人马某按事先约定的地点将该"报告"非法提供给梁某。尔后，梁某使用私自安装的传真机将此"报告"全文传回香港《快报》报社。10月5日，香港《快报》全文刊登了这个"报告"。10月

21日,梁某与马某、吴某在约定地点见面,梁付给吴某人民币外汇兑换券5000元。案发后,吴某、马某的认罪态度较好,所得的赃款已被查获。[1]

  法院经审理后认为,被告人吴某、马某身为国家工作人员,为谋私利违反国家保密法规,为境外人员非法提供国家核心机密,危害国家安全,均已构成为境外非法提供国家秘密罪,且犯罪性质恶劣,情节、后果特别严重。吴某系主犯,应依法从重处罚;马某系从犯,且能认罪悔罪,应比照主犯减轻处罚。判处吴某无期徒刑,剥夺政治权利终身;判处马某有期徒刑6年,剥夺政治权利1年。[2]

---

[1] "吴某、马某为境外人员非法提供国家秘密案",载http://china.findlaw.cn/case/22531.html,最后访问日期:2021年1月26日。

[2] 最高人民法院中国应用法学研究所编:《人民法院案例选》(1994年第1辑,总第7辑),人民法院出版社1994年版,第61页。

第十九章

危害公共安全罪

学习目标与工作任务

通过本章的学习,正确把握"公共安全"的含义及其认定;掌握危害公共安全罪的概念以及本章中的重点、常见罪名的概念、犯罪构成及相关处罚的特别规定;把握认定有关罪名应当区分的界限和应注意的问题。能够根据刑法的规定和运用犯罪构成,分析具体案件是否成立相关犯罪及其犯罪形态、共同犯罪与罪数。

导入案例

1. 史某于 2007 年 4 月到长海县小长山乡杨某的个体养殖场做养殖工。同年 12 月 28 日,史某找到杨某,提出结算工资要回老家。杨某经核算称,扣除其日常开支、吃饭和违约罚款等费用,史某反欠杨某 200 多元钱。史某感觉自己给杨某白干了几个月活,非常生气。12 月 31 日晚,史某怀揣打火机来到了杨某养殖场院内,用打火机将堆放在工人宿舍外墙的养殖网吊、塑料浮力球等物资点燃后逃离现场,火灾造成杨某 60 多万元损失。

问:对史某的行为应如何定罪?

2. 2010 年 12 月 11 日下午 2 时许,被告人陈某荣驾驶一辆粤 A129KD 号牌小客车沿广州市广花路由北向南行驶至广州王老吉药业有限公司对面出路口时,遇钟某骑一辆无牌自行车在人行横道线内由西往东横过马路,由于陈某荣驾车忽视行车安全,行经人行横道时未减速慢行,刹车不及导致小客车车头碰撞钟某致其重伤,后陈某荣驾驶事故车逃离现场。经公安机关认定,被告人陈某荣在该起事故中承担全部责任。经法医鉴定,被害人钟某的损伤达到一级伤残。2011 年 3 月,被告人陈某荣到公安机关投案自首,并给予被害人一定的经济赔偿。[1]

问:被告人陈某荣的行为是否构成交通肇事罪?是否构成"交通运输肇事后逃逸"?应如何处罚?

教学内容

第一节 危害公共安全罪概述

危害公共安全罪,是指故意或者过失地实施危害不特定或多数人的生命、健康或者重大公

---

[1] 最高人民法院中国应用法学研究所编:《人民法院案例选》(2012 年第 1 辑,总第 79 辑),人民法院出版社 2012 年版,第 48 页。

私财产安全的行为。从整体上看，危害公共安全罪是普通刑事犯罪中危害最严重的一类犯罪。这类犯罪的构成特征包括：

1. 这类犯罪的客体是公共安全。公共安全是指不特定或者多数人的生命、健康安全或者重大公私财产安全。这里的"不特定"是相对于其他犯罪危害的"特定人"或"特定物"而言的，是指犯罪行为可能侵犯的对象和可能造成的结果事先无法确定，行为人对此既无法具体预料也难以实际控制，行为造成的危险或者侵害结果可能随时扩大或增加。[1]例如，在居民楼里实施爆炸，在生产销售的食品中投放危险物质等，这些行为就侵害了不特定人的生命、健康安全或者重大公私财产安全，属于危害公共安全的行为。这里的"多数"是相对其他犯罪一般只危害少数人或物而言的，行为使较多人（即使是特定的多数人）的生命、健康受到威胁，或者使重大公私财产受到威胁，就应认为危害了公共安全。例如，在行驶的客车上实施爆炸等。

"不特定"和"多数"是危害公共安全罪的突出特点，是这类犯罪的极大客观危险性和社会危害性的集中体现，也是这类犯罪与侵犯公民人身权利罪、侵犯财产罪的主要区别。如果危害行为指向特定的人身或财产，并不直接危及多人的生命、健康或者重大公私财产安全，就只能分别以侵犯公民人身权利罪或侵犯财产罪中的某些犯罪论处。例如，在公共水源投放毒害性物质，由于有可能造成不特定的多人中毒，危害到公共安全，因此构成投放危险物质罪。相反，甲基于仇恨乙的心理，将毒药偷偷投放到乙家的饭锅里，造成乙家4口人中毒死亡，对甲的投毒行为就只能以故意杀人罪定罪。

应当指出，"不特定"是一种客观判断，不依行为人主观上是否有确定的侵害对象为转移。不论行为人意欲侵害的对象特定与否，只要在客观上足以危害多数人的生命、健康或者重大公私财产安全，那就侵害了公共安全。例如，青年甲经常约请青年乙的女朋友，乙十分不满，欲杀死甲，就于一日深夜对甲独自住的平房实施爆炸，但是，由于所使用的爆炸物破坏力太大，波及附近的一幢居民楼，造成多名居民死伤和重大财产损失。本案中，虽然乙是针对甲实施侵害，但事实上，乙完全无法预料其行为所侵害的对象，对行为的危害后果也根本无法预料、无法控制。所以，乙的行为危害了公共安全，构成爆炸罪。

2. 这类犯罪在客观方面表现为行为人实施了刑法规定的危害公共安全的行为。刑法分则第二章规定的各种危害公共安全的行为，从表现形式上看，多数以作为的方式实施，少数是以不作为的方式实施。从危害结果上看，一切危害公共安全的行为都能够造成人身、财产重大损害的后果。从犯罪构成上看，刑法规定了三种情况：①以危险方法实施危害公共安全的行为，如放火、爆炸、投放危险物质、破坏交通工具等，只要具有足以危害公共安全的危险，就构成犯罪既遂。②对行为的具体危害结果未提出要求，只要实施了法条规定的行为，就构成犯罪，如本章所设立的侵犯特殊对象管理制度的犯罪，都属于这种情况。这类犯罪以行为人将法条规定的行为实施完毕为既遂标准。③对于过失危害公共安全的行为，必须造成法定危害结果，才成立犯罪。

3. 这类犯罪的主体，既有一般主体，也有特殊主体。大多数犯罪的主体是一般主体，如放火罪、破坏交通工具罪、交通肇事罪等。少数犯罪的主体是特殊主体，如丢失枪支不报罪、铁路运营安全事故罪等，只能由具有特定职务的人员构成。此外，根据《刑法》第17条第2款的规定，已满14周岁不满16周岁的人，对本章中的放火罪、爆炸罪、投放危险物质罪应当

---

[1] 张明楷：《刑法学》（下），法律出版社2016年版，第687页。

负刑事责任。

4. 这类犯罪的主观方面有的是出于故意，有的出于过失。

这类犯罪共包括 54 个罪名，可分为以下五小类：①以危险方法危害公共安全的犯罪；②破坏公用工具、设施危害公共安全的犯罪；③实施恐怖、危险活动危害公共安全的犯罪；④违反枪支、弹药等物品管理规定危害公共安全的犯罪；⑤违反安全管理规定危害公共安全的犯罪。为正确处理这类刑事案件，最高人民检察院、公安部印发了《关于公安机关管辖的刑事案件立案追诉标准的规定（一）》（本章以下简称《公安立案标准一》），对有关犯罪的立案追诉标准作了规定。另外，"两高"分别或者联合发布了大量的司法解释。

第二节 危害公共安全罪分述

一、放火罪

（一）放火罪的概念和构成要件

放火罪，是指故意放火焚烧公私财物，危害公共安全的行为。其构成要件是：

1. 本罪的客体是公共安全，即不特定或多数人的生命、健康或者重大公私财产安全。放火与后面介绍的爆炸、决水、投放危险物质等一样，都属于危险方法，具有共同的特点。本罪的对象是公私财物，一般是指他人的财物。但是，放火烧毁自己或家庭所有的财物，足以引起火灾、危害公共安全的，邪教组织人员以自焚的方法危害公共安全的，也构成放火罪。

2. 本罪在客观方面表现为行为人实施放火焚烧公私财物，危害公共安全的行为。具体包括以下两个要素：

（1）必须实施了放火的行为。放火，是指故意利用火力使对象物燃烧，引起火灾的行为。其行为方式主要表现为作为，但少数情况下也可以是不作为。例如，电气设备维修工人明知某个设备发生故障，存在着起火危险，却故意不予维修以致发生火灾，就属于不作为。

（2）放火行为足以或者已经危害公共安全。放火罪是危险犯，行为人实施的放火行为只要足以危害公共安全，就成立犯罪既遂，而不论是否发生了实际危害后果。如果已经发生致人重伤、死亡或者使公私财产遭受重大损失的严重后果，则属于实害犯。放火的行为是否足以危及公共安全，要根据对象的性质、特点、作案的时间、地点、环境等情况进行综合分析认定。如果行为人选择特定的侵害对象和特定的环境，有意识地将危害控制在特定范围内，确实不足以危害公共安全的，就不构成放火罪。

3. 本罪的主体是一般主体，即已满 14 周岁、具有刑事责任能力的自然人。

4. 本罪的主观方面是故意，即明知自己的行为会引起公私财物的燃烧，造成火灾，从而危及公共安全，仍希望或者放任这种结果发生。行为人的犯罪动机是多种多样的，如图报复、泄私愤、杀人灭口、嫁祸于人、毁灭罪证等。

本章"导入案例一"中，史某基于泄愤报复的动机，明知放火焚烧堆放在工人宿舍外墙的养殖渔具，会危害到宿舍内工人的生命、健康和公私财产的安全，仍然实施放火行为，主观上具有放火的故意，客观上的放火行为已经危害公共安全，且造成了 60 多万元财产的损失，其行为已经构成放火罪。

（二）放火罪的司法认定

1. 本罪既遂与未遂的界限。刑法理论界关于放火罪的既遂与未遂的认定标准有多种学说，我国多采用"独立燃烧说"，即只要行为人着手实施放火行为，使对象物达到独立燃烧的程度，显示出造成严重后果的危险性，就成立放火罪既遂。如果放火行为因行为人意志以外的原因而未实行完毕，或者因自然力的原因无法点燃等，则应认定为放火罪未遂。

2. 本罪与故意杀人罪、故意伤害罪的界限。放火是一种危险方法，但并非一切以放火的方法实施的犯罪都是放火罪。对于司法实践中存在的有些行为人用放火的方法实施杀人、伤害等犯罪的情况，如为杀人而对他人住宅放火等，应当注意区分此罪与彼罪的界限。区分的关键是看放火行为是否足以危及公共安全。如果行为人使用放火的手段杀害或伤害特定的人，不足以危害公共安全的，则应以故意杀人罪或故意伤害罪定罪；如果同时危害到公共安全的，则属于想象竞合犯，应以放火罪定罪处罚。

3. 本罪与故意毁坏财物罪的界限。区分的关键仍然在于放火行为是否足以危及公共安全。行为人以放火为手段毁损公私财产，如果没有造成重大损失，也不可能危及公共安全的，则以故意毁坏财物罪论处；如果造成重大损失或者足以酿成火灾危害公共安全的，则构成放火罪。

（三）放火罪的刑事责任[1]

根据《刑法》第114条和第115条第1款的规定，犯放火罪，尚未造成严重后果的，处3年以上10年以下有期徒刑；致人重伤、死亡或者使公私财产遭受重大损失的，处10年以上有期徒刑、无期徒刑或者死刑。

二、失火罪

（一）失火罪的概念和构成要件

失火罪，是指因过失引起火灾，造成严重后果，危害公共安全的行为。其构成要件是：

1. 本罪的客体是公共安全。

2. 本罪在客观方面表现为引起火灾，并且造成严重后果的行为。一般表现为在日常生活中用火、用电不慎等。失火行为必须造成了严重后果，才构成犯罪。所谓严重后果，是指具有致人重伤、死亡或者使公私财产遭受重大损失的事实。《公安立案标准一》第1条规定，过失引起火灾，涉嫌下列情形之一的，应予立案追诉：①造成死亡1人以上，或者重伤3人以上的；②造成公共财产或者他人财产直接经济损失50万元以上的；③造成10户以上家庭的房屋以及其他基本生活资料烧毁的；④造成森林火灾，过火有林地面积2公顷以上，或者过火疏林地、灌木林地、未成林地、苗圃地面积4公顷以上的；⑤其他造成严重后果的情形。

3. 本罪的主体是一般主体。

4. 本罪的主观方面是过失。过失，是指行为人对自己的某种举动所造成的危害公共安全的严重后果的心理态度，而不是行为人对自己的某种举动本身的态度。因此，不能将有意识的点火造成火灾的行为都认为是故意犯罪。对其中既不是希望也不是放任危害结果发生而是出于过失心理态度的，只能以失火罪定罪处罚。例如，某村民为烧荒而"故意"点火，但出乎他的意料发生火灾烧毁了山林，对此只能认定为失火罪。本罪的过失行为是普通过失，即行为人在日常生活中由于用火用电不慎而致火灾。对于因业务过失行为造成火灾的，应当依照刑法分则的有关规定定罪处罚，不以本罪论处。

（二）失火罪的司法认定

1. 本罪与放火罪的界限。二者的根本区别在于罪过形式不同。应当注意，起火虽然是行为人的过失行为所导致的，但行为人有能力及时扑灭却故意不予扑灭，以致造成火灾的，则应当

---

[1] 本章后面介绍的投放危险物质罪、决水罪、爆炸罪、以危险方法危害公共安全罪和放火罪都规定在《刑法》第114条和第115条第1款之中，它们的法定刑完全相同，因此后面不再详述。

以放火罪论处。

2. 本罪与重大责任事故罪、危险物品肇事罪的关系。失火可以发生在任何场合，但如果是在生产、作业过程中由于违反相关操作规定引起火灾，造成严重后果的，应以重大责任事故罪论处。如果是在生产、储存、运输、使用危险物品的过程中由于过失引起火灾，发生重大事故，造成严重后果的，应以危险物品肇事罪论处。

（三）失火罪的刑事责任[1]

根据《刑法》第115条第2款的规定，犯本罪的，处3年以上7年以下有期徒刑；情节较轻的，处3年以下有期徒刑或者拘役。

三、决水罪

决水罪，是指故意决水，制造水患，危害公共安全的行为。决水，是指决溃蓄水、防水堤坝或者对其他水利设施进行破坏，足以使水流横溢、泛滥成灾的行为。决水行为必须足以危害公共安全，否则就不构成本罪。例如，某村民擅自开闸或者扒开水渠放水，目的是引水浇地，虽然造成水流漫溢，但损失不大，没有危及公共安全，就不构成决水罪。本罪的刑事责任与放火罪相同。

四、过失决水罪

过失决水罪，是指由于过失造成水利设施毁坏，引起水患，危害公共安全，致人重伤、死亡或者使公私财产遭受重大损失的行为。本罪的刑事责任与失火罪相同。

五、爆炸罪

爆炸罪，是指故意使用爆炸的方法危害公共安全的行为。实施爆炸的方法很多，既可以是直接投入爆炸物进行遥控引爆等，也可以是利用技术手段实施爆炸。实施爆炸的地点，多是公共场所、交通路线、财物集中堆放处。不论使用什么样的爆炸物品和爆炸方法以及在什么地方，也不论行为的表现形式是作为还是不作为，只要是故意进行爆炸且足以危害公共安全，就构成爆炸罪。爆炸罪与放火罪的根本区别是犯罪方法不同。实践中，如果爆炸行为仅起到引火作用，因爆炸方法引起了火灾而危害公共安全的，应认定为放火罪。本罪的刑事责任与放火罪相同。

六、过失爆炸罪

过失爆炸罪，是指由于过失而引起爆炸事故，危害公共安全，致人重伤、死亡或者使公私财产遭受重大损失的行为。本罪的刑事责任与失火罪相同。

七、投放危险物质罪

（一）投放危险物质罪的概念和构成要件

投放危险物质罪，是指故意投放毒害性、放射性、传染病病原体等物质，危害公共安全的行为。其构成要件是：

1. 本罪的客体是公共安全，同时还侵犯了国家对毒害性、放射性、传染病病原体等物质的禁止性管理秩序。

2. 本罪在客观方面表现为投放毒害性、放射性、传染病病原体等物质，危害公共安全的行为。毒害性物质，主要是指能直接致生命终结的各种化学毒物，如氰化钾、砒霜、毒鼠强、氟乙酸胺、氟乙酸钠、敌敌畏等。放射性物质，是指能通过原子核裂变放出的射线对生命发生

---

[1] 本章后面介绍的过失决水罪、过失爆炸罪、过失投放危险物质罪、过失以危险方法危害公共安全罪与失火罪都规定在《刑法》第115条第2款中，它们的法定刑完全相同，因此后面不再详述。

伤害或对财产、环境造成重大损害的物质，如镭、铀、钴、钚、氚、锂等材料及其制品。传染病病原体，是指能够引起《传染病防治法》所规定的甲类、乙类和丙类传染病的微生物和寄生虫。[1]

"投放"就是把毒害性、放射性、传染病病原体等物质投送、放置于不特定或多数人可能接触的物品中或公共场所，如在公共水源、食品中投放，在牲畜、家禽的饮水池、饲料中投放等。至于投放的空间和场所，法律无特别限制，只要足以危害公共安全就可以构成本罪。如果只针对特定的个人，或者针对特定单位或个人所有的少量牲畜、家禽投放危险物质，不危及公共安全的，就不构成投放危险物质罪。

3. 本罪的主体和主观方面，与放火罪完全相同。

（二）投放危险物质罪的司法认定

1. 本罪既遂与未遂的界限。与放火罪一样，投放危险物质罪也是一种危险性极大的犯罪，其既遂与未遂的区分标准与前述的放火罪相同，即只要行为人实施了投放危险物质的行为，足以危及公共安全，即使尚未造成严重后果，也构成犯罪既遂。如果开始着手投放，但投放危险物质的过程尚未完结，就由于意志以外的原因被迫停止，则属于本罪未遂。

2. 本罪与故意杀人罪、故意毁坏财物罪的界限。区分方法与前面所介绍的放火罪与故意杀人罪、故意毁坏财物罪的区分方法一样，即关键要看投放危险物质的行为是否足以危及公共安全。

（三）投放危险物质罪的刑事责任

本罪的刑事责任与放火罪相同。

八、过失投放危险物质罪

过失投放危险物质罪，是指由于过失投放毒害性、放射性、传染病病原体等物质，危害公共安全，致人重伤、死亡或者使公私财产遭受重大损失的行为。本罪的刑事责任与失火罪相同。

九、以危险方法危害公共安全罪

（一）以危险方法危害公共安全罪的概念和构成要件

以危险方法危害公共安全罪，是指故意使用与放火、决水、爆炸、投放危险物质等危险性相当的其他危险方法，危害公共安全的行为。其构成要件是：

1. 本罪侵犯的客体公共安全。

2. 本罪在客观方面表现为使用与放火、决水、爆炸、投放危险物质等危险性相当的其他危险方法，危害公共安全的行为。《刑法》第114条规定："放火、决水、爆炸以及投放毒害性、放射性、传染病病原体等物质或者以其他危险方法危害公共安全，尚未造成严重后果的，处3年以上10年以下有期徒刑。"《刑法》第115条第1款规定："放火、决水、爆炸以及投放毒害性、放射性、传染病病原体等物质或者以其他危险方法致人重伤、死亡或者使公私财产遭受重大损失的，处10年以上有期徒刑、无期徒刑或者死刑。"因此，对这里的"其他危险方法"应当从以下方面把握：

（1）"危险方法"具有相当性。"其他危险方法"是指那些与放火、决水、爆炸、投放危

---

[1] 我国《传染病防治法》将传染病分为甲类、乙类和丙类，并作了具体列举，如鼠疫、霍乱、非典型肺炎、艾滋病、炭疽、伤寒、新型冠状病毒肺炎等。病原体，是指能够引起疾病的微生物和寄生虫的统称，包括病毒、立克次体、病菌等。

险物质四种危险方法的危险性和社会危害性相当的危险方法，可以从以下方面把握：①"其他危险方法"具有特定的结果性，即应当是导致他人重伤、死亡或者使公私财产遭受重大损失的行为。如果行为人所采用的方法只能够造成其他结果，而不可能造成人身伤亡、财产重大损失的危险，就不能认定为本罪中的"危险方法"。②"其他危险方法"必须是能够"一次性"或者说在很短时间内危及不特定多数人的生命、健康或者重大公私财产的安全。如果实施数次行为才能造成多人伤亡或者重大公私财产损失的，该行为则不能认定为"危险方法"。[1] 例如，盗窃道路上的窨井盖，由于它没有放火等犯罪行为所具有的现实危险性，与放火等犯罪行为所具有的即刻破坏性并不相当，也不可能像放火等犯罪行为那样能够一次性造成众多人员伤亡，因此不属于本罪中的"危险方法"。

（2）"危险方法"的"兜底"范围具有特定性。"以危险方法危害公共安全罪"与放火罪、决水罪、爆炸罪、投放危险物质罪共同规定在《刑法》第114条、第115条之中，而没有规定在刑法分则第二章之后，就足以说明"其他危险方法"不应是刑法分则第二章的"兜底"，而仅仅是《刑法》第114条和第115条的"兜底"规定。《刑法》第114条、第115条之外的其他法条所规定的危害公共安全的犯罪行为不应属于"危险方法"。

根据有关司法解释，[2] 属于"其他危险方法"的情形包括：在公共场所私拉电网；邪教组织人员自焚、自爆；传播突发传染病病原体；乘客在公共交通工具行驶过程中，抢夺方向盘、变速杆等操纵装置，殴打、拉拽驾驶人员，或者有其他妨害安全驾驶行为，危害公共安全；驾驶人员在公共交通工具行驶过程中，与乘客发生纷争后违规操作或者擅离职守，与乘客厮打、互殴，危害公共安全；已经确诊的新型冠状病毒感染肺炎病人、病原携带者，拒绝隔离治疗或者隔离期未满擅自脱离隔离治疗，并进入公共场所或者公共交通工具的；新型冠状病毒感染肺炎疑似病人拒绝隔离治疗或者隔离期未满擅自脱离隔离治疗，并进入公共场所或者公共交通工具，造成新型冠状病毒传播的；盗窃、破坏人员密集往来的非机动车道、人行道以及车站、码头、公园、广场、学校、商业中心、厂区、社区、院落等生产生活、人员聚集场所的窨井盖，足以危害公共安全的。

醉酒驾车肇事后继续驾车冲撞也属于"危险方法"。2009年9月11日发布实施的《最高人民法院关于印发醉酒驾车犯罪法律适用问题指导意见及相关典型案例的通知》中指出，行为人明知酒后驾车违法、醉酒驾车会危害公共安全，却无视法律醉酒驾车，特别是在肇事后继续驾车冲撞，造成重大伤亡，说明行为人主观上对持续发生的危害结果持放任态度，具有危害公共安全的故意。对此类醉酒驾车造成重大伤亡的，应依法以以危险方法危害公共安全罪定罪。

另外，刑法理论和司法实践一般认为，属于"其他危险方法"的情形还包括：驾驶机动车冲撞人群、扩散传染病菌或毒种、破坏矿井下的通风设施等。

---

[1] 陆诗忠："论'以危险方法危害公共安全罪'中的'危险方法'"，载《法律科学（西北政法大学学报）》2017年第5期。

[2] 分别参见：2000年12月11日实施的《最高人民法院关于审理破坏野生动物资源刑事案件具体应用法律若干问题的解释》第7条、2017年2月1日实施的《关于办理组织、利用邪教组织破坏法律实施等刑事案件适用法律若干问题的解释》第12条、2003年5月15日实施的《关于办理妨害预防、控制突发传染病疫情等灾害的刑事案件具体应用法律若干问题的解释》第1条、2019年1月8日实施的《最高人民法院、最高人民检察院、公安部关于依法惩治妨害公共交通工具安全驾驶违法犯罪行为的指导意见》、最高人民法院、最高人民检察院、公安部、司法部于2020年2月6日印发的《关于依法惩治妨害新型冠状病毒感染肺炎疫情防控违法犯罪的意见》、2020年3月16日实施的《最高人民法院、最高人民检察院、公安部关于办理涉窨井盖相关刑事案件的指导意见》。

3. 本罪的主体是一般主体。
4. 本罪的主观方面是故意。

（二）以危险方法危害公共安全罪的司法认定

主要应注意以下方面问题：①只有当行为人采用的方法与放火、决水、爆炸、投放危险物质之危险方法的危险性相当、具有广泛的杀伤力和破坏力且足以危及公共安全的，才构成本罪。②一个行为被认定为"危险方法"的前提是危害了"公共安全"，但并非只要是危害"公共安全"的行为就是本罪中的"危险方法"。

（三）以危险方法危害公共安全罪的刑事责任

本罪的刑事责任与放火罪相同。

十、过失以危险方法危害公共安全罪

过失以危险方法危害公共安全罪，是指过失使用与放火、决水、爆炸、投放危险物质等危害性相当的其他危险方法危害公共安全，致人重伤、死亡或者使公私财产遭受重大损失的行为。本罪的刑事责任与失火罪相同。

十一、破坏交通工具罪

（一）破坏交通工具罪的概念和构成要件

破坏交通工具罪，是指故意破坏火车、汽车、电车、船只、航空器，足以使上述交通工具发生倾覆、毁坏危险或者已经造成严重后果的行为。其构成要件是：

1. 本罪的客体是交通运输安全。犯罪对象只限于法定的火车、汽车、电车、船只、航空器等大型交通工具。破坏简单的交通工具如自行车、手推车、摩托车等，由于不可能危害公共安全，因而不构成本罪。破坏拖拉机的行为是否构成本罪，关键要看是否足以危害公共安全。如果不足以危害公共安全，则不构成本罪，但可能会构成故意毁坏财物罪或破坏生产经营罪。应当注意，本罪的行为对象只能是正在使用期间的上述交通工具。"正在使用期间"不仅指运行中的交通工具，也包括已经交付使用，随时都可以启动执行运输任务的交通工具。如果破坏的是尚未投入使用、正在修理中或者封存不用的交通工具，则不构成本罪。

2. 本罪在客观方面表现为实施了破坏火车、汽车、电车、船只、航空器，足以使其发生倾覆、毁坏危险，或者已经造成其倾覆、毁坏的行为。对此应从以下几方面把握：①必须实施了破坏的行为。"破坏"是指人为地通过外力作用，损害交通工具的整体或重要部件的正常功能的行为。②破坏的结果，必须是足以使交通工具发生倾覆、毁坏的危险，或者已经使其倾覆、毁坏。"倾覆"是指使车辆倾倒、颠覆，船只翻沉，航空器坠落等。"毁坏"是指不能修复的毁损或者不能正常使用。

至于破坏交通工具的方法则是多种多样的，既包括用放火、爆炸的危险方法，也包括采用拆卸、打砸、在燃料中掺入杂质等一般性方法。采用一般性方法破坏，必须是针对与交通工具安全运行紧密相连的关键部位实施的。如果破坏的是那些不足以危及交通工具安全运行的辅助设施，如座椅、门窗、灯具等，则不构成本罪，情节严重的，应以故意毁坏财物罪论处。总之，应当根据破坏的方法有无危险性、破坏的部位是否属于关系到交通工具运行安全的要害部位等因素，来确定破坏行为是否足以使交通工具发生倾覆、毁坏危险。

3. 本罪的主体是一般主体。
4. 本罪的主观方面是故意。

（二）破坏交通工具罪的司法认定

1. 本罪与放火罪、爆炸罪的界限。放火罪、爆炸罪的犯罪对象是各种公私财物，而交通

工具也属于公私财物。前者包容后者。因此，用放火或爆炸的危险方法破坏交通工具，虽然也具备了放火罪或爆炸罪的构成要件，触犯了放火罪或爆炸罪的罪名，但由于刑法已特别规定了破坏交通工具罪，故根据特别法优于普通法适用的原则，以破坏交通工具罪定罪处罚。同理，用放火或爆炸的危险方法破坏交通设施、电力设备或易燃易爆设备的，应以破坏交通设施罪、破坏电力设备罪或破坏易燃易爆设备罪论处。

2. 本罪与盗窃罪、故意毁坏财物罪的界限。当犯罪对象均是交通工具时，破坏交通工具罪与盗窃罪、故意毁坏财物罪容易发生混淆。它们的主要区别包括：①犯罪对象不同。前罪的对象必须是正在使用期间的交通工具，而后二罪则无此限制。②犯罪客体不同。前罪的客体是交通运输安全，后二罪的客体是公私财物所有权。③犯罪目的各不相同。因此，对于那些针对正在使用期间的交通工具实施破坏或盗窃行为的定性，取决于该行为是否足以危及交通运输安全。如果不足以危及交通运输安全，但符合故意毁坏财物罪或盗窃罪的构成要件，就应以故意毁坏财物罪或盗窃罪定罪。还应指出，盗窃正在使用期间的交通工具上的重要零部件，并危及到交通运输安全，往往同时触犯了破坏交通工具罪和盗窃罪，应按想象竞合犯处理。这些原理，同样适用于区分破坏交通设施罪、破坏电力设备罪、破坏易燃易爆设备罪与盗窃罪、故意毁坏财物罪的界限。

（三）破坏交通工具罪的刑事责任

根据《刑法》第116条和第119条第1款的规定，犯本罪，尚未造成严重后果的，处3年以上10年以下有期徒刑；造成严重后果的，处10年以上有期徒刑、无期徒刑或者死刑。本章后面介绍的破坏交通设施罪、破坏电力设备罪、破坏易燃易爆设备罪，与破坏交通工具罪的法定刑完全相同，因此后面不再详述。

十二、过失损坏交通工具罪

过失损坏交通工具罪，是指过失损坏火车、汽车、电车、船只、航空器，危害交通运输安全，造成严重后果的行为。根据《刑法》第119条第2款的规定，犯本罪的，处3年以上7年以下有期徒刑；情节较轻的，处3年以下有期徒刑或者拘役。本章后面介绍的过失损坏交通设施罪、过失损坏电力设备罪、过失损坏易燃易爆设备罪与过失损坏交通工具罪都规定在《刑法》第119条第2款中，它们的法定刑完全相同，故后面不再详述。

十三、破坏交通设施罪

破坏交通设施罪，是指故意破坏轨道、桥梁、隧道、公路、机场、航道、灯塔、标志或者进行其他破坏活动，足以使火车、汽车、电车、船只、航空器发生倾覆、毁坏危险，或者已经造成严重后果的行为。这里的"破坏"，是指使交通设施丧失正常使用功能，而不仅仅限于交通设施本身遭到毁损。"其他破坏活动"是指虽未直接破坏交通设施，但其行为本身足以使交通工具发生倾覆、毁坏危险的破坏性活动，如乱发指示信号等。本罪的犯罪对象必须是正在使用中的与交通运输安全密切相关的各种交通设施。根据2020年3月16日"两高"、公安部联合制定的《关于办理涉窨井盖相关刑事案件的指导意见》，盗窃、破坏正在使用中的社会机动车通行道路上的窨井盖，足以使汽车、电车发生倾覆、毁坏危险的，以破坏交通设施罪定罪处罚。行为人直接破坏交通设施，即使其目的是使交通工具毁坏，也应定为破坏交通设施罪。本罪的刑事责任与破坏交通工具罪相同。

十四、过失损坏交通设施罪

过失损坏交通设施罪，是指过失损坏轨道、桥梁、隧道、公路、机场、航道、灯塔、标志等交通设施，危害交通运输安全，造成严重后果的行为。本罪的刑事责任与过失损坏交通工罪相同。

十五、破坏电力设备罪

破坏电力设备罪，是指故意破坏电力设备，足以造成或者已经造成严重后果，危害公共安全的行为。这里的"电力设备"包括：处于运行、应急等使用中的电力设备；已经通电使用，只是由于枯水季节或电力不足等原因暂停使用的电力设备；已经交付使用但尚未通电的电力设备。不包括尚未安装完毕，或者已经安装完毕但尚未交付使用的电力设备。在认定本罪时，应注意划清它与盗窃罪的界限。根据2007年8月21日实施的《最高人民法院关于审理破坏电力设备刑事案件具体应用法律若干问题的解释》第3条的规定，盗窃电力设备，危害公共安全，但不构成盗窃罪的，以破坏电力设备罪定罪处罚；同时构成盗窃罪和破坏电力设备罪的，依照刑法处罚较重的规定定罪处罚。盗窃电力设备，没有危及公共安全，但应当追究刑事责任的，可以根据案件的不同情况，按照盗窃罪等犯罪处理。本罪的刑事责任与破坏交通工具罪相同。

十六、过失损坏电力设备罪

过失损坏电力设备罪，是指过失损坏电力设备，危害公共电力安全，造成严重后果的行为。本罪的刑事责任与过失损坏交通工具罪相同。

十七、破坏易燃易爆设备罪

破坏易燃易爆设备罪，是指故意破坏燃气设备或者其他易燃易爆设备，足以造成或者已经造成严重后果，危害公共安全的行为。本罪的客体是公共安全，即易燃易爆设备的安全。破坏的对象是正在使用中的燃气设备或者其他易燃易爆设备。在认定本罪时应注意划清与盗窃罪的界限。[1] 本罪的刑事责任与破坏交通工具罪相同。

十八、过失损坏易燃易爆设备罪

过失损坏易燃易爆设备罪，是指过失损坏燃气设备或者其他易燃易爆设备，危害公共安全，造成严重后果的行为。本罪的刑事责任与过失损坏交通工具罪相同。

十九、组织、领导、参加恐怖组织罪

(一) 组织、领导、参加恐怖组织罪的概念和构成要件

组织、领导、参加恐怖组织罪，是指组织、领导、参加恐怖活动组织，危害公共安全的行为。其构成要件是：

1. 本罪的客体是公共安全。由于组织、领导、参加恐怖组织是以实施恐怖犯罪活动、制造社会恐怖为目的，直接威胁到不特定或多人的生命、健康及财产安全，因此是一种严重危害公共安全的共同犯罪。

2. 本罪在客观方面表现为组织、领导或者参加恐怖活动组织的行为。

组织，主要是指行为人以实行恐怖活动为目的组建恐怖活动组织。领导，主要是指策划、指挥恐怖活动组织的具体活动。参加，是指加入恐怖活动组织，使自己成为该组织成员，包括积极参加和其他参加。"积极参加"一般是指明知该组织的性质而自愿加入的行为。"其他参加"是相对于积极参加而言的，主要指因受到利诱、欺骗、蛊惑后加入恐怖组织的行为。行为人只要实施组织、领导、参加的行为之一的，即构成本罪。

"恐怖活动组织"是指3人以上为实施恐怖活动而组成的犯罪组织。根据《反恐怖主义法》第3条的规定，恐怖活动是指恐怖主义性质的下列行为：①组织、策划、准备实施、实施

---

[1] 2007年1月19日"两高"实施的《关于办理盗窃油气、破坏油气设备等刑事案件具体应用法律若干问题的解释》有明确规定。

造成或者意图造成人员伤亡、重大财产损失、公共设施损坏、社会秩序混乱等严重社会危害的活动；②宣扬恐怖主义，煽动实施恐怖活动，或者非法持有宣扬恐怖主义的物品，强制他人在公共场所穿戴宣扬恐怖主义的服饰、标志；③组织、领导、参加恐怖活动组织；④为恐怖活动组织、恐怖活动人员、实施恐怖活动或者恐怖活动培训提供信息、资金、物资、劳务、技术、场所等支持、协助、便利；⑤其他恐怖活动。恐怖主义，是指通过暴力、破坏、恐吓等手段，制造社会恐慌、危害公共安全、侵犯人身财产，或者胁迫国家机关、国际组织，以实现其政治、意识形态等目的的主张和行为。恐怖活动人员，是指实施恐怖活动的人和恐怖活动组织的成员。

3. 本罪的主体是一般主体。本罪属于国际性犯罪，由于我国已经加入了反恐怖主义的国际公约，因此我国对该种犯罪行使普遍管辖权。

4. 本罪的主观方面是故意，并具有进行恐怖活动的目的。对于参加恐怖活动组织的行为人而言，必须明知自己所参加的是恐怖活动组织。如果行为人不明真相，被骗加入了恐怖活动组织，一旦了解真相即脱离关系，也没有参与实施恐怖行为的，不宜以犯罪论处。

（二）组织、领导、参加恐怖组织罪的司法认定

1. 本罪既遂与未遂的界限。组织、领导、参加恐怖组织罪属于行为犯，只要行为人实施了组织、领导或者参加恐怖活动组织的行为，不论是否实施了具体的恐怖活动，以及是否造成了危害后果，就构成犯罪既遂。如果行为人已经着手实施上述行为，但由于其意志以外的原因而未得逞的，则成立犯罪未遂。

2. 一罪与数罪的界限。虽然恐怖活动组织的目的是进行恐怖活动，但本罪的客观行为只限于组织、领导和参加恐怖活动组织，不包括具体的恐怖活动。《刑法》第120条第2款规定，犯组织、领导、参加恐怖组织罪并实施杀人、爆炸、绑架等犯罪的，依照数罪并罚的规定处罚。

3. 本罪与一般有组织犯罪的界限。主要区别包括：①主观目的不同。恐怖活动组织不仅是以实施恐怖活动为目的，而且通常有自己的政治或者社会目的；而一般有组织犯罪不以实施恐怖活动为目的，也没有自己的政治或者社会目的，只具有明确实施某种特定犯罪的目的。②是否属于独立罪名方面不同。组织、领导、参加恐怖组织罪是一个独立的罪名；而一般有组织犯罪（不包括组织、领导、参加黑社会性质组织罪）的成立要求行为人实施了某种具体犯罪行为（如走私、抢劫、贪污等），而且只能根据所实施的具体犯罪行为来确定罪名。③客体不同。本罪的客体是公共安全；而一般有组织犯罪侵犯的客体一般因行为人实施的犯罪种类不同而不同，并不必然具有危害公共安全的性质。

（三）组织、领导、参加恐怖组织罪的刑事责任

根据《刑法》第120条的规定，组织、领导恐怖活动组织的，处10年以上有期徒刑或者无期徒刑，并处没收财产；积极参加的，处3年以上10年以下有期徒刑，并处罚金；其他参加的，处3年以下有期徒刑、拘役、管制或者剥夺政治权利，可以并处罚金。

二十、帮助恐怖活动罪

帮助恐怖活动罪，是指资助恐怖活动组织、实施恐怖活动的个人，或者资助恐怖活动培训，以及为恐怖活动组织、实施恐怖活动或者恐怖活动培训招募、运送人员的行为。根据《刑法》第120条之一的规定，犯本罪的，处5年以下有期徒刑、拘役、管制或者剥夺政治权利，并处罚金；情节严重的，处5年以上有期徒刑，并处罚金或者没收财产。单位犯本罪的，实行两罚制。

二十一、准备实施恐怖活动罪

准备实施恐怖活动罪，是指为实施恐怖活动准备工具或者进行培训、联络、策划等准备活动的行为。本罪在客观方面表现为实施了下列情形之一的行为：①为实施恐怖活动准备凶器、危险物品或者其他工具；②组织恐怖活动培训或者积极参加恐怖活动培训；③为实施恐怖活动与境外恐怖活动组织或者人员联络；④为实施恐怖活动进行策划或者其他准备。有上述行为，同时构成其他犯罪的，依照处罚较重的规定定罪处罚。根据《刑法》第120条之二的规定，犯本罪的，处5年以下有期徒刑、拘役、管制或者剥夺政治权利，并处罚金；情节严重的，处5年以上有期徒刑，并处罚金或者没收财产。

二十二、宣扬恐怖主义、极端主义、煽动实施恐怖活动罪

宣扬恐怖主义、极端主义、煽动实施恐怖活动罪，是指以制作、散发宣扬恐怖主义、极端主义的图书、音频视频资料或者其他物品，或者通过讲授、发布信息等方式宣扬恐怖主义、极端主义，或者煽动实施恐怖活动的行为。恐怖主义的含义，如前所述。所谓"极端主义"，是指歪曲宗教教义和宣扬宗教极端，以及其他崇尚暴力、仇视社会、反对人类等极端的思想、言论和行为。[1] 根据《刑法》第120条之三的规定，犯本罪的，处5年以下有期徒刑、拘役、管制或者剥夺政治权利，并处罚金；情节严重的，处5年以上有期徒刑，并处罚金或者没收财产。

二十三、利用极端主义破坏法律实施罪

利用极端主义破坏法律实施罪，是指利用极端主义煽动、胁迫群众破坏国家法律确立的婚姻、司法、教育、社会管理等制度实施的行为。根据《刑法》第120条之四的规定，犯本罪的，处3年以下有期徒刑、拘役或者管制，并处罚金；情节严重的，处3年以上7年以下有期徒刑，并处罚金；情节特别严重的，处7年以上有期徒刑，并处罚金或者没收财产。

二十四、强制穿戴宣扬恐怖主义、极端主义服饰、标志罪

强制穿戴宣扬恐怖主义、极端主义服饰、标志罪，是指以暴力、胁迫等方式强制他人在公共场所穿着、佩戴宣扬恐怖主义、极端主义服饰、标志的行为。根据《刑法》第120条之五的规定，犯本罪的，处3年以下有期徒刑、拘役或者管制，并处罚金。

二十五、非法持有宣扬恐怖主义、极端主义物品罪

非法持有宣扬恐怖主义、极端主义物品罪，是指明知是宣扬恐怖主义、极端主义的图书、音频视频资料或者其他物品而非法持有，情节严重的行为。根据《刑法》第120条之六的规定，犯本罪的，处3年以下有期徒刑、拘役或者管制，并处或者单处罚金。

二十六、劫持航空器罪

(一) 劫持航空器罪的概念和构成要件

劫持航空器罪，是指以暴力、胁迫或者其他方法劫持航空器，危害航空运输安全的行为。其构成要件是：

1. 本罪的客体是航空运输的公共安全，犯罪对象是航空器。航空器是指在空间航行的各种航空工具，如飞机、宇宙飞船、运载火箭等。①这里的"航空器"，既指民用航空器，也指国家航空器（即用于军事、海关、警察部门的航空器）。也就是说，航空器的用途不影响本罪的成立。但必须指出，根据我国批准加入的《东京公约》《海牙公约》和《蒙特利尔公约》的规定，只有劫持民用航空器，才属于国际犯罪的性质，才能够适用国际犯罪的一些规则。②所

---

[1] 参见2014年11月公布的《中华人民共和国反恐怖主义法（草案）》第104条第6款。

劫持的必须是正在使用或飞行中的航空器，否则不构成本罪。根据《蒙特利尔公约》的规定，"正在使用中"是指从地面人员或机组人员为某一次飞行而进行航空器飞行前准备时起，直至降落后 24 小时止。"飞行中"是指航空器从装载结束，机舱外部各门均已关闭时起，直至打开任一机舱门以便卸载时为止。航空器被迫降落时，在主管当局接管该航空器及机上人员与财产的责任以前，视为仍在飞行中。

2. 本罪在客观方面表现为以暴力、胁迫或者其他方法劫持航空器，危害航空运输安全的行为。所谓劫持航空器，是指行为人以暴力、胁迫或者其他方法强行控制航空器，使航空器按照自己的意志运行，包括改变原定航向或者飞往行为人指定的地点。

3. 本罪的主体是一般主体。

4. 本罪的主观方面是故意。犯罪动机可以是多种多样的，如逃避法律制裁、追求他国生活方式、报复社会、要挟政府等。

（二）劫持航空器罪的司法认定

1. 本罪既遂与未遂的界限。区分本罪的既遂与未遂，关键是要合理确定区分标准。关于区分标准，我国刑法理论界存在"着手说""目的说""离境说"和"控制说"等几种观点。我们认为"控制说"较为合理。劫持航空器罪是行为犯，行为人只要实施了劫持行为，并控制了航空器，就构成犯罪既遂，而不管是否达到了使该航空器改变航向或飞往其指定地点的目的。如果行为人刚表示要劫持，就立即被制服，或者在着手实施劫持行为时，因其意志以外的原因未能达到非法劫持或控制航空器的程度，就应认定为本罪的未遂。

2. 罪数的认定。①犯罪分子在劫持航空器的过程中，如果使用暴力等方法，造成机上人员伤亡结果，甚至杀害机组人员或旅客的，只应认定为劫持航空器罪一罪，而不实行数罪并罚，因为这种暴力手段本身已属于劫持航空器的行为。②行为人为了顺利实施和完成劫持航空器犯罪，往往在着手实施劫持行为之前进行了一定的预备行为，如非法制造、买卖枪支、弹药、爆炸物等，对此，由于刑法没有明确规定要实行数罪并罚，故应按吸收犯处理。

3. 本罪和（以航空器为犯罪对象的）破坏交通工具罪的界限。二者的相同之处是：侵害的对象都是正在使用的航空器；主观方面都是故意。二者的区别包括：①客观方面不同。本罪是公然以暴力、胁迫或者其他方法劫持航空器，在劫持过程中一般不会使航空器受到实际破坏；后罪则是对航空器实施物理性的破坏。②故意内容不同。本罪的犯罪目的是按照自己的意志，非法控制航空器；后罪的犯罪目的是使航空器受到损毁。如果以破坏航空器相胁迫，以达到劫持航空器的目的，则构成劫持航空器罪。

（三）劫持航空器罪的刑事责任

根据《刑法》第 121 条的规定，犯本罪的，处 10 年以上有期徒刑或者无期徒刑；致人重伤、死亡或者使航空器遭受严重破坏的，处死刑。

二十七、劫持船只、汽车罪

劫持船只、汽车罪，是指以暴力、胁迫或者其他方法劫持船只、汽车，危害公共安全的行为。本罪的行为对象是正在使用中的船只、汽车。所谓劫持，就是使用暴力、胁迫或者其他方法强行控制船只或者汽车，使其处于行为人的支配之下，驶往任何地方。本罪的主观方面是故意，其目的只是暂时控制并利用该船只、汽车，以达到其最终目的，而不是以非法占有为目的。本罪是行为犯，即只要行为人实施了劫持船只、汽车的行为，就成立犯罪，至于是否实际劫持到船只或汽车以及是否导致人员伤亡或者公私财产的重大损失，只是适用法定刑时需要考虑的情节。根据《刑法》第 122 条的规定，犯本罪的，处 5 年以上 10 年以下有期徒刑；造成严重后果的，处10年以上有期徒刑或者无期徒刑。

二十八、暴力危及飞行安全罪

暴力危及飞行安全罪，是指对飞行中的航空器上的人员使用暴力，危及飞行安全，尚未造成严重后果或者已经造成严重后果的行为。根据《刑法》第123条的规定，犯本罪，尚未造成严重后果的，处5年以下有期徒刑或者拘役；造成严重后果的，处5年以上有期徒刑。

二十九、破坏广播电视设施、公用电信设施罪

破坏广播电视设施、公用电信设施罪，是指故意破坏广播电视设施、公用电信设施，危害公共安全的行为。理解时应注意把握以下方面：①本罪的行为对象是正在使用中的广播电视设施、公用电信设施。广播电视设施主要指广播电台、电视台发射、接收、转接电波信号的设备。公用电信设施主要指电报收发设备、电话交换设备、卫星通信设备、电信线路设备等。②破坏广播电视设施，可以分为物理性破坏和功能性破坏两类。破坏公用电信设施，是指采用截断通信线路、损毁通信设备或者删除、修改、增加电信网计算机信息系统中存储、处理或者传输的数据和应用程序等手段，使设备的正常功能无法发挥。③破坏的行为必须危害公共安全，才构成本罪。有关司法解释[1]对构成破坏广播电视设施罪、破坏公用电信设施罪的情形作了规定。根据《刑法》第124条第1款的规定，犯本罪的，处3年以上7年以下有期徒刑；造成严重后果的，处7年以上有期徒刑。

三十、过失损坏广播电视设施、公用电信设施罪

过失损坏广播电视设施、公用电信设施罪，是指过失损坏广播电视设施、公用电信设施，危害公共安全，造成严重后果的行为。有关司法解释对"严重后果"的情形作了列举。根据《刑法》第124条第2款的规定，犯本罪的，处3年以上7年以下有期徒刑；情节较轻的，处3年以下有期徒刑或者拘役。

三十一、非法制造、买卖、运输、邮寄、储存枪支、弹药、爆炸物罪

(一) 非法制造、买卖、运输、邮寄、储存枪支、弹药、爆炸物罪的概念和构成要件

非法制造、买卖、运输、邮寄、储存枪支、弹药、爆炸物罪，是指违反国家有关枪支、弹药、爆炸物的管理规定，擅自制造、买卖、运输、邮寄、储存枪支、弹药、爆炸物，危害公共安全的行为。其构成要件是：

1. 本罪的客体是公共安全和国家对枪支、弹药、爆炸物的管理制度。本罪是涉及危险对象的犯罪，但并不表现为对这种对象的破坏，也不具有放火、爆炸等罪一经实施即会同时造成多人死伤或公私财产广泛破坏的特点。将其归入危害公共安全罪之中，就在于枪支、弹药、爆炸物这类危险物品易被犯罪分子控制，任由这类危险物品在社会上流散，会给社会治安留下极大隐患，对公共安全构成严重威胁和造成极大危害。

本罪的犯罪对象只限于枪支、弹药、爆炸物。"枪支"是指以火药、压缩气体为动力，利用管状器具发射金属弹丸或者其他物质，足以致人伤亡或者丧失知觉的各种枪支，主要包括《枪支管理法》规定的各种军用枪支、公务用枪与民用枪支，如手枪、步枪、冲锋枪、机枪、射击运动枪支、猎枪、麻醉注射枪、散弹枪、火药枪、电击枪、发射金属弹丸的气枪、以压缩气体为动力的枪支等。应当注意，这里的"枪支"并不限于整枪，也指枪支的主要零部件。"弹药"是指上述各种枪支所使用的子弹、铅弹。"爆炸物"是指能够引起爆炸，具有较大杀

---

[1] 2011年6月13日实施的《最高人民法院关于审理破坏广播电视设施等刑事案件具体应用法律若干问题的解释》和2005年1月11日实施的《最高人民法院关于审理破坏公用电信设施刑事案件具体应用法律若干问题的解释》。

伤力或破坏力的物品，如手榴弹、爆炸装置、炸药、发射药、黑火药、烟火药、雷管、导火索、导爆索等，但不包括烟花爆竹等娱乐性物品。

2. 本罪在客观方面表现为非法制造、买卖、运输、邮寄、储存枪支、弹药、爆炸物的行为。这里的"非法"，是指违反国家有关法律、法规对枪支、弹药、爆炸物的管理规定。"非法制造"是指是指未经国家有关部门批准，私自制造枪支、弹药、爆炸物的行为，包括加工制作、组装、改装、拼装、修理上列物品等。无论是否制造成功，也无论是为了自用还是出售，只要实施了制造的行为，即可构成本罪。"非法买卖"是指未经国家有关部门批准，私自购买或者销售枪支、弹药、爆炸物的行为，包括以物易物、赊购等方式在内。根据《最高人民法院关于审理非法制造、买卖、运输枪支、弹药、爆炸物等刑事案件具体应用法律若干问题的解释》[1]（以下简称《涉枪等刑案解释》）的规定，介绍买卖枪支、弹药、爆炸物的，以买卖枪支、弹药、爆炸物罪的共犯论处。"非法运输"是指未经国家有关部门批准，将枪支、弹药、爆炸物在国境内从此地运往彼地的行为，不包括非法运输上列物品进出国（边）境的行为。"非法邮寄"是指以邮件的形式或者采用在邮寄的物品中夹带的方式，非法寄递枪支、弹药、爆炸物的行为。"非法储存"是指明知是他人非法制造、买卖、运输、邮寄的枪支、弹药、爆炸物而为其存放的行为。《涉枪等刑案解释》第7条规定："非法制造、买卖、运输、邮寄、储存、盗窃、抢夺、持有、私藏、携带成套枪支散件的，以相应数量的枪支计；非成套枪支散件以每30件为一成套枪支散件计。"

3. 本罪的主体是一般主体，包括自然人和单位。

4. 本罪的主观方面是故意，即明知是枪支、弹药、爆炸物而非法制造、买卖、运输、邮寄、储存。如果被蒙骗、利用，不知是枪支、弹药、爆炸物而实施了上述行为的，不构成犯罪。

（二）非法制造、买卖、运输、邮寄、储存枪支、弹药、爆炸物罪的司法认定

1. 本罪与非罪的界限。《刑法》第125条对本罪的构成虽未明文规定要以一定数量或情节为要素，但根据对犯罪本质特征的理解，在处理这类案件时也存在着罪与非罪的划分问题。根据《涉枪等刑案解释》第1条的规定，个人或者单位非法制造、买卖、运输、邮寄、储存枪支、弹药、爆炸物，具有下列情形之一的，应当定罪处罚：①非法制造、买卖、运输、邮寄、储存军用枪支1支以上的；②非法制造、买卖、运输、邮寄、储存以火药为动力发射枪弹的非军用枪支1支以上或者以压缩气体等为动力的其他非军用枪支2支以上的；③非法制造、买卖、运输、邮寄、储存军用子弹10发以上、气枪铅弹500发以上或者其他非军用子弹100发以上的；④非法制造、买卖、运输、邮寄、储存手榴弹1枚以上的；⑤非法制造、买卖、运输、邮寄、储存爆炸装置的；⑥非法制造、买卖、运输、邮寄、储存炸药、发射药、黑火药1000克以上或者烟火药3000克以上、雷管30枚以上或者导火索、导爆索30米以上的；⑦具有生产爆炸物品资格的单位不按照规定的品种制造，或者具有销售、使用爆炸物品资格的单位超过限额买卖炸药、发射药、黑火药10千克以上或者烟火药30千克以上、雷管300枚以上或者导火索、导爆索300米以上的；⑧多次非法制造、买卖、运输、邮寄、储存弹药、爆炸物的；⑨虽未达到上述最低数量标准，但具有造成严重后果等其他恶劣情节的。

2. 关于涉以压缩气体为动力的枪支、气枪铅弹的认定。2018年3月30日"两高"实施的《关于涉以压缩气体为动力的枪支、气枪铅弹刑事案件定罪量刑问题的批复》指出：①对于非

---

[1] 该司法解释自2001年5月16日起施行，2009年11月9日修订后，自2010年1月1日起施行。

法制造、买卖、运输、邮寄、储存、持有、私藏、走私以压缩气体为动力且枪口比动能较低的枪支的行为，在决定是否追究刑事责任以及如何裁量刑罚时，不仅应当考虑涉案枪支的数量，而且应当充分考虑涉案枪支的外观、材质、发射物、购买场所和渠道、价格、用途、致伤力大小、是否易于通过改制提升致伤力，以及行为人的主观认知、动机目的、一贯表现、违法所得、是否规避调查等情节，综合评估社会危害性，坚持主客观相统一，确保罪责刑相适应。②对于非法制造、买卖、运输、邮寄、储存、持有、私藏、走私气枪铅弹的行为，在决定是否追究刑事责任以及如何裁量刑罚时，应当综合考虑气枪铅弹的数量、用途以及行为人的动机目的、一贯表现、违法所得、是否规避调查等情节，综合评估社会危害性，确保罪责刑相适应。

3. 一罪与数罪的界限。非法制造、买卖、运输、邮寄、储存枪支、弹药、爆炸物罪属于选择式罪名，行为人只要实施了其中任何一种行为，即可构成本罪；如果实施了其中两种以上行为，也只构成一罪，不实行数罪并罚。例如，甲某将自己制造的枪支运到外省出卖，这里，甲虽然先后实施了制造枪支、运输枪支和出卖枪支三个行为，但只构成一罪，即非法制造、买卖、运输枪支罪。

（三）非法制造、买卖、运输、邮寄、储存枪支、弹药、爆炸物罪的刑事责任

根据《刑法》第 125 条的规定，犯本罪的，处 3 年以上 10 年以下有期徒刑；情节严重的，处 10 年以上有期徒刑、无期徒刑或者死刑。单位犯本罪的，实行双罚制。《涉枪等刑案解释》第 2 条对"情节严重"的情形作了列举。

另外，《涉枪等刑案解释》还规定，因筑路、建房、打井、整修宅基地和土地等正常生产、生活需要，或者因从事合法的生产经营活动而非法制造、买卖、运输、邮寄、储存爆炸物，数量达到本解释第 1 条规定标准，没有造成严重社会危害，并确有悔改表现的，可依法从轻处罚；情节轻微的，可以免除处罚。

三十二、非法制造、买卖、运输、储存危险物质罪

非法制造、买卖、运输、储存危险物质罪，是指非法制造、买卖、运输、储存毒害性、放射性、传染病病原体等物质，危害公共安全的行为。根据《刑法》第 125 条的规定，犯本罪的，处 3 年以上 10 年以下有期徒刑；情节严重的，处 10 年以上有期徒刑、无期徒刑或者死刑。单位犯本罪的，实行两罚制。

三十三、违规制造、销售枪支罪

违规制造、销售枪支罪，是指依法被指定、确定的枪支制造企业、销售企业，违反枪支管理规定，制造、配售、销售枪支的行为。本罪的客体是公共安全和国家对枪支制造、销售的管理制度。本罪在客观方面表现为违反枪支管理规定，制造、配售、销售枪支的行为，具体包括三种行为：①以非法销售为目的，超过限额或者不按照规定的品种制造、配售枪支；②以非法销售为目的，制造无号、重号、假号的枪支；③非法销售枪支或者在境内销售为出口制造的枪支。本罪的主体是单位，而且只能是依法被指定、确定的枪支制造企业、销售企业。本罪的主观方面是故意，并以非法销售为目的。在认定时，应当划清以下界限：

1. 划清本罪与非罪的界限。根据《涉枪等刑案解释》的规定，违规制造枪支 5 支以上的，或者违规销售枪支 2 支以上的，或者虽未达到上述最低数量标准，但具有造成严重后果等其他恶劣情节的，才构成违规制造、销售枪支罪。

2. 划清本罪与非法制造、买卖枪支罪的界限。二者的区别包括：①犯罪主体不同。个人以及依法被指定、确定的枪支制造企业、销售企业以外的单位非法制造、销售枪支的，只构成非法制造、买卖枪支罪。②客观方面行为表现不同。本罪是指依法制造、销售枪支的企业不按

规定制造、配售、销售枪支的行为；而后罪是指未经批准，私自制造、买卖枪支的行为。③主观方面不同。本罪主观上必须具有非法销售的目的，而后罪不要求以出售为目的，只要有非法制造的行为即构成犯罪。

根据《刑法》第 126 条的规定，犯本罪的，对单位判处罚金，并对其直接负责的主管人员和其他直接责任人员，处 5 年以下有期徒刑；情节严重的，处 5 年以上 10 年以下有期徒刑；情节特别严重的，处 10 年以上有期徒刑或者无期徒刑。

三十四、盗窃、抢夺枪支、弹药、爆炸物、危险物质罪

盗窃、抢夺枪支、弹药、爆炸物、危险物质罪，是指以非法占有为目的，秘密窃取或者公然夺取枪支、弹药、爆炸物、危险物质，危害公共安全的行为。本罪的犯罪对象是特定的枪支、弹药、爆炸物，或者毒害性、放射性、传染病病原体等物质。被盗窃、抢夺的枪支、弹药、爆炸物、危险物质的持有者或所有者的身份如何，以及是否属于合法持有或所有，对定罪均不产生影响，但会影响到法定刑的选用。本罪的主观方面是故意，即明知是上述物品或物质而窃取或抢夺。如果行为人不明知是枪支、弹药、爆炸物、危险物质而进行盗窃或抢夺，在盗窃、抢夺后才发现是上述特定对象的，则不构成本罪，而应以盗窃罪或者抢夺罪论处。如果误盗或误夺枪支、弹药后藏匿的，则又构成非法持有枪支、弹药罪，应实行数罪并罚。根据《刑法》第 127 条的规定，犯本罪的，处 3 年以上 10 年以下有期徒刑；情节严重的，处 10 年以上有期徒刑、无期徒刑或者死刑；盗窃、抢夺国家机关、军警人员、民兵的枪支、弹药、爆炸物的，处 10 年以上有期徒刑、无期徒刑或者死刑。

三十五、抢劫枪支、弹药、爆炸物、危险物质罪

抢劫枪支、弹药、爆炸物、危险物质罪，是指以非法占有为目的，使用暴力、胁迫或者其他方法，强行劫取枪支、弹药、爆炸物、危险物质，危害公共安全的行为。根据《刑法》第 127 条第 2 款的规定，犯本罪的，处 10 年以上有期徒刑、无期徒刑或者死刑。

三十六、非法持有、私藏枪支、弹药罪

非法持有、私藏枪支、弹药罪，是指违反枪支管理规定，非法持有、私藏枪支、弹药的行为。本罪的客体是公共安全和国家对枪支、弹药的管理制度。本罪在客观方面表现为非法持有或者私藏枪支、弹药的行为。"非法持有"是指不符合配备、配置枪支、弹药条件的人员，违反枪支管理法律、法规的规定，擅自持有枪支、弹药的行为，如非法携带或拥有枪支、弹药。"私藏"是指依法配备、配置枪支、弹药的人员，在配备、配置枪支、弹药的条件消除后，违反枪支管理法律、法规的规定，私自藏匿所配备、配置的枪支、弹药且拒不交出的行为。本罪的主体是一般主体。本罪的主观方面是故意，即行为人明知是枪支、弹药而故意持有或者私藏。如果确实不知道是枪支、弹药而持有的，不构成本罪。在认定本罪时应当划清以下界限：①本罪与非罪的界限。《涉枪等刑案解释》第 5 条第 1 款对构成本罪的各种情形作出了规定，例如，非法持有、私藏军用枪支 1 支的，非法持有、私藏手榴弹 1 枚以上的，非法持有、私藏的弹药造成人员伤亡、财产损失的，就构成本罪。②本罪与其他涉枪弹犯罪的界限。如果有证据证明行为人是通过非法制造、买卖、运输、盗窃、抢夺、抢劫枪支、弹药等犯罪活动而持有枪支、弹药的，则应当按相关的犯罪论处，而不另定非法持有枪支、弹药罪。只有当无证据表明行为人持有的枪支、弹药是通过非法制造、买卖、运输、盗窃、抢夺、抢劫枪支、弹药等犯罪活动获得的，才能认定为非法持有枪支、弹药罪。根据《刑法》第 128 条第 1 款的规定，犯本罪的，处 3 年以下有期徒刑、拘役或者管制；情节严重的，处 3 年以上 7 年以下有期徒刑。

三十七、非法出租、出借枪支罪

非法出租、出借枪支罪，是指依法配备公务用枪的人员、单位非法出租、出借枪支，或者依法配置枪支的人员、单位非法出租、出借枪支造成严重后果的行为。《公安立案标准一》对非法出租、出借枪支的行为应予追诉的情形作了列举，同时还规定，将公务用枪用作借债质押物的，也属于非法出借枪支。如果行为人明知他人租用、借用枪支是为了实施某种犯罪而仍然出租或出借的，则成立租用、借用枪支者所实施犯罪的共犯。根据《刑法》第128条第2~4款的规定，犯本罪的，处3年以下有期徒刑、拘役或者管制；情节严重的，处3年以上7年以下有期徒刑。单位犯本罪的，实行两罚制。

三十八、丢失枪支不报罪

丢失枪支不报罪，是指依法配备公务用枪的人员，丢失枪支不及时报告，造成严重后果的行为。本罪在客观方面包括以下三个要素：①丢失了依法配备的公务用枪。丢失，既包括因保管不善而遗失，也包括枪支被盗、被抢、被骗或其他丧失对枪支控制的情况。②发现枪支丢失后不及时报告。丢失枪支这一先行行为使行为人产生了负有及时报告的作为义务。③由于不及时报告而造成了严重后果，包括丢失的枪支被他人使用造成人员轻伤以上伤亡事故的；丢失的枪支被他人利用进行违法犯罪活动的等。本罪的主观方面是过失。根据《刑法》第129条的规定，犯本罪的，处3年以下有期徒刑或者拘役。

三十九、非法携带枪支、弹药、管制刀具、危险物品危及公共安全罪

非法携带枪支、弹药、管制刀具、危险物品危及公共安全罪，是指非法携带枪支、弹药、管制刀具或者爆炸性、易燃性、放射性、毒害性、腐蚀性物品，进入公共场所或者公共交通工具，危及公共安全，情节严重的行为。《涉枪等刑案解释》和《公安立案标准一》对"情节严重"的情形作了列举。根据《刑法》第130条的规定，犯本罪的，处3年以下有期徒刑、拘役或者管制。

四十、重大飞行事故罪

重大飞行事故罪，是指航空人员违反规章制度，致使发生重大飞行事故，造成严重后果的行为。航空人员是指从事航空活动的空勤人员和地面人员，包括驾驶员、领航员、飞行机械人员、飞行通信员、乘务员、航空器维修人员、空中交通管制员、飞行签派员、航空电台通信员。根据《刑法》第131条的规定，犯本罪的，处3年以下有期徒刑或者拘役；造成飞机坠毁或者人员死亡的，处3年以上7年以下有期徒刑。

四十一、铁路运营安全事故罪

铁路运营安全事故罪，是指铁路职工违反规章制度，致使发生铁路运营安全事故，造成严重后果的行为。本罪的主体是铁路职工，而且仅限于铁路职工中与铁路运营安全有直接关系的人员，如火车司机、信号员、调度员、巡道员以及对铁路运营安全负有直接责任的主管人员等。根据《刑法》第132条的规定，犯本罪的，处3年以下有期徒刑或者拘役；造成特别严重后果的，处3年以上7年以下有期徒刑。

四十二、交通肇事罪

（一）交通肇事罪的概念和构成要件

交通肇事罪，是指违反交通运输管理法规，因而发生重大事故，致人重伤、死亡或者使公私财产遭受重大损失的行为。其构成要件是：

1. 本罪的客体是公共交通运输安全，即在交通运输中不特定或多数人的生命、健康和重大公私财产的安全。通说认为，这里的公共交通运输安全专指公路、水上和城市道路交通运输

安全，不包括航空运输安全和铁路运营安全。也就是说，交通肇事罪只能发生于公路、水路和城市交通运输过程中。

2. 本罪在客观方面表现为违反交通运输管理法规，因而发生重大事故，致人重伤、死亡或者使公私财产遭受重大损失的行为。具体包括以下构成要素：

（1）必须有违反交通运输管理法规的行为，即有违章行为。交通运输管理法规，是指一切与保障交通运输正常进行和交通运输安全的各种法律、法规，如《道路交通安全法》《道路交通安全法实施条例》《公路法》《海上交通安全法》《内河交通安全管理条例》等。这些法律法规规定了从事交通运输时应当遵守的各项规则、操作规程，是交通运输安全的基本保证。违章行为可以表现为作为，也可以表现为不作为。前者如违反操作规程、超速、超载、违章超车、酒后或吸毒后驾车、闯红灯、无证驾驶、驾驶拼装的或已达到报废标准的机动车，车主强令驾驶员违章驾驶等。后者如拐弯不开方向灯，通过交叉路口或行经人行横道时不减速慢行等。

（2）违章行为必须发生在交通运输过程中，即行为人正在从事交通运输活动或者与交通运输安全直接有关，这是时间条件。如果发生与交通运输工具有关的重大事故，但不是处在交通运输活动过程中的，则不构成本罪。例如，出于好奇或逞能而乱开停在院中挂倒挡的汽车，不慎将车后之人挤死，应以过失致人死亡罪论处。

（3）违章行为必须造成重大事故发生，即违章行为与重大事故之间必须具有因果关系。这里的"重大事故"，是指发生车辆、船只碰撞、倾覆、毁坏或其他事故，造成他人重伤、死亡或者公私财产遭受重大损失的严重后果。

3. 本罪的主体是一般主体，即已满16周岁具有刑事责任能力的自然人，包括从事交通运输的人员、非交通运输人员和其他相关人员，但在实践中主要是从事交通运输的人员。"交通运输人员"包括交通运输工具的驾驶人员、交通设备的操纵人员、交通运输活动的直接领导和指挥人员、交通运输安全的管理人员，如驾驶员、道口看守员、调度员、引航员、信号员、船长等。"非交通运输人员"是指除交通运输人员以外的任何人，如行人、骑车者等。也就是说，无驾驶资格者驾驶机动车辆的，行人或者骑行人的违章行为招致他人驾驶的交通工具发生重大事故的，都可以构成交通肇事罪。

"其他相关人员"包括单位主管人员、机动车辆所有人、机动车辆承包人、乘车人。根据2000年11月21日实施的《最高人民法院关于审理交通肇事刑事案件具体应用法律若干问题的解释》（以下简称《交通肇事刑案解释》）第5条、第7条的规定，交通肇事后，单位主管人员、机动车辆所有人、承包人或者乘车人指使肇事人逃逸，致使被害人因得不到救助而死亡的，以交通肇事罪的共犯论处；单位主管人员、机动车辆所有人或者机动车辆承包人指使、强令他人违章驾驶造成重大交通事故，具有本解释第2条规定情形之一的，以交通肇事罪定罪处罚。

4. 本罪的主观方面是过失。这种过失是指行为人对自己违章行为所造成的严重后果的心理态度，至于对违章行为本身，行为人则往往是明知故犯的。

（二）交通肇事罪的司法认定

1. 本罪与非罪的界限。认定交通事故罪，不仅要看是否发生重大交通事故，而且要看行为人应负事故责任的大小。交通事故责任包括全部责任、主要责任、同等责任和次要责任。事故责任的大小影响着交通肇事罪的构成，《交通肇事刑案解释》对此作出了以下具体规定：

（1）《交通肇事刑案解释》第2条第1款规定，交通肇事具有下列情形之一的，构成交通肇事罪，处3年以下有期徒刑或者拘役：①死亡1人或者重伤3人以上，负事故全部或者主要责任的；②死亡3人以上，负事故同等责任的；③造成公共财产或者他人财产直接损失，负事故全部或者主要责任，无能力赔偿数额在30万元以上的。

(2)《交通肇事刑案解释》第2条第2款规定，交通肇事致1人以上重伤，负事故全部或者主要责任，并具有下列情形之一的，以交通肇事罪定罪处罚：①酒后、吸食毒品后驾驶机动车辆的；②无驾驶资格驾驶机动车辆的；③明知是安全装置不全或者安全机件失灵的机动车辆而驾驶的；④明知是无牌证或者已报废的机动车辆而驾驶的；⑤严重超载驾驶的；⑥为逃避法律追究逃离事故现场的。

本章"导入案例二"中，陈某荣在驾车行至人行横道时未减速，违反了《道路交通安全法》第47条"机动车行经人行横道时，应当减速行驶"之规定，属于违章驾驶。由于刹车不及造成1人重伤的重大交通事故，危害了交通运输安全，主观上具有过失。虽然事故只造成1人重伤，但由于陈某荣应负事故的全部责任，并在事故发生后逃逸，符合《交通肇事刑案解释》第2条第2款的规定，其行为已构成交通肇事罪。

2. 关于本罪发生的空间范围问题。驾驶或使用车辆时肇事是否构成交通肇事罪，关键在于对"道路"的理解，或者说要看事故是否发生于公共交通管理的地方。根据《道路交通安全法》第119条的规定，"道路"是指公路、城市道路和虽在单位管辖范围但允许社会机动车通行的地方，包括广场、公共停车场等用于公众通行的场所。显然，只有在实行公共交通管理的范围内发生重大交通事故的，才可能构成交通肇事罪。根据《交通肇事刑案解释》第8条的规定，如果在公共交通管理的范围外，驾驶机动车辆或者使用其他交通工具致人伤亡或者致使公共财产或者他人财产遭受重大损失，构成犯罪的，则应当分别依照《刑法》第134条（重大责任事故罪）、第135条（重大劳动安全事故罪）、第233条（过失致人死亡罪）等规定定罪处罚。另外，在实行公共交通管理的范围内驾驶非机动车因违章而致人重伤或死亡的，实践中一般按交通肇事罪处理。

3. 本罪与以（驾车撞人）危险方法危害公共安全罪的界限。二者的主要区别在于罪过形式不同。如果行为人出于泄愤报复或者其他反社会动机，驾驶汽车等交通工具在公路、城镇街道或者其他公共场所横冲直撞，制造事端，危害公共安全的，不论是否造成了严重后果，都应当认定为以危险方法危害公共安全罪。

4. 应当以故意杀人罪或故意伤害罪定罪处罚的情形。具体包括：①行为人在交通肇事后为逃避法律追究，将被害人带离事故现场后隐藏或者遗弃，致使被害人无法得到救助而死亡或者严重残疾的；②行为人利用交通工具杀害、伤害特定的人，如开车撞自己的仇人，不足以危害公共安全的；③行为人在发生交通肇事后明知被害人受伤，又采取倒车或者继续前行的手段将被害人轧死，或者驾车挂带被车钩住的被害人，致使被害人死亡的。

5. 本罪与过失致人重伤罪、过失致人死亡罪的界限。主要区别在于发生的场合不同。本罪发生于交通运输过程中，与交通工具相联系；后两罪则发生于日常生活中。

6. 自首的认定。根据最高人民法院《关于处理自首和立功若干具体问题的意见》的规定，交通肇事后保护现场、抢救伤者，并向公安机关报告的，应认定为自动投案，构成自首的，因上述行为同时系犯罪嫌疑人的法定义务，对其是否从宽、从宽幅度要适当从严掌握。交通肇事逃逸后自动投案，如实供述自己罪行的，应认定为自首，但应依法以较重法定刑为基准，视情决定对其是否从宽处罚以及从宽处罚的幅度。

(三) 交通肇事罪的刑事责任

根据《刑法》第133条的规定，本罪的法定刑包括以下3档：

1. 基本犯的法定刑。即犯本罪的，处3年以下有期徒刑或者拘役。

2. 情节加重的法定刑。即交通运输肇事后逃逸或者有其他特别恶劣情节的，处3年以上7年以下有期徒刑。"交通运输肇事后逃逸"是指行为人具有《交通肇事刑案解释》第2条第1款规定和第2条第2款第1~5项规定的情形之一，在发生交通事故后，为逃避法律追究而逃跑的行为。成立"交通运输肇事后逃逸"，必须同时具备以下几个条件：①行为人的交通肇事行为已构成交通肇事罪的基本犯，即交通运输肇事后逃逸是以行为人已经构成交通肇事罪为基础的；②行为人在主观上明知已造成交通事故；③行为人在客观上实施了逃逸行为；④行为人必须是基于逃避法律追究的目的而逃跑。

"其他特别恶劣情节"是指具有下列情形之一的：①死亡2人以上或者重伤5人以上，负事故全部或者主要责任的；②死亡6人以上，负事故同等责任的；③造成公共财产或者他人财产直接损失，负事故全部或者主要责任，无能力赔偿数额在60万元以上的。

3. 因逃逸致人死亡的法定刑。因逃逸致人死亡的，处7年以上有期徒刑。根据《交通肇事刑案解释》的规定，"因逃逸致人死亡"是指行为人在交通肇事后为逃避法律追究而逃跑，致使被害人因得不到救助而死亡的情形。执行这一规定，应当掌握以下条件：①行为人交通肇事行为的有罪性；②逃逸行为与死亡的因果性；③行为人对交通肇事的明知性。

本章"导入案例二"中，陈某荣的逃逸行为不构成"交通运输肇事后逃逸"。因为，陈某荣的交通肇事行为只造成1人重伤的后果，如果没有逃逸行为，就不构成交通肇事罪，其逃逸行为已经作为交通肇事罪的定罪要件，故不能再作为交通肇事罪的法定加重情节，否则就违背了禁止重复评价原则。因此，对陈某荣的量刑应当在"3年以下有期徒刑或者拘役"的幅度内裁量。同时，由于陈某荣具有自首情节，且事后进行了一定的经济赔偿，依法可以从轻处罚。

四十三、危险驾驶罪

(一) 危险驾驶罪的概念和构成要件

危险驾驶罪，是指违反交通运输法规，在道路上以危险方式驾驶机动车，危害公共交通安全的行为。其构成要件是：

1. 本罪的客体是公共交通安全。

2. 本罪在客观方面表现为在道路上驾驶机动车，具有下列情形之一的行为：

(1) 在道路上驾驶机动车追逐竞驶，情节恶劣的行为。这应当从以下方面把握：①必须是在道路上驾驶机动车。机动车，是指以动力装置驱动或者牵引，上道路行驶的供人员乘用或者用于运送物品以及进行工程专项作业的轮式车辆。②必须实施了追逐竞驶的行为。追逐竞驶俗称"飙车"，是指行为人出于赌博竞技、追求刺激、斗气等，驾驶机动车在道路上高速行驶，反复并线，违法超车的行为。[1]虽然从"追逐竞驶"本身词义看，有相互展示、炫耀车技、速度之意，但从入罪的意义上看，不应排除单车可以构成本罪。③必须情节恶劣。考虑到在道路上追逐竞驶，受时间、路段、道路通流量、当时的车流量、限制车速等复杂因素的影响，法律规定"情节恶劣的"才构成犯罪。追逐竞驶虽未造成人员伤亡或财产损失，但综合考虑超过限速、闯红灯、强行超车、抗拒交通执法等严重违反道路交通安全法的行为，足以威

---

[1] 黄太云：《刑法修正案解读全编——根据刑法修正案（八）全新阐释》，人民法院出版社2011年版，第65页。

胁他人生命、财产安全的，应认定为"情节恶劣"。

（2）在道路上醉酒驾驶机动车的行为，俗称"醉驾"。2013年12月18日"两高"、公安部实施的《关于办理醉酒驾驶机动车刑事案件适用法律若干问题的意见》第1条规定，在道路上驾驶机动车，血液酒精含量达到80毫克/100毫升以上的，属于醉酒驾驶机动车，以危险驾驶罪定罪处罚。

（3）从事校车业务或者旅客运输，严重超过额定乘员载客，或者严重超过规定时速行驶的行为。这种"多拉快跑"的行为成立本罪，不以发生人员伤亡等后果为要件，但必须达到严重程度。

（4）违反危险化学品安全管理规定运输危险化学品，危及公共安全的行为。行为是否危及公共安全，要根据行为人所运输的化学危险品的种类、数量、运输的时间、路线、车辆的安全状况、发生实害事故的可能性程度等方面综合认定。如果行为人虽然违反危险化学品安全管理规定运输危险化学品，但不具有危害公共安全的危险的，则不构成本罪

3. 本罪的主体是一般主体。根据《刑法》第133条之一第2款的规定，机动车所有人、管理人对上述（3）（4）项行为负有直接责任的，也构成危险驾驶罪。

4. 本罪的主观方面是故意。犯罪动机是多种多样的，如出于竞技、追求刺激、斗气或者其他动机。

（二）危险驾驶罪的司法认定

《刑法》第133条之一第3款规定："有前两款行为，同时构成其他犯罪的，依照处罚较重的规定定罪处罚。"因此，在认定本罪时应注意以下方面：

1. 本罪与交通肇事罪的关系。这两种犯罪都属于违反交通运输管理法规的行为，主要区别包括：①发生的空间范围不同。前者只限于发生在道路交通运输中，而后者可以发生于道路和水路交通运输过程中。②主观罪过不同。前者为故意犯罪，后者为过失犯罪。③入罪标准不同。前者以行为在客观上具有公共危险为入罪标准；而后者以发生严重后果为入罪的必要条件。如果行为人醉酒驾驶、追逐竞驶或者多拉快跑，造成人员伤亡或者公私财产重大损失，符合交通肇事罪构成要件的，应当以交通肇事罪定罪，并将行为人醉酒驾驶、追逐竞驶或多拉快跑的行为作为从重处罚的量刑情节予以考虑。[1]

2. 本罪与以危险方法危害公共安全罪的关系。《最高人民法院关于印发醉酒驾车犯罪法律适用问题的指导意见及相关典型案例的通知》中指出：行为人明知酒后驾车违法、醉酒驾车会危害公共安全，却无视法律醉酒驾车，特别是在肇事后继续驾车冲撞，造成重大伤亡，说明行为人主观上对持续发生的危害结果持放任态度，具有危害公共安全的故意。对此类醉酒驾车造成重大伤亡的，应依法以以危险方法危害公共安全罪定罪。

（三）危险驾驶罪的刑事责任

根据《刑法》第133条之一第1款的规定，犯本罪的，处拘役，并处罚金。

根据《最高人民法院关于常见犯罪的量刑指导意见（二）（试行）》的规定，对于醉酒驾驶机动车的被告人，应当综合考虑被告人的醉酒程度、机动车类型、车辆行驶道路、行车速度、是否造成实际损害以及认罪悔罪等情况，准确定罪量刑。对于情节显著轻微危害不大的，不予定罪处罚；犯罪情节轻微不需要判处刑罚的，可以免予刑事处罚。

---

[1] 黄太云：《刑法修正案解读全编——根据刑法修正案（八）全新阐释》，人民法院出版社2011年版，第68页。

四十四、妨害安全驾驶罪

妨害安全驾驶罪，是指对行驶中的公共交通工具的驾驶人员使用暴力或者抢控驾驶操纵装置，干扰公共交通工具正常行驶，危及公共安全的行为，以及驾驶人员在行驶的公共交通工具上擅离职守，与他人互殴或者殴打他人，危及公共安全的行为。近年来，抢夺公共交通工具司机方向盘、辱骂、殴打公交司机等干扰驾驶的行为，以及驾驶人员在公共交通工具行驶过程中，与乘客发生纷争后违规操作或者擅离职守，与乘客厮打、互殴的行为时有发生，不仅威胁驾乘人员安全，还威胁到社会公共安全，极易造成群死群伤。为了有效防止、遏制妨害安全驾驶行为的发生，增强群众公共安全意识，于2021年3月1日起施行的《刑法修正案（十一）》增设了妨害安全驾驶罪。在此之前，"两高"、公安部《关于依法惩治妨害公共交通工具安全驾驶违法犯罪行为的指导意见》指出，对这种妨害安全驾驶、危害公共安全的行为，应当以以危险方法危害公共安全罪定罪处罚。但由于"以危险方法危害公共安全罪"的量刑起点较高，需造成的危害与损失较严重才能入刑，导致不少未造成严重后果的无法得到有效惩处。新增罪名后，使得该类犯罪的处罚更符合罪责刑相适应的原则。根据《刑法》第133条之二的规定，犯本罪的，处1年以下有期徒刑、拘役或者管制，并处或者单处罚金。犯本罪，同时构成其他犯罪的，依照处罚较重的规定定罪处罚。

四十五、重大责任事故罪

（一）重大责任事故罪的概念和构成要件

重大责任事故罪，是指生产、作业人员在生产、作业中违反有关安全管理的规定，因而发生重大伤亡事故或者造成其他严重后果的行为。其构成要件是：

1. 本罪的客体是生产、作业的安全。

2. 本罪在客观方面表现为行为人在生产、作业中违反有关安全管理的规定，因而发生重大伤亡事故或者造成其他严重后果的行为。具体包括以下要素：

（1）必须实施了违反有关安全管理规定的行为。有关安全管理规定，是指同保障生产、作业安全有关的操作规程、劳动纪律以及劳动保护法律法规等。违反有关安全管理规定，既可以是作为，也可以是不作为。

（2）违反有关安全管理规定的行为必须发生在生产、作业过程中，与生产、作业有直接联系。如果造成的事故与生产、作业无关，不可能构成本罪。例如，工人在车间休息室用电炉烧水、做饭，不慎引起火灾，造成重大损失的，由于其行为与生产、作业没有任何关系，只能以失火罪论处。

（3）违反有关安全管理规定的行为必须造成了重大伤亡事故或者其他严重后果。根据2015年12月16日"两高"实施的《关于办理危害生产安全刑事案件适用法律若干问题的解释》（以下简称《危害生产安全刑案解释》）的规定，具有下列情形之一的，应当认定为"发生重大伤亡事故或者造成其他严重后果"：①造成死亡1人以上，或者重伤3人以上的；②造成直接经济损失100万元以上的；③其他造成严重后果或者重大安全事故的情形。[1]

3. 本罪的主体是特殊主体，既包括直接从事生产、作业的人员，也包括对生产、作业负

---

[1]《刑法》第134条第2款（强令、组织他人违章冒险作业罪）、第135条（重大劳动安全事故罪）和第135条之一（大型群众性活动重大安全事故罪）中的"发生重大伤亡事故或者造成其他严重后果"，第132条（铁路运营安全事故罪）、第136条（危险物品肇事罪）和第139条（消防责任事故罪）中的"造成严重后果"，第137条（工程重大安全事故罪）中的"造成重大安全事故"，均适用此标准认定。

有组织、指挥或者管理职责的负责人、管理人员、实际控制人、投资人等人员。至于生产、作业单位的性质如何以及有无证照，则不影响本罪的处理。

4. 本罪的主观方面是过失。这种过失只是指行为人对自己违反安全管理规定行为所造成的严重后果的心理态度，而对于违反安全管理规定则往往是明知故犯的。

（二）重大责任事故罪的司法认定

1. 本罪与非罪的界限。区分的关键在于确定行为人是否违反了有关安全管理规定、主观上是否有过失，以及是否造成了严重后果。如果没有违反有关安全管理的规定，也没有过失的，应属于自然事故或者技术事故，不构成犯罪。行为人虽然在生产、作业中违反了有关安全管理的规定且造成了一定的损害后果，但没有造成重大伤亡事故或者其他严重后果的，则属于一般责任事故，不构成本罪。

2. 本罪与失火罪、过失爆炸罪、过失投放危险物质罪的界限。这些犯罪在主观上都出自过失，客观上都造成了严重后果。主要区别是：①犯罪主体不同。本罪的主体为特殊主体；后三罪为一般主体。②过失内容不同：本罪为业务过失；后三罪为普通过失。③客观方面不同。本罪是发生在生产、作业中，与生产、作业有直接联系；后三罪则一般发生在日常生活中，即使发生在生产、作业中，其行为也与生产、作业活动没有直接联系。因此，如果是在生产、作业过程中，由于违反相关操作规定导致火灾、爆炸或中毒事故，应以重大责任事故罪论处。

3. 本罪与危险物品肇事罪的界限。二者的主要区别是行为发生的场合不同。前罪是发生于一般生产、作业中，而后罪则发生在特定的生产、储存、运输、使用危险物品过程中。此外，犯罪主体的范围也不同。

4. 本罪与本章中的其他责任事故犯罪的界限。本章后面的其他责任事故犯罪，具有与重大责任事故罪相同的犯罪本质，实质上是重大责任事故罪的特殊形式，并且，其他责任事故犯罪的法定刑均不低于重大责任事故罪的法定刑，因此，根据特别法优于普通法适用的原则，在重大责任事故罪与其他责任事故犯罪发生竞合的情况下，应当按照特定的责任事故犯罪论处。

（三）重大责任事故罪的刑事责任

根据《刑法》第134条第1款的规定，犯本罪的，处3年以下有期徒刑或者拘役；情节特别恶劣的，处3年以上7年以下有期徒刑。根据《危害生产安全刑案解释》第7条的规定，犯本罪，具有下列情形之一的，对相关责任人员，处3年以上7年以下有期徒刑：①造成死亡3人以上或者重伤10人以上，负事故主要责任的；②造成直接经济损失500万元以上，负事故主要责任的；③其他情节特别恶劣的情形。

四十六、强令、组织他人违章冒险作业罪

强令、组织他人违章冒险作业罪，是指强令他人违章冒险作业，或者明知存在重大事故隐患而不排除，仍冒险组织作业，因而发生重大伤亡事故或者造成其他严重后果的行为。根据《危害生产安全刑案解释》第5条的规定，明知存在事故隐患、继续作业存在危险，仍然违反有关安全管理的规定，实施下列行为之一的，应当认定为"强令他人违章冒险作业"：①利用组织、指挥、管理职权，强制他人违章作业的；②采取威逼、胁迫、恐吓等手段，强制他人违章作业的；③故意掩盖事故隐患，组织他人违章作业的；④其他强令他人违章作业的行为。这里的"发生重大伤亡事故或者造成其他严重后果"的认定标准与重大责任事故罪相同。本罪的主体是特殊主体，包括对生产、作业负有组织、指挥或者管理职责的负责人、管理人员、实际控制人、投资人等人员。根据《刑法》第134条第2款的规定，犯本罪的，处5年以下有期徒刑或者拘役；情节特别恶劣的，处5年以上有期徒刑。

四十七、危险作业罪

危险作业罪，在生产、作业中违反有关安全管理的规定，有刑法规定的情形之一，具有发生重大伤亡事故或者其他严重后果的现实危险的行为。"有刑法规定的情形之一"是指有下列情形之一：①关闭、破坏直接关系生产安全的监控、报警、防护、救生设备、设施，或者篡改、隐瞒、销毁其相关数据、信息的；②因存在重大事故隐患被依法责令停产停业、停止施工、停止使用有关设备、设施、场所或者立即采取排除危险的整改措施，而拒不执行的；③涉及安全生产的事项未经依法批准或者许可，擅自从事矿山开采、金属冶炼、建筑施工，以及危险物品生产、经营、储存等高度危险的生产作业活动的。根据《刑法》第134条之一的规定，犯本罪的，处1年以下有期徒刑、拘役或者管制。

四十八、重大劳动安全事故罪

重大劳动安全事故罪，是指安全生产设施或者安全生产条件不符合国家规定，因而发生重大伤亡事故或者造成其他严重后果的行为。这里的"发生重大伤亡事故或者造成其他严重后果"的认定标准与重大责任事故罪相同。本罪的主体是直接负责的主管人员和其他直接责任人员，根据《危害生产安全刑案解释》第3条的规定，具体包括对安全生产设施或者安全生产条件不符合国家规定负有直接责任的生产经营单位负责人、管理人员、实际控制人、投资人，以及其他对安全生产设施或者安全生产条件负有管理、维护职责的人员。根据《刑法》第135条的规定，犯本罪的，对直接负责的主管人员和其他直接责任人员，处3年以下有期徒刑或者拘役；情节特别恶劣的，处3年以上7年以下有期徒刑。

四十九、大型群众性活动重大安全事故罪

大型群众性活动重大安全事故罪，是指举办大型群众性活动违反安全管理规定，因而发生重大伤亡事故或者造成其他严重后果的行为。[1]这里的"发生重大伤亡事故或者造成其他严重后果"的认定标准与重大责任事故罪相同。根据《刑法》第135条之一的规定，犯本罪的，对直接负责的主管人员和其他直接责任人员，处3年以下有期徒刑或者拘役；情节特别恶劣的，处3年以上7年以下有期徒刑。

五十、危险物品肇事罪

危险物品肇事罪，是指违反爆炸性、易燃性、放射性、毒害性、腐蚀性物品的管理规定，在生产、储存、运输、使用中发生重大事故，造成严重后果的行为。这里的"造成严重后果"的认定标准与重大责任事故罪相同。在认定本罪时，应划清它与投放危险物质罪的界限。二者的区别在于：①客观方面不同。前者是在生产、储存、运输、使用危险物品的过程中，由于违反危险物品的管理规定而发生的重大事故；后者则没有任何条件的限制。②犯罪主体不同。前者的主体主要是从事生产、储存、运输、使用危险物品活动的人员，而后者的主体是一般主体。③主观方面不同。前者的主观方面是过失，而后者的主观方面是故意。根据《刑法》第136条的规定，犯本罪的，处3年以下有期徒刑或者拘役；后果特别严重的，处3年以上7年以下有期徒刑。

五十一、工程重大安全事故罪

工程重大安全事故罪，是指建设单位、设计单位、施工单位、工程监理单位违反国家规

---

[1] 根据2007年10月1日实施的《大型群众性活动安全管理条例》第2条的规定，"大型群众性活动"是指法人或者其他组织面向社会公众举办的每场次预计参加人数达到1000人以上的下列活动：①体育比赛活动；②演唱会、音乐会等文艺演出活动；③展览、展销等活动；④游园、灯会、庙会、花会、焰火晚会等活动；⑤人才招聘会、现场开奖的彩票销售等活动。影剧院、音乐厅、公园、娱乐场所等在其日常业务范围内举办的活动，不适用本条例的规定。

定，降低工程质量标准，造成重大安全事故的行为。这里的"重大安全事故"的认定标准与重大责任事故罪相同。根据《刑法》第 137 条的规定，犯本罪的，对直接责任人员，处 5 年以下有期徒刑或者拘役，并处罚金；后果特别严重的，处 5 年以上 10 年以下有期徒刑，并处罚金。

五十二、教育设施重大安全事故罪

教育设施重大安全事故罪，是指明知校舍或者教育教学设施有危险，而不采取措施或者不及时报告，致使发生重大伤亡事故的行为。这里的"发生重大伤亡事故"，是指造成死亡 1 人以上，或者重伤 3 人以上。根据《刑法》第 138 条的规定，犯本罪的，对直接责任人员，处 3 年以下有期徒刑或者拘役；后果特别严重的，处 3 年以上 7 年以下有期徒刑。

五十三、消防责任事故罪

消防责任事故罪，是指违反消防管理法规，经消防监督机构通知采取改正措施而拒绝执行，造成严重后果的行为。这里的"造成严重后果"的认定标准与重大责任事故罪相同。根据《刑法》第 139 条的规定，犯本罪的，对直接责任人员，处 3 年以下有期徒刑或者拘役；后果特别严重的，处 3 年以上 7 年以下有期徒刑。

五十四、不报、谎报安全事故罪

不报、谎报安全事故罪，是指在安全事故发生后，负有报告职责的人员不报或者谎报事故情况，贻误事故抢救，情节严重的行为。这里的"安全事故"，包括火灾事故、交通安全事故、建筑质量安全事故、矿山生产安全事故等各类安全事故，至于事故的种类可以是责任事故、自然事故、技术事故等。这里的"情节严重"，根据《危害生产安全刑案解释》第 8 条的规定，是指具有下列情形之一：①导致事故后果扩大，增加死亡 1 人以上，或者增加重伤 3 人以上，或者增加直接经济损失 100 万元以上的；②实施下列行为之一，致使不能及时有效开展事故抢救的：决定不报、迟报、谎报事故情况或者指使、串通有关人员不报、迟报、谎报事故情况的；在事故抢救期间擅离职守或者逃匿的；伪造、破坏事故现场，或者转移、藏匿、毁灭遇难人员尸体，或者转移、藏匿受伤人员的；毁灭、伪造、隐匿与事故有关的图纸、记录、计算机数据等资料以及其他证据的；③其他情节严重的情形。本罪的主体是对所发生的安全事故负有报告职责的人员，具体是指负有组织、指挥或者管理职责的负责人、管理人员、实际控制人、投资人，以及其他负有报告职责的人员。本罪的主观方面是故意。在安全事故发生后，与负有报告职责的人员串通，不报或者谎报事故情况，贻误事故抢救，情节严重的，以本罪的共犯论处。在安全事故发生后，直接负责的主管人员和其他直接责任人员故意阻挠开展抢救，导致人员死亡或者重伤，或者为了逃避法律追究，对被害人进行隐藏、遗弃，致使被害人因无法得到救助而死亡或者重度残疾的，分别以故意杀人罪或者故意伤害罪定罪处罚。根据《刑法》第 139 条之一的规定，犯本罪的，处 3 年以下有期徒刑或者拘役；情节特别严重的，处 3 年以上 7 年以下有期徒刑。

思考题

1. 什么是危害公共安全罪？如何理解"公共安全"的含义？
2. 试述放火罪、投放危险物质罪的概念、构成要件及司法认定。
3. 以危险方法危害公共安全罪中的"其他危险方法"主要有哪些？
4. 简述破坏交通工具罪的构成要件和司法认定。
5. 简述组织、领导、参加恐怖组织罪的构成要件与罪数认定。

6. 非法制造、买卖枪支罪与违规制造、销售枪支罪的区别是什么?
7. 如何划清盗窃枪支罪与盗窃罪的界限?
8. 试述交通肇事罪的概念、构成要件以及认定时需要注意的问题。
9. 危险驾驶罪的构成要件是什么?它与交通肇事罪之间有何关系?
10. 如何理解妨害安全驾驶罪与以危险方法危害公共安全罪之间的关系?
11. 试述重大责任事故罪的概念、构成要件及司法认定。

实务训练

[案例1] 李某因犯失火罪被判刑,刑满释放后仍对检举揭发其罪行的魏某怀恨在心。某日夜,李某骑车来到魏某当看守工的鱼塘边,将随身带来的汽油洒在魏某睡觉小屋周围,并点燃,魏某惊醒后迅速跑出屋外,但小草屋被烧毁。

[问题] 李某的行为是否构成放火罪?为什么?

[案例2] 徐某,男,38岁,系果农。徐某因其果园里的水果被盗严重,遂在果园周围拉上铁丝,并接通电源。其妻子见状便阻止道:"这样会电死人的,赶快拆掉。"徐某说:"我又不是要电死好人,是防盗,偷水果的人死了活该。"第二天下午,3个小学生放学后追逐蝴蝶而进入西瓜地,误触到通电的电线,均抢救无效死亡。徐某得知情况后,即到当地派出所投案,并如实供述了自己为防盗私拉电线的情况。

[问题] 对徐某的行为应如何定罪量刑?并说明理由。

[案例3] 郭某是某国有企业机修车间技术工人。一天,郭某结识小贩周某。周某说:"现在火药手枪价钱很高,你如果能做,我负责出售,赚的钱我们俩平分。"郭某表示同意。后来郭某先后制造火药手枪22支,交给周某出售,获赃款3万余元,两人平分。

[问题] 郭某与周某的行为构成何种犯罪?为什么?

[案例4] 某日夜11时许,张某上街吃夜宵途中,发现某公司大门前停着一辆小汽车,为过开车瘾,就找来工具撬开车门,将车开动。在行至郊区某条道路时,由于视线不好,将行人赵某撞倒。张某发现撞人后,并没有停车查看和救助,而是迅速将车开回原处,以逃避责任。受害人赵某于次日死亡。

[问题] 1. 张某的行为是否构成交通肇事罪?
2. 对张某如何处罚?为什么?

[案例5] 陈某驾驶小型客车,由于注意力不集中,与前方骑自行车同向行驶的杨某发生碰撞,杨某当即被弹到了小客车左侧的挡风玻璃上。由于采取措施不及时,在杨某被卷进车底挂住并被拖行20多米后,被告人陈某才将车刹停。陈某下车见到杨某在车底,且有路旁群众要求其抢救伤者并准备报警时,便立即启动客车逃离现场,致使杨某又被拖行50多米后才落到路面。杨某随后即被他人送往医院,经抢救无效,于当日上午9时许死亡。经法医鉴定,杨某全身多处擦伤,系受钝性暴力作用致严重颅脑损伤死亡。

[问题] 如何认定陈某的行为性质?并说明理由。

[案例6] 甲驾车在公路转弯处高速行驶,撞翻相向行驶的车辆,致2人死亡;乙驾驶越野车在道路上横冲直撞,撞翻数辆他人所驾汽车,致2人死亡;丙醉酒后驾驶机动车,在半途中被交警拦下,没有发生事故;丁在繁华路段飙车,2名老妇受惊吓致心脏病发作死亡;马某失恋后情绪失控,醉酒驾车在道路上故意冲撞;王某醉酒后驾车,刚开出10米就撞死2人;孙某吸食毒品后驾车,神情恍惚,险象环生。

[问题] 上述各行为人的行为是否构成犯罪？如果构成犯罪，那么分别构成什么罪？

延伸阅读

有关醉酒驾车犯罪案例[1]

一、被告人黎某全以危险方法危害公共安全案

被告人黎某全，男，汉族，1964年4月30日生于广东省佛山市，初中文化，佛山市个体运输司机。1981年12月11日因犯抢劫罪、故意伤害罪被判处有期徒刑4年6个月。2006年9月17日因本案被刑事拘留，同月28日被逮捕。

2006年9月16日18时50分许，被告人黎某全大量饮酒后，驾驶车牌号为粤A1J374的面包车由南向北行驶至广东省佛山市南海区盐步碧华村新路治安亭附近路段时，从后面将骑自行车的被害人李某霞及其搭乘的儿子陈某宇撞倒，致陈某宇轻伤。撞人后，黎某全继续开车前行，撞坏治安亭前的铁闸及旁边的柱子，又掉头由北往南向穗盐路方向快速行驶，车轮被卡在路边花地上。被害人梁某全（系黎某全的好友）及其他村民上前救助伤者并劝阻黎某全，黎某全加大油门驾车冲出花地，碾过李某霞后撞倒梁某全，致李某霞、梁某全死亡。黎某全驾车驶出路面外被治安队员及民警抓获。经检验，黎某全案发时血液中检出乙醇成分，含量为369.9毫克/100毫升。

被告人黎某全在医院被约束至酒醒后，对作案具体过程无记忆，当得知自己撞死2人、撞伤1人时，十分懊悔。虽然其收入微薄，家庭生活困难，但仍多次表示要积极赔偿被害人亲属的经济损失。

广东省佛山市人民检察院指控被告人黎某全犯以危险方法危害公共安全罪，向佛山市中级人民法院提起公诉。佛山市中级人民法院于2007年2月7日以（2007）佛刑一初字第1号刑事附带民事判决，认定被告人黎某全犯以危险方法危害公共安全罪，判处死刑，剥夺政治权利终身。宣判后，黎某全提出上诉。广东省高级人民法院于2008年9月17日以（2007）粤高法刑一终字第131号刑事裁定，驳回上诉，维持原判，并依法报请最高人民法院核准。

最高人民法院复核认为，被告人黎某全酒后驾车撞倒他人后，仍继续驾驶，冲撞人群，其行为已构成以危险方法危害公共安全罪，黎某全醉酒驾车撞人，致2人死亡、1人轻伤，犯罪情节恶劣，后果特别严重，应依法惩处。鉴于黎某全是在严重醉酒状态下犯罪，属间接故意犯罪，与蓄意危害公共安全的直接故意犯罪有所不同；且其归案后认罪、悔罪态度较好，依法可不判处死刑。第一审判决、第二审裁定认为的事实清楚，证据确实、充分，定罪准确，审判程序合法，但量刑不当。依照《刑事诉讼法》第199条和最高人民法院《关于复核死刑案件若干问题的规定》第4条的规定，裁定不核准被告人黎某全死刑，撤销广东省高级人民法院（2007）粤高法刑一终字第131号刑事裁定，发回广东省高级人民法院重新审判。

广东省高级人民法院重审期间，与佛山市中级人民法院一同做了大量民事调解工作。被告人黎某全的亲属倾其所有，筹集15万元赔偿给被害方。

广东省高级人民法院审理认为，被告人黎某全醉酒驾车撞倒李某霞所骑自行车后，尚知道驾驶车辆掉头行驶；在车轮被路边花地卡住的情况下，知道将车辆驾驶回路面，说明其案发时具有辨认和控制能力。黎某全撞人后，置被撞人员于不顾，也不顾在车前对其进行劝阻和救助伤者的众多村民，仍继续驾车企图离开现场，撞向已倒地的李某霞和救助群众梁某全，致2人

---

[1] 选自《最高人民法院关于醉酒驾车犯罪法律适用问题的指导意见及相关典型案例》。

死亡，说明其主观上对在场人员伤亡的危害结果持放任态度，具有危害公共安全的间接故意。因此，其行为已构成以危险方法危害公共安全罪。黎某全犯罪的情节恶劣，后果严重。但鉴于黎某全系间接故意犯罪，与蓄意危害公共安全的直接故意犯罪相比，主观恶性不是很深，人身危险性不是很大；犯罪时处于严重醉酒状态，辨认和控制能力有所减弱；归案后认罪、悔罪态度较好，积极赔偿了被害方的经济损失，依法可从轻处罚。据此，于2009年9月8日作出（2007）粤高法刑一终字第131-1号刑事判决，认定被告人黎某全犯以危险方法危害公共安全罪，判处无期徒刑，剥夺政治权利终身。

二、被告人孙某铭以危险方法危害公共安全案

被告人孙某铭，男，汉族，1979年5月9日出生于西藏自治区，高中文化，成都奔腾电子信息技术有限公司员工。2008年12月15日被刑事拘留，同月26日被逮捕。

2008年5月，被告人孙某铭购买一辆车牌号为川A43K66的别克轿车。之后，孙某铭在未取得驾驶证的情况下长期驾驶该车，并多次违反交通法规。同年12月14日中午，孙某铭与其父母为亲属祝寿，大量饮酒。当日17时许，孙某铭驾驶其别克轿车行至四川省成都市成龙路"蓝谷地"路口时，从后面撞向与其同向行驶的车牌号为川A9T332的一辆比亚迪轿车尾部。肇事后，孙某铭继续驾车超限速行驶，行至成龙路"卓锦城"路段时，越过中心黄色双实线，先后与对面车道正常行驶的车牌号分别为川AUZ872的长安奔奔轿车、川AK1769的长安奥拓轿车、川AVD241的福特蒙迪欧轿车、川AMC337的奇瑞QQ轿车等4辆轿车相撞，造成车牌号为川AUZ872的长安奔奔轿车上的张某全、尹某辉夫妇和金某民、张某秀夫妇死亡，代某秀重伤，以及公私财产损失5万余元。经鉴定，孙某铭驾驶的车辆碰撞前瞬间的行驶速度为134~138公里/小时；孙某铭案发时血液中的乙醇含量为135.8毫克/100毫升。案发后，孙某铭的亲属赔偿被害人经济损失11.4万元。

四川省成都市人民检察院指控被告人孙某铭犯以危险方法危害公共安全罪，向成都市中级人民法院提起公诉。成都市中级人民法院于2009年7月22日以（2009）成刑初字第158号刑事判决，认定被告人孙某铭犯以危险方法危害公共安全罪，判处死刑，剥夺政治权利终身。宣判后，孙某铭提出上诉。

四川省高级人民法院审理期间，被告人孙某铭之父孙某表示愿意代为赔偿被害人的经济损失，社会各界人士也积极捐款帮助赔偿。经法院主持调解，孙某代表孙某铭与被害方达成民事赔偿协议，并在身患重病、家庭经济并不宽裕的情况下，积极筹款赔偿了被害方经济损失，取得被害方一定程度的谅解。

四川省高级人民法院审理认为，被告人孙某铭无视交通法规和公共安全，在未取得驾驶证的情况下，长期驾驶机动车辆，多次违反交通法规，且在醉酒驾车发生交通事故后，继续驾车超限速行驶，冲撞多辆车辆，造成数人伤亡的严重后果，说明其主观上对危害结果的发生持放任态度，具有危害公共安全的间接故意，其行为已构成以危险方法危害公共安全罪。孙某铭犯罪情节恶劣，后果严重。但鉴于孙某铭是间接故意，犯罪，不希望、也不积极追求危害后果发生，与直接故意驾车撞击车辆、行人的犯罪相比，主观恶性不是很深，人身危险性不是很大；犯罪时处于严重醉酒状态，其对自己行为的辨认和控制能力有所减弱；案发后，真诚悔罪，并通过亲属积极筹款赔偿被害方的经济损失，依法可从轻处罚。据此，四川省高级人民法院于2009年9月8日作出（2009）川刑终字第690号刑事判决，认定被告人孙某铭犯以危险方法危害公共安全罪，判处无期徒刑，剥夺政治权利终身。

第二十章

破坏社会主义市场经济秩序罪

学习目标与工作任务

通过本章的学习，了解破坏社会主义市场经济秩序罪的构成特征和本章各种非重点罪名的概念；掌握本章中重点罪名的概念、犯罪构成及相关处罚的特别规定；把握认定有关罪名应当区分的界限和要注意的问题。能够运用刑法的相关规定分析案例，处理实务。

导入案例

1. 上海盛禄食品有限公司法定代表人叶某某从公司销售经理徐某某处得知公司生产的玉米馒头因色泽等问题影响销售的情况后，为牟取暴利提高销量，明知蒸煮类糕点使用"柠檬黄"食品添加剂不符合《食品添加剂使用卫生标准》，仍决定添加"柠檬黄"。自2010年9月起，由叶某某购进"柠檬黄"添加剂，指使主管生产的谢某某，大量生产添加"柠檬黄"的玉米馒头，徐某某负责将添加"柠檬黄"的玉米馒头销售至上海的联华、华联等多家超市。经质监部门认定，添加"柠檬黄"的玉米馒头属于不合格产品。经司法审计，盛禄公司销自2010年10月1日至2011年4月11日，售添加"柠檬黄"的玉米馒头金额达人民币62万余元。案发后，盛禄公司被依法吊销营业执照。[1]

问：对盛禄公司生产、销售添加"柠檬黄"的玉米馒头的行为如何认定？

2. 赖昌星为走私犯罪设立厦门远华集团，自任董事长。赖昌星犯罪集团走私物品从钢材、化工原料到石油、植物油、香烟、汽车等，种类繁多。赖昌星犯罪集团采取进口货物不报关、伪报贸易性质、伪报货物品名、少报多进等手法实施走私。如1999年4月，赖昌星以厦门开元外贸集团有限公司的名义，将某货轮运输的香烟伪报成木浆，走私香烟24 380箱，仅这一笔就偷逃税款1亿多元。还存在把走私汽车伪报成低税值的化工原料等。经查实，远华集团走私汽车3588辆，案值17亿元人民币，涉嫌偷逃税款10亿元人民币。赖昌星犯罪集团还通过金钱等贿赂手段腐蚀相关监管人员实施走私。走私成品油最猖獗时，他们根本不向海关申办手续，私下找到商检、港监的"哥儿们"进行鉴定、安排过驳，直接"闯关"。1996~1999年，赖昌星走私犯罪集团以此方式走私进口成品油391万吨，案值104亿元，偷逃税款20亿元。[2]

问：如何认定赖昌星犯罪集团的走私行为？

---

[1] "对滥用食品添加剂'零容忍'"，载 http://roll.sohu.com/20110915/n319487012.shtml，最后访问日期：2021年3月1日。

[2] 参见 http://news.sohu.com 相关新闻报道。

3. 2005年5月至2007年7月间，刘某利用担任北京家乐福商业有限公司生肉部门采购主管的职务之便，多次收受供货商北京资源亚太食品公司好处费8.9万元。[1]

问：如何认定刘某行为的性质？

4. 2002年8月至2004年4月，蔡某将在菲律宾制造和贩卖毒品所得的赃款陆续通过菲律宾的地下钱庄汇入我国境内地下钱庄。在蔡某的指使下，其叔甲某、其堂弟乙某分别以各自名义在银行开设个人账户，并将明知是毒品犯罪所得的赃款存入上述账户。事后，甲某和乙某将大部分赃款转出，用于买汽车等。[2]

问：如何认定甲和乙行为的性质？

5. 曾某某向黄某某借款10万元，因无力偿还产生保险诈骗念头。曾某某于2003年4月18日至22日间，在中国人寿、太平洋、平安保险3家保险公司以自己为被保险人，投保了保险金额为41.8万元的意外伤害保险。后曾某某找到黄某某，劝说黄砍掉他的双脚，用以向保险公司诈骗，并承诺将所得高额保险金中的16万元用于偿还黄某某的10万元本金及红利。2003年6月某日晚，黄某某用随身携带的砍刀将曾某某双下肢膝盖以下脚踝以上的部位砍断，后逃离现场。曾某某在黄某某离开后呼救，被群众发现后报警。曾某向公安机关、保险公司谎称自己是被3名陌生男子抢劫时砍去双脚，以期获得保险赔偿。经法医鉴定，曾某某的伤情程度属重伤，伤残评定为三级。[3]

问：如何认定曾某某、黄某某行为的性质？

6. 李某，系某商贸公司股东、经营负责人之一。自2006年1月至2008年6月，被告人李某负责经营某商贸公司。期间，采用账外经营不入账、隐匿销售收入的手法，隐匿销售收入人民币310余万元，逃避缴纳税款共计人民币15万余元，占应纳税额的90%以上。后经税务机关依法下达追缴通知，该公司仍拒不缴纳，李某逃匿。[4]

问：如何认定某商贸公司和李某的行为性质？

7. 黄某，开设酒类批发部。2002年5月，黄某与常某达成口头协议，约定由黄某提供原酒，常某组织包装材料及商标，为黄某生产假冒名牌酒，然后供给黄某销售。2002年5月份起，常某从黄某处拉来泸州二曲、绵竹大曲等酒，在某县华阳镇出租房雇佣邱某某等人洗瓶、翻装酒，并贴上"剑南春"等商标，用上述原酒生产假冒剑南春酒100余件、假冒全兴酒50余件、假冒五粮液酒10余件等，并拉至黄某处销售。2002年12月30日，公安机关在某县华阳镇常某用作生产假冒名酒的出租房内抓获常某等人，并提取大量假冒名酒及包装。[5]

问：如何认定黄某与常某行为的性质？

8. 梁某伪造了某市供销贸易公司营业执照副本、公章和合同专用章。3月下旬的一天，梁某用伪造的公章以供销贸易公司的名义与一乡办衬衫厂签订合同一份，约定衬衫厂供应衬衫5000件，价款15万元；供方3天内交货，需方提货时先付20%的货款，5日内付清全部货款。

---

[1] 陈俊杰、陈倩："家乐福8课长涉嫌受贿被诉"，载《新京报》2008年6月15日，第A8版。
[2] 初炳东主编：《刑法学各论案例教程》，北京大学出版社2010年版，第128页。
[3] 李友寿、郑世文："从本案谈保险诈骗罪主体、犯罪形态的认定"，载中国法院网，http://www.chinacourt.org/article/detail/2004/07/id/125544.shtml，最后访问日期：2021年3月2日。
[4] "上海首领商贸有限公司等逃税案"，载110裁判案例，http://www.110.com/panli/panli_10578585.html，最后访问日期：2021年3月5日。
[5] 摘自"假冒注册商标还是生产假冒伪劣产品"，载法律快车，http://www.lawtime.cn/info/xingfa/jiamaozhucheshangbiaozui/20110115/103798.html，最后访问日期：2021年3月6日。

后梁某雇车到衬衫厂，交了3万货款后，提取衬衫5000件。运到某服装城后，销出4000件，得款8万元。

问：如何认定梁某行为的性质？

教学内容

第一节 破坏社会主义市场经济秩序罪概述

一、破坏社会主义市场经济秩序罪的概念和构成特征

破坏社会主义市场经济秩序罪，是指违反国家经济管理法规，在市场经济运行或经济管理活动中进行非法经济活动，严重破坏社会主义市场经济秩序的行为。这类犯罪具有以下构成特征：

1. 这类犯罪的客体是我国社会主义市场经济秩序。社会主义市场经济秩序，是国家通过法律对由市场资源配置的经济运行过程进行调节和实行管理所形成的正常、有序的状态。为促进社会主义市场经济的发展，保证市场经济的正常运行，国家制定了一系列的经济法律、法规，涉及市场经济主体、市场经济客体、金融市场、市场经济管理等各个方面，形成比较完整的社会主义市场经济秩序，包括产品质量管理秩序、进出口管理秩序、对公司、企业管理秩序、金融管理秩序、税收管理秩序等。侵犯某一部分经济秩序的行为，就是侵犯了社会主义市场经济秩序。

2. 这类犯罪在客观方面表现为违反国家经济管理法规，在市场经济运行或者经济管理活动中进行非法经济活动，严重破坏社会主义市场经济秩序的行为。

3. 这类犯罪的主体包括自然人和单位。其中大多数犯罪的主体既可以是自然人，也可以是单位。有些还要求具有特定身份的自然人和单位才能构成，如保险诈骗罪、逃税罪。少数犯罪的主体只能是自然人，如信用卡诈骗罪、抗税罪。

4. 这类犯罪的主观方面，除个别犯罪外，绝大多数犯罪在主观上是故意。

二、破坏社会主义市场经济秩序罪的种类

本章犯罪分为8节、以下8小类犯罪，共包括110个罪名：①生产、销售伪劣商品罪；②走私罪；③妨害对公司、企业的管理秩序罪；④破坏金融管理秩序罪；⑤金融诈骗罪；⑥危害税收征管罪；⑦侵犯知识产权罪；⑧扰乱市场秩序罪。

为正确处理这类刑事案件，"两高"分别或者联合发布了大量的司法解释。最高人民检察院、公安部先后印发了《关于公安机关管辖的刑事案件立案追诉标准的规定（一）》《关于公安机关管辖的刑事案件立案追诉标准的规定（二）》（以下分别简称《公安立案标准一》《公安立案标准二》）以及《关于公安机关管辖的刑事案件立案追诉标准的规定（一）的补充规定》（以下简称《公安立案标准（一）补充规定》），对本章中有关具体犯罪的立案追诉标准作了规定。

第二节 生产、销售伪劣商品罪

生产、销售伪劣商品罪，是指违反产品质量法规，侵犯消费者权益，严重扰乱社会主义市

场经济秩序，情节严重的行为。该小类罪共 10 个罪名，犯罪主体均包括自然人和单位，主观方面均为故意。本小类罪均属选择性罪名。

一、生产、销售伪劣产品罪

（一）生产、销售伪劣产品罪的概念和构成要件

生产、销售伪劣产品罪，是指生产者、销售者在产品中掺杂、掺假，以假充真，以次充好或者以不合格产品冒充合格产品，销售金额在 5 万元以上的行为。其构成要件是：

1. 本罪的客体是复杂客体，既包括国家对产品质量的监督管理制度和市场管理制度，又包括广大用户和消费者的合法权益。根据《产品质量法》的规定，"产品"是指经过加工、制作、用于销售的各种物品，但不包括建筑工程。本罪的对象是普通伪劣产品，即《刑法》第 141~148 条规定的药品、食品、医用器材、化妆品等特种伪劣产品以外的其他伪劣产品，但是法律另有规定的除外。伪劣产品分为伪产品和劣产品，"伪产品"即假产品，指种类、名称与内容不符的产品；"劣产品"即不合格产品，指不符合国家标准、行业标准的产品。

2. 本罪在客观方面表现为生产、销售伪劣产品，销售金额在 5 万元以上的行为。这包括以下要素：

（1）实施了生产、销售伪劣产品的行为。具体行为方式包括：①在产品中掺杂、掺假。指在产品中掺入杂质或者异物，致使产品质量不符合法律、法规或者产品明示质量标准规定的质量要求，降低、失去应有使用性能的行为，如在牛奶中兑水等。②以假充真。指以不具有某种使用性能的产品冒充具有该种使用性能的产品的行为，如以树皮冒充桂皮等。③以次充好。指以低等级、低档次产品冒充高等级、高档次产品，或者以残次、废旧零配件组合、拼装后冒充正品或者新产品的行为。④以不合格产品冒充合格产品。不合格产品是指不符合《产品质量法》第 26 条第 2 款规定的质量要求的产品。[1]

（2）必须销售金额达到 5 万元以上。"销售金额"是指生产者、销售者出售伪劣产品后所得和应得的全部违法收入。根据 2001 年 4 月 10 日"两高"实施的《关于办理生产、销售伪劣商品刑事案件具体应用法律若干问题的解释》（以下简称《伪劣商品刑案解释》）的规定，伪劣产品尚未销售，货值金额达到《刑法》第 140 条规定的销售金额 3 倍以上即 15 万元以上的，应以生产、销售伪劣产品罪（未遂）定罪处罚。货值金额应以违法生产、销售的伪劣产品的标价计算；没有标价的，按照同类合格产品的市场中间价格计算。对于多次实施生产、销售伪劣产品的行为，未经处理的，伪劣产品的销售金额或者货值金额累计计算。

3. 本罪的主体是一般主体，包括生产者和销售者，既可以是自然人，也可以是单位。行为人是否有生产许可证或者营业执照，不影响犯罪的成立。

4. 本罪的主观方面是故意。通常情况下，行为人都有非法牟利的目的。

（二）生产、销售伪劣产品罪的司法认定

1. 本罪与生产、销售伪劣药品、食品等特定种类伪劣产品犯罪的界限。《刑法》第 141~148 条规定了生产、销售假药等 8 种特定种类的伪劣产品犯罪（妨害药品管理罪除外，下同），本罪与这 8 种犯罪的区别主要在于：①具体的犯罪对象不同。本罪对具体犯罪对象未作要求，

---

[1]《产品质量法》第 26 条第 2 款规定："产品质量应当符合下列要求：①不存在危及人身、财产安全的不合理的危险，有保障人体健康和人身、财产安全的国家标准、行业标准的，应当符合该标准；②具备产品应当具备的使用性能，但是，对产品存在使用性能的瑕疵作出说明的除外；③符合在产品或者其包装上注明采用的产品标准，符合以产品说明、实物样品等方式表明的质量状况。"

是一般的伪劣产品;而生产、销售、提供假药等8种特定种类伪劣产品犯罪,强调的是特殊对象。②构成犯罪的客观标准不同。本罪以伪劣产品的销售金额或者货值金额达到一定数额为标准;根据《刑法》第141~148条的规定,8种特定种类伪劣产品犯罪没有销售数额的限制,构成犯罪的标准因犯罪对象不同而不同:其一,只要实施行为即构成犯罪的,如生产、销售、提供假药罪(第141条),生产、销售有毒、有害食品罪(第144条);其二,造成人身或者财产危害结果的才构成犯罪,如生产、销售、提供劣药罪(第142条),生产、销售不符合安全标准的产品罪(第146条),生产、销售伪劣农药、兽药、化肥、种子罪(第147条),生产、销售不符合卫生标准的化妆品罪(第148条);其三,足以发生严重后果的危险状态才构成犯罪的,如生产、销售不符合卫生标准的食品罪(第143条)、生产、销售不符合标准的医用器材罪(第145条)。

实施生产、销售假药等8种特定种类伪劣产品的行为,当然也是生产、销售伪劣产品的行为,这在刑法理论上属于法条竞合关系。根据《刑法》第149条的规定,对生产、销售《刑法》第141~148条所列特定种类的伪劣产品的行为,应分别不同情况处理:①符合各该条规定的犯罪构成的,按照第141~148条规定的犯罪定罪处罚;②不构成各该条规定的犯罪,但是销售金额在5万元以上的,按照生产、销售伪劣产品罪定罪处罚;③行为既符合各该条规定的犯罪构成,同时又达到生产、销售伪劣产品罪的数额要求的,依照处罚较重的规定定罪处罚。

本章"导入案例一"中,行为人在玉米馒头中添加的"柠檬黄",属于食品添加剂,可以在一些食品中使用,但根据有关规定,其使用范围不包括馒头等蒸煮类糕点。在馒头中添加"柠檬黄"的行为,违反了有关食品安全的强制性规范以及产品质量法律法规,存在危及人身健康的不合理危险。经产品质量检验机构鉴定,超范围添加"柠檬黄"的玉米馒头属于不合格产品,但食用该馒头尚不足以造成严重食物中毒事故或者其他严重食源性疾病,因此本案行为人的行为不符合生产、销售不符合安全标准的食品罪构成标准。同时,"柠檬黄"也不是有毒、有害的非食品原料,在玉米馒头中添加"柠檬黄"的行为也不构成生产、销售有毒、有害食品罪。但是行为人生产、销售添加"柠檬黄"的馒头属于不合格产品,是以不合格产品冒充合格产品,且销售金额达62万余元。因此,根据刑法规定,对本案行为人应以生产、销售伪劣产品罪定罪处罚。

2. 共同犯罪的认定。[1] 行为人知道或者应当知道他人实施生产、销售伪劣商品犯罪,而为其提供贷款、资金、帐号、发票、证明、许可证件,或者提供生产、经营场所或者运输、仓储、保管、邮寄等便利条件,或者提供制假生产技术的,以生产、销售伪劣商品犯罪的共犯论处。

3. 一罪与数罪的认定。[2] 行为人实施生产、销售伪劣商品犯罪,同时构成侵犯知识产权、非法经营等其他犯罪的,依照处罚较重的规定定罪处罚。行为人实施《刑法》第140~148规定的生产、销售伪劣商品犯罪,又以暴力、威胁方法抗拒查处,构成其他犯罪的,依照数罪并罚的规定处罚。

(三) 生产、销售伪劣产品罪的刑事责任

根据《刑法》第140条、第150条的规定,犯本罪,销售金额在5万元以上不满20万元的,处2年以下有期徒刑或者拘役,并处或者单处销售金额50%以上2倍以下罚金;销售金额

---

[1] 根据《伪劣商品刑案解释》第9条的规定,此项还适用于本节其他犯罪的共犯认定。
[2] 根据《伪劣商品刑案解释》第10条、第11条的规定,此项亦适用于本节其他犯罪的一罪与数罪的认定。

在20万元以上不满50万元的，处2年以上7年以下有期徒刑，并处销售金额50%以上2倍以下罚金；销售金额在50万元以上不满200万元的，处7年以上有期徒刑，并处销售金额50%以上2倍以下罚金；销售金额200万元以上的，处15年有期徒刑或者无期徒刑，并处销售金额50%以上2倍以下罚金或者没收财产。单位犯本罪的，实行两罚制。

二、生产、销售、提供假药罪

生产、销售、提供假药罪，是指违反国家药品管理法律法规，生产、销售假药，或者药品使用单位的人员明知是假药而提供给他人使用的行为。《药品管理法》规定，有下列情形之一的，为假药：①药品所含成份与国家药品标准规定的成份不符；②以非药品冒充药品或者以他种药品冒充此种药品；③变质的药品；④药品所标明的适应症或者功能主治超出规定范围。这里的"假药"限定为人用药，不包括兽用药及其他植物用药。认定本罪时应注意以下几点：[1]①以生产、销售、提供假药、劣药为目的，合成、精制、提取、储存、加工炮制药品原料，或者在将药品原料、辅料、包装材料制成成品过程中，进行配料、混合、制剂、储存、包装的，应当认定为《刑法》第141条、第142规定的"生产"。药品使用单位及其工作人员明知是假药、劣药而有偿提供给他人使用的，应当认定为《刑法》第141条、第142规定的"销售"；无偿提供给他人使用的，应当认定为《刑法》第141条、第142规定的规定的"提供"。②本罪是行为犯，即只要实施了生产、销售、提供假药的行为，就应立案追诉，并不要求有实际危害结果的发生。但根据民间传统配方私自加工药品或者销售上述药品，数量不大，且未造成他人伤害后果或者延误诊治的，或者不以营利为目的实施带有自救、互助性质的生产、进口、销售药品的行为，不应当认定为犯罪。根据《刑法》第141条、第150条的规定，犯本罪的，处3年以下有期徒刑或者拘役，并处罚金；对人体健康造成严重危害或者有其他严重情节的，处3年以上10年以下有期徒刑，并处罚金；致人死亡或者有其他特别严重情节的，处10年以上有期徒刑、无期徒刑或者死刑，并处罚金或者没收财产。单位犯本罪的，实行两罚制。

三、生产、销售、提供劣药罪

生产、销售、提供劣药罪，是指违反国家药品管理法规，生产、销售劣药，或者药品使用单位的人员明知是劣药而提供给他人使用，对人体健康造成严重危害的行为。《药品管理法》对应当认为为"劣药"的情形作了规定。根据2022年3月6日"两高"实施的《关于办理危害药品安全刑事案件适用法律若干问题的解释》的规定，"对人体健康造成严重危害"包括：造成轻伤或者重伤的；造成轻度残疾或者中度残疾的；造成器官组织损伤导致一般功能障碍或者严重功能障碍的；其他对人体健康造成严重危害的情形。根据《刑法》第142条、第150条的规定，犯本罪的，处3年以上10年以下有期徒刑，并处罚金；后果特别严重的，处10年以上有期徒刑或者无期徒刑，并处罚金或者没收财产。单位犯本罪的，实行两罚制。

四、妨害药品管理罪

妨害药品管理罪，是指违反药品管理法规，妨害药品管理，足以严重危害人体健康的行为。妨害药品管理的行为是指下列情形之一：①生产、销售国务院药品监督管理部门禁止使用的药品的；②未取得药品相关批准证明文件生产、进口药品或者明知是上述药品而销售的；③药品申请注册中提供虚假的证明、数据、资料、样品或者采取其他欺骗手段的；④编造生

---

[1] 分别参见2022年3月6日"两高"实施的《关于办理危害药品安全刑事案件适用法律若干问题的解释》第6条、第10条、第11条和2017年9月1日"两高"实施的《关于办理药品、医疗器械注册申请材料造假刑事案件适用法律若干问题的解释》第3条。

产、检验记录的。根据《刑法》第142条之一的规定,犯本罪的,处3年以下有期徒刑或者拘役,并处或者单处罚金;对人体健康造成严重危害或者有其他严重情节的,处3年以上7年以下有期徒刑,并处罚金。单位犯本罪的,实行两罚制。犯本罪,同时又构成《刑法》第141条、第142条规定之罪或者其他犯罪的,依照处罚较重的规定定罪处罚。

五、生产、销售不符合安全标准的食品罪

生产、销售不符合安全标准的食品罪,是指违反国家食品卫生管理法律法规,生产、销售不符合卫生标准的食品,足以造成严重食物中毒事故或者其他严重食源性疾病的行为。本罪是危险犯,只要行为造成特定的具体危险,即构成犯罪既遂。2022年1月1日实施的"两高"《关于办理危害食品安全刑事案件适用法律若干问题的解释》(以下简称《食品安全刑案解释》)对"足以造成严重食物中毒事故或者其他严重食源性疾病"的具体情形作了列举,同时明确规定有下列行为的,依照本罪定罪处罚:①在食品加工、销售、运输、贮存等过程中,违反食品安全标准,超限量或者超范围滥用食品添加剂,足以造成严重食物中毒事故或者其他严重食源性疾病的;②在食用农产品种植、养殖、销售、运输、贮存等过程中,违反食品安全标准,超限量或者超范围滥用添加剂、农药、兽药等,足以造成严重食物中毒事故或者其他严重食源性疾病的。根据《刑法》第143条、第150条的规定,犯本罪的,处3年以下有期徒刑或者拘役,并处罚金;对人体健康造成严重危害或者有其他严重情节的,处3年以上7年以下有期徒刑,并处罚金;后果特别严重的,处7年以上有期徒刑或者无期徒刑,并处罚金或者没收财产。单位犯本罪的,实行两罚制。

六、生产、销售有毒、有害食品罪

(一)生产、销售有毒、有害食品罪的概念和构成要件

生产、销售有毒、有害食品罪,是指违反国家食品卫生管理法律法规,在生产、销售的食品中掺入有毒、有害的非食品原料,或者销售明知是掺入有毒、有害的非食品原料的食品的行为。其构成要件是:

1. 本罪的客体是复杂客体,即国家食品安全监管制度和不特定多人的身体健康权利。

2. 本罪在客观方面表现为,在生产、销售的食品中掺入有毒、有害的非食品原料,或者销售明知是掺入有毒有害的非食品原料的食品的行为。"有毒、有害的非食品原料"是指对人体具有生理毒性,食用后会引起不良反应,损害肌体健康的不能食用的原料,如工业酒精、工业染料、对人体有害的添加剂等。《食品安全刑案解释》第9条对属于"有毒、有害的非食品原料"的具体情形作了列举。本罪的具体行为表现有:①生产者在生产、加工食品时掺入有毒、有害的非食品原料,或者使用有毒、有害的非食品原料加工食品的行为,如用工业酒精兑制假白酒,在辣椒面中添加苏丹红4号染色剂;在制作肉丸过程中添加硼砂。[1] ②销售者在食品的销售、运输、贮存等过程中,掺入有毒、有害的非食品原料的行为;③销售者明知是掺入有毒、有害的非食品原料的食品而予以销售的行为。《食品安全刑案解释》第11条第2款、第3款特别规定,在食用农产品种植、养殖、销售、运输、贮存等过程中,使用禁用农药、食品动物中禁止使用的药品及其他化合物等有毒、有害的非食品原料,依照本罪定罪处罚。在保健食品或者其他食品中非法添加国家禁用药物等有毒、有害的非食品原料的,以本罪论处。此

---

[1] 苏丹红4号染色剂,属高致癌染色剂,严禁用作食品添加染色剂,只能用于工业染色。硼砂是一种化工原料和药物,也是一种外用消毒防腐剂,毒性较高,若人体摄入过量,易引起多脏器蓄积性中毒。

外，根据有关司法解释的规定，[1] 使用盐酸克仑特罗等禁止在饲料和动物饮用水中使用的药品或者含有该类药品的饲料养殖供人食用的动物，或者销售明知是使用该类药品或者含有该类药品的饲料养殖的供人食用的动物的，构成本罪。明知是使用盐酸克仑特罗等禁止在饲料和动物饮用水中使用的药品或者含有该类药品的饲料养殖的供人食用的动物，而提供屠宰等加工服务，或者销售其制品的，依照本罪论处。

本罪是行为犯，行为人实施上述行为之一的，就构成犯罪。

3. 本罪的主体是一般主体，自然人和单位均可以构成。

4. 本罪的主观方面是故意。其中，销售明知是掺入有毒、有害的非食品原料的食品中的"明知"，是指具有下列情形之一的，但存在相反证据并经查证属实的除外：①长期从事相关食品、食用农产品生产、种植、养殖、销售、运输、贮存行业，不依法履行保障食品安全义务的；②没有合法有效的购货凭证，且不能提供或者拒不提供销售的相关食品来源的；③以明显低于市场价格进货或者销售且无合理原因的；④在有关部门发出禁令或者食品安全预警的情况下继续销售的；⑤因实施危害食品安全行为受过行政处罚或者刑事处罚，又实施同种行为的；⑥其他足以认定行为人明知的情形。

(二) 生产、销售有毒有害食品罪的司法认定

1. 本罪与生产、销售不符合安全标准的食品罪的界限。两罪的主要区别包括：①生产、销售食品的性质不同。本罪造成危害是"有毒有害的非食品原料"，包括本身就不是食品的物质，如用工业酒精甲醇兑制假白酒；也包括在食品中掺入有毒、有害物质，如使用工业用油加工糕点等。而不符合安全标准的食品，则通常是食品的物质本身因为变质而产生毒害，或者食品本身含有污染物质。②犯罪的形态不同。本罪是行为犯，而后罪是危险犯，必须出现"足以造成严重食物中毒事故或者其他严重食源性疾病"的危险结果，才能成立犯罪。根据《食品安全刑案解释》第8条的规定，在食品加工、销售、运输、贮存等过程中，违反食品安全标准，超限量或者超范围滥用食品添加剂，足以造成严重食物中毒事故或者其他严重食源性疾病的，以生产、销售不符合安全标准的食品罪定罪处罚；在食用农产品种植、养殖、销售、运输、贮存等过程中，违反食品安全标准，超限量或者超范围滥用添加剂、农药、兽药等，足以造成严重食物中毒事故或者其他严重食源性疾病的，以生产、销售不符合安全标准的食品罪定罪处罚。

2. 本罪与投放危险物质罪的界限。两罪的区别在于：①犯罪目的不同。犯本罪通常是为了牟取非法利益；犯后罪是为了造成不特定多人的伤亡，达到报复社会、报复他人的目的。行为人对在食品中掺入有毒、有害的非食品原料是明知的，但并不希望发生致人伤亡的结果，构成本罪；如果行为人生产、销售有毒、有害食品，目的就是追求致人伤亡结果的发生，应认定为投放危险物质罪。②主体范围不同。本罪的主体包括自然人和单位；后罪的主体只能是自然人。

(三) 生产、销售有毒、有害食品罪的刑事责任

根据《刑法》第144条、第150条的规定，犯本罪的，处5年以下有期徒刑，并处罚金；对人体健康造成严重危害或者有其他严重情节的，处5年以上10年以下有期徒刑，并处罚金；致人死亡或者有其他特别严重情节的，依照本法第141条的规定处罚（处10年以上有期徒刑、

---

[1] 2002年8月23日"两高"实施的《关于办理非法生产、销售、使用禁止在饲料和动物饮用水中使用的药品等刑事案件具体应用法律若干问题的解释》第3条、第4条。

无期徒刑或者死刑,并处罚金或者没收财产)。单位犯本罪的,实行两罚制。

七、生产、销售不符合标准的医用器材罪

生产、销售不符合标准的医用器材罪,是指生产不符合保障人体健康的国家标准、行业标准的医疗器械、医用卫生材料,或者销售明知是不符合保障人体健康的国家标准、行业标准的医疗器械、医用卫生材料,足以严重危害人体健康的行为。本罪是危险犯。《伪劣商品刑案解释》第6条第4款规定,医疗机构或者个人,知道或应当知道是不符合保障人体健康的国家标准、行业标准的医疗器械、医用卫生材料而购买、使用,对人体健康造成严重危害的,以销售不符合标准的医用器材罪定罪处罚。根据《刑法》第145条、第150条的规定,犯本罪的,处3年以下有期徒刑或者拘役,并处销售金额50%以上2倍以下罚金;对人体健康造成严重危害的,处3年以上10年以下有期徒刑,并处销售金额50%以上2倍以下罚金;后果特别严重的,处10年以上有期徒刑或者无期徒刑,并处销售金额50%以上2倍以下罚金或者没收财产。单位犯本罪的,实行两罚制。

八、生产、销售不符合安全标准的产品罪

生产、销售不符合安全标准的产品罪,是指生产不符合保障人身、财产安全的国家标准、行业标准的电器、压力容器、易燃易爆产品或者其他不符合保障人身、财产安全的国家标准、行业标准的产品,或者销售明知是以上不符合保障人身、财产安全的国家标准、行业标准的产品,造成严重后果的行为。根据《刑法》第146条、第150条的规定,犯本罪的,处5年以下有期徒刑,并处销售金额50%以上2倍以下罚金;后果特别严重的,处5年以上有期徒刑,并处销售金额50%以上2倍以下罚金。单位犯本罪的,实行两罚制。

九、生产、销售伪劣农药、兽药、化肥、种子罪

生产、销售伪劣农药、兽药、化肥、种子罪,是指违反国家农业生产资料管理法律法规,生产假农药、假兽药、假化肥,销售明知是假的或者失去使用效能的农药、兽药、化肥、种子,或者生产者、销售者以不合格的农药、兽药、化肥、种子冒充合格的农药、兽药、化肥、种子,使生产遭受较大损失的行为。根据《刑法》第147条、第150条的规定,犯本罪的,处3年以下有期徒刑或者拘役,并处或者单处销售金额50%以上2倍以下罚金;使生产遭受重大损失的,处3年以上7年以下有期徒刑,并处销售金额50%以上2倍以下罚金;使生产遭受特别重大损失的,处7年以上有期徒刑或者无期徒刑,并处销售金额50%以上2倍以下罚金或者没收财产。单位犯本罪的,实行两罚制。

十、生产、销售不符合卫生标准的化妆品罪

生产、销售不符合卫生标准的化妆品罪,是指违反化妆品卫生质量管理法律法规,生产不符合卫生标准的化妆品,或者销售明知是不符合卫生标准的化妆品,造成严重后果的行为。根据《刑法》第148条、第150条的规定,犯本罪的,处3年以下有期徒刑或者拘役,并处或者单处销售金额50%以上2倍以下罚金。单位犯本罪的,实行两罚制。

第三节 走私罪

走私罪,是指违反海关法规,逃避海关监管,非法运输、携带、邮寄国家禁止进出境或者限制进出境的货物、物品以及其他货物、物品进出国(边)境,情节严重的行为。根据犯罪对象不同,走私罪分为10个罪名,其侵犯的客体是国家对外贸易管理制度。犯罪主体都是一般主体,包括自然人和单位,且单位犯本节各走私罪的,均实行两罚制。主观方面都是故意。

一、走私武器、弹药罪

走私武器、弹药罪，是指违反海关法规，逃避海关监管，运输、携带、邮寄武器、弹药进出国（边）境的行为。本罪的对象是武器、弹药，包括各种弹药的弹头、弹壳。仿真枪、管制刀具，不能成为本罪的对象。根据2014年9月10日"两高"实施的《关于办理走私刑事案件适用法律若干问题的解释》（以下简称《走私刑案解释》）的规定，走私报废或者无法组装并使用的各种弹药的弹头、弹壳，构成犯罪的，以走私普通货物、物品罪定罪处罚；走私国家禁止或者限制进出口的仿真枪、管制刀具，构成犯罪的，以走私国家禁止进出口的货物、物品罪定罪处罚。根据《刑法》第151条第1款、第4款的规定，犯本罪的，处7年以上有期徒刑，并处罚金或者没收财产；情节特别严重的，处无期徒刑，并处没收财产；情节较轻的，处3年以上7年以下有期徒刑，并处罚金。单位犯本罪的，实行两罚制。

二、走私核材料罪

走私核材料罪，是指违反海关法规，逃避海关监管，运输、携带、邮寄核材料进出国（边）境的行为。作为本罪对象的核材料，是指可以发生原子核裂变和核聚变反应的放射性物质。犯本罪的，依照《刑法》第151条第1款、第4款的规定处罚，即本罪的处罚与走私武器、弹药罪相同。

三、走私假币罪

走私假币罪，是指违反海关法规，逃避海关监管，运输、携带、邮寄伪造的货币进出国（边）境的行为。这里的"货币"包括正在流通的人民币和境外货币。犯本罪的，依照《刑法》第151条第1款、第4款的规定处罚。

四、走私文物罪

走私文物罪，是指违反海关法规，逃避海关监管，运输、携带、邮寄国家禁止出口的文物出国（边）境的行为。构成本罪限于走私文物"出境"，走私文物"入境"的，以走私普通货物、物品罪论处。根据《刑法》第151条第2款、第4款的规定，犯本罪的，处5年以上10年以下有期徒刑，并处罚金；情节特别严重的，处10年以上有期徒刑或者无期徒刑，并处没收财产；情节较轻的，处5年以下有期徒刑，并处罚金。单位犯本罪的，实行两罚制。

五、走私贵重金属罪

走私贵重金属罪，是指违反海关法规，逃避海关监管，运输、携带、邮寄国家禁止出口的黄金、白银和其他贵重金属出国（边）境的行为。如果是将贵重金属走私"入境"的，则以走私普通货物、物品罪论处。犯本罪的，依照《刑法》第151条第2款、第4款的规定处罚，即本罪的处罚与走私文物罪相同。

六、走私珍贵动物、珍贵动物制品罪

走私珍贵动物、珍贵动物制品罪，是指违反海关法规，逃避海关监管，运输、携带、邮寄国家禁止进出口的珍贵动物、珍贵动物制品进出国（边）境的行为。根据《走私刑案解释》的规定，不以牟利为目的，为留作纪念而走私珍贵动物制品进境，数额不满10万元的，可以免予刑事处罚；情节显著轻微的，不作为犯罪处理。犯本罪的，依照《刑法》第151条第2款、第4款的规定处罚。

七、走私国家禁止进出口的货物、物品罪

走私国家禁止进出口的货物、物品罪，是指违反海关法规，逃避海关监管，运输、携带、邮寄珍稀植物及其制品等国家禁止进出口的货物、物品进出国（边）境的行为。根据《刑法》第151条第3款、第4款的规定，犯本罪的，处5年以下有期徒刑或者拘役，并处或者单处罚

金；情节严重的，处5年以上有期徒刑，并处罚金。单位犯本罪的，实行两罚制。

八、走私淫秽物品罪

走私淫秽物品罪，是指以牟利或者传播为目的，违反海关法规，逃避海关监管，运输、携带、邮寄淫秽的影片、录像带、录音带、图片、书刊或者其他淫秽物品进出国（边）境的行为。本罪的主观方面是故意，并且以牟利或者传播为目的。行为人误将淫秽物品当成普通物品走私的，虽然不构成本罪，但可以构成走私普通货物、物品罪。根据《刑法》第152条第1款、第3款的规定，犯本罪的，处3年以上10年以下有期徒刑，并处罚金；情节严重的，处10年以上有期徒刑或者无期徒刑，并处罚金或者没收财产；情节较轻的，处3年以下有期徒刑、拘役或者管制，并处罚金。单位犯本罪的，实行两罚制。

九、走私废物罪

走私废物罪，是指违反海关法规，逃避海关监管，将境外固体废物、液态废物和气态废物运输进境，情节严重的行为。根据《刑法》第152条第2款、第3款的规定，犯本罪的，处5年以下有期徒刑，并处或者单处罚金；情节特别严重的，处5年以上有期徒刑，并处罚金。单位犯本罪的，实行两罚制。

十、走私普通货物、物品罪

（一）走私普通货物、物品罪的概念和构成要件

走私普通货物、物品罪，是指违反海关法规，逃避海关监管，运输、携带、邮寄普通货物、物品进出国（边）境，偷逃应缴税额较大或者1年内曾因走私被给予2次行政处罚又走私的行为。其构成要件是：

1. 本罪的客体是国家对外贸易管理制度和征收关税制度。对外贸易管理制度，是国家根据自身建设发展的需要，对进出口货物及其他物品的种类、数量实行控制和监督的制度，具体包括：对进出口货物、物品实行准许、限制或者禁止的制度；对非贸易物品实行限进、限出、限量、限值的制度；对金融、外汇实行统一管理和控制的制度；对进出口货物及其他物品征收关税的制度等。[1]《海关法》规定，进出境运输工具、货物、物品，必须通过设立海关的地点进境或者出境；进口货物自进境起到办结海关手续止，出口货物自向海关申报起到出境止，过境、转运和通运货物自进境起到出境止，应当接受海关监管；进口货物的收货人、出口货物的发货人应当向海关如实申报，交验进出口许可证件和有关单证；个人携带进出境的行李物品、邮寄进出境的物品，应当以自用、合理数量为限，并接受海关监管；进出境物品的所有人应当向海关如实申报，并接受海关查验；准许进出口的货物、进出境物品，由海关依法征收关税。

本罪的犯罪对象是普通货物、物品，即除本节前述9种走私犯罪所涉对象以及《刑法》第347条规定的毒品、第350条规定的制毒物品以外的货物、物品。不构成其他走私犯罪的走私行为，都有可能构成本罪。

2. 本罪在客观方面表现为违反海关管理法规，逃避海关监管，运输、携带、邮寄普通货物、物品进出国（边）境，偷逃应缴税额较大或者1年内曾因走私被给予2次行政处罚又走私的行为。具体包括以下方面：

（1）违反海关法规。是指违反《海关法》《进出口关税条例》及其他有关的法律、法规。

（2）实施了逃避海关监管的走私行为。海关监管主要包括经不设关地点进出境制度、现

---

[1] 赵秉志主编：《中国刑法案例与学理研究·分则篇（二）》，法律出版社2001年版，第55页。

场管理制度、后续管理制度和保税制度。其他走私罪中的"逃避海关监管"包括直接走私和间接走私两种方式。本罪中的"逃避海关监管"还包括《刑法》第154条规定的"后续走私"。

第一，直接走私。包括通关走私和绕关走私，即采用藏匿、伪装、瞒报等手段蒙混过关，或者从不设立海关的国（边）境线上运输、携带、邮寄货物、物品进出，躲避海关监督、管理和检查。

第二，后续走私。根据《刑法》第154条的规定，包括：①走私保税货物，即未经海关许可并且未补缴应缴税款，擅自将批准进口的来料加工、来件装配、补偿贸易的原材料、零件、制成品、设备等保税货物，[1] 在境内销售牟利的。②走私特定减、免税货物，即未经海关许可并且未补交应缴税款，擅自将特定减税、免税进口的货物、物品，在境内销售牟利的。根据《海关法》规定，特定地区的进出口货物、特定企业的进出口货物、有特定用途的进出口货物，以及用于公益事业的捐赠物资，可以减征或者免征关税，但只能由特定地区、特定企业或者按照特定用途使用。如果擅自在境内销售牟利的，即构成走私。

第三，间接走私，亦称"准走私"。《刑法》第155条规定，下列行为以走私罪论处，依照本节的有关规定处罚：①第一手购买走私物品的行为，即直接向走私人非法收购国家禁止进口物品的，或者直接向走私人非法收购走私进口的其他货物、物品，数额较大的。②推定走私的行为，即在内海、领海、界河、界湖运输、收购、贩卖国家禁止进出口的物品的，或者运输、收购、贩卖国家限制进出口货物、物品，数额较大，没有合法证明的。根据《走私刑案解释》的规定，直接向走私人非法收购走私进口的货物、物品，在内海、领海、界河、界湖运输、收购、贩卖国家禁止进出口的物品，或者没有合法证明，在内海、领海、界河、界湖运输、收购、贩卖国家限制进出口的货物、物品，构成犯罪的，应当按照走私货物、物品的种类，分别依照《刑法》第151条、第152条、第153条、第347条（走私毒品罪）、第350条（走私制毒物品罪）的规定定罪处罚。

（3）必须是"偷逃应缴税额较大"或者"1年内曾因走私被给予2次行政处罚后又走私的"，才构成本罪。根据《走私刑案解释》的规定，"应缴税额"包括进出口货物、物品应当缴纳的进出口关税和进口环节海关代征税的税额。"偷逃应缴税额较大"是指个人偷逃应缴税额在10万元以上不满50万元；单位偷逃应缴税额在20万元以上不满100万元。"1年内"以因走私第一次受到行政处罚的生效之日与"又走私"行为实施之日的时间间隔计算确定。"被给予2次行政处罚"的走私行为，包括走私普通货物、物品以及其他货物、物品；"又走私"行为仅指走私普通货物、物品。

3. 本罪的主体是一般主体，包括自然人和单位。

4. 本罪的主观方面是故意。

本章"导入案例二"中，赖昌星走私犯罪集团走私的对象是钢材、化工原料、石油、植物油、香烟、汽车等，属于普通的货物、物品。实施的走私行为主要是通关走私（采取不报关、伪报贸易性质、伪报货物品名、少报多进、以金钱等贿赂手段直接过关等），偷逃关税税

---

[1] 所谓保税货物，根据《海关法》和《走私刑案解释》的规定，是指经海关批准，未办理纳税手续进境，在境内储存、加工、装配后应予复运出境的货物，包括通过加工贸易、补偿贸易等方式进口的货物，以及在保税仓库、保税工厂、保税区或者免税商店内等储存、加工、寄售的货物。保税货物如果不能复运出境而需要转入国内市场的，必须事先经海关批准并补缴关税，否则就是偷逃了关税，属于走私行为。

额达到的惊人的数百亿元人民币,已经构成走私普通货物、物品罪。

(二) 走私普通货物、物品罪的司法认定

《刑法》第156条、第157条的以下规定适用于所有走私犯罪:

1. 共犯。《刑法》第156条规定,与走私罪犯通谋,为其提供贷款、资金、帐号、发票、证明,或者为其提供运输、保管、邮寄或者其他方便的,以走私罪的共犯论处。

2. 武装掩护走私。"武装掩护走私"是指走私分子或其雇佣人员携带武器用以保护、掩饰走私活动的行为。《刑法》第157条第1款规定:"武装掩护走私的,依照本法第151条第1款的规定从重处罚。"具体罪名应根据行为人走私物品的种类和性质来确定。

3. 一罪与数罪。根据《刑法》第157条第2款规定,走私过程中,以暴力、威胁方法抗拒缉私的,以走私罪和妨害公务罪数罪并罚。根据《走私刑案解释》的规定,对在走私的货物、物品中藏匿本节前述九种走私犯罪所涉对象以及毒品、制毒物品,构成犯罪的,以实际走私的货物、物品定罪处罚;构成数罪的,实行数罪并罚。未经许可进出口国家限制进出口的货物、物品,构成犯罪的,应当依照《刑法》第151条、第152条的规定,以走私国家禁止进出口的货物、物品罪等罪名定罪处罚;偷逃应缴税额,同时又构成走私普通货物、物品罪的,依照处罚较重的规定定罪处罚。

(三) 走私普通货物、物品罪的刑事责任

根据《刑法》第153条的规定,犯本罪的,根据情节轻重分别处罚:①走私货物、物品偷逃应缴税额较大或者1年内曾因走私被给予2次行政处罚后又走私的,处3年以下有期徒刑或者拘役,并处偷逃应缴税额1倍以上5倍以下罚金。②走私货物、物品偷逃应缴税额巨大或者有其他严重情节的,处3年以上10年以下有期徒刑,并处偷逃应缴税额1倍以上5倍以下罚金。③走私货物、物品偷逃应缴税额特别巨大或者有其他特别严重情节的,处10年以上有期徒刑或者无期徒刑,并处偷逃应缴税额1倍以上5倍以下罚金或者没收财产。

单位犯本罪的,对单位判处罚金,并对其直接负责的主管人员和其他直接责任人员,处3年以下有期徒刑或者拘役;情节严重的,处3年以上10年以下有期徒刑;情节特别严重的,处10年以上有期徒刑。

对多次走私未经处理的(包括未经行政处理和刑事处理),按照累计走私货物、物品的偷逃应缴税额处罚。

第四节 妨害对公司、企业的管理秩序罪

妨害对公司、企业的管理秩序罪,是指违反公司、企业管理法律法规,在公司、企业的设立、经营、清算过程中妨害公司、企业的管理秩序,情节严重的行为。本小类罪共17个罪名,除签订、履行合同失职被骗罪和国有公司、企业、事业单位人员失职罪只能由过失构成外,其余都是故意犯罪。

一、虚报注册资本罪

虚报注册资本罪,是指申请公司登记使用虚假证明文件或者采取其他欺诈手段虚报注册资本,欺骗公司登记主管部门,取得公司登记,虚报注册资本数额巨大、后果严重或者有其他严重情节的行为。本罪的主体是申请公司登记的自然人和单位。主观方面是故意,目的是骗取公司登记。根据《刑法》第158条的规定,犯本罪的,处3年以下有期徒刑或者拘役,并处或者单处虚报注册资本金额1%以上5%以下罚金。单位犯本罪的,对单位判处罚金,并对其直接负

责的主管人员和其他直接责任人员,处3年以下有期徒刑或者拘役。

二、虚假出资、抽逃出资罪

虚假出资、抽逃出资罪,是指公司发起人、股东违反公司法的规定未交付货币、实物或者未转移财产权,虚假出资,或者在公司成立后又抽逃其出资,数额巨大、后果严重或者有其他严重情节的行为。本罪的主体包括单位和自然人。根据《刑法》第159条的规定,犯本罪的,处5年以下有期徒刑或者拘役,并处或者单处虚假出资金额或者抽逃出资金额2%以上10%以下罚金。单位犯本罪的,对单位判处罚金,并对其直接负责的主管人员和其他直接责任人员,处5年以下有期徒刑或者拘役。

三、欺诈发行证券罪

欺诈发行证券罪,是指在招股说明书、认股书、公司、企业债券募集办法等发行文件中隐瞒重要事实或者编造重大虚假内容,发行股票或者公司、企业债券、存托凭证或者国务院依法认定的其他证券,数额巨大、后果严重或者有其他严重情节的行为。本罪的主体是证券的发行人,包括自然人和单位。根据《刑法》第160条第1款的规定,犯本罪的,处5年以下有期徒刑或者拘役,并处或者单处罚金;数额特别巨大、后果特别严重或者有其他特别严重情节的,处5年以上有期徒刑,并处罚金。根据《刑法》第160条第2款的规定,控股股东、实际控制人组织、指使实施欺诈发行证券罪的,处5年以下有期徒刑或者拘役,并处或者单处非法募集资金金额20%以上1倍以下罚金;数额特别巨大、后果特别严重或者有其他特别严重情节的,处五年以上有期徒刑,并处非法募集资金金额20%以上1倍以下罚金。根据《刑法》第160条第3款的规定,单位犯本罪的,对单位判处非法募集资金金额20%以上1倍以下罚金,并对其直接负责的主管人员和其他直接责任人员,依照第1款的规定处罚。

四、违规披露、不披露重要信息罪

违规披露、不披露重要信息罪,是指依法负有信息披露义务的公司、企业,向股东和社会公众提供虚假的或者隐瞒重要事实的财务会计报告,或者对依法应当披露的其他重要信息不按照规定披露,严重损害股东或者其他人利益,或者有其他严重情节的行为。根据《刑法》第161条的规定,犯本罪的,对其直接负责的主管人员和其他直接责任人员,处5年以下有期徒刑或者拘役,并处或者单处罚金;情节特别严重的,处5年以上10年以下有期徒刑,并处罚金。公司、企业的控股股东、实际控制人实施或者组织、指使实施前述虚假信息披露犯罪行为的,或者隐瞒相关事项导致前述信息披露犯罪情形发生的,依照本罪定罪处罚;控股股东、实际控制人是单位的,实行两罚制。

五、妨害清算罪

妨害清算罪,是指公司、企业进行清算时,隐匿财产,对资产负债表或者财产清单作虚伪记载或者在未清偿债务前分配公司、企业财产,严重损害债权人或者其他人利益的行为。本罪是纯正的单位犯罪,但实行单罚制。根据《刑法》第162条的规定,犯本罪的,对公司、企业直接负责的主管人员和其他直接责任人员,处5年以下有期徒刑或者拘役,并处或者单处2万元以上20万元以下罚金。

六、隐匿、故意销毁会计凭证、会计帐簿、财务会计报告罪

隐匿、故意销毁会计凭证、会计帐簿、财务会计报告罪,是指隐匿或者故意销毁依法应当保存的会计凭证、会计帐簿、财务会计报告,情节严重的行为。根据《刑法》第162条之一的规定,犯本罪的,处5年以下有期徒刑或者拘役,并处或者单处2万元以上20万元以下罚金;单位犯本罪的,实行两罚制。

七、虚假破产罪

虚假破产罪，是指公司、企业通过隐匿财产、承担虚构的债务或者以其他方法转移、处分财产，实施虚假破产，严重损害债权人或者其他人利益的行为。本罪与妨害清算罪的根本区别在于行为发生的时空范围不同，即是否进入清算程序不同。本罪是纯正的单位犯罪，但实行单罚制。根据《刑法》第162条之二的规定，犯本罪的，对公司、企业直接负责的主管人员和其他直接责任人员，处5年以下有期徒刑或者拘役，并处或者单处2万元以上20万元以下罚金。

八、非国家工作人员受贿罪

（一）非国家工作人员受贿罪的概念和构成要件

非国家工作人员受贿罪，是指公司、企业或者其他单位的工作人员，利用职务上的便利，索取他人财物或者非法收受他人财物，为他人谋取利益，数额较大的行为。其构成要件是：

1. 本罪的客体是复杂客体，包括公司、企业、其他单位的正常管理秩序和上述单位的工作人员职务活动的廉洁性。

2. 本罪在客观方面包括以下四个要素：

（1）利用本人职务上的便利。"利用职务上的便利"是指行为人利用其在职务上的主管、经手或者参与办理本单位某项事务的权力所产生的方便条件。如学校及其他教育机构中的非国家工作人员、教师利用教学活动的职务便利，以各种名义非法收受教材、教具、校服等物品销售方财物，为销售方谋取利益的；依法组建的评标委员会、竞争性谈判采购中谈判小组、询价采购中询价小组的组成人员，在招标、政府采购等事项的评标或者采购活动中，索取他人财物或非法收受他人财物，为他人谋取利益的；等等。[1] 行为人不是利用职务上的便利而收受他人财物的，不能构成犯罪。

（2）实施了受贿行为。具体行为方式包括：①索取他人财物，即行为人利用职务上的便利，乘为请托人办事之机，以公开或暗示的方式，主动向请托人索要财物。②非法收受他人财物，即行为人利用职务上的便利，乘为请托人办事之机，接受他人主动送予的财物。③收受回扣、手续费。根据《刑法》第163条第2款的规定，公司、企业或者其他单位的工作人员在经济往来中，利用职务上的便利，违反国家规定，收受各种名义的回扣、手续费，归个人所有的，属于受贿性质。

（3）为他人谋取利益。这里的"利益"包括合法利益和非法利益。只要行为人承诺、着手或者完成了为他人谋利益的行为，不论是否已经实际为他人谋取了利益，均可构成本罪。

（4）达到"数额较大"。根据2016年4月18日"两高"实施的《关于办理贪污贿赂刑事案件适用法律若干问题的解释》（以下简称《贪污贿赂刑案解释》）第11条的规定，本罪中的"数额较大"的数额起点，按照本解释关于受贿罪相对应的数额标准规定的2倍执行。《公安立案标准二》第10条规定，涉嫌非国家工作人员受贿，数额在3万元以上的，应予立案追诉。

3. 本罪是特殊主体，即公司、企业或者其他单位的工作人员，而且只限于非国家工作人员，包括国有公司、企业以及其他国有单位中的非国家工作人员。"其他单位"既包括事业单位、社会团体、村民委员会、居民委员会、村民小组等常设性的组织，也包括为组织体育赛事、文艺演出或者其他正当活动而成立的组委会、筹委会、工程承包队等非常设性的组织。《刑法》第163条第3款规定，国有公司、企业或者其他国有单位中从事公务的人员和国有公

---

[1] 参见2008年11月20日"两高"实施的《关于办理商业贿赂刑事案件适用法律若干问题的意见》第4~6条。

司、企业或者其他国有单位委派到非国有公司、企业以及其他单位从事公务的人员实施受贿行为的，依照《刑法》第385条、第386条（受贿罪）的规定定罪处罚。

4. 本罪的主观方面是故意。

本章"导入案例三"中，刘某利用担任某公司生肉部门采购主管的职务便利，在经济往来中，违反国家规定，收受供应商北京资源亚太食品公司的好处费8.9万元，归个人所有，其行为符合非国家工作人员受贿罪的构成要件。

（二）非国家工作人员受贿罪的司法认定

主要应划清本罪与非罪的界限。除了要注意把握"数额较大"这个定罪标准外，还应当划清以下方面的界限：

1. 本罪与接受合理报酬的界限。对于在法律和政策允许的范围内，利用自己的知识、技能为他人服务，换取合理报酬的行为，不得认定为受贿。

2. 贿赂与馈赠的界限。根据2008年11月20日"两高"发布实施的《关于办理商业贿赂刑事案件适用法律若干问题的意见》第10条的规定，主要应结合以下因素全面分析、综合判断：①发生财物往来的背景，如双方是否存在亲友关系及历史上交往的情形和程度；②往来财物的价值；③财物往来的缘由、时机和方式，提供财物方对于接受方有无职务上的请托；④接受方是否利用职务上的便利为提供方谋取利益。

3. 共犯的认定。非国家工作人员与国家工作人员通谋，共同收受他人财物，构成共同犯罪的，根据双方利用职务便利的具体情形分别定罪追究刑事责任。

（三）非国家工作人员受贿罪的刑事责任

根据《刑法》第163条的规定，犯本罪的，处3年以下有期徒刑或者拘役，并处罚金；数额巨大或者有其他严重情节的，处3年以上10年以下有期徒刑，并处罚金；数额特别巨大或者有其他特别严重情节的，处10年以上有期徒刑或者无期徒刑，并处罚金。

九、对非国家工作人员行贿罪

对非国家工作人员行贿罪，是指为谋取不正当利益，给予公司、企业或者其他单位的工作人员以财物，数额较大的行为。"给予"是指主动直接或者间接给予财物，或者经公司、企业或者其他单位工作人员明示或者暗示而被动给予财物的行为。理解本罪时应把握以下几点：①行为人因被勒索而给予财物，没有获得不正当利益的，可根据《刑法》第389条第3款的规定处理，即不是行贿。②构成本罪要求"数额较大"。根据《贪污贿赂刑案解释》第11条和《公安立案标准二》第11条对应予立案追诉的标准分别作了不同的规定。③主体是一般主体，包括自然人和单位。④主观方面是故意，且具有谋取不正当利益的目的。所谓谋取不正当利益，是指行贿人谋取违反法律、法规、规章或者政策规定的利益，或者要求对方违反法律、法规、规章、政策、行业规范的规定提供帮助或者方便条件。在招标投标、政府采购等商业活动中，违背公平原则，给予相关人员财物以谋取竞争优势的，属于"谋取不正当利益"。如果行为人为谋取正当利益，给予公司、企业或其他单位工作人员以财物的，则不构成本罪。根据《刑法》第164条第1款、第3款的规定，犯本罪的，处3年以下有期徒刑或者拘役，并处罚金；数额巨大的，处3年以上10年以下有期徒刑，并处罚金。单位犯本罪的，实行双罚制。行贿人在被追诉前主动交待行贿行为的，可以减轻处罚或者免除处罚。

十、对外国公职人员、国际公共组织官员行贿罪

对外国公职人员、国际公共组织官员行贿罪，是指为谋取不正当商业利益，给予外国公职人员或者国际公共组织官员以财物的行为。犯本罪的，依照《刑法》第164条第1款、第3款的规定处罚，即本罪的处罚与对非国家工作人员行贿罪相同。

十一、非法经营同类营业罪

非法经营同类营业罪，是指国有公司、企业的董事、经理利用职务便利，自己经营或者为他人经营与其所任职公司、企业同类的营业，获取非法利益，数额巨大的行为。根据《刑法》第165条的规定，犯本罪的，处3年以下有期徒刑或者拘役，并处或者单处罚金；数额特别巨大的，处3年以上7年以下有期徒刑，并处罚金。

十二、为亲友非法牟利罪

为亲友非法牟利罪，是指国有公司、企业、事业单位的工作人员，利用职务便利，实施下列行为之一，致使国家利益遭受重大损失的行为：①将本单位的盈利业务交由自己的亲友进行经营的；②以明显高于市场的价格向自己的亲友经营管理的单位采购商品或者以明显低于市场的价格向自己的亲友经营管理的单位销售商品的；③向自己的亲友经营管理的单位采购不合格商品的。根据《刑法》第166条的规定，犯本罪的，处3年以下有期徒刑或者拘役，并处或者单处罚金；致使国家利益遭受特别重大损失的，处3年以上7年以下有期徒刑，并处罚金。

十三、签订、履行合同失职被骗罪

签订、履行合同失职被骗罪，是指国有公司、企业、事业单位直接负责的主管人员，在签订、履行合同过程中，因严重不负责任被诈骗，致使国家利益遭受重大损失的行为。认定本罪时应注意：①"被诈骗"是指对方当事人的行为已经涉嫌诈骗犯罪，不以对方当事人已被法院判决构成诈骗犯罪作为立案追诉的前提。②本罪的主观方面只能是过失，即行为人在应当并且能够识破对方骗局的情况下，因严重不负责任而未能识破，或者已经预见但采取措施不得力，盲目轻信能够避免，以致造成被骗结果发生。③行为人在签订、履行合同时被骗，发现后及时采取措施，避免了可能造成的损失，不构成犯罪。④划清本罪与国家机关工作人员签订、履行合同失职被骗罪的界限。根据《刑法》第167条的规定，犯本罪的，处3年以下有期徒刑或者拘役；致使国家利益遭受特别重大损失的，处3年以上7年以下有期徒刑。

十四、国有公司、企业、事业单位人员失职罪

国有公司、企业、事业单位人员失职罪，是指国有公司、企业、事业单位的工作人员由于严重不负责任，造成国有公司、企业破产或者严重损失，或者国有事业单位严重损失，致使国家利益遭受重大损失的行为。本罪是过失犯罪。根据《刑法》第168条的规定，犯本罪的，处3年以下有期徒刑或者拘役；致使国家利益遭受特别重大损失的，处3年以上7年以下有期徒刑。国有公司、企业、事业单位的工作人员徇私舞弊犯本罪的，从重处罚。

十五、国有公司、企业、事业单位人员滥用职权罪

国有公司、企业、事业单位人员滥用职权罪，是指国有公司、企业、事业单位的工作人员滥用职权，造成国有公司、企业破产或者严重损失，或者国有事业单位严重损失，致使国家利益遭受重大损失的行为。犯本罪的，依照《刑法》第168条的规定处罚，即本罪的法定刑及处罚原则与上一个罪名相同。

十六、徇私舞弊低价折股、出售国有资产罪

徇私舞弊低价折股、出售国有资产罪，是指国有公司、企业或者其上级主管部门直接负责的主管人员，徇私舞弊，将国有资产低价折股或者低价出售，致使国家利益遭受重大损失的行为。根据《刑法》第169条的规定，犯本罪的，处3年以下有期徒刑或者拘役；致使国家利益遭受特别重大损失的，处3年以上7年以下有期徒刑。

十七、背信损害上市公司利益罪

背信损害上市公司利益罪，是指上市公司的董事、监事、高级管理人员违背对公司的忠实义务，利用职务便利，操纵上市公司从事损害上市公司利益，致使上市公司利益遭受重大损失的行为。从事损害上市公司利益的行为是指从事下列行为之一：①无偿向其他单位或者个人提供资金、商品、服务或者其他资产的；②以明显不公平的条件，提供或者接受资金、商品、服务或者其他资产的；③向明显不具有清偿能力的单位或者个人提供资金、商品、服务或者其他资产的；④为明显不具有清偿能力的单位或者个人提供担保，或者无正当理由为其他单位或者个人提供担保的；⑤无正当理由放弃债权、承担债务的；⑥采用其他方式损害上市公司利益的。本罪的主体是上市公司的董事、监事、高级管理人员，但上市公司的控股股东或者实际控制人指使上市公司的董事、监事、高级管理人员实施前述行为的，也以本罪定罪处罚。根据《刑法》第169条之一的规定，犯本罪的，处3年以下有期徒刑或者拘役，并处或者单处罚金；致使上市公司利益遭受特别重大损失的，处3年以上7年以下有期徒刑，并处罚金。上市公司的控股股东或者实际控制人是单位的，实行两罚制。

第五节 破坏金融管理秩序罪

破坏金融管理秩序罪，是指违反国家金融管理法律、法规，破坏国家金融管理秩序的行为。本小类罪共30个罪名，主观方面均为故意。

一、伪造货币罪[1]

（一）伪造货币罪的概念和构成要件

伪造货币罪，是指违反货币管理法规，依照货币的式样，制造假货币冒充真货币的行为。其构成要件是：

1. 本罪的客体是国家的货币管理制度，具体包括货币的公共信用和发行权。本罪的犯罪对象是货币。根据《公安立案标准二》的规定，这里的"货币"是指在境内外正在流通的以下货币：①人民币（含普通纪念币、贵金属纪念币）、港元、澳门元、新台币；②其他国家及地区的法定货币。

2. 本罪在客观方面表现为违反货币管理法规，依照货币的式样，制造假货币冒充真货币的行为。伪造，是指仿照真货币的图案、形状、色彩等特征，采用手工描绘、制版印刷、彩色复印、摄影印制等方法非法制造假币。关于伪造的标准，一般认为，造出的假币只要与真币相似，能够使一般人误认为是真币，即可视为达到伪造货币罪中"伪造"的标准。

3. 本罪的主体是一般主体。

4. 本罪的主观方面是直接故意，至于是否以营利为目的，不影响成立本罪。

（二）伪造货币罪的司法认定

1. 本罪与非罪的界限。从《刑法》规定看，本罪属于行为犯，行为人只要有伪造货币的行为，不论是否完成全部印制工序，就构成犯罪，但又不能一概而论。根据《公安立案标准二》的规定，伪造货币，涉嫌下列情形之一的，应予立案追诉：①总面额在2000元以上或者

---

[1] 为了正确处理假币犯罪案件，最高人民法院分别于2000年9月14日、2010年11月3日实施了《最高人民法院关于审理伪造货币等案件具体应用法律若干问题的解释》《关于审理伪造货币等案件具体应用法律若干问题的解释（二）》。

币量在200百张（枚）以上的；②总面额在1000元以上或者币量在100张（枚）以上，2年内因伪造货币受过行政处罚，又伪造货币的；③制造货币版样或者为他人伪造货币提供版样的；④其他伪造货币应予追究刑事责任的情形。

2. 本罪与诈骗罪的界限。对于没有实施伪造货币的行为，仅仅以现成的东西骗人，如把纸张夹在一叠货币之间冒充货币，或者把剪自宣传材料的货币图案冒充货币使用等，属于诈骗性质，不构成本罪。以使用为目的，伪造停止流通的货币，或者使用伪造的停止流通的货币的，以诈骗罪定罪处罚。

3. 一罪与数罪的界限。根据《刑法》第171条第3款的规定，伪造货币并出售或者运输伪造的货币的，依照伪造货币罪定罪从重处罚。同样，如果行为人伪造货币后又持有、使用伪造货币的，应以伪造货币罪一罪论处，且从重处罚。行为人同时采用伪造和变造手段，制造真伪拼凑货币的行为，以伪造货币罪定罪处罚。

4. 共犯的认定。行为人制造货币版样或者与他人事前通谋，为他人伪造货币提供版样的，以本罪论处。

（三）伪造货币罪的刑事责任

根据《刑法》第170条的规定，犯本罪的，处3年以上10年以下有期徒刑，并处罚金；有下列情形之一的，处10年以上有期徒刑或者无期徒刑，并处罚金或者没收财产：①伪造货币集团的首要分子；②伪造货币数额特别巨大的；③有其他特别严重情节的。

二、出售、购买、运输假币罪

出售、购买、运输假币罪，是指出售、购买伪造的货币，或者明知是伪造的货币而运输，数额较大的行为。根据《刑法》第171条第1款的规定，犯本罪的，处3年以下有期徒刑或者拘役，并处2万元以上20万元以下罚金；数额巨大的，处3年以上10年以下有期徒刑，并处5万元以上50万元以下罚金；数额特别巨大的，处10年以上有期徒刑或者无期徒刑，并处5万元以上50万元以下罚金或者没收财产。

三、金融工作人员购买假币、以假币换取货币罪

金融工作人员购买假币、以假币换取货币罪，是指银行或者其他金融机构的工作人员购买伪造的货币或者利用职务上的便利，以伪造的货币换取货币的行为。根据《刑法》第171条第2款的规定，犯本罪的，处3年以上10年以下有期徒刑，并处2万元以上20万元以下罚金；数额巨大或者有其他严重情节的，处10年以上有期徒刑或者无期徒刑，并处2万元以上20万元以下罚金或者没收财产；情节较轻的，处3年以下有期徒刑或者拘役，并处或者单处1万元以上10万元以下罚金。

四、持有、使用假币罪

持有、使用假币罪，是指明知是伪造的货币而持有、使用，数额较大的行为。认定本罪时应注意以下几点：①如果有证据证明行为人持有的假币已构成其他假币犯罪，则应以其他假币犯罪（如伪造货币罪）定罪处罚。②行为人购买假币后使用，构成犯罪的，以购买假币罪定罪，从重处罚。③行为人出售、运输假币构成犯罪，同时有使用假币行为的，实行数罪并罚。根据《刑法》第172条的规定，犯本罪的，处3年以下有期徒刑或者拘役，并处或者单处1万元以上10万元以下罚金；数额巨大的，处3年以上10年以下有期徒刑，并处2万元以上20万元以下罚金；数额特别巨大的，处10年以上有期徒刑，并处5万元以上50万元以下罚金或者没收财产。

五、变造货币罪

变造货币罪，是指对真货币采用剪贴、挖补、接层、涂改、移位、重印等方法加工处理，改变真币形态、价值，数额较大的行为。根据《刑法》第173条的规定，犯本罪的，处3年以下有期徒刑或者拘役，并处或者单处1万元以上10万元以下罚金；数额巨大的，处3年以上10年以下有期徒刑，并处2万元以上20万元以下罚金。

六、擅自设立金融机构罪

擅自设立金融机构罪，是指未经国家有关主管部门批准，擅自设立商业银行、证券交易所、期货交易所、证券公司、期货经纪公司、保险公司或者其他金融机构的行为。根据《刑法》第174条第1款、第3款的规定，犯本罪的，处3年以下有期徒刑或者拘役，并处或者单处2万元以上20万元以下罚金；情节严重的，处3年以上10年以下有期徒刑，并处5万元以上50万元以下罚金。单位本犯罪的，实行两罚制。

七、伪造、变造、转让金融机构经营许可证、批准文件罪

伪造、变造、转让金融机构经营许可证、批准文件罪，是指伪造、变造、转让商业银行、证券交易所、期货交易所、证券公司、期货经纪公司、保险公司或者其他金融机构的经营许可证或者批准文件的行为。犯本罪的，依照《刑法》第174条第1款、第3款的规定处罚，本罪的处罚与上一个罪名相同。

八、高利转贷罪

高利转贷罪，是指以转贷牟利为目的，套取金融机构信贷资金高利转贷他人，违法所得数额较大的行为。根据《刑法》第175条的规定，犯本罪的，处3年以下有期徒刑或者拘役，并处违法所得1倍以上5倍以下罚金；数额巨大的，处3年以上7年以下有期徒刑，并处违法所得1倍以上5倍以下罚金。单位犯本罪的，对单位判处罚金，并对其直接负责的主管人员和其他直接责任人员，处3年以下有期徒刑或者拘役。

九、骗取贷款、票据承兑、金融票证罪

骗取贷款、票据承兑、金融票证罪，是指以欺骗手段取得银行或者其他金融机构贷款、票据承兑、信用证、保函等，给银行或者其他金融机构造成重大损失的行为。在主观方面，行为人是以骗用贷款为目的的。根据《刑法》第175条之一的规定，犯本罪的，处3年以下有期徒刑或者拘役，并处或者单处罚金；给银行或者其他金融机构造成特别重大损失或者有其他特别严重情节的，处3年以上7年以下有期徒刑，并处罚金。单位犯本罪的，实行两罚制。

十、非法吸收公众存款罪

非法吸收公众存款罪，是指非法吸收公众存款或者变相吸收公众存款，扰乱金融秩序的行为。[1] 根据《刑法》第176条的规定，犯本罪的，处3年以下有期徒刑或者拘役，并处或者单处罚金；数额巨大或者有其他严重情节的，处3年以上10年以下有期徒刑，并处罚金；数额特别巨大或者有其他特别严重情节的，处10年以上有期徒刑，并处罚金。单位犯本罪的，实行两罚制。犯本罪的，在提起公诉前积极退赃退赔，减少损害结果发生的，可以从轻或者减轻处罚。

十一、伪造、变造金融票证罪

伪造、变造金融票证罪，是指仿照真金融票证制造假金融票证，或者对真金融票证进行加

---

[1] 具体行为认定，参见2011年1月4日施行、2021年12月30日修正并自2022年3月1日起实施的《最高人民法院关于审理非法集资刑事案件具体应用法律若干问题的解释》。

工处理的行为。本罪在客观方面表现为下列四种情形之一：①伪造、变造汇票、本票、支票的；②伪造、变造委托收款凭证、汇款凭证、银行存单等其他银行结算凭证的；③伪造、变造信用证或者附随的单据、文件的；④伪造信用卡的。行为人在伪造、变造金融票证后又利用这些伪造、变造的金融票证实施诈骗行为的，属于牵连犯，应从一重罪处断。根据《刑法》第177条的规定，犯本罪的，处5年以下有期徒刑或者拘役，并处或者单处2万元以上20万元以下罚金；情节严重的，处5年以上10年以下有期徒刑，并处5万元以上50万元以下罚金；情节特别严重的，处10年以上有期徒刑或者无期徒刑，并处5万元以上50万元以下罚金或者没收财产。单位犯本罪的，实行两罚制。

十二、妨害信用卡管理罪

（一）妨害信用卡管理罪的概念和构成要件

妨害信用卡管理罪，是指在信用卡的发行、使用等过程中，妨害国家对信用卡的管理活动，破坏信用卡管理秩序的行为。其构成要件是：

1. 本罪的客体是国家对信用卡的管理秩序。根据2004年12月29日发布的《全国人大常委会关于〈中华人民共和国刑法〉有关信用卡规定的解释》的规定，刑法规定的"信用卡"，是指由商业银行或者其他金融机构发行的具有消费支付、信用贷款、转账结算、存取现金等全部功能或者部分功能的电子支付卡。

2. 本罪在客观方面表现为实施刑法规定的下列妨害信用卡管理行为之一：①明知是伪造的信用卡而持有、运输的，或者明知是伪造的空白信用卡而持有、运输，数量较大的。这里的"数量较大"，根据2018年12月1日"两高"实施的《关于办理妨害信用卡管理刑事案件具体应用法律若干问题的解释》（以下简称《妨害信用卡管理解释》）的规定，是指明知是伪造的空白信用卡而持有、运输10张以上不满100张。②非法持有他人信用卡，数量较大的。"数量较大"是指非法持有他人信用卡5张以上不满50张。③使用虚假的身份证明骗领信用卡的。根据《妨害信用卡管理解释》第2条的规定，违背他人意愿，使用其居民身份证、军官证、士兵证、港澳居民往来内地通行证、台湾居民来往大陆通行证、护照等身份证明申领信用卡的，或者使用伪造、变造的身份证明申领信用卡的，应当认定为"使用虚假的身份证明骗领信用卡"。但以虚假的工作单位证明及收入证明骗领信用卡，不能认定为妨害信用卡管理罪。[1] ④出售、购买、为他人提供伪造的信用卡或者以虚假的身份证明骗领的信用卡的。

3. 本罪的主体是一般主体，单位不能构成本罪。

4. 本罪在主观方面是故意。

（二）妨害信用卡管理罪的司法认定

主要应划清本罪与伪造、变造金融票证罪的界限。伪造信用卡是伪造金融票证罪的表现形式之一。区分两罪的关键是客观行为方式不同。如果行为人伪造信用卡并出售、提供给他人，或者持有、运输伪造的信用卡的，应按照牵连犯"从一重处断"原则处理，即应当以伪造金融票证罪定罪处罚。[2]

（三）妨害信用卡管理罪的刑事责任

根据《刑法》第177条之一第1款的规定，犯本罪的，处3年以下有期徒刑或者拘役，并

---

[1] 参见2008年7月1日《公安部经济犯罪侦查局关于对以虚假的工作单位证明及收入证明骗领信用卡是否可以认定为妨害信用卡管理罪请示的批复》。

[2] 刘宪权：《金融犯罪刑法理论与实践》，北京大学出版社2008年版，第293页。

处或者单处 1 万元以上 10 万元以下罚金；数量巨大或者有其他严重情节的，处 3 年以上 10 年以下有期徒刑，并处 2 万元以上 20 万元以下罚金。

十三、窃取、收买、非法提供信用卡信息罪

窃取、收买、非法提供信用卡信息罪，是指违反信用卡管理规定，窃取、收买或者非法提供他人信用卡信息资料的行为。本罪的客体、主体、主观方面均与妨害信用卡管理罪相同，只是犯罪客观方面不同。《刑法》第 177 条之一第 2、3 款规定，犯本罪的，依照妨害信用卡管理罪的规定处罚；银行或者其他金融机构的工作人员利用职务上的便利，犯本罪的，从重处罚。

十四、伪造、变造国家有价证券罪

伪造、变造国家有价证券罪，是指伪造、变造国库券或者国家发行的其他有价证券，数额较大的行为。根据《公安立案标准二》的规定，总面额在 2000 元以上的，应予立案追诉。根据《刑法》第 178 条第 1 款、第 3 款的规定，犯本罪的，处 3 年以下有期徒刑或者拘役，并处或者单处 2 万元以上 20 万元以下罚金；数额巨大的，处 3 年以上 10 年以下有期徒刑，并处 5 万元以上 50 万元以下罚金；数额特别巨大的，处 10 年以上有期徒刑或者无期徒刑，并处 5 万元以上 50 万元以下罚金或者没收财产。单位犯本罪的，实行两罚制。

十五、伪造、变造股票、公司、企业债券罪

伪造、变造股票、公司、企业债券罪，是指违反证券管理法律法规，伪造、变造股票或者公司、企业债券，数额较大的行为。根据《刑法》第 178 条第 2 款、第 3 款的规定，犯本罪的，处 3 年以下有期徒刑或者拘役，并处或者单处 1 万元以上 10 万元以下罚金；数额巨大的，处 3 年以上 10 年以下有期徒刑，并处 2 万元以上 20 万元以下罚金。单位犯本罪的，实行两罚制。

十六、擅自发行股票、公司、企业债券罪

擅自发行股票、公司、企业债券罪，是指未经国家有关主管部门批准，擅自发行股票或者公司、企业债券，数额巨大、后果严重或者有其他严重情节的行为。根据《刑法》第 179 条的规定，犯本罪的，处 5 年以下有期徒刑或者拘役，并处或者单处非法募集资金金额 1% 以上 5% 以下罚金。单位犯本罪的，对单位判处罚金，并对其直接负责的主管人员和其他直接责任人员，处 5 年以下有期徒刑或者拘役。

十七、内幕交易、泄露内幕信息罪

内幕交易、泄露内幕信息罪，是指证券、期货交易内幕信息的知情人员或者非法获取证券、期货交易内幕信息的人员，在涉及证券的发行，证券、期货交易或者其他对证券、期货交易价格有重大影响的信息尚未公开前，买入或者卖出该证券，或者从事与该内幕信息有关的期货交易，或者泄露该信息，或者明示、暗示他人从事上述交易活动，情节严重的行为。"内幕信息"是指在证券、期货交易活动中，涉及公司的经营、财务或者对该公司证券、期货交易的市场价格有重大影响的尚未公开的信息。本罪在客观方面的行为方式有三种情形：①内幕交易；②泄露内幕信息；③明示、暗示他人从事上述交易活动。[1] 根据《刑法》第 180 条第 1 款的规定，犯本罪的，处 5 年以下有期徒刑或者拘役，并处或者单处违法所得 1 倍以上 5 倍以下罚金；情节特别严重的，处 5 年以上 10 年以下有期徒刑，并处违法所得 1 倍以上 5 倍以下罚金。根据《刑法》第 180 条第 2 款的规定，单位犯本罪的，对单位判处罚金，并对其直接负责

---

[1] 具体认定，参见 2012 年 6 月 1 日 "两高" 实施的《关于办理内幕交易、泄露内幕信息刑事案件具体应用法律若干问题的解释》第 1~2 条。

的主管人员和其他直接责任人员,处5年以下有期徒刑或者拘役。

十八、利用未公开信息交易罪

利用未公开信息交易罪,是指证券交易所、期货交易所、证券公司、期货经纪公司、基金管理公司、商业银行、保险公司等金融机构的从业人员以及有关监管部门或者行业协会的工作人员,利用因职务便利获取的内幕信息以外的其他未公开的信息,违反规定,从事与该信息相关的证券、期货交易活动,或者明示、暗示他人从事相关交易活动,情节严重的行为。2019年7月1日"两高"实施的《关于办理利用未公开信息交易刑事案件适用法律若干问题的解释》对"内幕信息以外的其他未公开的信息"的范围、"违反规定"的含义、"明示、暗示他人从事相关交易活动"的认定等问题作了规定。根据《刑法》第180条第4款规定,犯本罪的,依照《刑法》第180条第1款即内幕交易、泄露内幕信息罪的规定处罚。

十九、编造并传播证券、期货交易虚假信息罪

编造并传播证券、期货交易虚假信息罪,是指编造并且传播影响证券、期货交易的虚假信息,扰乱证券、期货交易市场,造成严重后果的行为。根据《刑法》第181条第1款、第3款的规定,犯本罪的,处5年以下有期徒刑或者拘役,并处或者单处1万元以上10万元以下罚金。单位犯本罪的,对单位判处罚金,并对其直接负责的主管人员和其他直接责任人员,处5年以下有期徒刑或者拘役。

二十、诱骗投资者买卖证券、期货合约罪

诱骗投资者买卖证券、期货合约罪,是指证券交易所、期货交易所、证券公司、期货经纪公司的从业人员,证券业协会、期货业协会或者证券、期货监督管理部门的工作人员,故意提供虚假信息或者伪造、变造、销毁交易记录,诱骗投资者买卖证券、期货合约,造成严重后果的行为。根据《刑法》第181条第2款、第3款的规定,犯本罪的,处5年以下有期徒刑或者拘役,并处或者单处1万元以上10万元以下罚金;情节特别恶劣的,处5年以上10年以下有期徒刑,并处2万元以上20万元以下罚金。单位犯本罪的,对单位判处罚金,并对其直接负责的主管人员和其他直接责任人员,处5年以下有期徒刑或者拘役。

二十一、操纵证券、期货市场罪

操纵证券、期货市场罪,是指操纵证券、期货市场,影响证券、期货交易价格或者证券、期货交易量,情节严重的行为。本罪的客观方面表现为实施了下列情形之一的行为:①单独或者合谋,集中资金优势、持股或者持仓优势或者利用信息优势联合或者连续买卖的;②与他人串通,以事先约定的时间、价格和方式相互进行证券、期货交易的;③在自己实际控制的帐户之间进行证券交易,或者以自己为交易对象,自买自卖期货合约的;④不以成交为目的,频繁或者大量申报买入、卖出证券、期货合约并撤销申报的;⑤利用虚假或者不确定的重大信息,诱导投资者进行证券、期货交易的;⑥对证券、证券发行人、期货交易标的公开作出评价、预测或者投资建议,同时进行反向证券交易或者相关期货交易的;⑦以其他方法操纵证券、期货市场的。2019年7月1日"两高"实施的《关于办理操纵证券、期货市场刑事案件适用法律若干问题的解释》对"以其他方法操纵证券、期货市场"的情形、"自己实际控制的账户"的含义作了规定。根据《刑法》第182条的规定,犯本罪的,处5年以下有期徒刑或者拘役,并处或者单处罚金;情节特别严重的,处5年以上10年以下有期徒刑,并处罚金。单位犯本罪的,实行两罚制。

二十二、背信运用受托财产罪

背信运用受托财产罪,是指商业银行、证券交易所、期货交易所、证券公司、期货经纪公

司、保险公司或者其他金融机构，违背受托义务，擅自运用客户资金或者其他委托、信托的财产，情节严重的行为。本罪是纯正的单位犯罪。根据《刑法》第185条之一第1款的规定，犯本罪的，对单位判处罚金，并对其直接负责的主管人员和其他直接责任人员，处3年以下有期徒刑或者拘役，并处3万元以上30万元以下罚金；情节特别严重的，处3年以上10年以下有期徒刑，并处5万元以上50万元以下罚金。

二十三、违法运用资金罪

违法运用资金罪，是指社会保障基金管理机构、住房公积金管理机构等公众资金管理机构，以及保险公司、保险资产管理公司、证券投资基金管理公司，违反国家规定运用资金的行为。本罪是纯正的单位犯罪。根据《刑法》第185条之一第2款的规定，犯本罪的，对其直接负责的主管人员和其他直接责任人员，依照《刑法》第185条之一第1款即背信运用受托财产罪的规定处罚。

二十四、违法发放贷款罪

违法发放贷款罪，是指银行或者其他金融机构的工作人员违反国家规定发放贷款，数额巨大或者造成重大损失的行为。根据《刑法》第186条第1款的规定，犯本罪的，处5年以下有期徒刑或者拘役，并处1万元以上10万元以下罚金；数额特别巨大或者造成特别重大损失的，处5年以上有期徒刑，并处2万元以上20万元以下罚金。根据《刑法》第186条第2款的规定，银行或者其他金融机构的工作人员违反国家规定，向关系人发放贷款的，依照第1款的规定从重处罚。根据《刑法》第186条第3款的规定，单位犯本罪的，对单位判处罚金，并对其直接负责的主管人员和其他直接责任人员，依照第1款、第2款的规定处罚。

二十五、吸收客户资金不入帐罪

吸收客户资金不入帐罪，是指银行或者其他金融机构的工作人员吸收客户资金不入帐，数额巨大或者造成重大损失的行为。根据《刑法》第187条的规定，犯本罪的，处5年以下有期徒刑或者拘役，并处2万元以上20万元以下罚金；数额特别巨大或者造成特别重大损失的，处5年以上有期徒刑，并处5万元以上50万元以下罚金。单位犯本罪的，实行两罚制。

二十六、违规出具金融票证罪

违规出具金融票证罪，是指银行或者其他金融机构的工作人员违反规定，为他人出具信用证或者其他保函、票据、存单、资信证明，情节严重的行为。根据《刑法》第188条的规定，犯本罪的，处5年以下有期徒刑或者拘役；情节特别严重的，处5年以上有期徒刑。单位犯本罪的，实行两罚制。

二十七、对违法票据承兑、付款、保证罪

对违法票据承兑、付款、保证罪，是指银行或者其他金融机构的工作人员在票据业务中，对违反票据法规定的票据予以承兑、付款或者保证，造成重大损失的行为。根据《刑法》第189条的规定，犯本罪的，处5年以下有期徒刑或者拘役；造成特别重大损失的，处5年以上有期徒刑。单位犯本罪的，实行两罚制。

二十八、骗购外汇罪

骗购外汇罪，是指采用欺骗的手段，从国家外汇机关购买外汇，数额较大的行为。本罪的客观方面表现为实施了下列情形之一的行为：①使用伪造、变造的海关签发的报关单、进口证明、外汇管理部门核准件等凭证和单据，骗购外汇；②重复使用海关签发的报关单、进口证明、外汇管理部门核准件等凭证和单据，骗购外汇；③以其他方式骗购外汇。根据1998年12月29日发布实施的《全国人民代表大会常务委员会关于惩治骗购外汇、逃汇和非法买卖外汇犯罪的决定》第1条的规定，犯本罪的，处5年以下有期徒刑或者拘役，并处骗购外汇数额5%以上30%以下罚金；数额巨大或者有其他严重情节的，处5年以上10年以下有期徒刑，并处骗购外汇数额5%以上30%以下罚金；数额特别巨大或者有其他特别严重情节的，处10年以上有期徒刑或者无期徒刑，并处骗购外汇数额5%以上30%以下罚金或者没收财产。伪造、变造海关签发的报关单、进口证明、外汇管理部门核准件等凭证和单据，并用于骗购外汇的，依照上述规定从重处罚。明知用于骗购外汇而提供人民币资金的，以共犯论处。单位犯本罪的，对单位依照上述规定判处罚金，并对其直接负责的主管人员和其他直接责任人员，处5年以下有期徒刑或者拘役；数额巨大或者有其他严重情节的，处5年以上10年以下有期徒刑；数额特别巨大或者有其他特别严重情节的，处10年以上有期徒刑或者无期徒刑。

二十九、逃汇罪

逃汇罪，是指公司、企业或者其他单位，违反国家规定，擅自将外汇存放境外，或者将境内的外汇非法转移到境外，数额较大的行为。根据《刑法》第190条的规定，犯本罪的，对单位判处逃汇数额5%以上30%以下罚金，并对其直接负责的主管人员和其他直接责任人员，处5年以下有期徒刑或者拘役；数额巨大或者有其他严重情节的，对单位判处逃汇数额5%以上30%以下罚金，并对其直接负责的主管人员和其他直接责任人员处5年以上有期徒刑。

三十、洗钱罪

(一) 洗钱罪的概念和构成要件

洗钱罪，是指对毒品犯罪、黑社会性质的组织犯罪、恐怖活动犯罪、走私犯罪、贪污贿赂犯罪、破坏金融管理秩序犯罪、金融诈骗犯罪的所得及其产生的收益的来源和性质，采用各种方法予以掩饰、隐瞒的行为。其构成要件是：

1. 本罪的客体是复杂客体，包括国家对金融活动的正常管理秩序和司法机关的正常活动。洗钱行为利用金融体制，使大量不受国家监控的赃款进入流通领域，使金融系统产生混乱和危机，严重侵犯国家的金融管理秩序。同时，洗钱行为也严重妨碍了司法机关的正常活动。

本罪的对象是上述7类上游犯罪的所得及其产生的收益。这里的"黑社会性质的组织犯罪"，是指以黑社会性质的组织为主体而实施的各种犯罪，如绑架罪、抢劫罪等；"恐怖活动犯罪"是指恐怖组织实施的各种犯罪。"犯罪的所得及其产生的收益"，是指实施上述7类犯罪行为所直接获取的非法利益以及利用该非法利益所产生的其他经济利益。

2. 本罪在客观方面表现为对上述7类上游犯罪的所得及其产生的收益，实施了掩饰、隐瞒其来源和性质的行为，即"洗钱"行为。洗钱，是指通过交易、转移、转换等方式，截断犯罪所得及其产生的收益与先前犯罪行为之间的联系，以逃避法律追查，将"黑钱"清洗为"白钱"的过程。本罪的具体行为方式有以下五种：

(1) 提供资金帐户。指将他人通过实施上述犯罪所得的现金、支票存入自己在银行或者其他金融机构开设的帐户，或者为实施上述犯罪的行为人开设新的帐户。

(2) 将财产转换为现金、金融票据、有价证券。指将实施上述犯罪所得的动产、不动产等赃物，转换为现金或者汇票、本票、支票等金融票据，以及国家发行的国库券和其他国家有价证券。

(3) 通过转帐或者其他支付结算方式转移资金。转帐，是指利用支票、银行本票、银行汇票、商业汇票等金融票据或者书面、电话委托，将犯罪所得从一个帐户转往另一个帐户，使犯罪收入混入合法收入中，以掩饰其非法来源和性质。其他支付结算方式，包括用汇兑、托收承付、委托收款，以及电子资金划拨等方式，也包括地下钱庄等的"支付"结算方式。

(4) 跨境转移资产。指为逃避当地司法机关对犯罪所得的追查，躲避当地相关部门对非法资产的监管，以各种名义通过金融机构或者其他方法将资产向境外或境内转移。

(5) 以其他方法掩饰、隐瞒犯罪所得及其收益的来源和性质。根据 2009 年 11 月 11 日实施的《最高人民法院关于审理洗钱等刑事案件具体应用法律若干问题的解释》（以下简称《洗钱等刑案解释》）的规定，这里的"以其他方法"包括：①通过典当、租赁、买卖、投资等方式，转移、转换犯罪所得及其收益的；②通过与商场、饭店、娱乐场所等现金密集型场所的经营收入相混合的方式，转移、转换犯罪所得及其收益的；③通过虚构交易、虚设债权债务、虚假担保、虚报收入等方式，将犯罪所得及其收益转换为"合法"财物的；④通过买卖彩票、奖券等方式，转换犯罪所得及其收益的；⑤通过赌博方式，将犯罪所得及其收益转换为赌博收益的；⑥将犯罪所得及其收益携带、运输或者邮寄出入境的；⑦通过前述规定以外的方式转移、转换犯罪所得及其收益的。

3. 本罪的主体是一般主体，既包括自然人也包括单位，既包括实施上游犯罪的本犯也包括他人。也就是说，本罪中的"洗钱"包括"他洗钱"和"自洗钱"两种类型。

4. 本罪的主观方面是故意。1997 年《刑法》将洗钱罪的罪状表述为"明知是毒品犯罪、黑社会性质的组织犯罪、恐怖活动犯罪、走私犯罪、贪污贿赂犯罪、破坏金融管理秩序犯罪、金融诈骗犯罪的所得及其产生的收益，为掩饰、隐瞒其来源和性质，有下列行为之一的……"，据此，上游犯罪的本犯进行自洗钱时，不能构成洗钱罪。《刑法修正案（十一）》删除了"明知"的表述，这是出于将"自洗钱"入罪的立法考量。应当指出，修改后的洗钱罪的构成在主观方面依然须以"明知"为要件，否则会陷入"客观归罪"。在"自洗钱"的情形下，本犯对于自己清洗的"黑钱"之性质和来源是必然"明知"的，不存在对"明知"的证明问题。

在"他洗钱"的情况下，仍然要证明行为人知道或者应当知道是 7 类上游犯罪的违法所得及其产生的收益。对"他洗钱"中的"明知"，应当结合被告人的认知能力，接触他人犯罪所得及其收益的情况，犯罪所得及其收益的种类、数额，犯罪所得及其收益的转换、转移方式以及被告人的供述等主、客观因素进行认定。根据《洗钱等刑案解释》的规定，具有下列情形之一的，可以认定被告人明知系犯罪所得及其收益，但有证据证明确实不知道的除外：①知道他人从事犯罪活动，协助转换或者转移财物的；②没有正当理由，通过非法途径协助转换或者转移财物的；③没有正当理由，以明显低于市场的价格收购财物的；④没有正当理由，协助转换或者转移财物，收取明显高于市场的"手续费"的；⑤没有正当理由，协助他人将巨额现金散存于多个银行账户或者在不同银行账户之间频繁划转的；⑥协助近亲属或者其他关系密切的人转换或者转移与其职业或者财产状况明显不符的财物的；⑦其他可以认定行为人明知的情形。

本章"导入案例四"中，贩毒分子蔡某将在菲律宾制贩卖毒所得通过地下钱庄转入我国境内，实现了洗钱的第一步。甲某、乙某明知是毒品犯罪所得，却以各自名义在多家银行开设个人账户，存入犯罪所得，实施了为毒品犯罪分子蔡某提供资金帐户的洗钱行为，符合洗钱罪的构成要件，甲某、乙某的行为构成洗钱罪。

(二) 洗钱罪的司法认定

主要是关于上游犯罪的本犯所实施的后续行为是否一律属于"自洗钱"性质。《刑法修正案（十一）》施行之前，洗钱罪的主体不包括上游犯罪的本犯，即"自洗钱"行为不构成洗钱罪，不存在数罪的问题，这主要是基于洗钱罪与上游犯罪存在的紧密依附关系，认为本犯实施的洗钱活动是上游犯罪的后续行为，属于"不可罚的事后行为"。"自洗钱"行为入罪后，对于自洗钱与上游犯罪是否数罪并罚，这就需要结合清洗"黑钱"行为方式的性质来区分界定：①上游犯罪的本犯所实施的后续行为，倘若是上游犯罪的自然延伸，如对于本人犯罪后自然地占有、窝藏、获取等行为，则不宜认定为洗钱。②本犯在实施上游犯罪行为后如果又进行动态的"漂白"行为，致使犯罪所得和犯罪收益呈现出"化学反应"，切断了其来源和性质，对此应定性为洗钱行为，如果构成洗钱罪，则与上游犯罪实行数罪并罚。[1]

（三）洗钱罪的刑事责任

根据《刑法》第191条的规定，犯本罪的，没收实施上游犯罪的所得及其产生的收益，处5年以下有期徒刑或者拘役，并处或者单处罚金；情节严重的，处5年以上10年以下有期徒刑，并处罚金。单位犯本罪的，对单位判处罚金，并对其直接负责的主管人员和其他直接责任人员，依照自然人犯本罪的规定处罚。

第六节　金融诈骗罪

金融诈骗罪，是指以非法占有为目的，采用虚构事实或者隐瞒真相的方法，骗取公私财物，破坏金融管理秩序的行为。金融诈骗罪是从普通诈骗罪中分离出来的特殊形式的诈骗罪，共包括8个罪名，除信用证诈骗罪外，其他7种犯罪的构成一律要求数额较大。

一、集资诈骗罪

（一）集资诈骗罪的概念和构成要件

集资诈骗罪，是指以非法占有为目的，使用诈骗方法非法集资，数额较大的行为。其构成要件是：

1. 本罪的客体是复杂客体，包括国家金融管理秩序和公私财产所有权。

2. 本罪在客观方面表现为使用诈骗方法非法集资，数额较大的行为。所谓非法集资，是指法人、其他组织或者个人违反国家金融管理法律法规或者国家金融行政主管部门制定的规范性文件的规定，擅自向社会公众募集资金的行为。[2]所谓使用诈骗方法，是指采用隐瞒事实真相、虚构集资用途，以虚假的证明文件和高额回报率为诱饵，骗取集资款。

集资行为必须面向社会公众即社会不特定对象。构成本罪必须达到"数额较大"。根据2011年1月4日施行、2021年12月30日修正并自2022年3月1日起施行的《最高人民法院关于审理非法集资刑事案件具体应用法律若干问题的解释》（以下简称《非法集资刑案解释》）规定，"数额较大"是指集资诈骗数额在10万元以上。集资诈骗的数额以行为人实际骗取的数额计算，案发前已归还的数额应予扣除。

3. 本罪的主体是一般主体，包括自然人和单位。明知他人从事集资诈骗活动，为其提供广告等宣传的，以共犯论处。

4. 本罪的主观方面是故意，且以非法占有集资款为目的。

（二）集资诈骗罪的司法认定

主要应划清本罪与集资借贷纠纷的界限。集资借贷纠纷，是指集资方夸大集资回报条件，后因客观原因，无力按照约定条件返还集资款及红利而引起的纠纷。二者的根本区别在于行为

---

[1] 参见王新："自洗钱入罪的意义与司法适用"，载《检察日报》2021年3月25日，第3版。

[2] 参见2019年1月30日最高人民法院、最高人民检察院、公安部联合印发的《关于办理非法集资刑事案件若干问题的意见》的通知第1条规定。

人是否具有非法占有他人财物的目的。根据《非法集资刑案解释》第7条的规定，使用诈骗方法非法集资，具有下列情形之一的，可以认定为是"以非法占有为目的"：①集资后不用于生产经营活动或者用于生产经营活动与筹集资金规模明显不成比例，致使集资款不能返还的；②肆意挥霍集资款，致使集资款不能返还的；③携带集资款逃匿的；④将集资款用于违法犯罪活动的；⑤抽逃、转移资金、隐匿财产，逃避返还资金的；⑥隐匿、销毁账目，或者搞假破产、假倒闭，逃避返还资金的；⑦拒不交代资金去向，逃避返还资金的；⑧其他可以认定非法占有目的的情形。

（三）集资诈骗罪的刑事责任

根据《刑法》第192条的规定，犯本罪的，处3年以上7年以下有期徒刑，并处罚金；数额巨大或者有其他严重情节的，处7年以上有期徒刑或者无期徒刑，并处罚金或者没收财产。单位犯本罪的，对单位判处罚金，并对其直接负责的主管人员和其他直接责任人员，依照自然人犯本罪的规定处罚。

二、贷款诈骗罪

贷款诈骗罪，是指以非法占有为目的，诈骗银行或者其他金融机构的贷款，数额较大的行为。其行为方式包括：①编造引进资金、项目等虚假理由；②使用虚假的经济合同；③使用虚假的证明文件；④使用虚假的产权证明作担保或者超出抵押物价值重复担保；⑤以其他方法诈骗贷款。本罪的主体限于自然人。2001年1月21日《全国法院审理金融犯罪案件工作座谈会纪要》指出，对于单位十分明显地以非法占有为目的，利用签订、履行借款合同诈骗银行或者其他金融机构贷款，符合《刑法》第224条规定的合同诈骗罪构成要件的，应当以合同诈骗罪定罪处罚。根据《刑法》第193条的规定，犯本罪的，处5年以下有期徒刑或者拘役，并处2万元以上20万元以下罚金；数额巨大或者有其他严重情节的，处5年以上10年以下有期徒刑，并处5万元以上50万元以下罚金；数额特别巨大或者有其他特别严重情节的，处10年以上有期徒刑或者无期徒刑，并处5万元以上50万元以下罚金或者没收财产。

三、票据诈骗罪

票据诈骗罪，是指以非法占有为目的，利用金融票据进行诈骗活动，数额较大的行为。其包括以下5种具体行为：①明知是伪造、变造的汇票、本票、支票而使用的；②明知是作废的汇票、本票、支票而使用的；③冒用他人的汇票、本票、支票的；④签发空头支票或者与其预留印鉴不符的支票，骗取财物的；⑤汇票、本票的出票人签发无资金保证的汇票、本票或者在出票时作虚假记载，骗取财物的。认定本罪时应划清它与伪造、变造金融票证罪的界限。如果行为人先伪造、变造汇票、本票或者支票，然后使用这些伪造、变造的票证骗取财物的，属于牵连犯，应从一重罪处断。根据《刑法》第194条第1款的规定，犯本罪的，处5年以下有期徒刑或者拘役，并处2万元以上20万元以下罚金；数额巨大或者有其他严重情节的，处5年以上10年以下有期徒刑，并处5万元以上50万元以下罚金；数额特别巨大或者有其他特别严重情节的，处10年以上有期徒刑或者无期徒刑，并处5万元以上50万元以下罚金或者没收财产。根据《刑法》第200条的规定，单位犯本罪的，对单位判处罚金，并对其直接负责的主管人员和其他直接责任人员，处5年以下有期徒刑或者拘役，可以并处罚金；数额巨大或者有其他严重情节的，处5年以上10年以下有期徒刑，并处罚金；数额特别巨大或者有其他特别严重情节的，处10年以上有期徒刑或者无期徒刑，并处罚金。

四、金融凭证诈骗罪

金融凭证诈骗罪，是指以非法占有为目的，使用伪造、变造的委托收款凭证、汇款凭证、银行存单等其他银行结算凭证骗取财物,数额较大的行为。如果行为人冒用他人的银行存单取钱的,应以诈骗罪论处。犯本罪的,依照《刑法》第194条第1款、第200条的规定处罚,即本罪的法定刑与上述的票据诈骗罪相同。

五、信用证诈骗罪

信用证诈骗罪,是指以非法占有为目的,利用信用证进行诈骗活动的行为。本罪是金融诈骗罪中唯一一个行为犯,其行为方式包括:①使用伪造、变造的信用证或者附随的单据、文件的;②使用作废的信用证的;③骗取信用证的;④以其他方法进行信用证诈骗活动的。犯本罪的,依照《刑法》第195条、第200条的规定处罚,本罪的法定刑与上述的票据诈骗罪相同。

六、信用卡诈骗罪

(一)信用卡诈骗罪的概念和构成要件

信用卡诈骗罪,是指以非法占有为目的,利用信用卡进行诈骗,数额较大的行为。其构成要件是:

1. 本罪的客体是复杂客体,包括国家对信用卡的管理制度和公私财产所有权。这里的"信用卡"的含义如前所述。

2. 本罪在客观方面表现为利用信用卡进行诈骗,数额较大的行为。具体包括以下要素:

(1)行为人实施了利用信用卡诈骗的行为。具体包括:①使用伪造的信用卡,或者使用以虚假的身份证明骗领的信用卡的。使用伪造的信用卡,既包括使用自己伪造的信用卡,也包括使用明知是他人伪造的信用卡。②使用作废的信用卡的。"作废的信用卡"又称黑卡,是指因出现法定的事由而失去效用的信用卡。③冒用他人信用卡的。《妨害信用卡管理解释》第5条第2款规定,"冒用他人信用卡"包括以下情形:拾得他人信用卡并使用的;骗取他人信用卡并使用的;窃取、收买、骗取或者以其他非法方式获取他人信用卡信息资料,并通过互联网、通讯终端等使用的;其他冒用他人信用卡的情形,如未经持卡人同意,用他人委托保管的信用卡进行消费等。④恶意透支的。

信用卡透支,是指在银行设立帐户的客户在帐户上已无资金或者资金不足的情况下,经银行批准,允许以超过其帐上资金的额度支用钱款的行为。根据透支的性质,可以区分为善意透支、违规透支、恶意透支。[1]《刑法》第196条第2款规定,恶意透支是指持卡人以非法占有为目的,超过规定限额或者规定期限透支,并且经发卡银行催收后仍不归还的行为。根据《妨害信用卡管理解释》,持卡人以非法占有为目的,超过规定限额或者规定期限透支,经发卡银行两次有效催收后超过3个月仍不归还的,应当认定为"恶意透支"。恶意透支的主体必须是合法持卡人。

(2)必须达到"数额较大"。使用伪造的信用卡、以虚假的身份证明骗领的信用卡、作废的信用卡或者冒用他人信用卡,进行信用卡诈骗活动,数额在5000元以上不满5万元的,恶意透支数额在1万元以上不满10万元的,应当认定为"数额较大"。

3. 本罪的主体是一般主体,只能由自然人构成。

4. 本罪的主观方面是故意,并且以非法占有为目的。根据《妨害信用卡管理解释》第6条的规定,对于是否以非法占有为目的,应当综合持卡人信用记录、还款能力和意愿、申领和透支信用卡的状况、透支资金的用途、透支后的表现、未按规定还款的原因等情节作出判断。不得单纯依据持卡人未按规定还款的事实认定非法占有目的。具有以下情形之一的,应当认定

---

[1] 曾月英:《金融票证犯罪研究》,中国人民公安大学出版社2001年版,第172页。

为"以非法占有为目的",但有证据证明持卡人确实不具有非法占有目的的除外:①明知没有还款能力而大量透支,无法归还的;②使用虚假资信证明申领信用卡后透支,无法归还的;③透支后通过逃匿、改变联系方式等手段,逃避银行催收的;④抽逃、转移资金,隐匿财产,逃避还款的;⑤使用透支的资金进行犯罪活动的;⑥其他非法占有资金,拒不归还的情形。

（二）信用卡诈骗罪的认定

1. 本罪与非罪的界限。除应注意构成本罪须达到"数额较大"外,还必须注意区分善意透支和恶意透支。两者的根本区别在于:①行为人主观上是否具有非法占有的目的。前者是信用卡的正常功能,后者具有非法占有的目的。②客观表现上,前者是先用后还,届时将归还透支款的利息;后者是将透支的资金非法占为己有,根本不想归还。

2. 盗窃信用卡并使用的认定。《刑法》第196条第3款规定,盗窃信用卡并使用的,依照《刑法》第264条（盗窃罪）的规定处罚。盗窃信用卡并使用的,包括实施盗窃的行为人本人使用该卡,也包括他人明知是盗窃来的信用卡而使用的情况。在后一种情况下,对使用者应以盗窃罪的共犯论处。如果使用者并不知道是盗窃来的信用卡,则使用者不构成盗窃罪;但使用者明知是他人的信用卡而仍然"使用"的,构成本罪。

3. 本罪与伪造金融票证罪的界限。"伪造信用卡"的行为构成伪造金融票证罪;"使用伪造的信用卡"进行诈骗活动,应以本罪定罪处罚。行为人伪造信用卡后又自己使用的,同时触犯伪造金融票证罪和信用卡诈骗罪,属于牵连犯。如果行为人伪造信用卡的目的不仅是使用信用卡进行诈骗,还包括出售或者牟取其他利益,应当以信用卡诈骗罪和伪造金融票证罪,实行数罪并罚。

（三）信用卡诈骗罪的刑事责任

根据《刑法》第196条的规定,犯本罪的,处5年以下有期徒刑或者拘役,并处2万元以上20万元以下罚金;数额巨大或者有其他严重情节的,处5年以上10年以下有期徒刑,并处5万元以上50万元以下罚金;数额特别巨大或者有其他特别严重情节的,处10年以上有期徒刑或者无期徒刑,并处5万元以上50万元以下罚金或者没收财产。

七、有价证券诈骗罪

有价证券诈骗罪,是指以非法占有为目的,使用伪造、变造的国库券或者国家发行的其他有价证券,进行诈骗活动,数额较大的行为。这里的"数额较大"是指数额在1万元以上。本罪的主体只限于自然人。犯本罪的,依照《刑法》第197条的规定处罚,本罪的法定刑与上述信用卡诈骗罪相同。

八、保险诈骗罪

保险诈骗罪,是指以非法占有为目的,采取虚构事实或者隐瞒真相的方法,骗取保险金,数额较大的行为。其构成要件是:

1. 本罪的客体是复杂客体,包括国家的保险制度和保险公司的财产所有权。

2. 本罪的客观方面表现为采用虚构事实、隐瞒真相的各种欺诈手段骗取保险金,数额较大的行为。具体包括以下要素:

（1）行为人实施了保险诈骗的行为。具体行为方式包括:①投保人故意虚构保险标的,骗取保险金的。包括捏造根本不存在的保险对象与保险人订立保险合同;恶意超额或者重复保险的行为。②投保人、被保险人或者受益人对发生的保险事故编造虚假的原因或者夸大损失的程度,骗取保险金的。③投保人、被保险人或者受益人编造未曾发生的保险事故,骗取保险金的。④投保人、被保险人故意造成财产损失的保险事故,骗取保险金的。⑤投保人、受益人故意造成被保险人死亡、伤残或者疾病，骗取保险金的。如夫为妻投保人寿保险后，杀死其妻以骗取保险金等。

(2) 必须达到数额较大。根据《公安立案标准二》的规定，进行保险诈骗活动，数额在5万元以上的，应予立案追诉。

3. 本罪的主体仅限于投保人、被保险人或者受益人，包括自然人和单位。

4. 本罪的主观方面是故意，并且具有非法占有保险金的目的。

本章"导入案例五"中，曾、黄二人为进行保险诈骗，在曾某某的同意下，由黄某某持刀斩去曾的双足，致其重伤。曾某某既是投保人，也是被保险人和受益人，伙同黄某某故意造成自己伤残，企图骗取巨额保险金，其行为符合保险诈骗罪的构成要件。黄某某故意伤害曾的身体，为曾某某骗保提供条件，具有合谋诈骗的故意，但黄某某不具有保险诈骗罪的特殊主体资格（不是投保人、被保险人或者受益人），因此，黄某某的行为不能构成保险诈骗罪。

(二) 保险诈骗罪的司法认定

1. 罪数的认定。投保人、被保险人采取放火、爆炸等方法故意制造财产损失的保险事故，骗取保险金的行为，可能同时构成放火罪、爆炸罪等。投保人、受益人采取杀人、伤害等方法故意造成被保险人死亡、伤残或者疾病，骗取保险金的行为，又同时构成故意杀人罪、故意伤害罪等。这时，放火、爆炸、故意杀人等方法行为已经独立构成犯罪，根据《刑法》第198条第2款的规定，应与保险诈骗罪实行数罪并罚。

2. 共犯的认定。根据《刑法》第198条第4款的规定，保险事故的鉴定人、证明人、财产评估人故意提供虚假的证明文件，为他人诈骗提供条件的，以本罪的共犯论处。保险公司的工作人员利用职务上的便利，为骗取保险金的行为提供方便的，也应构成本罪的共犯。

本章"导入案例五"中，黄某某也不符合构成保险诈骗罪共犯的主体资格（不是保险事故的鉴定人、证明人、财产评估人），因此，对黄某某也不能认定为保险诈骗罪的共犯。

(三) 保险诈骗罪的刑事责任

根据《刑法》第198条的规定，犯本罪的，处5年以下有期徒刑或者拘役，并处1万元以上10万元以下罚金；数额巨大或者有其他严重情节的，处5年以上10年以下有期徒刑，并处2万元以上20万元以下罚金；数额特别巨大或者有其他特别严重情节的，处10年以上有期徒刑，并处2万元以上20万元以下罚金或者没收财产。单位犯本罪的，对单位判处罚金，并对其直接负责的主管人员和其他直接责任人员，处5年以下有期徒刑或者拘役；数额巨大或者有其他严重情节的，处5年以上10年以下有期徒刑；数额特别巨大或者有其他特别严重情节的，处10年以上有期徒刑。

第七节 危害税收征管罪

危害税收征管罪，是指违反税收法律法规，以各种方式不履行纳税义务，破坏国家的税收征管制度，数额较大或者情节严重的行为。本小类罪共14个罪名，除抗税罪是自然人主体外，其他犯罪均可由自然人和单位构成。

一、逃税罪

(一) 逃税罪的概念和构成要件

逃税罪，是指纳税人、扣缴义务人采取欺骗、隐瞒手段进行虚假纳税申报或者不申报，逃避缴纳税款，达到法定严重程度的行为。其构成要件是：

1. 本罪的客体是国家的税收征管制度。本罪的对象是税款。

2. 本罪在客观方面表现为采取欺骗、隐瞒手段进行虚假纳税申报或者不申报，或者不缴、少缴已扣、已收税款，逃避缴纳税款数额达到法定标准的行为。这应当从以下方面把握：

（1）本罪的手段行为是欺骗、隐瞒。例如，行为人采用伪造、变造、隐匿、擅自销毁账簿、记账凭证的手段，以此蒙蔽税务机关；在账簿上大量填写超出实际支出的数额或者不列、少列收入数额，以此减少应纳税额；使用伪造、变造、盗窃的武装部队车辆号牌，逃避缴纳车辆购置税、车辆使用税等税款；以假报出口的手段骗取所缴纳的税款；等等。

（2）本罪的目的行为是逃避缴纳税款，表现为进行虚假纳税申报或者不申报，或者不缴、少缴税款。"进行虚假纳税申报"，根据2002年11月7日实施的《最高人民法院关于审理偷税抗税刑事案件具体应用法律若干问题的解释》（以下简称为《涉税刑案解释》）的规定，是指纳税人或者扣缴义务人向税务机关报送虚假的纳税申报表、财务报表、代扣代缴、代收代缴税款报告表或者其他纳税申报资料，如提供虚假申请，编造减税、免税、抵税、先征收后退还税款等虚假资料等。

（3）逃税数额必须达到法定标准，才构成犯罪。本罪的数额标准因犯罪主体的不同而有以下不同的要求：①对于纳税人而言，构成逃税罪的法定标准是逃避缴纳税款数额较大并且占应纳税额10%以上。②对于扣缴义务人而言，法定标准是不缴或者少缴已扣、已收税款，数额较大。根据《公安立案标准二》第57条的规定，这里的"数额较大"是指在10万元以上。对多次实施逃税行为，未经处理的，按照累计数额计算。"未经处理"是指纳税人或者扣缴义务人在5年内多次实施逃税行为，但每次逃税数额均未达到构成犯罪的数额标准，且未受行政处罚的情形。

3. 本罪的主体是纳税人和扣缴义务人，包括自然人和单位。

4. 本罪的主观方面是直接故意，且具有逃避缴纳税款的目的。

本章"导入案例六"中，某贸易公司作为纳税单位，李某作为该公司直接负责经营的主管人员，为谋取非法利益，故意违反税收法规，采取隐瞒手段进行虚假纳税申报，逃避缴纳税款数额较大并且已占应纳税额的10%以上，行为均已构成逃税罪。

（二）逃税罪的司法认定

主要应注意划清本罪与非罪的界限。

1. 本罪与一般逃税行为的界限。区别的关键在于逃税数额是否达到了法定标准。根据《刑法》第201条第4款的规定，纳税人采取隐瞒、欺骗手段逃税，经税务机关依法下达追缴通知后，补缴应纳税款，缴纳滞纳金，已受行政处罚的，不予追究刑事责任；但是，5年内曾因逃避缴纳税款受过刑事处罚或者被税务机关给予2次以上行政处罚的除外。《公安立案标准二》第57条对逃避缴纳税款应予立案追诉的情形作了规定。

2. 本罪与漏税的界限。两者的区别包括：①主观方面不同。本罪是直接故意，行为人具有逃避缴纳税款的目的；漏税则不具有上述故意和目的，通常是疏忽大意的过失。②客观方面不同。本罪使用弄虚作假的手段，后者则没有，漏税行为不具有隐蔽性和欺骗性。对于漏税行为，由税务机关限期缴纳，逾期交纳的，加收滞纳金。

（三）逃税罪的刑事责任

根据《刑法》第201条、第204条第2款、第211条和第212条的规定，纳税人犯本罪的，处3年以下有期徒刑或者拘役，并处罚金；数额巨大并且占应纳税额30%以上的，处3年以上7年以下有期徒刑，并处罚金。扣缴义务人犯本罪的，处3年以下有期徒刑或者拘役，并处罚金；数额巨大的，处3年以上7年以下有期徒刑，并处罚金。单位犯本罪的，实行两罚制。被判处罚金的，在执行前，应当先由税务机关追缴税款。

二、抗税罪

抗税罪，是指纳税人、扣缴义务人以暴力、威胁方法拒不缴纳税款的行为。本罪的主体是纳税人、扣缴义务人且限于自然人。根据《公安立案标准二》第58条规定，实施抗税行为，造成税务工作人员轻微伤以上的；以给税务工作人员及其亲友的生命、健康、财产等造成损害为威胁，抗拒缴纳税款的；聚众抗拒缴纳税款的；以其他暴力、威胁方法拒不缴纳税款的，应予立案追诉。根据《涉税刑案解释》的规定，实施抗税行为造成税务人员重伤、死亡，构成故意伤害罪、故意杀人罪的，分别依照《刑法》第234条第2款、第232条的规定定罪处罚。根据《刑法》第202条、第212条的规定，犯本罪的，处3年以下有期徒刑或者拘役，并处拒缴税款1倍以上5倍以下罚金；情节严重的，处3年以上7年以下有期徒刑，并处拒缴税款1倍以上5倍以下罚金。被判处罚金的，在执行前，应当先由税务机关追缴税款。

三、逃避追缴欠税罪

逃避追缴欠税罪，是指纳税人欠缴应纳税款，采取转移或者隐匿财产的手段，致使税务机关无法追缴欠缴的税款，数额较大（1万元以上）的行为。根据《刑法》第203条、第211条、第212条的规定，犯本罪，欠缴税款数额在1万元以上不满10万元的，处3年以下有期徒刑或者拘役，并处或者单处欠缴税款1倍以上5倍以下罚金；数额在10万元以上的，处3年以上7年以下有期徒刑，并处欠缴税款1倍以上5倍以下罚金。单位犯本罪的，实行两罚制。被判处罚金的，在执行前，应当先由税务机关追缴税款。

四、骗取出口退税罪

（一）骗取出口退税罪的概念和构成要件

骗取出口退税罪，指违反出口退税管理法规，以假报出口或者其他欺骗手段，骗取国家出口退税款，数额较大的行为。其构成要件是：

1. 本罪的客体是国家的出口退税管理制度和国家税收所有权。所谓出口退税，是指国家为鼓励企业出口创汇，增强国内企业产品在国际市场上的竞争力，在某一产品被确定为出口商品以后，将该商品已经在国内缴纳的税款由税务部门退还给该商品的生产者或经营者的制度。

2. 本罪在客观方面表现为以假报出口或者其他欺骗手段，骗取国家出口退税款，数额较大的行为。根据2002年9月23日实施的《最高人民法院关于审理骗取出口退税刑事案件具体应用法律若干问题的解释》（以下简称《骗税解释》）的规定，"假报出口"是指以虚构已税货物出口事实为目的，具有下列情形之一的行为：①伪造或者签订虚假的买卖合同；②以伪造、变造或者其他非法手段取得出口货物报关单、出口收汇核销单、出口货物专用缴款书等有关出口退税单据、凭证；③虚开、伪造、非法购买增值税专用发票或者其他可用于出口退税的发票；④其他虚构已税货物出口事实的行为。"其他欺骗手段"是指下列情形之一：①骗取出口货物退税资格的；②将未纳税或者免税货物作为已税货物出口的；③虽有货物出口，但虚构该出口货物的品名、数量、单价等要素，骗取未实际纳税部分退税的；④以其他手段骗取退税款的。"数额较大"是指骗取国家出口退税款5万元以上。

3. 本罪的主体是一般主体，包括自然人和单位。

4. 本罪的主观方面是故意，且具有非法获取国家出口退税款的目的。

（二）骗取出口退税罪的司法认定

1. 本罪与逃税罪的界限。两罪的主要区别是客观方面表现不同。本罪表现为弄虚作假，骗取国家出口退税款；逃税罪则是弄虚作假逃避缴纳应缴税款。根据《刑法》第 204 条第 2 款的规定，如果纳税人缴纳税款后，以假报出口或者其他欺骗方法骗取所缴纳的税款的，应以逃税罪定罪处罚；如果骗取的税款超过所缴纳的税款，对于超过的部分应认定为骗取出口退税罪，未超过的部分应认定为逃税罪。这种情形属于想象竞合犯。

2. 其他方面的认定。《骗税解释》中明确了以下几点：①实施骗取出口退税行为，没有实际取得出口退税款的，属于犯罪未遂。②实施骗取出口退税犯罪，同时构成虚开增值税专用发票罪等其他犯罪的，依照刑法处罚较重的规定定罪处罚。

（三）骗取出口退税罪的刑事责任

根据《刑法》第 204 条、第 211 条、第 212 条的规定，犯本罪的，处 5 年以下有期徒刑或者拘役，并处骗取税款 1 倍以上 5 倍以下罚金；数额巨大或者有其他严重情节的，处 5 年以上 10 年以下有期徒刑，并处骗取税款 1 倍以上 5 倍以下罚金；数额特别巨大或者有其他特别严重情节的，处 10 年以上有期徒刑或者无期徒刑，并处骗取税款 1 倍以上 5 倍以下罚金或者没收财产。单位犯本罪的，实行两罚制。被判处罚金、没收财产的，在执行前，应当先由税务机关追缴所骗取的出口退税款。

五、虚开增值税专用发票、用于骗取出口退税、抵扣税款发票罪

虚开增值税专用发票、用于骗取出口退税、抵扣税款发票罪，是指为他人虚开、为自己虚开、让他人为自己虚开、介绍他人虚开增值税专用发票或者虚开用于骗取出口退税、抵扣税款的其他发票的行为。"增值税专用发票"是指以商品或者劳动增值额为征税对象，具有直接抵扣税款功能的专门用于增值税的发票。"出口退税、抵扣税款的其他发票"是指除增值税专用发票以外的，具有出口退税、抵扣税款功能的收付款凭证或者完税凭证。[1] 认定本罪时应注意：①行为人虚开增值税专用发票，又用其骗取出口退税的，属于牵连犯，应依照刑法处罚较重的规定定罪处罚。②根据《刑法》第 210 条的规定，盗窃增值税专用发票或者可以用于骗取出口退税、抵扣税款的其他发票的，以盗窃罪定罪处罚；使用欺骗手段骗取增值税专用发票或者可以用于骗取出口退税、抵扣税款的其他发票的，以诈骗罪定罪处罚。

根据《刑法》第 205 条、第 211 条、第 212 条的规定，犯本罪的，处 3 年以下有期徒刑或者拘役，并处 2 万元以上 20 万元以下罚金；虚开的税款数额较大或者有其他严重情节的，处 3 年以上 10 年以下有期徒刑，并处 5 万元以上 50 万元以下罚金；虚开的税款数额巨大或者有其他特别严重情节的，处 10 年以上有期徒刑或者无期徒刑，并处 5 万元以上 50 万元以下罚金或者没收财产。单位犯本罪的，对单位判处罚金，并对其直接负责的主管人员和其他直接责任人员依照上述规定处罚，但不包括罚金和没收财产。被判处罚金、没收财产的，在执行前，应当先由税务机关追缴税款和所骗取的出口退税款。

六、虚开发票罪

虚开发票罪，是指虚开增值税专用发票或者用于骗取出口退税、抵扣税款发票以外的其他普通发票，情节严重的行为。根据《刑法》第 205 条之一的规定，犯本罪的，处 2 年以下有期徒刑、拘役或者管制，并处罚金；情节特别严重的，处 2 年以上 7 年以下有期徒刑，并处罚金；单位犯本罪的，实行两罚制。

七、伪造、出售伪造的增值税专用发票罪

伪造、出售伪造的增值税专用发票罪，是指仿照真增值税专用发票的形状、色彩等特征非

---

[1] 2005 年 12 月 29 日发布实施的《全国人大常委会关于〈中华人民共和国刑法〉有关出口退税、抵扣税款的其他发票规定的解释》。

法制造假增值税专用发票,或者出售假增值税专用发票的行为。根据《刑法》第206条的规定,犯本罪的,处3年以下有期徒刑、拘役或者管制,并处2万元以上20万元以下罚金;数量较大或者有其他严重情节的,处3年以上10年以下有期徒刑,并处5万元以上50万元以下罚金;数量巨大或者有其他特别严重情节的,处10年以上有期徒刑或者无期徒刑,并处5万元以上50万元以下罚金或者没收财产。单位犯本罪的,对单位判处罚金,并对其直接负责的主管人员和其他直接责任人员,依照上述规定处罚,但不包括并处罚金和没收财产。

八、非法出售增值税专用发票罪

非法出售增值税专用发票罪,是指违反国家发票管理法规,非法出售增值税专用发票的行为。根据《刑法》第207条、第211条的规定,犯本罪的,处3年以下有期徒刑、拘役或者管制,并处2万元以上20万元以下罚金;数量较大的,处3年以上10年以下有期徒刑,并处5万元以上50万元以下罚金;数量巨大的,处10年以上有期徒刑或者无期徒刑,并处5万元以上50万元以下罚金或者没收财产。单位犯本罪的,实行两罚制。

九、非法购买增值税专用发票、购买伪造的增值税专用发票罪

非法购买增值税专用发票、购买伪造的增值税专用发票罪,是指违反国家增值税专用发票管理规定,非法购买增值税专用发票或者购买伪造的增值税专用发票的行为。根据《刑法》第208条第2款的规定,非法购买增值税专用发票或者购买伪造的增值税专用发票又虚开或者出售的,不再定本罪,应当分别以虚开增值税专用发票罪、出售伪造的增值税专用发票罪、非法出售增值税专用发票罪定罪处罚。根据《刑法》第208条第1款、第211条的规定,犯本罪的,处5年以下有期徒刑或者拘役,并处或者单处2万元以上20万元以下罚金。单位犯本罪的,实行两罚制。

十、非法制造、出售非法制造的用于骗取出口退税、抵扣税款发票罪

非法制造、出售非法制造的用于骗取出口退税、抵扣税款发票罪,是指违反国家发票管理法规,伪造、擅自制造或者出售伪造、擅自制造的可以用于骗取出口退税、抵扣税款的其他发票(非增值税专用发票)的行为。根据《刑法》第209条第1款、第211条的规定,犯本罪的,处3年以下有期徒刑、拘役或者管制,并处2万元以上20万元以下罚金;数量巨大的,处3年以上7年以下有期徒刑,并处5万元以上50万元以下罚金;数量特别巨大的,处7年以上有期徒刑,并处5万元以上50万元以下罚金或者没收财产。单位犯本罪的,实行两罚制。

十一、非法制造、出售非法制造的发票罪

非法制造、出售非法制造的发票罪,是指违反国家发票管理法规,伪造、擅自制造或者出售伪造、擅自制造的不具有骗取出口退税、抵扣税款功能的普通发票的行为。根据《刑法》第209条第2款、第211条的规定,犯本罪的,处2年以下有期徒刑、拘役或者管制,并处或者单处1万元以上5万元以下罚金;情节严重的,处2年以上7年以下有期徒刑,并处5万元以上50万元以下罚金。单位犯本罪的,实行两罚制。

十二、非法出售用于骗取出口退税、抵扣税款发票罪

非法出售用于骗取出口退税、抵扣税款发票罪,是指违反国家发票管理法规,非法出售可以用于骗取出口退税、抵扣税款的非增值税专用发票的行为。犯本罪的,依照《刑法》第209条第1款、第211条的规定处罚。

十三、非法出售发票罪

非法出售发票罪,是指违反国家发票管理法规,非法出售普通发票的行为。犯本罪的,依照《刑法》第209条第2款、第211条的规定处罚。

十四、持有伪造的发票罪

持有伪造的发票罪，是指明知是伪造的发票而持有，数量较大的行为。根据《刑法》第210条之一的规定，犯本罪的，处2年以下有期徒刑、拘役或者管制，并处罚金；数量巨大的，处2年以上7年以下有期徒刑，并处罚金。单位犯本罪的，实行两罚制。

第八节 侵犯知识产权罪

侵犯知识产权罪，是指违反知识产权保护法律法规，未经知识产权所有人或其他权利人的许可，非法利用其知识产权，侵犯国家对知识产权的管理秩序和知识产权所有人的合法权益，违法所得数额较大或者情节严重的行为。本小类罪共8个罪名，犯罪主体均包括自然人和单位，主观方面均为故意。

一、假冒注册商标罪

（一）假冒注册商标罪的概念和构成要件

假冒注册商标罪，是指未经注册商标所有人许可，在同一种商品、服务上使用与其注册商标相同的商标，情节严重的行为。其构成要件是：

1. 本罪的客体是复杂客体，包括国家商标管理制度和注册商标专用权。我国对商标专用权的取得采用注册原则，只有经过商标局正式核准注册的商标，才能称为注册商标，才享有商标专用权。没有注册的商标和已超过有效期的注册商标，不在保护之列。因此，本罪的对象是他人的注册商标，包括商品商标和服务商标。

2. 本罪的客观方面表现为未经注册商标所有人许可，在同一种商品、服务上使用与其注册商标相同的商标，情节严重的行为。具体包括以下要素：

（1）未经注册商标所有人许可。注册商标所有人的权利包括注册商标的专有使用权、禁用权、续展权、许可使用权等。商标法规定，商标注册人可以通过签订商标使用许可合同，许可他人使用其注册商标；未经许可，不得在相同或相似的商品、服务上使用与他人注册商标相同或类似的商标。

（2）在同一种商品、服务上使用与他人注册商标相同的商标。所谓使用，是指将注册商标或者假冒的注册商标用于商品、商品包装或者容器以及产品说明书、商品交易文书，或者将注册商标或者假冒的注册商标用于广告宣传、展览以及其他商业活动等行为。

所谓"同一种商品"，根据2011年1月10日最高人民法院、最高人民检察院、公安部印发《关于办理侵犯知识产权刑事案件适用法律若干问题的意见》的通知（以下简称《知识产权刑案意见》），是指名称相同的商品或服务以及名称不同但指同一事物的商品或服务。"名称"是指国家商标局在商标注册工作中对商品、服务使用的名称，通常即《商标注册用商品和服务国际分类》中规定的名称。"名称不同但指同一事物的商品"是指在功能、用途、主要原料、消费对象、销售渠道等方面相同或者基本相同，相关公众一般认为是同一种事物的商品。认定"同一种商品"，应当在权利人注册商标核定使用的商品和行为人实际生产销售的商品之间进行比较。

根据2020年9月14日"两高"实施的《关于办理侵犯知识产权刑事案件具体应用法律若干问题的解释（三）》（以下简称《知识产权刑案解释（三）》）第1条规定，具有下列情形之一的，可以认定为"与其注册商标相同的商标"：①改变注册商标的字体、字母大小写或者文字横竖排列，与注册商标之间基本无差别的；②改变注册商标的文字、字母、数字等之间的间距，与注册商标之间基本无差别的；③改变注册商标颜色，不影响体现注册商标显著特征的；④在注册商标上仅增加商品通用名称、型号等缺乏显著特征要素，不影响体现注册商标显著特征的；⑤与立体注册商标的三维标志及平面要素基本无差别的；⑥其他与注册商标基本无差别、足以对公众产生误导的商标。

(3) 必须达到情节严重。根据 2004 年 12 月 22 日"两高"实施的《关于办理侵犯知识产权刑事案件具体应用法律若干问题的解释》（以下简称《知识产权刑案解释》）的规定，"情节严重"是指有下列情形之一：①非法经营数额在 5 万元以上或者违法所得数额在 3 万元以上的；②假冒两种以上注册商标，非法经营数额在 3 万元以上或者违法所得数额在 2 万元以上的；③其他情节严重的情形。此外，单位实施假冒注册商标等侵犯知识产权的行为，按照相应个人犯罪的定罪量刑标准的 3 倍定罪量刑。

3. 本罪的主体是一般主体，包括自然人和单位。

4. 本罪的主观方面是故意。

本章"导入案例七"中，黄某、常某未经注册商标所有人许可，商议达成假冒注册商标的口头协议。由黄某提供"绵竹大曲"等原酒，由常某组织"剑南春""全兴""五粮液"商标及包装物，并安排他人将黄某提供的原酒翻装进"剑南春""全兴""五粮液"的瓶内，贴上这些酒的商标，由黄某予以销售获利。共计假冒"剑南春"648 份，"全兴"300 份，"五粮液"96 份。黄某、常某构成假冒注册商标罪，且是共同犯罪。

(二) 假冒注册商标罪的司法认定

1. 本罪与非罪的界限。对于未经注册商标所有人许可，在同一种商品、服务上使用与其注册商标近似的商标，或者在类似商品、服务上使用与其注册商标相同的商标，以及在类似商品、服务上使用与其注册商标近似的商标的行为，均属于一般商标侵权行为，不能以本罪追究刑事责任。

2. 本罪与生产、销售伪劣商品犯罪的界限。两罪侵犯的客体、客观方面表现、主观方面的内容均不相同，但是假冒注册商标行为与生产、销售伪劣商品行为又有直接联系。假冒他人注册商标的商品可能是伪劣商品。根据《伪劣商品刑案解释》第 10 条的规定，如果行为人在生产、销售的伪劣商品上假冒他人的注册商标的，构成犯罪的，依照处罚较重的规定定罪处罚。

3. 罪数的认定。根据《知识产权刑案解释》的规定，实施假冒注册商标犯罪，又销售该假冒注册商标的商品，构成犯罪的，以假冒注册商标罪定罪处罚。实施假冒注册商标犯罪，又销售明知是他人的假冒注册商标的商品，构成犯罪的，应当实行数罪并罚。

(三) 假冒注册商标罪的刑事责任

根据《刑法》第 213 条、第 220 条的规定，犯本罪的，处 3 年以下有期徒刑，并处或者单处罚金；情节特别严重的，处 3 年以上 10 年以下有期徒刑，并处罚金。单位犯本罪的，实行双罚制。

二、销售假冒注册商标的商品罪

销售假冒注册商标的商品罪，是指销售明知是假冒注册商标的商品，违法所得数额较大或者有其他严重情节的行为。本罪的主观方面要求行为人明知，《知识产权刑案解释》第 9 条第 2 款规定，具有下列情形之一的，应当认定为"明知"：①知道自己销售的商品上的注册商标被涂改、调换或者覆盖的；②因销售假冒注册商标的商品受到过行政处罚或者承担过民事责任、又销售同一种假冒注册商标的商品的；③伪造、涂改商标注册人授权文件或者知道该文件被伪造、涂改的；④其他知道或者应当知道是假冒注册商标的商品的情形。根据《刑法》第214条、第220条的规定，犯本罪的，处3年以下有期徒刑，并处或者单处罚金；违法所得额数额巨大或者有其他特别严重情节的，处3年以上10年以下有期徒刑，并处罚金。单位犯本罪的，实行两罚制。

三、非法制造、销售非法制造的注册商标标识罪

非法制造、销售非法制造的注册商标标识罪，是指伪造、擅自制造他人注册商标标识或者销售伪造、擅自制造的注册商标标识，情节严重的行为。根据《刑法》第215条、第220条的规定，犯本罪的，处3年以下有期徒刑，并处或者单处罚金；情节特别严重的，处3年以上10年以下有期徒刑，并处罚金。单位犯本罪的，实行两罚制。

四、假冒专利罪

假冒专利罪，是指违反国家专利管理法规，假冒他人专利，情节严重的行为。根据《知识产权刑案解释》第10条的规定，实施下列行为之一的，属于"假冒他人专利"的行为：①未经许可，在其制造或者销售的产品、产品的包装上标注他人专利号的；②未经许可，在广告或者其他宣传材料中使用他人的专利号，使人将所涉及的技术误认为是他人专利技术的；③未经许可，在合同中使用他人的专利号，使人将合同涉及的技术误认为是他人专利技术的；④伪造或者变造他人的专利证书、专利文件或者专利申请文件的。根据《刑法》第216条、第220条的规定，犯本罪的，处3年以下有期徒刑或者拘役，并处或者单处罚金。单位犯本罪的，实行两罚制。

五、侵犯著作权罪

（一）侵犯著作权罪的概念和构成要件

侵犯著作权罪，是指以营利为目的，侵犯他人著作权或者与著作权有关的权利，违法所得数额较大或者有其他严重情节的行为。其构成要件是：

1. 本罪侵犯的客体是国家著作权管理制度和他人的著作权以及与著作权有关的权利。

2. 本罪在客观方面表现为侵犯著作权或者与著作权有关的权利，违法所得数额较大或者有其他严重情节的行为。侵犯著作权或者与著作权有关的权利的行为具体包括以下6种：

（1）未经著作权人许可，复制发行、通过信息网络向公众传播其文字作品、音乐、美术、视听作品、计算机软件及法律、行政法规规定的其他作品。"未经著作权人许可"是指没有得到著作权人授权或者伪造、涂改著作权人授权许可文件或者超出授权许可范围的情形。《知识产权刑案意见》对如何认定"未经著作权人许可"作出了规定。该种侵犯著作权的手段包括复制发行和通过信息网络向公众传播。"复制发行"包括复制、发行或者既复制又发行的行为。"复制"是指以印刷、录音等方式将作品制作多份的行为。"发行"是指以出售、出租等方式向公众提供上述复制品的行为，包括总发行、批发、零售、通过信息网络传播以及出租、展销等活动，以及侵权产品的持有人通过广告、征订等方式推销侵权产品。

（2）出版他人享有专有出版权的图书。图书出版者对著作权人交付出版的作品在合同约定的期限和地区，享有以原版、修订版图书形式出版的专有出版权。

（3）未经录音录像制作者许可，复制发行、通过信息网络向公众传播其制作的录音录像。

（4）未经表演者许可，复制发行录有其表演的录音录像制品，或者通过信息网络向公众传播其表演。

（5）制作、出售假冒他人署名的美术作品。例如，复制名人的美术作品，署名人的姓名，冒充真品；把他人的画署上名画家的姓名，冒充名画家的作品等。

（6）未经著作权人或者与著作权有关的权利人许可，故意避开或者破坏权利人为其作品、录音录像制品等采取的保护著作权或者与著作权有关的权利的技术措施。

构成本罪必须具备"违法所得数额较大或者有其他严重情节"的条件。根据《公安立案标准一》第26条的规定，以营利为目的，侵犯他人著作权，涉嫌下列情形之一的，应予立案追诉：①违法所得数额3万元以上的；②非法经营数额5万元以上的；③未经著作权人许可，复制发行其文字作品、音乐、电影、电视、录像作品、计算机软件及其他作品，复制品数量合计500张（份）以上的；④未经录音录像制作者许可，复制发行其制作的录音录像制品，复制品数量合计500张（份）以上的；⑤其他情节严重的情形。

3. 本罪的主体是一般主体，包括自然人和单位。

4. 本罪的主观方面是故意，且具有营利的目的。

（二）侵犯著作权罪的司法认定

1. 本罪与非罪的界限。认定时应注意：①上述作品的著作权都必须处于法定的著作权保护期限内，否则行为人的行为不构成犯罪。②构成本罪须具备"违法所得数额较大或者有其他严重情节"的要件。③应把本罪与著作权的一般侵权行为区别开来。本罪的表现形式仅限于《刑法》第217条所规定的6种侵权行为，除此之外的其他方式的侵犯著作权行为，即使行为人具有营利的目的，也不构成本罪。

2. 本罪中"以营利为目的"的认定。《知识产权刑案意见》第10条规定，除销售外，具有下列情形之一的，可以认定为"以营利为目的"：①以在他人作品中刊登收费广告、捆绑第三方作品等方式直接或者间接收取费用的；②通过信息网络传播他人作品，或者利用他人上传的侵权作品，在网站或者网页上提供刊登收费广告服务，直接或者间接收取费用的；③以会员制方式通过信息网络传播他人作品，收取会员注册费或者其他费用的；④其他利用他人作品牟利的情形。

3. 罪数的认定。根据《知识产权刑案解释》，实施侵犯著作权犯罪，又销售该侵权复制品，构成犯罪的，以侵犯著作权罪定罪处罚。实施侵犯著作权犯罪，又销售明知是他人的侵权复制品，构成犯罪的，实行数罪并罚。

（三）侵犯著作权罪的刑事责任

根据《刑法》第217条、第220条的规定，犯本罪的，处3年以下有期徒刑，并处或者单处罚金；违法所得数额巨大或者有其他特别严重情节的，处3年以上10年以下有期徒刑，并处罚金。单位犯本罪的，实行两罚制。

六、销售侵权复制品罪

销售侵权复制品罪，是指以营利为目的，销售明知是侵犯著作权罪中的侵权复制品，违法所得数额巨大或者有其他严重情节的行为。根据《公安立案标准一》的规定，涉嫌下列情形之一的，应予立案追诉：①违法所得数额10万元以上的；②违法所得数额虽未达到上述数额标准，但尚未销售的侵权复制品货值金额达到30万元以上的。根据《刑法》第218条、第220条的规定，犯本罪的，处5年以下有期徒刑，并处或者单处罚金。单位犯本罪的，实行两罚制。

七、侵犯商业秘密罪

侵犯商业秘密罪，是指侵犯商业秘密权利人的商业秘密，情节严重的行为。所谓商业秘密，是指不为公众所知悉，能为权利人带来经济利益，具有实用性并经权利人采取保密措施的技术信息和经营信息。这里的"权利人"，是指商业秘密的所有人和经商业秘密所有人许可的商业秘密使用人。《刑法》规定的侵犯商业秘密的行为包括以下四种：①以盗窃、贿赂、欺诈、胁迫、电子侵入或者其他不正当手段获取权利人的商业秘密的行为；[1]②披露、使用或者允许他人使用以前项手段获取的权利人的商业秘密的行为；③违反保密义务或者违反权利人有关保守商业秘密的要求，披露、使用或者允许他人使用其所掌握的商业秘密的行为；④明知有前述三种行为，而获取、披露、使用或者允许他人使用该商业秘密的行为，即行为人明知向其提供商业秘密的人实施了前述三种行为之一，而仍然获取、披露、使用或者允许他人使用该商业秘密。根据《刑法》第219条、第220条的规定，犯本罪的，处3年以下有期徒刑，并处或者单处罚金；情节特别严重的，处3年以上10年以下有期徒刑，并处罚金。单位犯本罪的，实行两罚制。

八、为境外窃取、刺探、收买、非法提供商业秘密罪

为境外窃取、刺探、收买、非法提供商业秘密罪，是指为境外的机构、组织、人员窃取、刺探、收买、非法提供商业秘密的行为。根据《刑法》第219条之一、第220条的规定，犯本罪的，处5年以下有期徒刑，并处或者单处罚金；情节严重的，处5年以上有期徒刑，并处罚金。单位犯本罪的，实行两罚制。

第九节 扰乱市场秩序罪

扰乱市场秩序罪，是指违反市场监督管理法律法规，进行不正当竞争，从事非法经营贸易或者中介服务活动，以及强行进行交易，扰乱和破坏等价有偿、公平竞争和平等交易的市场秩序，情节严重的行为。本小类罪共13个罪名，除出具证明文件重大失实罪属于过失犯罪外，其他均为故意犯罪。各罪的主体均包括自然人和单位。

一、损害商业信誉、商品声誉罪

损害商业信誉、商品声誉罪，是指捏造并散布虚假事实，损害他人商业信誉、商品声誉，给他人造成重大损失或者有其他严重情节的行为。根据《刑法》第221条、第231条的规定，犯本罪的，处2年以下有期徒刑或者拘役，并处或者单处罚金；单位犯本罪的，实行两罚制。

二、虚假广告罪

虚假广告罪，是指广告主、广告经营者、广告发布者违反国家规定，利用广告对商品或者服务作虚假宣传，情节严重的行为。根据《刑法》第222条、第231条的规定，犯本罪的，处2年以下有期徒刑或者拘役，并处或者单处罚金；单位犯本罪的，实行两罚制。

三、串通投标罪

串通投标罪，是指投标人相互串通投标报价，损害招标人或者其他投标人利益，或者投标人与招标人串通投标，损害国家、集体、公民的合法权益，情节严重的行为。根据《刑法》第223条、第231条的规定，犯本罪的，处3年以下有期徒刑或者拘役，并处或者单处罚金。单位犯本罪的，实行两罚制。

四、合同诈骗罪

（一）合同诈骗罪的概念和构成要件

合同诈骗罪，是指以非法占有为目的，在签订、履行合同过程中，骗取对方当事人财物，

---

[1]《知识产权刑案解释（三）》规定，采取非法复制、未经授权或者超越授权使用计算机信息系统等方式窃取商业秘密的，应当认定为"盗窃"。

数额较大的行为。其构成要件是：

1. 本罪的客体是复杂客体，包括市场交易安全秩序和公私财产所有权。

2. 本罪在客观方面表现为在签订、履行合同过程中，采用虚构事实、隐瞒真相的方式，骗取对方当事人财物，数额较大的行为。具体包括：

（1）行为人在签订、履行合同过程中，实施了利用合同手段骗取公私财物的行为。这是区别于普通诈骗罪的关键。本罪中的"合同"应界定为反映市场交易内容的债权和物权合同，如买卖、租赁、承揽、保管、合伙等合同，而不包括诸如行政合同、劳动合同、赠与合同等。

合同诈骗的具体行为方式有：①以虚构的单位或冒用他人名义签订合同的。②以伪造、变造、作废的票据或其他虚假的产权证明作担保的。这里的"票据"是指能够作为担保凭证的汇票、支票和本票等。其他产权证明，是指能够起担保作用的土地使用权证、房屋所有权证以及其他证明动产、不动产所有权的各种有效证明文件。③没有实际履行能力，以先履行小额合同或部分履行合同的方法，诱骗对方当事人继续签订或者履行合同的。这是一种设置陷阱的方式。④收受对方当事人给付的财物、货款、预付款或者担保财产后逃匿的。⑤以其他方法骗取当事人财物的。如谎称要开发项目，与受害人签订工程发包合同，骗取所谓工程的定金、进驻款等。

（2）骗取对方财物，数额较大的，才构成犯罪。根据《公安立案标准二》第77条的规定，骗取对方当事人财物，数额在2万元以上的，应予立案追诉。

3. 本罪的主体是一般主体，包括自然人和单位。

4. 本罪的主观方面是故意，且以非法占有为目的。

本章"导入案例八"中，梁某以伪造的某市供销贸易公司的营业执照副本、公章和合同专用章，骗取对方信任，冒用该贸易公司名义与他人签订合同，实施了虚构主体的诈骗行为，主观上明显具有非法占有对方当事人财物的意图；后在没有实际履行能力的情形下，采取部分履行合同的方法（支付3万元货款），诱骗对方当事人履行合同（提取5000件衬衫），最终达到骗取对方当事人的财物的目的。诈骗财物数额达到12万元，已构成合同诈骗罪。

（二）合同诈骗罪的司法认定

1. 本罪与合同纠纷的界限。关键是看行为人是否以非法占有为目的。认定时应注意：①是以"真面目"签订的合同还是以"假面目"签订的合同。后者必然导致合同内容的虚假性，使合同客观上根本无法履行、不可能履行，只能表明行为人主观上具有非法占有的目的。以真面目签订的合同，是指订约时使用的姓名、身份、公章、介绍信、单位等都是真实的。对于内容真实的合同，行为人有实际的履约能力，有通过合同实现交易的意思，并非诈骗。即使后来未能全部履约，也只是合同纠纷而不是合同诈骗。②行为人有无履行合同的实际行动及违约后的态度。合同诈骗的行为人在主观上根本没有履行合同的诚意，在客观上根本没有履行合同的任何准备，且对对方当事人的财物或者其他利益的损失根本不关心。而合同纠纷中，行为人都会积极进行履行合同的准备，当履行合同不能时，有关当事人常会采取积极措施避免对方当事人遭受更大的损失。

2. 本罪与合同欺诈的界限。合同欺诈是指在所签订的合同中，故意隐瞒某些真实情况，如产品的瑕疵、功效等，但并不是不履行合同，也不具有非法占有对方财物的目的，不属于合同诈骗。

3. 本罪与金融诈骗犯罪的竞合。行为人使用伪造、变造、作废的票据或者伪造、变造的汇款凭证、银行存单等金融凭据、证明文件进行合同诈骗活动，可能既构成合同诈骗罪，又构成票据诈骗罪、金融凭证诈骗罪等金融诈骗犯罪，形成想象竞合犯，应从一重罪论处。

（三）合同诈骗罪的刑事责任

根据《刑法》第224条、第231条的规定，犯本罪的，处3年以下有期徒刑或者拘役，并处或者单处罚金；数额巨大或者有其他严重情节的，处3年以上10年以下有期徒刑，并处罚金；数额特别巨大或者有其他特别严重情节的，处10年以上有期徒刑或者无期徒刑，并处罚金或者没收财产。单位犯本罪的，实行两罚制。

五、组织、领导传销活动罪

组织、领导传销活动罪，是指组织、领导以推销商品、提供服务等经营活动为名，要求参加者以缴纳费用或者购买商品、服务等方式获得加入资格，并按照一定顺序组成层级，直接或者间接以发展人员的数量作为计酬或者返利依据，引诱、胁迫参加者继续发展他人参加，骗取财物，扰乱经济社会秩序的传销活动的行为。本罪的主体是传销活动的组织者、领导者，具体地说，是指在传销活动中起组织、领导作用的发起人、决策人、操纵人，以及在传销活动中担负策划、指挥、布置、协调等重要职责，或者在传销活动实施中起到关键作用的人员。本罪的主观方面是故意，且具有骗取财物的目的。根据《公安立案标准二》第78条的规定，涉嫌组织、领导的传销活动人员在30人以上且层级在三级以上的，对组织者、领导者应予立案追诉。根据《刑法》第224条之一、第231条的规定，犯本罪的，处5年以下有期徒刑或者拘役，并处罚金；情节严重的，处5年以上有期徒刑，并处罚金。单位犯本罪的，实行两罚制。

六、非法经营罪

（一）非法经营罪的概念和构成要件

非法经营罪，指违反国家规定，从事非法经营活动，扰乱市场秩序，情节严重的行为。其构成要件是：

1. 本罪的客体是市场管理秩序。

2. 本罪在客观方面表现为违反国家规定，从事非法经营活动，扰乱市场秩序，情节严重的行为。根据《刑法》第225条和《全国人民代表大会常务委员会关于惩治骗购外汇、逃汇和非法买卖外汇的犯罪的决定》第4条的规定，非法经营行为包括以下几种：

（1）未经许可，经营法律、行政法规规定的专营、专卖物品或者其他限制买卖的物品的。"专营、专卖物品"是指法律、法规规定的由特定部门或者专门机构经营的物品，如烟草、食盐、金银等。"其他限制买卖的物品"是指法律法规规定在某一特定时期或者特定地域内实行限制性经营的物品，如农药、化肥、兴奋剂目录所列物质等。

（2）买卖进出口许可证、进出口原产地证明以及其他法律、行政法规规定的经营许可证或者批准文件的。进出口许可证，是指国家许可对外贸易经营者进出口某种货物和技术的证明；进出口原产地证明，是指在国家贸易中，对某一特定产品的原产地进行确认的证明文件。经营许可证或者有关批准文件，是持有人进行该项经济活动合法性的有效凭证，如烟草专卖许可证。

（3）未经国家有关主管部门批准，非法经营证券、期货或者保险业务的，或者非法从事资金支付结算业务的。"非法经营证券业务"是指未经批准的机构和个人从事的证券承销、经纪（代理买卖）、证券投资咨询等证券业务。"非法经营期货业务"是指非法设立期货交易所进行期货交易的行为、非法进行期货经纪、期货结算的行为。"非法经营保险业务"是指非法从事商业保险、保险代理、保险经纪业务等。根据2019年2月1日"两高"实施的《关于办理非法从事资金支付结算业务、非法买卖外汇刑事案件适用法律若干问题的解释》第1条的规定,违反国家规定,具有下列情形之一的,属于这里的"非法从事资金支付结算业务":①使用受理终端或者网络支付接口等方法,以虚构交易、虚开价格、交易退款等非法方式向指定付款方支付货币资金的;②非法为他人提供单位银行结算账户套现或者单位银行结算账户转个人账户服务的;③非法为他人提供支票套现服务的;④其他非法从事资金支付结算业务的情形。

(4) 在国家规定的交易场所以外非法买卖外汇,扰乱市场秩序的。

(5) 其他严重扰乱市场秩序的非法经营行为。这是一个兜底条款。

其他严重扰乱市场秩序的非法经营行为,根据有关司法解释和司法文件等的规定,主要包括:①出版、印刷、复制、发行严重危害社会秩序和扰乱市场秩序的非法出版物,以及非法从事出版物的出版、印刷、复制、发行业务,严重扰乱市场秩序的;②非法经营电信业务的,即采取租用国际专线、私设转接设备或者其他方法,擅自经营国际电信业务或者涉港澳台电信业务进行营利活动,扰乱电信市场管理秩序的;③以提供给他人生产、销售食品为目的,违反国家规定,生产、销售国家禁止用于食品生产、销售的非食品原料的;违反国家规定,私设生猪屠宰厂(场),从事生猪屠宰、销售等经营活动的;④违反国家规定,未经依法核准擅自发行基金份额募集基金的;⑤未经国家批准擅自发行、销售彩票的;⑥违反国家规定,以营利为目的,通过信息网络有偿提供删除信息服务,或者明知是虚假信息,通过信息网络有偿提供发布信息等服务,扰乱市场秩序的;⑦在生产、销售的饲料中添加盐酸克仑特罗等禁止在饲料和动物饮水中使用的药品,或者销售明知是添加有该类药品的饲料的;⑧违反国家在预防、控制突发传染病疫情等灾害期间有关市场经营、价格管理等规定,哄抬物价、牟取暴利,严重扰乱市场秩序的;⑨擅自设立互联网上网服务营业场所,或者擅自从事互联网上网服务经营活动的;⑩违反国家规定,使用销售点终端机具(POS机)等方法,以虚构交易、虚开价格、现金退货等方式向信用卡持卡人直接支付现金的;⑪违反国家规定,实施倒买倒卖外汇或者变相买卖外汇等非法买卖外汇行为,扰乱金融市场秩序的;⑫违反国家规定,未经监管部门批准,或者超越经营范围,以营利为目的,经常性地向社会不特定对象发放贷款,扰乱金融市场秩序的;⑬违反国家规定,未经许可经营兴奋剂目录所列物质,涉案物质属于法律、行政法规规定的限制买卖的物品,扰乱市场秩序,情节严重的;等等。[1]

上述非法经营的行为必须情节严重的,才构成犯罪。《公安立案标准二》第71条和有关司法解释对这里的"情节严重"作了比较全面的规定。

3. 本罪的主体是一般主体,包括自然人和单位。

4. 本罪的主观方面是故意。

---

[1] 分别参见:《公安立案标准二》第79条;2022年1月1日"两高"《关于办理危害食品安全刑事案件适用法律若干问题的解释》第16条、第17条;2022年3月1日《最高人民法院关于审理非法集资刑事案件具体应用法律若干问题的解释》第11条;2005年5月13日"两高"实施的《关于办理赌博刑事案件具体应用法律若干问题的解释》第6条;2013年9月10日"两高"实施的《关于办理利用信息网络实施诽谤等刑事案件适用法律若干问题的解释》第7条;2002年8月23日"两高"实施的《关于办理非法生产、销售、使用禁止在饲料和动物饮水中使用的药品等刑事案件具体应用法律若干问题的解释》第2条;2003年5月15日"两高"实施的《关于办理妨害预防、控制突发传染病疫情等灾害的刑事案件具体应用法律若干问题的解释》第6条;2004年7月16日《最高人民法院、最高人民检察院、公安部关于依法开展打击淫秽色情网站专项行动有关工作的通知》;2018年12月1日"两高"实施的《关于办理妨害信用卡管理刑事案件具体应用法律若干问题的解释》第12条;2019年2月1日"两高"实施的《关于办理非法从事资金支付结算业务、非法买卖外汇刑事案件适用法律若干问题的解释》第2条;2019年10月21日最高人民法院、最高人民检察院、公安部、司法部印发《关于办理非法放贷刑事案件若干问题的意见》的通知;2020年1月1日实施的《最高人民法院关于审理走私、非法经营、非法使用兴奋剂刑事案件适用法律若干问题的解释》。

（二）非法经营罪的司法认定

1. 本罪与生产、销售伪劣商品犯罪的界限。二者的客体、客观方面的表现形式以及犯罪对象均不相同。本罪的行为手段更为多样化，犯罪对象范围更广泛。根据《伪劣商品刑案解释》第10条的规定，实施生产、销售伪劣商品犯罪，同时构成非法经营罪的，依照处罚较重的规定定罪处罚。

2. 罪数的认定。非法从事资金支付结算业务或者非法买卖外汇，构成非法经营罪，同时又构成《刑法》第120条之一规定的帮助恐怖活动罪或者第191条规定的洗钱罪的，依照处罚较重的规定定罪处罚。

（三）非法经营罪的刑事责任

根据《刑法》第225条、第231条的规定，犯本罪的，处5年以下有期徒刑或者拘役，并处或者单处违法所得1倍以上5倍以下的罚金；情节特别严重的，处5年以上有期徒刑，并处违法所得1倍以上5倍以下的罚金或者没收财产。单位犯本罪的，实行两罚制。

七、强迫交易罪

强迫交易罪，是指以暴力、威胁手段强迫他人交易，情节严重的行为。强迫交易，既包括他人本无交易意愿，强迫他人接受；也包括他人虽然有交易意愿，但强要他人接受不公平价格、不合理方式等情形。刑法规定的强迫交易行为包括：①强买强卖商品的；②强迫他人提供或者接受服务的；③强迫他人参与或者退出投标、拍卖的；④强迫他人转让或者收购公司、企业的股份、债券或者其他资产的；⑤强迫他人参与或者退出特定的经营活动的。强迫交易行为必须情节严重的，才构成本罪。认定本罪时应注意，本罪的实质是暴力、威胁手段与市场交易行为的结合，是对市场交易秩序的侵犯，因此这里的交易行为都必须与市场行为有关。根据《刑法》第226条的规定，犯本罪的，处3年以下有期徒刑或者拘役，并处或者单处罚金；情节特别严重的，处3年以上7年以下有期徒刑，并处罚金。单位犯本罪的，实行两罚制。

八、伪造、倒卖伪造的有价票证罪

伪造、倒卖伪造的有价票证罪，是指伪造或者倒卖伪造的车票、船票、邮票或者其他有价票证，数额较大的行为。根据2000年12月9日实施的《最高人民法院关于对变造、倒卖变造邮票行为如何适用法律问题的解释》的规定，对变造或者倒卖变造的邮票数额较大的，应以本罪论处。根据《刑法》第227条第1款、第231条的规定，犯本罪的，处2年以下有期徒刑、拘役或者管制，并处或者单处票证价额1倍以上5倍以下罚金；数额巨大的，处2年以上7年以下有期徒刑，并处票证价额1倍以上5倍以下罚金。单位犯本罪的，实行两罚制。

九、倒卖车票、船票罪

倒卖车票、船票罪，是指倒卖车票、船票，情节严重的行为。根据《刑法》第227条第2款、第231条的规定，犯本罪的，处3年以下有期徒刑、拘役或者管制，并处或者单处票证价额1倍以上5倍以下罚金；单位犯本罪的，实行两罚制。

十、非法转让、倒卖土地使用权罪

非法转让、倒卖土地使用权罪，是指以牟利为目的，违反土地管理法规，非法转让、倒卖土地使用权，情节严重的行为。根据《刑法》第228条、第231条的规定，犯本罪的，处3年以下有期徒刑或者拘役，并处或者单处非法转让、倒卖土地使用权价额5%以上20%以下罚金；情节特别严重的，处3年以上7年以下有期徒刑，并处非法转让、倒卖土地使用权价额5%以上20%以下罚金。单位犯本罪的，实行两罚制。

十一、提供虚假证明文件罪

提供虚假证明文件罪，是指承担资产评估、验资、验证、会计、审计、法律服务、保荐、安全评价、环境影响评价、环境监测等职责的中介组织的人员故意提供虚假证明文件，情节严重的行为。[1]根据《刑法》第229条第1款、第2款、第231条的规定，犯本罪的，处5年以下有期徒刑或者拘役，并处罚金；有下列情形之一的，处5年以上10年以下有期徒刑，并处罚金：①提供与证券发行相关的虚假的资产评估、会计、审计、法律服务、保荐等证明文件，情节特别严重的；②提供与重大资产交易相关的虚假的资产评估、会计、审计等证明文件，情节特别严重的；③在涉及公共安全的重大工程、项目中提供虚假的安全评价、环境影响评价等证明文件，致使公共财产、国家和人民利益遭受特别重大损失的。有提供虚假证明文件的行为，同时索取他人财物或者非法收受他人财物构成犯罪的，依照处罚较重的规定定罪处罚。单位犯本罪的，实行两罚制。

十二、出具证明文件重大失实罪

出具证明文件重大失实罪，是指承担资产评估、验资、验证、会计、审计、法律服务、保荐、安全评价、环境影响评价、环境监测等职责的中介组织的人员，严重不负责任，出具的证明文件有重大失实，造成严重后果的行为。根据《刑法》第229条第3款、第231条的规定，犯本罪的，处3年以下有期徒刑或者拘役，并处或者单处罚金。单位犯本罪的，实行两罚制。

十三、逃避商检罪

逃避商检罪，是指违反进出口商品检验法的规定，逃避商品检验，将必须经商检机构检验的进口商品未报经检验而擅自销售、使用，或者将必须经商检机构检验的出口商品未报经检验合格而擅自出口，情节严重的行为。根据《刑法》第230条、第231条的规定，犯本罪的，处3年以下有期徒刑或者拘役，并处或者单处罚金。单位犯本罪的，实行两罚制。

思考题

1. 试述生产、销售伪劣产品罪的构成要件，并举例说明生产、销售伪劣产品罪和其他生产、销售特殊伪劣产品犯罪之间的关系。
2. 简述走私普通货物、物品罪的构成要件和认定时应注意的问题。
3. 简述非国家工作人员受贿罪的概念和构成要件。
4. 妨害信用卡管理罪的行为方式有哪些？
5. 简述洗钱罪的概念、构成特征和司法认定。
6. 如何认定信用卡诈骗罪？
7. 如何认定保险诈骗罪？
8. 简述逃税罪的构成要件及其与抗税罪的区别。
9. 简述假冒注册商标罪的构成要件和认定时应注意的问题。
10. 如何认定合同诈骗罪？
11. 如何认定非法经营罪？

---

[1] 根据2017年9月1日"两高"实施的《关于办理药品、医疗器械注册申请材料造假刑事案件适用法律若干问题的解释》规定，药物非临床研究机构、药物临床试验机构、合同研究组织的工作人员，故意提供虚假的药物非临床研究报告、药物临床试验报告及相关材料的，应当认定为"故意提供虚假证明文件"。药品注册申请单位的工作人员指使药物非临床研究机构、药物临床试验机构、合同研究组织的工作人员提供虚假药物非临床研究报告、药物临床试验报告及相关材料的，以提供虚假证明文件罪的共同犯罪论处。

实务训练

[案例1] 杨某生产假冒避孕药品，其成份为面粉和白糖的混合物，货值金额达15万多元，尚未销售即被查获。

[问题] 杨某的行为是否构成犯罪？构成何罪？

[案例2] 刘某专营散酒收售，农村小卖部为其供应对象。刘某从他人处得知某村办酒厂生产的散酒价格低廉，虽掺有少量有毒物质，但不会致命，遂大量购进并转销给多家小卖部出售，结果致许多饮者中毒甚至双眼失明。

[问题] 关于本案的处理，有以下说法：①造成饮用者中毒的直接责任人是某村办酒厂，应以生产和销售有毒、有害食品罪追究其刑事责任；刘某不清楚酒的有毒成分，可不负刑事责任；②对刘某应当以生产和销售有毒、有害食品罪追究刑事责任；③应当对构成犯罪者并处罚金或没收财产；④村办酒厂和刘某构成共同犯罪。请问，上述哪些说法是正确的？

[案例3] 甲（某银行职员）与乙素以兄弟相称。某日，乙找到甲，称现在打击毒品犯罪的风声很紧，希望甲帮忙将以前参加毒品犯罪所得的钱，找个保险的方法放起来，免去其后顾之忧。甲帮乙在银行开立了10万元的账户。后案发。[1]

[问题] 对甲的行为应如何认定？

[案例4] 王某，个体经营户，在某商业步行街拥有一间门面房，经营服装生意。因其经营不善生意亏损，欠下巨额债务。为筹钱偿还债务，王某为自己门面房投了财产保险，又命自己雇用的导购员李某在门面房内倒上汽油点燃将房屋烧毁。李某问为什么要烧毁，王某说你不用管只管点火就是了。李某遂照办。因火势凶猛，相邻的房屋也有几间被烧毁，因消防员积极扑救，火势被扑灭，避免了进一步的损失，但导致一名消防员受伤。警方勘察火灾现场后发现疑点，以致王某还没向保险公司索赔。

[问题] 应如何认定王某和李某的行为？

[案例5] 2008年9月~12月间，张某、俞某某、陈某某预谋后，由张、俞将利用工作便利得到的客户资料，分别冒用和敏、武国军、王鸿章的名义到光大银行申请办理3张信用卡，由陈某某向光大银行谎称申请人系其公司员工，通过银行核卡程序。后3人从上述3张信用卡内共套取现金人民币4.8万元，此外，陈某某先后在民生银行上海分行及广发银行上海分行申领2张信用卡后透支取款、消费，并经多次催收仍不予归还。至案发，共透支银行本金人民币56 967.31元。[2]

[问题] 张某、俞某某、陈某某的行为应如何认定？

[案例6] 甲发现某银行的ATM机能够存入编号以"HD"开头的假币，于是窃取了3张借记卡，先后两次采取存入假币取出真币的方法，共从ATM机内获取6000元人民币。

[问题] 甲的行为构成使用假币罪、信用卡诈骗罪、盗窃罪、以假币换取货币罪中的哪一种？

[案例7] 张某窃得同事1张银行借记卡及身份证，向丈夫何某谎称路上所拾。张某与何某根据身份证号码试出了借记卡密码，持卡消费5000元。

[问题] 关于本案，有以下说法：①张某与何某均构成盗窃罪；②张某与何某均构成信用

---

[1] 黄京平主编：《刑法》，中国人民大学出版社2005年版，第227页。
[2] 沈言："使用不同手法实施信用卡诈骗数额认定与刑罚适用"，载《人民法院报》2010年8月5日，第6版。

卡诈骗罪;③张某构成盗窃罪,何某构成信用卡诈骗罪;④张某构成信用卡诈骗罪,何某不构成犯罪。上述哪一说法是正确的?

[**案例**8] 甲某是私营企业主,1年之内,甲某采取伪造账簿等手段共偷逃应缴税额达30万元,占其应缴税额的15%。税务机关发现后,依法下达追缴通知,但甲某拒绝缴纳,并在税务机关工作人员上门征缴时,甲某纠集数名职工殴打税务工作人员,将其中1人打成重伤、1人打成轻伤。

[**问题**] 对甲某的行为如何认定?

[**案例**9] 2005年初,在湖南省某市场做生意的杨某通过电话与余某联系销售假烟,余某经实地考察后同意给其批发假烟。2005年3月~10月,余某给杨某等人发出假冒的"长沙""芙蓉"等品牌卷烟4321件,货值300余万元。杨某等人将所购假烟全部用于加价销售牟利。

[**问题**] 对杨某的行为应如何认定?

第二十一章

侵犯公民人身权利、民主权利罪

学习目标与工作任务

通过本章的学习，了解侵犯公民人身权利、民主权利罪的特征和各个非重点罪名的概念及相关特别规定，掌握重点、常见罪名的概念、构成要件及相关处罚的特别规定，把握认定有关罪名时应当注意的问题，能够根据刑法的相关规定与犯罪构成分析案例、处理实务。

导入案例

1. 甲与乙的妻子丙有不正当的男女关系，致使乙与妻子丙离婚，乙因此对甲怀恨在心。某日，乙携带匕首守候在甲下班必经之路的转角处，待甲过来时上前对他胸部猛刺数下，甲挣扎呼救，5名路人赶来制止住乙，并及时拨打120将甲送往医院抢救，甲经治疗脱离生命危险。经诊断，甲胸部被刺16刀，脾脏破裂，肺部多处扎伤，其中一刀紧贴心脏瓣膜而过。

问：乙的行为是构成故意伤害罪还是故意杀人罪？

2. 阿力、阿宗、阿泰3人是生意上的伙伴，因经营不善，2008年亏了很多钱，眼看快过年了，3人决定多搞点钱。于是，他们想到了绑架，遂立即从网上购置了电警棍、万能钥匙、水果刀等。恰巧，阿力从网上认识了一位李老板的儿子阿灿，阿灿顺理成章地成了他们的目标。2008年11月22日晚，阿力在网上把阿灿约出来，把他和他的女友小梅一并绑架了。随后，3人立即联系李老板索要钱财，在等赎金的过程中，阿力担心阿灿日后会向警方指认他，于是，3人用绳索一起将阿灿勒死，将尸体推进了水塘中央。他们以小梅为人质，继续向李老板要钱。结果，3人在辗转各个城市之间等李老板付钱时，于11月24日被警方抓获。[1]

问：阿力、阿宗、阿泰的行为是否构成绑架罪和故意杀人罪两罪？为什么？

教学内容

第一节 侵犯公民人身权利、民主权利罪概述

侵犯公民人身权利、民主权利罪，是指故意或过失地侵犯公民人身权利、民主权利以及与公民人身有直接关系的其他权利的行为。这类犯罪的构成特征是：

1. 这类犯罪的客体包括以下方面：①公民的人身权利。它是指公民依法享有的与其人身

---

[1] 李国田、阿彦、周莺："董事长之子被网友绑架撕票"，载《南京晨报》2009年1月12日。

不可分离的权利，主要包括生命权、身体权、健康权、名誉权等权利。②公民的民主权利。它是指公民依法享有的参加管理国家和社会政治活动的权利，包括选举权与被选举权、控告权、宗教信仰自由权、通信自由权等。③公民的其他权利。指的是与人身有关的其他权利，包括住宅不受侵犯权、劳动权、婚姻家庭权等。

2. 这类犯罪在客观方面表现为非法侵犯公民的人身权利、民主权利以及其他与人身直接有关的权利的行为。"侵犯"表现为剥夺、破坏、妨害、损害、限制等行为。这类犯罪从表现形式上看，其中绝大多数犯罪只能以作为的行为方式实施，例如，强奸罪、绑架罪等；极少数犯罪只能以不作为的方式实施，如遗弃罪；还有部分犯罪的行为方式既可以是作为，也可以是不作为，例如，故意杀人罪、故意伤害罪等。从结果上看，有的要求发生危害结果才构成犯罪，如过失致人死亡罪等，有的不要求发生危害结果就构成犯罪，如故意杀人罪等。

3. 这类犯罪的主体绝大多数是一般主体，少数是特殊主体。

4. 这类犯罪的主观方面，除过失致人死亡罪和过失致人重伤罪为过失外，其他犯罪均只能由故意构成。少数犯罪的构成还要求行为人具有特定的犯罪目的，如强奸罪，拐卖妇女、儿童罪等。

这类犯罪共包括43个罪名。按照犯罪的直接客体和犯罪的主要行为特征，可归纳为以下八小类：①侵犯公民生命、健康权利的犯罪；②侵犯妇女、儿童身心健康的犯罪；③侵犯公民人身自由的犯罪；④侵犯人格、名誉的犯罪；⑤司法工作人员侵犯公民权利的犯罪；⑥侵犯公民民主权利的犯罪；⑦侵犯公民宗教信仰自由、民族平等权利的犯罪；⑧妨害婚姻家庭权利的犯罪。

2006年7月26日发布实施的《最高人民检察院关于渎职侵权犯罪案件立案标准的规定》（本章以下简称《渎职侵权立案标准》）对国家机关工作人员利用职权实施的非法拘禁罪、非法搜查罪、刑讯逼供罪、暴力取证罪、虐待被监管人罪、报复陷害罪、破坏选举罪的立案标准作出了规定。另外，最高人民检察院、公安部印发的《公安立案标准（一）》对强迫劳动罪、雇用童工从事危重劳动罪的立案标准作出了规定。

第二节 侵犯公民人身权利、民主权利罪分述

一、故意杀人罪

（一）故意杀人罪的概念和构成要件

故意杀人罪，是指故意非法剥夺他人生命的行为。其构成要件是：

1. 本罪的客体是公民的生命权利，犯罪对象只能是有生命的自然人。人的生命始于出生，终于死亡。按照刑法通说，人的生命始于胎儿脱离母体并能够独立呼吸，终结于心脏停止跳动。在我国，任何人不论年龄、性别、种族、职业、社会地位、心理及生理状态如何，其生命权利都受法律同样程度的保护，不得非法剥夺。因此，杀害或溺弃已出生并能独立呼吸的婴儿、杀死植物人的，均构成本罪。

2. 本罪在客观方面表现为非法剥夺他人生命的行为，即杀人的行为。这包括以下几点：①必须有剥夺他人生命的行为。剥夺他人生命的行为，表现为直接或间接作用于他人的身体，使其生命在自然死亡时间之前终结。剥夺的行为方式可以是作为，如刀砍、枪击等；也可以是不作为，通常表现为有看护、救助义务的人未尽义务、见死不救，从而致人死亡。至于杀人的手段、方法则可以是多种多样的，但以放火、爆炸等危险方法杀人而同时危害公共安全的，不

以本罪论处，应当依照危害公共安全罪中的有关条款定罪处罚。②剥夺他人生命的行为必须是非法的。合法剥夺他人生命的行为，不构成本罪，如正当防卫杀人、对经最高人民法院核准的死刑罪犯执行死刑等。③本罪是结果犯。

3. 本罪的主体是一般主体，通常是已满14周岁具有刑事责任能力的人。但根据《刑法》第17条第3款的规定，已满12周岁不满14周岁的具有刑事责任能力的人，故意杀人致人死亡，情节恶劣的，应当负刑事责任。如果故意杀人只造成被害人重伤，或者虽然致人死亡但并非情节恶劣，均依法不应当追究。

4. 本罪的主观方面是故意，包括直接故意和间接故意，即明知自己的行为会发生他人死亡的危害结果，而希望或者放任这种结果发生的心理态度。故意杀人的动机可以多种多样，如奸情杀人、报复杀人、义愤杀人等。

（二）故意杀人罪的司法认定

1. 《刑法》中与故意杀人罪相关的特别规定。根据《刑法》第238条、第289条和第292条的规定，非法拘禁使用暴力致人死亡的，聚众"打砸抢"致人死亡的，聚众斗殴致人死亡的，应当以故意杀人罪定罪处罚。根据《刑法》第247条、第248条的规定，刑讯逼供或暴力取证致人死亡的，虐待被监管人致人死亡的，应当以故意杀人罪定罪并从重处罚。根据《刑法》第239条的规定，实施绑架行为并杀害被绑架人的，或者故意伤害被绑架人，致人重伤、死亡的，应当定绑架罪。

2. 受人嘱托杀人案件的处理。受人嘱托杀人，是指受有自杀意图的人的嘱托而直接将其杀死的行为。这种行为不仅造成他人不正常死亡，也给他人家庭、社会带来危害，同时也是没有法律依据的，因此，应以故意杀人罪论处。当然，在这类案件中，杀人者不追求个人目的，与报复杀人、义愤杀人等有所不同，是应人所求，社会危害性相对较小，所以处罚时可以考虑从宽。

3. "安乐死"案件的处理。"安乐死"是指为免除患有不治之症、濒临死亡的病人的痛苦，受病人嘱托而实施促使其提前无痛苦死亡的行为，实际上也是一种受人嘱托杀人的行为。各国刑法对"安乐死"的态度不一，有少数国家已经将"安乐死"合法化，如荷兰、比利时分别在2002年4月1日和2002年5月16日通过允许实施安乐死法案。在我国目前立法尚未确定"安乐死"为合法的情况下，对实施"安乐死"的行为人，应当以故意杀人罪论处，但应予以从宽处罚。

4. 正确处理与自杀有关的案件。自杀是指自愿结束自己生命的行为。在我国，对自杀者本人来说，这种行为不构成犯罪。但引起自杀的原因是非常复杂的，其中有的人对他人的自杀应当承担刑事责任，因此应针对不同情况进行分别处理：

（1）行为人没有实施违法行为或者虽有错误，且与死者的自杀有某种联系，但死者的自杀主要是由于其心胸过于狭窄，此种情形下，不应追究行为人的刑事责任。

（2）行为人实施了违法犯罪行为，如强奸、侮辱、诽谤、暴力干涉婚姻自由等，因此引起被害人自杀的，应当分别以前列行为确定罪名，引起他人自杀的后果只是量刑的重要情节。

（3）行为人以暴力、胁迫等方法逼使被害人处于生路断绝的境地而自杀，或者以欺骗、引诱的方法使被害人自杀的，应定为故意杀人罪。

（4）教唆他人自杀的，一般不构成故意杀人罪。教唆自杀是指唆使没有自杀意图的人产生自杀意图，实施自杀行为。虽然教唆者主观上具有致他人死亡的故意，但是客观上死亡结果毕竟是本人自杀所致，何况自杀者本人在受到教唆后仍具有一定的选择自由。因此，教唆自杀不能直接等同于故意杀人。在刑法没有明文规定的情况下，实践中一般不认定教唆自杀为故意杀人罪。[1] 但是，对特定情形下的教唆自杀行为，应当以故意杀人罪论处。例如，教唆无民事行为能力人自杀的，则教唆者属于故意杀人罪的间接正犯。再如，组织、利用邪教组织，制造、散布迷信邪说，组织、策划、煽动、胁迫、教唆、帮助其成员或者他人实施自杀、自伤的，以故意杀人罪或者故意伤害罪定罪处罚。[2]

（5）相约自杀，一方死亡，一方未死的案件的处理。相约自杀，即二人以上相互约定自愿共同自杀。在此类案件中，如果相约的各方各自实施自杀行为，未死一方不负刑事责任。如果甲、乙相约自杀，甲受乙委托先将乙杀死，而后甲因各种原因没有自杀或自杀未遂的，对甲应以故意杀人罪论处，但应考虑从宽处罚。

（三）故意杀人罪的刑事责任

根据《刑法》第232条的规定，犯本罪的，处死刑、无期徒刑或者10年以上有期徒刑；情节较轻的，处3年以上10年以下有期徒刑。根据司法实践，情节较轻的故意杀人主要有基于义愤的杀人、因受被害人长期迫害的杀人、受嘱托杀人、"大义灭亲"杀人等。

二、过失致人死亡罪

过失致人死亡罪，是指因过失致使他人死亡的行为。行为人对死亡结果的心理态度不同，是本罪与故意杀人罪的根本区别。根据《刑法》第233条的规定，犯本罪的，处3年以上7年以下有期徒刑；情节较轻的，处3年以下有期徒刑。本法另有规定的，依照规定。"本法另有规定的，依照规定"是指行为人实施其他犯罪行为，虽然也由于过失致人死亡，如因失火、交通肇事致人死亡等，但应当按照特别法优于普通法的处理原则，以失火罪、交通肇事罪等定罪处罚。

三、故意伤害罪

（一）故意伤害罪的概念和构成要件

故意伤害罪，是指故意非法损害他人身体健康的行为。其构成要件是：

1. 本罪的客体是他人的身体健康权。他人的身体健康权，是指他人对保持自身的肢体、器官、组织的完整和正常机能的权利。本罪的对象只能是有生命的他人，损害自己身体健康的，一般不构成犯罪。只有当自伤行为侵犯了社会利益而触犯刑法规范时，才构成犯罪，例如，军人在战时为了逃避军事义务而自伤身体的，构成战时自伤罪。

2. 本罪在客观方面表现为实施了非法损害他人身体健康的行为。损害他人身体健康，是指破坏他人人体的肢体、组织的完整性，或者损坏他人人体肢体、组织、器官的正常机能。只有非法的伤害行为才能构成故意伤害罪，因正当防卫而伤害他人，因治疗上的需要为病人截肢等行为，均不构成犯罪。根据我国《刑法》规定，故意伤害罪的结果按程度可以分为轻伤、重伤与伤害致死三种。

3. 本罪的主体是一般主体，至于负刑事责任的年龄，因伤害结果不同而有所不同。根据《刑法》第17条的规定，已满16周岁的人故意伤害致人轻伤的，应当负刑事责任；已满14周岁不满16周岁的人故意伤害致人重伤或者死亡的，应当负刑事责任；已满12周岁不满14周岁的人，犯故意伤害罪，致人死亡或者以特别残忍手段致人重伤造成严重残疾，情节恶劣，经

---

[1] 陈兴良：《规范刑法学》，中国人民大学出版社2017年版，第787页。

[2] 2017年2月1日"两高"实施的《关于办理组织、利用邪教组织破坏法律实施等刑事案件适用法律若干问题的解释》第11条。

最高人民检察院核准追诉的,应当负刑事责任。

4. 本罪的主观方面是故意,包括直接故意和间接故意。在故意伤害致人死亡的情况下,行为人对伤害是出于故意,而对发生死亡结果则是过失的。

(二) 故意伤害罪的司法认定

1. 本罪与非罪的界限。故意伤害行为只有实际造成轻伤、重伤或者致人死亡结果的,才构成犯罪。轻微伤不属于伤害结果的范围,对行为人不能按犯罪处理。根据2014年1月1日"两高"、公安部、国家安全部、司法部发布的《人体损伤程度鉴定标准》的规定,轻微伤,是指各种致伤因素所致的原发性损伤,造成组织器官结构轻微损害或者轻微功能障碍。

2. 重伤和轻伤的界限。重伤和轻伤涉及到适用不同的法定刑幅度问题。根据《刑法》第95条和《人体损伤程度鉴定标准》的规定,重伤,是指使人肢体残废或者毁人容貌,使人丧失听觉、视觉或者其他器官功能,以及其他对于人身健康有重大伤害的损伤。轻伤,是指使人肢体或者容貌损害,听觉、视觉或者其他器官功能部分障碍或者其他对于人身健康有中度伤害的损伤。是否达到轻伤、重伤程度,需要专业鉴定机构依据《人体损伤程度鉴定标准》进行评定。专业机构对伤害程度的鉴定,应当遵循实事求是的原则,坚持以致伤因素对人体直接造成的原发性损伤及由损伤引起的并发症或者后遗症为依据,全面分析,综合鉴定。

3. 本罪与故意杀人罪的界限。故意伤害与故意杀人未遂之间、故意伤害致人死亡与故意杀人既遂之间,往往存在模糊地带,区分的关键均在于行为人主观故意内容不同。具有杀人故意的,无论是否造成死亡结果,均构成故意杀人罪;凡只有伤害故意的,无论是否造成死亡结果,都应定故意伤害罪。判断行为人的主观故意内容时,应综合考虑案件的各种情况,作出准确认定。这里的"各种情况"包括发案原因、行为人与被害人的关系、作案的时间、地点与环境、犯罪工具、打击部位与强度、行为有无节制、有无预谋及如何预谋,对被害人是否抢救等。对于有些案件,如果确实难以区分,分歧意见很大的,为了慎重起见,可以按较轻的犯罪处理。

本章"导入案例一"中,乙因甲破坏其家庭,对甲怀恨在心,有犯罪动机;从乙行刺甲的部位看,是致命之处;从乙行刺16刀的次数来看,应该是仇恨较深;从乙行刺16刀时被路人制止来看,不是自动停止。综合这些因素分析,可以认定乙主观上是出于杀人的故意而不是伤害的故意,所以乙的行为构成故意杀人罪(未遂)。

4. 故意伤害致死与过失致人死亡的界限。二者相同之处在于都造成了他人死亡的结果,主观上对死亡结果均出于过失。区分二者的关键在于行为人主观上有无伤害的故意。过失致人死亡的,行为人主观上只对死亡结果有过失,并无伤害的故意;而故意伤害致人死亡的,行为人主观上有伤害的故意,但对致人死亡的结果是过失。

5. 故意伤害罪与包含伤害内容的其他犯罪的界限。《刑法》第234条规定:"……本法另有规定的,依照规定。"即行为人在实施其他犯罪的过程中伤害他人,刑法另有规定的,依其规定,如行为人在实施放火、强奸、抢劫行为时致人伤害的,应以放火罪、强奸罪、抢劫罪定罪处罚,不再适用故意伤害罪的规定。

6. 刑法中与故意伤害罪相关的特别规定。根据《刑法》第238、289、292、333条的规定,非法拘禁使用暴力致人伤残的,聚众"打砸抢"致人伤残的,聚众斗殴致人伤残的,非法组织或者强迫他人卖血造成伤害的,应以故意伤害罪论处。根据《刑法》第247~248条的规定,刑讯逼供、暴力取证、虐待被监管人致人伤残的,以故意伤害罪定罪且从重处罚。

(三) 故意伤害罪的刑事责任

根据《刑法》第234条的规定,犯本罪的,处3年以下有期徒刑、拘役或者管制;致人重伤的,处3年以上10年以下有期徒刑;致人死亡或者以特别残忍手段致人重伤造成严重残疾的,处10年以上有期徒刑、无期徒刑或者死刑。这里的"严重残疾",是指有下列情形之一:被害人身体器官大部缺损;器官明显畸形;身体器官有中等功能障碍;造成严重并发症等。[1]

四、组织出卖人体器官罪

组织出卖人体器官罪,是指违反国家规定,组织他人出卖人体器官的行为。[2] 本罪处罚的是组织行为,不包括出卖自己人体器官的行为,也不包括购买人体器官的行为。组织,是指行为人实施领导、策划、控制、安排、管理他人出卖其人体器官的行为,如招募、供养器官提供者,撮合人体器官供需双方等。根据《刑法》第234条之一的规定,犯本罪的,处5年以下有期徒刑,并处罚金;情节严重的,处5年以上有期徒刑,并处罚金或者没收财产。

未经本人同意摘取其器官,或者摘取不满18周岁的人的器官,或者强迫、欺骗他人捐献器官的,依照《刑法》第234条故意伤害罪、第232条故意杀人罪的规定定罪处罚。违背本人生前意愿摘取其尸体器官,或者本人生前未表示同意,违反国家规定,违背其近亲属意愿摘取其尸体器官的,依照《刑法》第302条(盗窃、侮辱、故意毁坏尸体罪)的规定定罪处罚。

五、过失致人重伤罪

过失致人重伤罪,是指由于过失造成他人身体重伤的行为。根据《刑法》第235条的规定,犯本罪的,处3年以下有期徒刑或者拘役。本法另有规定的,依照规定。

六、强奸罪

(一) 强奸罪的概念和构成要件

强奸罪,是指违背妇女意志,以暴力、胁迫或者其他手段强行与妇女性交,或者奸淫幼女的行为。其构成要件是:

1. 本罪的客体是妇女的性自由权利和幼女的身心健康权利,强奸妇女犯罪的对象是已满14周岁的妇女,奸淫幼女犯罪的对象是不满14周岁的幼女。妇女的性自由权利即妇女性的不可侵犯的权利,是指妇女按照自己的意志决定正当性行为的权利。妇女的性自由权利、幼女的身心健康权利只有具有生命的女性才能享有,因此奸淫女尸的行为不构成强奸罪,但可构成侮辱尸体罪。当然,如果行为人在强奸过程中使用暴力手段致使被害人死亡并进而奸尸的,应当构成强奸罪。

2. 本罪在客观方面表现为违背妇女意志,以暴力、胁迫或者其他手段强行与妇女性交,或者奸淫幼女的行为。具体包括强奸妇女和奸淫幼女两种行为。

(1) 强奸妇女的行为。强奸妇女,首先表现为违背妇女意志而强行与之性交。违背妇女意志,即违背妇女不愿意与行为人发生性交的真实意思,这是强奸妇女的犯罪的本质特征和内在属性。不违背妇女意志的男女性关系,无论是否合法,都不构成本罪。而且,这里的"违背妇女意志"应是指违背正常妇女的意志。如果行为人明知妇女是无责任能力者,如精神病人或者痴呆者(程度严重的),而与其发生性行为的,不论使用什么手段,也无论妇女是否"同意",均应以强奸罪论处。如果行为人确实不知道该妇女是无性表示能力的精神病人或痴呆者,

---

[1] 参见1999年10月27日发布实施的《全国法院维护农村稳定刑事审判工作座谈会纪要》。

[2] 国务院2007年3月21日通过的《人体器官移植条例》第3条规定,任何组织或者个人不得以任何形式买卖人体器官,不得从事与买卖人体器官有关的活动。

在征得其同意，甚至受到其挑逗，与之发生性行为的，由于行为人主观上缺乏违背妇女意志强行与之性交的目的，所以不应认定为强奸罪。认定是否违背妇女意志，不能仅以妇女有无反抗表示作为必要条件，还应考虑妇女是否能够反抗、是否知道反抗、是否敢于反抗等情况。另外，违背妇女意志，在我国目前一般应当排除丈夫违背妻子意志强行与妻子性交的情形，这是对违背妇女意志的必要限制。

要达到在违背妇女意志的情况下性交，行为人必然要使用一些使妇女不能反抗、不知反抗或不敢反抗的手段，鉴于此，刑法规定了以下三种手段，而且这些手段与违背妇女意志共同组成强奸妇女犯罪的行为特征。

第一，暴力手段。暴力手段是指行为人直接对被害妇女采取殴打、捆绑、按倒、卡脖子等危害人身安全或人身自由，使妇女不能反抗的手段。

第二，胁迫手段。胁迫手段是指行为人对被害妇女进行威胁、恫吓，从而达到精神上的强制，使妇女不敢反抗的手段。如以扬言行凶报复、加害其亲属、揭发其隐私相威胁；利用教养关系、从属关系、职权以及孤立无援的环境条件，进行挟制、迫害等，迫使妇女忍辱屈从，不敢抗拒。

第三，其他手段。其他手段是指使用暴力、胁迫以外的、使被害妇女不知抗拒或者不能抗拒的手段，它具有与暴力、胁迫手段相同的强制性。例如，以灌醉酒、药物麻醉、催眠术，使妇女处于昏迷状态而进行奸淫；利用妇女熟睡、患重病之机进行奸淫；深夜冒充丈夫或恋人使妇女受蒙蔽而奸淫；利用或假冒治病等方法进行奸淫；组织和利用邪教组织，以迷信邪说引诱、胁迫、欺骗或者其他手段，奸淫妇女等。如果仅仅是采用利诱、乞求、挑逗、腐蚀等手段，使妇女同意发生性行为的，不能视为强奸。

（2）奸淫幼女的行为。"幼女"是指不满 14 周岁的女性。奸淫幼女的强奸罪，在客观方面表现为与幼女发生性行为。应当注意，不论幼女是否表示同意，也不论行为人是否采用了暴力、胁迫或其他手段，只要与幼女发生性行为，均应认定为强奸罪，并从重处罚。这体现了法律对幼女的特殊保护。

3. 本罪的主体是已满 14 周岁并具有刑事责任能力的男子，但女性可以成为共犯，如教唆、帮助男子实施强奸。2013 年 10 月 23 日发布实施的《最高人民法院、最高人民检察院、公安部、司法部关于依法惩治性侵害未成年人犯罪的意见》（以下简称《惩治性侵害意见》）第 24 条规定："介绍、帮助他人奸淫幼女、猥亵儿童的，以强奸罪、猥亵儿童罪的共犯论处。"

4. 本罪的主观方面是直接故意，且行为人具有奸淫的目的。在强奸妇女时，表现为行为人明知自己的行为违背妇女意志，而决意与之性交。在奸淫幼女时，表现为行为人明知被害人是幼女而予以奸淫。

"明知"被害人是幼女，既包括认识到被害人必然是幼女，也包括认识到其可能是幼女。因为"明知"并不要求"确知"。对此，《惩治性侵害意见》第 19 条作出了以下规定：①知道或者应当知道对方是不满 14 周岁的幼女，而实施奸淫等性侵害行为的，应当认定行为人"明知"对方是幼女。②对于不满 12 周岁的被害人实施奸淫等性侵害行为的，应当认定行为人"明知"对方是幼女。③对于已满 12 周岁不满 14 周岁的被害人，从其身体发育状况、言谈举止、衣着特征、生活作息规律等观察可能是幼女，而实施奸淫等性侵害行为的，应当认定行为人"明知"对方是幼女。

（二）强奸罪的司法认定

1. 本罪与通奸行为的界限。通奸是指有配偶的男性或女性违背夫妻忠实义务与他人发生性关系的行为。通奸仅属于违反民事法律的行为，我国刑法并未作出禁止性规定。强奸与通奸的本质区别在于是否违背妇女意志。但是，在实践中有些情况比较复杂，认定时比较困难。例如，有的妇女本来是与人通奸，一旦翻脸，关系恶化，或者事情暴露后，怕丢面子，怕导致夫妻感情破裂，或者为推卸责任、嫁祸于人等情况，把通奸说成强奸；也有的犯罪分子在案发后，为了逃脱罪责，把强奸说成通奸。这虽然不能改变行为的性质，但给司法机关认定带来了困难。对于这类疑难案件在认定时，必须对双方平时的关系如何，性行为是在什么环境和情况下发生的，女方事后的态度怎样，是在什么情况下告发的，告发的原因是什么等事实和情节，进行综合分析，实事求是地认定。区分本罪与通奸应注意以下问题：

（1）利用职权与妇女发生性行为的性质的认定。行为人利用职权，对被害妇女进行要挟、刁难、迫害等，逼迫从奸的，或者乘人之危奸淫妇女的，都构成强奸罪。行为人利用职权上的优越条件，以某种精神或物质利益引诱女方，女方为了谋取私利，不惜以身相许，与其发生性行为的，这实质是互相利用，各有所图，因此应属于通奸性质。即使男方在此欺骗了女方，也不能定强奸罪。

（2）强奸与通奸的转化问题。第一次性行为违背妇女的意志，但事后并未告发，后来女方又多次自愿与该男子发生性行为的，一般不宜以强奸罪论处。男女双方先是通奸，后来女方不愿继续通奸，而男方纠缠不休，并以暴力或以败坏名誉等进行胁迫，强行与女方发生性行为的，以强奸罪论处。

（3）"半推半就"案件性质的认定。"半推半就"是就妇女的意志而言的，即妇女对男方要求性交的行为，既有不同意的表示——推，也有同意的表示——就，这是个犹豫不决的心理。"推"有时是妇女羞愧的表示；"就"也可能表现为违心的许诺、无奈的顺从、被迫的同意。对这种案件要根据有关事实和情节作全面的分析，不是确系违背妇女意志的，一般不宜按强奸罪论处。如果确系违背妇女意志的，应认定为强奸罪。

2. 行为人与幼女、已满14周岁的未成年女性发生性行为的认定。根据《惩治性侵害意见》第20条、第21条和第27条的规定，在认定时应注意以下问题：

（1）以金钱财物等方式引诱幼女与自己发生性关系的；知道或者应当知道幼女被他人强迫卖淫而仍与其发生性关系的，均以强奸罪论处。

（2）对幼女负有特殊职责的人员与幼女发生性关系的，以强奸罪论处。

（3）对已满14周岁的未成年女性负有特殊职责的人员，利用其优势地位或者被害人孤立无援的境地，迫使未成年被害人就范，而与其发生性关系的，以强奸罪定罪处罚。

（4）已满14周岁不满16周岁的人偶尔与幼女发生性关系，情节轻微、未造成严重后果的，不认为是犯罪。对"情节轻微、尚未造成严重后果"应当从行为人采取的手段、被害幼女是否自愿、对被害幼女的身心伤害等方面把握。

3. 正确区分轮奸与聚众淫乱行为的界限。轮奸，是指二男以上出于共同故意，在同一时间对同一妇女或幼女连续地轮流强奸或奸淫的行为。轮奸是强奸罪的从重处罚情节，而非独立的罪名。聚众淫乱行为，是指多名男女在首要分子组织策划下进行淫乱活动的行为。两个以上的男子在同一时间、同一地点轮流与一个或几个女子自愿发生性交的，是聚众淫乱行为，不是轮奸。

3. 罪数的认定。对于行为人既实施了强奸妇女行为又实施了奸淫幼女行为的，以强奸罪从重处罚。行为人在强奸过程中使用暴力压制排除被害人反抗，或者在实施强奸时的粗暴行为致使被害人重伤、死亡或造成其他严重后果的，属于结果加重犯，以强奸罪定罪处罚。如果在实施强奸后，出于灭口等动机杀害或者伤害被害女性的，应当以本罪与故意杀人罪或故意伤害罪实行并罚。

(三) 强奸罪的刑事责任

根据《刑法》第 236 条的规定，犯本罪的，处 3 年以上 10 年以下有期徒刑。奸淫不满 14 周岁的幼女的，以强奸论，从重处罚。强奸妇女、奸淫幼女，有下列情形之一的，处 10 年以上有期徒刑、无期徒刑或者死刑：①强奸妇女、奸淫幼女情节恶劣的；②强奸妇女、奸淫幼女多人的；③在公共场所当众强奸妇女、奸淫幼女的；④2 人以上轮奸的；⑤奸淫不满 10 周岁的幼女或者造成幼女伤害的；⑥致使被害人重伤、死亡或者造成其他严重后果的。

以上各加重法定刑的情形中，"情节恶劣"一般是指强奸妇女、奸淫幼女手段残忍的；强奸女精神病患者、严重痴呆症患者、孕妇、病妇的；多次强奸、奸淫同一被害人等。"多人"一般是指 3 人以上。"致使被害人重伤、死亡"是指在强奸妇女、奸淫幼女过程中，因使用暴力而直接导致被害人性器官严重损伤或者产生其他严重伤害后果，甚至当场死亡或者经治疗无效而死亡的。"造成其他严重后果"一般是指与"致使被害人重伤、死亡"后果的严重程度大致相当的后果，如导致被害人自杀、精神失常；因该强奸案的发生，给当地社会治安和群众心理造成严重影响的，等等。另外，《惩治性侵害意见》第 23 条规定，在校园、游泳馆、儿童游乐场等公共场所对未成年人实施强奸，只要有其他多人在场，不论在场人员是否实际看到，均可以依照《刑法》第 236 条第 3 款的规定，认定为在公共场所当众强奸妇女。

《惩治性侵害意见》第 25 条规定，针对未成年人实施强奸、猥亵犯罪的，应当从重处罚，具有下列情形之一的，更要依法从严惩处：①对未成年人负有特殊职责的人员、与未成年人有共同家庭生活关系的人员、国家工作人员或者冒充国家工作人员，实施强奸、猥亵犯罪的；②进入未成年人住所、学生集体宿舍实施强奸、猥亵犯罪的；③采取暴力、胁迫、麻醉等强制手段实施奸淫幼女、猥亵儿童犯罪的；④对不满 12 周岁的儿童、农村留守儿童、严重残疾或者精神智力发育迟滞的未成年人，实施强奸、猥亵犯罪的；⑤猥亵多名未成年人，或者多次实施强奸、猥亵犯罪的；⑥造成未成年被害人轻伤、怀孕、感染性病等后果的；⑦有强奸、猥亵犯罪前科劣迹的。

七、负有照护职责人员性侵罪

负有照护职责人员性侵罪，是指对已满 14 周岁不满 16 周岁的未成年女性负有监护、收养、看护、教育、医疗等特殊职责的人员，与该未成年女性发生性关系的行为。根据《刑法》第 236 条之一的规定，犯本罪的，处 3 年以下有期徒刑；情节恶劣的，处 3 年以上 10 年以下有期徒刑。犯本罪，同时构成强奸罪的，依照处罚较重的规定定罪处罚。

八、强制猥亵、侮辱罪

强制猥亵、侮辱罪，是指以暴力、胁迫或者其他方法强制猥亵他人或者侮辱妇女的行为。本罪的客体是他人的人身自由权利，强制猥亵的对象是已满 14 周岁的男性和女性，强制侮辱的对象只能是妇女。成立本罪的前提是行为人的行为必须具有强制性，即行为人必须使用暴力、胁迫或者其他强制方法，强制的本质特征是违背对方的意志。所谓猥亵，是指以刺激或满足性欲为目的，用性交以外的方法实施的淫秽行为，如强制或互相自愿在对方性感区进行抠摸、搂抱、吸吮、舌舐等。所谓侮辱妇女，是指以各种淫秽下流的动作伤害妇女性羞耻心，损害妇女尊严的行为，如公开追逐、堵截妇女、强行亲吻、向妇女涂抹污物、扒光妇女衣服进行拍照等。本罪的主体为一般主体，男女不限。本罪的主观方面是直接故意，行为人是否出于奸淫的目的，是本罪与强奸罪相区别的一个重要标志。根据《刑法》第 237 条第 1～2 款的规定，犯本罪的,处5年以下有期徒刑或者拘役。聚众或者在公共场所当众犯本罪的,或者有其他恶劣情节的,处5年以上有期徒刑。

九、猥亵儿童罪

猥亵儿童罪,是指故意猥亵不满14周岁的儿童的行为。本罪的客体是儿童的身心健康。从司法实践看,猥亵儿童主要表现为对儿童鸡奸、让儿童为其手淫或者直接和儿童发生其他色情行为。这里的"猥亵"可以是强制性的,也可以是非强制性的。至于对方是否同意,不影响本罪的成立。根据《刑法》第237条第3款的规定,犯本罪的,处5年以下有期徒刑;有下列情形之一的,处5年以上有期徒刑:①猥亵儿童多人或者多次的;②聚众猥亵儿童的,或者在公共场所当众猥亵儿童,情节恶劣的;③造成儿童伤害或者其他严重后果的;④猥亵手段恶劣或者有其他恶劣情节的。另外,根据《惩治性侵害意见》第22条的规定,实施猥亵儿童犯罪,造成儿童轻伤以上后果,同时符合《刑法》第234条或者第232条的规定,构成故意伤害罪、故意杀人罪的,依照处罚较重的规定定罪处罚。

十、非法拘禁罪

(一) 非法拘禁罪的概念和构成要件

非法拘禁罪,是指非法拘禁或者以其他方法非法剥夺他人人身自由的行为。其构成要件是:

1. 本罪的客体是他人的人身自由权利,即他人人身活动的自由。一般而言,人身自由包括与人的行为有关的广泛的自由权利,如言论自由、集会自由、通信自由、宗教信仰自由等。但本罪所侵犯的自由权利,仅指公民按照自己的意志支配自己身体活动的权利。犯罪对象是依法享有人身自由的任何人。

2. 本罪在客观方面表现为非法拘禁他人或者以其他方法非法剥夺他人人身自由的行为。"非法拘禁他人"与"以其他方法非法剥夺他人人身自由"之间并无本质区别,都是对被害人的身体进行强制,使其失去行动自由的行为。非法拘禁的行为方式既可以是作为,也可以是不作为。犯罪手段是多种多样的,如非法拘禁、隔离审查等。从表现形式上看,剥夺他人人身自由的行为可以包括两类:①直接拘束人的身体,剥夺其身体活动自由,如捆绑;②间接拘束人的身体,剥夺其身体活动自由,即将他人监禁于一定的场所,使其不能或明显难以离开、逃出。

剥夺他人人身自由的行为必须是非法的,即没有实体法或程序法方面的依据。合法的拘禁不构成犯罪,如司法机关依法对有犯罪事实和重大嫌疑的人采取拘留、逮捕等剥夺人身自由的强制措施,不构成本罪,但发现不应拘捕时借故不予释放,继续羁押的,则应认为是非法拘禁。

3. 本罪的主体是一般主体。

4. 本罪的主观方面是故意,并且具有非法剥夺他人人身自由的目的。

(二) 非法拘禁罪的司法认定

1. 本罪与非罪的界限。这包括以下两个方面:

(1) 认定本罪时,应综合考虑非法拘禁行为的持续时间、手段、危害后果等多方面因素,对于非法拘禁情节显著轻微危害不大的,不认定为本罪。根据《渎职侵权立案标准》的规定,国家机关工作人员利用职权非法拘禁,具有下列情形之一的,应予立案:①非法剥夺他人人身自由24小时以上的;②非法剥夺他人人身自由,并使用械具或者捆绑等恶劣手段,或者实施殴打、侮辱、虐待行为的;③非法拘禁,造成被拘禁人轻伤、重伤、死亡的;④非法拘禁,情节严重,导致被拘禁人自杀、自残造成重伤、死亡,或者精神失常的;⑤非法拘禁3人次以上的;⑥司法工作人员对明知是没有违法犯罪事实的人而非法拘禁的;⑦其他非法拘禁应予追究刑事责任的情形。国家机关工作人员利用职权非法拘禁他人,其危害性重于一般公民非法拘禁他人,既然前者只有具有上述情形之一的才予以立案,那么,一般公民非法拘禁他人的,也只有在具有上述情形之一的情况下,才可立案追诉。

(2) 注意本罪与错拘、错捕的界限。错拘、错捕是指司法机关工作人员依照法定程序对犯罪嫌疑人予以拘留或逮捕,后经查证无罪,立即予以释放的行为。对错拘、错捕行为不能认定为非法拘禁。

2. 索债拘禁行为的性质。根据《刑法》第238条第3款和有关司法解释,[1]为索取债务非法扣押、拘禁他人的,构成非法拘禁罪;为索取高利贷、赌债等法律不予保护的债务,非法拘禁他人的,也按非法拘禁罪论处,而不能以绑架罪论处。

3. 罪数的认定。如果非法拘禁的行为或结果又触犯其他罪名的,应依据刑法的有关原理和规定,认定罪名,分清罪数。如在非法拘禁过程中,故意使用暴力致人伤残、死亡的,依法应分别定为故意伤害罪、故意杀人罪;绑架他人勒索财物,构成绑架罪;收买被拐卖的妇女、儿童并非法拘禁的,应实行数罪并罚。另外,在我国刑法中,还有其他一些犯罪行为可以是以非法剥夺他人行动自由的方法实施,如强奸罪、刑讯逼供罪、暴力干涉婚姻自由罪、拐骗儿童罪、妨害公务罪等,在此情况下,应分别情况,按照想象竞合犯或牵连犯处理。

(三) 非法拘禁罪的刑事责任

根据《刑法》第238条规定,对非法拘禁罪的处罚包括以下方面:

1. 犯本罪的,处3年以下有期徒刑、拘役、管制或者剥夺政治权利。具有殴打、侮辱情节的,从重处罚。

2. 犯本罪,致人重伤的,处3年以上10年以下有期徒刑;致人死亡的,处10年以上有期徒刑。这里的"致人重伤""致人死亡",是指非法拘禁行为本身导致被害人重伤、死亡的结果或在非法拘禁期间被害人自杀身亡。也就是说,对于重伤和死亡结果应该限定在过失的范围内。

3. 非法拘禁他人,使用暴力致人伤残、死亡的,分别以故意杀人罪、故意伤害罪定罪处罚。"使用暴力致人伤残、死亡"是指行为人在非法拘禁过程中,故意使用暴力导致被害人伤残、死亡的情况。

4. 国家机关工作人员利用职权犯本罪的,从重处罚。

十一、绑架罪

(一) 绑架罪的概念和构成要件

绑架罪,是指以勒索财物或者满足其他不法要求为目的,绑架他人作为人质的行为。其构成要件是:

1. 本罪的客体是他人的人身自由与身体安全。以勒索财物为目的的绑架行为,还侵犯了公私财产所有权。

2. 本罪在客观方面表现为绑架他人作为人质的行为。绑架,就是违背被害人或其监护人的意志,使用暴力、胁迫或者其他手段,剥夺或限制被害人的人身自由,使被害人置于行为人

---

[1] 2000年7月19日实施的《最高人民法院关于对为索取法律不予保护的债务非法拘禁他人行为如何定罪问题的解释》

的控制之下。"暴力"是指对被害人实施殴打、捆绑等使被害人不能反抗、不敢反抗的人身强制手段。"胁迫"是指对被害人以杀害、伤害相威胁，使其不敢反抗的精神强制手段。"其他手段"是指除暴力、胁迫以外的，其他使被害人不知反抗、不能反抗的人身强制手段，如灌醉酒、药物麻醉、欺骗、偷盗等。根据《刑法》第239条的规定，绑架行为具体包括以下三种：

（1）以勒索财物为目的的绑架。勒索财物就是在绑架他人之后，以一定的方式通知第三者（被害人的家属、亲友等人），勒令其在一定期限内交付一定数额的钱财，方可换回人质，否则将继续扣押人质或以将要杀害人质相要挟。如果是直接向人质本人索取钱财，而非向第三者索取财物，则不构成绑架罪。

（2）出于其他不法目的的绑架。即出于勒索财物、出卖、索取债务目的以外的，满足其他某种不法要求的目的，如出于政治目的、要挟司法机关释放罪犯的目的等。如果行为人不具有上述目的，而是为了实施某种犯罪而剥夺他人行动自由的，则不能以绑架罪论处。例如，为实施妨害公务、干涉婚姻自由等犯罪而将被害人绑架的，均不能以绑架罪论处。

（3）以勒索财物为目的，偷盗婴幼儿。"偷盗婴幼儿"是指乘婴幼儿的监护人或者受委托监护婴幼儿的单位或个人不备，将婴幼儿秘密抱走、领走的行为。不满1周岁的为婴儿，已满1周岁不满6周岁的为幼儿。

3. 本罪的主体为一般主体，而且只能是已满16周岁并具有刑事责任能力的自然人。对司法实践中出现的已满14周岁不满16周岁的人绑架并杀害、重伤人质的，应当以故意杀人罪或者故意伤害罪论处。

4. 本罪的主观方面是直接故意，且具有利用被绑架人的近亲属或者其他人对被绑架人安危的忧虑的意思而以勒索财物或满足其他不法要求为目的。因此，行为人实际控制被害人后，让被害人隐瞒被控制的事实向亲属打电话索要钱财的，不成立绑架罪，因为行为人并没有利用被害人亲属对被害人安危忧虑的意思和目的。

（二）绑架罪的司法认定

1. 既遂与未遂的认定。通说认为本罪是行为犯，只要行为人主观上具有勒索财物的目的或者其他不法目的，客观上实施了绑架他人的行为，并已经实际控制人质，就构成犯罪既遂，至于其目的是否实现，并不影响犯罪既遂的成立，只作为量刑时考虑的情节。如果行为人已经着手实施绑架行为，但由于其意志以外的原因未能将被害人劫走或者未能够实际控制被害人的，则是犯罪未遂。概言之，应当以行为人是否已经实际控制人质作为区分绑架罪既遂与未遂的标准。

2. 罪数的认定。绑架是一种暴力犯罪，行为人在实施过程中往往会造成被害人伤亡的后果，因此应正确认定罪数。具体包括：①行为人在实施绑架犯罪过程中杀害被绑架人的，或者在犯罪目的达到后杀害被绑架人的，或者故意伤害被绑架人，致人重伤、死亡的，这从理论上讲，虽然又独立地构成故意杀人罪或故意伤害罪，但根据《刑法》第239条的规定，此种情况属于绑架罪的一个加重处罚情节，因此只以绑架罪定罪处罚，不实行数罪并罚。②行为人在绑架过程中，又以暴力、胁迫等手段当场劫取被害人财物，构成犯罪的，择一重罪处罚。[1]③除上述情形外，行为人在实施绑架过程中又实施其他危害行为构成犯罪的，如对女性被害人实施强奸行为等，应实行数罪并罚。

---

[1] 参见2001年11月8日发布实施的《最高人民法院关于对在绑架过程中以暴力、胁迫等手段当场劫取被害人财物的行为如何适用法律问题的答复》。

本章"导入案例二"中，对阿力等3人应以绑架罪定罪处罚。阿力等3人为了勒索李老板的财物，将其儿子阿灿骗出予以绑架，在主观上具有勒索财物的目的，客观上实施了绑架勒索的行为，符合绑架罪的构成要件，构成绑架罪。3人在绑架勒索财物过程中，担心阿灿日后会向警方指认他们，因此又产生了杀害阿灿的犯罪故意，实施了杀害阿灿的行为，符合故意杀人罪的犯罪构成。但是，根据《刑法》第239条第2款的规定，3人杀害阿灿的行为已经包含在绑架罪之中而失去了独立存在的意义，因此，不再单独构成故意杀人罪。

（三）绑架罪的刑事责任

根据《刑法》第239条的规定，犯本罪的，处10年以上有期徒刑或者无期徒刑，并处罚金或者没收财产；情节较轻的，处5年以上10年以下有期徒刑，并处罚金；杀害被绑架人的，或者故意伤害被绑架人，致人重伤、死亡的，处无期徒刑或者死刑，并处没收财产。

十二、拐卖妇女、儿童罪

（一）拐卖妇女、儿童罪的概念和构成要件

拐卖妇女、儿童罪，是指以出卖为目的，拐骗、绑架、收买、贩卖、接送、中转妇女、儿童的行为。其构成要件是：

1. 本罪的客体是妇女、儿童的人身权利，包括妇女、儿童的行动自由和身体安全等。这里的"妇女"是指已满14周岁的女性，包括具有中国国籍、外国国籍和无国籍的妇女。这里的"儿童"是指不满14周岁的男女儿童。由于本罪的对象只限于妇女、儿童，因此对实践中发生的拐卖已满14周岁男子的行为，不能以本罪论处，但行为人在拐卖过程中有拘禁、伤害、侮辱等行为的，可以按相应的犯罪处理。

2. 本罪在客观方面表现为拐骗、绑架、收买、贩卖、接送、中转妇女、儿童的行为。"拐骗"是指以欺骗、利诱等非暴力方法将妇女、儿童予以非法控制的行为；"绑架"是指使用暴力、胁迫、麻醉等强制方法劫持、控制妇女、儿童的行为；"收买"是指以出卖为目的，以钱物买取妇女、儿童的行为；"贩卖"是指出卖妇女、儿童获取非法利益的行为；"接送、中转"是指在拐卖妇女、儿童的共同犯罪中，进行接转、移送、藏匿、看管被拐卖妇女、儿童的行为，且实施"接送、中转"行为的行为人也是实行犯。只要具有上述行为之一，就具备了本罪的客观方面要件。

根据《刑法》第240条的规定，以出卖为目的，偷盗婴幼儿的，也构成本罪。所谓偷盗婴幼儿，是指乘婴幼儿的监护人或者受委托监护婴幼儿的单位或个人不备，将婴幼儿秘密抱走、领走的行为。根据2017年1月1日实施的《最高人民法院关于审理拐卖妇女儿童犯罪案件具体应用法律若干问题的解释》（以下简称《拐卖刑案解释》）第1条的规定，对婴幼儿采取欺骗、利诱等手段使其脱离监护人或者看护人的，视为"偷盗婴幼儿"。

3. 本罪的主体是一般主体，即已满16周岁、具有刑事责任能力的自然人。对于司法实践中出现的已满14周岁不满16周岁的人拐卖妇女、儿童而故意造成被拐卖妇女、儿童重伤或死亡的行为，应当以故意伤害罪或者故意杀人罪追究刑事责任。

4. 本罪的主观方面是直接故意，并且以出卖为目的。至于行为人是否实际获利，不影响本罪的成立。

（二）拐卖妇女、儿童罪的司法认定

1. 本罪的既遂标准。从构成要件上看，本罪的构成虽然要求行为人主观上必须具有出卖的目的，但就成立本罪的既遂来说，则不以实际出卖为必要。只要以出卖为目的，实施了上述7种法定的拐卖行为之一，就属于既遂。

2. 本罪与借介绍婚姻、借介绍收养儿童索取财物的界限。二者主要区别在于：①目的不同。前者是为了出卖妇女、儿童；后者是为了介绍婚姻或者收养儿童。②前者是把妇女、儿童当作商品出卖；后者则是将一方介绍给另一方，借此机会索取财物。③前者中被拐卖者往往不知自己被拐卖，所以侵犯了妇女的人身权利；后者中被介绍的男女双方都知悉婚姻的真实情况，被介绍收养的有关当事人知道收养的真实情况，所以不存在侵犯他人的人身权利的问题。因此，对于通过介绍婚姻、介绍收养儿童索取财物的，不能按本罪处理。

3. 以介绍婚姻为名实施相关行为的定性。根据《拐卖刑案解释》第3条的规定，以介绍婚姻为名，采取非法扣押身份证件、限制人身自由等方式，或者利用妇女人地生疏、语言不通、孤立无援等境况，违背妇女意志，将其出卖给他人的，应当以拐卖妇女罪追究刑事责任。以介绍婚姻为名，与被介绍妇女串通骗取他人钱财，数额较大的，应当以诈骗罪追究刑事责任。

4. 出卖子女的性质认定。主要根据是否以非法获利为目的区别对待。2010年3月15日"两高"、公安部、司法部发布实施的《关于依法惩治拐卖妇女儿童犯罪的意见》（以下简称《惩治拐卖妇女儿童意见》）对这类案件性质的认定作了具体规定，包括以下几点：

（1）以非法获利为目的，出卖亲生子女的，应当以拐卖妇女、儿童罪论处。

（2）要严格区分借送养之名出卖亲生子女与民间送养行为的界限。区分的关键在于行为人是否具有非法获利的目的。应当通过审查将子女"送"人的背景和原因、有无收取钱财及收取钱财的多少、对方是否具有抚养目的及有无抚养能力等事实，综合判断行为人是否具有非法获利的目的。具有下列情形之一的，可以认定属于出卖亲生子女，应当以拐卖妇女、儿童罪论处：①将生育作为非法获利手段，生育后即出卖子女的；②明知对方不具有抚养目的，或者根本不考虑对方是否具有抚养目的，为收取钱财将子女"送"给他人的；③为收取明显不属于"营养费""感谢费"的巨额钱财将子女"送"给他人的；④其他足以反映行为人具有非法获利目的的"送养"行为的。

（3）不是出于非法获利目的，而是迫于生活困难，或者受重男轻女思想影响，私自将没有独立生活能力的子女送给他人抚养，包括收取少量"营养费""感谢费"的，属于民间送养行为，不能以拐卖妇女、儿童罪论处。对私自送养导致子女身心健康受到严重损害，或者具有其他恶劣情节，符合遗弃罪特征的，可以遗弃罪论处；情节显著轻微危害不大的，可由公安机关依法予以行政处罚。

5. 《惩治拐卖妇女儿童意见》还就本罪的认定作了如下规定：

（1）以出卖为目的的强抢儿童，或者捡拾儿童后予以出卖，符合《刑法》第240条第2款规定的，应当以拐卖儿童罪论处。

（2）以抚养为目的的偷盗婴幼儿或者拐骗儿童，之后予以出卖的，以拐卖儿童罪论处。

（3）将妇女拐卖给有关场所，致使被拐卖的妇女被迫卖淫或者从事其他色情服务的，以拐卖妇女罪论处。有关场所的经营管理人员事前与拐卖妇女的犯罪人通谋的，对该经营管理人员以拐卖妇女罪的共犯论处；同时构成拐卖妇女罪和组织卖淫罪的，择一重罪论处。

（4）医疗机构、社会福利机构等单位的工作人员以非法获利为目的，将所诊疗、护理、抚养的儿童贩卖给他人的，以拐卖儿童罪论处。

6. 共犯的认定。根据《惩治拐卖妇女儿童意见》的规定，包括以下方面：

（1）明知他人拐卖妇女、儿童，仍然向其提供被拐卖妇女、儿童的健康证明、出生证明或者其他帮助的，以拐卖妇女、儿童罪的共犯论处。认定是否"明知"，应当根据证人证言、犯罪嫌疑人、被告人及其同案人供述和辩解，结合提供帮助的人次，以及是否明显违反相关规章制度、工作流程等，予以综合判断。

（2）明知他人系拐卖儿童的"人贩子"，仍然利用从事诊疗、福利救助等工作的便利或者了解被拐卖方情况的条件，居间介绍的，以拐卖儿童罪的共犯论处。

7. 罪数的认定。根据《惩治拐卖妇女儿童意见》的规定，包括以下方面：

（1）拐卖妇女、儿童，又奸淫被拐卖的妇女、儿童，或者诱骗、强迫被拐卖的妇女、儿童卖淫的，以拐卖妇女、儿童罪处罚。

（2）拐卖妇女、儿童，又对被拐卖的妇女、儿童实施故意杀害、伤害、猥亵、侮辱等行为，构成其他犯罪的，依照数罪并罚的规定处罚。

（3）拐卖妇女、儿童或者收买被拐卖的妇女、儿童，又组织、教唆被拐卖、收买的妇女、儿童进行犯罪的，以拐卖妇女、儿童罪或者收买被拐卖的妇女、儿童罪与其所组织、教唆的罪数罪并罚。

（4）拐卖妇女、儿童或者收买被拐卖的妇女、儿童，又组织、教唆被拐卖、收买的未成年妇女、儿童进行盗窃、诈骗、抢夺、敲诈勒索等违反治安管理活动的，以拐卖妇女、儿童罪或者收买被拐卖的妇女、儿童罪与组织未成年人进行违反治安管理活动罪数罪并罚。

8. 本罪与以勒索财物为目的的绑架罪的界限。两罪的客观行为有相同之处，主要区别是：①客体不同。前者的客体是他人的人身权利；而后者的客体是他人的人身权利和财产权利。②犯罪对象不同。前者的对象仅限妇女、儿童；而后者的对象可以是任何人。③犯罪目的不同。前者是以出卖为目的；后者是以勒索财物为目的。④取财方式不同。前者的行为人是通过将妇女、儿童出卖得到钱财；而后者的行为人是向人质的亲属或关系人勒索财物。

（三）拐卖妇女、儿童罪的刑事责任

根据《刑法》第240条的规定，犯本罪的，处5年以上10年以下有期徒刑，并处罚金；有下列情形之一的，处10年以上有期徒刑或者无期徒刑，并处罚金或者没收财产；情节特别严重的，处死刑，并处没收财产：①拐卖妇女、儿童集团的首要分子；②拐卖妇女、儿童3人以上的；③奸淫被拐卖的妇女的；④诱骗、强迫被拐卖的妇女卖淫或者将被拐卖的妇女卖给他人迫使其卖淫的；⑤以出卖为目的，使用暴力、胁迫或者麻醉方法绑架妇女、儿童的；⑥以出卖为目的，偷盗婴幼儿的；⑦造成被拐卖的妇女、儿童或者其亲属重伤、死亡或者其他严重后果的；⑧将妇女、儿童卖往境外的。

十三、收买被拐卖的妇女、儿童罪

收买被拐卖的妇女、儿童罪，是指不以出卖为目的，明知是被拐卖的妇女、儿童而予以收买的行为。在认定本罪时应注意以下方面：

（1）根据《刑法》第241条的规定，收买被拐卖的妇女，强行与其发生性关系的，以强奸罪与本罪实行数罪并罚；收买被拐卖的妇女、儿童，非法剥夺、限制其人身自由或者有伤害、侮辱等犯罪行为的，应当分别定为非法拘禁罪、故意伤害罪、侮辱罪等犯罪，并与本罪实行数罪并罚；收买被拐卖的妇女、儿童又出卖的，以拐卖妇女、儿童罪定罪处罚。

（2）《惩治拐卖妇女儿童意见》第20条规定，明知是被拐卖的妇女、儿童而收买，具有下列情形之一的，以收买被拐卖的妇女、儿童罪论处；同时构成其他犯罪的，依照数罪并罚的规定处罚：①收买被拐卖的妇女后，违背被收买妇女的意愿，阻碍其返回原居住地的；②阻碍对被收买妇女、儿童进行解救的；③非法剥夺、限制被收买妇女、儿童的人身自由，情节严重，或者对被收买妇女、儿童有强奸、伤害、侮辱、虐待等行为的；④所收买的妇女、儿童被解救后又再次收买，或者收买多名被拐卖的妇女、儿童的；⑤组织、诱骗、强迫被收买的妇女、儿童从事乞讨、苦役，或者盗窃、传销、卖淫等违法犯罪活动的；⑥造成被收买妇女、儿童或者其亲属重伤、死亡以及其他严重后果的；⑦具有其他严重情节的。

（3）《拐卖刑案解释》第6~7条规定，收买被拐卖的妇女、儿童后又组织、强迫卖淫或者组织乞讨、进行违反治安管理活动等构成其他犯罪的，依照数罪并罚的规定处罚。收买被拐卖的妇女、儿童，又以暴力、威胁方法阻碍国家机关工作人员解救被收买的妇女、儿童，构成妨害公务罪的，依照数罪并罚的规定处罚。

根据《刑法》241条的规定，犯本罪的，处3年以下有期徒刑、拘役或者管制。收买被拐卖的妇女、儿童，对被买儿童没有虐待行为，不阻碍对其进行解救的，可以从轻处罚；按照被买妇女的意愿，不阻碍其返回原居住地的，可以从轻或者减轻处罚。《拐卖刑案解释》第8条规定，出于结婚目的收买被拐卖的妇女，或者出于抚养目的收买被拐卖的儿童，涉及多名家庭成员、亲友参与的，对其中起主要作用的人员应当依法追究刑事责任。

十四、聚众阻碍解救被收买的妇女、儿童罪

聚众阻碍解救被收买的妇女、儿童罪，是指纠集多人，阻碍国家机关工作人员解救被收买的妇女、儿童的行为。本罪的主体只能是聚众阻碍解救被收买的妇女、儿童活动中的首要分子，其他参与者不构成本罪，但是其他参与者使用暴力、威胁方法的，应当以妨害公务罪论处。根据《刑法》第242条第2款的规定，犯本罪的，处5年以下有期徒刑或者拘役。

十五、诬告陷害罪

（一）诬告陷害罪的概念和构成要件

诬告陷害罪，是指捏造犯罪事实，向国家机关或有关单位作虚假告发，意图使他人受刑事追究，情节严重的行为。其构成要件是：

1. 本罪的客体是他人的人身权利和司法机关的正常活动。行为人意图假借司法机关的活动实现其诬陷无辜的目的，这既侵犯了公民的人身权利，又可能干扰司法机关的正常活动。诬告陷害，必须有特定的对象，没有特定对象，不能引起刑事诉讼，也就谈不上对公民人身权利的侵犯。当然，特定的对象并不要求指名道姓，只要从诬陷的内容中能够推断出是谁，即为对象特定。作为犯罪对象的"他人"，法律未作特殊限制，可以是任何公民，其中包括正在服刑的犯人。但是，诬告单位犯罪的，一般不宜认定为犯罪。

2. 本罪在客观方面表现为捏造犯罪事实，向国家机关或有关单位作虚假告发，情节严重的行为。具体包括以下要素：

（1）必须有捏造犯罪事实的行为。捏造是指无中生有，虚构犯罪事实。如果捏造的不是犯罪事实，而是卖淫嫖娼等违法事实，则不能构成本罪，情节严重的，可以构成诽谤罪。

（2）必须有向国家机关或有关单位告发的行为。"捏造"和"告发"是成立诬告陷害罪的客观必备要件。告发的形式是多种多样的，既可以是书面检举告发，也可以是向有关部门当面告发；既可以是署名告发，也可以是匿名告发；既可以是向公安司法机关告发，也可以是向其他有关单位或有关人员告发。

（3）必须情节严重。本罪虽然属于行为犯，只要行为人以诬陷为目的，实施了捏造犯罪事实并告发的行为，即构成犯罪既遂，但是，按照规定，只有"情节严重"的诬告陷害行为才构成本罪。至于行为人的目的是否达到，则不影响本罪既遂的成立。

3. 本罪的主体是一般主体。

4. 本罪的主观方面是故意，并且具有意图使他人受到错误的刑事追究的目的。

(二) 诬告陷害罪的司法认定

司法实践中，主要应注意划清本罪与错告、检举失实行为的界限。二者在客观上都表现为行为人向国家机关或有关单位进行告发，且告发的事实与客观实际情况不相符合。二者的本质区别在于行为人的主观心理态度不同。诬告陷害是故意捏造犯罪事实作虚假告发，意图使他人受到刑事追究；而错告、检举失实，主要是由于对情况不了解或思想方法上的片面性而告发他人，行为人主观上没有使他人受到刑事追究的意图。正因如此，《刑法》第243条第3款规定，不是有意诬陷，而是错告，或者检举失实的，不属于诬告陷害。

(三) 诬告陷害罪的刑事责任

根据《刑法》第243条的规定，犯本罪的，处3年以下有期徒刑、拘役或者管制；造成严重后果的，处3年以上10年以下有期徒刑。国家机关工作人员犯本罪的，从重处罚。

十六、强迫劳动罪

强迫劳动罪，是指以暴力、威胁或限制人身自由方法强迫他人劳动的行为。本罪的客体是劳动者的休息权和人身自由权。本罪的主观方面是故意，明知他人实施强迫劳动的行为，为其招募、运送人员或者有其他协助强迫他人劳动行为的，也构成本罪。根据《刑法》第244条的规定，犯本罪的，处3年以下有期徒刑或者拘役，并处罚金；情节严重的，处3年以上10年以下有期徒刑，并处罚金。单位犯本罪的，实行两罚制。

十七、雇用童工从事危重劳动罪

雇用童工从事危重劳动罪，是指违反劳动管理法规，雇用未满16周岁的未成年人从事超强度体力劳动，或者从事高空、井下作业，或者在爆炸性、易燃性、放射性、毒害性等危险环境下从事劳动，情节严重的行为。认定时应注意：①构成本罪必须情节严重，如造成童工伤亡或者对其身体健康造成严重危害，雇用童工3人以上，以强迫、欺骗等手段雇用童工从事危重劳动等。②雇用童工从事危重劳动，造成事故，又构成其他犯罪的，依照数罪并罚的规定处罚。根据《刑法》第244条之一的规定，犯本罪的，对直接责任人员处3年以下有期徒刑或者拘役，并处罚金；情节特别严重的，处3年以上7年以下有期徒刑，并处罚金。

十八、非法搜查罪

非法搜查罪，是指非法搜查他人身体或者住宅的行为。非法搜查的行为包括：无权搜查的人进行搜查；有搜查权的人违反法律规定，滥用搜查权进行搜查。根据《刑法》第245条的规定，犯本罪的，处3年以下有期徒刑或者拘役。司法工作人员滥用职权犯本罪的，从重处罚。

十九、非法侵入住宅罪

非法侵入住宅罪，是指非法强行闯入他人住宅或者经要求退出而无理拒不退出，影响他人正常生活与居住安宁的行为。本罪的客体是公民的居住安宁不受侵犯的权利。客观方面表现为两种情况：一是强行闯入他人住宅；二是进入住宅时主人并不反对，但主人要求其退出时拒不退出。本罪的主观方面是故意，即明知是他人的住宅而故意非法侵入，意图在于妨碍他人的居住与生活安宁。由于某种原因误入他人住宅的，不构成本罪。但误入他人住宅后，经要求退出而拒不退出的，仍可成立本罪。司法实践中，通常只是对那些非法侵入他人住宅，严重妨碍了他人的居住与生活安宁，而又不构成其他犯罪的，才以非法侵入住宅罪论处。根据《刑法》第245条的规定，犯本罪的，处3年以下有期徒刑或者拘役。司法工作人员滥用职权犯本罪的，从重处罚。

二十、侮辱罪

(一) 侮辱罪的概念和构成要件

侮辱罪，是指以暴力或者其他方法公然侮辱他人，情节严重的行为。其构成要件是：

1. 本罪的客体是他人的名誉权。所谓名誉，是指对民事主体的品德、声望、才能、信用等的社会评价。犯罪对象是特定的个人，但不要求指名道姓，只要侮辱的内容能使人知道是针对谁即可。

2. 本罪在客观方面表现为以暴力或者其他方法公然侮辱他人，情节严重的行为，具体包括以下三个要素：①必须有侮辱行为，侮辱的方法包括暴力和其他方法。暴力，指用身体强制的方法对他人进行侮辱，如强制扒光衣服、强制涂抹污秽物、逼迫他人做有辱人格的动作等。其他方法，是指以暴力方法以外的言词、文字等方法，即以语言、文字、漫画等方法辱骂、嘲弄、丑化他人等。②必须是公然侮辱。公然侮辱是指在第三者或众人在场的情况下，或者能够使第三人或其他不特定人听到、看到的方式进行侮辱，并不一定要求被害人在场。③必须情节严重。情节严重主要指手段恶劣、后果严重，或者造成恶劣社会和政治影响、动机卑劣等情况。

3. 本罪的主体是一般主体。

4. 主观方面是直接故意，并且具有损害他人名誉的目的。

(二) 侮辱罪的司法认定

主要应划清本罪与强制侮辱罪的界限。二者在客观方面有相似之处，其主要区别在于主观目的和动机不同。本罪中行为人的目的在于损害他人名誉，多出于泄愤、报复等动机；而后罪的行为人是出自卑鄙动机，为了寻求下流无耻的精神刺激，满足其变态性欲。另外，本罪的对象包括妇女在内的任何人，但必须是特定的；而后罪的对象只能是妇女，而且一般是不特定的妇女，是行为人随机选择的。本罪可以不采取强制方法，而后罪必须采用暴力、胁迫等强制方法。

(三) 侮辱罪的刑事责任及相关处理规定

《刑法》第246条规定了以下三个方面的内容：

1. 犯本罪的，处3年以下有期徒刑、拘役、管制或者剥夺政治权利。

2. 本罪，告诉的才处理，但是严重危害社会秩序和国家利益的除外。2009年4月3日发布实施的《公安部关于严格依法办理侮辱诽谤案件的通知》指出，对于具有下列情形之一的侮辱、诽谤行为，应当认定为"严重危害社会秩序和国家利益"，以侮辱罪、诽谤罪立案侦查，作为公诉案件办理：①因侮辱、诽谤行为导致群体性事件，严重影响社会秩序的；②因侮辱、诽谤外交使节、来访的外国国家元首、政府首脑等人员，造成恶劣国际影响的；③因侮辱、诽谤行为给国家利益造成严重危害的其他情形。

3. 通过信息网络实施本罪（包括侮辱罪、诽谤罪）的行为，被害人向人民法院告诉，但提供证据确有困难的，人民法院可以要求公安机关提供协助。

二十一、诽谤罪

诽谤罪，是指故意捏造并散布虚构的事实，损害他人名誉，情节严重的行为。本罪与侮辱罪的客体、对象、主观方面都是相同的。二者的区别在于犯罪客观方面不同。诽谤罪在客观方面包括以下三个要素：①必须有捏造某种事实的行为。②必须有散布所捏造的事实的行为。散布的不是凭空捏造的事实而是客观存在的事实，即使损害了他人的名誉，也不是诽谤。③必须情节严重，主要是指动机卑鄙、手段恶劣、内容恶毒、后果严重、被转发次数极多、影响极坏等情况。另外，2013 年 9 月 10 日"两高"实施的《关于办理利用信息网络实施诽谤等刑事案件适用法律若干问题的解释》对利用信息网络实施诽谤行为的认定作出了解释。诽谤罪与侮辱罪被规定在同一条文中，二者的法定刑以及相关处理规定完全相同。

二十二、刑讯逼供罪

（一）刑讯逼供罪的概念和构成要件

刑讯逼供罪，是指司法工作人员对犯罪嫌疑人、被告人使用肉刑或变相肉刑，逼取口供的行为。其构成要件是：

1. 本罪的客体是公民的人身权利和司法机关的正常活动。本罪的对象是犯罪嫌疑人或刑事被告人。犯罪嫌疑人是指被司法机关怀疑可能实施了犯罪行为并正在被侦查、起诉的人。被告人是指被依法指控有罪并正在被审判的人。

2. 本罪在客观方面表现为对犯罪嫌疑人、被告人实施肉刑或者变相肉刑，逼取口供的行为。"肉刑"是指对被害人的肉体实施暴力，进行肉体上的摧残或精神上的折磨，如捆绑、悬吊、殴打等。"变相肉刑"是指采用非暴力的方式对被害人进行摧残和折磨，如长时间罚站、罚跪、冻饿、火烤、雨淋、不准睡眠等。行为人使用肉刑或变相肉刑，目的是逼取口供。至于被刑讯的犯罪嫌疑人、被告人最终是否被认定为有罪，不影响本罪的成立。

3. 本罪的主体是特殊主体，即司法工作人员。根据《刑法》第 94 条的规定，司法工作人员是指有侦查、检察、审判、监管职责的工作人员。非司法工作人员私设公堂，非法审讯，对他人捆绑、逼供、拷打的，可以构成非法拘禁罪或者故意伤害罪，但不构成刑讯逼供罪。

4. 本罪的主观方面是直接故意，并且具有逼取口供的目的。如果不是出于该目的，则不能构成本罪。本罪的犯罪动机多种多样，有的是轻信控告，有的是急于破案或结案等。

（二）刑讯逼供罪的司法认定

主要是应当划清本罪与非罪的界限。从法条的规定来看，只要行为人实施了刑讯逼供行为，就可以构成犯罪，但根据《渎职侵权立案标准》的规定，刑讯逼供涉嫌下列情形之一的，才予以立案：①以殴打、捆绑、违法使用械具等恶劣手段逼取口供的；②以较长时间冻、饿、晒、烤等手段逼取口供，严重损害犯罪嫌疑人、被告人身体健康的；③刑讯逼供造成犯罪嫌疑人、被告人轻伤、重伤、死亡的；④刑讯逼供，情节严重，导致犯罪嫌疑人、被告人自杀、自残造成重伤、死亡，或者精神失常的；⑤刑讯逼供，造成错案的；⑥刑讯逼供 3 人次以上的；⑦纵容、授意、指使、强迫他人刑讯逼供，具有上述情形之一的；⑧其他刑讯逼供应予追究刑事责任的情形。

（三）刑讯逼供罪的刑事责任

根据《刑法》第 247 条的规定，犯本罪的，处 3 年以下有期徒刑或者拘役；致人伤残、死亡的，依照本法第 234 条、第 232 条的规定定罪从重处罚。就是说，如果刑讯逼供致人伤残或死亡的，则行为性质已经转化，应直接以故意伤害罪或故意杀人罪定罪并从重处罚。这里的"致人伤残、死亡"，是指在刑讯逼供中，行为人使用的肉刑或者变相肉刑导致被害人重伤、残疾、死亡，不包括轻伤，也不包括被害人因遭遇刑讯逼供而自杀所造成的伤残或死亡结果。因刑讯逼供造成被害人自杀、自残的，应当作为刑讯逼供罪的定罪情节予以考虑。

二十三、暴力取证罪

暴力取证罪，是指司法工作人员使用暴力逼取证人证言的行为。本罪与刑讯逼供罪的主要区别是犯罪对象不同。另外，行为发生的场合和表现方式不完全相同。暴力取证罪可以发生在任何形式的诉讼中，行为方式限定为暴力；刑讯逼供罪只能发生在刑事诉讼中，行为方式可以是暴力的肉刑，也可以是其他非暴力手段。本罪与刑讯逼供罪被规定在同一条文中，二者的法定刑以及相关处理规定完全相同。

二十四、虐待被监管人罪

虐待被监管人罪，是指监狱、拘留所、看守所等监管机构的监管人员对被监管人进行殴打或者体罚虐待，情节严重的行为。监管人员指使被监管人殴打、体罚虐待其他被监管人的，视为监管人员的犯罪行为。本罪的主体是监狱、拘留所、看守所等监管机构的监管人员。根据2015年2月15日发布实施的《最高人民检察院关于强制隔离戒毒所工作人员能否成为虐待被监管人罪主体问题的批复》，强制隔离戒毒所监管人员也可以成为虐待被监管人罪的主体。根据《刑法》第248条的规定，犯本罪的，处3年以下有期徒刑或者拘役；情节特别严重的，处3年以上10年以下有期徒刑。致人伤残、死亡的，依照本法第234条、第232条的规定定罪从重处罚。

二十五、煽动民族仇恨、民族歧视罪

煽动民族仇恨、民族歧视罪，是指以各种蛊惑人心的方法，公开煽动民族仇恨、民族歧视，情节严重的行为。根据《刑法》第249条的规定，犯本罪的，处3年以下有期徒刑、拘役、管制或者剥夺政治权利；情节特别严重的，处3年以上10年以下有期徒刑。

二十六、出版歧视、侮辱少数民族作品罪

出版歧视、侮辱少数民族作品罪，是指在出版物中刊载歧视、侮辱少数民族的内容，情节恶劣，造成严重后果的行为。根据《刑法》第250条的规定，犯本罪的，实行单罚制，即对出版单位的直接责任人员，处3年以下有期徒刑、拘役或者管制。

二十七、非法剥夺公民宗教信仰自由罪

非法剥夺宗教信仰自由罪，是指国家机关工作人员非法剥夺公民的宗教信仰自由，情节严重的行为。根据《刑法》第251条的规定，犯本罪的，处2年以下有期徒刑或者拘役。

二十八、侵犯少数民族风俗习惯罪

侵犯少数民族风俗习惯罪，是指国家机关工作人员以各种手段，侵犯少数民族风俗习惯，情节严重的行为。侵犯，主要指以各种手段破坏少数民族风俗习惯，或者强迫其改变以及阻止其改革本民族风俗习惯。根据《刑法》第251条的规定，犯本罪的，处2年以下有期徒刑或者拘役。

二十九、侵犯通信自由罪

侵犯通信自由罪，是指故意隐匿、毁弃或者非法开拆他人信件，侵犯公民通信自由权利，情节严重的行为。根据2000年12月28日发布实施、2009年8月27日修改的《全国人民代表大会常务委员会关于维护互联网安全的决定》的规定，非法截获、篡改、删除他人电子邮件或者其他数据资料，侵犯公民通信自由或者通信秘密构成犯罪的，也以本罪定性。根据《刑法》第252条的规定，犯本罪的，处1年以下有期徒刑或者拘役。

三十、私自开拆、隐匿、毁弃邮件、电报罪

私自开拆或者隐匿、毁弃邮件、电报罪，是指邮政工作人员利用职务上的便利，私自开拆或者隐匿、毁弃邮件、电报的行为。本罪的客体是公民通信自由权利和邮政部门的正常活动。本罪与侵犯通信自由罪的区别包括：①犯罪客体和对象不同。②犯罪主体不同。③客观方面不同。前罪不是利用职务上的便利实施的，且要求情节严重；后罪以利用职务之便为构成要件，不要求情节严重。如果邮政工作人员私拆、隐匿或者毁弃信件，并不是利用职务之便实施，情节严重的，则构成侵犯通信自由罪。根据《刑法》第253条的规定，犯本罪的，处2年以下有

期徒刑或者拘役；犯本罪而窃取财物的，以盗窃罪定罪并从重处罚。

三十一、侵犯公民个人信息罪

（一）侵犯公民个人信息罪的概念和构成要件

侵犯公民个人信息罪，违反国家有关规定，向他人出售或者提供公民个人信息，以及窃取或者以其他方法非法获取公民个人信息，情节严重的行为。其构成要件是：

1. 本罪的客体是公民个人信息的安全和自由。犯罪对象是公民个人信息。个人信息，是以电子或者其他方式记录的能够单独或者与其他信息结合识别特定自然人的各种信息，包括自然人的姓名、出生日期、身份证件号码、生物识别信息、住址、电话号码、电子邮箱、健康信息、行踪信息等。

2. 本罪在客观方面表现为违反国家有关规定，向他人出售或者提供公民个人信息，以及窃取或者以其他方法非法获取公民个人信息，情节严重的行为。这里的"违反有关国家规定"，根据2017年6月1日"两高"实施的《关于办理侵犯公民个人信息刑事案件适用法律若干问题的解释》第2条的规定，是指违反法律、行政法规、部门规章有关公民个人信息保护的规定。

侵犯公民个人信息，具体包括以下两种行为：

（1）向他人出售或者提供公民个人信息的行为。出售，是指将公民信息出卖给他人从中牟利的行为。提供，是指虽然不具有获得对价的商业目的，但违背国家规定、职业操守而提供公民个人信息的行为。根据上述司法解释的规定，这里的"提供公民个人信息"包括：①向特定人提供，以及通过信息网络或者其他途径发布的；②未经被收集者同意，将合法收集的公民个人信息向他人提供的，但是经过处理无法识别特定个人且不能复原的除外。"向他人出售或者提供"的公民个人信息的来源，包括在从事公共管理服务过程中获取的公民个人信息，也包括捡拾等偶然获取的公民个人信息。

（2）窃取或者以其他方法非法获取公民个人信息的行为，即非法获取公民个人信息的行为。窃取，是指以平和手段不法获取公民个人信息的行为。以其他方法非法获取公民个人信息，根据上述司法解释的规定，是指违反国家有关规定，通过购买、收受、交换等方式获取公民个人信息，或者在履行职责、提供服务过程中收集公民个人信息的行为。

实施侵犯公民个人信息的行为，必须情节严重的，才构成本罪。

3. 本罪的主体是一般主体，包括自然人和单位。

4. 本罪的主观方面是故意。

（二）侵犯公民个人信息罪的司法认定

主要是应当划清本罪与非罪的界限。如前所述，无论是向他人出售或者提供公民个人信息的行为，还是非法获取公民个人信息的行为，均必须情节严重，才构成本罪。因此，区分本罪与非罪的关键是看是否情节严重。上述司法解释第5条第1款规定，具有下列情形之一的，应当认定为情节严重：①出售或者提供行踪轨迹信息，被他人用于犯罪的；②知道或者应当知道他人利用公民个人信息实施犯罪，向其出售或者提供的；③非法获取、出售或者提供行踪轨迹信息、通信内容、征信信息、财产信息50条以上的；④非法获取、出售或者提供住宿信息、通信记录、健康生理信息、交易信息等其他可能影响人身、财产安全的公民个人信息500条以上的；⑤非法获取、出售或者提供第③项、第④项规定以外的公民个人信息5000条以上的；⑥数量未达到第③~⑤项规定标准，但是按相应比例合计达到有关数量标准的；⑦违法所得5000元以上的；⑧将在履行职责或者提供服务过程中获得的公民个人信息出售或者提供给他人，数量或者数额达到第③~⑦项规定标准一半以上的；⑨曾因侵犯公民个人信息受过刑事处罚或者2年内受过行政处罚，又非法获取、出售或者提供公民个人信息的；⑩其他情节严重的情形。

上述司法解释第6条规定，为合法经营活动而非法购买、收受本解释第5条第1款第①项、第④项规定以外的公民个人信息，具有下列情形之一的，应当认定为情节严重：①利用非法购买、收受的公民个人信息获利5万元以上的；②曾因侵犯公民个人信息受过刑事处罚或者2年内受过行政处罚，又非法购买、收受公民个人信息的；③其他情节严重的情形。

另外，非法获取公民个人信息后又出售或者提供的，公民个人信息的条数不重复计算。向不同单位或者个人分别出售、提供同一公民个人信息的，公民个人信息的条数累计计算。对批量公民个人信息的条数，根据查获的数量直接认定，但是有证据证明信息不真实或者重复的除外。

（三）侵犯公民个人信息罪的刑事责任

根据《刑法》第253条之一的规定，犯本罪的，处3年以下有期徒刑或者拘役，并处或者单处罚金；情节特别严重的，处3年以上7年以下有期徒刑，并处罚金。违反国家有关规定，将在履行职责或者提供服务过程中获得的公民个人信息，出售或者提供给他人的，从重处罚。单位犯本罪的，实行两罚制。

三十二、报复陷害罪

报复陷害罪，是指国家机关工作人员滥用职权、假公济私，对控告人、申诉人、批评人、检举人实行报复陷害的行为。报复陷害行为是一种渎职行为，必须与滥用职权、假公济私结合在一起。如果实施的报复陷害行为与行为人的职权没有关系，则不构成本罪。本罪的主观方面是故意，并具有报复陷害他人的目的。根据《渎职侵权立案标准》的规定，报复陷害行为涉嫌下列情形之一的，应予立案：①情节严重，导致控告人、申诉人、批评人、举报人或者其近亲属自杀、自残造成重伤、死亡，或者精神失常的；②致使控告人、申诉人、批评人、举报人或者其近亲属的其他合法权利受到严重损害的；③其他应予追究刑事责任的情形。根据《刑法》254条的规定，犯本罪的，处2年以下有期徒刑或者拘役；情节严重的，处2年以上7年以下有期徒刑。

三十三、打击报复会计、统计人员罪

打击报复会计、统计人员罪，是指公司、企业、事业单位、机关、团体的领导人，对依法履行职责，抵制违反会计法、统计法行为的会计、统计人员实行打击报复，情节恶劣的行为。根据《刑法》第255条的规定，犯本罪的，处3年以下有期徒刑或者拘役。

三十四、破坏选举罪

破坏选举罪，是指在选举各级人民代表大会代表和国家机关领导人员时，以暴力、威胁、欺骗、贿赂、伪造选举文件、虚报选举票数或者编造选举结果等手段，破坏选举或者妨害选民和代表自由行使选举权和被选举权，情节严重的行为。行为人以暴力手段破坏选举，致人重伤、死亡的，这属于想象竞合犯，应以故意伤害罪或故意杀人罪论处。根据《刑法》第256条的规定，犯本罪的，处3年以下有期徒刑、拘役或者剥夺政治权利。

三十五、暴力干涉婚姻自由罪

暴力干涉婚姻自由罪，是指以暴力手段干涉他人婚姻自由的行为。本罪的客体是他人婚姻自由权利，包括结婚自由和离婚自由。在客观方面表现为使用暴力手段干涉他人婚姻自由的行为。但是，不能认为凡有暴力行为就构成犯罪，暴力轻微危害不大，不足以达到阻碍他人行使

婚姻自主权利的程度，不能以犯罪论处。本罪的主体是一般主体，主要是被害人的家庭成员、亲属或有扶养关系的人，也有的是宗族尊长、奸夫、情妇等。根据《刑法》第257条的规定，犯本罪的，处2年以下有期徒刑或拘役；致使被害人死亡的，处2年以上7年以下有期徒刑。本罪，告诉的才处理，但致使被害人死亡的除外。

三十六、重婚罪

（一）重婚罪的概念和构成要件

重婚罪，是指有配偶而重婚的，或者明知他人有配偶而与之结婚的行为。其构成要件是：

1. 本罪的客体是一夫一妻的婚姻制度。

2. 本罪在客观方面表现为有配偶而重婚或者明知他人有配偶而与之结婚的行为。重婚包括三种情况：①有配偶者在婚姻关系存续期间又与他人登记结婚；②无配偶的人明知他人有配偶而与之登记结婚；③有配偶者在婚姻关系存续期间与他人形成事实重婚、无配偶的人明知他人有配偶而与之形成事实重婚，即虽然没有结婚登记，但却以夫妻名义持续、稳定地共同居住和生活，形成事实上的婚姻关系。前两种情况属法律重婚，后一种情况属事实重婚。对1992年2月1日《婚姻登记管理条例》施行以后形成的事实婚姻，虽然民法不予以承认和保护，但由于破坏了一夫一妻的婚姻制度，刑法应当对此予以调整。

3. 本罪的主体是特定的两种人：①重婚者，即有配偶者在婚姻关系存续期间又与他人结婚的人；②相婚者，即本人无配偶，但明知他人有配偶而与之结婚的人。相婚者本人并没有重婚，但他明知对方有配偶而与之结婚，其行为同样侵犯了我国一夫一妻的婚姻制度，所以相婚者也是重婚罪的主体。

4. 本罪的主观方面是故意。即有配偶的一方明知自己有配偶而与他人结婚，或者无配偶者明知他人有配偶而与之结婚。如果行为人误认为自己的配偶已死亡而与他人结婚的，不构成本罪。如果无配偶者受到有配偶者的欺骗，误认为对方没有配偶而与之结婚的，无配偶者不构成本罪，有配偶者单独构成重婚罪。

（二）重婚罪的司法认定

主要应注意划清罪与非罪的界限。这包括以下两个方面：

1. 重婚罪与不构成犯罪的重婚行为的界限。在司法实践中，由于特殊原因引起的重婚行为，可不以重婚罪论处。常见的情况有：因配偶长期下落不明，迫于生计与他人结婚的；因被拐卖后而重婚的；因强迫、包办婚姻或因婚后受虐待外逃重婚的；等等。由于这些情况下的重婚确属事出有因，重婚者的主观恶性和行为的社会危害性相对较小，所以可不以重婚罪论处。

2. 重婚罪与"有配偶者与他人同居"的界限。"有配偶者与他人同居"是指有配偶者与婚外异性，不以夫妻名义，持续、稳定地共同居住，这属于民事违法行为，不能以重婚罪论处。

（三）重婚罪的刑事责任

根据《刑法》第258条的规定，犯本罪的，处2年以下有期徒刑或者拘役。

三十七、破坏军婚罪

破坏军婚罪，是指明知是现役军人的配偶而与之同居或者结婚的行为。本罪的主体是一般主体，包括现役军人在内。本罪的主观方面是直接故意，即行为人明知对方是现役军人的配偶而与之结婚或同居。如果由于对方将自己有配偶的事实隐瞒，致使行为人受欺骗而与之结婚或同居的，则不构成本罪。根据《刑法》第259条的规定，犯本罪的，处3年以下有期徒刑或者拘役。利用职权、从属关系，以胁迫手段奸淫现役军人的妻子，应以强奸罪定罪处罚。

三十八、虐待罪

(一) 虐待罪的概念和构成要件

虐待罪,是指经常采取殴打、捆绑、残害、限制人身自由、冻饿、强迫过度劳动、侮辱、恐吓、谩骂等方式,对家庭成员的身体和精神进行摧残、折磨,情节恶劣的行为。其构成要件是:

1. 本罪的客体是复杂客体,既包括家庭成员在家庭中依法享有的平等权利,也包括被害人的人身权利。本罪的对象只能是共同生活的家庭成员。

2. 本罪在客观方面表现为行为人对被害人的身体或精神进行摧残、折磨,情节恶劣的行为。虐待行为包括两类:①肉体上的摧残、折磨,如殴打、捆绑、残害、冻饿、禁闭、有病不给治疗、强迫过度劳动等。②精神上的摧残、折磨与迫害,如限制人身自由、侮辱、恐吓、谩骂等。这两类手段既可单独使用,也可同时或交替使用。虐待的行为方式既可以是作为,也可以是不作为,但纯粹的不作为很难构成本罪,如纯粹的不给饭吃、有病不给医治等,只可能构成遗弃罪。身体或精神上的摧残、折磨与迫害必须具有持续性、经常性的特点,才构成虐待。对于因教育方法简单粗暴或者由于家庭纠纷而引起的偶尔打骂、冻饿等行为,由于这不足以反映出行为的一定社会危害性和行为人的主观恶性,故不能视为虐待行为。构成本罪,还要求具备"情节恶劣"这一要素。

3. 本罪的主体是与被害人共同生活的家庭成员。家庭成员是指配偶、父母、子女和其他共同生活的近亲属。一般来讲,虐待者都是利用自己在家庭中经济上或亲属关系上的优势地位而实施虐待行为。非家庭成员,不能成为本罪的主体。

4. 本罪的主观方面是故意。其特点是行为人基于一个概括的犯罪故意,通过经常性的虐待行为,造成一个总的虐待结果。虐待的动机多种多样,有的为逼迫离婚而虐待配偶;有的出于重男轻女思想而虐待女儿;有的为图自己过舒适生活而虐待父母;还有的出于嫉恨虐待继子女等。

(二) 虐待罪的认定

1. 本罪与非罪的界限。构成本罪要求虐待行为"情节恶劣"。2015年3月2日"两高"、公安部、司法部发布实施的《关于依法办理家庭暴力犯罪案件的意见》[1](以下简称《家暴刑案意见》)指出,根据司法实践,具有虐待持续时间较长、次数较多;虐待手段残忍;虐待造成被害人轻微伤或者患较严重疾病;对未成年人、老年人、残疾人、孕妇、哺乳期妇女、重病患者实施较为严重的虐待行为等情形,属于《刑法》第260条第1款规定的虐待"情节恶劣",应当依法以虐待罪定罪处罚。对于因教育方法简单粗暴或者由于家庭纠纷而引起的偶尔打骂行为,不能视为虐待行为,更不能以虐待罪论处。

2. 虐待致人重伤、死亡与故意伤害、故意杀人犯罪致人重伤、死亡的界限。根据《家暴刑案意见》的规定,应根据被告人的主观故意、所实施的暴力手段与方式、是否立即或者直接造成被害人伤亡后果等进行综合判断。对于主观上不具有侵害被害人健康或者剥夺被害人生命的故意,而是出于追求被害人肉体和精神上的痛苦,长期或者多次实施虐待行为,逐渐造成被害人身体损害,过失导致被害人重伤或者死亡的;或者因虐待致使被害人不堪忍受而自残、自杀,导致重伤或者死亡的,属于虐待"致使被害人重伤、死亡",应以虐待罪定罪处罚。对于

---

[1] 根据《中华人民共和国反家庭暴力法》第2条的规定,家庭暴力是指家庭成员之间以殴打、捆绑、残害、限制人身自由以及经常性谩骂、恐吓等方式实施的身体、精神等侵害行为。

被告人虽然实施家庭暴力呈现出经常性、持续性、反复性的特点，但其主观上具有希望或者放任被害人重伤或死亡的故意，持凶器实施暴力，暴力手段残忍，暴力程度较强，直接或者立即造成被害人重伤或死亡的，应以故意伤害罪或者故意杀人罪定罪处罚。

（三）虐待罪的刑事责任

根据《刑法》第260条的规定，犯本罪的，处2年以下有期徒刑、拘役或者管制；致使被害人重伤、死亡的，处2年以上7年以下有期徒刑。本罪，告诉的才处理，但虐待"致使被害人重伤、死亡的"以及被害人没有能力告诉，或者因受到强制、威吓无法告诉的除外。

三十九、虐待被监护、看护人罪

虐待被监护、看护人罪，是指对未成年人、老年人、患病的人、残疾人等负有监护、看护职责的人虐待被监护、看护的人，情节恶劣的行为。本罪的行为仅限于虐待，如果行为人的行为同时构成其他犯罪的，依照处罚较重的规定定罪处罚。根据《刑法》第260条之一的规定，犯本罪的，处3年以下有期徒刑或者拘役。单位犯本罪的，实行两罚制。

四十、遗弃罪

遗弃罪，是指负有扶养义务且能够履行的人，对年老、年幼、患病或其他没有独立生活能力的人拒绝扶养，情节恶劣的行为。构成本罪要求情节恶劣。《家暴刑案意见》指出，根据司法实践，具有对被害人长期不予照顾、不提供生活来源；驱赶、逼迫被害人离家，致使被害人流离失所或者生存困难；遗弃患严重疾病或者生活不能自理的被害人；遗弃致使被害人身体严重损害或者造成其他严重后果等情形，属于遗弃"情节恶劣"。本罪的主观方面是故意，即行为人明知自己不履行扶养义务，会给被扶养人造成困难，带来危害，故意拒绝履行法定义务。如果行为人对被遗弃对象有放任或希望其死亡的心态，则以故意杀人罪论处。为此，《家暴刑案意见》指出，准确区分遗弃罪与故意杀人罪的界限，要根据被告人的主观故意、所实施行为的时间与地点、是否立即造成被害人死亡，以及被害人对被告人的依赖程度等进行综合判断。对于只是为了逃避扶养义务，并不希望或者放任被害人死亡，将生活不能自理的被害人弃置在福利院、医院、派出所等单位或者广场、车站等行人较多的场所，希望被害人得到他人救助的，一般以遗弃罪定罪处罚。对于希望或者放任被害人死亡，不履行必要的扶养义务，致使被害人因缺乏生活照料而死亡，或者将生活不能自理的被害人带至荒山野岭等人迹罕至的场所扔弃，使被害人难以得到他人救助的，应当以故意杀人罪定罪处罚。根据《刑法》第261条的规定，犯本罪的，处5年以下有期徒刑、拘役或者管制。

四十一、拐骗儿童罪

拐骗儿童罪，是指拐骗不满14周岁的未成年人，脱离家庭或者监护人的行为。本罪侵犯的客体是他人正常的家庭关系和儿童的合法权益。在客观方面表现为采用蒙骗、利诱或其他方法，使不满14周岁的未成年人，非法脱离其家庭或监护人的行为。犯罪目的多为收养或使唤、奴役等，而不是以出卖为目的或者以勒索财物为目的。根据《刑法》第262条的规定，犯本罪的，处5年以下有期徒刑或者拘役。

四十二、组织残疾人、儿童乞讨罪

组织残疾人、儿童乞讨罪，是指以暴力、胁迫手段组织残疾人或者不满14周岁的未成年人乞讨的行为。本罪处罚的是乞讨的组织者，被组织的乞讨者不构成犯罪。但是，如果组织者既组织残疾人或者未成年人乞讨，自己也进行乞讨活动，则仍然应当以本罪定罪处罚。根据《刑法》第262条之一的规定，犯本罪的，处3年以下有期徒刑或者拘役，并处罚金；情节严重的，处3年以上7年以下有期徒刑，并处罚金。

四十三、组织未成年人进行违反治安管理活动罪

组织未成年人进行违反治安管理活动罪，是指组织未成年人进行盗窃、诈骗、抢夺、敲诈勒索等违反治安管理活动的行为。认定时需注意本罪与共犯、间接正犯的区别。如果被组织的未成年人盗窃、诈骗、抢夺、敲诈勒索达到犯罪的程度，则不以本罪论处，应分不同情况对组织者定罪处罚：未成年人具有刑事责任能力构成犯罪的，对组织者按盗窃等犯罪的共犯论处；未成年人不具有刑事责任能力的，这种情况刑法通说把组织者视为间接正犯，对组织者单独以盗窃罪等定罪处罚。根据《刑法》第262条之二的规定，犯本罪的，处3年以下有期徒刑或者拘役，并处罚金；情节严重的，处3年以上7年以下有期徒刑，并处罚金。

思考题

1. 如何理解故意杀人罪与有关暴力犯罪中致人死亡的联系与区别？
2. 引起他人自杀的案件应如何处理？
3. 故意杀人罪与故意伤害致死、故意杀人未遂与故意伤害罪的区别是什么？
4. 试述强奸罪的概念、构成要件以及认定时应注意的问题。
5. 简述非法拘禁罪的构成要件和认定时应注意的问题。
6. 简述绑架罪的构成要件和所涉罪数的认定。
7. 试述拐卖妇女、儿童罪的构成要件和认定时应注意的问题。
8. 试述侮辱罪的构成要件及其与强制侮辱罪的区别。
9. 如何正确区分侮辱罪与诽谤罪？
10. 简述刑讯逼供罪的概念、构成要件以及行为性质的转化。
11. 试述侵犯公民个人信息罪的概念和构成要件。
12. 简述重婚罪的概念和构成要件以及其与破坏军婚罪的异同。
13. 简述虐待罪的概念和构成要件。
14. 如何准确区分遗弃罪与故意杀人罪？

实务训练

[案例1] 张某欠李某现金3万元，李某多次向张某索要，但张某以种种借口拖延不还。李某遂与他人将张某骗出非法拘禁，使用暴力方法逼其还钱，致使张某左眼伤残，丧失视力。

[问题] 如何认定李某的行为性质？并说明理由。

[案例2] 王某以5000元的价格从人贩子手中买得妇女周某为妻，周某不从，王将其锁在屋中3天3夜。第4天，王某看周某已睡着，即进屋欲与周某发生性关系，周某惊醒后极力反抗，终因体力不支被王某奸淫。

[问题] 王某的行为构成何罪？对王某如何处罚？

[案例3] 2003年1月11日下午，张某与侯某因邻里纠纷打架受伤，当天住进原阳县红十字医院。在住院时未诉自己的左耳被打伤、左耳不适，且在首次检查及前六天住院期间，医院也未检查出其左耳有异常病症。张某在住院的第7日告诉医生左耳疼痛，经检查，其左耳道有新鲜血迹及鼓膜穿孔，被鉴定为轻伤。之后，张某指使本村村民刘某、郭某作伪证，证明该伤系侯某所为，致使侯某被法院以故意伤害罪判处有期徒刑1年。后经新乡市中心医院鉴定，张某的左耳外伤性鼓膜穿孔与发案当天外伤的关系不能确定，最终原阳县公安局撤销了侯某的故

意伤害案。[1]

[问题] 如何认定张某的行为性质？并说明理由。

[案例4] 甲为国家机关工作人员，与妻子乙长期分居两地，甲在自己工作所在地长期与丙女（知道甲男已婚）共同生活并生有一子，周围群众均以为甲男与丙女是夫妻俩。

[问题] 如何认定甲男与丙女的行为性质？并说明理由。

[案例5] 成年男子周某在长途汽车站以帮忙找工作为由，将甲、乙、丙3个15岁的未成年人带至自己租住的房屋，提供住宿，但要求3人跟他去偷东西。周某详细地向3人教授如何确定目标、偷窃方法和偷完后如何逃跑、如何与其联系以及如果被警察抓到应如何应对。周某还威胁3人如果不去偷，就不给吃的，还要挨打。某日傍晚，周某带着3人来到一公交车上伺机作案。其中甲在偷一乘客钱包（内装300元人民币）后还没来得及下车即被发现抓获。

[问题] 1. 甲、乙、丙3人是否应当承担刑事责任？
2. 周某的行为构成何罪？为什么？

---

[1] 最高人民法院中国应用法学研究所编：《人民法院案例选》（2012年第1辑，总第79辑），人民法院出版社2012年版，第113页。

第二十二章

侵犯财产罪

学习目标与工作任务

通过本章的学习，了解侵犯财产罪的概念与特征，掌握本类罪中重点、常见罪名的概念、构成要件及相关处罚的特别规定，了解其他罪的概念和基本特征；把握认定有关罪名应当区分的界限和应注意的问题，能够运用所学知识分析案例，解决实际问题。

导入案例

1. 甲欠乙5万元久不归还，乙反复讨要未果。某日，甲持凶器闯入乙家，迫使乙交出5万元欠条，乙不从，结果被甲殴打。眼看甲所持凶器将要刺向自己，乙只好答应交出欠条，并在甲已经备好的还款收条上签字。

问：甲的行为是否构成犯罪？

2. 夏某（男，20周岁）在一网吧窃取他人现金2000元后，慌忙离开网吧，被管理人员温某发觉，并追赶夏某。夏某为了阻止温某的追赶，随手提起网吧门边的开水壶，将开水泼在温某身上，然后逃离现场。

问：对夏某的行为应如何定性？并说明理由。

3. 宣某将刚从4S店购买的新车开到自家楼下，忘记取出车钥匙，匆匆上楼取证件等材料准备给新车办入户手续，被恰好路过的邢某发现。邢某早就想有一辆车，觉得机不可失，遂上车发动了汽车，刚要挂挡开动时，宣某和朋友正好下楼，将邢某抓获。

问：邢某的行为是否构成盗窃罪？

4. 甲女听说乙男具有将10元钱变为100元的本事，便将家里共计2000元的十元票交给乙男，让他当场变为2万元。乙男将2000元放进小红布袋里，"变"来"变"去，趁机调换了红布袋，然后将调换过来的红布袋交给甲女，并嘱咐在2个小时后才能打开看。甲女2个小时后打开，发现红布袋里装的都是与100元钞票大小相等的纸张。

问：乙男的行为是否构成诈骗罪？

5. 张某是民营公司仓库保管员，2009年3月1日夜间，张某利用自己作为仓库保管员的便利，约其好友王某一同将仓库内新买进的部分物品（价值10万余元）窃走变卖。为了应付公司查问，张某伪造了现场，并谎称是夜间被盗。

问：张某监守自盗的行为构成何罪？王某构成何罪？

教学内容

第一节 侵犯财产罪概述

侵犯财产罪，是指以非法占有为目的攫取公私财物，或者故意毁坏公私财物的行为。这类犯罪的构成特征是：

1. 这类犯罪的客体是公私财产所有权。公私财产所有权，是指所有人依法对自己的财产享有占有、使用、收益和处分的权利，包括公共财产所有权和公民私人财产所有权。根据《刑法》第91条的规定，公共财产是指下列财产：①国有财产；②劳动群众集体所有的财产；③用于扶贫和其他公益事业的社会捐助或者专项基金的财产。在国家机关、国有公司、企业、集体企业和人民团体管理、使用或者运输中的私人财产，以公共财产论。根据《刑法》第92条的规定，公民私人所有的财产是指：①公民的合法收入、储蓄、房屋和其他生活资料；②依法归个人、家庭所有的生产资料；③个体户和私营企业的合法财产；④依法归个人所有的股份、股票、债券和其他财产。

本类罪的行为对象是公私财物。从范围上看，公私财物既包括具有经济价值的财物，也包括货币、有价证券和其他各种财产凭证；从形态上看，既包括有体物，也包括无体物，如电力、煤气、天然气等；从种类上看，包括生产资料、生活资料、动产、不动产、资源类财产、文物等。需要注意的是，侵犯财产罪一般表现为对处于合法状态财产的侵犯，但"处于非法状态的财产"也可成为侵犯财产罪的对象。例如，抢劫赌资的，同样构成抢劫罪。针对犯罪所得（如赃款赃物）、犯罪所得产生的收益（如孳息、租金等）以及违禁品（如毒品等），实施盗窃、抢劫、诈骗、抢夺等行为，同样可以构成盗窃罪、抢劫罪、诈骗罪、抢夺罪等。

2. 这类犯罪在客观方面表现为非法占有、挪用或者毁坏公私财物的行为。按照主观目的和客观行为方式不同，可以将本类罪分为三种类型：①非法占有公私财物的行为。是指行为人通过各种非法手段改变公私财产的占有关系，既可以是将公私财物非法据为己有，也可以是转归第三人非法占有。②非法挪用公私财物的行为。是指违反财经制度，利用职务上的便利将本单位资金挪归个人使用或者对某些特定款物的用途加以改变。③故意毁坏公私财物的行为。

3. 这类犯罪的主体情况包括：①除拒不支付劳动报酬罪的主体包括自然人和用人单位外，其他各罪的主体都只能是自然人。②除抢劫罪的刑事责任年龄为已满14周岁外，其他各罪的刑事责任年龄均为已满16周岁。③多数是一般主体，少数是特殊主体，要求特殊主体的包括职务侵占罪、挪用资金罪和拒不支付劳动报酬罪。

4. 这类犯罪的主观方面是直接故意，犯罪目的包括非法占有、挪用和毁损财物等三种。

这类犯罪共包括13个罪名。为正确处理这类刑事案件，"两高"分别或者联合发布了一些司法解释。

第二节 侵犯财产罪分述

一、抢劫罪

（一）抢劫罪的概念和构成要件

抢劫罪，是以非法占有为目的，使用暴力、胁迫或其他方法，当场强行劫取公私财物的行为。其构成要件是：

1. 本罪的客体是复杂客体，包括公私财产所有权和公民的人身权利。这表明抢劫罪与其他侵犯财产罪相比，具有更大的社会危害性。

行为对象是公私财物和他人人身。这里的"公私财物"是指他人所有、保管或占有的财物，包括他人的合法财物，也包括处于非法状态的财物以及违禁品。就是说，以赌资、赃款赃物为对象，或者以毒品、淫秽物品、假币等违禁品为对象，实施抢劫的，同样构成抢劫罪。本罪中的"公私财物"一般限于动产，不包括不动产，但如果采用暴力方法把不动产的一部分分离而抢走，也应构成抢劫罪。另外，债权等财产性利益也可成为抢劫罪的对象。例如，以暴力手段强制债权人交出借条、出具还款字据等，这种强行消灭债务的行为，实际上是强取他人财物，因此也构成抢劫罪。

2. 本罪在客观方面表现为以暴力、胁迫或其他方法，当场强行劫走公私财物的行为。具体来说，是指行为人对公私财物的所有人、保管人或者守护人当场使用暴力、胁迫或者其他手段，当场抢走财物或者迫使被害人当场交出财物的行为。这两个"当场"必须同时具备，这是本罪区别于其他侵犯财产罪的最显著特点。抢劫行为具体包括手段行为和目的行为两个方面：

（1）手段行为。即以暴力、胁迫或者其他方法来排除和压制被害人的抗拒。

暴力方法，是指对被害人的身体实行打击或强制，使其处于不能反抗或不敢反抗状态的方法，包括搂抱、捆绑、殴打、禁闭、伤害、杀害等。在理解时应注意以下几点：①暴力必须是现实存在的，必须是在取得他人财物的当场实施。②暴力必须是行为人有意识采取的，且必须是针对被害人的人身。如果针对被害人的财物施加外力，而且无伤害他人身体的故意，即使造成了他人伤害，也不属于本罪中的暴力方法，只可能构成抢夺罪。③使用暴力的目的在于使被害人不敢反抗或不能反抗，从而实现劫取财物的根本目的。④暴力指向的对象既可以是财物的直接持有人，也可以是对有权处分财物的人以及其他妨碍其劫取财物的人。

胁迫方法，是指以当场实施暴力相威胁，对被害人进行精神强制，使其产生恐惧而不敢抗拒的方法。在理解时应注意：①胁迫的内容是当场对被害人施以暴力，而不包括非暴力内容。其特点是被害人如不交付财物或进行反抗，便立即实现胁迫的内容，转为暴力劫取财物。如果威胁与暴力之间在时空上存在明显间隔，如以将来实施暴力相威胁的，或者以当场立即实施揭发隐私、损害名誉等非暴力内容进行威胁，迫使被害人交出财物的，则不属于抢劫。②胁迫必须是向被害人当面发出。如果不是向被害人当面发出，而是通过书信或者他人转告的方式让被害人得知，则不是本罪的胁迫。③胁迫的方式是多种多样的，可以是语言文字，也可以是动作手势；可以是直接胁迫，也可能是利用特定的危险环境进行暗示胁迫。如果没有任何胁迫的表现，只是被害人自己感到恐惧，不能认定为抢劫。

其他方法，是指使用暴力、胁迫方法以外的其他使被害人不知反抗或无法反抗的强制方法。如用酒灌醉、用药物麻醉、利用催眠术催眠、将清醒的被害人乘其不备锁在屋内致其与财产隔离等方法。

应当特别指出，被害人不能抗拒、不敢抗拒、无法抗拒的状态必须是由行为人的强制性行为造成的。如果行为人仅仅是借用被害人自己胆小、患病、醉酒、熟睡、昏迷等不敢抗拒、无法抗拒的状态取走其财物的，不以本罪论处。例如，被害人眼见蒙面人入室盗窃而不敢制止，被害人自己喝醉酒后钱包被他人取走等，这都不属于抢劫，而只能认定为盗窃。

（2）目的行为。即当场劫取公私财物，包括当场将他人的财物抢走和迫使他人当场交出财物。这一特征表明行为人的强制性行为与取得财物行为之间在时间上、场合上具有统一性。如果行为人虽然使用了暴力、胁迫或者其他方法，但并不是意图当场取财，则不构成本罪。如果行为人事先做了抢劫的准备，但当场并未使用暴力、胁迫或者其他方法，便顺利地获取了财物，也不以抢劫罪论处。对"当场"的理解不宜过窄，就是说，虽然强制性行为与取得财物行为不是在同一场所实施的，但只要在时间上具有持续性，从整体上看二者之间并无中断，也属于当场劫取财物。

3. 本罪的主体为一般主体。已满14周岁并具有刑事责任能力的自然人，均可构成本罪。

4. 本罪的主观方面是直接故意，且以非法占有公私财物为目的。如果不是以非法占有为目的，不可能成立本罪。例如，行为人为索取合法债务，使用暴力、暴力威胁等手段的，误以他人财物为己物而使用暴力抢回的，都因主观上不具有非法占有他人财物的目的而不构成本罪，可以根据情况认定为非法拘禁罪、非法侵入住宅罪、故意伤害罪等。

本章"导入案例一"中，甲的行为构成抢劫罪。在我国刑法中，财物不仅指有体物，也包括无体物和财产性利益。本案中，财物是指乙对甲拥有的债权，是一种财产性利益。甲殴打乙和以凶器相胁迫，迫使乙交出欠条以及在甲已经备好的还款收条上签字，这种以暴力、胁迫手段迫使他人免除自己债务的行为，实际上属于强取他人财物。因此，甲的行为符合抢劫罪的构成要件，应以抢劫罪定罪处罚。

（二）转化型抢劫罪

转化型抢劫罪，又称准抢劫罪，是指行为人的行为本不构成抢劫罪，但由于具备了法定的某种事实，而以抢劫罪论处的情形。

1. 《刑法》第269条规定的准抢劫罪。《刑法》第269条规定："犯盗窃、诈骗、抢夺罪，为窝藏赃物、抗拒抓捕或者毁灭罪证而当场使用暴力或者以暴力相威胁的，依照本法第263条的规定定罪处罚。"这种情形在刑法理论上称为准抢劫或事后抢劫（罪名仍为抢劫罪）。该种准抢劫罪的成立必须具备以下四个条件：

（1）转化的前提条件是行为人实施了盗窃、诈骗或者抢夺行为。虽然根据《刑法》第269条的规定，转化的前提是行为人犯盗窃、诈骗、抢夺罪，但理论界和司法实践一致认为，实施盗窃、诈骗、抢夺行为也可以转化为抢劫罪。2005年6月8日《最高人民法院关于审理抢劫、抢夺刑事案件适用法律若干问题的意见》（以下简称《两抢意见》）对此持肯定态度。《两抢意见》第5条规定，行为人实施盗窃、诈骗、抢夺行为，未达到"数额较大"，为窝藏赃物、抗拒抓捕或者毁灭罪证当场使用暴力或者以暴力相威胁，情节较轻、危害不大的，一般不以犯罪论处；但具有下列情节之一的，可依照《刑法》第269条的规定，以抢劫罪定罪处罚：①盗窃、诈骗、抢夺接近"数额较大"标准的；②入户或在公共交通工具上盗窃、诈骗、抢夺后在户外或交通工具外实施上述行为的；③使用暴力致人轻微伤以上后果的；④使用凶器或以凶器相威胁的；⑤具有其他严重情节的。根据2016年1月6日发布实施的《最高人民法院关于审理抢劫刑事案件适用法律若干问题的指导意见》（以下简称《审理抢劫意见》）的规定，"犯盗窃、诈骗、抢夺罪"主要是指行为人已经着手实施盗窃、诈骗、抢夺行为，一般不考察盗窃、诈骗、抢夺行为是否既遂。但是所涉财物数额明显低于"数额较大"的标准，又不具有《两抢意见》第5条所列5种情节之一的，不构成抢劫罪。应当指出，这里的"犯盗窃、诈骗、抢夺罪"不包括特殊的盗窃、诈骗、抢夺行为，如盗窃枪支后抗拒抓捕而致人重伤的，不能以转化型抢劫罪论处。

（2）转化的手段和时间条件是行为人当场使用暴力或者以暴力相威胁。根据《审理抢劫意见》的规定,"当场"是指在盗窃、诈骗、抢夺的现场以及行为人刚离开现场即被他人发现并抓捕的情形。"使用暴力或者以暴力相威胁"是指行为人故意对被害人、抓捕者或阻止其窝藏赃物、毁灭罪证的人的身体实施打击或强制,或者以将要实施打击或身体强制相威胁,并应达到足以抑制一般人抗拒的程度。对于以摆脱的方式逃脱抓捕,暴力强度较小,未造成轻伤以上后果的,可不认定为"使用暴力",不以抢劫罪论处。例如,在街头卖报纸的甲盗窃了乙的手机,乙发现后紧追不舍。为摆脱乙的追赶,甲将手中剩余的几张报纸卷成一团扔向乙,击中乙脸,乙受惊吓几乎滑倒,随之又追,终于抓住甲。甲的行为就不能转化为抢劫罪。

(3) 转化的主观或目的条件是窝藏赃物、抗拒抓捕或者毁灭罪证。"窝藏赃物"是指防护已经到手的赃物不被追回;"抗拒抓捕"是指抗拒公安机关或任何公民的抓捕、扭送;"毁灭罪证"是指消灭作案现场遗留的痕迹、物品等。如果行为人不是出于上述目的而当场使用暴力或者以暴力相威胁的,则不能转化为抢劫罪。例如,行为人实施盗窃、诈骗、抢夺行为,在尚未取得财物时被他人发现,为了非法取得财物,而使用暴力或者以暴力相威胁的,应直接认定为抢劫罪。

(4) 转化的主体条件是行为人必须已满16周岁、具有刑事责任能力。根据2006年1月23日实施的《最高人民法院关于审理未成年人刑事案件具体应用法律若干问题的解释》(以下简称《未成年人刑案解释》) 第10条第1款的规定,已满14周岁不满16周岁的人盗窃、诈骗、抢夺他人财物,为窝藏赃物、抗拒抓捕或者毁灭罪证,当场使用暴力,故意伤害致人重伤或者死亡,或者故意杀人的,应当分别以故意伤害罪或者故意杀人罪定罪处罚。这就是说,已满14周岁不满16周岁的人不成立转化型抢劫。

《审理抢劫意见》规定,2人以上共同实施盗窃、诈骗、抢夺犯罪,其中部分行为人为窝藏赃物、抗拒抓捕或者毁灭罪证而当场使用暴力或者以暴力相威胁的,对于其余行为人是否以抢劫罪共犯论处,主要看其对实施暴力或者以暴力相威胁的行为人是否形成共同犯意、提供帮助。基于一定意思联络,对实施暴力或者以暴力相威胁的行为人提供帮助或实际成为帮凶的,可以抢劫共犯论处。

本章"导入案例二"中,对夏某应当以抢劫罪定罪处罚。理由是:①夏某实施了盗窃犯罪,符合转化的前提条件;②夏某的盗窃行为被人发现后,在逃跑时为了阻止温某的抓捕,而将开水泼在温某身上,该行为足以压制一般人的反抗,事实上也阻止了温某的抓捕,符合转化的手段和时间条件;③夏某当场使用暴力是为了窝藏赃物、抗拒抓捕,符合转化的目的条件;④夏某已满16周岁,符合转化的主体条件。因此,夏某的行为符合《刑法》第269条规定的准抢劫罪成立的条件。

2. 《刑法》第267条规定的准抢劫罪。《刑法》第267条第2款规定,携带凶器抢夺的,以抢劫罪定罪处罚。所谓携带凶器抢夺,根据2000年11月28日实施的《最高人民法院关于审理抢劫案件具体应用法律若干问题的解释》(以下简称《抢劫解释》) 的规定,是指行为人随身携带枪支、爆炸物、管制刀具等国家禁止个人携带的器械进行抢夺或者为了实施犯罪而携带其他器械进行抢夺的行为。《两抢意见》进一步规定:"行为人随身携带国家禁止个人携带的器械以外的其他器械抢夺,但有证据证明该器械确实不是为了实施犯罪准备的,不以抢劫罪定罪;行为人将随身携带凶器有意加以显示、能为被害人察觉到的,直接以抢劫罪定罪处罚;行为人携带凶器抢夺后,在逃跑过程中为窝藏赃物、抗拒抓捕或者毁灭罪证而当场使用暴力或以暴力相威胁的,适用《刑法》第267条第2款的规定定罪处罚。"这就是说,行为人只要携带凶器抢夺,即可认定为准抢劫罪,并不要求使用凶器。所携带的凶器也不需要有向被害人显示或暗示，或凶器为被害人自己发现这些附加条件。因为，如果行为人在抢夺时显示或暗示自己携带的凶器，其行为实质上属于以胁迫方式进行抢劫，应直接适用《刑法》第263条关于抢劫罪的规定。

（三）抢劫罪的司法认定

1. 本罪与非罪的界限。刑法对抢劫罪的构成没有数额和情节等方面的限制性规定，一般情况下，凡是以非法占有为目的，使用暴力、胁迫或者其他方法，强行夺取公私财物的，就可构成抢劫罪。但是，如果抢劫的数额很小，使用的暴力、胁迫等手段很轻微，就可以根据《刑法》第13条"但书"的规定，认定为情节显著轻微危害不大，不认为是犯罪。例如，偶尔进行恶作剧式的抢劫，行为很有节制、数额极其有限，如强索少量财物，抢吃少量食品等，不宜以抢劫罪论处。

根据《未成年人刑案解释》第7条和第10条第2款的规定，已满14周岁不满16周岁的人使用轻微暴力或者威胁，强行索要其他未成年人随身携带的生活、学习用品或者钱财数量不大，且未造成被害人轻微伤以上或者不敢正常到校学习、生活等危害后果的，不认为是犯罪。已满16周岁不满18周岁的人具有上述情形的，一般也不认为是犯罪。已满16周岁不满18周岁的人犯盗窃、诈骗、抢夺罪，为窝藏赃物、抗拒抓捕或者毁灭罪证而当场使用暴力或者以暴力相威胁的，应当依照《刑法》第269条的规定定罪处罚；情节轻微的，可不以抢劫罪定罪处罚。

另外，因婚姻、家庭纠纷，一方抢回彩礼、陪嫁物，或者强行分割并拿走家庭共有财产的，这属于婚姻家庭纠纷中处理方法不当的问题，不具有非法强占他人财物的目的，不构成抢劫罪。

2. 本罪既遂、未遂的认定。《两抢意见》规定，具备劫取财物或者造成他人轻伤以上后果两者之一的，均属于抢劫既遂；既未劫取财物，又未造成他人人身伤害后果的，属抢劫未遂。《刑法》第263条规定的八种处罚情节中除"抢劫致人重伤、死亡的"这一结果加重情节之外，其余七种处罚情节同样存在既遂、未遂问题，其中属抢劫未遂的，应当根据刑法关于加重情节的法定刑规定，结合未遂犯的处理原则量刑。

3. 罪数的认定。行为人如果本无抢劫之意，出于报仇或其他动机而实施伤害、强奸等犯罪行为，在被害人未失去知觉，利用被害人不能反抗、不敢反抗的处境，临时起意劫取他人财物的，应以此前所实施的具体犯罪与抢劫罪实行数罪并罚；在被害人失去知觉或者没有发觉的情形下，以及实施故意杀人犯罪行为之后，临时起意拿走他人财物的，应以此前所实施的具体犯罪与盗窃罪实行数罪并罚。

4. 抢劫特定财物行为的定性。根据《两抢意见》的规定，包括以下几个方面：

（1）以毒品、假币、淫秽物品等违禁品为对象，实施抢劫的，以抢劫罪定罪；抢劫的违禁品数量作为量刑情节予以考虑。抢劫违禁品后又以违禁品实施其他犯罪的，应以抢劫罪与具体实施的其他犯罪实行数罪并罚。

（2）抢劫赌资、犯罪所得的赃款赃物的，以抢劫罪定罪，但行为人仅以其所输赌资或所赢赌债为抢劫对象，一般不以抢劫罪定罪处罚。构成其他犯罪的，依照刑法的相关规定处罚。

（3）为个人使用，以暴力、胁迫等手段取得家庭成员或近亲属财产的，一般不以抢劫罪定罪处罚，构成其他犯罪的，依照刑法的相关规定处理；教唆或者伙同他人采取暴力、胁迫等手段劫取家庭成员或近亲属财产的，可以抢劫罪定罪处罚。

5. 本罪与故意伤害、故意杀人等犯罪的界限。这包括以下几点：

（1）抢劫致人重伤、死亡案件的定性。抢劫致人重伤、死亡，是指在抢劫过程中，使用暴力或者其他方法所引起的加重结果。此种情况下，即使没有抢劫到财物，也应按抢劫罪的相关法定刑处罚，而不以故意伤害罪或者故意杀人罪论处，也不实行数罪并罚。

（2）采用杀人的手段进行抢劫的定性。行为人为劫取财物而故意杀人，或者在劫取财物过程中，为制服被害人反抗而故意杀人的，以抢劫罪定罪处罚。[1]

（3）行为人实施抢劫后，为灭口而故意杀人的，以抢劫罪和故意杀人罪实行数罪并罚。至于抢劫后为了护赃而当场使用暴力杀人的，应视为抢劫行为的继续，仍只能定为抢劫罪。

（4）行为人为索取债务，使用暴力、暴力威胁等手段的，一般不以抢劫罪定罪处罚。构成故意伤害等其他犯罪的，依照《刑法》第234条等规定处罚。

6. 关于本罪与相似犯罪的界限。这包括以下两个方面：

（1）冒充正在执行公务的人民警察、联防人员，以抓卖淫嫖娼、赌博等违法行为为名非法占有财物的行为定性。①行为人冒充正在执行公务的人民警察"抓赌""抓嫖"，没收赌资或者罚款的行为，构成犯罪的，以招摇撞骗罪从重处罚；在实施上述行为中使用暴力或者暴力威胁的，以抢劫罪定罪处罚。②行为人冒充治安联防队员"抓赌""抓嫖"、没收赌资或者罚款的行为，构成犯罪的，以敲诈勒索罪定罪处罚；在实施上述行为中使用暴力或者暴力威胁的，以抢劫罪定罪处罚。

（2）以暴力、胁迫手段索取超出正常交易价钱、费用的钱财的行为定性。从事正常商品买卖、交易或者劳动服务的人，以暴力、胁迫手段迫使他人交出与合理价钱、费用相差不大钱物，情节严重的，以强迫交易罪定罪处罚；以非法占有为目的，以买卖、交易、服务为幌子采用暴力、胁迫手段迫使他人交出与合理价钱、费用相差悬殊的钱物的，以抢劫罪定罪处刑。在具体认定时，既要考虑超出合理价钱、费用的绝对数额，还要考虑超出合理价钱、费用的比例，加以综合判断。

7. 本罪与绑架罪的界限。绑架罪是侵犯他人人身自由和身体安全的犯罪，二者的区别包括：①主观方面不尽相同。本罪的行为人是出于非法占有他人财物的故意实施抢劫行为；后罪的行为人既可能为勒索他人财物而实施绑架行为，也可能是出于其他非经济目的而实施绑架行为。②客观方面不尽相同。本罪在客观方面的重要特征是强制性行为与劫取财物行为一般应在同一时间、同一地点，而且具有"当场性"；后罪表现为行为人以杀害、伤害等方式向被绑架人的亲属或其他人或单位发出威胁，索取赎金或提出其他非法要求，取得财物或实现其他目的一般不具有"当场性"。③犯罪对象不尽相同。本罪是行为人当场从被害人处劫走财物；后罪则从人质以外的、与人质有特定关系的第三人处取得财物。④犯罪主体虽然都是一般主体，但负刑事责任的年龄有所不同。

（四）抢劫罪的刑事责任

根据《刑法》第263条的规定，犯本罪的，处3年以上10年以下有期徒刑，并处罚金；有下列情形之一的，处10年以上有期徒刑、无期徒刑或者死刑，并处罚金或者没收财产：①入户抢劫的；②在公共交通工具上抢劫的；③抢劫银行或者其他金融机构的；④多次抢劫或者抢劫数额巨大的；⑤抢劫致人重伤、死亡的；⑥冒充军警人员抢劫的；⑦持枪抢劫的；⑧抢劫军用物资或者抢险、救灾、救济物资的。《两抢意见》《抢劫解释》和《审理抢劫意见》对上述加重处罚情节的认定作出了规定。

---

[1] 参见2001年5月26日实施的《最高人民法院关于抢劫过程中故意杀人案件如何定罪问题的批复》。

1. 入户抢劫的认定。入户抢劫，是指为实施抢劫而进入他人生活的与外界相对隔离的住所，包括封闭的院落、牧民的帐篷、渔民作为家庭生活场所的渔船、为生活租用的房屋等进行抢劫的行为。在认定时应当注意以下问题：

（1）"户"的范围。"户"在这里是指住所，其特征表现为供他人家庭生活和与外界相对隔离两个方面。一般情况下，集体宿舍、旅店宾馆、临时搭建工棚等不应认定为"户"，但在特定情况下，如果确实具有上述两个特征的，也可以认定为"户"。

（2）"入户"目的的非法性，即进入他人住所须以实施抢劫、盗窃等犯罪为目的。认定"入户抢劫"，要注重审查行为人"入户"的目的，将"入户抢劫"与"在户内抢劫"区别开来。以侵害户内人员的人身、财产为目的，入户后实施抢劫，应当认定为"入户抢劫"。因访友办事等原因经户内人员允许入户后，临时起意实施抢劫，或者临时起意实施盗窃、诈骗等犯罪而转化为抢劫的，不应认定为"入户抢劫"。

（3）暴力或者暴力胁迫行为必须发生在户内。入户实施盗窃、诈骗、抢夺等犯罪被发现，为了窝藏赃物、抗拒抓捕或者毁灭罪证，在户内当场使用暴力或者以暴力相威胁的，构成"入户抢劫"。如果暴力或者暴力胁迫行为发生在户外，则不能认定为"入户抢劫"。

（4）关于进入兼具经营和生活起居功能场所实施抢劫的认定。对于部分时间从事经营、部分时间用于生活起居的场所，行为人在非营业时间强行入内抢劫或者以购物等为名骗开房门入内抢劫的，应认定为"入户抢劫"。对于部分用于经营、部分用于生活且之间有明确隔离的场所，行为人进入生活场所实施抢劫的，应认定为"入户抢劫"；如场所之间没有明确隔离，行为人在营业时间入内实施抢劫的，不认定为"入户抢劫"，但在非营业时间入内实施抢劫的，应认定为"入户抢劫"。

2. 在公共交通工具上抢劫的认定。公共交通工具承载的旅客具有不特定多数人的特点。这里的"公共交通工具"包括从事旅客运输的各种公共汽车，大、中型出租车，火车，地铁，轻轨，轮船，飞机等，不含小型出租车。对于虽不具有商业营运执照，但实际从事旅客运输的大、中型交通工具，可认定为"公共交通工具"。接送职工的单位班车、接送师生的校车等大、中型交通工具视为"公共交通工具"。"在公共交通工具上抢劫"既包括在处于运营状态的公共交通工具上对旅客及司售、乘务人员实施抢劫，也包括拦截运营途中的公共交通工具对旅客及司售、乘务人员实施抢劫，但不包括在未运营的公共交通工具上针对司售、乘务人员实施抢劫。以暴力、胁迫或者麻醉等手段对公共交通工具上的特定人员实施抢劫的，一般应认定为"在公共交通工具上抢劫"。在公共交通工具上盗窃、诈骗、抢夺后，为了窝藏赃物、抗拒抓捕或者毁灭罪证，在公共交通工具上当场使用暴力或者以暴力相威胁的，构成"在公共交通工具上抢劫"。

3. 抢劫银行或者其他金融机构。是指抢劫银行或者其他金融机构的经营资金、有价证券和客户的资金等。抢劫正在使用中的银行或者其他金融机构的运钞车的，视为抢劫银行或者其他金融机构。

4. 多次抢劫或者抢劫数额巨大的认定。"多次抢劫"是指抢劫3次以上。对于"多次"的认定，应以行为人实施的每一次抢劫行为均已构成犯罪为前提，综合考虑犯罪故意的产生、犯罪行为实施的时间、地点等因素，客观分析、认定。对于基于一个犯意实施犯罪的，如在同一地点同时对在场的多人实施抢劫的；或基于同一犯意在同一地点实施连续抢劫犯罪的，如在同一地点连续地对途经此地的多人进行抢劫的；或在一次犯罪中对一栋居民楼房中的几户居民连续实施入户抢劫的，一般应认定为一次犯罪。认定"抢劫数额巨大"，参照各地认定盗窃罪数额巨大的标准执行。抢劫数额以实际抢劫到的财物数额为依据。对以数额巨大的财物为明确目标,由于意志以外的原因,未能抢到财物或实际抢得的财物数额不大的,应同时认定"抢劫数额巨大"和犯罪未遂的情节。

5. 抢劫致人重伤、死亡。这包括过失、故意致人重伤、死亡。

6. 冒充军警人员抢劫。是指冒充现役军人、武装警察和公安司法警察进行抢劫的行为。在认定时,要注重对行为人是否穿着军警制服、携带枪支、是否出示军警证件等情节进行综合审查,判断是否足以使他人误以为是军警人员。对于行为人仅穿着类似军警的服装或仅以言语宣称系军警人员但未携带枪支、也未出示军警证件而实施抢劫的,要结合抢劫地点、时间、暴力或威胁的具体情形,依照常人判断标准,确定是否认定为"冒充军警人员抢劫"。军警人员利用自身的真实身份实施抢劫的,不认定为"冒充军警人员抢劫",应依法从重处罚。

7. 持枪抢劫。这是指行为人使用枪支或者向被害人显示持有、佩带的枪支进行抢劫的行为。"枪支"的概念和范围,适用《中华人民共和国枪支管理法》的规定。

8. 抢劫军用物资或者抢险、救灾、救济物资。这是指抢劫除军用枪支、弹药、爆炸物外的其他军用物资或者正在用于或将要用于抢险、救灾、救济的物资的行为。

另外,《审理抢劫意见》还就具有上述八种加重处罚情节的刑罚适用以及抢劫共同犯罪的刑罚适用等问题作了说明。

二、盗窃罪

(一) 盗窃罪的概念和构成要件

盗窃罪,是指以非法占有为目的,秘密窃取数额较大的公私财物,或者多次盗窃、入室盗窃、携带凶器盗窃、扒窃公私财物的行为。其构成要件是:

1. 本罪的客体是公私财产所有权。犯罪对象是各种有价值的公私财物,主要是他人的合法财产,但也包括他人不法占有的财物和违禁品,以及系本人所有但在他人合法占有下的财物。另外,将电信卡非法充值后使用,造成电信资费损失数额较大的,以及盗用他人公共信息网络上网帐号、密码上网,造成他人电信资费损失数额较大的,以盗窃罪定罪。[1]

2. 本罪在客观方面表现为盗窃公私财物数额较大,或者多次盗窃、入室盗窃、携带凶器盗窃、扒窃公私财物的行为。

盗窃即秘密窃取,这是本罪区别于其他侵犯财产罪的主要标志。所谓秘密窃取,是指行为人采取自认为不会被财物的所有者、保管者或者经手者发觉的方法,窃取财物的行为。是否属于秘密窃取,应当从行为人主观方面来认定,即取决于行为人本人是否认为自己的行为不被人发现。行为人自认为无人发现但在客观上已被人发现或者注视,也是秘密窃取。如果行为人已明知被他人发觉即使被害人未阻止而仍取走财物的,该行为带有公然性,不属于秘密窃取。秘密窃取的方式是多种多样的,可以是撬窃、扒窃、顺手牵羊等,也可以是施用骗术转移被害人注意力,然后在其不知不觉的情况下取走财物。对于实践中常见的"调包"案,由于符合秘密窃取的特征,而且被害人并没有交付占有的意思,因此应当认定为盗窃性质。

盗窃行为构成犯罪的情形包括以下五种:

(1) 盗窃公私财物数额较大。2013年4月4日"两高"实施的《关于办理盗窃刑事案件适用法律若干问题的解释》(以下简称《盗窃解释》)第1条第1款规定,盗窃公私财物价值

---

[1] 参见 2000 年 5 月 24 日实施的《最高人民法院关于审理扰乱电信市场管理秩序案件具体应用法律若干问题的解释》。

1000~3000元以上、3万元~10万元以上、30万元~50万元以上的，应当分别认定为"数额较大""数额巨大""数额特别巨大"。第1条第2款规定："各省、自治区、直辖市高级人民法院、人民检察院可以根据本地区经济发展状况，并考虑社会治安状况，在前款规定的数额幅度内，确定本地区执行的具体数额标准，报最高人民法院、最高人民检察院批准。"《盗窃解释》第2条规定，盗窃公私财物，具有下列情形之一的，"数额较大"的标准可以按照本解释第1条规定标准（即正常标准）的50%确定：①曾因盗窃受过刑事处罚的；②1年内曾因盗窃受过行政处罚的；③组织、控制未成年人盗窃的；④自然灾害、事故灾害、社会安全事件等突发事件期间，在事件发生地盗窃的；⑤盗窃残疾人、孤寡老人、丧失劳动能力人的财物的；⑥在医院盗窃病人或者其亲友财物的；⑦盗窃救灾、抢险、防汛、优抚、扶贫、移民、救济款物的；⑧因盗窃造成严重后果的。

（2）多次盗窃公私财物。"多次盗窃"是指2年内盗窃3次以上。只有在行为人每次盗窃都没有达到"数额较大"的标准时，才考虑适用该定罪标准。

（3）入室盗窃公私财物。"入室盗窃"是指非法进入供他人家庭生活，与外界相对隔离的住所实施盗窃。

（4）携带凶器盗窃公私财物。"携带凶器盗窃"是指携带枪支、爆炸物、管制刀具等国家禁止个人携带的器械盗窃，或者为了实施违法犯罪携带其他足以危害他人人身安全的器械盗窃的。"凶器"应是指使人产生心理恐惧，具有一定杀伤力的器具，既包括国家禁止携带的器械，如枪支、爆炸物、管制刀具等，也包括明显意图用作杀伤后盾的日常器械，如菜刀、铁锤等。

（5）扒窃公私财物。"扒窃"是指在公共场所或者公共交通工具上盗窃他人随身携带的财物的行为。扒窃行为直接接触公民人身，往往发生在大庭广众之下，严重影响群众的安全感，社会危害性很大。因此，只要实施了扒窃行为，就可构成犯罪，不论窃得财物多少。

3. 本罪的主体是一般主体，仅限于自然人。根据《盗窃解释》的规定，单位组织、指使盗窃，符合《刑法》第264条及本解释有关规定的，以盗窃罪追究组织者、指使者、直接实施者的刑事责任。

4. 本罪的主观方面是直接故意，且具有非法占有公私财物的目的。至于是非法占为己有还是占为他人所有、为集体非法占有，不影响本罪的成立。

（二）盗窃罪的司法认定

根据刑法和《盗窃解释》等有关规定，在认定本罪时应当注意以下方面：

1. 本罪与非罪的界限。这主要包括以下方面：①上述5种盗窃行为中，第1种情形须达到数额较大，才能构成盗窃罪，后4种情形无需符合"数额较大"标准即可直接定为盗窃罪。因此，对于盗窃没有达到数额较大标准的，或者2年内盗窃没有达到3次的等，不能以本罪论处。②偷拿自家的或者近亲属的财物，获得原谅的，一般可不认为是犯罪；追究刑事责任的，应当酌情从宽。③2010年2月8日发布实施的《最高人民法院关于贯彻宽严相济刑事政策的若干意见》第20条规定，对于未成年人犯罪，在具体考虑其实施犯罪的动机和目的、犯罪性质、情节和社会危害程度的同时，还要充分考虑其是否属于初犯，归案后是否悔罪，以及个人成长经历和一贯表现等因素，坚持"教育为主、惩罚为辅"的原则和"教育、感化、挽救"的方针进行处理。对于偶尔盗窃、抢夺、诈骗，数额刚达到较大的标准，案发后能如实交代并积极退赃的，可以认定为情节显著轻微，不作为犯罪处理。

2. 盗窃数额的认定。盗窃数额，是指行为人窃取的公私财物的实际数额，仅指实际价值和直接损失，不包括间接损失，也不是指低价销赃所得的赃款数额。《盗窃解释》第4条和第5条区别不同财产类型，对盗窃数额的认定方法作了具体规定。

3. 本罪既遂与未遂的认定和处理。对于盗窃罪的既遂标准，一般采用"失控说"，即盗窃行为只要造成被害人丧失了对财物的控制，不管行为人是否实际控制了该财物，都应认定为盗窃既遂。例如，行为人以不法占有为目的，从火车上将他人财物扔到偏僻的轨道旁，打算下车后再捡回。在这种情况下，即使行为人后来由于某种原因没有控制该财物，但因为被害人丧失了对财物的控制，也应认定为盗窃既遂。一般来说，如果盗窃的对象是现金、首饰等小件物品，只要装在衣袋里或提包就可以成立既遂。如果是大件物品，通常以搬出户外或院外为既遂。在开架式超市盗窃商品，只要走出收银台就成立既遂；在非开架式的商店盗窃商品，通常以将商品拿出货柜为既遂。如果是在公共场所扒窃，只要行为人将财物窃到手，就成立既遂。

对于盗窃未遂的，一般不予定罪处罚，但是，盗窃未遂，具有下列情形之一的，应当依法追究刑事责任：①以数额巨大的财物为盗窃目标的；②以珍贵文物为盗窃目标的；③其他情节严重的情形。[1]盗窃既有既遂又有未遂，分别达到不同量刑幅度的，依照处罚较重的规定处罚；达到同一量刑幅度的，以盗窃罪既遂处罚。

本章"导入案例三"中，宣某将新买汽车停放在楼下，只是忘记拔车钥匙，汽车仍属于宣某占有。邢某以非法占有为目的，偷开宣某的汽车，属于盗窃行为。盗窃罪的既遂标准是"失控说"，由于宣某及时发现，将邢某抓获，并没有失去对汽车的控制，所以邢某的行为是盗窃未遂。由于邢某是针对数额巨大的财物进行盗窃，因此应按盗窃罪（未遂）追究其刑事责任。

4. 盗窃支票等金融票证行为性质的认定。盗窃支票、汇票、本票、存单、存折等金融票证，其性质仍然是盗窃，之后又持窃取的金融票证去冒领兑现的，可能使用诈骗的手段，通常认为这是当然的结果行为，而不需要另外再定诈骗罪。如果对窃取的金融票证进行伪造、变造，比如伪造印鉴盖在窃取的空白支票上，那么其非法获取财物的主要手段已经不是盗窃而是金融凭证诈骗了。因为空白支票几无价值，蒙受损失的也不是支票的主人，而是被假支票欺骗的银行，因此应定为金融凭证诈骗罪。[2]

5. 偷开他人机动车的处理。包括：①偷开机动车，导致车辆丢失的，以盗窃罪定罪处罚；②为盗窃其他财物，偷开机动车作为犯罪工具使用后非法占有车辆，或者将车辆遗弃导致丢失的，被盗车辆的价值计入盗窃数额；③为实施其他犯罪，偷开机动车作为犯罪工具使用后非法占有车辆，或者将车辆遗弃导致丢失的，以盗窃罪和其他犯罪数罪并罚；将车辆送回未造成丢失的，按照其所实施的其他犯罪从重处罚。

6. 盗窃公私财物并造成财物损毁的处理。包括：①采用破坏性手段盗窃公私财物，造成其他财物损毁的，以盗窃罪从重处罚；同时构成盗窃罪和其他犯罪的，择一重罪从重处罚。例如，在输油管道上打洞盗窃原油，价值5000元，并留下管道火灾隐患多处，就应以破坏易燃易爆设备罪定罪从重处罚。②实施盗窃犯罪后，为掩盖罪行或者报复等，故意毁坏其他财物构成犯罪的，以盗窃罪和构成的其他犯罪数罪并罚。③盗窃行为未构成犯罪，但损毁财物构成其

---

[1] 2018年9月28日"两高"、公安部发布实施的《关于办理盗窃油气、破坏油气设备等刑事案件适用法律若干问题的意见》规定，着手实施盗窃油气行为，由于意志以外的原因未得逞，具有下列情形之一的，以盗窃罪（未遂）追究刑事责任：①以数额巨大的油气为盗窃目标的；②已将油气装入包装物或者运输工具，达到"数额较大"标准3倍以上的；③携带盗油卡子、手摇钻、电钻、电焊枪等切割、打孔、撬砸、拆卸工具的；④其他情节严重的情形。

[2] 阮齐林：《刑法学》，中国政法大学出版社2011年版，第540~541页。

他犯罪的,以其他犯罪定罪处罚。

7. 几种特殊性质的盗窃。刑法明确规定以下几种情形应当以盗窃罪定罪处罚:①盗窃信用卡并使用的;②盗窃增值税专用发票或者可以用于骗取出口退税、抵扣税款的其他发票的;③以牟利为目的,盗接他人通信线路、复制他人电信码号或者明知是盗接、复制的电信设备、设施而使用的;④邮政工作人员私自开拆或者隐匿、毁弃邮件,而窃取财物的。

(三) 盗窃罪的刑事责任

根据《刑法》第264条的规定,犯本罪的,处3年以下有期徒刑、拘役或者管制,并处或者单处罚金;数额巨大或者有其他严重情节的,处3年以上10年以下有期徒刑,并处罚金;数额特别巨大或者有其他特别严重情节的,处10年以上有期徒刑或者无期徒刑,并处罚金或者没收财产。

根据《盗窃解释》第1条的规定,盗窃公私财物价值3万元~10万元以上的,为"数额巨大";30万元~50万元以上的,为"数额特别巨大"。《盗窃解释》第6条规定,盗窃公私财物,具有《盗窃解释》第2条第3~8项规定情形之一,或者入户盗窃、携带凶器盗窃,数额达到《盗窃解释》第1条规定的"数额巨大""数额特别巨大"50%的,可以分别认定为"其他严重情节"或者"其他特别严重情节"。

因犯盗窃罪,依法判处罚金刑的,应当在1000元以上盗窃数额的2倍以下判处罚金;没有盗窃数额或者盗窃数额无法计算的,应当在1000元以上10万元以下判处罚金。

《盗窃解释》还规定,盗窃公私财物数额较大,行为人认罪、悔罪、退赃、退赔,且具有下列情形之一,情节轻微的,可以不起诉或者免予刑事处罚;必要时,由有关部门予以行政处罚:①具有法定从宽处罚情节的;②没有参与分赃或者获赃较少且不是主犯的;③被害人谅解的;④其他情节轻微、危害不大的。

三、诈骗罪

(一) 诈骗罪的概念和构成要件

诈骗罪,是指以非法占有为目的,用虚构事实或者隐瞒真相的方法,骗取数额较大的公私财物的行为。诈骗罪(既遂)的逻辑构造为:行为人实施欺骗行为——对方(受骗者)产生错误认识——对方基于错误认识处分财产——行为人或第三人取得财产——被害人遭受财产损失。[1] 诈骗罪的构成要件是:

1. 本罪的客体是公私财产所有权。犯罪对象为公私财物,包括动产和不动产。如果侵犯的对象不是公私财物,即使实施了欺骗行为,也不构成本罪。

2. 本罪在客观方面表现为使用虚构事实或者隐瞒真相的欺诈方法,骗取数额较大的公私财物的行为,其具体内容和特征是:

(1) 实施了欺骗行为,即行为人使用虚构事实或者隐瞒真相的欺骗方法。"虚构事实"即捏造客观上根本不存在的或者不可能发生,足以使被害人受蒙骗的所谓事实,骗取被害人的信任。可以是部分虚构,也可以是全部虚构。"隐瞒真相"即对被害人掩盖客观存在的某种事实,以此哄骗被害人。应当指出,这里的"骗"只能是针对对财物具有处分能力的自然人,如果是对机器或没有处分能力的人实施所谓的"骗",一般应按盗窃论处。欺骗方法可以是多种多样的,如伪造、涂改单据、证件或者其他领款、领物凭证;假冒身份或以恋爱、结婚为诱饵,骗取钱财;设置骗局,捡钱物共分;伪造军警车辆号牌,骗免过路费;利用转手承包、介

---

[1] 张明楷:《刑法学》(下),法律出版社2016年版,第1000页。

绍业务为诱饵骗取财物；等等。

（2）欺骗行为使对方陷入错误认识进而"自愿地"对财产作出处分，即行为人的欺骗行为使对方在认识上产生错觉，信以为真，从而貌似"自愿地"作出财产利益的处分，包括交付财产，免除行为人交还财物的义务，承诺转移财产性利益等。这种"自愿"并非被害人的真实意愿，而是被行为人所设置的骗局迷惑、上当受骗的结果。该财物交付行为，可以是当场，也可以是事后。如果欺诈内容不是为了使他人作出财产处分，则不是诈骗罪的欺诈行为。欺诈行为必须达到使一般人能够产生错误认识的程度，如将野辣椒说成具有抗癌功能等。对自己出卖的商品进行夸张，没有超出社会容忍范围的，不是诈骗。

（3）行为人因此获得了财产，被害人遭受了损失。如果行为人虽然实施了欺骗行为，但并未因此取得对方财产的，则不能成立诈骗罪既遂。

（4）骗取公私财物数额较大。根据2011年4月8日"两高"实施的《关于办理诈骗刑事案件具体应用法律若干问题的解释》（以下简称《诈骗解释》）的规定，这里的"数额较大"是指诈骗公私财物价值3000~10000元以上。各省、自治区、直辖市高级人民法院、人民检察院可以结合本地区经济社会发展状况，在上述规定的数额幅度内，共同研究确定本地区执行的具体数额标准，报最高人民法院、最高人民检察院备案。

3. 本罪的主体是一般主体。

4. 本罪的主观方面是直接故意，并以非法占有公私财物为目的。

（二）诈骗罪的司法认定

1. 本罪与非罪的界限。①诈骗没有达到"数额较大"的标准，且危害不大的，不构成犯罪。②诈骗近亲属的财物，近亲属谅解的，一般可不按犯罪处理。诈骗近亲属的财物，确有追究刑事责任必要的，具体处理也应酌情从宽。③要把正常的借贷行为、代人购物拖欠货款的行为与以借贷或代购为名、行诈骗之实的犯罪区别开。主要是看行为人是否出于非法占有他人财物的目的。判断是否具有非法占有之目的，应综合考虑双方的关系、事情的起因、行为人的具体行为、不能归还或拖欠的原因、所造成的后果以及行为人的态度等各方面的因素。如果行为人主观上没有非法占有的目的，只是由于经营不善或者其他原因导致经济发生困难，难以偿还债务的，不构成诈骗罪。如果行为人编造虚假的借款用途，拿到借款后逃之夭夭或大肆挥霍，毫无归还的意思表示，则可以认定为诈骗。

2. 本罪既遂与未遂的认定和处理。行为人取得了财物且数额较大，就成立本罪的既遂。行为人已经着手实行诈骗行为，只是由于其意志以外的原因而未获取财物的，是诈骗未遂。对于诈骗未遂的处理，《诈骗解释》中规定了以下几点：①诈骗未遂，以数额巨大的财物为诈骗目标的，或者具有其他严重情节的，应当定罪处罚。②利用发送短信、拨打电话、互联网等电信技术手段对不特定多数人实施诈骗，诈骗数额难以查证，但具有下列情形之一的，应当认定为《刑法》第266条规定的"其他严重情节"，以诈骗罪（未遂）定罪处罚：发送诈骗信息5000条以上的；拨打诈骗电话500人次以上的；诈骗手段恶劣、危害严重的。③诈骗既有既遂，又有未遂，分别达到不同量刑幅度的，依照处罚较重的规定处罚；达到同一量刑幅度的，以诈骗罪既遂处罚。

3. 共犯和罪数的认定。明知他人实施诈骗犯罪，为其提供信用卡、手机卡、通讯工具、通讯传输通道、网络技术支持、费用结算等帮助的，以共同犯罪论处。冒充国家机关工作人员进行诈骗，同时构成诈骗罪和招摇撞骗罪的，依照处罚较重的规定定罪处罚。

4. 本罪与盗窃罪的界限。在实施侵财犯罪活动中，行为人往往既使用了欺骗的手段又使用了盗窃的手段，对这种案件的定性，关键是看被害人是否有处分财物和交付行为人占有之意思，换言之，要看行为人取得财物是否违背了被害人的意志。违背其意志的，是盗窃性质；不违背其意志的，则是诈骗性质。

本章"导入案例四"中，乙男出于非法占有的目的，实施了欺骗的行为，使甲女信以为真。但是，甲女没有"自愿地"处分财物的意思，即没有转移对财物占有的意图。在甲女将2000元交给乙男时，乙男不过是单纯的控制了财物，而在社会观念上这2000元仍然归甲女所占有。在此种情况下，乙男偷梁换柱，属于秘密窃取的盗窃性质，因此对乙男应以盗窃罪定罪处罚。

5. 本罪与特殊诈骗罪的关系。本罪属于普通诈骗罪，刑法还规定了许多特殊诈骗罪。《刑法》第266条规定："……本法另有规定的，依照规定。"该条是指刑法分则中其他条文对采用虚构事实、隐瞒真相方法骗取财物行为的特别规定，如集资诈骗罪、信用卡诈骗罪、合同诈骗罪等。这些特殊诈骗罪均符合普通诈骗罪的构成特征，属于法条竞合关系，应当按特别法优于普通法适用的原则处理。

6. 注意其他以诈骗罪和不以诈骗罪论处的规定。组织和利用会道门、邪教组织或者利用迷信诈骗财物的，以诈骗罪定罪处罚。以虚假、冒用身份证件办理入网手续并使用移动电话，造成电信资费损失数额较大的，应以诈骗罪定罪处罚；行为人设置圈套诱骗他人参赌获取钱财，属赌博行为，构成犯罪的，应当以赌博罪定罪处罚。[1]

（三）诈骗罪的刑事责任

根据《刑法》第266条的规定，犯本罪的，处3年以下有期徒刑、拘役或者管制，并处或者单处罚金；数额巨大或者有其他严重情节的，处3年以上10年以下有期徒刑，并处罚金；数额特别巨大或者有其他特别严重情节的，处10年以上有期徒刑或者无期徒刑，并处罚金或者没收财产。本法另有规定的，依照规定。根据《诈骗解释》第1条的规定，诈骗公私财物价值3万元~10万元以上、50万元以上的，应当分别认定为"数额巨大""数额特别巨大"。

根据《诈骗解释》第3条的规定，诈骗公私财物虽已达到"数额较大"的标准，但具有下列情形之一，且行为人认罪、悔罪的，可以依法不起诉或者免予刑事处罚：①具有法定从宽处罚情节的；②一审宣判前全部退赃、退赔的；③没有参与分赃或者获赃较少且不是主犯的；④被害人谅解的；⑤其他情节轻微、危害不大的。

四、抢夺罪

（一）抢夺罪的概念和构成要件

抢夺罪，是指以非法占有为目的，抢夺公私财物数额较大或者多次抢夺的行为。其构成要件是：

1. 本罪的客体是公私财产所有权。犯罪对象是有形的动产，且为一般财物，不包括公文、国有档案、枪支等特殊物品。

2. 本罪在客观方面表现为抢夺公私财物数额较大或者多次抢夺的行为。抢夺即"公然夺取"，是指将他人支配下的财物迅速而公然地夺走的行为。主要是指乘人不备夺取财物，但也可以是当面公开夺取财物。也就是说，行为人是否乘人不备夺取财物，不影响本罪的构成。例

---

[1] 分别参见：《刑法》第300条第3款规定、2000年5月24日实施的《最高人民法院关于扰乱电信市场秩序案件具体应用法律若干问题的解释》、1995年11月6日发布实施的《最高人民法院关于设置圈套诱骗他人参赌又向索还钱财的受骗者施以暴力或暴力威胁的行为应如何定罪问题的批复》。

如，王某趁出车祸腿部受伤的李某不能动弹之机，拿走其手上价值6000元的手表，这种当面公开夺取他人财物的行为，也属于抢夺。抢夺行为构成犯罪的情形包括以下两种：

（1）抢夺公私财物数额较大。根据2013年11月18日"两高"实施的《关于办理抢夺刑事案件适用法律若干问题的解释》（以下简称《抢夺解释》）第1条的规定，抢夺公私财物价值1000~3000元以上为"数额较大"。第2条规定，抢夺公私财物，具有下列情形之一的，"数额较大"的标准按照本解释第1条标准（即正常标准）的50%确定：①曾因抢劫、抢夺或者聚众哄抢受过刑事处罚的；②1年内曾因抢夺或者哄抢受过行政处罚的；③1年内抢夺3次以上的；④驾驶机动车、非机动车抢夺的；⑤组织、控制未成年人抢夺的；⑥抢夺老年人、未成年人、孕妇、携带婴幼儿的人、残疾人、丧失劳动能力人的财物的；⑦在医院抢夺病人或者其亲友财物的；⑧抢夺救灾、抢险、防汛、优抚、扶贫、移民、救济款物的；⑨自然灾害、事故灾害、社会安全事件等突发事件期间，在事件发生地抢夺的；⑩导致他人轻伤或者精神失常等严重后果的。

（2）多次抢夺公私财物。参照《盗窃解释》关于"多次盗窃"的规定，"多次抢夺"也应当是指2年内抢夺3次以上。

3. 本罪的主体为一般主体。

4. 本罪的主观方面是直接故意，并具有非法占有公私财物的目的。

（二）抢夺罪的司法认定

1. 本罪与非罪的界限。抢夺公私财物数额不大，情节显著轻微的，或者2年内抢夺未到3次的，不构成本罪。

2. 罪数的认定。根据《抢夺解释》第2~4条的规定，实施抢夺公私财物行为，导致他人轻伤或者精神失常等严重后果，导致他人重伤，导致他人自杀，或者导致他人死亡的，仍应以抢夺罪定罪处罚，不构成数罪。其中，导致他人重伤的，适用"数额巨大或者有其他严重情节"一档法定刑处罚；导致他人死亡的，适用"数额特别巨大或者有其他特别严重情节"一档法定刑处罚。

3. 本罪与抢劫罪的界限。二者均以非法占有公私财物为目的，都有抢走他人财物的行为。二者的主要区别是行为手段不同：①抢夺表现为公然夺取公私财物，不具有对被害人使用暴力或以暴力相威胁的特征；而抢劫是使用暴力、胁迫或者其他方法取得财物。②实施抢夺虽然也要使用一定的强力，但它是直接对财物实施强力，并非针对他人的身体实施暴力。行为人实施抢夺行为时，被害人来不及抗拒或者没有抗拒，并非是因被暴力压制或受到胁迫所致。而抢劫中的暴力是针对被害人的身体，并以此来排除对方的抵抗。因此，在实施抢夺过程中，即使行为人夺取财物时所施加的有形力致使被害人跌倒摔伤或者死亡，一般也不成立抢劫罪。

4. 驾驶机动车、非机动车夺取他人财物行为的定性。《抢夺解释》第6条规定，驾驶机动车、非机动车夺取他人财物，具有下列情形之一的，应当以抢劫罪定罪处罚：①夺取他人财物时因被害人不放手而强行夺取的；②驾驶车辆逼挤、撞击或者强行逼倒他人夺取财物的；③明知会致人伤亡仍然强行夺取并放任造成财物持有人轻伤以上后果的。

（三）抢夺罪的刑事责任

根据《刑法》第267条的规定，犯本罪的，处3年以下有期徒刑、拘役或者管制，并处或者单处罚金；数额巨大或者有其他严重情节的，处3年以上10年以下有期徒刑，并处罚金；数额特别巨大或者有其他特别严重情节的，处10年以上有期徒刑或者无期徒刑，并处罚金或者没收财产。携带凶器抢夺的，依照《刑法》第263条关于抢劫罪的规定定罪处罚。

根据《抢夺解释》第1条、第3~4条的规定，抢夺公私财物价值3万元~8万元以上、20万元~40万元以上的，应当分别认定为"数额巨大""数额特别巨大"。"其他严重情节"包括导致他人重伤的；导致他人自杀的；具有本解释第2条第3~10项规定的情形之一，数额达到本解释第1条规定的"数额巨大"50%的。"其他特别严重情节"包括导致他人死亡的；具有本解释第2条第3~10项规定的情形之一，数额达到本解释第1条规定的"数额特别巨大"50%的。

根据《抢夺解释》第5条的规定，抢夺公私财物数额较大，但未造成他人轻伤以上伤害，行为人系初犯，认罪、悔罪，退赃、退赔，且具有下列情形之一的，可以认定为犯罪情节轻微，不起诉或者免予刑事处罚；必要时，由有关部门依法予以行政处罚：①具有法定从宽处罚情节的；②没有参与分赃或者获赃较少，且不是主犯的；③被害人谅解的；④其他情节轻微、危害不大的。

五、聚众哄抢罪

聚众哄抢罪，是指以非法占有为目的，聚集多人公然抢夺公私财物，数额较大或者有其他严重情节的行为。所谓聚众哄抢，是指多人（3人以上）因偶然事件发生而聚集到一起，采用哄闹、滋扰等方法，一哄而起地争相公然夺取公私财物的行为，它具有聚众性、公然性的特征。根据《刑法》第268条的规定，犯本罪的，对首要分子和积极参加者的，处3年以下有期徒刑、拘役或者管制，并处罚金；数额巨大或者有其他特别严重情节的，处3年以上10年以下有期徒刑，并处罚金。

六、侵占罪

（一）侵占罪的概念和构成要件

侵占罪，是指以非法占有为目的，将代为保管的他人财物非法占为己有，数额较大，拒不退还，或者将他人的遗忘物或者埋藏物非法占为己有，数额较大，拒不交出的行为。其构成要件是：

1. 本罪的客体是公私财产所有权。犯罪对象是他人脱离占有之物，具体包括以下三种特定财物：①代为保管的他人财物。这是指接受他人委托或者根据事实上的管理而成立的对他人财物的持有、管理。行为人与他人之间形成了保管关系，是这种形式侵占罪成立的前提条件。②他人的遗忘物。遗忘物是指由于财物所有人、持有人不慎而失去占有、控制的财物，如顾客丢在出租车里的钱包等。遗忘物不同于遗失物，其特点是，物主一般知道财物脱离自己占有的时间和地点，也往往会知道被某一特定人所拾得和占有。③埋藏物。埋藏物一般是指埋藏于地下的财物，其特点是，偶然发现，而非明知。《民法典》第319条规定："拾得漂流物、发现埋藏物或者隐藏物的，参照适用拾得遗失物的有关规定。法律另有规定的，依照其规定。"

2. 本罪在客观方面表现为将代为保管的他人财物、他人的遗忘物或者埋藏物非法占为己有，数额较大，拒不退还或者拒不交出的行为。具体包括以下要素：

（1）行为人在实施犯罪之前已经合法持有他人财物，这是本罪的突出特点。合法持有他人财物，是指以合法的方式取得对他人财物暂时的占有权。

（2）行为人将上述三种特定财物非法占为己有，拒不退还或者拒不交出，即"变合法持有为非法所有"。这里的"非法占为己有"，是指行为人将其以合法形式持有的他人财物，予以侵吞、占有或者处分。应当指出，对"他人脱离占有之物"的占有必须是事实上的占有，否则不构成本罪。"拒不退还或者拒不交出"是指物主或者有关机关要求退还或者交出财物，行为人毫无法律根据地拒绝退还、交出或矢口否认，这表明行为人具有非法占有该财物的目的。如果经权利人要求，甚至经他人说服教育后，行为人最终交出或者退还了财物，或者虽已处分了该财物但事后作了赔偿的，则不构成本罪。

（3）必须数额较大。如果数额较小，即使拒不交还，也不构成本罪。

3. 本罪的主体是一般主体。

4. 本罪的主观方面是直接故意，并具有非法占有的目的。

（二）侵占罪的司法认定

主要应划清本罪与盗窃罪、诈骗罪的界限。它们的区别主要包括：①非法占有目的形成的时间不同。本罪的非法占有意图产生于合法持有、实际控制他人财物之后；而后二罪的非法占有意图产生于持有他人财物之前，并在该犯意的支配下实施了盗窃或诈骗行为。②客观方面不同。本罪的行为人是对占有之物以种种借口或采取各种手段拒不退还或交出；而后二罪的行为人是通过盗窃、诈骗的方法将他人财物转移为自己占有。③犯罪对象不同。本罪的对象是三种特定财物，而后二罪的对象可以是任何财物。

（三）侵占罪的刑事责任

根据《刑法》第270条的规定，犯本罪的，处2年以下有期徒刑、拘役或者罚金；数额巨大或者有其他严重情节的，处2年以上5年以下有期徒刑，并处罚金。本罪，告诉的才处理。

七、职务侵占罪

（一）职务侵占罪的概念和构成要件

职务侵占罪，是指公司、企业或者其他单位的工作人员，利用职务上的便利，将本单位财物非法占为己有，数额较大的行为。其构成要件是：

1. 本罪的客体是公司、企业或者其他单位的财产所有权。犯罪对象是行为人因职务关系而占有、经管的单位财物。可以是动产和不动产，也可以是有形物和无形物，如工业产权等，还可以是本单位有权占有而未实际占有的财物，如单位的债权。

2. 本罪在客观方面表现为利用职务上的便利，将本单位财物非法占为己有，数额较大的行为。这包括以下要素：

（1）必须是利用职务上的便利，即利用本人职权及与职务有关的便利条件。"职权"是指本人职务、岗位范围内的权力。"与职务有关的便利条件"是指虽然不是直接利用职务或岗位上的权限，但却利用了本人的职权或地位所形成的便利条件，或通过其他人员利用职务或地位上的便利条件。包括利用自己主管、分管、经手、决定或处理以及经办一定事项等的权力；依靠、凭借自己的权力去指挥、影响下属或利用其他人员的与职务、岗位有关的权限；依靠、凭借权限、地位控制、左右其他人员，或者利用对己有所求人员的权限。如果只是利用在本单位工作，熟悉环境、容易混入现场、易接近目标等便利条件，侵占本单位财物的，不属于利用职务上的便利，不能构成本罪。

（2）必须实施了非法占有本单位财物的行为。职务侵占的手段可以是侵吞、窃取、骗取等各种手段。

（3）必须数额较大。根据2016年4月18日"两高"发布实施的《关于办理贪污贿赂刑事案件适用法律若干问题的解释》第11条的规定，本罪中的"数额较大"的数额起点，按照本解释关于受贿罪、贪污罪相对应的数额标准规定的2倍执行。《公安立案标准二》第76条规定，涉嫌职务侵占，数额在3万元以上的，应予立案追诉。

3. 本罪的主体是特殊主体，即必须是公司、企业或者其他单位的非国家工作人员。《刑法》和有关司法解释就本罪的主体还作出了以下规定：①（非国有）保险公司的工作人员利用职务上的便利，故意编造未曾发生的保险事故进行非法理赔，骗取保险金归个人所有的，以职务侵占罪定罪处罚。②村民小组组长利用职务上的便利，将村民小组集体财产非法占为己有，数额较大的，应以职务侵占罪定罪处罚。③在国有资本控股、参股的股份有限公司中从事管理工作的人员，除受国家机关、国有公司、企业、事业单位委派从事公务的以外，不属于国家工作人员。对其利用职务上的便利，将本单位财物非法占为己有，数额较大的，应当以职务侵占罪论处。[1]

4. 本罪的主观方面是直接故意，并具有非法占有本单位财物的目的。

（二）职务侵占罪的司法认定

1. 本罪与盗窃罪、诈骗罪的界限。主要区别是客观方面不同，本罪必须是利用职务上的便利实施的，后两罪的实施与职务便利无关。另外，犯罪对象和犯罪主体也不同。

2. 本罪与侵占罪的界限。二者的客体、主观方面、犯罪目的均相同，也都要求数额较大。其区别包括：①犯罪对象不同。本罪的对象是行为人所在单位的财物；而后罪的对象是三种特定财物。②客观方面不同。本罪表现为利用职务上的便利将本单位财物非法占为己有；而后罪的实施与职务无关。③犯罪主体不同。④本罪属于公诉案件，而后罪属于亲告罪。

3. 共犯的认定。根据2000年7月8日实施的《最高人民法院关于审理贪污、职务侵占案件如何认定共同犯罪几个问题的解释》的规定，行为人与公司、企业或者其他单位的人员勾结，利用公司、企业或者其他单位人员的职务便利，共同将该单位财物非法占为己有，数额较大的，以本罪共犯论处。公司、企业或者其他单位中，不具有国家工作人员身份的人与国家工作人员勾结，分别利用各自的职务便利，共同将本单位财物非法占为己有的，按照主犯的犯罪性质定罪。

本章"导入案例五"中，张某、王某的行为构成职务侵占罪，属共犯。张某作为非国有单位的仓库保管员，与王某勾结，将自己管理的仓库里的物品窃走，据为己有，这属于利用职务上的便利，并且非法占有的财物价值达10万余元，符合职务侵占罪的构成要件，张某的行为构成了职务侵占罪。根据上述司法解释的规定，对王某应以职务侵占罪的共犯论处。

（三）职务侵占罪的刑事责任

根据《刑法》第271条第1款的规定，犯本罪的，处3年以下有期徒刑或者拘役，并处罚金；数额巨大的，处3年以上10年以下有期徒刑，并处罚金；数额特别巨大的，处10年以上有期徒刑或者无期徒刑，并处罚金。

八、挪用资金罪

（一）挪用资金罪概念和构成要件

挪用资金罪，是指公司、企业或者其他单位的工作人员，利用职务上的便利，挪用本单位资金归个人使用或者借贷给他人，数额较大、超过3个月未还的，或者虽未超过3个月，但数额较大、进行营利活动的，或者进行非法活动的行为。其构成要件是：

1. 本罪的客体是公司、企业或者其他单位的财产所有权。犯罪对象是本单位的资金，包括货币、有价证券等。应当指出，挪用资金罪只是暂时侵犯了单位对资金所有权中的占有权、使用权和收益权，而没有永久侵犯单位资金的全部所有权。

---

[1] 分别参见《刑法》第183条、1999年7月3日实施的《最高人民法院关于村民小组组长利用职务便利非法占有公共财物行为如何定性问题的批复》、2001年5月26日实施的《最高人民法院关于在国有资本控股、参股的股份有限公司中从事管理工作的人员利用职务便利非法占有本公司财物如何定罪问题的批复》。

2. 本罪在客观方面表现为利用职务上的便利，挪用本单位资金归个人使用或者借贷给他人使用的行为。所谓挪用，是指违反财经管理规定，未经批准擅自使用单位资金，准备日后归还的行为。利用职务上的便利挪用本单位资金，有下列三种情形之一的行为，即可构成本罪：

（1）超期未还型的挪用，即挪用本单位资金归个人使用或者借贷给他人，数额较大、超过3个月未还。这里的"使用"是指挪用单位资金用于非法活动、营利活动以外的其他合法活动，如个人消费、支付医药费等。这里"归个人使用"是指下列情形之一的：①将本单位资金供本人、亲友或者其他自然人使用的；②以个人名义将本单位资金供其他单位使用的；③个人决定以单位名义将本单位资金供其他单位使用，谋取个人利益的。此种挪用资金行为构成犯罪必须同时具备"数额较大""挪用时间超过3个月未还"两个条件。这里的"数额较大"，根据2016年4月18日"两高"发布实施的《关于办理贪污贿赂刑事案件适用法律若干问题的解释》第11条的规定，是指在10万元以上。"超过3个月未还"是指超过3个月，在案发前即被司法机关、主管部门或者有关单位发现前，尚未归还。如果挪用期限没有超过3个月，或者虽然超过3个月，但在案发前已经自动归还的，不构成本罪。

（2）营利活动型的挪用，即挪用资金虽未超过3个月，但数额较大，进行营利活动的。数额较大和进行营利活动是必备要素，没有时间长短的限制。这里的"数额较大"也是指在10万元以上。所谓营利活动，是指国家法律所允许的牟利活动，如用于生产、经营、购买国债等。

（3）非法活动型的挪用，即用所挪用的单位资金进行非法活动，如从事非法经营活动、贩毒、嫖娼等。此种挪用行为构成犯罪，没有挪用时间长短的限制，法律也没有就挪用数额作出要求，但根据上述司法解释的规定，此种情况下的挪用单位资金，数额在6万元以上的，才应当追究刑事责任。但是，《公安立案标准二》对挪用资金罪的追诉标准作出了不同于"两高"《关于办理贪污贿赂刑事案件适用法律若干问题的解释》的规定。

3. 本罪的主体是特殊主体，即公司、企业或者其他单位的工作人员，不包括国家工作人员和本单位以外的人员。

4. 本罪的主观方面是直接故意，具有非法暂时使用本单位资金的目的。

（二）挪用资金罪的司法认定

1. 本罪与挪用公款罪的界限。二者的根本区别在于犯罪主体不同。如果是国家工作人员利用职务上的便利，挪用资金的，则构成挪用公款罪。根据《刑法》第185条第1款的规定，商业银行、证券交易所、期货交易所、证券公司、期货经纪公司、保险公司或者其他金融机构的工作人员（应是指非国有金融机构的工作人员）利用职务上的便利，挪用本单位或者客户资金的，以本罪定罪处罚。根据有关规定，[1]对于受国家机关、国有公司、事业单位、人民团体委托，管理、经营国有财产的非国家工作人员，利用职务上的便利，挪用国有资金归个人使用构成犯罪的，以本罪定罪处罚。根据《刑法》第272条第2款的规定，国有公司、企业或者其他国有单位中从事公务的人员和国有公司、企业或者其他国有单位委派到非国有公司、企业以及其他单位从事公务的人员，利用职务上的便利挪用单位资金的，依照挪用公款罪定罪处罚。

2. 本罪与职务侵占罪的界限。二者的犯罪主体相同，也都表现为利用职务上的便利。二者的区别包括：①犯罪客体的具体内容不同。本罪只侵犯了本单位资金的部分权能，并没有侵

---

[1] 2000年2月24日实施的《最高人民法院关于对受委托管理、经营国有财产人员挪用资金行为如何定罪问题的批复》。

犯其处分权；后罪侵犯了财产所有权的全部权能。②犯罪对象的范围不同。本罪只限于本单位的资金；后罪包括本单位的资金和财物。③犯罪的手段和方式不同。本罪只是将本单位的资金挪归个人使用或者借给他人使用，并不采取转移资金所有权的方法；后罪则是以侵吞、窃取、骗取等手段非法占有本单位的财物。④犯罪目的不同。本罪以非法暂时使用为目的，一般是准备日后归还的；而后罪则以非法占有为目的。因此，如果行为人挪用资金后不退还或者潜逃的，应以职务侵占罪论处。

（三）挪用资金罪的刑事责任

根据《刑法》第272条第1款、第3款的规定，犯本罪的，处3年以下有期徒刑或者拘役；挪用本单位资金数额巨大的，处3年以上7年以下有期徒刑；数额特别巨大的，处7年以上有期徒刑。犯本罪，在提起公诉前将挪用的资金退还的，可以从轻或者减轻处罚。其中，犯罪较轻的，可以减轻或者免除处罚。

九、挪用特定款物罪

挪用特定款物罪，是指违反特定款物专用的管理制度，挪用用于救灾、抢险、防汛、优抚、扶贫、移民、救济款物，情节严重，致使国家和人民群众利益遭受重大损害的行为。本罪的对象限于上述七种特定款物。这里的"挪用"，是指改变特定款物的专用用途，擅自挪作其他公用的行为，不包括挪作个人使用。根据《刑法》第384条第2款的规定，如果国家工作人员利用职务便利将上述七种特定款物挪归个人使用的，则应当以挪用公款罪从重处罚。本罪的主体是特殊主体，即掌管、经手上述七种特定款物的直接责任人员，并不限于具有国家工作人员身份的人。根据《刑法》第273条规定，犯本罪的，对直接责任人员处3年以下有期徒刑或者拘役；情节特别严重的，处3年以上7年以下有期徒刑。

十、敲诈勒索罪

（一）敲诈勒索罪的概念和构成要件

敲诈勒索罪，是指以非法占有为目的，使用威胁或者要挟的方法，强行索取公私财物，数额较大或者多次敲诈勒索的行为。其构成要件是：

1. 本罪的客体是复杂客体，既侵犯了公私财物的所有权，也侵犯他人的人身权利或其他权益。

2. 本罪在客观方面表现为以威胁或要挟的方法，向公私财物的所有人或持有人强行索取财物，数额较大或者多次敲诈勒索的行为。这包括以下要素：

（1）必须是对被害人采取威胁或要挟的方法。概括而言，"威胁或要挟"就是对公私财物的所有人、管理人给予精神上的强制，使其产生恐惧，以至于不敢反抗，不得已而交付财物。威胁与要挟，都是能够引起他人心理恐惧的精神强制方法，二者没有本质的区别。威胁或要挟的方法是多种多样的，通常包括：以对被害人及其亲友实施杀害、伤害等暴力相威胁；以揭发、张扬被害人隐私或弱点相威胁、要挟；以损害被害人的名誉相威胁；以毁坏财产相威胁；以披露商业秘密相要挟；凭借或利用某种权势损害被害人的切身利益相要挟；以告发其违法犯罪相威胁；等等。

威胁或要挟的表现形式，可以是当面进行，也可以是间接实施；可以是公开的，也可以是以暗示方式进行；可以是口头的，也可以是书面的，还可以是采取处理网络信息的方式实施。根据2013年9月10日"两高"实施的《关于办理利用信息网络实施诽谤等刑事案件适用法律若干问题的解释》第6条的规定，以在信息网络上发布、删除等方式处理网络信息为由，威胁、要挟他人，索取公私财物，数额较大，或者多次实施上述行为的，以敲诈勒索罪定罪处罚。

（2）必须是迫使被害人交付公私财物。既可以是逼迫被害人当场交出财物，也可以是逼迫被害人限期交出财物。

（3）必须是勒索公私财物数额较大或者多次敲诈勒索。根据2013年4月27日"两高"实施的《关于办理敲诈勒索刑事案件适用法律若干问题的解释》（以下简称《敲诈勒索解释》）第1条的规定，敲诈勒索公私财物价值2000～5000元以上的，为"数额较大"。《敲诈勒索解释》第2条规定，敲诈勒索公私财物，具有下列情形之一的，"数额较大"的标准可以按照本解释第1条规定标准的50%确定：①曾因敲诈勒索受过刑事处罚的；②1年内曾因敲诈勒索受过行政处罚的；③对未成年人、残疾人、老年人或者丧失劳动能力人敲诈勒索的；④以将要实施放火、爆炸等危害公共安全犯罪或者故意杀人、绑架等严重侵犯公民人身权利犯罪相威胁敲诈勒索的；⑤以黑恶势力名义敲诈勒索的；⑥利用或者冒充国家机关工作人员、军人、新闻工作者等特殊身份敲诈勒索的；⑦造成其他严重后果的。

"多次敲诈勒索"是指2年内敲诈勒索3次以上的。

3. 本罪的主体是一般主体。对于明知他人实施敲诈勒索犯罪，而为其提供信用卡、手机卡、通讯工具、通讯传输通道、网络技术支持等帮助的，以共犯论处。

4. 本罪的主观方面是直接故意，并以非法占有公私财物为目的。

（二）敲诈勒索罪的司法认定

1. 本罪与非罪的界限。主要应从行为人主观上是否具有非法占有的目的、客观上勒索的财物是否属于数额较大、是否属于多次敲诈勒索等方面进行区分。行为人如果是以索取债务为目的而实施了带有某种威胁性的举动，属于债务纠纷，不能认定为敲诈勒索。《敲诈勒索解释》就本罪与非罪的问题规定了以下两点：①敲诈勒索近亲属的财物，获得谅解的，一般不认为是犯罪；认定为犯罪的，应当酌情从宽处理。②被害人对敲诈勒索的发生存在过错的，根据被害人过错程度和案件其他情况，可以对行为人酌情从宽处理；情节显著轻微危害不大的，不认为是犯罪。

2. 本罪与绑架罪的界限。二者的区别在于行为人是否利用劫持并控制人质的方法进行敲诈、强索财物。索取财物型的绑架实际上是采用非法拘禁的方式勒索财物，如果没有采用非法剥夺人身自由的方式勒索财物，就属于敲诈勒索。例如，沈某、赵某两人合伙编造赵某被人绑架的骗局，然后向赵某的父母勒索赎金，就属于敲诈勒索性质。

3. 本罪与诈骗罪的界限。两罪皆有"诈"字，但其含义与表现形式并不相同。敲诈勒索是使用威胁或要挟的方法，使被害人产生精神恐惧，迫不得已而交出财物；而诈骗则是使用虚构事实或隐瞒真相的欺骗方法，使被害人陷于错误认识，从而似乎"自愿"地交付财物。两种犯罪中被害人交付财物的主观感觉是截然不同的。

4. 本罪与抢劫罪的界限。敲诈勒索罪的威胁方法与抢劫罪的胁迫方法有类似之处。因此，当行为人采用威胁（胁迫）的方法实现其非法占有公私财物的目的时，必须严格区分二罪。二者的主要区别包括以下方面：

（1）威胁（胁迫）的内容不完全相同。抢劫罪的胁迫是指对被害人以当场实施暴力侵害相威胁，且只能是当场可以实施的暴力侵害；而本罪的威胁内容比较广泛，既可以是以暴力相威胁，也可以是以揭发隐私、损害名誉、毁坏财产等相威胁，而且本罪中的威胁内容如果是暴力的话，必须不具有当场可实施性。

（2）威胁（胁迫）的方式不同。抢劫罪的胁迫是当面直接对被害人进行威胁，不可能通过第三者进行威胁；而本罪的威胁可以当面实施，也可以不当面实施；可以是自己进行威胁，也可以是通过第三人进行威胁。

（3）将威胁（胁迫）的内容转为具体实施的时间不同。抢劫罪的暴力威胁转化为暴力，一般是当场，即如果不满足行为人的要求，暴力威胁内容就当场实现；而本罪的暴力威胁内容的付诸实施并不发生在当场，从发出暴力威胁到付诸实施有一定的时间间隔，即暴力威胁的内容在将来的某个时间实现。当然，非暴力的威胁内容的付诸实施，既可以是当场也可以日后。

（4）获得财物的时间不尽相同。抢劫是当场取得财物；而在敲诈勒索中，取得财物的时间，有的是当场，更多的则是在实施威胁或要挟之后的一定期限内取得。因此，如果采用暴力侵害相威胁，并当场取得财物，则应当认定为抢劫；如果采用非暴力的威胁或要挟，无论是当场或日后取得财物，均属于敲诈勒索。

（5）所欲获取利益的性质不同。一般来说，抢劫的对象只能是动产，不可能针对不动产实施抢劫；而本罪的对象不限于动产。

5. 实施"碰瓷"构成敲诈勒索罪的认定。2020年9月22日印发的《最高人民法院、最高人民检察院、公安部关于依法办理"碰瓷"违法犯罪案件的指导意见》第2条规定，实施"碰瓷"，具有下列行为之一，敲诈勒索他人财物，符合《刑法》第274条规定的，以敲诈勒索罪定罪处罚：①实施撕扯、推搡等轻微暴力或者围困、阻拦、跟踪、贴靠、滋扰、纠缠、哄闹、聚众造势、扣留财物等软暴力行为的；②故意制造交通事故，进而利用被害人违反道路通行规定或者其他违法违规行为相要挟的；③以揭露现场掌握的当事人隐私相要挟的；④扬言对被害人及其近亲属人身、财产实施侵害的。该指导意见还对行为人实施"碰瓷"构成诈骗罪、抢劫罪、抢夺罪、虚假诉讼罪、交通肇事罪、非法拘禁罪等犯罪的情形作了规定。

（三）敲诈勒索罪的刑事责任

根据《刑法》第274条的规定，犯本罪的，处3年以下有期徒刑、拘役或者管制，并处或者单处罚金；数额巨大或者有其他严重情节的，处3年以上10年以下有期徒刑，并处罚金；数额特别巨大或者有其他特别严重情节的，处10年以上有期徒刑，并处罚金。根据《敲诈勒索解释》第8条的规定，对犯敲诈勒索罪的被告人，应当在2000元以上、敲诈勒索数额的2倍以下判处罚金；被告人没有获得财物的，应当在2000元以上10万元以下判处罚金。

《敲诈勒索解释》第1条规定，敲诈勒索公私财物价值3万元~10万元以上、30万元~50万元以上的，应当分别认定为"数额巨大""数额特别巨大"。敲诈勒索公私财物，具有本解释第2条第3~7项规定的情形之一，数额达到本解释第1条规定的"数额巨大""数额特别巨大"80%的，可以分别认定为"其他严重情节""其他特别严重情节"。

《敲诈勒索解释》还规定，敲诈勒索数额较大，行为人认罪、悔罪，退赃、退赔，并且具有下列情形之一的，可以认定为情节轻微，不起诉或者免予刑事处罚，由有关部门依法予以行政处罚：①具有法定从宽处罚情节的；②没有参与分赃或者获赃较少且不是主犯的；③被害人谅解的；④其他情节轻微、危害不大的。

十一、故意毁坏财物罪

故意毁坏财物罪，是指故意毁灭或者损坏公私财物，数额较大或者有其他严重情节的行为。"毁灭"是指使公私财物完全毁坏，使其价值或使用价值全部丧失。"损坏"是指使公私财物的价值或使用价值部分丧失。毁坏公私财物的方法是多种多样的，对采用放火、爆炸等危险方法毁坏公私财物危害公共安全的，应以相关的危害公共安全罪论处。构成本罪要求"数额较大或者有其他严重情节"，根据《公安立案标准一》的规定，包括以下情形：①造成公私财物损失 5000 元以上的；②毁坏公私财物 3 次以上的；③纠集 3 人以上公然毁坏公私财物的；④其他情节严重的情形。本罪的主观方面是故意，犯罪目的是毁坏财物。根据《刑法》第 275 条的规定，犯本罪的，处 3 年以下有期徒刑、拘役或者罚金；数额巨大或者有其他特别严重情节的，处 3 年以上 7 年以下有期徒刑。

十二、破坏生产经营罪

破坏生产经营罪，是指由于泄愤报复或者其他个人目的，毁坏机器设备、残害耕畜或者以其他方法破坏生产经营的行为。这里的"生产经营"包括一切经济形式的生产经营，不问其所有制性质。所谓其他方法，是指与毁坏机器设备、残害耕畜性质相似的其他破坏生产经营的方法，如毁坏设计图纸、毁坏种子、切断电源等。不论方式如何，采用的手段怎样，破坏的对象都必须是用于生产经营活动以及与生产经营活动直接相联系的生产资料、生产工具、生产工艺、生产对象等，才能构成本罪。如果是毁坏闲置不用或在仓库备用的机器设备、残害闲置的耕畜，则不构成本罪，但可能构成故意毁坏财物罪。本罪的主观方面是直接故意，并具有泄愤报复或者其他个人目的。本罪是一种特殊的毁损型犯罪，因此破坏生产经营，同时又毁损财物的，应以本罪论处。《公安立案标准一》对破坏生产经营应予立案追诉的情形作了规定。根据《刑法》第 276 条的规定，犯本罪的，处 3 年以下有期徒刑、拘役或者管制；情节严重的，处 3 年以上 7 年以下有期徒刑。

十三、拒不支付劳动报酬罪

（一）拒不支付劳动报酬罪的概念和构成要件

拒不支付劳动报酬罪，是指以转移财产、逃匿等方法逃避支付劳动者的劳动报酬或者有能力支付而不支付劳动者的劳动报酬，数额较大，经政府有关部门责令支付仍不支付的行为。其构成要件是：

1. 本罪的客体是劳动者的劳动报酬权利和国家劳动管理秩序。本罪的对象是劳动者依法应得的劳动报酬，不包括劳务报酬。劳动报酬是基于用人单位和劳动者之间建立劳动关系所产生的工资收入。而劳务报酬并非基于劳动关系产生的，属于普通民事法律关系调整的范畴。根据 2013 年 1 月 23 日实施的《最高人民法院关于审理拒不支付劳动报酬刑事案件适用法律若干问题的解释》（以下简称《劳动报酬刑案解释》）的规定，这里的"劳动者的劳动报酬"，是指劳动者依照《劳动法》和《劳动合同法》等法律的规定应得的劳动报酬，包括工资、奖金、津贴、补贴、延长工作时间的工资报酬及特殊情况下支付的工资等。

2. 本罪在客观方面表现为以转移财产、逃匿等方法逃避支付劳动者的劳动报酬或者有能力支付而不支付劳动者的劳动报酬，数额较大，经政府有关部门责令支付仍不支付的行为。这包括以下要素：

（1）以转移财产、逃匿等方法逃避支付劳动者的劳动报酬，或者有能力支付而不支付劳动者的劳动报酬。根据《劳动报酬刑案解释》的规定，以逃避支付劳动者的劳动报酬为目的，具有下列情形之一的，应当认定为"以转移财产、逃匿等方法逃避支付劳动者的劳动报酬"：①隐匿财产、恶意清偿、虚构债务、虚假破产、虚假倒闭或者以其他方法转移、处分财产的；②逃跑、藏匿的；③隐匿、销毁或者篡改账目、职工名册、工资支付记录、考勤记录等与劳动报酬相关的材料的；④以其他方法逃避支付劳动报酬的。有能力支付，是指经调查有事实证明行为人确有可供支付劳动者劳动报酬的资金或财产。

（2）逃避支付或者有能力支付而不支付劳动报酬必须达到数额较大。具有下列情形之一的，应认定为"数额较大"：①拒不支付一名劳动者 3 个月以上的劳动报酬且数额在 5000 元至

2万元以上的;②拒不支付10名以上劳动者的劳动报酬且数额累计在3万元至10万元以上的。

(3)必须是经政府有关部门责令支付仍不支付。如果行为人经政府有关部门责令后履行了支付义务,就不追究其刑事责任。"经政府有关部门责令支付仍不支付"是指经人力资源社会保障部门或者政府其他有关部门依法以限期整改指令书、行政处理决定书等文书责令支付劳动者的劳动报酬后,在指定的期限内仍不支付的情形,但有证据证明行为人有正当理由未知悉责令支付或者未及时支付劳动报酬的除外。行为人逃匿,无法将责令支付文书送交其本人、同住成年家属或者所在单位负责收件的人的,如果有关部门已通过在行为人的住所地、生产经营场所等地张贴责令支付文书等方式责令支付,并采用拍照、录像等方式记录的,应当视为"经政府有关部门责令支付"。

3. 本罪的主体是特殊主体,即负有向劳动者支付劳动报酬义务的人,包括自然人和用人单位。

4. 本罪的主观方面是故意。

(二)拒不支付劳动报酬罪的司法认定

主要是划清本罪与非罪的界限。对此,应从本罪客观方面的三个要素方面进行把握。对于确因生产经营中遇到困难、资金周转不开或者经营不善等,而暂时无法支付劳动者劳动报酬的,不宜按本罪论处。另外,根据《劳动报酬刑案解释》的规定,拒不支付劳动者的劳动报酬,尚未造成严重后果,在刑事立案前支付劳动者的劳动报酬,并依法承担相应赔偿责任的,可以认定为情节显著轻微危害不大,不认为是犯罪。

(三)拒不支付劳动报酬罪的刑事责任

根据《刑法》第276条之一第1款、第2款的规定,犯本罪的,处3年以下有期徒刑或者拘役,并处或者单处罚金;造成严重后果的,处3年以上7年以下有期徒刑,并处罚金。单位犯本罪的,实行两罚制。根据《刑法》第276条之一第3款的规定,犯本罪,尚未造成严重后果,在提起公诉前支付劳动者的劳动报酬,并依法承担相应赔偿责任的,可以减轻或者免除处罚。《劳动报酬刑案解释》还规定,在一审宣判前支付劳动者的劳动报酬,并依法承担相应赔偿责任的,可以从轻处罚。拒不支付劳动者的劳动报酬,造成严重后果,但在宣判前支付劳动者的劳动报酬,并依法承担相应赔偿责任的,可以酌情从宽处罚。

思考题

1. 试述抢劫罪的概念和构成要件。
2. 《刑法》第269条规定的准抢劫罪的成立条件是什么?
3. 对行为人在抢劫过程中故意杀人的行为如何定性?
4. 比较抢劫罪与绑架罪的异同。
5. 简述盗窃罪的构成要件和认定时应注意的问题。
6. 简述诈骗罪的构成要件和认定时应注意的问题。
7. 简述抢夺罪的构成要件和认定时应注意的问题。
8. 简述侵占罪的概念和构成要件。
9. 比较挪用资金罪与职务侵占罪的异同。
10. 试述敲诈勒索罪的构成要件以及与抢劫罪的区别。

实务训练

[案例1] 甲乙丙丁共谋诱骗黄某参赌。四人先约黄某到酒店吃饭,甲借机将安眠药放入

黄某酒中,想在打牌时趁黄某不清醒合伙赢黄某的钱。但因甲投放的药品剂量偏大,饭后刚开牌局黄某就沉沉睡去,四人趁机将黄某的钱包掏空后离去。

[问题] 甲乙丙丁4人的行为构成何罪?为什么?

[案例2] 甲使用暴力将乙扣押在某废弃的建筑物内,强行从乙身上搜钱,但只搜到了1张无钱款的信用卡,甲逼迫乙向该信用卡中打入人民币1万元。乙便给其妻子打电话,谎称自己开车撞伤他人,让其立即向自己的信用卡打入1万元救治伤员并赔偿。乙妻信以为真,便向乙的信用卡中打入1万元,被甲取走,甲在得款后将乙释放。

[问题] 对甲的行为应如何定罪?并说明理由。

[案例3] 甲潜入乙家,搬走乙家1台价值3000元的彩电,走到门口,被乙5岁的女儿丙看到。丙问甲为什么搬我家的彩电,乙谎称是其父亲让他来搬的。丙信以为真,让甲将彩电搬走。

[问题] 甲的行为构成何罪?

[案例4] 甲潜入他人住宅盗窃,将他人的皮箱(内有现金2万元和其他财物)扔到院墙外,准备一会儿翻墙出去再捡。15分钟后,甲来到院墙外,发现皮箱已无踪影。

[问题] 甲的盗窃行为是否成立犯罪既遂?

[案例5] 丙在柜台购买3条中华香烟,在售货员丁拿给甲3条中华香烟后,丙又让丁再拿1瓶五粮液酒。趁丁转身时,丙用事先准备好的3条假中华香烟与柜台上的中华香烟对调。等丁拿出五粮液酒后,丙将烟酒又看了看,以烟酒有假为由没有买。

[问题] 丙的行为构成盗窃罪还是诈骗罪?

[案例6] 甲趁在路上行走的妇女不注意之机,将乙价值12 000元的项链一把抓走,然后逃跑。跑了50米之后,甲以为乙的项链根本不值钱,就转身回来,跑到乙跟前,打了乙两耳光,并说:"出来混,也不知道戴条好项链。"然后将项链扔给乙。

[问题] 对甲的行为应当如何定性?

[案例7] 甲受乙委托将价值5万元的手表送给10公里外的何某,甲在路上让杨某捆绑自己,伪造了抢劫现场,将手表据为己有。报案后,甲向警方称自己被抢。

[问题] 甲的行为构成何罪?

[案例8] 甲为某公司出纳,年终时该公司应付民工工资3万元,甲从单位提取了3万元现金,却一直没有将该3万元发放给民工,而是用于自己炒股,直至案发。

[问题] 甲的行为是否构成挪用资金罪?

[案例9] 职员邱某被公司辞退,要求公司向其支付5万元补偿费,否则会将所掌握的公司商业秘密出卖给其他人使用。公司只好支付了5万元所谓的"补偿费"。

[问题] 邱某的行为是否构成犯罪?

[案例10] 甲将一张作废的IC卡插入银行的自动取款机试探,碰巧自动取款机显示能够取出现金,于是甲取出1万元。

[问题] 甲用作废的IC卡冒充借记卡的欺骗行为构成何罪?

第二十三章

妨害社会管理秩序罪

学习目标与工作任务

通过本章的学习,了解妨害社会管理秩序罪的概念和特征,掌握各种重点罪名的概念、构成要件和司法认定,能够运用所学知识分析和处理具体刑事案例,解决实际问题。

导入案例

1. 2018年8月16日,江苏省盐城市亭湖区人民法院执行法官持执行裁定书,至被执行人王某甲名下的被执行房屋进行现场评估工作。王某甲的儿子即被告人王某乙手持水果刀,阻止法院工作人员进入室内开展评估工作,并将房门锁闭后离开现场。在盐城市亭湖区公证处工作人员到场后,相关人员依法将门锁打开,并进入房屋内开展房屋现场评估。被告人王某乙返回现场,手持菜刀将法院工作人员赶出房屋,导致现场评估工作未能完成。[1]

问:王某乙的行为构成什么罪?

2. 段某的丈夫赵某因涉嫌受贿罪被羁押,为掩盖赵某受贿的部分事实,段某找来行贿人李某,让其开出假发票两张,试图用赵某曾帮助李某购买大量水泥之款来冲抵受贿款,并唆使李某书写虚假证明,又把此情况串通给赵某,致使赵某翻供。在司法机关向段某、李某调查取证时,二人均做了虚假陈述,并将假发票提供给司法机关。

问:段某、李某的行为构成什么罪?

3. 黄甲与黄乙、林某、王某商议召集想去台湾的人,用船将其运送出边境,所得的钱均分。根据分工,黄甲伴装台商,黄乙在外打广告招工,谎称台湾的工厂需要人手,交上10 000元交通费、手续费即刻启程。10名男女青年缴费后,王某、林某用一条渔船将他们秘密运送至台湾登陆。之后,黄甲等4人又先后3次运送过偷渡者。

问:黄甲等4人的行为构成什么罪?

4. 某县是历史文化名城,有相当多的古墓葬和有重要历史考古价值的文物。屠某凭借其文物鉴定知识,近几年里,先后从农民和盗墓者那里收购了数十件文物,其中有国家一级文物2件、二级文物9件、三级文物多件。再以高价卖出,获利丰厚。

问:屠某的行为构成什么罪?

5. 4周岁的刘某因感冒发烧,被家人送到同村黄某非法设立的村卫生室治病。黄某检查后,在刘某的左臀部注射了青霉素和苯甲醇一针。当天刘某回家后喊脚麻、痛,且行走不便。

---

[1] 何露露:"王某乙妨害公务被判刑案",载《人民法院报》2019年12月3日,第7版。

黄某与刘某的亲属共同将刘某送往某市中心医院检查，查明刘某左侧腓总神经传导障碍，诊断为外伤性神经炎。经治疗后，刘某行走呈"跨阈步态"，左足呈"尖足"状。经鉴定，刘某的损伤程度为重伤，伤残等级为八级。公安机关查明黄某未取得医生执业资格。

问：黄某的行为构成什么罪？

6. 某铝厂生产高峰期产生的工业废水一时难以清理，主管生产的副厂长鲁某在开会讨论后决定将含有大量汞的废水排放到工厂附近的清水河中，致使河下游居民的饮用水遭到严重污染，有5名农民因此眼睛失明。

问：鲁某的行为构成什么罪？

7. 钱某从毒贩手中购买海洛因2500克，准备贩卖牟利。为遮人耳目，钱某从医院太平间偷盗了一具婴儿尸体，将海洛因藏匿于婴儿的尸体内携带到某市。为使海洛因尽快脱手，钱将海洛因掺杂在自己卷制的香烟中，号称"神烟"，包治百病，使不明真相的刘某、潘某等10余人吸食成瘾，不得不高价向钱某购买"神烟"。钱某被抓获时，大部分海洛因已卖出。

问：钱某的行为构成什么罪？

8. 王甲、王乙姊妹两人先后纠集陶某等人，以开设美容院为名，建立了"小姐集中营"，对小姐实行统一接送、统一食宿，指定专人定期进行卖淫技巧培训，定期进行逃避公安机关查禁的"应急训练"，对培训不合格的妇女进行经济处罚和殴打；每天下达卖淫任务，甚至在受害妇女"经期"、堕胎后也不例外，否则便会遭受当众毒打，关进黑屋断食断粮多日。经查明，15年来，王甲等人容留2000多名妇女卖淫，强迫300多名受害妇女卖淫。

问：王甲等人的行为构成什么罪？

9. 张某在筹备儿子的婚礼时，有人向张某推荐李某的喇叭班，声称他的喇叭班不仅节目丰富，还别具"特色"。曾经看过喇叭班表演的张某自然知晓"特色"就是有脱衣舞表演，于是便和李某取得了联系，同时明确要求李某"带俩女的过来"，并且二人商量好以1700元的价格成交。婚礼当晚，李某带着自己的班子过来了，搭好台子后就开始演出。到了晚上十点左右，眼看着节目即将结束，张某遂跟李某说该进行"特色表演"了，李某就安排事先找好的"演员"上台持续了4分30秒的"特别演出"，200多名村民现场观看。

问：李某、张某的行为构成什么罪？

教学内容

第一节 妨害社会管理秩序罪概述

一、妨害社会管理秩序罪的概念和构成特征

妨害社会管理秩序罪，是指故意或过失妨害国家机关对社会的正常管理活动，破坏社会秩序，依法应当受刑罚处罚的行为。这类犯罪具有以下构成特征：

1. 这类犯罪的客体是社会管理秩序。社会管理秩序是指国家机关依法对社会实行管理所形成的正常社会秩序，是社会秩序的一个组成部分。从广义上讲，刑法中规定的各类犯罪都从不同方面破坏了一定的社会管理秩序。但是，本章所规定的妨害社会管理秩序罪，是按照同类客体的犯罪分类理论，将不宜列入刑法分则其他各章破坏社会秩序的犯罪归为本类罪，是狭义上的社会管理秩序。

2. 这类犯罪在客观方面表现为实施妨害国家机关对社会的正常管理活动，破坏社会秩序，

依照刑法应当受到刑罚处罚的行为。妨害社会管理秩序的行为涉及面广泛，内容复杂，表现形式多样，因此本章涉及罪名众多，大多数是作为犯罪，极少数是不作为犯罪，而且大多数犯罪的成立以违反我国有关社会秩序管理法律法规为前提。

3. 这类犯罪的犯罪主体多数是一般主体，少数是特殊主体，如脱逃罪、医疗事故罪等。多数犯罪只能由自然人实施，少数犯罪可以由单位实施，如污染环境罪、倒卖文物罪等。

4. 这类犯罪的主观方面，绝大多数是故意，有些犯罪的构成还要求行为人具有特定的犯罪目的，如赌博罪的构成要求行为人"以营利为目的"，倒卖文物罪的构成要求行为人"以牟利为目的"。少数犯罪可以由过失构成。

二、妨害社会管理秩序罪的种类

本章犯罪分为九节、以下九小类犯罪，共包括 146 个罪名：①扰乱公共秩序罪；②妨害司法罪；③妨害国（边）境管理罪；④妨害文物管理罪；⑤危害公共卫生罪；⑥破坏环境资源保护罪；⑦走私、贩卖、运输、制造毒品罪；⑧组织、强迫、引诱、容留、介绍卖淫罪；⑨制作、贩卖、传播淫秽物品罪。为正确处理这类刑事案件，"两高"分别或联合发布了大量的司法解释。最高人民检察院、公安部印发的《公安立案标准一》《公安立案标准三》对本章相关犯罪的立案追诉标准作了规定。

第二节 扰乱公共秩序罪

一、妨害公务罪

（一）妨害公务罪的概念和构成要件

妨害公务罪，是指以暴力、威胁方法，阻碍国家机关工作人员依法执行职务、阻碍人民代表大会代表依法执行代表职务、阻碍红十字会工作人员在自然灾害和突发事件中依法履行职责的行为，以及故意阻碍国家安全机关、公安机关依法执行国家安全工作任务，未使用暴力、威胁方法，造成严重后果的行为。其构成要件是：

1. 本罪的客体是国家机关、人民代表大会、红十字会、国家安全机关以及公安机关的公务。所谓公务，是指公共管理事务。本罪的行为对象是国家机关工作人员、人大代表、红十字会工作人员。根据 2000 年 4 月 24 日实施的《最高人民检察院关于以暴力威胁方法阻碍事业编制人员依法执行行政执法职务是否可对侵害人以妨害公务罪论处的批复》，对于以暴力、威胁方法阻碍国有事业单位人员依照法律、行政法规的规定执行行政执法职务的，或者以暴力、威胁方法阻碍国家机关中受委托从事行政执法活动的事业编制人员执行行政执法职务的，可以对侵害人以妨害公务罪追究刑事责任。

2. 本罪在客观方面表现为行为人阻碍国家机关工作人员、人大代表、红十字会工作人员依法执行职务、履行职责的行为。具体包括以下四种情形：①以暴力、威胁方法阻碍国家机关工作人员依法执行职务的行为；②以暴力、威胁方法阻碍人民代表大会的代表依法执行代表职务的行为；③在自然灾害和突发事件中，以暴力、威胁方法阻碍红十字会工作人员依法履行职责的行为；④阻碍国家安全机关、公安机关的工作人员依法执行国家安全工作任务，虽未使用暴力、威胁方法，但造成严重后果的行为。对上述四种情形的妨害公务行为可以分为以下两类：

（1）暴力、威胁型的妨害公务罪，即以暴力、威胁方法为构成要素的妨害公务罪，包括前三种情形。其在客观方面具有以下特征：①行为对象的特定性，即只能是国家机关工作人员、人大代表、红十字会工作人员。②行为时空的限制性。即阻碍行为只能发生在上述人员正在依法执行公务、履行职责期间。而且，阻碍红十字会工作人员依法履行职责的，还必须发生在自然灾害或突发事件中。"依法执行公务、履行职责"是指在法律规定的权限范围内，按照法定的条件、程序和方法执行其职务、履行其职责的行为。对上述人员的非公务活动或违法行为进行阻碍的，不构成本罪。③行为手段的特定性。即都必须是以暴力或威胁的方法进行阻碍。"暴力"是指对正在依法执行职务的人员的身体实行打击或者强制，致使其不能正常执行公务，如殴打、捆绑、轻伤害等，但不包括重伤和杀害。"威胁"是指以杀害、伤害、毁坏财产、损害名誉、扣押为人质等方法，对正在依法执行公务的人员进行威逼、恐吓，迫使他们放弃职守。至于上述人员是否因此而产生恐惧心理放弃执行公务，不影响本罪的成立。如果行为人并未采用暴力或威胁方法，而是采用其他方法干扰依法执行公务的，如无理纠缠、谩骂、吵闹等，虽然对执行公务有一定程度的妨害，但也不能构成本罪。

（2）非暴力、威胁型的妨害公务罪，即上述第四种情形的妨害公务罪。它在客观方面具有以下特征：①行为对象具有特定性。②行为时空具有限定性。③公务内容具有特定性，即限于国家安全工作任务。④行为手段具有多样性，即除暴力、威胁方法外，还包括对依法执行国家安全工作有义务提供协助而拒不提供的消极行为，用哄闹、欺骗的方法进行阻碍等。⑤危害结果具有法定性，即必须造成了严重后果才构成本罪。严重后果，主要是指给国家安全造成了严重损害，如致使犯罪嫌疑人逃跑，侦查线索中断，犯罪证据灭失，赃款、赃物被转移等。

3. 本罪的主体是一般主体。

4. 本罪的主观方面是直接故意，即明知上述工作人员是正在依法执行职务而有意识地予以阻碍。"明知"既表现在对上述工作人员身份的明知，也表现在对上述工作人员依法执行职务的明知。

本章"导入案例一"中，王某乙作为被执行人的儿子，明知法院执行法官和工作人员是正在依法执行公务，先后两次持刀对执行法官进行威胁，故意阻碍其依法执行公务，不仅严重影响执行评估工作的顺利开展，而且严重威胁执行人员和其他人员的人身安全，王某乙的行为符合妨害公务罪的构成要件，已构成妨害公务罪。

（二）妨害公务罪的司法认定

1. 本罪与非罪的界限。其一，对于人民群众基于社会公平、正义的立场，同国家机关工作人员、人大代表、红十字会工作人员的违法乱纪行为或者超越职权、滥用职权的活动进行斗争的行为，由于不具有阻碍公务的意图，所以不能作为犯罪处理。其二，如果某些群众因为政治觉悟低、认识水平有限而对正在执行公务的国家机关工作人员、人大代表、红十字会工作人员实施了辱骂、顶撞等不服管理的行为，一般不宜以犯罪论处。

2. 本罪与其他犯罪的界限。区别的关键在于行为实施的时间不同。本罪的实施必须是在上述工作人员正在依法执行职务期间。如果行为人在上述工作人员执行职务行为之前或之后对其实施暴力、威胁或进行行凶报复的，只可能构成故意伤害罪、故意毁坏财物罪、侮辱罪等，而不能构成本罪。

3. 罪数的认定。行为人以暴力方法妨害公务，造成人员重伤或死亡的，属于妨害公务罪和故意伤害罪或故意杀人罪的想象竞合犯，应从一重罪处罚。行为人先前的行为已经构成犯罪，在国家机关工作人员依法查处时，对国家机关工作人员实施暴力、威胁行为构成妨害公务罪的，应当实行数罪并罚。此外，妨害公务的行为，可能成为其他犯罪的手段，如采用暴力、威胁的方法抗税、拒不执行生效裁判等，对此原则上应从一重罪处断。

（三）妨害公务罪的刑事责任

根据《刑法》第 277 条第 1 款的规定，犯本罪的，处 3 年以下有期徒刑、拘役、管制或者罚金。

二、袭警罪

袭警罪，是指暴力袭击正在依法执行职务的人民警察的行为。暴力袭击，是指对人民警察的身体不法行使有形力。根据 2020 年 1 月 10 日发布实施的《最高人民法院、最高人民检察院、公安部关于依法惩治袭警违法犯罪行为的指导意见》的规定，实施撕咬、踢打、抱摔、投掷等，对民警人身进行攻击的；实施打砸、毁坏、抢夺民警正在使用的警用车辆、警械等警用装备，对民警人身进行攻击的，属于"暴力袭击正在依法执行职务的人民警察"。民警在非工作时间，依照《人民警察法》等法律履行职责的，应当视为执行职务。在认定时应当注意以下几点：①对正在依法执行职务的民警虽未实施暴力袭击，但以实施暴力相威胁的，应以妨害公务罪定罪处罚。②对袭警情节轻微或者辱骂民警，尚不构成犯罪，但构成违反治安管理行为的，应当依法从重给予治安管理处罚。③驾车冲撞、碾轧、拖拽、剐蹭民警，或者挤别、碰撞正在执行职务的警用车辆，危害公共安全或者民警生命、健康安全的，应当以以危险方法危害公共安全罪、故意杀人罪或者故意伤害罪定罪。④暴力袭警，致使民警重伤、死亡，应以故意伤害罪、故意杀人罪定罪处罚。⑤在民警非执行职务期间，因其职务行为对其实施暴力袭击、拦截、恐吓等行为，应当以故意伤害罪、故意杀人罪、寻衅滋事罪等定罪处罚。根据《刑法》第 277 条第 5 款的规定，犯本罪的，处 3 年以下有期徒刑、拘役或者管制；使用枪支、管制刀具，或者以驾驶机动车撞击等手段，严重危及正在依法执行职务的人民警察人身安全的，处 3 年以上 7 年以下有期徒刑。

三、煽动暴力抗拒法律实施罪

煽动暴力抗拒法律实施罪，是指故意煽动群众暴力抗拒国家法律、行政法规实施的行为。根据《刑法》第 278 条的规定，犯本罪的，处 3 年以下有期徒刑、拘役、管制或者剥夺政治权利；造成严重后果的，处 3 年以上 7 年以下有期徒刑。

四、招摇撞骗罪

（一）招摇撞骗罪的概念和构成要件

招摇撞骗罪，是指以谋取非法利益为目的，冒充国家机关工作人员招摇撞骗的行为。其构成要件是：

1. 本罪的客体是国家机关的公共信赖和威信以及国家机关的正常活动。犯罪对象是包括财物在内的各种非法利益。

2. 本罪在客观方面表现为冒充国家机关工作人员进行招摇撞骗的行为。所谓冒充，是指不具备国家机关工作人员身份或职务的人，假冒为具有国家机关工作人员身份或职务的人去行事，既可以是非国家机关工作人员冒充国家机关工作人员，也可以是下级国家机关工作人员冒充上级国家机关工作人员，或者是此种国家机关工作人员冒充彼种国家机关工作人员，不包括冒充高干子弟、影视明星等。如果是冒充军人招摇撞骗的，构成冒充军人招摇撞骗罪。所谓招摇撞骗，是指行为人利用人们对国家机关工作人员的信任，假冒其身份或职位到处炫耀，骗取非法利益。

3. 本罪的主体是一般主体。

4. 本罪的主观方面是故意，并具有谋取非法利益的目的。非法利益不限于财物等物质性利益，也可以是骗取爱情、婚姻、职位、荣誉、资格等。

（二）招摇撞骗罪的司法认定

主要应划清本罪与诈骗罪的界限。二者的主要区别包括：①骗取利益的范围不同。本罪骗取的利益是包括财物在内的各种非法利益，后罪骗取的利益仅限于财物。②客体不同。本罪的客体主要是国家机关的公共信赖和威信，后罪的客体是公私财产所有权。③行为手段不同。本罪必须是以冒充国家机关工作人员身份或职务的手段实施，而后罪的手段则不限于此。④有无犯罪数额的要求不同。本罪的成立没有犯罪数额上的要求，而后罪的成立要求骗取公私财物数额较大。由此可见，招摇撞骗罪与诈骗罪之间存在部分重合关系。根据《刑法》第266条的规定，诈骗公私财物数额特别巨大或者有其他特别严重情节的，处10年以上有期徒刑或者无期徒刑，并处罚金或者没收财产。由于招摇撞骗罪的最高法定刑为10年有期徒刑，低于诈骗罪"数额特别巨大"的法定刑，因此，当行为人冒充国家机关工作人员骗取的利益是财物，且数额特别巨大的，应以诈骗罪定罪处罚。

（三）招摇撞骗罪的刑事责任

根据《刑法》第279条的规定，犯本罪的，处3年以下有期徒刑、拘役、管制或者剥夺政治权利；情节严重的，处3年以上10年以下有期徒刑。冒充人民警察招摇撞骗的，从重处罚。

五、伪造、变造、买卖国家机关公文、证件、印章罪

伪造、变造、买卖国家机关公文、证件、印章罪，是指明知是国家机关的公文、证件、印章而予以伪造、变造、买卖的行为。认定时应注意：①买卖伪造、变造的国家机关证件的，也构成买卖国家机关证件罪。②伪造、变造、买卖国家机关的公文、证件、印章且用于诈骗、招摇撞骗等犯罪活动的，是牵连犯，应从一重罪处断。根据《刑法》第280条第1款的规定，犯本罪的，处3年以下有期徒刑、拘役、管制或者剥夺政治权利，并处罚金；情节严重的，处3年以上10年以下有期徒刑，并处罚金。

六、盗窃、抢夺、毁灭国家机关公文、证件、印章罪

盗窃、抢夺、毁灭国家机关公文、证件、印章罪，是指明知是国家机关的公文、证件、印章，而对其进行盗窃、抢夺、毁灭的行为。犯本罪的，依照《刑法》第280条第1款（伪造、变造、买卖国家机关公文、证件、印章罪）的规定处罚。

七、伪造公司、企业、事业单位、人民团体印章罪

伪造公司、企业、事业单位、人民团体印章罪，是指明知是公司、企业、事业单位、人民团体的印章而加以伪造的行为。本罪的对象仅限于上述单位的印章，不包括上述单位的文书和证件。但是，在文书、证件上伪造了印章，可以按本罪定罪处罚。如2001年7月5日"两高"实施的《关于办理伪造、贩卖伪造的高等院校学历、学位证明刑事案件如何适用法律问题的解释》规定，对于伪造高等院校印章制作学历、学位证明的行为，应当以伪造事业单位印章罪定罪处罚；明知是伪造高等院校印章制作的学历、学位证明而贩卖的，以伪造事业单位印章罪的共犯论处。根据《刑法》第280条第2款的规定，犯本罪的，处3年以下有期徒刑、拘役、管制或者剥夺政治权利，并处罚金。

八、伪造、变造、买卖身份证件罪

伪造、变造、买卖身份证件罪，是指伪造、变造、买卖居民身份证、护照、社会保障卡、驾驶证等依法可以用于证明身份的证件的行为。根据《刑法》第280条第3款的规定，犯本罪的，处3年以下有期徒刑、拘役、管制或者剥夺政治权利，并处罚金；情节严重的，处3年以上7年以下有期徒刑，并处罚金。

九、使用虚假身份证件、盗用身份证件罪

使用虚假身份证件、盗用身份证件罪，是指在依照国家规定应当提供身份证明的活动中，使用伪造、变造的或者盗用他人的居民身份证、护照、社会保障卡、驾驶证等依法可以用于证明身份的证件，情节严重的行为。根据《刑法》第280条之一的规定，犯本罪的，处拘役或者管制，并处或者单处罚金。犯本罪同时构成其他犯罪的，依照处罚较重的规定定罪处罚。

十、冒名顶替罪

冒名顶替罪，是指盗用、冒用他人身份，顶替他人取得的高等学历教育入学资格、公务员录用资格、就业安置待遇的行为。根据《刑法》第280条之二的规定，犯本罪的，处3年以下有期徒刑、拘役或者管制，并处罚金。组织、指使他人实施冒名顶替行为的，从重处罚。国家工作人员实施冒名顶替行为或者组织、指使他人实施冒名顶替行为，又构成其他犯罪的，依照数罪并罚的规定处罚。

十一、非法生产、买卖警用装备罪

非法生产、买卖警用装备罪，是指非法生产、买卖人民警察制式服装、车辆号牌等专用标志、警械，情节严重的行为。有生产资格者不按规定的品种、规格、数量、标号等进行生产，有买卖资格者不按规定购买、销售，情节严重的，也应构成本罪。根据《刑法》第281条的规定，犯本罪的，处3年以下有期徒刑、拘役或者管制，并处或者单处罚金。单位犯本罪的，实行两罚制。

十二、非法获取国家秘密罪

非法获取国家秘密罪，是指以窃取、刺探、收买方法，非法获取国家秘密的行为。非法获取国家秘密后又泄露且情节严重的，属于想象竞合犯，以故意或过失泄露国家秘密罪论处。根据《刑法》第282条第1款的规定，犯本罪的，处3年以下有期徒刑、拘役、管制或者剥夺政治权利；情节严重的，处3年以上7年以下有期徒刑。

十三、非法持有国家绝密、机密文件、资料、物品罪

非法持有国家绝密、机密文件、资料、物品罪，是指非法持有属于国家绝密、机密的文件、资料或者其他物品，拒不说明来源与用途的行为。本罪的典型特点是行为人"拒不说明来源与用途"。如果能够查明其来源或者用途，则应以其他犯罪论处，如以间谍罪，为境外非法提供国家秘密、情报罪，非法获取国家秘密罪等论处。根据《刑法》第282条第2款的规定，犯本罪的，处3年以下有期徒刑、拘役或者管制。

十四、非法生产、销售专用间谍器材、窃听、窃照专用器材罪

非法生产、销售专用间谍器材、窃听、窃照专用器材罪，是指非法生产、销售专用间谍器材或者窃听、窃照专用器材的行为。根据《刑法》第283条的规定，犯本罪的，处3年以下有期徒刑、拘役或者管制，并处或者单处罚金；情节严重的，处3年以上7年以下有期徒刑，并处罚金。单位犯本罪的，实行两罚制。

十五、非法使用窃听、窃照专用器材罪

非法使用窃听、窃照专用器材罪，是指非法使用窃听、窃照专用器材，造成严重后果的行为。根据《刑法》第284条的规定，犯本罪的，处2年以下有期徒刑、拘役或者管制。

十六、组织考试作弊罪

组织考试作弊罪，是指在法律规定的国家考试中，组织作弊，或为他人组织作弊提供作弊器材或者其他帮助的行为。"法律规定的国家考试"仅限于全国人民代表大会及其常务委员会制定的法律所规定的考试。2019年9月4日实施的《最高人民法院、最高人民检察院关于办

理组织考试作弊等刑事案件适用法律若干问题的解释》规定，下列考试属于"法律规定的国家考试"：①普通高等学校招生考试、研究生招生考试、高等教育自学考试、成人高等学校招生考试等国家教育考试；②中央和地方公务员录用考试；③国家统一法律职业资格考试、国家教师资格考试、注册会计师全国统一考试、会计专业技术资格考试、资产评估师资格考试、医师资格考试、执业药师职业资格考试、注册建筑师考试、建造师执业资格考试等专业技术资格考试；④其他依照法律由中央或者地方主管部门以及行业组织的国家考试。上述规定的考试涉及的特殊类型招生、特殊技能测试、面试等考试，属于"法律规定的国家考试"。"组织作弊"是指组织、策划、指挥多人进行考试作弊，或者从事考试作弊经营的行为。"作弊器材"是指具有避开或者突破考场防范作弊的安全管理措施，获取、记录、传递、接收、存储考试试题、答案等功能的程序、工具，以及专门设计用于作弊的程序、工具。根据《刑法》第284条之一第1款的规定，犯本罪的，处3年以下有期徒刑或者拘役，并处或者单处罚金；情节严重的，处3年以上7年以下有期徒刑，并处罚金。根据上述司法解释的规定，单位实施组织考试作弊行为的，追究组织者、策划者、实施者的刑事责任。

十七、非法出售、提供试题、答案罪

非法出售、提供试题、答案罪，是指为实施考试作弊行为，向他人非法出售或者提供法律规定的国家考试的试题、答案的行为。为实施考试作弊行为，向他人非法出售或者提供法律规定的国家考试的试题、答案，试题不完整或者答案与标准答案不完全一致的，不影响本罪的认定。犯本罪的，依照《刑法》第284条之一第1款（组织考试作弊罪）的规定处罚。单位实施非法出售、提供试题、答案行为的，追究组织者、策划者、实施者的刑事责任。

十八、代替考试罪

代替考试罪，是指代替他人或者让他人代替自己参加法律规定的国家考试的行为。根据《刑法》第284条之一第4款的规定，犯本罪的，处拘役或者管制，并处或者单处罚金。

十九、非法侵入计算机信息系统罪

非法侵入计算机信息系统罪，是指违反国家规定，侵入国家事务、国防建设、尖端科学技术领域的计算机信息系统的行为。本罪的客体是国家事务、国防建设、尖端科学技术领域的计算机信息系统安全。根据2011年9月1日"两高"实施的《关于办理危害计算机信息系统安全刑事案件应用法律若干问题的解释》的规定，"计算机信息系统"和"计算机系统"是指具备自动处理数据功能的系统，包括计算机、网络设备、通信设备、自动化控制设备等。本罪的主观方面是故意。如果是无意闯入后，经警示拒不退出的，应视为故意非法侵入。根据《刑法》第285条第1款、第4款的规定，犯本罪的，处3年以下有期徒刑或者拘役。单位犯本罪的，实行两罚制。

二十、非法获取计算机信息系统数据、非法控制计算机信息系统罪

非法获取计算机信息系统数据、非法控制计算机信息系统罪，是指违反国家规定，侵入国家事务、国防建设、尖端科学技术领域以外的计算机信息系统或者采用其他技术手段，获取该计算机信息系统中存储、处理或者传输的数据，或者对该计算机信息系统实施非法控制，情节严重的行为。[1]。根据《刑法》第285条第2款、第4款的规定，犯本罪的，处3年以下有期

---

[1] 本节中各有关计算机犯罪中的"情节严重""情节特别严重""后果严重""后果特别严重"的情形，详见2011年9月1日实施的《最高人民法院、最高人民检察院关于办理危害计算机信息系统安全刑事案件应用法律若干问题的解释》有关规定。

徒刑或者拘役，并处或者单处罚金；情节特别严重的，处3年以上7年以下有期徒刑，并处罚金。单位犯本罪的，实行两罚制。

二十一、提供侵入、非法控制计算机信息系统程序、工具罪

提供侵入、非法控制计算机信息系统程序、工具罪，是指提供专门用于侵入、非法控制计算机信息系统的程序、工具，或者明知他人实施侵入、非法控制计算机信息系统的违法犯罪行为而为其提供程序、工具，情节严重的行为。根据《刑法》第285条第3款、第4款的规定，犯本罪的，处3年以下有期徒刑或者拘役，并处或者单处罚金；情节特别严重的，处3年以上7年以下有期徒刑，并处罚金。单位犯本罪的，实行两罚制。

二十二、破坏计算机信息系统罪

破坏计算机信息系统罪，是指违反国家规定，破坏计算机信息系统，后果严重的行为。法定的破坏行为包括：①对计算机信息系统功能进行删除、修改、增加、干扰，造成计算机信息系统不能正常运行；②对计算机信息系统中存储、处理或者传输的数据和应用程序进行删除、修改、增加的操作；③故意制作、传播计算机病毒等破坏性程序，影响计算机系统正常运行。根据《刑法》第286条的规定，犯本罪的，处5年以下有期徒刑或者拘役；后果特别严重的，处5年以上有期徒刑。单位犯本罪的，实行两罚制。

二十三、拒不履行信息网络安全管理义务罪

拒不履行信息网络安全管理义务罪，是指网络服务提供者不履行法律、行政法规规定的信息网络安全管理义务，经监管部门责令采取改正措施而拒不改正，情节严重的行为。情节严重是指下列情形之一：①致使违法信息大量传播的；②致使用户信息泄露，造成严重后果的；③致使刑事案件证据灭失，情节严重的；④有其他严重情节的。[1] 根据《刑法》第286条之一的规定，犯本罪的，处3年以下有期徒刑、拘役或者管制，并处或者单处罚金。单位犯本罪的，实行两罚制。实施本罪的行为同时构成其他犯罪的，依照处罚较重的规定定罪处罚。

二十四、非法利用信息网络罪

非法利用信息网络罪，是指设立用于实施违法犯罪的网站、通讯群组，或者利用信息网络发布违法犯罪信息，情节严重的行为。本罪在客观方面表现为利用信息网络实施下列之一的行为：①设立用于实施诈骗、传授犯罪方法、制作或者销售违禁物品、管制物品等违法犯罪活动的网站、通讯群组的；②发布有关制作或者销售毒品、枪支、淫秽物品等违禁物品、管制物品或者其他违法犯罪信息的；③为实施诈骗等违法犯罪活动发布信息的。根据《刑法》第287条之一的规定，犯本罪的，处3年以下有期徒刑或者拘役，并处或者单处罚金。单位犯本罪的，实行两罚制。实施本罪的行为同时构成其他犯罪的，依照处罚较重的规定定罪处罚。

二十五、帮助信息网络犯罪活动罪

帮助信息网络犯罪活动罪，是指明知他人利用信息网络实施犯罪，为其犯罪提供互联网接入、服务器托管、网络存储、通讯传输等技术支持，或者提供广告推广、支付结算等帮助，情节严重的行为。根据《刑法》第287条之二的规定，犯本罪的，处3年以下有期徒刑或者拘役，并处或者单处罚金。单位犯本罪的，实行两罚制。实施本罪的行为同时又构成其他犯罪的，依照处罚较重的规定定罪处罚。

二十六、扰乱无线电通讯管理秩序罪

扰乱无线电通讯管理秩序罪，是指违反国家规定，擅自设置、使用无线电台（站），或者

---

[1] 本罪及后面两种犯罪的具体认定，参见2019年11月1日实施的《最高人民法院、最高人民检察院关于办理非法利用信息网络、帮助信息网络犯罪活动等刑事案件适用法律若干问题的解释》。

擅自使用无线电频率，干扰无线电通讯秩序，情节严重的行为。2017年7月1日"两高"实施的《关于办理扰乱无线电通讯管理秩序等刑事案件适用法律若干问题的解释》对属于"擅自设置、使用无线电台（站），或者擅自使用无线电频率，干扰无线电通讯秩序""情节严重"的情形分别作出了规定。根据《刑法》第288条的规定，犯本罪的，处3年以下有期徒刑、拘役或者管制，并处或者单处罚金；情节特别严重的，处3年以上7年以下有期徒刑，并处罚金。单位犯本罪的，实行两罚制。

二十七、聚众扰乱社会秩序罪

聚众扰乱社会秩序罪，是指聚众扰乱社会秩序，情节严重，致使工作、生产、营业和教学、科研、医疗无法进行，造成严重损失的行为。聚众，是指聚集3人以上。扰乱社会秩序，是指采用各种非法的暴力或其他手段扰乱社会秩序。情节严重，通常是指聚集人数多、干扰正常秩序时间长、伴有殴打围攻等行为、社会影响恶劣等。本罪的主体是一般主体，但只限于首要分子和积极参加者。根据《刑法》第290条第1款的规定，对犯本罪的首要分子，处3年以上7年以下有期徒刑；对其他积极参加的，处3年以下有期徒刑、拘役、管制或者剥夺政治权利。

二十八、聚众冲击国家机关罪

聚众冲击国家机关罪，是指聚众冲击国家机关，致使国家机关工作无法进行，造成严重损失的行为。根据《刑法》第290条第2款的规定，对犯本罪的首要分子，处5年以上10年以下有期徒刑；对其他积极参加的，处5年以下有期徒刑、拘役、管制或者剥夺政治权利。

二十九、扰乱国家机关工作秩序罪

扰乱国家机关工作秩序罪，是指多次扰乱国家机关工作秩序，经行政处罚后仍不改正，造成严重后果的行为。根据《刑法》第290条第3款的规定，犯本罪的，处3年以下有期徒刑、拘役或者管制。

三十、组织、资助非法聚集罪

组织、资助非法聚集罪，是指多次组织、资助他人非法聚集，扰乱社会秩序，情节严重的行为。根据《刑法》第290条第4款的规定，犯本罪的，处3年以下有期徒刑、拘役或者管制。

三十一、聚众扰乱公共场所秩序、交通秩序罪

聚众扰乱公共场所秩序、交通秩序罪，是指聚众扰乱车站、码头、民用航空站、商场、公园、影剧院、展览会、运动场或者其他公共场所秩序，聚众堵塞交通或者破坏交通秩序，抗拒、阻碍国家治安管理工作人员依法执行职务，情节严重的行为。本罪的主体只限于首要分子。根据《刑法》第291条的规定，对犯本罪的首要分子，处5年以下有期徒刑、拘役或者管制。

三十二、投放虚假危险物质罪

投放虚假危险物质罪，是指投放虚假的爆炸性、毒害性、放射性、传染病病原体等物质，严重扰乱社会秩序的行为。根据《刑法》第291条之一第1款的规定，犯本罪的，处5年以下有期徒刑、拘役或者管制；造成严重后果的，处5年以上有期徒刑。

三十三、编造、故意传播虚假恐怖信息罪

编造、故意传播虚假恐怖信息罪，是指编造爆炸威胁、生化威胁、放射威胁等恐怖信息，或者明知是编造的恐怖信息而故意传播，严重扰乱社会秩序的行为。"虚假恐怖信息"是指以发生爆炸威胁、生化威胁、放射威胁、劫持航空器威胁、重大灾情、重大疫情等严重威胁公共安全的事件为内容，可能引起社会恐慌或者公共安全危机的不真实信息。根据 2013 年 9 月 30 日实施的《最高人民法院关于审理编造、故意传播虚假恐怖信息刑事案件适用法律若干问题的解释》的规定，编造恐怖信息，传播或者放任传播，严重扰乱社会秩序的，应认定为编造虚假恐怖信息罪；明知是他人编造的恐怖信息而故意传播，严重扰乱社会秩序的，应认定为故意传播虚假恐怖信息罪。编造、故意传播虚假恐怖信息，具有下列情形之一的，应当认定为"严重扰乱社会秩序"：①致使机场、车站、码头、商场、影剧院、运动场馆等人员密集场所秩序混乱，或者采取紧急疏散措施的；②影响航空器、列车、船舶等大型客运交通工具正常运行的；③致使国家机关、学校、医院、厂矿企业等单位的工作、生产、经营、教学、科研等活动中断的；④造成行政村或者社区居民生活秩序严重混乱的；⑤致使公安、武警、消防、卫生检疫等职能部门采取紧急应对措施的；⑥其他严重扰乱社会秩序的。编造、故意传播虚假恐怖信息，严重扰乱社会秩序，同时又构成其他犯罪的，择一重罪处罚。犯本罪的，依照《刑法》第 291 条之一第 1 款（投放虚假危险物质罪）的规定处罚。

三十四、编造、故意传播虚假信息罪

编造、故意传播虚假信息罪，是指编造虚假的险情、疫情、灾情、警情，在信息网络或者其他媒体上传播，或者明知是上述虚假信息，故意在信息网络或者其他媒体上传播，严重扰乱社会秩序的行为。根据《刑法》第 291 条之一第 2 款的规定，犯本罪的，处 3 年以下有期徒刑、拘役或者管制；造成严重后果的，处 3 年以上 7 年以下有期徒刑。

三十五、高空抛物罪

高空抛物罪，是指从建筑物或者其他高空抛掷物品，情节严重的行为。对于是否属于情节严重，应当根据行为人的动机、抛物场所、次数、抛掷物的情况以及造成的后果等方面进行判断。实施高空抛物行为，同时构成其他犯罪的，依照处罚较重的规定定罪处罚。例如，故意从高空抛弃物品，已经危害公共安全的，应当以以危险方法危害公共安全罪定罪处罚；为伤害、杀害特定人员实施高空抛掷物品行为的，依照故意伤害罪、故意杀人罪定罪处罚。根据《刑法》第 291 条之二的规定，犯本罪的，处 1 年以下有期徒刑、拘役或者管制，并处或者单处罚金。

三十六、聚众斗殴罪

聚众斗殴罪，是指聚集多人进行斗殴的行为。所谓斗殴，是指多人攻击对方身体或者相互攻击对方身体的行为。斗殴的双方常常使用刀、棍、棒、枪等凶器，但斗殴的双方是否使用了凶器，并不是本罪的构成要件。至于双方的人数要求，在实践和理论上存在分歧。本罪的主体只限于聚众斗殴的首要分子和积极参加者。本罪的主观方面是故意，并且是出于不正当目的，一般是出于报私仇、争夺霸主地位、显示威风、以逞凶斗狠来寻求精神刺激或者其他不正当目的。本罪属于行为犯，原则上只要行为人实施了聚众斗殴的行为，便成立犯罪。如果聚众斗殴造成人员轻伤的，仍构成本罪；聚众斗殴，致人重伤、死亡的，依照《刑法》第 234 条、第 232 条的规定定罪处罚。根据《刑法》第 292 条的规定，犯本罪，对首要分子和其他积极参加的，处 3 年以下有期徒刑、拘役或者管制；有下列情形之一的，处 3 年以上 10 年以下有期徒刑：①多次聚众斗殴的；②聚众斗殴人数多，规模大，社会影响恶劣的；③在公共场所或者交通要道聚众斗殴，造成社会秩序严重混乱的；④持械聚众斗殴的。

三十七、寻衅滋事罪

（一）寻衅滋事罪的概念和构成要件

寻衅滋事罪，是指寻衅滋事，破坏社会秩序的行为。其构成要件是：

1. 本罪的客体是社会秩序，本罪的某些行为还同时侵犯了他人的人身权利、财产权利等。本罪的行为对象往往具有不特定性。

2. 本罪在客观方面表现为寻衅滋事，破坏社会秩序的行为。根据2013年7月22日"两高"实施的《关于办理寻衅滋事刑事案件适用法律若干问题的解释》的规定，行为人为寻求刺激、发泄情绪、逞强耍横等，无事生非，实施《刑法》第293条规定的行为的，应当认定为"寻衅滋事"。行为人因日常生活中的偶发矛盾纠纷，借故生非，实施《刑法》第293条规定的行为的，应当认定为"寻衅滋事"，但矛盾系由被害人故意引发或者被害人对矛盾激化负有主要责任的除外。行为人因婚恋、家庭、邻里、债务等纠纷，实施殴打、辱骂、恐吓他人或者损毁、占用他人财物等行为的，一般不认定为"寻衅滋事"，但经有关部门批评制止或者处理处罚后，继续实施前列行为，破坏社会秩序的除外。

根据《刑法》第293条的规定，寻衅滋事行为包括：

（1）随意殴打他人，情节恶劣的。根据上述司法解释，随意殴打他人，破坏社会秩序，具有下列情形之一的，应当认定为情节恶劣：①致1人以上轻伤或者2人以上轻微伤的；②引起他人精神失常、自杀等严重后果的；③多次随意殴打他人的；④持凶器随意殴打他人的；⑤随意殴打精神病人、残疾人、流浪乞讨人员、老年人、孕妇、未成年人，造成恶劣社会影响的；⑥在公共场所随意殴打他人，造成公共场所秩序严重混乱的；⑦其他情节恶劣的情形。

（2）追逐、拦截、辱骂、恐吓他人，情节恶劣的。根据上述司法解释，"情节恶劣"是指具有下列情形之一的：①多次追逐、拦截、辱骂、恐吓他人，造成恶劣社会影响的；②持凶器追逐、拦截、辱骂、恐吓他人的；③追逐、拦截、辱骂、恐吓精神病人、残疾人、流浪乞讨人员、老年人、孕妇、未成年人，造成恶劣社会影响的；④引起他人精神失常、自杀等严重后果的；⑤严重影响他人的工作、生活、生产、经营的；⑥其他情节恶劣的情形。

（3）强拿硬要或者任意毁损、占用公私财物，情节严重的。根据上述司法解释，"情节严重"是指具有下列情形之一的：①强拿硬要公私财物价值1000元以上，或者任意损毁、占用公私财物价值2000元以上的；②多次强拿硬要或者任意损毁、占用公私财物，造成恶劣社会影响的；③强拿硬要或者任意损毁、占用精神病人、残疾人、流浪乞讨人员、老年人、孕妇、未成年人的财物，造成恶劣社会影响的；④引起他人精神失常、自杀等严重后果的；⑤严重影响他人的工作、生活、生产、经营的；⑥其他情节严重的情形。

（4）在公共场所起哄闹事，造成公共场所秩序严重混乱的。在车站、码头、机场、医院、商场、公园、影剧院、展览会、运动场或者其他公共场所起哄闹事，应当根据公共场所的性质、公共活动的重要程度、公共场所的人数、起哄闹事的时间、公共场所受影响的范围与程度等因素，综合判断是否"造成公共场所秩序严重混乱"。

另外，根据2013年9月10日"两高"实施的《关于办理利用信息网络实施诽谤等刑事案件适用法律若干问题的解释》第5条的规定，利用信息网络辱骂、恐吓他人，情节恶劣，破坏社会秩序的；编造虚假信息，或者明知是编造的虚假信息，在信息网络上散布，或者组织、指使人员在信息网络上散布，起哄闹事，造成公共秩序严重混乱的，以寻衅滋事罪定罪处罚。

3. 本罪的主体是一般主体。

4. 本罪的主观方面是故意。行为人主观上往往具有寻求刺激、填补精神空虚、发泄不良情绪、逞强耍横等卑鄙动机。

（二）寻衅滋事罪的司法认定

1. 本罪与抢劫罪的界限。寻衅滋事罪是严重扰乱社会秩序的犯罪，行为人实施寻衅滋事的行为时，客观上也可能表现为强拿硬要公私财物的特征。这种强拿硬要的行为与抢劫罪的区别在于：前者行为人主观上还具有逞强好胜和通过强拿硬要来填补其精神空虚等目的，后者行为人一般只具有非法占有他人财物的目的；前者行为人客观上一般不以严重侵犯他人人身权利的方法强拿硬要财物，而后者行为人则以暴力、胁迫等方式作为劫取他人财物的手段。司法实践中，对于未成年人使用或威胁使用轻微暴力强抢少量财物的行为，一般不宜以抢劫罪定罪处罚。其行为符合寻衅滋事罪特征的，可以寻衅滋事罪定罪处罚。[1]

2. 本罪与其他犯罪的界限及其罪数的认定。主要区别是犯罪动机和行为对象不同。本罪的行为人一般出于无端寻衅，打人取乐、发泄或者显示威风，其行为侵害的对象往往具有不特定性；故意伤害、故意杀人、故意毁坏财物、敲诈勒索、抢夺等犯罪的实施一般源于一定的事由或恩怨，行为对象一般是特定事情的关系人。但是，实施寻衅滋事行为也会触犯其他犯罪。因此上述司法解释规定，实施寻衅滋事行为，同时符合寻衅滋事罪和故意杀人罪、故意伤害罪、故意毁坏财物罪、敲诈勒索罪、抢夺罪、抢劫罪等罪的构成要件的，依照处罚较重的犯罪定罪处罚。

（三）寻衅滋事罪的刑事责任

根据《刑法》第293条第1款的规定，犯本罪的，处5年以下有期徒刑、拘役或者管制。《刑法》第293条第2款规定："纠集他人多次实施前款行为，严重破坏社会秩序的，处5年以上10年以下有期徒刑，可以并处罚金。"纠集他人3次以上实施寻衅滋事犯罪，未经处理的，应当依照该款的规定处罚。

三十八、催收非法债务罪

催收非法债务罪，是指采取暴力、胁迫、限制他人人身自由、侵入他人住宅、恐吓、跟踪、骚扰他人的方法，催收高利放贷等产生的非法债务，情节严重的行为。根据《刑法》第293条之一的规定，犯本罪的，处3年以下有期徒刑、拘役或者管制，并处或者单处罚金。

三十九、组织、领导、参加黑社会性质组织罪

（一）组织、领导、参加黑社会性质组织罪的概念和构成要件

组织、领导、参加黑社会性质组织罪，是指组织、领导或者参加黑社会性质组织的行为。其构成要件是：

1. 本罪的客体是复杂客体，既侵犯了经济秩序、社会生活秩序，又侵犯了公民的人身财产权利。

2. 本罪在客观方面表现为组织、领导、积极参加或者参加黑社会性质组织的行为。组织黑社会性质组织，是指发起、创建黑社会性质组织，或者对黑社会性质组织进行合并、分立、重组的行为；领导黑社会性质组织，是指实际对整个组织的发展、运行、活动进行决策、指挥、协调、管理的行为。参加黑社会性质组织，是指知道或者应当知道是以实施违法犯罪为基本活动内容的组织，仍加入并接受其领导和管理的行为。参加黑社会性质组织并具有以下情形之一的，一般应当认定为"积极参加黑社会性质组织"：多次积极参与黑社会性质组织的违法犯罪活动，或者积极参与较严重的黑社会性质组织的犯罪活动且作用突出，以及其他在组织中起重要作用的情形，如具体主管黑社会性质组织的财务、人员管理等事项。

根据《刑法》第294条第5款的规定，黑社会性质的组织应当同时具备以下特征：①组织特征，即形成较稳定的犯罪组织，人数较多，有明确的组织者、领导者，骨干成员基本固定；

---

[1] 参见2005年6月8日发布实施的《最高人民法院关于审理抢劫、抢夺刑事案件适用法律若干问题的意见》。

②经济特征，即有组织地通过违法犯罪活动或者其他手段获取经济利益，具有一定的经济实力，以支持该组织的活动；③行为特征，即以暴力、威胁或者其他手段，有组织地多次进行违法犯罪活动，为非作恶，欺压、残害群众；④危害性特征，即通过实施违法犯罪活动，或者利用国家工作人员的包庇或者纵容，称霸一方，在一定区域或者行业内，形成非法控制或者重大影响，严重破坏经济、社会生活秩序。另外，有关司法解释对"黑社会性质的组织"的一般特征也作了规定。[1]

3. 本罪的主体是一般主体，包括组织、领导、积极参加和其他参加的人。黑社会性质组织的组织者、领导者，既包括通过一定形式产生的有明确职务、称谓的组织者、领导者，也包括在黑社会性质组织中被公认的事实上的组织者、领导者。

4. 本罪的主观方面是故意，即明知是黑社会性质的组织而决意组织、领导或者参加。没有加入黑社会性质组织的意愿，受雇到黑社会性质组织开办的公司、企业、社团工作，未参与黑社会性质组织违法犯罪活动的，不应认定为"参加黑社会性质组织"。

(二) 组织、领导、参加黑社会性质组织罪的司法认定

1. 黑社会性质组织与恶势力组织的界限。根据《中华人民共和国反有组织犯罪法》第2条的规定，恶势力组织，是指经常纠集在一起，以暴力、威胁或者其他手段，在一定区域或者行业领域内多次实施违法犯罪活动，为非作恶，欺压群众，扰乱社会秩序、经济秩序，造成较为恶劣的社会影响，但尚未形成黑社会性质组织的犯罪组织。

2. 本罪与非罪的界限。2000年12月10日实施的《最高人民法院关于审理黑社会性质组织犯罪的案件具体应用法律若干问题的解释》第3条规定，对于参加黑社会性质的组织，没有实施其他违法犯罪活动的，或者受蒙蔽、胁迫参加黑社会性质的组织，情节轻微的，可以不作为犯罪处理。例如，因受蒙蔽而加入该组织，知情后及时退出的，或者知情后虽未退出，但并没有实施其他违法犯罪活动的，可不认定为本罪。

3. 本罪与普通集团犯罪的界限。主要区别在于：本罪的行为人以获取广泛的经济、政治利益为目的，以暴力、威胁为基本手段，犯罪活动往往渗透到社会生活的各个领域，具有较强的政治、经济实力，较大的组织规模和极其严密的组织形式。后者虽然也是有组织、有预谋、有计划地进行犯罪，但其目的是具体的、单纯的，集团的规模、政治经济实力尚不足以称霸一方，集团的内部分工相对简单，没有黑社会性质组织那样严密。

4. 罪数的认定。根据《刑法》第294条第4款的规定，组织、领导、参加黑社会性质的组织又有其他犯罪行为的，依照数罪并罚的规定处罚。

(三) 组织、领导、参加黑社会性质组织罪的刑事责任

根据《刑法》第294条第1款的规定，组织、领导黑社会性质组织的，处7年以上有期徒刑，并处没收财产；积极参加的，处3年以上7年以下有期徒刑，可以并处罚金或者没收财产；其他参加的，处3年以下有期徒刑、拘役、管制或者剥夺政治权利，可以并处罚金。

---

[1] 2000年12月10日实施的《最高人民法院关于审理黑社会性质组织犯罪的案件具体应用法律若干问题的解释》第1条规定，"黑社会性质的组织"一般应具备以下特征：①组织结构比较紧密，人数较多，有比较明确的组织者、领导者，骨干成员基本固定，有较为严格的组织纪律；②通过违法犯罪活动或者其他手段获取经济利益，具有一定的经济实力；③通过贿赂、威胁等手段，引诱、逼迫国家工作人员参加黑社会性质组织活动，或者为其提供非法保护；④在一定区域或者行业范围内，以暴力、威胁、滋扰等手段，大肆进行敲诈勒索、欺行霸市、聚众斗殴、寻衅滋事、故意伤害等违法犯罪活动，严重破坏经济、社会生活秩序。

四十、入境发展黑社会组织罪

入境发展黑社会组织罪，是指境外的黑社会组织的人员到中华人民共和国境内发展组织成员的行为。港、澳、台黑社会组织到内地发展组织成员的，以本罪论处。根据《刑法》第294条第2款、第4款的规定，犯本罪的，处3年以上10年以下有期徒刑；犯本罪又有其他犯罪行为的，实行数罪并罚。

四十一、包庇、纵容黑社会性质组织罪

包庇、纵容黑社会性质组织罪，是指国家机关工作人员包庇黑社会性质的组织，或者纵容黑社会性质的组织进行违法犯罪活动的行为。这里的"包庇"是指为使黑社会性质组织及其成员逃避查禁，而通风报信、隐匿、毁灭、伪造证据，阻止他人作证、检举揭发，指使他人作伪证，帮助逃匿，或者阻挠其他国家机关工作人员依法查禁等行为。"包庇"行为，不要求相关国家机关工作人员利用职务便利。利用职务便利包庇黑社会性质组织的，酌情从重处罚。包庇、纵容黑社会性质组织，事先有通谋的，以具体犯罪的共犯论处。[1]"纵容"是指行为人不依法履行职责，放纵黑社会性质组织进行违法犯罪活动的行为。根据《刑法》第294条第3款、第4款的规定，犯本罪的，处5年以下有期徒刑；情节严重的，处5年以上有期徒刑，犯本罪又有其他犯罪行为的，实行数罪并罚。

四十二、传授犯罪方法罪

传授犯罪方法罪，是指通过口头、书面、动作示范或其他手段，将实施犯罪的技术、步骤、办法等传授给他人的行为。传授犯罪方法的行为完成后，对方是否接受了传授以及是否按传授的犯罪方法去实施犯罪，不影响本罪的成立。根据《刑法》第295条的规定，犯本罪的，处5年以下有期徒刑、拘役或者管制；情节严重的，处5年以上10年以下有期徒刑；情节特别严重的，处10年以上有期徒刑或者无期徒刑。

四十三、非法集会、游行、示威罪

非法集会、游行、示威罪，是指举行集会、游行、示威，未依照法律规定申请或者申请未经许可，或者未按照主管机关许可的起止时间、地点、路线进行，又拒不服从解散命令，严重破坏社会秩序的行为。本罪的主体是一般主体，但只有集会、游行、示威的负责人和直接责任人员才承担刑事责任。根据《刑法》第296条的规定，犯本罪的，处5年以下有期徒刑、拘役、管制或者剥夺政治权利。

四十四、非法携带武器、管制刀具、爆炸物参加集会、游行、示威罪

非法携带武器、管制刀具、爆炸物参加集会、游行、示威罪，是指违反法律规定，携带武器、管制刀具或者爆炸物参加集会、游行、示威的行为。这里的"集会、游行、示威"活动是否合法，不影响本罪的成立。根据《刑法》第297条的规定，犯本罪的，处3年以下有期徒刑、拘役、管制或者剥夺政治权利。

四十五、破坏集会、游行、示威罪

破坏集会、游行、示威罪，是指扰乱、冲击或者以其他方法破坏依法举行的集会、游行、示威，造成公共秩序混乱的行为。根据《刑法》第298条的规定，犯本罪的，处5年以下有期徒刑、拘役、管制或者剥夺政治权利。

四十六、侮辱国旗、国徽、国歌罪

侮辱国旗、国徽、国歌罪，是指在公共场合故意侮辱中华人民共和国国旗、国徽的行为，

---

[1] 参见2018年1月16日"两高"、公安部、司法部发布实施的《关于办理黑恶势力犯罪案件若干问题的指导意见》第22条的规定。

或者在公共场合故意侮辱中华人民共和国国歌，情节严重的行为。本罪侵犯的客体是国家尊严。侮辱国旗、国徽行为的方式包括焚烧、毁损、涂划、玷污、践踏等。侮辱国歌行为的方式包括篡改国歌歌词、曲谱，以歪曲、贬损方式奏唱国歌，或者以其他方式侮辱国歌。构成侮辱国旗、国徽罪不要求侮辱行为情节严重，构成侮辱国歌罪则要求侮辱行为情节严重。根据《刑法》第299条的规定，犯本罪的，处3年以下有期徒刑、拘役、管制或者剥夺政治权利。

四十七、侵害英雄烈士名誉、荣誉罪

侵害英雄烈士名誉、荣誉罪，是指侮辱、诽谤或者以其他方式侵害英雄烈士的名誉、荣誉，损害社会公共利益，情节严重的行为。根据《刑法》第299条之一的规定，犯本罪的，处3年以下有期徒刑、拘役、管制或者剥夺政治权利。

四十八、组织、利用会道门、邪教组织、利用迷信破坏法律实施罪

组织、利用会道门、邪教组织、利用迷信破坏法律实施罪，是指组织、利用会道门、邪教组织或者利用迷信破坏国家法律、行政法规实施的行为。所谓会道门，是指一贯道、九宫道、先天道、后天道等封建迷信组织。所谓邪教组织，根据2017年2月1日"两高"实施的《关于办理组织、利用邪教组织破坏法律实施等刑事案件适用法律若干问题的解释》的规定，是指冒用宗教、气功或者以其他名义建立，神化、鼓吹首要分子，利用制造、散布迷信邪说等手段蛊惑、蒙骗他人，发展、控制成员，危害社会的非法组织。根据《刑法》第300条第1款的规定，犯本罪的，处3年以上7年以下有期徒刑，并处罚金；情节特别严重的，处7年以上有期徒刑或者无期徒刑，并处罚金或者没收财产；情节较轻的，处3年以下有期徒刑、拘役、管制或者剥夺政治权利，并处或者单处罚金。根据《刑法》第300条第3款的规定，犯本罪又有奸淫妇女、诈骗财物等犯罪行为的，实行数罪并罚。根据上述司法解释的规定，组织、利用邪教组织破坏国家法律、行政法规实施过程中，又有煽动分裂国家、煽动颠覆国家政权或者侮辱、诽谤他人等犯罪行为的，实行数罪并罚。

四十九、组织、利用会道门、邪教组织、利用迷信致人重伤、死亡罪

组织、利用会道门、邪教组织、利用迷信致人重伤、死亡罪，是指组织、利用会道门、邪教组织或者利用迷信蒙骗他人，致人重伤、死亡的行为。组织、利用邪教组织"蒙骗他人，致人重伤、死亡"，是指利用邪教组织，制造、散布迷信邪说，蒙骗成员或者他人绝食、自虐等，或者蒙骗病人不接受正常治疗，致人重伤、死亡的情形。本罪的主观方面是过失。如果组织、利用邪教组织制造、散布迷信邪说，指使、胁迫其成员或者其他人实施自杀、自伤行为的，应当分别以故意杀人罪或者故意伤害罪定罪处罚。犯本罪的，依照《刑法》第300条第1款（组织、利用会道门、邪教组织、利用迷信破坏法律实施罪）的规定处罚。

五十、聚众淫乱罪

聚众淫乱罪，是指聚众进行淫乱活动或者多次参加聚众淫乱活动的行为。"聚众淫乱"是指纠集3人以上群奸群宿或进行其他淫乱活动，一般具有明确的目的性和自愿性等特点。本罪的主体是一般主体，但只限于聚众淫乱的首要分子和多次参加者。本罪的主观方面是故意，通常是满足下流无耻的精神刺激，填补精神空虚。根据《公安立案标准一》第41条的规定，组织、策划、指挥3人以上进行淫乱活动或者参加聚众淫乱活动3次以上的，应予立案追诉。根据《刑法》第301条第1款的规定，犯本罪，对首要分子或者多次参加的，处5年以下有期徒刑、拘役或者管制。

五十一、引诱未成年人聚众淫乱罪

引诱未成年人聚众淫乱罪，是指引诱未成年人参加聚众淫乱活动的行为。引诱，可以用语

言文字、图片相诱劝，也可以用表演、示范、收听淫秽音像制品等手段挑逗、吸引未成年人，从而将未成年人拉入聚众淫乱活动。犯本罪的，依照《刑法》第301条第1款（聚众淫乱罪）的规定从重处罚。

五十二、盗窃、侮辱、故意毁坏尸体、尸骨、骨灰罪

盗窃、侮辱、故意毁坏尸体、尸骨、骨灰罪，是指盗窃、侮辱、故意毁坏尸体、尸骨、骨灰的行为。认定本罪时应注意以下几点：①杀人后为毁灭罪证、掩盖罪迹而毁坏、抛弃尸体的，仅以故意杀人罪一罪定罪处罚；杀人后为损害尸体的尊严及生者的感情而故意侮辱尸体的，应当数罪并罚。②根据《刑法》第234条之一第3款的规定，违背本人生前意愿摘取其尸体器官，或者本人生前未表示同意，违反国家规定，违背其近亲属意愿摘取其尸体器官的，以本罪定罪处罚。根据《刑法》第302条的规定，犯本罪的，处3年以下有期徒刑、拘役或者管制。

五十三、赌博罪

（一）赌博罪的概念和构成要件

赌博罪，是指以营利为目的，聚众赌博或者以赌博为业的行为。其构成要件是：

1. 本罪的客体是国家对社会风尚的管理秩序。

2. 本罪在客观方面表现为聚众赌博或者以赌博为业的行为。根据2005年5月13日"两高"实施的《关于办理赌博刑事案件具体应用法律若干问题的解释》（以下简称《赌博刑案解释》）的规定，以营利为目的，有下列情形之一的，属于聚众赌博：①组织3人以上赌博，抽头渔利数额累计达到5000元以上的；②组织3人以上赌博，赌资数额累计达到5万元以上的；③组织3人以上赌博，参赌人数累计达到20人以上的。"以赌博为业"是指将赌博作为职业或者兼业，靠赌博所得为其挥霍和生活的主要来源。

3. 本罪的主体是一般主体。聚众赌博所要惩罚的是组织者、召集者，对于其他参加者不应以本罪论处。

4. 主观方面是故意，并且具有营利的目的。至于行为人是否事实上获得了钱财，不影响本罪的成立。

（二）赌博罪的司法认定

根据《赌博刑案解释》的规定，在认定本罪时应注意以下几点：①本罪与一般娱乐性活动的区别。对于不以营利为目的，进行带有少量财物输赢的娱乐活动，以及提供棋牌室等娱乐场所只收取正常的场所和服务费用的经营行为等，不以赌博处论。②共犯问题。明知他人实施赌博犯罪活动，而为其提供资金、计算机网络、通讯、费用结算等直接帮助的，以赌博罪的共犯论处。③应当以其他犯罪定罪处罚的情形。未经国家批准擅自发行、销售彩票，构成犯罪的，以非法经营罪定罪处罚。通过赌博或者为国家工作人员赌博提供资金的形式实施行贿、受贿行为，构成犯罪的，依照刑法关于贿赂犯罪的规定定罪处罚。

（三）赌博罪的刑事责任

根据《刑法》第303条第1款的规定，犯本罪的，处3年以下有期徒刑、拘役或者管制，并处罚金。《赌博刑案解释》规定，实施赌博犯罪（包括开设赌场罪），有下列情形之一的，从重处罚：①具有国家工作人员身份的；②组织国家工作人员赴境外赌博的；③组织未成年人参与赌博，或者开设赌场吸引未成年人参与赌博的。

五十四、开设赌场罪

开设赌场罪，是指以营利为目的，为赌博提供场所和条件的行为。开设赌场，即营业性地

为他人赌博提供场所、赌具、筹码、资金，设定赌博方式等，从中渔利。赌场既包括较为常见的进行赌博活动的固定或者不固定、常设或者不常设的场所，也包括在网络上进行赌博活动的场所。根据《赌博刑案解释》，以营利为目的，在计算机网络上建立赌博网站，或者为赌博网站担任代理，接受投注的，属于"开设赌场"。为依法惩治网络赌博犯罪活动，"两高"和公安部于2010年8月31日印发了《最高人民法院、最高人民检察院、公安部关于办理网络赌博犯罪案件适用法律若干问题的意见》，就网上开设赌场犯罪的定罪量刑标准、网上开设赌场共同犯罪的认定和处罚等作出了规定。本罪的主观方面是故意，并且以营利为目的。对于不以营利为目的，提供棋牌室等娱乐场所只收取正常的场所和服务费用的经营行为等，不以本罪论处。根据《刑法》第303条第2款的规定，犯本罪的，处5年以下有期徒刑、拘役或者管制，并处罚金；情节严重的，处5年以上10年以下有期徒刑，并处罚金。

五十五、组织参与国（境）外赌博罪

组织参与国（境）外赌博罪，是指组织中华人民共和国公民参与国（境）外赌博，数额巨大或者有其他严重情节的行为。根据《刑法》第303条第3款的规定，犯本罪的，处5年以下有期徒刑、拘役或者管制，并处罚金；情节严重的，处5年以上10年以下有期徒刑，并处罚金。

五十六、故意延误投递邮件罪

故意延误投递邮件罪，是指邮政工作人员严重不负责任，故意延误投递邮件，致使公共财产、国家和人民利益遭受重大损失的行为。根据《刑法》第304条的规定，犯本罪的，处2年以下有期徒刑或者拘役。

第三节 妨害司法罪

一、伪证罪

（一）伪证罪的概念和构成要件

伪证罪，是指在刑事诉讼中，证人、鉴定人、记录人、翻译人对与案件有重要关系的情节，故意作虚假证明、鉴定、记录、翻译，意图陷害他人或者隐匿罪证的行为。其构成要件是：

1. 本罪的客体是复杂客体，包括国家的正常司法秩序和他人的人身权利。

2. 本罪在客观方面表现为在刑事诉讼中，对与案件有重要关系的情节作虚假的证明、鉴定、记录或翻译的行为。具体包括以下要素：

（1）伪证行为必须发生在刑事诉讼中，即刑事案件的立案、侦查、起诉、审判的过程中。在刑事诉讼开始之前作假证包庇犯罪嫌疑人或者作虚假告发意图使他人受刑事追究的，应构成包庇罪或诬告陷害罪。

（2）行为人必须实施了作虚假的证明、鉴定、记录、翻译的行为之一。所谓虚假，指所作的陈述与客观事实情况不相符，与行为人的主观意图无关。

（3）必须是针对与案件有重要关系的情节作虚假证明、鉴定、记录、翻译。"与案件有重要关系的情节"是指对案件结论有影响的情节，即对是否构成犯罪、犯罪的性质、罪行的轻重、量刑的轻重等具有重要影响的情节。伪证行为只要足以影响案件结论即可构成本罪，不要求实际影响了案件结论。

3. 本罪的主体是特殊主体，即刑事诉讼中的证人、鉴定人、记录人、翻译人。

4. 本罪的主观方面是故意，并且具有陷害他人或者隐匿罪证的目的。

本章"导入案例二"中，段某、李某的行为构成伪证罪，是共同犯罪。二人明知赵某是受贿犯罪嫌疑人，为掩盖赵某受贿的部分事实，串通书写了虚假证明，又把此情况串通给赵某，致使赵某翻供。在司法机关向其调查取证时，二人均做了虚假陈述，并将假发票提供给司法机关，妨害了国家司法秩序。

（二）伪证罪的司法认定

主要应注意不构成本罪的几种情形，包括：①证人如实地根据自己的经验、记忆作出了陈述，即使事后被证明与案件的客观事实真相不一致，也不能认为是伪证。②鉴定人、记录人、翻译人不是有意作伪证，而是由于业务水平不高或工作疏忽，以致提供了不科学或不合实际的鉴定结论、记录、翻译的，不构成本罪。③刑事被告人、犯罪嫌疑人就与自己有利害关系的情节作虚假陈述的，不构成本罪。

另外，要划清本罪与诬告陷害罪的界限。二者在犯罪主体、行为对象、实施行为的时间、行为方式等方面都是不同的，而且主观故意内容也不完全相同。

（三）伪证罪的刑事责任

根据《刑法》第305条的规定，犯本罪的，处3年以下有期徒刑或者拘役；情节严重的，处3年以上7年以下有期徒刑。

二、辩护人、诉讼代理人毁灭证据、伪造证据、妨害作证罪

辩护人、诉讼代理人毁灭证据、伪造证据、妨害作证罪，是指在刑事诉讼中，辩护人、诉讼代理人毁灭、伪造证据，帮助当事人毁灭、伪造证据，威胁、引诱证人违背事实改变证言或者作伪证的行为。本罪的主体是特殊主体，仅限于刑事诉讼中的辩护人、诉讼代理人。本罪的主观方面是故意，辩护人、诉讼代理人提供、出示、引用的证人证言或者其他证据失实，不是有意伪造的，不属于伪造证据。根据《刑法》第306条的规定，犯本罪的，处3年以下有期徒刑或者拘役；情节严重的，处3年以上7年以下有期徒刑。

三、妨害作证罪

妨害作证罪，是指以暴力、威胁、贿买等方法阻止证人作证或者指使他人作伪证的行为。认定本罪时应注意：①本罪的主体不包括刑事诉讼中的辩护人、诉讼代理人。②本罪并不限于刑事诉讼中，民事、行政等诉讼中也可成立本罪。③本罪中的"证人"还应当包括被害人和鉴定人。④犯罪嫌疑人、刑事被告人以暴力、威胁、贿买等方法阻止证人作证或者指使他人作伪证的，应以本罪论处，而不构成伪证罪的共犯。根据《刑法》第307条第1款、第3款的规定，犯本罪的，处3年以下有期徒刑或者拘役；情节严重的，处3年以上7年以下有期徒刑。司法工作人员犯本罪的，从重处罚。

四、帮助毁灭、伪造证据罪

帮助毁灭、伪造证据罪，是指帮助当事人毁灭、伪造证据，情节严重的行为。这里的当事人包括刑事诉讼、民事诉讼和行政诉讼中的当事人。如果辩护人、诉讼代理人在刑事诉讼中帮助当事人毁灭、伪造证据，应当以辩护人、诉讼代理人毁灭证据、伪造证据罪论处。根据《刑法》第307条第2~3款规定，犯本罪的，处3年以下有期徒刑或者拘役。司法工作人员犯本罪的，从重处罚。

五、虚假诉讼罪

虚假诉讼罪，是指以捏造的事实提起民事诉讼，妨害司法秩序或者严重侵害他人合法权益的行为。2018年10月1日"两高"实施的《关于办理虚假诉讼刑事案件适用法律若干问题的

解释》对这里的"以捏造的事实提起民事诉讼""妨害司法秩序或者严重侵害他人合法权益"的情形作了规定。为了进一步加强虚假诉讼犯罪惩治工作,"两高"、公安部、司法部于2021年3月4日印发了《关于进一步加强虚假诉讼犯罪惩治工作的意见》。根据《刑法》第307条之一的规定,犯本罪的,处3年以下有期徒刑、拘役或者管制,并处或者单处罚金;情节严重的,处3年以上7年以下有期徒刑,并处罚金。单位犯本罪的,实行两罚制。实施本罪行为,非法占有他人财产或者逃避合法债务,又构成其他犯罪的,择一重罪并从重处罚。司法工作人员利用职权,与他人共同实施上述行为的,从重处罚;同时构成其他犯罪的,依照处罚较重的规定定罪从重处罚。

六、打击报复证人罪

打击报复证人罪,是指故意对证人进行打击报复的行为。本罪的行为对象是已经在诉讼过程中依法作证的证人。知道案件情况但尚未作证的人,属于妨害作证罪的对象,不是本罪的对象。根据《刑法》第308条的规定,犯本罪的,处3年以下有期徒刑或者拘役;情节严重的,处3年以上7年以下有期徒刑。

七、泄露不应公开的案件信息罪

泄露不应公开的案件信息罪,是指司法工作人员、辩护人、诉讼代理人或者其他诉讼参与人,泄露依法不公开审理的案件中不应当公开的信息,造成信息公开传播或者其他严重后果的行为。根据《刑法》第308条之一第1~2款的规定,犯本罪的,处3年以下有期徒刑、拘役或者管制,并处或者单处罚金。实施本罪行为,泄露国家秘密的,依照《刑法》第398条的规定定罪处罚。

八、披露、报道不应公开的案件信息罪

披露、报道不应公开的案件信息罪,是指公开披露、报道依法不公开审理的案件中不应当公开的信息,造成信息公开传播或者其他严重后果的行为。根据《刑法》第308条之一第3~4款的规定,犯本罪的,处3年以下有期徒刑、拘役或者管制,并处或者单处罚金;单位犯本罪的,实行两罚制。

九、扰乱法庭秩序罪

扰乱法庭秩序罪,是指以聚众哄闹、冲击、殴打、侮辱、诽谤、威胁、毁坏等方法扰乱法庭秩序的行为。本罪在客观方面表现为行为人实施了下列四种之一的扰乱法庭秩序行为:①聚众哄闹、冲击法庭;②殴打司法工作人员或者诉讼参与人;③侮辱、诽谤、威胁司法工作人员或诉讼参与人,不听法庭制止,严重扰乱法庭秩序;④有毁坏法庭设施,抢夺、损毁诉讼文书、证据等扰乱法庭秩序行为,情节严重。根据《刑法》第309条的规定,犯本罪的,处3年以下有期徒刑、拘役、管制或者罚金。

十、窝藏、包庇罪

(一)窝藏、包庇罪的概念和构成要件

窝藏、包庇罪,是指明知是犯罪的人而为其提供隐藏处所、财物,帮助其逃匿或者作假证明包庇的行为。其构成要件是:

1. 本罪的客体是司法机关的正常活动。行为对象是"犯罪的人",包括已决犯和未决犯。

2. 本罪在客观方面表现为为犯罪的人提供隐藏处所、财物,帮助其逃匿或者作假证明包庇的行为。根据2021年8月9日"两高"《关于办理窝藏、包庇刑事案件适用法律若干问题的解释》的规定,本罪中的"窝藏"行为包括:①为犯罪的人提供房屋或者其他可以用于隐藏的处所;②为犯罪的人提供车辆、船只、航空器等交通工具,或者提供手机等通讯工具;③为

犯罪的人提供金钱；④其他为犯罪的人提供隐藏处所、财物，帮助其逃匿。行为人明知是犯罪的人，为帮助其逃匿，实施上列行为之一的，应当以窝藏罪定罪处罚。保证人在犯罪的人取保候审期间，协助其逃匿，或者明知犯罪的人的藏匿地点、联系方式，但拒绝向司法机关提供的，应当对保证人以窝藏罪定罪处罚。

根据上述司法解释的规定，本罪中的"包庇"行为包括：①故意顶替犯罪的人欺骗司法机关；②故意向司法机关作虚假陈述或者提供虚假证明，以证明犯罪的人没有实施犯罪行为，或者犯罪的人所实施行为不构成犯罪；③故意向司法机关提供虚假证明，以证明犯罪的人具有法定从轻、减轻、免除处罚情节；④其他作假证明包庇的行为。行为人明知是犯罪的人，为帮助其逃避刑事追究，或者帮助其获得从宽处罚，实施上列行为之一的，应当以包庇罪定罪处罚。明知他人有间谍犯罪或者恐怖主义、极端主义犯罪行为，作假证明包庇的，以包庇罪从重处罚。

3. 本罪的主体是一般主体。

4. 本罪的主观方面是故意，即明知对方是犯罪之人而窝藏、包庇。根据上述司法解释的规定，对"明知"的认定，应当根据案件的客观事实，结合行为人的认知能力，接触被窝藏、包庇的犯罪人的情况，以及行为人和犯罪人的供述等主、客观因素进行认定。行为人将犯罪的人所犯之罪误认为其他犯罪的，不影响"明知"的认定。行为人虽然实施了提供隐藏处所、财物等行为，但现有证据不能证明行为人知道犯罪的人实施了犯罪行为的，不能认定为"明知"。根据《刑法》第310条第2款的规定，犯窝藏、包庇罪，事前通谋的，以共同犯罪论处。

（二）窝藏、包庇罪的司法认定。

1. 本罪与非罪的界限。包括：①单纯的知情不举报，或者知道犯罪事实，在公安司法机关调查取证时，单纯不提供证言的，由于知情不举者主观上没有使犯罪分子逃避法律制裁的目的，客观上没有实施窝藏、包庇的行为，故不成立本罪。但是，如果拒不提供间谍犯罪、恐怖主义犯罪、极端主义犯罪证据的，则应成立相关犯罪。②虽然为犯罪的人提供隐藏住所、财物，但不是出于帮助犯罪的人逃逸的目的，不以窝藏罪定罪处罚；③认定窝藏、包庇罪，以被窝藏、包庇的人的行为构成犯罪为前提。被窝藏、包庇的人实施的犯罪事实清楚，证据确实、充分，但尚未到案、尚未依法裁判或者因不具有刑事责任能力依法未予追究刑事责任的，不影响窝藏、包庇罪的认定。但是，被窝藏、包庇的人归案后被宣告无罪的，应当依照法定程序宣告窝藏、包庇行为人无罪。

2. 本罪与伪证罪的界限。主要区别在于：①主体不同。本罪是一般主体，后罪是特殊主体。②行为实施的时间不同。本罪可以发生在刑事诉讼中，也可以发生在刑事诉讼开始前；后罪一般只能发生在刑事诉讼过程中。

3. 本罪与帮助毁灭、伪造证据罪的界限。区别在于发生的场合和行为对象不同。包庇罪中的作假证明是在刑事诉讼中为犯罪分子作假证明；后罪可以是在任何诉讼中伪造任何证据，包括作假证明。由于作假证明属于伪造证据的情形之一，因此，对以作假证明的方式包庇犯罪分子的，应认定为本罪。帮助当事人毁灭罪证、湮灭罪迹的行为，应以帮助毁灭、伪造证据罪论处，不再以包庇罪论处。

4. 相关特别规定。根据《刑法》第362条的规定，旅馆业、文化娱乐业、出租汽车业等单位的人员，在公安机关查处卖淫嫖娼活动时，为违法犯罪分子通风报信，情节严重的，依照《刑法》第310条的规定定罪处罚。另外，刑法还将一些包庇犯罪分子的行为规定为独立的犯罪，如包庇毒品犯罪分子罪、包庇黑社会性质组织罪。

5. 罪数的认定。共同犯罪的人之间互相实施的窝藏、包庇行为，不以窝藏、包庇罪定罪处罚，但对共同犯罪以外的犯罪人实施窝藏、包庇行为的，以所犯共同犯罪和窝藏、包庇罪并罚。为帮助同一犯罪的人逃避刑事处罚，实施窝藏、包庇行为，又实施洗钱行为，或者掩饰、隐瞒犯罪所得及其收益行为，或者帮助毁灭证据行为，或者伪证行为的，依照处罚较重的犯罪定罪，并从重处罚，不实行数罪并罚。

（三）窝藏、包庇罪的刑事责任

根据《刑法》第 310 条的规定，犯本罪的，处 3 年以下有期徒刑、拘役或者管制；情节严重的，处 3 年以上 10 年以下有期徒刑。

十一、拒绝提供间谍犯罪、恐怖主义犯罪、极端主义犯罪证据罪

拒绝提供间谍犯罪、恐怖主义犯罪、极端主义犯罪证据罪，是指明知他人有间谍犯罪或者恐怖主义、极端主义犯罪行为，在司法机关向其调查有关情况、收集有关证据时，拒绝提供，情节严重的行为。根据《刑法》第 311 条的规定，犯本罪的，处 3 年以下有期徒刑、拘役或者管制。

十二、掩饰、隐瞒犯罪所得、犯罪所得收益罪

（一）掩饰、隐瞒犯罪所得、犯罪所得收益罪的概念和构成要件

掩饰、隐瞒犯罪所得、犯罪所得收益罪，是指明知是犯罪所得及其产生的收益而予以窝藏、转移、收购、代为销售或者以其他方法掩饰、隐瞒的行为。其构成要件是：

1. 本罪的客体是司法机关的正常活动，犯罪对象是他人犯罪所得及其产生的收益。"犯罪所得"是指通过犯罪直接得到的赃款、赃物。"犯罪所得产生的收益"是指上游犯罪的行为人对犯罪所得进行处理后得到的孳息、租金等。

2. 本罪在客观方面表现为对他人的犯罪所得及其产生的收益，予以窝藏、转移、收购、代为销售或者以其他方法掩饰、隐瞒的行为。具体包括：①窝藏行为，是指将犯罪所得及其收益进行隐藏、保管等；②转移行为，是指将他人犯罪所得及其收益由一个地点移至另一个地点；③收购行为，是指明知是他人的犯罪所得及其收益而予以购买；④代为销售，是指帮助或代理犯罪分子将犯罪所得及其收益卖出的行为；⑤其他方法。根据 2021 年 4 月 7 日修改、自 2021 年 4 月 15 日起施行的《最高人民法院关于审理掩饰、隐瞒犯罪所得、犯罪所得收益刑事案件适用法律若干问题的解释》（以下简称《掩饰、隐瞒犯罪所得及其收益刑案解释》）的规定，是指明知是犯罪所得及其产生的收益而采取窝藏、转移、收购、代为销售以外的方法，如居间介绍买卖，收受，持有，使用，加工，提供资金账户，协助将财物转换为现金、金融票据、有价证券，协助将资金转移、汇往境外等。行为人实施了上述行为之一的，即构成本罪。

3. 本罪的主体是一般主体，包括自然人和单位，但不包括上游犯罪行为人本人。盗用单位名义实施掩饰、隐瞒犯罪所得及其产生的收益行为，违法所得由行为人私分的，依照自然人犯罪的规定定罪处罚。

4. 本罪的主观方面是故意，即明知是犯罪所得及其产生的收益而采用各种方法予以掩饰、隐瞒。关于本罪中"明知"的认定，本书在破坏社会主义市场经济秩序罪一章的"洗钱罪"中已作详述。

(二) 掩饰、隐瞒犯罪所得、犯罪所得收益罪的司法认定

1. 本罪与非罪的界限。[1] 对于实施掩饰、隐瞒犯罪所得、犯罪所得收益的行为，应综合考虑上游犯罪的性质、掩饰、隐瞒犯罪所得及其收益的情节、后果及社会危害程度等，依法定罪处罚。《掩饰、隐瞒犯罪所得及其收益刑案解释》第1条规定，明知是犯罪所得及其产生的收益而予以窝藏、转移、收购、代为销售或者以其他方法掩饰、隐瞒，具有下列情形之一的，应当以本罪定罪处罚：①1年内曾因掩饰、隐瞒犯罪所得及其产生的收益行为受过行政处罚，又实施掩饰、隐瞒犯罪所得及其产生的收益行为的；②掩饰、隐瞒的犯罪所得系电力设备、交通设施、广播电视设施、公用电信设施、军事设施或者救灾、抢险、防汛、优抚、扶贫、移民、救济款物的；③掩饰、隐瞒行为致使上游犯罪无法及时查处，并造成公私财物损失无法挽回的；④实施其他掩饰、隐瞒犯罪所得及其产生的收益行为，妨害司法机关对上游犯罪进行追究的。另外，明知是非法狩猎的野生动物而收购，数量达到50只以上的，以掩饰、隐瞒犯罪所得罪定罪处罚。因此，对于情节轻微的买赃自用行为，偶尔窝藏、转移、收购或代为销售少量或金额较小财物的，一般不应以本罪论处。

2. 共犯与罪数的认定。事前与盗窃、抢劫、诈骗、抢夺等犯罪分子通谋，掩饰、隐瞒犯罪所得及其产生的收益的，以盗窃、抢劫、诈骗、抢夺等犯罪的共犯论处。明知是犯罪所得及其产生的收益而予以掩饰、隐瞒，构成本罪，同时构成其他犯罪的，依照处罚较重的规定定罪处罚。

3. 本罪的成立以上游犯罪事实成立为前提。上游犯罪尚未依法裁判，但查证属实的，不影响本罪的认定。上游犯罪事实经查证属实，但因行为人未达到刑事责任年龄等原因依法不予追究刑事责任的，也不影响本罪的认定。

4. 本罪与洗钱罪的区别。①上游犯罪的范围不同。洗钱罪只限于掩饰、隐瞒毒品犯罪、黑社会性质的组织犯罪、恐怖活动犯罪、走私犯罪、贪污贿赂犯罪、破坏金融管理秩序犯罪、金融诈骗犯罪的所得及其产生的收益的来源和性质；本罪包括对上述七类犯罪以外的其他犯罪所得及其产生的收益予以掩饰、隐瞒。②行为方式不同。洗钱罪包括各种掩饰、隐瞒犯罪所得及其收益的来源和性质的行为；而本罪是对犯罪所得及其产生的收益本身的掩饰、隐瞒，包括窝藏、转移、收购或代为销售等行为。③本犯实施"自洗钱"行为有可能又构成洗钱罪；而本犯对上述七类犯罪以外的其他犯罪所得及其产生的收益予以掩饰、隐瞒的，不另外构成本罪。本罪与洗钱罪存在交叉之处，在一个行为同时触犯本罪和洗钱罪的情况下，应当依照处罚

---

[1] 2007年5月11日"两高"实施的《关于办理与盗窃、抢劫、诈骗、抢夺机动车相关刑事案件具体应用法律若干问题的解释》第1条规定，明知是盗窃、抢劫、诈骗、抢夺的机动车，实施下列行为之一的，以本罪定罪：①买卖、介绍买卖、典当、拍卖、抵押或者用其抵债的；②拆解、拼装或者组装的；③修改发动机号、车辆识别代号的；④更改车身颜色或者车辆外形的；⑤提供或者出售机动车来历凭证、整车合格证、号牌以及有关机动车的其他证明和凭证的；⑥提供或者出售伪造、变造的机动车来历凭证、整车合格证、号牌以及有关机动车的其他证明和凭证的。2011年9月1日"两高"《关于办理危害计算机信息系统安全刑事案件应用法律若干问题的解释》第7条规定，明知是非法获取计算机信息系统数据犯罪所获取的数据、非法控制计算机信息系统犯罪所获取的计算机信息系统控制权，而予以转移、收购、代为销售或者以其他方法掩饰、隐瞒，违法所得5000元以上的，构成掩饰、隐瞒犯罪所得、犯罪所得收益罪。2020年3月16日"两高"、公安部《关于办理涉窨井盖相关刑事案件的指导意见》第7条规定，知道或者应当知道是盗窃所得的窨井盖及其产生的收益而予以窝藏、转移、收购、代为销售或者以其他方法掩饰、隐瞒的，以掩饰、隐瞒犯罪所得、犯罪所得收益罪定罪处罚。2020年12月17日"两高"、公安部、农业农村部《依法惩治长江流域非法捕捞等违法犯罪的意见》指出，明知是在长江流域重点水域非法捕捞犯罪所得的水产品而收购、贩卖，价值1万元以上的，以掩饰、隐瞒犯罪所得罪定罪处罚。

较重的规定定罪处罚。

（三）掩饰、隐瞒犯罪所得、犯罪所得收益罪的刑事责任

根据《刑法》第312条的规定，犯本罪的，处3年以下有期徒刑、拘役或者管制，并处或者单处罚金；情节严重的，处3年以上7年以下有期徒刑，并处罚金。单位犯本罪的，实行双罚制。《掩饰、隐瞒犯罪所得及其收益刑案解释》对属于"情节严重"的情形作了规定。

十三、拒不执行判决、裁定罪

（一）拒不执行判决、裁定罪的概念和构成要件

拒不执行判决、裁定罪，是指对人民法院的判决、裁定有能力执行而拒不执行，情节严重的行为。其构成要件是：

1. 本罪的客体是人民法院的正常执行活动。犯罪对象是人民法院依法作出的具有执行内容并已经发生法律效力的判决、裁定。人民法院为依法执行支付令、生效的调解书、仲裁裁决、公证债权文书等所作的裁定，属于本罪中的"裁定"。

2. 本罪在客观方面表现为行为人对人民法院的判决、裁定有能力执行而拒不执行，情节严重的行为。这包括以下要素：

（1）有能力执行。有能力执行是指根据查实的证据证明，负有执行义务的人有可供执行的财产或者具有履行特定行为义务的能力。

（2）拒不执行。拒不执行是指行为人在法院发出执行通知后不执行，或者在法院依法执行时进行抗拒。既可以是不作为，也可以是作为，即采取暴力、威胁、阻挠、转移财产等方法抗拒法院对判决、裁定的执行活动。

（3）必须情节严重的，才能成立本罪。根据2002年8月29日发布实施的《全国人民代表大会常务委员会关于〈刑法〉第三百一十三条的解释》，"有能力执行而拒不执行，情节严重"是指具有下列五项行为之一：①被执行人隐藏、转移、故意毁损财产或者无偿转让财产、以明显不合理的低价转让财产，致使判决、裁定无法执行的；②担保人或者被执行人隐藏、转移、故意毁损或者转让已向人民法院提供担保的财产，致使判决、裁定无法执行的；③协助执行义务人接到人民法院协助执行通知后，拒不协助执行，致使判决、裁定无法执行的；④被执行人、担保人、协助执行义务人与国家机关工作人员通谋，利用国家机关工作人员的职权妨害执行，致使判决、裁定无法执行的；⑤其他有能力执行而拒不执行，情节严重的情形。2015年7月22日实施、2020年12月23日修改的《最高人民法院关于审理拒不执行判决、裁定刑事案件适用法律若干问题的解释》（以下简称《拒不执行裁判刑案解释》）对"其他有能力执行而拒不执行，情节严重的情形"作出了规定。

3. 本罪的主体对生效裁判负有执行义务的人，即被执行人、协助执行义务人、担保人等负有执行义务的人，包括自然人和单位。

4. 本罪的主观方面是故意，即明知是生效裁判且明知自己有义务执行而拒不执行。

（二）拒不执行判决、裁定罪的司法认定

1. 共犯和罪数的认定。国家机关工作人员有《全国人民代表大会常务委员会关于〈刑法〉第三百一十三条的解释》的第四项行为的，以拒不执行判决、裁定罪的共犯追究刑事责任。国家机关工作人员收受贿赂或者滥用职权，有上述立法解释第四项行为的，同时又构成受贿罪、滥用职权罪的，依照处罚较重的规定定罪处罚。

2. 本罪与妨害公务罪的界限。拒不执行判决、裁定属于妨害公务的一种形式。二者之间存在诸多区别，其中对行为手段的要求也不同。本罪不以暴力、威胁为必要条件；而后罪一般

以采取暴力、威胁的手段为构成要素。根据《拒不执行裁判刑案解释》的规定，对下列行为应当认定为"情节严重"以本罪定罪处罚：①以暴力、威胁方法阻碍执行人员进入执行现场或者聚众哄闹、冲击执行现场，致使执行工作无法进行的；②对执行人员进行侮辱、围攻、扣押、殴打，致使执行工作无法进行的；③毁损、抢夺执行案件材料、执行公务车辆和其他执行器械、执行人员服装以及执行公务证件，致使执行工作无法进行的行为。

（三）拒不执行判决、裁定罪的刑事责任

根据《刑法》第313条的规定，犯本罪的，处3年以下有期徒刑、拘役或者罚金；情节特别严重的，处3年以上7年以下有期徒刑，并处罚金。单位犯本罪的，实行双罚制。

十四、非法处置查封、扣押、冻结的财产罪

非法处置查封、扣押、冻结的财产罪，是指隐藏、转移、变卖、故意毁损已被司法机关查封、扣押、冻结的财产，情节严重的行为。根据《刑法》第314条的规定，犯本罪的，处3年以下有期徒刑、拘役或者罚金。

十五、破坏监管秩序罪

破坏监管秩序罪，是指依法被关押的罪犯，破坏监管秩序，情节严重的行为。破坏监管执行的行为包括：①殴打监管人员的；②组织其他被监管人破坏监管秩序的；③聚众闹事，扰乱监狱正常秩序的；④殴打、体罚或者指使他人殴打、体罚其他被监管人的。有上述行为之一且情节严重的，就构成本罪。根据《刑法》第315条的规定，犯本罪的，处3年以下有期徒刑。

十六、脱逃罪

脱逃罪，是指依法被关押的罪犯、被告人、犯罪嫌疑人脱逃的行为。脱逃，是指逃离看守所、监狱等羁押场所或者在押解途中逃跑的行为。本罪的主体是依法被关押的罪犯、被告人、犯罪嫌疑人，包括已被羁押而尚未判决的未决犯和已被判处拘役以上的剥夺自由刑、正在看守所、监狱服刑的已决犯。被行政拘留的违法人、被司法机关采取拘传、取保候审、监视居住的犯罪嫌疑人、被告人以及被判处管制、宣告缓刑、裁定假释的罪犯，均不能成为本罪的主体。本罪的主观方面是故意，且出于逃避监管的目的。根据《刑法》第316条第1款的规定，犯本罪的，处5年以下有期徒刑或者拘役。

十七、劫夺被押解人员罪

劫夺被押解人员罪，是指劫夺押解途中的罪犯、被告人、犯罪嫌疑人的行为。被劫夺者与劫夺者通谋的，被劫夺者成立脱逃罪。根据《刑法》第316条第2款的规定，犯本罪的，处3年以上7年以下有期徒刑；情节严重的，处7年以上有期徒刑。

十八、组织越狱罪

组织越狱罪，是指依法被关押的罪犯、被告人、犯罪嫌疑人相互组织起来，以非暴力方式集体越狱的行为。越狱，是指逃离监狱、看守所等国家设立的刑罚执行场所或者关押犯罪嫌疑人、被告人的场所，包括押解途中。根据《刑法》第317条第1款的规定，犯本罪的，对首要分子和积极参加的，处5年以上有期徒刑；其他参加的，处5年以下有期徒刑或者拘役。

十九、暴动越狱罪

暴动越狱罪，是指在押的罪犯、被告人、犯罪嫌疑人以有组织或者聚众的形式，使用暴力手段集体强行越狱的行为。根据《刑法》第317条第2款的规定，犯本罪的，对首要分子和积极参加的，处10年以上有期徒刑或者无期徒刑；情节特别严重的，处死刑；其他参加的，处3年以上10年以下有期徒刑。

二十、聚众持械劫狱罪

聚众持械劫狱罪，是指狱外人员聚众持械劫夺依法在押的罪犯、被告人、犯罪嫌疑人的行为。根据《刑法》第317条第2款的规定，犯本罪的，对首要分子和积极参加的，处10年以上有期徒刑或者无期徒刑；情节特别严重的，处死刑；其他参加的，处3年以上10年以下有期徒刑。

第四节 妨害国（边）境管理罪

一、组织他人偷越国（边）境罪

（一）组织他人偷越国（边）境罪的概念和构成要件

组织他人偷越国（边）境罪，是指违反国（边）境管理法规，组织他人偷越国（边）境的行为。其构成要件是：

1. 本罪的客体是国家的国（边）境管理制度。

2. 本罪在客观方面表现为违反国（边）境管理法规，组织他人偷越国（边）境的行为。根据2012年12月20日"两高"实施的《关于办理妨害国（边）境管理刑事案件应用法律若干问题的解释》第1条的规定，领导、策划、指挥他人偷越国（边）境或者在首要分子指挥下，实施拉拢、引诱、介绍他人偷越国（边）境等行为的，应当认定为"组织他人偷越国（边）境"。

3. 本罪的主体是一般主体，但不包括单位。根据上述司法解释第7条的规定，以单位名义或者单位形式组织他人偷越国（边）境的，以本罪追究直接负责的主管人员和其他直接责任人员的刑事责任。

4. 本罪的主观方面是故意，一般具有营利的目的。本章"导入案例三"中，黄甲与黄乙、林某、王某等4人出于营利的目的纠合在一起，根据分工，黄甲佯装台商，黄乙在外打广告招工，王某、林某用一条渔船共4次运送过偷渡者，秘密运送至台湾登陆。4人的行为严重妨碍了我国对边境的管理制度，构成组织他人偷越国（边）境罪，是共同犯罪。

（二）组织他人偷越国（边）境罪的司法认定

1. 罪数的认定。根据《刑法》第318条第2款和上述司法解释第8条的规定，在认定罪数时应注意以下几点：①组织他人偷越国（边）境，造成被组织人重伤、死亡的，以本罪论处；②犯本罪，对被组织人有杀害、伤害、强奸、拐卖等犯罪行为，或者对检查人员有杀害、伤害等犯罪行为的，实行数罪并罚；③实施组织他人偷越国（边）境犯罪，同时构成骗取出境证件罪、提供伪造、变造的出入境证件罪、出售出入境证件罪、运送他人偷越国（边）境罪的，从一重处断。

2. 本罪未遂的认定。根据上述司法解释的规定，以组织他人偷越国（边）境为目的，招募、拉拢、引诱、介绍、培训偷越国（边）境人员，策划、安排偷越国（边）境行为，在他人偷越国（边）境之前或者偷越国（边）境过程中被查获的，应当以本罪（未遂）论处；具有《刑法》第318第1款规定的情形之一的，应当在相应的法定刑幅度基础上，结合未遂犯的处罚原则量刑。

（三）组织他人偷越国（边）境罪的刑事责任

根据《刑法》第318条第1款的规定，犯本罪的，处2年以上7年以下有期徒刑，并处罚金；有下列情形之一的，处7年以上有期徒刑或者无期徒刑，并处罚金或者没收财产：①组织他人偷越国（边）境集团的首要分子；②多次组织他人偷越国（边）境或者组织他人偷越国（边）境人数众多的（10人以上）；③造成被组织人重伤、死亡的；④剥夺或者限制被组织人人身自由的；⑤以暴力、威胁方法抗拒检查的；⑥违法所得数额巨大的（20万元以上）；⑦有其他特别严重情节的。

二、骗取出境证件罪

骗取出境证件罪，是指以劳务输出、经贸往来或者其他名义，弄虚作假，骗取护照、签证等出境证件，为组织他人偷越国（边）境使用的行为。根据上述司法解释第2条的规定，为组织他人偷越国（边）境，编造出境事由、身份信息或者相关的境外关系证明的，应认定为"弄虚作假"。"出境证件"包括护照或者代替护照使用的国际旅行证件，我国海员证，我国出入境通行证，我国旅行证，中国公民往来香港、澳门、台湾地区证件，边境地区出入境通行证，签证、签注，出国（境）证明、名单，以及其他出境时需要查验的资料。本罪的主体包括自然人和单位。根据《刑法》第319条的规定，犯本罪的，处3年以下有期徒刑，并处罚金；情节严重的，处3年以上10年以下有期徒刑，并处罚金。单位犯本罪的，实行双罚制。

三、提供伪造、变造的出入境证件罪

提供伪造、变造的出入境证件罪，是指故意为他人提供伪造、变造的护照、签证等出入境证件的行为。本罪的主体不包括单位。根据上述司法解释第7条的规定，以单位名义或单位形式为他人提供伪造、变造的出入境证件的，以本罪追究直接负责的主管人员和其他直接责任人员的刑事责任。根据《刑法》第320条的规定，犯本罪的，处5年以下有期徒刑，并处罚金；情节严重的，处5年以上有期徒刑，并处罚金。

四、出售出入境证件罪

出售出入境证件罪，是指出售护照、签证等出入境证件的行为。行为人所出售的出入境证件的真伪不影响犯罪的成立，但明知是伪造的、变造的出入境证件而出售的，应以提供伪造、变造的出入境证件罪论处。犯本罪的，依照《刑法》第320条（提供伪造、变造的出入境证件罪）的规定处罚。

五、运送他人偷越国（边）境罪

运送他人偷越国（边）境罪，是指违反国（边）境管理规定，运送他人偷越国（边）境的行为。本罪的主体是一般主体。根据上述司法解释第7条的规定，以单位名义或者单位形式运送他人偷越国（边）境的，以本罪追究直接负责的主管人员和其他直接责任人员的刑事责任。根据《刑法》第321条的规定，犯本罪的，处5年以下有期徒刑、拘役或者管制，并处罚金；有下列情形之一的，处5年以上10年以下有期徒刑，并处罚金：①多次实施运送行为或者运送人数众多的；②所使用的船只、车辆等交通工具不具备必要的安全条件，足以造成严重后果的；③违法所得数额巨大的；④有其他特别严重情节的。在运送他人偷越国（边）境中造成被运送人重伤、死亡，或者以暴力、威胁方法抗拒检查的，处7年以上有期徒刑，并处罚金。犯本罪而对被运送人有杀害、伤害、强奸、拐卖等犯罪行为的，或者对检查人员有杀害、伤害等犯罪行为的，实行数罪并罚。

六、偷越国（边）境罪

偷越国（边）境罪，是指违反国（边）境管理法规，偷越国（边）境，情节严重的行为。上述司法解释第6条对"偷越国（边）境"及情节严重的情形作了规定。其中，具有下列情形之一的，应当认定为本节的"偷越国（边）境"行为：①没有出入境证件出国（边）境或者逃避接受边防检查的；②使用伪造、变造、无效的出入境证件出入国（边）境的；③使

用他人出入境证件出入国（边）境的；④使用以虚假的出入境事由、隐瞒真实身份、冒用他人身份证件等方式骗取的出入境证件出入国（边）境的；⑤采用其他方式非法出入国（边）境的。根据《刑法》第322条的规定，犯本罪的，处1年以下有期徒刑、拘役或者管制，并处罚金；为参加恐怖活动组织、接受恐怖活动培训或者实施恐怖活动，偷越国（边）境的，处1年以上3年以下有期徒刑，并处罚金。

七、破坏界碑、界桩罪

破坏界碑、界桩罪，是指明知是国家边境的界碑、界桩而故意进行破坏的行为。根据《刑法》第323条的规定，犯本罪的，处3年以下有期徒刑或者拘役。

八、破坏永久性测量标志罪

破坏永久性测量标志罪，是指故意破坏国家设立的永久性测量标志的行为。根据《刑法》第323条的规定，犯本罪的，处3年以下有期徒刑或者拘役。

第五节 妨害文物管理罪

一、故意损毁文物罪

故意损毁文物罪，是指故意损毁国家保护的珍贵文物或者被确定为全国重点文物保护单位、省级文物保护单位的文物的行为。所谓损毁，包括损坏和毁灭，如采取捣毁、拆除、涂污、刻画、挖掘、焚烧等手段，改变了文物的性质、面貌或形状。根据《刑法》第324条第1款的规定，犯本罪的，处3年以下有期徒刑或者拘役，并处或者单处罚金；情节严重的，处3年以上10年以下有期徒刑，并处罚金。

二、故意损毁名胜古迹罪

故意损毁名胜古迹罪，是指故意损毁国家保护的名胜古迹，情节严重的行为。本罪的对象是国家保护的名胜古迹。风景名胜区的核心景区以及未被确定为全国重点文物保护单位、省级文物保护单位的古文化遗址、古墓葬、古建筑、石窟寺、石刻、壁画、近代现代重要史迹和代表性建筑等不可移动文物的本体，应当认定为"国家保护的名胜古迹"。构成本罪要求情节严重，如致使名胜古迹严重损毁或者灭失，多次损毁或者损毁多处名胜古迹等。根据《刑法》第324条第2款的规定，犯本罪的，处5年以下有期徒刑或者拘役，并处或者单处罚金。

三、过失损毁文物罪

过失损毁文物罪，是指过失损毁国家保护的珍贵文物或者被确定为全国重点文物保护单位、省级文物保护单位的文物，造成严重后果的行为。这里的"严重后果"主要包括造成上述文物严重损毁，造成珍贵文物损毁3件以上等。根据《刑法》第324条第3款的规定，犯本罪的，处3年以下有期徒刑或者拘役。

四、非法向外国人出售、赠送珍贵文物罪

非法向外国人出售、赠送珍贵文物罪，是指违反文物保护法规，将收藏的国家禁止出口的珍贵文物私自出售或者私自赠送给外国人的行为。根据《刑法》第325条的规定，犯本罪的，处5年以下有期徒刑或者拘役，可以并处罚金。单位犯本罪的，实行双罚制。

五、倒卖文物罪

（一）倒卖文物罪的概念和构成要件

倒卖文物罪，是指以牟利为目的，倒卖国家禁止经营的文物，情节严重的行为。其构成要件是：

1. 本罪的客体是国家文物管理制度。
2. 本罪在客观方面表现为倒卖国家禁止经营的文物，情节严重的行为。根据 2016 年 1 月 1 日"两高"实施的《关于办理妨害文物管理等刑事案件适用法律若干问题的解释》的规定，倒卖国家禁止经营的文物，是指出售或者为出售而收购、运输、储存《文物保护法》规定的"国家禁止买卖的文物"。构成本罪必须是情节严重，如倒卖三级文物或者交易数额在 5 万元以上等。
3. 本罪的主体是一般主体，包括自然人和单位。
4. 本罪的主观方面是故意，并且具有牟利的目的。

本章"导入案例四"中，屠某收购国家禁止买卖的二级和三级文物多件，然后转手出售，从中牟利，破坏了国家的文物管理制度，根据《刑法》第 326 条和上述司法解释的规定，其行为已构成倒卖文物罪。

（二）倒卖文物罪的司法认定

主要应划清本罪与非法向外国人出售珍贵文物罪的界限。区别在于：①售卖对象不同。本罪的售卖对象可以是中国人，也可以是外国人，后罪的售卖对象只能是外国人；②犯罪对象不同。本罪的对象是国家禁止经营的一切文物；后罪只能是国家禁止出口的珍贵文物；③故意内容不同。本罪必须以牟利为目的；而后罪无此限定；④犯罪主体不同。本罪的主体包括自然人和单位；后罪的主体是特殊主体，限于收藏珍贵文物的个人或单位。当然，两罪也可能发生竞合关系。如果行为人倒卖的是本人收藏的国家禁止出口的珍贵文物，且售卖的对象又是外国人，就同时触犯了两个法条。

（三）倒卖文物罪的刑事责任

根据《刑法》第 326 条的规定，犯本罪的，处 5 年以下有期徒刑或者拘役，并处罚金；情节特别严重的，处 5 年以上 10 以下的有期徒刑，并处罚金。单位犯本罪的，实行双罚制。

六、非法出售、私赠文物藏品罪

非法出售、私赠文物藏品罪，是指违反文物保护法规，国有博物馆、图书馆等单位将国家保护的文物藏品出售或者私自赠送给非国有单位或者个人的行为。根据《刑法》第 327 条的规定，犯本罪的，对单位判处罚金，并对其直接负责的主管人员和其他直接责任人员，处 3 年以下有期徒刑或者拘役。

七、盗掘古文化遗址、古墓葬罪

盗掘古文化遗址、古墓葬罪，是指盗掘具有历史、艺术、科学价值的古文化遗址、古墓葬的行为。"古文化遗址、古墓葬"是指清代以前的具有历史、艺术、科学价值的古文化遗址、古墓葬，以及辛亥革命以后与著名历史事件有关的名人墓葬、遗址、纪念地，包括水下古文化遗址、古墓葬。采用破坏性手段盗窃古文化遗址、古墓葬以外的古建筑、石窟寺、石刻、壁画、近代现代重要史迹和代表性建筑等其他不可移动文物的，以盗窃罪追究刑事责任。根据《刑法》第 328 条第 1 款的规定，犯本罪的，处 3 年以上 10 年以下有期徒刑，并处罚金；情节较轻的，处 3 年以下有期徒刑、拘役或者管制，并处罚金；有下列情形之一的，处 10 年以上有期徒刑或者无期徒刑，并处罚金或者没收财产：①盗掘确定为全国重点文物保护单位和省级文物保护单位的古文化遗址、古墓葬的；②盗掘古文化遗址、古墓葬集团的首要分子；③多次盗掘古文化遗址、古墓葬的；④盗掘古文化遗址、古墓葬，并盗窃珍贵文物或者造成珍贵文物严重破坏的。

八、盗掘古人类化石、古脊椎动物化石罪

盗掘古人类化石、古脊椎动物化石罪，是指盗掘国家保护的具有科学价值的古人类化石和古脊椎动物化石的行为。犯本罪的，依照《刑法》第328条第1款（盗掘古文化遗址、古墓葬罪）的规定处罚。

九、抢夺、窃取国有档案罪

抢夺、窃取国有档案罪，是指抢夺、窃取国家所有的档案的行为。根据《刑法》第329条第1款、第3款的规定，犯本罪的，处5年以下有期徒刑或者拘役；有本罪行为，同时又构成其他犯罪的，依照处罚较重的规定定罪处罚。

十、擅自出卖、转让国有档案罪

擅自出卖、转让国有档案罪，是指违反档案法的规定，擅自出卖、转让国家所有的档案，情节严重的行为。根据《刑法》第329条第2~3款的规定，犯本罪的，处3年以下有期徒刑或者拘役；有本罪行为，同时又构成其他犯罪的，依照处罚较重的规定定罪处罚。

第六节 危害公共卫生罪

一、妨害传染病防治罪

妨害传染病防治罪，是指违反传染病防治法的规定，妨害传染病防治，引起甲类传染病以及依法确定采取甲类传染病预防、控制措施的传染病传播或者有传播严重危险的行为。"甲类传染病"是指鼠疫、霍乱。"依法确定采取甲类传染病预防、控制措施的传染病"是指乙类传染病中的传染性非典型肺炎、炭疽中的肺炭疽、人感染高致病性禽流感，以及国务院卫生行政部门及时报经国务院批准公布、实施的其他需要采取甲类传染病的预防、控制措施的其他乙类传染病和突发原因不明的传染病，如新型冠状病毒肺炎。违反传染病防治法的规定，妨害传染病防治的行为是指下列情形之一：①供水单位供应的饮用水不符合国家规定的卫生标准的；②拒绝按照疾病预防控制机构提出的卫生要求，对传染病病原体污染的污水、污物、场所和物品进行消毒处理的；③准许或者纵容传染病病人、病原携带者和疑似传染病病人从事国务院卫生行政部门规定禁止从事的易使该传染病扩散的工作的；④出售、运输疫区中被传染病病原体污染或者可能被传染病病原体污染的物品，未进行消毒处理的；⑤拒绝执行县级以上人民政府、疾病预防控制机构依照传染病防治法提出的预防、控制措施的。本罪的主观方面为过失。根据《刑法》第330条的规定，犯本罪的，处3年以下有期徒刑或者拘役；后果特别严重的，处3年以上7年以下有期徒刑。单位犯本罪的，实行两罚制。

二、传染病菌种、毒种扩散罪

传染病菌种、毒种扩散罪，是指从事实验、保藏、携带、运输传染病菌种、毒种的人员，违反国务院卫生行政部门的有关规定，造成传染病菌种、毒种扩散，后果严重的行为。本罪的主观方面为过失。根据《刑法》第331条的规定，犯本罪的，处3年以下有期徒刑或者拘役；后果特别严重的，处3年以上7年以下有期徒刑。

三、妨害国境卫生检疫罪

妨害国境卫生检疫罪，是指违反国境卫生检疫规定，妨害国境卫生检疫，引起检疫传染病传播或者有传播危险的行为。"检疫传染病"是指鼠疫、霍乱、黄热病以及新冠肺炎等国务院确定和公布的其他检疫传染病。2020年3月13日"两高"、公安部、司法部、海关总署发布实施的《关于进一步加强国境卫生检疫工作 依法惩治妨害国境卫生检疫违法犯罪的意见》对

属于"妨害国境卫生检疫行为"的情形作了规定。本罪的主观方面为过失。根据《刑法》第332条的规定,犯本罪的,处3年以下有期徒刑或者拘役,并处或者单处罚金。单位犯本罪的,实行两罚制。

四、非法组织卖血罪

非法组织卖血罪,是指违反国家有关规定,组织他人出卖血液的行为。本罪的对象是自愿出卖血液的人。所谓组织,是指擅自招募、劝说、拉拢、欺骗、引诱等手段,动员、策划、指挥并安排他人或者控制他人抽取体内血液进行出卖。根据《公安立案标准一》第52条的规定,非法组织他人出卖血液,涉嫌下列情形之一的,应予立案追诉:①组织卖血3人次以上的;②组织卖血非法获利2000元以上的;③组织未成年人卖血的;④被组织卖血的人的血液含有艾滋病毒、乙型肝炎病毒、丙型肝炎病毒、梅毒螺旋体等病原微生物的;⑤其他非法组织卖血应予追究刑事责任的情形。根据《刑法》第333条的规定,犯本罪的,处5年以下有期徒刑,并处罚金。有本罪行为,对他人造成伤害的,以故意伤害罪定罪处罚。

五、强迫卖血罪

强迫卖血罪,是指以暴力、威胁方法强迫他人出卖血液的行为。有本罪行为,对他人造成伤害的,以故意伤害罪定罪处罚。根据《刑法》第333条的规定,犯本罪的,处5年以上10年以下有期徒刑,并处罚金。

六、非法采集、供应血液、制作、供应血液制品罪

非法采集、供应血液、制作、供应血液制品罪,是指非法采集、供应血液或者制作、供应血液制品,不符合国家规定的标准,足以危害人体健康的行为。2008年9月23日"两高"实施的《关于办理非法采供血液等刑事案件具体应用法律若干问题的解释》对"不符合国家规定的标准,足以危害人体健康"的具体情形作了列举。根据《刑法》第334条第1款的规定,犯本罪的,处5年以下有期徒刑或者拘役,并处罚金;对人体健康造成严重危害的,处5年以上10年以下有期徒刑,并处罚金;造成特别严重后果的,处10年以上有期徒刑或者无期徒刑,并处罚金或者没收财产。

七、采集、供应血液、制作、供应血液制品事故罪

采集、供应血液、制作、供应血液制品事故罪,是指经国家主管部门批准采集、供应血液或者制作、供应血液制品的部门,不依照规定进行检测或者违背其他操作规定,造成危害他人身体健康后果的行为。根据《刑法》第334条第2款的规定,犯本罪的,对单位判处罚金,并对其直接负责的主管人员和其他直接责任人员,处5年以下有期徒刑或者拘役。

八、非法采集人类遗传资源、走私人类遗传资源材料罪

非法采集人类遗传资源、走私人类遗传资源材料罪,是指违反国家有关规定,非法采集我国人类遗传资源或者非法运送、邮寄、携带我国人类遗传资源材料出境,危害公众健康或者社会公共利益,情节严重的行为。根据《刑法》第334条之一的规定,犯本罪的,处3年以下有期徒刑、拘役或者管制,并处或者单处罚金;情节特别严重的,处3年以上7年以下有期徒刑,并处罚金。

九、医疗事故罪

(一) 医疗事故罪的概念和构成要件

医疗事故罪,是指医务人员由于严重不负责任,造成就诊人死亡或者严重损害就诊人身体健康的行为。其构成要件是:

1. 本罪的客体是国家医务工作管理秩序和就诊人的生命、健康权利。

2. 本罪在客观方面表现为在医务工作中严重不负责任，造成就诊人死亡或者重损害就诊人身体健康的行为。这包括两个要素：

（1）行为人在医务工作中严重不负责任。对"严重不负责任"的情形，《公安立案标准一》第56条作了列举，包括：①擅离职守；②无正当理由拒绝对危急就诊人实行必要的医疗救治；③未经批准擅自开展试验性医疗；④严重违反查对、复核制度；⑤使用未经批准使用的药品、消毒药剂、医疗器械；⑥严重违反国家法律法规及有明确规定的诊疗技术规范、常规；⑦其他严重不负责任的情形。

（2）造成就诊人死亡或严重损害就诊人身体健康。"严重损害就诊人身体健康"是指造成就诊人严重残疾、重伤、感染艾滋病、病毒性肝炎等难以治愈的疾病或者其他严重损害就诊人身体健康的后果。

3. 本罪的主体是特殊主体，即医务人员。"医务人员"是指从事诊疗、护理事务的人员，包括依法取得行医资格的国家、集体医疗单位的医生、护士、药剂人员，以及经主管部门批准开业的个体行医人员。

4. 本罪的主观方面是过失。

（二）医疗事故罪的司法认定

主要应将本罪与一般医疗事故、医疗技术事故和医疗意外事件区别开来。医疗事故罪中的"事故"仅限于医疗责任事故，主要是指因为违反规章制度、诊疗常规等失职行为所致的事故。在此类事故中，如果致使就诊人死亡或者重损害了就诊人身体健康，就构成本罪，否则就属于一般医疗事故。医疗技术事故，是指医务人员因技术过失而导致的事故，专业技术水平不高和经验不足为主要原因。医疗意外事件，是指在诊疗护理工作中由于病情或者病人体质特殊而发生了医务人员难以预料和防范的严重后果，主观上不存在过失，因而不构成犯罪。

（三）医疗事故罪的刑事责任

根据《刑法》第335条的规定，犯本罪的，处3年以下有期徒刑或者拘役。

十、非法行医罪

（一）非法行医罪的概念和构成要件

非法行医罪，是指未取得医生执业资格的人非法行医，情节严重的行为。其构成要件是：

1. 本罪的客体是国家医疗管理制度和就诊人的生命、健康权利。

2. 本罪在客观方面表现为未取得医生执业资格的人非法行医，情节严重的行为。具体包括以下要素：

（1）未取得医生执业资格的人非法行医。根据2016年12月20日实施的《最高人民法院关于审理非法行医刑事案件具体应用法律若干问题的解释》的规定，具有下列情形之一的，应认定为"未取得医生执业资格的人非法行医"：①未取得或者以非法手段取得医师资格从事医疗活动的；②被依法吊销医师执业证书期间从事医疗活动的；③未取得乡村医生执业证书，从事乡村医疗活动的；④家庭接生员实施家庭接生以外的医疗行为的。

（2）必须情节严重。根据上述司法解释，情节严重是指具有下列情形之一的：①造成就诊人轻度残疾、器官组织损伤导致一般功能障碍的；②造成甲类传染病传播、流行或者有传播、流行危险的；③使用假药、劣药或不符合国家规定标准的卫生材料、医疗器械，足以严重危害人体健康的；④非法行医被卫生行政部门行政处罚两次以后，再次非法行医的；⑤其他情节严重的情形。

3. 本罪的主体是一般主体，但只能是未取得医生执业资格的人。

4. 本罪的主观方面是故意,一般具有牟利的目的。

另外,实施非法行医犯罪,同时构成生产、销售、提供假药罪,生产、销售、提供劣药罪,诈骗罪等其他犯罪的,依照刑法处罚较重的规定定罪处罚。

本章"导入案例五"中,黄某以营利为目的,非法设立卫生室,无证行医,诊疗行为导致被害人刘某重伤、八级伤残的严重后果,侵犯了国家对医务工作管理秩序和就诊人的健康权利,其行为构成了非法行医罪。

(二)非法行医罪的刑事责任

根据《刑法》第336条第1款的规定,犯本罪的,处3年以下有期徒刑、拘役或者管制,并处或者单处罚金;严重损害就诊人身体健康的,处3年以上10以下有期徒刑,并处罚金;造成就诊人死亡的,处10以上有期徒刑,并处罚金。

十一、非法进行节育手术罪

非法进行节育手术罪,是指未取得医生执业资格的人擅自为他人进行节育复通手术、假节育手术、终止妊娠手术或者摘取宫内节育器,情节严重的行为。根据《刑法》第336条第2款的规定,犯本罪的,处3年以下有期徒刑、拘役或者管制,并处或者单处罚金;严重损害就诊人身体健康的,处3年以上10年以下有期徒刑,并处罚金;造成就诊人死亡的,处10年以上有期徒刑,并处罚金。

十二、非法植入基因编辑、克隆胚胎罪

非法植入基因编辑、克隆胚胎罪,是指将基因编辑、克隆的人类胚胎植入人体或者动物体内,或者将基因编辑、克隆的动物胚胎植入人体内,情节严重的行为。根据《刑法》第336条之一的规定,犯本罪的,处3年以下有期徒刑或者拘役,并处罚金;情节特别严重的,处3年以上7年以下有期徒刑,并处罚金。

十三、妨害动植物防疫、检疫罪

妨害动植物防疫、检疫罪,是指违反有关动植物防疫、检疫的国家规定,引起重大动植物疫情的,或者有引起重大动植物疫情危险,情节严重的行为。根据《刑法》第337条的规定,犯本罪的,处3年以下有期徒刑或者拘役,并处或者单处罚金。单位犯本罪的,实行双罚制。

第七节 破坏环境资源保护罪

一、污染环境罪

(一)污染环境罪的概念和构成要件

污染环境罪,是指违反国家规定,排放、倾倒或者处置有放射性的废物、含传染病病原体的废物、有毒物质或者其他有害物质,严重污染环境的行为。其构成要件是:

1. 本罪的客体是国家环境保护管理制度,犯罪的对象是有害物质。
2. 本罪在客观方面表现为违反国家规定,排放、倾倒或者处置有放射性的废物、含传染病病原体的废物、有毒物质或者其他有害物质,严重污染环境的行为,具体包括以下三个要素:

(1)违反国家规定。"违反国家规定"是指违反《环境保护法》《大气污染防治法》《水污染防治法》《固体废物污染环境防治法》《海洋环境保护法》《海洋倾废管理条例》等法律、行政法规以及有关规章的规定。

(2)实施了排放、倾倒或者处置有放射性的废物、含传染病病原体的废物、有毒物质或

者其他有害物质的行为。"排放"是指将上述有害物质向土地、水体、大气等排入的行为。"倾倒"是指通过船舶、航空器等运载工具向土地、水体、大气等弃置有害物质的行为。"处置"是指以焚烧、填埋等方式处理有害物质的行为。对名为运输、贮存、利用，实为排放、倾倒、处置的行为应当认定为非法排放、倾倒、处置行为，可以依法追究刑事责任。比如，未采取相应防范措施将没有利用价值的危险废物长期贮存、搁置，放任危险废物或者其有毒有害成分大量扬散、流失、泄漏、挥发，污染环境的。

（3）必须严重污染环境。2017年1月1日"两高"实施的《关于办理环境污染刑事案件适用法律若干问题的解释》对"严重污染环境"应予立案追诉的各种情形作了规定。

3. 本罪的主体是一般主体，包括自然人和单位。

4. 本罪的主观方面是过失。

（二）污染环境罪的司法认定

1. 本罪与投放危险物质罪的界限。本罪是过失犯罪，而投放危险物质罪是故意犯罪。投放危险物质罪中的"危险物质"包括毒害性、放射性、传染病病原体等物质，而污染环境罪中的"有害物质"包括放射性的废物、含传染病病原体的废物、有毒物质或者其他有害物质，因此，实施环境污染行为也可能会构成投放危险物质罪。《最高人民法院、最高人民检察院、公安部、司法部、生态环境部关于办理环境污染刑事案件有关问题座谈会纪要》指出，司法实践中对环境污染行为适用投放危险物质罪追究刑事责任时，应当重点审查判断行为人的主观恶性、污染行为恶劣程度、污染物的毒害性危险性、污染持续时间、污染结果是否可逆、是否对公共安全造成现实、具体、明确的危险或者危害等各方面因素。对于行为人明知其排放、倾倒、处置的污染物含有毒害性、放射性、传染病病原体等危险物质，仍实施环境污染行为放任其危害公共安全，造成重大人员伤亡、重大公私财产损失等严重后果，以污染环境罪论处明显不足以罚当其罪的，可以按投放危险物质罪定罪量刑。实践中，此类情形主要是向饮用水水源保护区，饮用水供水单位取水口和出水口，南水北调水库、干渠、涵洞等配套工程，重要渔业水体以及自然保护区核心区等特殊保护区域，排放、倾倒、处置毒害性极强的污染物，危害公共安全并造成严重后果的情形。

2. 罪数和共犯的认定。无危险废物经营许可证从事收集、贮存、利用、处置危险废物经营活动，严重污染环境的，按照污染环境罪定罪处罚；同时构成非法经营罪的，依照处罚较重的规定定罪处罚。违反国家规定，排放、倾倒、处置含有毒害性、放射性、传染病病原体等物质的污染物，同时构成污染环境罪、非法处置进口的固体废物罪、投放危险物质罪等犯罪的，依照处罚较重的犯罪定罪处罚。明知他人无危险废物经营许可证，向其提供或者委托其收集、贮存、利用、处置危险废物，严重污染环境的，以污染环境罪的共同犯罪论处。

（三）污染环境罪的刑事责任

根据《刑法》第338条、第346条的规定，犯本罪的，处3年以下有期徒刑或者拘役，并处或者单处罚金；情节严重的，处3年以上7年以下有期徒刑，并处罚金。有下列情形之一的，处7年以上有期徒刑，并处罚金：①在饮用水水源保护区、自然保护地核心保护区等依法确定的重点保护区域排放、倾倒、处置有放射性的废物、含传染病病原体的废物、有毒物质，情节特别严重的；②向国家确定的重要江河、湖泊水域排放、倾倒、处置有放射性的废物、含传染病病原体的废物、有毒物质，情节特别严重的；③致使大量永久基本农田基本功能丧失或者遭受永久性破坏的；④致使多人重伤、严重疾病，或者致人严重残疾、死亡的。犯污染环境罪，同时构成其他犯罪的，依照处罚较重的规定定罪处罚。单位犯本罪的，实行双罚制。

本章"导入案例六"中，主管生产的副厂长鲁某在开会讨论后决定将含有大量汞的废水排放到工厂附近的清水河中，严重违反了国家废水排放的有关规定，结果导致河下游居民的饮用水遭到严重污染，有5名农民因此眼睛失明。该单位的行为构成污染环境罪。对该单位应当判处罚金，对鲁某等直接负责的主管人员和其他直接责任人员应当依照个人犯污染环境罪的定罪量刑标准，予以定罪处罚。

二、非法处置进口的固体废物罪

非法处置进口的固体废物罪，是指违反国家规定，将境外的固体废物进境倾倒、堆放、处置的行为。根据《刑法》第339条第1款、第346条的规定，犯本罪的，处5年以下有期徒刑或者拘役，并处罚金；造成重大环境污染事故，致使公私财产遭受重大损失或者严重危害人体健康的，处5年以上10年以下有期徒刑，并处罚金；后果特别严重的，处10年以上有期徒刑，并处罚金。单位犯本罪的，实行双罚制。

三、擅自进口固体废物罪

擅自进口固体废物罪，是指未经国务院有关主管部门许可，擅自进口固体废物用作原料，造成重大环境污染事故，致使公私财产遭受重大损失或者严重危害人体健康的行为。根据《刑法》第339条第3款的规定，以原料利用为名，进口不能用作原料的固体废物、液态废物和气态废物的，应当以走私废物罪定罪处罚。根据《刑法》第339条第2款、第346条的规定，犯本罪的，处5年以下有期徒刑或者拘役，并处罚金；后果特别严重的，处5年以上10年以下有期徒刑，并处罚金。单位犯本罪的，实行双罚制。

四、非法捕捞水产品罪

非法捕捞水产品罪，是指违反水产资源保护法规，在禁渔区、禁渔期或者使用禁用的工具、方法捕捞水产品，情节严重的行为。根据《刑法》第340条、第346条的规定，犯本罪的，处3年以下有期徒刑、拘役、管制或者罚金。单位犯本罪的，实行双罚制。

五、危害珍贵、濒危野生动物罪

（一）危害珍贵、濒危野生动物罪的概念和构成要件

危害珍贵、濒危野生动物罪，是指非法猎捕、杀害国家重点保护的珍贵、濒危野生动物，或者非法收购、运输、出售国家重点保护的珍贵、濒危野生动物及其制品的行为。其构成要件是：

1. 本罪的客体是国家珍贵、濒危野生动物保护制度，行为对象是国家重点保护的珍贵、濒危野生动物及其制品。根据2022年4月9日实施的"两高"《关于办理破坏野生动物资源刑事案件适用法律若干问题的解释》（以下简称《野生动物刑案解释》）的规定，"国家重点保护的珍贵、濒危野生动物"包括：列入《国家重点保护野生动物名录》野生动物；经国务院野生动物保护主管部门核准按照国家重点保护的野生动物管理的野生动物。于2020年2月24日实施的《全国人民代表大会常务委员会关于全面禁止非法野生动物交易、革除滥食野生动物陋习、切实保障人民群众生命健康安全的决定》第1条规定，凡《野生动物保护法》和其他有关法律禁止猎捕、交易、运输、食用野生动物的，必须严格禁止。对违反前款规定的行为，在现行法律规定基础上加重处罚。

2. 本罪在客观方面表现为行为人实施了非法猎捕、杀害国家重点保护的珍贵、濒危野生动物，或者非法收购、运输、出售国家重点保护的珍贵、濒危野生动物及其制品的行为。"收购"包括以营利、自用等为目的的购买行为，"运输"包括采用携带、邮寄、利用他人、使用交通工具等方法进行运送的行为。"出售"包括出卖和以营利为目的的加工利用行为。涉案的

珍贵、濒危野生动物及其制品的价值在2万元以上的,就可以构成本罪。

3. 本罪的主体是一般主体,包括自然人和单位。

4. 本罪的主观方面是故意。行为人必须明知是国家重点保护的珍贵、濒危野生动物及其制品而猎捕、杀害、收购、运输、出售。知道或者应当知道是国家重点保护的珍贵、濒危野生动物及其制品,为食用或者其他目的而非法购买的,可以构成本罪。

(二)危害珍贵、濒危野生动物罪的刑事责任

根据《刑法》第341条第1款、第346条的规定,犯本罪的,处5年以下有期徒刑或者拘役,并处罚金;情节严重的,处5年以上10年以下有期徒刑,并处罚金;情节特别严重的,处10年以上有期徒刑,并处罚金或者没收财产。单位犯本罪的,实行双罚制。

六、非法狩猎罪

非法狩猎罪,是指违反狩猎法规,在禁猎区、禁猎期或者使用禁用的工具、方法进行狩猎,破坏野生动物资源,情节严重的行为。根据《野生动物刑案解释》的规定,这里的"情节严重"是指以下情形之一:①非法猎捕野生动物价值1万元以上的;②在禁猎区使用禁用的工具或者方法狩猎的;③在禁猎期使用禁用的工具或者方法狩猎的;④其他情节严重的情形。实施非法狩猎的行为,根据猎获物的数量、价值和狩猎方法、工具等,认为对野生动物资源危害明显较轻的,综合考虑猎捕的动机、目的、行为人自愿接受行政处罚、积极修复生态环境等情节,可以认定为犯罪情节轻微,不起诉或者免予刑事处罚;情节显著轻微危害不大的,不作为犯罪处理。明知是非法狩猎犯罪所得的猎获物而收购、贩卖或者以其他方法掩饰、隐瞒,符合《刑法》第312条规定的,以掩饰、隐瞒犯罪所得罪定罪处罚。根据《刑法》第341条第2款、第346条的规定,犯本罪的,处3年以下有期徒刑、拘役、管制或者罚金。单位犯本罪的,实行双罚制。

七、非法猎捕、收购、运输、出售陆生野生动物罪

非法猎捕、收购、运输、出售陆生野生动物罪,是指违反野生动物保护管理法规,以食用为目的非法猎捕、收购、运输、出售国家重点保护的珍贵、濒危野生动物以外的,在野外环境自然生长繁殖的陆生野生动物,情节严重的行为。《全国人民代表大会常务委员会关于全面禁止非法野生动物交易、革除滥食野生动物陋习、切实保障人民群众生命健康安全的决定》第2条规定,全面禁止食用国家保护的"有重要生态、科学、社会价值的陆生野生动物"以及其他陆生野生动物,包括人工繁育、人工饲养的陆生野生动物;全面禁止以食用为目的猎捕、交易、运输在野外环境自然生长繁殖的陆生野生动物。根据《野生动物刑案解释》的规定,本罪中的"情节严重"是指具有下列情形之一的:①非法猎捕、收购、运输、出售有重要生态、科学、社会价值的陆生野生动物或者地方重点保护陆生野生动物价值1万元以上的;②非法猎捕、收购、运输、出售第一项规定以外的其他陆生野生动物价值五万元以上的;③其他情节严重的情形。本罪的主观方面是直接故意,且行为人以食用为目的。对于"以食用为目的",应当综合涉案动物及其制品的特征,被查获的地点,加工、包装情况,以及可以证明来源、用途的标识、证明等证据作出认定。实施《野生动物刑案解释》规定的相关行为,具有下列情形之一的,可以认定为"以食用为目的":①将相关野生动物及其制品在餐饮单位、饮食摊点、超市等场所作为食品销售或者运往上述场所的;②通过包装、说明书、广告等介绍相关野生动物及其制品的食用价值或者方法的;③其他足以认定以食用为目的的情形。实施非法猎捕陆生野生动物的行为,同时构成非法狩猎罪的,应当以非法猎捕陆生野生动物罪定罪处罚。根据《刑法》第341条第3款、第346条的规定,犯本罪的,处3年以下有期徒刑、拘役、管制或

者罚金。单位犯本罪的，实行双罚制。

八、非法占用农用地罪

非法占用农用地罪，是指违反土地管理法规，非法占用耕地、林地等农用地，改变被占用土地用途，数量较大，造成耕地、林地等农用地大量毁坏的行为。"农用地"是指直接用于农业生产的土地，包括耕地、林地、草地、农田水利用地、养殖水面等。有关司法解释[1]分别对"数量较大，造成耕地大量毁坏""数量较大，造成林地大量毁坏""数量较大，造成草原大量毁坏"的具体情形作了列举。根据《刑法》第342条、第346条的规定，犯本罪的，处5年以下有期徒刑或者拘役，并处或者单处罚金。单位犯本罪的，实行双罚制。

九、破坏自然保护地罪

破坏自然保护地罪，是指违反自然保护地管理法规，在国家公园、国家级自然保护区进行开垦、开发活动或者修建建筑物，造成严重后果或者有其他恶劣情节的行为。根据《刑法》第342条之一的规定，犯本罪的，处5年以下有期徒刑或者拘役，并处或者单处罚金。单位犯本罪的，实行双罚制。犯本罪，同时构成其他犯罪的，依照处罚较重的规定定罪处罚。

十、非法采矿罪

非法采矿罪，是指违反矿产资源法的规定，未取得采矿许可证擅自采矿，擅自进入国家规划矿区、对国民经济具有重要价值的矿区和他人矿区范围采矿，或者擅自开采国家规定实行保护性开采的特定矿种，情节严重的行为。根据2016年12月1日"两高"实施的《关于办理非法采矿、破坏性采矿刑事案件适用法律若干法律问题的解释》的规定，"未取得采矿许可证"是指具有下列情形之一的：①无许可证的；②许可证被注销、吊销、撤销的；③超越许可证规定的矿区范围或者开采范围的；④超出许可证规定的矿种的（共生、伴生矿种除外）；⑤其他未取得许可证的情形。该司法解释还对"情节严重"的情形作了规定。另外，在河道管理范围内非法采砂、非法采挖海砂，情节严重的，也按非法采矿罪定罪处罚。根据《刑法》第343条第1款、第346条的规定，犯本罪的，处3年以下有期徒刑、拘役或者管制，并处或者单处罚金；情节特别严重的，处3年以上7年以下有期徒刑，并处罚金。单位犯本罪的，实行双罚制。

十一、破坏性采矿罪

破坏性采矿罪，是指违反矿产资源法的规定，采取破坏性的开采方法开采矿产资源，造成矿产资源严重破坏的行为。根据《刑法》第343条第2款、第346条的规定，犯本罪的，处5年以下有期徒刑或者拘役，并处罚金。单位犯本罪的，实行双罚制。

十二、危害国家重点保护植物罪

危害国家重点保护植物罪，是指违反国家规定，非法采伐、毁坏珍贵树木或者国家重点保护的其他植物，或者非法收购、运输、加工、出售珍贵树木或者国家重点保护的其他植物及其制品的行为。本罪的对象是珍贵树木或者国家重点保护的其他植物。2020年3月21日"两高"实施的《关于适用〈刑法〉第三百四十四条有关问题的批复》规定了以下几点：①古树名木以及列入《国家重点保护野生植物名录》的野生植物，属于第344条规定的"珍贵树木

---

[1] 包括2000年6月22日实施的《最高人民法院关于审理破坏土地资源刑事案件具体应用法律若干问题的解释》、2005年12月30日实施的《最高人民法院关于审理破坏林地资源刑事案件具体应用法律若干问题的解释》、2012年11月22日实施的《最高人民法院关于审理破坏草原资源刑事案件应用法律若干问题的解释》和《公安立案标准一》。

或者国家重点保护的其他植物"。②野生植物限于原生地天然生长的植物。人工培育的植物，除古树名木外，不属于本罪的对象。非法采伐、毁坏或者非法收购、运输人工培育的植物（古树名木除外），构成盗伐林木罪、滥伐林木罪、非法收购、运输盗伐、滥伐的林木罪等犯罪的，依照相关规定追究刑事责任。③非法采伐包括非法移栽的行为。根据《刑法》第344条、第346条的规定，犯本罪的，处3年以下有期徒刑、拘役或者管制，并处罚金；情节严重的，处3年以上7年以下有期徒刑，并处罚金。单位犯本罪的，实行双罚制。

十三、非法引进、释放、丢弃外来入侵物种罪

非法引进、释放、丢弃外来入侵物种罪，是指违反国家规定，非法引进、释放或者丢弃外来入侵物种，情节严重的行为。根据《刑法》第344条之一的规定，犯本罪的，处3年以下有期徒刑或者拘役，并处或者单处罚金。单位犯本罪的，实行双罚制。

十四、盗伐林木罪

（一）盗伐林木罪的概念和构成要件

盗伐林木罪，是指以非法占有为目的，盗伐森林或者其他林木，数量较大的行为。其构成要件是：

1. 本罪的客体是国家的森林资源保护制度和国家、集体、公民的林木所有权。犯罪的对象是森林和其他成片林木。

2. 本罪在客观方面表现为盗伐国家、集体或他人所有的森林或者其他林木，数量较大的行为。根据2000年12月11日实施的《最高人民法院关于审理破坏森林资源刑事案件具体应用法律若干问题的解释》（以下简称《破坏森林刑案解释》）第3条的规定，盗伐林木的行为包括：①擅自砍伐国家、集体、他人所有或者他人承包经营管理的森林或者其他林木的；②擅自砍伐本单位或者本人承包经营管理的森林或者其他林木的；③在林木采伐许可证规定的地点以外采伐国家、集体、他人所有或者他人承包经营管理的森林或者其他林木的。盗伐林木"数量较大"以2~5立方米或者幼树100~200株为起点。对于1年内多次盗伐少量林木未经处罚的，累计其盗伐林木的数量，构成犯罪的，依法追究刑事责任。

3. 本罪的主体是一般主体，包括自然人和单位。

4. 本罪的主观方面是故意，并且是以非法占有森林或其他林木为目的。

（二）盗伐林木罪的司法认定

1. 本罪与盗窃罪的界限。将国家、集体、他人所有并已经伐倒的树木秘密占为己有，以及偷砍他人房前屋后、自留地种植的零星树木，数量较大的，应以盗窃罪定罪处罚。非法实施采种、采脂、挖笋、掘根、剥树皮等行为，牟取经济利益数额较大的，以盗窃罪定罪处罚；同时构成其他犯罪的，依照处罚较重的规定定罪处罚。

2. 本罪与危害国家重点保护植物罪（非法采伐国家重点保护植物）的界限。主要区别在于对象不同。本罪的对象是普通林木，后罪的对象是珍贵树木和国家重点保护的其他植物。因此，盗伐珍贵树木，同时构成本罪和危害国家重点保护植物罪的，应从一重处断。

3. 聚众哄抢林木数额较大（5立方米以上），对首要分子和积极参加的，以聚众哄抢罪定罪处罚。

（三）盗伐林木罪的刑事责任

根据《刑法》第345条第1款、第4款和第346条的规定，犯本罪的，处3年以下有期徒刑、拘役或者管制，并处或者单处罚金；数量巨大的，处3年以上7年以下有期徒刑，并处罚金；数量特别巨大的，处7年以上有期徒刑，并处罚金。盗伐国家级自然保护区内的森林或者

其他林木的，从重处罚。单位犯本罪的，实行双罚制。

十五、滥伐林木罪

滥伐林木罪，是指违反森林法的规定，滥伐森林或者其他林木，数量较大的行为。根据《破坏森林刑案解释》的规定，滥伐行为包括：①未经林业行政主管部门及法律规定的其他主管部门批准或核发采伐许可证，或者虽持有采伐许可证，但违反林木采伐证所规定的时间、数量、树种或者方式，任意采伐本单位所有或者本人所有的森林或者其他林木的；②超过林木采伐许可证规定的数量采伐他人所有的森林或者其他林木的；③林木权属争议一方在林木权属确权之前，擅自砍伐森林或者其他林木的。本罪中的"数量较大"以 10~20 立方米或者幼树 500~1000 株为起点。滥伐珍贵树木，同时构成本罪和危害国家重点保护植物罪的，应从一重处断。根据《刑法》第 345 条第 2 款、第 4 款和第 346 条的规定，犯本罪的，处 3 年以下有期徒刑、拘役或者管制，并处或者单处罚金；数量巨大的，处 3 年以上 7 年以下有期徒刑，并处罚金。滥伐国家级自然保护区内的森林或者其他林木的，从重处罚。单位犯本罪的，实行双罚制。

十六、非法收购、运输盗伐、滥伐的林木罪

非法收购、运输盗伐、滥伐的林木罪，是指非法收购、运输明知是盗伐、滥伐的林木，情节严重的行为。"明知"包括知道和应当知道。具有下列情形之一的，可以视为应当知道，但是有证据证明确属被蒙骗的除外：①在非法的木材交易场所或者销售单位收购木材的；②收购以明显低于市场价格出售的木材的；③收购违反规定出售的木材的。根据《刑法》第 345 条第 3 款和第 346 条的规定，犯本罪的，处 3 年以下有期徒刑、拘役或者管制，并处或者单处罚金；情节特别严重的，处 3 年以上 7 年以下有期徒刑，并处罚金。单位犯本罪的，实行双罚制。

第八节 走私、贩卖、运输、制造毒品罪

一、走私、贩卖、运输、制造毒品罪

（一）走私、贩卖、运输、制造毒品罪的概念和构成要件

走私、贩卖、运输、制造毒品罪，是指违反国家毒品管理法规，明知是毒品而实施走私、贩卖、运输、制造的行为。其构成要件是：

1. 本罪的客体是国家毒品管理制度。犯罪对象是毒品。刑法所称的"毒品"，是指鸦片、海洛因、甲基苯丙胺（冰毒）、吗啡、大麻、可卡因以及国家规定管制的其他能够使人形成瘾癖的麻醉药品和精神药品。具体品种以《麻醉药品品种目录》《精神药品品种目录》为依据。

2. 本罪在客观方面表现为走私、贩卖、运输、制造毒品的行为。

（1）走私毒品，是指明知是毒品而非法将其运输、携带、寄递进出国（边）境的行为。直接向走私人非法收购走私进口的毒品，或者在内海、领海、界河、界湖运输、收购、贩卖毒品的，以走私毒品罪论处。

（2）贩卖毒品，是指明知是毒品而非法销售或者以贩卖为目的而非法收买的行为。有证据证明行为人以牟利为目的，为他人代购仅用于吸食、注射的毒品，对代购者以贩卖毒品罪论处。不以牟利为目的，为他人代购仅用于吸食、注射的毒品，毒品数量达到法定数量标准的，对托购者和代购者以非法持有毒品罪论处。

（3）运输毒品，是指明知是毒品而采用携带、寄递、托运、利用他人或者使用交通工具等方法非法运送毒品的行为，而且仅限于国内范围内的"运输"。

（4）制造毒品，是指非法利用毒品原植物直接提炼或者用化学方法加工、配制毒品，或者以改变毒品成分和效用为目的，用混合等物理方法加工、配制毒品的行为。为了便于隐蔽运输、销售、使用、欺骗购买者，或者为了增重，对毒品掺杂使假，添加或者去除其他非毒品物质，不属于制造毒品的行为。

3. 本罪的主体是一般主体，包括自然人和单位。根据《刑法》第17条的规定，已满14周岁、具有刑事责任能力的人实施贩毒行为的，构成贩卖毒品罪。

4. 本罪的主观方面是故意，即明知走私、贩卖、运输、制造的是毒品而依然实施。如果是在被他人利用、欺骗等不知情的情况下实施的，则不构成本罪。《公安立案标准三》等有关规定对这里的"明知"的含义和"应当知道"的具体情形作了解释。其中，"明知"是指行为人知道或者应当知道所实施的行为是走私、贩卖、运输、制造毒品行为，但有证据证明确属被蒙骗的除外。判断行为人对涉案毒品是否明知，不能仅凭行为人供述，而应当依据其实施毒品犯罪行为的过程、方式、毒品被查获时的情形等证据，结合其年龄、阅历、智力等情况，进行综合分析判断。

应当注意的是，对于将假毒品误为真毒品进行走私、贩卖、运输的，应以本罪（未遂）处罚。对于故意贩卖假毒品骗取财物的，应以诈骗论处。

本章"导入案例七"中，钱某从毒贩手中购买海洛因并贩卖牟利。为遮人耳目，从医院太平间偷盗了一具婴儿尸体，便于毒品藏匿携带；再将海洛因掺杂在自己卷制的香烟中，号称"神烟"，使不明真相的刘某等10余人吸食成瘾，不得不高价向其购买"神烟"，是为了使海洛因尽快脱手，属于贩卖毒品的方法行为。钱某的行为分别构成贩卖、运输毒品罪和盗窃尸体罪。

（二）走私、贩卖、运输、制造毒品罪的司法认定

《刑法》、2016年4月11日实施的《最高人民法院关于审理毒品犯罪案件适用法律若干问题的解释》（以下简称《毒品刑案解释》）和有关司法文件[1]对在认定本罪时应注意的问题作出了以下规定：

1. 本罪与非罪的界限。走私、贩卖、运输、制造毒品，无论数量多少，都应当追究刑事责任，予以刑罚处罚。我国只是对毒品实行管制，因此，根据医疗、教学、科研等需要，经政府有关部门特许，从事经营、运输、制造麻醉药品和精神药品的，属于合法行为。

2. 毒品数量的计算与认定。对多次走私、贩卖、运输、制造毒品，未经处理的，毒品数量累计计算。毒品的数量以查证属实的走私、贩卖、运输、制造、非法持有毒品的数量计算，不以纯度折算。走私、贩卖、运输、制造、非法持有两种以上毒品的，可以将不同种类的毒品分别折算为海洛因的数量，以折算后累加的毒品总量作为量刑的根据。对于既未规定定罪量刑数量标准，又不具备折算条件的毒品，综合考虑其致瘾癖性、社会危害性、数量、纯度等因素依法量刑。国家定点生产企业按照标准规格生产的麻醉药品或者精神药品被用于毒品犯罪的，根据药品中毒品成分的含量认定涉案毒品数量。

3. 非法贩卖麻醉药品、精神药品行为的定性问题。行为人向走私、贩卖毒品的犯罪分子或者吸食、注射毒品的人员贩卖国家规定管制的能够使人形成瘾癖的麻醉药品或者精神药品的，以贩卖毒品罪定罪处罚。行为人出于医疗目的，违反有关药品管理的国家规定，非法贩卖

---

[1] 包括《公安立案标准三》、2008年12月1日最高人民法院印发的《全国部分法院审理毒品犯罪案件工作座谈会纪要》、2015年5月18日最高人民法院印发的《全国法院毒品犯罪审判工作座谈会纪要》。

上述麻醉药品或者精神药品，扰乱市场秩序，情节严重的，以非法经营罪定罪处罚。

4. 制造毒品罪的形态。①为了制造毒品而采用生产、加工、提炼等方法非法制造易制毒化学品的，以制造毒品罪（预备）立案追诉。②购进制造毒品的设备和原材料，开始着手制造毒品，尚未制造出毒品或者半成品的，以制造毒品罪（未遂）立案追诉。③已经制造出粗制毒品或者半成品的，以制造毒品罪既遂论处。

5. 共犯的认定。包括：①明知他人实施毒品犯罪而为其居间介绍、代购代卖的，无论是否牟利，都应以相关毒品犯罪的共犯论处。②包庇走私、贩卖、运输、制造毒品的犯罪分子，为犯罪分子窝藏、转移、隐瞒毒品、毒赃或者犯罪所得的财物，事先通谋的，应当以走私、贩卖、运输、制造毒品罪的共犯论处。③明知他人制造毒品而为其生产、买卖、运输醋酸酐、乙醚、三氯甲烷等制毒物品的，以制造毒品罪的共犯论处。应当注意，没有实施毒品犯罪的共同故意，仅在客观上为相互关联的毒品犯罪上下家，不构成共犯。

6. 毒品再犯的问题。《刑法》第356条规定："因走私、贩卖、运输、制造、非法持有毒品罪被判过刑，又犯本节规定之罪的，从重处罚。"[1] 这在刑法理论上称"毒品再犯"，它不同于累犯。对于因同一毒品犯罪前科同时构成累犯和毒品再犯的被告人，在裁判文书中应当同时引用刑法关于累犯和毒品再犯的条款，但在量刑时不得重复予以从重处罚。对于因不同犯罪前科同时构成累犯和毒品再犯的被告人，量刑时的从重处罚幅度一般应大于前述情形。

7. 罪名的认定问题。①吸毒者购买、存储、运输毒品的性质认定。吸毒者在购买、存储毒品过程中被查获，没有证据证明其是为了实施贩卖毒品等其他犯罪，毒品数量达到《刑法》第348条规定的最低数量标准的，以非法持有毒品罪定罪处罚。吸毒者在运输毒品过程中被查获，没有证据证明其是为了实施贩卖毒品等其他犯罪，毒品数量达到较大以上的，以运输毒品罪定罪处罚。②为吸毒者代购毒品的性质认定。行为人为吸毒者代购毒品，在运输过程中被查获，没有证据证明托购者、代购者是为了实施贩卖毒品等其他犯罪，毒品数量达到较大以上的，对托购者、代购者以运输毒品罪的共犯论处。行为人为他人代购仅用于吸食的毒品，在交通、食宿等必要开销之外收取"介绍费""劳务费"，或者以贩卖为目的收取部分毒品作为酬劳的，应视为从中牟利，属于变相加价贩卖毒品，以贩卖毒品罪定罪处罚。

8. 罪数的认定。这包括以下几点：

（1）本罪属于选择性罪名，因此：①对同一宗毒品实施了两种以上犯罪行为并有相应确凿证据的，应当按照所实施的犯罪行为的性质并列适用罪名，毒品数量不重复计算，不实行数罪并罚。②对同一宗毒品可能实施了两种以上犯罪行为，但相应证据只能认定其中一种或者几种行为，认定其他行为的证据不够确实充分的，只按照依法能够认定的行为的性质定罪。如涉嫌为贩卖而运输毒品，认定贩卖的证据不够确实充分的，则只定运输毒品罪。③对不同宗毒品分别实施了不同种犯罪行为的，应对不同行为并列适用罪名，累计毒品数量，不实行数罪并罚。④对被告人一人走私、贩卖、运输、制造两种以上毒品的，不实行数罪并罚，量刑时可综合考虑毒品的种类、数量及危害，依法处理。

（2）向他人贩卖毒品后又容留其吸食、注射毒品，或者容留他人吸食、注射毒品并向其贩卖毒品，符合容留他人吸毒罪的定罪条件的，应当以贩卖毒品罪和容留他人吸毒罪数罪并罚。

（3）走私毒品，又走私其他物品构成犯罪的，以走私毒品罪和其所犯的其他走私罪分别

---

[1] 对该条之规定，在介绍其他毒品犯罪时不再重述。

定罪,依法数罪并罚。

9. 盗窃、抢夺、抢劫毒品的性质。盗窃、抢夺、抢劫毒品的,应当分别以盗窃罪、抢夺罪、抢劫罪定罪,但不计犯罪数额,根据情节轻重予以定罪量刑。盗窃、抢夺、抢劫毒品后又实施其他毒品犯罪的,对盗窃罪、抢夺罪、抢劫罪和所犯的具体毒品犯罪分别定罪,依法数罪并罚。

(三)走私、贩卖、运输、制造毒品罪的刑事责任

根据《刑法》第347条的规定,本罪的刑事责任包括以下方面:

1. 犯本罪,有下列情形之一的,处15年有期徒刑、无期徒刑或者死刑,并处没收财产:①走私、贩卖、运输、制造鸦片1000克以上、海洛因或者甲基苯丙胺50克以上或者其他毒品数量大的;②走私、贩卖、运输、制造毒品集团的首要分子;③武装掩护走私、贩卖、运输、制造毒品的;④以暴力抗拒检查、拘留、逮捕,情节严重的;⑤参与有组织的国际贩毒活动的。

2. 走私、贩卖、运输、制造鸦片200克以上不满1000克、海洛因或者甲基苯丙胺10克以上不满50克或者其他毒品数量较大的,处7年以上有期徒刑,并处罚金。

3. 走私、贩卖、运输、制造鸦片不满200克、海洛因或者甲基苯丙胺不满10克或者其他少量毒品的,处3年以下有期徒刑、拘役或者管制,并处罚金;情节严重的,处3年以上7年以下有期徒刑,并处罚金。

单位犯本罪的,实行双罚制。

利用、教唆未成年人走私、贩卖、运输、制造毒品,或者向未成年人出售毒品的,从重处罚。

《毒品刑案解释》对上述各项中的"其他毒品数量大""其他毒品数量较大"的标准,"武装掩护"和"以暴力抗拒检查、拘留、逮捕,情节严重"的含义,以及"情节严重"的情形作出了规定。

二、非法持有毒品罪

(一)非法持有毒品罪的概念和构成要件

非法持有毒品罪,是指违反国家毒品管理法规,非法持有毒品,数量较大的行为。其构成要件是:

1. 本罪的客体是国家毒品管理制度。

2. 本罪在客观方面表现为非法持有毒品数量较大的行为。所谓非法持有,是指违反国家法律和国家主管部门的规定,占有、携带、藏有或者以其他方式持有毒品,且必须是持续支配。持有不要求行为人是该毒品的所有者、占有者。非法持有毒品罪是一个兜底性罪名,如果有证据证明非法持有是为了进行走私、贩卖、运输、窝藏毒品犯罪的,不构成本罪。

3. 本罪的主体是一般主体。

4. 本罪的主观方面是故意,即明知是毒品而非法持有。"明知"是指行为人知道或者应当知道所实施的行为是非法持有毒品行为。

(二)非法持有毒品罪的司法认定

1. 本罪与非罪的界限。本罪是数额犯,根据《刑法》第348条的规定,非法持有鸦片200克以上、海洛因或者甲基苯丙胺10克以上或者其他毒品数量较大的,就构成本罪。没有达到该法定数量的,不构成犯罪。《毒品刑案解释》对"其他毒品数量较大"的标准、《公安立案标准三》对应予立案追诉的情形分别作了规定。

2. 罪数问题。因实施其他毒品犯罪而持有毒品的，按所实施的毒品犯罪定罪处罚。只有当行为人不是为了进行其他毒品犯罪而持有毒品，才以本罪论处。

3. 吸毒行为的性质。吸毒只是违法行为，一般不构成毒品犯罪。因此，吸毒者在购买、运输、存储毒品过程中被查获的，如没有证据证明其是为了实施贩卖等其他毒品犯罪行为，毒品数量未超过《刑法》第348条规定的最低数量标准的，一般不定罪处罚；查获毒品数量达到较大以上的，应以非法持有毒品罪等毒品犯罪定罪处罚。对于以贩养吸的被告人，应以贩卖毒品罪论处。

（三）非法持有毒品罪的刑事责任

《刑法》第348条规定，非法持有鸦片1000克以上、海洛因或者甲基苯丙胺50克以上或者其他毒品数量较大的，处7年以上有期徒刑或者无期徒刑，并处罚金；非法持有鸦片200克以上不满1000克、海洛因或者甲基苯丙胺10克以上不满50克或者其他毒品数量较大的，处3年以下有期徒刑、拘役或者管制，并处罚金；情节严重的，处3年以上7年以下有期徒刑，并处罚金。根据《刑法》第356条的规定，因非法持有毒品罪被判过刑，又犯本节规定之罪的，从重处罚。

三、包庇毒品犯罪分子罪

包庇毒品犯罪分子罪，是指明知是走私、贩卖、运输、制造毒品的犯罪分子，而予以包庇的行为。根据《公安立案标准三》的规定，作虚假证明帮助掩盖罪行的，帮助隐藏、转移或毁灭证据的，帮助取得虚假身份或身份证件的，以及以其他方式包庇犯罪分子的，应予立案追诉。根据《刑法》第349条的规定，犯本罪的，处3年以下有期徒刑、拘役或者管制；情节严重的，处3年以上10年以下有期徒刑；缉毒人员或者其他国家机关工作人员掩护、包庇走私、贩卖、运输、制造毒品的犯罪分子的，从重处罚。犯本罪，事先通谋的，以走私、贩卖、运输、制造毒品罪的共犯论处。

四、窝藏、转移、隐瞒毒品、毒赃罪

窝藏、转移、隐瞒毒品、毒赃罪，是指为犯罪分子窝藏、转移、隐瞒毒品或者犯罪所得的财物的行为。犯本罪的，依照《刑法》第349条（包庇毒品犯罪分子罪）的规定处罚。犯本罪，事先通谋的，以走私、贩卖、运输、制造毒品罪的共犯论处。

五、非法生产、买卖、运输制毒物品、走私制毒物品罪

非法生产、买卖、运输制毒物品、走私制毒物品罪，是指违反国家规定，非法生产、买卖、运输醋酸酐、乙醚、三氯甲烷或者其他用于制造毒品的原料、配剂，或者携带上述物品进出境，情节较重的行为。根据《刑法》第350条的规定，犯本罪的，处3年以下有期徒刑、拘役或者管制，并处罚金；情节严重的，处3年以上7年以下有期徒刑，并处罚金；情节特别严重的，处7年以上有期徒刑，并处罚金或者没收财产处罚。明知他人制造毒品而为其生产、买卖、运输上述物品的，以制造毒品罪的共犯论处。单位犯本罪的，实行双罚制。

六、非法种植毒品原植物罪

非法种植毒品原植物罪，是指非法种植罂粟、大麻等毒品原植物，情节严重的行为。所谓种植，是指播种、育苗、移栽、插苗、施肥、灌溉、割取津液或者收取种子等行为。具有下列情形之一的，属于情节严重：①种植罂粟500株以上或者其他毒品原植物数量较大的；②经公安机关处理后又种植的；③抗拒铲除的。《毒品刑案解释》第9条对这里的"数量较大"的情形作了规定。根据《刑法》第351条的规定，犯本罪的，处5年以下有期徒刑、拘役或者管制，并处罚金；非法种植罂粟3000株以上或者其他毒品原植物数量大的，处5年以上有期徒刑，并处罚金或者没收财产。非法种植毒品原植物，在收获前自动铲除的，可以免除处罚，即可以不予立案追诉。

七、非法买卖、运输、携带、持有毒品原植物种子、幼苗罪

非法买卖、运输、携带、持有毒品原植物种子、幼苗罪，是指非法买卖、运输、携带、持有未经灭活的罂粟等毒品原植物种子或者幼苗，数量较大的行为。根据《刑法》第352条的规定，犯本罪的，处3年以下有期徒刑、拘役或者管制，并处或者单处罚金。

八、引诱、教唆、欺骗他人吸毒罪

引诱、教唆、欺骗他人吸毒罪，是指采用引诱、教唆、欺骗的手段，使他人吸食、注射毒品的行为。根据《刑法》第353条第1款、第3款的规定，犯本罪的，处3年以下有期徒刑、拘役或者管制，并处罚金；情节严重的，处3年以上7年以下有期徒刑，并处罚金。引诱、教唆、欺骗未成年人吸食、注射毒品的，从重处罚。

九、强迫他人吸毒罪

强迫他人吸毒罪，是指违背他人意志，以暴力、威胁或者其他强制手段，迫使他人吸食、注射毒品的行为。根据《刑法》第353条第2款、第3款的规定，犯本罪的，处3年以上10年以下有期徒刑，并处罚金。强迫未成年人吸食、注射毒品的，从重处罚。

十、容留他人吸毒罪

容留他人吸毒罪，是指提供场所，容留他人吸食、注射毒品的行为。根据《毒品刑案解释》的规定，具有下列情形之一的，应当以本罪论处：①一次容留多人吸食、注射毒品的；②2年内多次容留他人吸食、注射毒品的；③2年内曾因容留他人吸食、注射毒品受过行政处罚的；④容留未成年人吸食、注射毒品的；⑤以牟利为目的容留他人吸食、注射毒品的；⑥容留他人吸食、注射毒品造成严重后果的；⑦其他应当追究刑事责任的情形。容留近亲属吸食、注射毒品，情节显著轻微危害不大的，不作为犯罪处理；需要追究刑事责任的，可以酌情从宽处罚。根据《刑法》第354条的规定，犯本罪的，处3年以下有期徒刑、拘役或者管制，并处罚金。

十一、非法提供麻醉药品、精神药品罪

非法提供麻醉药品、精神药品罪，是指依法从事生产、运输、管理、使用国家管制的麻醉药品、精神药品的个人或者单位，违反国家规定，向吸食、注射毒品的人提供国家规定管制的能够使人形成瘾癖的麻醉药品、精神药品的行为。本罪的主观方面是故意，即明知他人是吸毒者而向其提供麻醉药品、精神药品。成立本罪不需要行为人具有特定目的。如果向走私、贩卖毒品的犯罪分子或者以牟利为目的，向吸食、注射毒品的人提供国家规定管制的能够使人形成瘾癖的麻醉药品、精神药品的，以走私、贩卖毒品罪定罪处罚。根据《刑法》第355条的规定，犯本罪的，处3年以下有期徒刑或者拘役，并处罚金；情节严重的，处3年以上7年以下有期徒刑，并处罚金。单位犯本罪的，实行双罚制。

十二、妨害兴奋剂管理罪

妨害兴奋剂管理罪，是指引诱、教唆、欺骗运动员使用兴奋剂参加国内、国际重大体育竞赛，或者明知运动员参加上述竞赛而向其提供兴奋剂，情节严重的行为。根据《刑法》第355条之一的规定，犯本罪的，处3年以下有期徒刑或者拘役，并处罚金。组织、强迫运动员使用兴奋剂参加国内、国际重大体育竞赛的，依照前述的规定从重处罚。

第九节 组织、强迫、引诱、容留、介绍卖淫罪

一、组织卖淫罪

（一）组织卖淫罪的概念和构成要件

组织卖淫罪，是指组织他人卖淫的行为。其构成要件是：

1. 本罪的客体是社会的道德风尚。
2. 本罪在客观方面表现为组织他人卖淫的行为。"他人"包括女性和男性。所谓卖淫，是指以营利为目的，满足不特定对方的性欲的行为，包括与不特定的对方发生性交和实施类似性交行为。既包括向异性卖淫，也包括向同性卖淫。所谓组织他人卖淫，根据2017年7月25日"两高"实施的《关于办理组织、强迫、引诱、容留、介绍卖淫刑事案件适用法律若干问题的解释》（以下简称《组织卖淫等刑案解释》）的规定，是指以招募、雇佣、纠集等手段，管理或者控制他人卖淫，卖淫人员在3人以上。组织卖淫者是否设置固定的卖淫场所、组织卖淫者人数多少、规模大小，不影响组织卖淫行为的认定。
3. 本罪的主体是一般主体，仅限于自然人。
4. 本罪的主观方面是故意，行为人通常具有营利目的。

（二）组织卖淫罪的司法认定

1. 本罪与非罪的界限。①本罪与卖淫的界限。刑法只规定处罚组织者，因此被组织者即一般卖淫者，是不构成本罪的。②本罪与卖淫者自动结伙卖淫的界限。自动结伙卖淫，是指卖淫者相互传递信息、互相提供方便、互为掩护，共同从事卖淫的行为。此种情况下，结伙人都是卖淫者，没有较为固定的组织策划者，没有主从之分，对此不宜以犯罪论处。
2. 罪数的认定。在组织卖淫犯罪活动中，对被组织卖淫的人有引诱、容留、介绍卖淫行为的，依照处罚较重的规定定罪处罚。但是，对被组织卖淫的人以外的其他人有引诱、容留、介绍卖淫行为的，应当分别定罪，实行数罪并罚。犯组织卖淫罪，并有杀害、伤害、强奸、绑架等犯罪行为的，实行数罪并罚。

本章"导入案例八"中，王甲等人以营利为目的，以招募、雇佣、纠集、强迫、引诱、容留等手段，控制、容留2000人从事卖淫活动、强迫300多名受害妇女卖淫，多人被关进黑屋断食断粮多日，其行为败坏社会道德风尚，侵犯被害妇女的人身自由，构成组织卖淫罪、强迫卖淫罪和非法拘禁罪，应当数罪并罚。

（三）组织卖淫罪的刑事责任

根据《刑法》第358条第1~2款的规定，犯本罪的，处5年以上10年以下有期徒刑，并处罚金；情节严重的，处10年以上有期徒刑或者无期徒刑，并处罚金或者没收财产。组织未成年人卖淫的，依照上述的规定从重处罚。

根据《刑法》第361条的规定，旅馆业、饮食服务业、文化娱乐业、出租汽车业等单位的人员，利用本单位的条件，组织、强迫或者引诱、容留、介绍他人卖淫的，按照自然人犯组织卖淫罪、强迫卖淫罪或者引诱、容留、介绍卖淫罪的规定定罪处罚；前述所列单位的主要负责人犯上述各罪的，从重处罚。[1]

---

[1] 为避免后面重复叙述，故将《刑法》第361条的全部内容在这里一并写明。

二、强迫卖淫罪

强迫卖淫罪,是指以暴力、胁迫等手段,强迫他人卖淫的行为。对本罪应把握以下几点:①强迫不满14周岁的幼女卖淫,以及强迫卖淫造成被强迫卖淫的人自残、自杀或者其他严重后果的,不另外构成其他罪,而应适用"情节严重"的量刑幅度。②犯强迫卖淫罪,并有杀害、伤害、强奸、绑架等犯罪行为的,实行数罪并罚。③强迫未成年人卖淫的,从重处罚。本罪与组织卖淫罪规定在同一条文中,二者的法定刑相同。

三、协助组织卖淫罪

协助组织卖淫罪,是指为组织卖淫的人招募、运送人员或者有其他协助组织他人卖淫的行为。根据《组织卖淫等刑案解释》的规定,明知他人实施组织卖淫犯罪活动而为其招募、运送人员或者充当保镖、打手、管账人等的,以本罪定罪处罚,不以组织卖淫罪的从犯论处。在具有营业执照的会所、洗浴中心等经营场所担任保洁员、收银员、保安员等,从事一般服务性、劳务性工作,仅领取正常薪酬,且无上述所列协助组织卖淫行为的,不构成本罪。根据《刑法》第358条第4款的规定,犯本罪的,处5年以下有期徒刑,并处罚金;情节严重的,处5年以上10年以下有期徒刑,并处罚金。

四、引诱、容留、介绍卖淫罪

引诱、容留、介绍卖淫罪,是指以金钱、物质或者其他利益诱使他人卖淫,或者提供场所给他人卖淫使用,或者使卖淫人员与嫖客发生联系,得以实现卖淫嫖娼的行为。行为人是否以营利为目的,不影响本罪的成立。《组织卖淫等刑案解释》第8条规定,引诱、容留、介绍他人卖淫,具有下列情形之一的,应当定罪处罚:①引诱他人卖淫的;②容留、介绍2人以上卖淫的;③容留、介绍未成年人、孕妇、智障人员、患有严重性病的人卖淫的;④1年内曾因引诱、容留、介绍卖淫行为被行政处罚,又实施容留、介绍卖淫行为的;⑤非法获利人民币1万元以上的。根据《刑法》第359条第1款、第361条的规定,犯本罪的,处5年以下有期徒刑、拘役或者管制,并处罚金;情节严重的,处5年以上有期徒刑,并处罚金。《刑法》第361条的规定如前所述。

五、引诱幼女卖淫罪

引诱幼女卖淫罪,是指引诱不满14周岁的幼女卖淫的行为。被引诱卖淫的人员中既有不满14周岁的幼女,又有其他人员的,分别以引诱幼女卖淫罪和引诱卖淫罪定罪,实行并罚。根据《刑法》第359条第2款、第361条的规定,犯本罪的,处5年以上有期徒刑,并处罚金。《刑法》第361条的规定如前所述。

六、传播性病罪

(一) 传播性病罪的概念和构成要件

传播性病罪,是指明知自己患有梅毒、淋病等严重性病而卖淫、嫖娼的行为。其构成要件是:

1. 本罪的客体是社会的道德风尚和他人的健康权利。

2. 本罪在客观方面表现为行为人患有梅毒、淋病等严重性病而卖淫、嫖娼的行为。本罪必须发生在卖淫、嫖娼活动中,因此,如果行为人明知自己患有梅毒、淋病等严重性病,行为人不是以金钱或其他物质利益为交易条件而与他人发生性交行为;或者行为人通过其他方式(如通奸等)将严重性病传播给他人的,不构成本罪。根据《组织卖淫等刑案解释》第12条的规定,明知自己感染艾滋病病毒而卖淫、嫖娼,或者明知自己感染艾滋病病毒,故意不采取防范措施而与他人发生性关系,致使他人感染艾滋病病毒的,应认定为致人重伤,以故意伤害罪定罪处罚。

3. 本罪的主体是特殊主体，即患有梅毒、淋病等严重性病的人。根据《组织卖淫等刑案解释》第11条的规定，"严重性病"包括梅毒、淋病等。其它性病是否认定为"严重性病"，应根据《传染病防治法》《性病防治管理办法》的规定，在国家卫生与计划生育委员会规定实行性病监测的性病范围内，依照其危害、特点与梅毒、淋病相当的原则，从严掌握。

4. 本罪的主观方面是故意，即明知自己患有梅毒、淋病等严重性病。根据《组织卖淫等刑案解释》第11条的规定，具有以下情形之一的，应当认定为"明知"：①有证据证明曾到医院或者其他医疗机构就医或者检查，被诊断为患有严重性病的；②根据本人的知识和经验，能够知道自己患有严重性病的；③通过其他方法能够证明行为人是"明知"的。

（二）传播性病罪的刑事责任

根据《刑法》第360条的规定，犯本罪的，处5年以下有期徒刑、拘役或者管制，并处罚金。《组织卖淫等刑案解释》第12条规定，明知自己患有艾滋病或者感染艾滋病病毒而卖淫、嫖娼的，以传播性病罪定罪，从重处罚。另外，《刑法》第362条还特别规定，"旅馆业、饮食服务业、文化娱乐业、出租汽车业等单位的人员，在公安机关查处卖淫、嫖娼活动时，为违法犯罪分子通风报信，情节严重的"，以包庇罪定罪处罚。如果事前与犯罪分子通谋，则以共同犯罪论处。

第十节 制作、贩卖、传播淫秽物品罪

一、制作、复制、出版、贩卖、传播淫秽物品牟利罪

（一）制作、复制、出版、贩卖、传播淫秽物品牟利罪的概念和构成要件

制作、复制、出版、贩卖、传播淫秽物品牟利罪，是指以牟利为目的，制作、复制、出版、贩卖、传播淫秽物品的行为。其构成要件是：

1. 本罪的客体是社会的道德风尚和国家文化事业的管理制度。本罪的对象是淫秽物品。所谓淫秽物品，根据《刑法》第367条的规定，是指具体描绘性行为或者露骨宣扬色情的诲淫性的书刊、影片、录像带、录音带、图片及其他淫秽物品。有关人体生理、医学知识的科学著作不是淫秽物品。包含有色情内容的有艺术价值的文学、艺术作品不视为淫秽物品。2004年9月6日"两高"实施的《关于办理利用互联网、移动通讯终端、声讯台制作、复制、出版、贩卖、传播淫秽电子信息刑事案件具体应用法律若干问题的解释（一）》（以下简称《淫秽信息刑案解释一》）第9条规定，"其他淫秽物品"包括具体描绘性行为或者露骨宣扬色情的诲淫性的视频文件、音频文件、电子刊物、图片、文章、短信息等互联网、移动通讯终端电子信息和声讯台语音信息。有关人体生理、医学知识的电子信息和声讯台语音信息不是淫秽物品。包含色情内容的有艺术价值的电子文学、艺术作品不视为淫秽物品。

2. 本罪在客观方面表现为制作、复制、出版、贩卖、传播淫秽物品的行为。制作，是指采用生产、录制、摄制、编写、绘画、印制等方法创造淫秽物品的行为。复制，是指采用复印、翻印、翻拍、拷贝等方式对已有的淫秽物品进行重复制作的行为。出版，是指将淫秽物品编辑、印刷后，公开发行的行为。贩卖，是指以各种销售方式有偿转让淫秽物品的行为。传播，是指通过散发、张贴、邮寄、上传、出租、播放以及发送电子信息等方式致使淫秽物品流传的行为。根据《淫秽信息刑案解释一》等司法解释的规定，本罪的行为还包括：①利用互联网、移动通讯终端、网络云盘制作、复制、出版、贩卖、传播淫秽电子信息的行为；②利用

聊天室、论坛、即时通信软件、电子邮件等方式制作、复制、出版、贩卖、传播淫秽电子信息的行为。

3. 本罪的主体是一般主体，包括自然人和单位。

4. 本罪的主观方面是故意，并且以牟利为目的。

（二）制作、复制、出版、贩卖、传播淫秽物品牟利罪的司法认定

1. 本罪与非罪的界限。《公安立案标准一》对本罪的立案追诉标准作了规定，同时，1998年12月23日实施的《最高人民法院关于审理非法出版物刑事案件具体应用法律若干问题的解释》《淫秽信息刑案解释一》和2010年2月4日"两高"实施的《关于办理利用互联网、移动通讯终端、声讯台制作、复制、出版、贩卖、传播淫秽电子信息刑事案件具体应用法律若干问题的解释（二）》（以下简称《淫秽信息刑案解释二》）对本罪的定罪标准、情节严重和情节特别严重的情形、"明知"的认定等作了规定。

2. 共犯的认定。根据《淫秽信息刑案解释一》第7条的规定，明知他人实施制作、复制、出版、贩卖、传播淫秽电子信息犯罪，为其提供互联网接入、服务器托管、网络存储空间、通讯传输通道、费用结算等帮助的，对直接负责的主管人员和其他直接责任人员，以共同犯罪论处。根据《淫秽信息刑案解释二》第7条的规定，明知是淫秽网站，以牟利为目的，通过投放广告等方式向其直接或者间接提供资金，或者提供费用结算服务，具有相应情形的，对直接负责的主管人员和其他直接责任人员，以本罪的共犯处罚。

（三）制作、复制、出版、贩卖、传播淫秽物品牟利罪的刑事责任

根据《刑法》第363第1款、第366条的规定，犯本罪的，处3年以下有期徒刑、拘役或者管制，并处罚金；情节严重的，处3年以上10以下有期徒刑，并处罚金；情节特别严重的，处10年以上有期徒刑或者无期徒刑，并处罚金或者没收财产。单位犯本罪的，实行双罚制。

二、为他人提供书号出版淫秽书刊罪

为他人提供书号出版淫秽书刊罪，是指违反国家书刊出版管理规定，向他人提供书号，出版淫秽书刊的行为。根据《公安立案标准一》的规定，对这里的"书号"和"淫秽书刊"应当作广义理解，就是说，为他人提供书号、刊号、版号，出版淫秽书刊、淫秽音像制品的，均可以构成本罪。本罪的主观方面是过失。如果行为人明知他人用于出版淫秽书刊、音像制品而提供书号的，应当以出版淫秽物品牟利罪的共犯论处。根据《刑法》第363条第2款、第366条的规定，犯本罪的，处3年以下有期徒刑、拘役或者管制，并处或者单处罚金。单位犯本罪的，实行双罚制。

三、传播淫秽物品罪

传播淫秽物品罪，是指传播淫秽的书刊、影片、音像、图片或者其他淫秽物品，情节严重的行为。不以牟利为目的，传播淫秽物品，情节严重的，构成本罪。如果是以牟利为目的，不论是否情节严重，均应以传播淫秽物品牟利罪定罪处罚。根据《刑法》第364条第1款、第4款和第366条的规定，犯本罪的，处2年以下有期徒刑、拘役或者管制。向不满18周岁的未成年人传播淫秽物品的，从重处罚。单位犯本罪的，实行双罚制。

四、组织播放淫秽音像制品罪

组织播放淫秽音像制品罪，是指非营利性地组织播放淫秽电影、录像等音像制品的行为。所谓组织播放，是指通过筹划、安排、聚集多人收听、观看淫秽音像制品的行为。本罪的主观方面是故意，且行为人不具有牟利的目的，否则应以传播淫秽物品牟利罪论处。组织播放15~30场次以上，或者造成恶劣社会影响的，应予立案追诉。根据《刑法》第364条第2~4款和

第 366 条的规定，犯本罪的，处 3 年以下有期徒刑、拘役或者管制，并处罚金；情节严重的，处 3 年以上 10 年以下有期徒刑，并处罚金。制作、复制淫秽音像制品组织播放的，从重处罚。向不满 18 周岁的未成年人传播淫秽物品的，从重处罚。单位犯本罪的，实行双罚制。

五、组织淫秽表演罪

组织淫秽表演罪，是指以策划、招募、强迫、雇佣、引诱、提供场地、提供资金等手段，组织进行淫秽表演的行为。根据《公安立案标准一》第 86 条的规定，组织表演者进行裸体表演的；组织表演者利用性器官进行诲淫性表演的；组织表演者半裸体或者变相裸体表演并通过语言、动作具体描绘性行为的，以及其他组织进行淫秽表演应予追究刑事责任的情形，应予立案追诉。根据《刑法》第 365~366 条的规定，犯本罪的，处 3 年以下有期徒刑、拘役或者管制，并处罚金；情节严重的，处 3 年以上 10 年以下有期徒刑，并处罚金。单位犯本罪的，实行双罚制。

本章"导入案例九"中，李某、张某组织他人进行淫秽表演，其行为均已构成组织淫秽表演罪，应处 3 年以下有期徒刑、拘役或管制，并处罚金。如果情节严重的，则处 3 年以上 10 年以下有期徒刑，并处罚金。

思考题

1. 简述妨害公务罪的构成要件和认定时应注意的问题。
2. 试述招摇撞骗罪的构成要件以及其与诈骗罪的区别。
3. 如何理解寻衅滋事罪的犯罪构成？
4. 简述组织、领导、参加黑社会性质组织罪的构成要件及罪数认定。
5. 窝藏、包庇罪与伪证罪有何异同？
6. 如何理解掩饰、隐瞒犯罪所得、犯罪所得收益罪？
7. 试比较非法行医罪与医疗事故罪的异同。
8. 吸毒者是否会构成相关毒品犯罪？
9. 如何理解组织卖淫罪的犯罪构成？认定该罪时应注意哪些问题？
10. 制作、复制、出版、贩卖、传播淫秽物品牟利罪与其他相关淫秽物品犯罪的主要区别是什么？

实务训练

[案例 1] 沈某，男，44 岁，农民。某年 8 月 11 日上午，沈某雇佣司机杨某为其运货，行至某立交桥时，因违章被正在值勤的交警王某拦住并进行违章处罚。随车同行的沈某甚为不满，当即将汽车的挂车摘掉，驾着车向交警王某撞去，王某及时闪身躲过。沈某又从驾驶室内拿出一根 80 厘米长的罗纹钢撬棍追打王某，致王某多处受伤，法医鉴定为轻伤。

[问题] 沈某的行为构成何罪？说明理由。

[案例 2] 张某，男，38 岁，某厂工人。某年 12 月 7 日，张某将王某（13 岁）、刘某（14 岁）等中小学生留宿家中，传授扒窃技术。张某首先在开水中放肥皂片，要王某、刘某等人用手指反复夹取，然后带王某、刘某等人到车站、码头、商场实地练习。此后，王某、刘某等人多次外出作案，张某从王某、刘某赃款中提成。

[问题] 对张某如何定罪处罚？

[案例 3] 在押犯宋某，因其服刑期间表现良好，被安排临时帮厨。某日上午，宋某与另一

在押犯奉命上街买菜,归来途中,宋某乘上厕所方便之机溜走,到汽车站坐车回家探望病重的父亲。此前,家人曾写信说其父病重,宋某请假回家探望未获批准。次日上午,宋某正告别家人准备回监狱时,监管人员赶到,将其押解回监狱。

[问题] 宋某的行为是否构成脱逃罪?并说明理由。

[案例4] 李乙抢劫出租车并杀害女司机,后打电话给其兄李甲,请其帮忙掩埋尸体,并将被害人的证件、衣物等烧毁。

[问题] 李甲的行为构成何罪?说明理由。

[案例5] 魏某为购买正式书号用于出版淫秽光盘,找某音像出版社负责人张某帮忙。魏某向张某谎称自己想制作商业宣传片,需要一个书号,并提出付给出版社1万元"书号费"。张某同意,但要求魏某给2万元好处费,魏某答应。张某即指示有关部门办理。魏某拿到该书号出版了淫秽光盘,发行数量极大、影响很坏。

[问题] 魏某、张某的行为构成何罪?说明理由。

第二十四章

危害国防利益罪

学习目标与工作任务

通过本章的学习，了解危害国防利益罪的概念和特征，掌握本章中的重点罪名的概念、构成要件以及相关处罚的特别规定。能够运用所学知识分析和处理具体刑事案件，解决实际问题。

导入案例

2012年初，被告人魏某经营河砂生意，为骗免高速公路通行费，先后找到某单位干部李某、张某，并通过李某取得了伪造的武装部队车辆号牌两副、车辆行驶证、驾驶证、士兵证及作废的派车单等物品。2012年5月4日至2013年1月1日，魏某使用上述假牌证及两辆货车，经由ZY高速部分路段运送河砂。运行过程中，车辆多次被查扣，由李某、张某出面协调，使得两辆货车顺利通行。经会计师事务所审计：2012年5月4日至2013年1月1日，悬挂"WJ1X-X00X5""WJ1X-X00X6"号牌的两辆货车在ZY高速公路通行共计2363次，骗免高速公路通行费（按核准装载量计算）计人民币492 374.95元。

问：对魏某的行为应如何定罪？

教学内容

第一节 危害国防利益罪概述

危害国防利益罪，是指违反国防法律法规，故意或过失危害国防利益，依照法律应受刑罚处罚的行为。这类犯罪的构成特征是：

1. 这类犯罪的客体是国防利益。国防利益，是指国家为防备和抵抗侵略，制止武装颠覆，保卫国家的主权、统一、领土完整和安全，所进行的军事活动以及与军事有关活动的正常状态，具体包括国防物质基础、国防自身安全、武装力量建设、国防管理秩序、作战利益与军事行动利益等。

2. 这类犯罪在客观方面表现违反国防法律法规，危害国防利益的行为。国防法律法规，主要是指我国现行的《国防法》《兵役法》《军事设施保护法》《防空法》等。危害国防利益的行为，是指危害作战与军事行动、危害国防物质基础与国防建设活动、妨害国防管理秩序、拒绝或逃避履行国防义务、损害部队声誉的行为，具体包括《刑法》第368~381条规定的各种行为。

3. 这类犯罪的主体多数为一般主体，少数为特殊主体，如战时拒绝、逃避征召、军事训练罪的主体仅限于预备役人员。多数犯罪只能由自然人实施，少数犯罪的主体包括自然人和单位，如故意提供不合格武器装备、军事设施罪，非法生产、买卖武装部队制式服装罪等。个别犯罪如战时拒绝、故意延误军事订货罪只能由单位构成。

4. 这类犯罪的主观方面多数为故意，少数为过失，包括过失损坏武器装备、军事设施、军事通信罪和过失提供不合格武器装备、军事设施罪。

本类罪共包括23个罪名。为正确处理这类刑事案件，最高人民检察院、公安部先后印发了《公安立案标准一》和《公安立案标准（一）补充规定》，对本章相关犯罪的立案追诉标准作了规定。

第二节 危害国防利益罪分述

一、阻碍军人执行职务罪

（一）阻碍军人执行职务罪的概念和构成要件

阻碍军人执行职务罪，是指以暴力、威胁方法阻碍军人依法执行职务的行为。其构成要件是：

1. 本罪的客体是军人依法执行职务的活动。
2. 本罪在客观方面表现为以暴力、威胁方法阻碍军人依法执行职务的行为。阻碍军人依法执行职务，是指对军人依法执行职务的活动进行妨碍、阻挠，使其不能顺利执行职务，如对军人进行殴打或捆绑、推翻或者烧毁军车等。
3. 本罪的主体是军人以外的其他公民。
4. 本罪的主观方面是故意，即明知军人正在依法执行职务而故意进行阻碍。

（二）阻碍军人执行职务罪的司法认定

1. 本罪是行为犯。只要行为人实施了以暴力、威胁方法阻碍军人依法执行职务的行为，不论是否造成严重后果，均构成本罪的既遂。
2. 本罪与妨害公务罪的界限。二者的关键区别在于行为对象不同。本罪的行为对象是正在依法执行职务的军人；而后罪的行为对象是军人以外的、正在依法执行职务的国家机关工作人员、各级人大代表、红十字会工作人员。规定本罪的刑法条文与规定妨害公务罪的刑法条文二者之间属于法条竞合关系。
3. 本罪与阻碍执行军事职务罪的界限。阻碍执行军事职务罪，是刑法分则第十章军人违反职责罪中规定的罪名，是指以暴力、威胁方法阻碍指挥人员或者值班、执勤人员执行职务的行为。二者的区别主要包括：①犯罪主体不同。本罪的主体是非军人，而后罪的主体是军人。②行为对象不同。本罪的行为对象是正在依法执行职务的军人，包括指挥人员和普通士兵；而后罪的行为对象是正在执行职务的军事指挥人员或者正在值班、值勤的军人。

（三）阻碍军人执行职务罪的刑事责任

根据《刑法》第368条第1款的规定，犯本罪的，处3年以下有期徒刑、拘役、管制或者罚金。

二、阻碍军事行动罪

阻碍军事行动罪，是指故意阻碍武装部队军事行动，造成严重后果的行为。本罪的阻碍方法不限于暴力、威胁手段，采取其他任何方法阻碍武装部队军事行动的，如堵塞道路使从事军事行动的武装部队无法通行，在军事行动地区静坐以阻碍军事行动等，也可构成本罪。根据《刑法》第368条第2款的规定，犯本罪的，处5年以下有期徒刑或者拘役。

三、破坏武器装备、军事设施、军事通信罪

（一）破坏武器装备、军事设施、军事通信罪的概念和构成要件

破坏武器装备、军事设施、军事通信罪，是指故意破坏用于国防的武器装备、军事设施、军事通信的行为。其构成要件是：

1. 本罪侵犯的客体是部队战斗力的物质保障秩序。犯罪对象是武器装备、军事设施、军事通信。武器装备，是指实施和保障军事行动的武器、武器系统和军事技术器材的统称。军事设施，是指直接用于军事目的的建筑、场地和设施。军事通信，是指军队运用各种通信手段实施指挥、控制、协同等而进行的信息传递。

2. 本罪在客观方面表现为破坏武器装备、军事设施、军事通信的行为。破坏，是指以各种方法使武器装备、军事设施、军事通信全部或部分丧失使用功能。可以是作为，如炸毁、发射干扰信号、拆卸其部件等，也可以是不作为，如拒不履行维修义务而使武器装备、军事设施、军事通信遭到毁坏或丧失正常使用功能。其中，破坏军事通信，根据2007年6月29日实施的《最高人民法院关于审理危害军事通信刑事案件具体应用法律若干问题的解释》（以下简称《危害军事通信刑案解释》）的规定，是指故意实施损毁军事通信线路、设备，破坏军事通信计算机信息系统，干扰、侵占军事通信电磁频谱等行为。

3. 本罪的主体是一般主体。

4. 本罪的主观方面是故意，并且通常具有泄愤报复或者其他个人目的。

（二）破坏武器装备、军事设施、军事通信罪的司法认定

1. 本罪与相关危害公共安全犯罪（包括破坏交通工具罪，破坏交通设施罪，破坏电力设备罪，破坏易燃易爆设备罪，破坏交通设施罪，破坏广播电视设施，公用电信设施罪）的界限。这些犯罪在犯罪客观方面、主观方面和犯罪主体上是相同的，区别的关键在于犯罪对象的不同。本罪的犯罪对象限于军用的武器装备、军事设施、军事通信；而后几种罪的犯罪对象是民用的设施和通信。

2. 破坏军事通信罪与相关犯罪的界限。根据《危害军事通信刑案解释》的规定，在认定破坏军事通信罪应注意把握：①破坏军事通信，并造成公用电信设施损毁，危害公共安全，同时构成《刑法》124条第1款（破坏广播电视设施、公用电信设施罪）和第369条第1款（破坏军事通信罪）规定的犯罪的，依照处罚较重的规定定罪处罚，即从一重罪论处。②盗窃军事通信线路、设备，不构成盗窃罪，但破坏军事通信的，以破坏军事通信罪定罪处罚；同时构成《刑法》第124条第1款、第264条（盗窃罪）和第369条第1款规定的犯罪的，依照处罚较重的规定定罪处罚。③违反国家规定，侵入国防建设、尖端科学技术领域的军事通信计算机信息系统，尚未对军事通信造成破坏的，依照《刑法》第285条规定的非法侵入计算机信息系统罪定罪处罚；对军事通信造成破坏，同时构成《刑法》第285条、第286条（破坏计算机信息系统罪）、第369条第1款规定的犯罪的，依照处罚较重的规定定罪处罚。④违反国家规定，擅自设置、使用无线电台、站，或者擅自占用频率，经责令停止使用后拒不停止使用，干扰无线电通讯正常进行，构成犯罪的，依照《刑法》第288条规定的扰乱无线电通讯管理秩序罪定罪处罚；造成军事通信中断或者严重障碍，同时构成《刑法》第288条、第369条第1款规定的犯罪的，依照处罚较重的规定定罪处罚。

（三）破坏武器装备、军事设施、军事通信罪的刑事责任

根据《刑法》第369条第1款和第3款的规定，犯本罪的，处3年以下有期徒刑、拘役或者管制；破坏重要武器装备、军事设施、军事通信的，处3年以上10年以下有期徒刑；情节特别严重的，处10年以上有期徒刑、无期徒刑或者死刑。战时犯本罪的，从重处罚。

四、过失损坏武器装备、军事设施、军事通信罪

过失损坏武器装备、军事设施、军事通信罪，过失损坏武器装备、军事设施、军事通信，造成严重后果的行为。根据《刑法》第369条第2款和第3款的规定，犯本罪的，处3年以下有期徒刑或者拘役；造成特别严重后果的，处3年以上7年以下有期徒刑。战时犯本罪的，从重处罚。

五、故意提供不合格武器装备、军事设施罪

故意提供不合格武器装备、军事设施罪，是指明知是不合格的武器装备、军事设施而提供给武装部队的行为。本罪的主体是武器装备、军事设施的生产者、经营者，包括自然人和单位。根据《刑法》第370条第1款、第3款的规定，犯本罪的，处5年以下有期徒刑或者拘役；情节严重的，处5年以上10年以下有期徒刑；情节特别严重的，处10年以上有期徒刑、无期徒刑或者死刑。单位犯本罪的，实行双罚制。

六、过失提供不合格武器装备、军事设施罪

过失提供不合格武器装备、军事设施罪，是指违反武器装备、军事设施的质量管理规定，不严格履行武器装备、军事设施的检验职责，过失将不合格的武器装备、军事设施提供给武装部队，造成严重后果的行为。本罪的主体仅限于自然人。根据《刑法》第370条第2款的规定，犯本罪的，处3年以下有期徒刑或者拘役；造成特别严重后果的，处3年以上7年以下有期徒刑。

七、聚众冲击军事禁区罪

聚众冲击军事禁区罪，是指组织、策划、指挥聚众冲击军事禁区或者积极参加聚众冲击军事禁区，严重扰乱军事禁区秩序的行为。根据《刑法》第371条第1款的规定，犯本罪的，对首要分子处5年以上10年以下有期徒刑；对其他积极参加的，处5年以下有期徒刑、拘役、管制或者剥夺政治权利。

八、聚众扰乱军事管理区秩序罪

聚众扰乱军事管理区秩序罪，是指组织、策划、指挥聚众扰乱军事管理区秩序或者积极参加聚众扰乱军事管理区秩序，情节严重，致使军事管理区工作无法进行，造成严重损失的行为。根据《刑法》第371条第2款的规定，犯本罪的，对首要分子处3年以上7年以下有期徒刑；对其他积极参加的，处3年以下有期徒刑、拘役、管制或者剥夺政治权利。

九、冒充军人招摇撞骗罪

冒充军人招摇撞骗罪，是指以谋取非法利益为目的，冒充军人招摇撞骗的行为。本罪的主观方面是故意，并具有谋取非法利益的目的。认定本罪时，应注意划清它与诈骗罪、招摇撞骗罪的界限。根据《刑法》第372条的规定，犯本罪的，处3年以下有期徒刑、拘役、管制或者剥夺政治权利；情节严重的，处3年以上10年以下有期徒刑。

十、煽动军人逃离部队罪

煽动军人逃离部队罪，是指以口头、书面等形式鼓动、怂恿、唆使军人逃离部队，情节严重的行为。根据《刑法》第373条的规定，犯本罪的，处3年以下有期徒刑、拘役或者管制。

十一、雇用逃离部队军人罪

雇用逃离部队军人罪,是指明知是逃离部队的军人而雇用,情节严重的行为。阻碍部队将被雇用军人带回的行为,也构成本罪。根据《刑法》第 373 条的规定,犯本罪的,处 3 年以下有期徒刑、拘役或者管制。

十二、接送不合格兵员罪

接送不合格兵员罪,是指在征兵工作中徇私舞弊,接收或者向部队输送不合格兵员,情节严重的行为。本罪的主体是特殊主体,即在征兵工作中负有政审、体检、接送等职责的人员。根据《刑法》第 374 条的规定,犯本罪的,处 3 年以下有期徒刑或者拘役;造成特别严重后果的,处 3 年以上 7 年以下有期徒刑。

十三、伪造、变造、买卖武装部队公文、证件、印章罪

伪造、变造、买卖武装部队公文、证件、印章罪,是指伪造、变造、买卖武装部队公文、证件、印章的行为。2011 年 8 月 1 日"两高"实施的《关于办理妨害武装部队制式服装、车辆号牌管理秩序等刑事案件具体应用法律若干问题的解释》(以下简称《办理武装部队制式服装、车辆号牌刑案解释》)第 1 条规定,具有下列情形之一的,应当以伪造、变造、买卖武装部队公文、证件、印章罪或者盗窃、抢夺武装部队公文、证件、印章罪定罪处罚:①伪造、变造、买卖或者盗窃、抢夺武装部队公文 1 件以上的;②伪造、变造、买卖或者盗窃、抢夺武装部队军官证、士兵证、车辆行驶证、车辆驾驶证或者其他证件 2 本以上的;③伪造、变造、买卖或者盗窃、抢夺武装部队机关印章、车辆牌证印章或者其他印章 1 枚以上的。买卖伪造、变造的武装部队公文、证件、印章的,也构成本罪。根据《刑法》第 375 条第 1 款的规定,犯本罪的,处 3 年以下有期徒刑、拘役、管制或者剥夺政治权利;情节严重的,处 3 年以上 10 年以下有期徒刑。

十四、盗窃、抢夺武装部队公文、证件、印章罪

盗窃、抢夺武装部队公文、证件、印章罪,是指盗窃、抢夺武装部队公文、证件、印章的行为。行为人实施盗窃、抢夺武装部队公文、证件、印章的行为,应予定罪处罚的情形如前所述。盗窃、抢夺伪造、变造的武装部队公文、证件、印章的,也构成本罪。本罪与伪造、变造、买卖武装部队公文、证件、印章罪规定在同一条款中,二者的法定刑相同。

十五、非法生产、买卖武装部队制式服装罪

非法生产、买卖武装部队制式服装罪,是指非法生产、买卖武装部队现行装备的制式服装,情节严重的行为。本罪的对象是武装部队现行装备的制式服装,包括成套制式服装、非成套制式服装以及帽徽、领花、臂章等标志。所谓"非法生产、买卖",是指没有经过武装部队有关部门的授权、准许、订货,擅自生产、加工、经营。构成本罪要求"情节严重",《办理武装部队制式服装、车辆号牌刑案解释》第 2 条对"情节严重"的情形作了列举。买卖仿制的现行装备的武装部队制式服装,情节严重的,也构成本罪。根据《刑法》第 375 条第 2 款、第 4 款的规定,犯本罪的,处 3 年以下有期徒刑、拘役或者管制,并处或者单处罚金。单位犯本罪的,实行双罚制。

十六、伪造、盗窃、买卖、非法提供、非法使用武装部队专用标志罪

(一)伪造、盗窃、买卖、非法提供、非法使用武装部队专用标志罪的概念和构成要件

伪造、盗窃、买卖、非法提供、非法使用武装部队专用标志罪,是指伪造、盗窃、买卖或者非法提供、使用武装部队车辆号牌等专用标志,情节严重的行为。其构成要件是:

1. 本罪的客体是武装部队车辆号牌等专用标志的管理秩序,犯罪对象是武装部队车辆号

牌、军徽、军旗、军种符号和其他军用标志，不包括武装部队的制式服装及其帽徽、领花、臂章等标志。

2. 本罪在客观方面表现为伪造、盗窃、买卖或者非法提供、使用武装部队车辆号牌等专用标志，情节严重的行为。构成本罪要求"情节严重"，根据《办理武装部队制式服装、车辆号牌刑案解释》第3条的规定，这里的"情节严重"是指具有下列情形之一的：①伪造、盗窃、买卖或者非法提供、使用武装部队军以上领导机关车辆号牌1副以上或者其他车辆号牌3副以上的；②非法提供、使用军以上领导机关车辆号牌之外的其他车辆号牌累计6个月以上的；③伪造、盗窃、买卖或者非法提供、使用军徽、军旗、军种符号或者其他军用标志合计100件（副）以上的；④造成严重后果或者恶劣影响的。盗窃、买卖、提供、使用伪造、变造的武装部队车辆号牌等专用标志情节严重的，也应当追究刑事责任。

3. 本罪的主体是一般主体，包括单位和自然人。

4. 本罪的主观方面是故意。

（二）伪造、盗窃、买卖、非法提供、非法使用武装部队专用标志罪的司法认定

根据《办理武装部队制式服装、车辆号牌刑案解释》第5条、第6条的规定，明知他人实施伪造、盗窃、买卖、非法提供、非法使用武装部队专用标志的犯罪行为，而为其生产、提供专用材料或者提供资金、账号、技术、生产经营场所等帮助的，以共犯论处。实施伪造、盗窃、买卖、非法提供、非法使用武装部队专用标志的犯罪行为，同时又构成逃税、诈骗、冒充军人招摇撞骗等犯罪的，依照处罚较重的规定定罪处罚。[1]

本章"导入案例"中，首先，魏某明知自己的车辆不具有悬挂武装部队车辆号牌的资格而非法使用，尽管悬挂的武装部队车辆号牌是伪造的，但也侵犯了武装部队车辆号牌等专用标志的管理秩序，而且使用时间长达近8个月，属于情节严重，其行为构成了非法使用武装部队专用标志罪。其次，魏某以非法占有为目的，使用伪造的武装部队车辆号牌，冒充军车骗免高速公路通行费，数额高达49万余元，属于数额巨大，其行为同时构成了诈骗罪。再次，本案属于牵连犯，对魏某只能以一罪论处。由于诈骗罪数额巨大的法定刑是3年以上10年以下有期徒刑，重于非法使用武装部队专用标志罪的法定刑。所以，根据《办理武装部队制式服装、车辆号牌刑案解释》第6条的规定，对魏某应以诈骗罪定罪处罚。

（三）伪造、盗窃、买卖、非法提供、非法使用武装部队专用标志罪的刑事责任

根据《刑法》第375条第3~4款的规定，犯本罪的，处3年以下有期徒刑、拘役或者管制，并处或者单处罚金；情节特别严重的，处3年以上7年以下有期徒刑，并处罚金。单位犯本罪的，实行双罚制。

十七、战时拒绝、逃避征召、军事训练罪

战时拒绝、逃避征召、军事训练罪，是指预备役人员在战时拒绝、逃避征召或者军事训练，情节严重的行为。构成本罪要求"情节严重"，如无正当理由经教育仍拒绝、逃避征召或者军事训练；以暴力、威胁、欺骗等手段，或者采取自伤、自残等方式拒绝、逃避征召或者军事训练；联络、煽动他人共同拒绝、逃避征召或者军事训练等。本罪的主观方面是故意，且有逃避服役的目的。根据《刑法》第376条第1款的规定，犯本罪的，处3年以下有期徒刑或者拘役。

---

[1] 该规定关于共犯、罪数的认定，也适用于盗窃、抢夺武装部队公文、证件、印章罪和非法生产、买卖武装部队制式服装罪。

十八、战时拒绝、逃避服役罪

战时拒绝、逃避服役罪，是指公民战时拒绝、逃避服役，情节严重的行为。构成本罪要求"情节严重"，如无正当理由经教育仍拒绝、逃避服役；以暴力、威胁、欺骗等手段，或者采取自伤、自残等方式拒绝、逃避服役；联络、煽动他人共同拒绝、逃避服役等。根据《刑法》第376条第2款的规定，犯本罪的，处2年以下有期徒刑或者拘役。

十九、战时故意提供虚假敌情罪

战时故意提供虚假敌情罪，是指战时故意向武装部队提供虚假敌情，造成严重后果的行为。根据《刑法》第377条的规定，犯本罪的，处3年以上10年以下有期徒刑；造成特别严重后果的，处10年以上有期徒刑或者无期徒刑。

二十、战时造谣扰乱军心罪

战时造谣扰乱军心罪，是指战时造谣惑众，扰乱军心的行为。根据《刑法》第378条的规定，犯本罪的，处3年以下有期徒刑、拘役或者管制；情节严重的，处3年以上10年以下有期徒刑。

二十一、战时窝藏逃离部队军人罪

战时窝藏逃离部队军人罪，是指战时明知是逃离部队的军人而为其提供隐蔽处所、财物，情节严重的行为。构成本罪要求"情节严重"，如窝藏逃离部队的军人3人次以上，明知是指挥人员、值班执勤人员或者其他负有重要职责人员而窝藏，有关部门查找时拒不交出等。根据《刑法》第379条的规定，犯本罪的，处3年以下有期徒刑或者拘役。

二十二、战时拒绝、故意延误军事订货罪

战时拒绝、故意延误军事订货罪，是指战时拒绝或者故意延误军事订货，情节严重的行为。构成本罪要求"情节严重"，如拒绝或者故意延误军事订货3次以上，联络、煽动他人共同拒绝或者故意延误军事订货，拒绝或者故意延误重要军事订货而影响重要军事任务完成等。本罪的主体仅限于单位，即生产、销售单位。根据《刑法》第380条的规定，犯本罪的，对单位判处罚金，并对其直接负责的主管人员和其他直接责任人员，处5年以下有期徒刑或者拘役；造成严重后果的，处5年以上有期徒刑。

二十三、战时拒绝军事征收、征用罪

战时拒绝军事征收、征用罪，是指战时拒绝军事征收、征用，情节严重的行为。这里的"情节严重"包括无正当理由拒绝军事征收、征用3次以上；采取暴力、威胁、欺骗等手段拒绝军事征收、征用；联络、煽动他人共同拒绝军事征收、征用；拒绝重要军事征收、征用，影响重要军事任务完成等。根据《刑法》第381条规定，犯本罪的，处3年以下有期徒刑或者拘役。

思考题

1. 简述阻碍军人执行职务罪。
2. 简述破坏军事通信罪及其认定。

实务训练

[案例1] 2003年11月6日10时许，一群不明身份的人擅自打开上海火车站8号候车室检票口的门，进入站台。工作人员发现后，怀疑被告人李某持有该门钥匙，要求其交出，李某拒绝。工作人员遂将其交给正在执行巡逻任务的周某等3名武警战士处理。不料，李某向武警

周某的左脸部击打一拳后逃跑,后在1号站台被追获。武警带着李某回值班室途中,遭到樊某、方某等人阻拦,后者还抢夺了武警的武装带并击打周某等武警,致使周某等人头部流血。

[问题] 李某、樊某、方某的行为构成什么罪?

[案例2] 李某喜、李某齐伙同范某振(另案处理)经预谋,驾驶三轮摩托车窜至路桥区路南街道永福村二号桥附近,公然不顾挂有"军用电缆、法律保护"的警示标牌,爬上线杆用钢筋剪剪断电缆,窃走海军部队正在使用的200对专用通信电缆线100余米,价值人民币5225元。造成军事通信中断11小时,延误战机起飞。一个月后,3人驾驶浙JE6470号小货车,又窜至以上地点,爬上线杆用钢筋剪剪断电缆线,窃走海军部队正在使用的200对专用电缆线180米,价值人民币9349元。造成军事通信中断10小时,导致正在执行重大军事演习的任务延误40余分钟。李某喜、李某齐等人两次窃走军事通信电缆线,造成部队直接经济损失计人民币32 232元。

[问题] 本案中两被告人的行为触犯了哪些罪名?应如何定罪处罚?

第二十五章

贪污贿赂罪

学习目标与工作任务

通过本章的学习，了解贪污贿赂罪的概念和特征，掌握贪污罪、受贿罪、挪用公款罪、行贿罪等重点罪的概念、构成要件和认定时应注意的问题，了解其他罪的概念和相关处罚的特别规定。能够运用所学知识分析案例，处理实务问题。

导入案例

1. 王某系建湖县某邮政储蓄所的营业员，在客户张某取款时候见存折中夹有一张写有6位数字的纸条，推测是张某的存折密码，便将该组数字默默记在心头。之后，王某用一本作废的存折，按照张某的取款凭证条，添上张某的名字和金额，用默记的数字作为密码，通过储蓄所的计算机系统查询后发现张某的帐户上有12万余元。王某将伪造的存折给其男友李某，告知其实情后授意李某将上述存款在另外一个网点全部取出。[1]

问：王某和李某的行为是构成贪污罪还是盗窃罪？（提示：王某是否属于利用职务上的便利获取客户密码？）

2. 2007年底至2008年3月9日，被告人秦某林担任古宋乡常路口村委会会计期间，该村委会支部书记侯某某与其预谋后，被告人秦某林利用自己职务之便，将由自己保管的其村委会植物园和燧皇陵一期工程土地征用补偿款中的125 944元挪用给侯某某，此款被侯某某用于归还个人欠款和经营其个人的蓝天纺织厂。在审理过程中，侯某某已将所挪用款项全部退出。[2]

问：秦某林作为村委会会计，其行为是否构成挪用公款罪？

3. 甲某是某市公路管理局局长，某建筑承包商丙某找到甲的情人乙某，请乙某在承包某路段的工程上帮忙，并表示可以按照工程款的5%，共100万元提成给乙某，乙某满口答应。乙某将此事告诉甲某，甲某利用职务便利帮助丙某承揽到了该路段工程。丙某如约付给乙100万元提成款，甲某、乙某各分得50万元。

问：甲某、乙某的行为构成何罪？

---

〔1〕"邮政储蓄所业务员盗窃储户秘密取款 业务员构成何种犯罪"，载 https：//www.fabao365.com/xingshi/144118/，最后访问日期：2021年3月2日。

〔2〕"秦某林挪用公款罪一案一审刑事判决书"，载 http：//www.110.com/panli/panli_ 10449782. html，最后访问日期：2021年3月2日。

第一节　贪污贿赂罪概述

贪污贿赂罪，是指行为人贪污、挪用、私分公共财物，索取、收受贿赂，或者以国家工作人员、国有单位为对象进行贿赂，收买公务行为，侵犯公务行为廉洁性的一类犯罪的总称。这类犯罪的构成特征是：

1. 这类犯罪的客体是复杂客体，主要是国家工作人员公务行为的廉洁性，部分犯罪还侵犯了公共财产所有权。贪污贿赂罪主要是国家工作人员实施的一种贪利型的渎职犯罪，其本质特征是以权谋私、权钱交易。

2. 这类犯罪的客观方面，多数表现为国家工作人员利用职务上的便利，实施贪污、挪用、私分公共财物，收受贿赂的行为，少数犯罪不要求是国家工作人员利用职务之便实施，但却是以国家工作人员的公务行为为收买对象。

3. 这类犯罪的主体，多数是特殊主体即必须是国家工作人员，少数是一般主体。大多数犯罪只能由自然人实施，少数犯罪包括单位受贿罪、单位行贿罪、私分国有资产罪、私分罚没财物罪，则只能由单位实施。

4. 这类犯罪的主观方面只能是故意，行为人一般具有明确的目的。例如，贪污罪的目的是非法占有公共财物，行贿罪的目的是谋取不正当利益。

本类罪共包括14个罪名。按犯罪主体不同可分为国家工作人员实施的犯罪、一般主体实施的犯罪和以单位为主体的犯罪3类。按行为性质不同可分为贪污性质犯罪、挪用性质犯罪和贿赂性质犯罪。为正确处理这类刑事案件，1999年9月16日实施的《最高人民检察院关于人民检察院直接受理立案侦查案件立案标准的规定（试行）》（以下简称《检察院立案标准》）对本章除利用影响力受贿罪、对有影响力的人行贿罪以外的各罪的立案标准作了规定，但大多数规定已被新的司法解释修改。

第二节　贪污贿赂罪分述

一、贪污罪

（一）贪污罪的概念和构成要件

贪污罪，是指国家工作人员利用职务上的便利，侵吞、窃取、骗取或者以其他手段非法占有公共财物，数额较大或者有其他较重情节的行为。其构成要件是：

1. 本罪的客体是复杂客体，主要客体是国家工作人员职务行为的廉洁性，次要客体是公共财产所有权。本罪的对象是公共财产，即《刑法》第91条规定的四种财产。

2. 本罪在客观方面表现为利用职务上的便利，侵吞、窃取、骗取或者以其他手段非法占有公共财物，数额较大或者有其他较重情节的行为。具体包括以下三方面要素：

（1）必须是利用职务上的便利。所谓利用职务上的便利，是指利用职务上主管、管理、经手公共财物的权力及方便条件，或者受委托经营、管理国有财产所形成的便利条件，而不是利用与其职务无关的仅因工作关系对作案环境比较熟悉、凭其身份便于进出本单位、易于接近作案目标的方便条件。例如，甲系某国有银行办事处出纳，在该办事处工作人员下班之后，携带作案工具进入办事处，撬开该办事处主任、出纳等人的办公桌抽屉，拿到库房的钥匙，打开库门，撬开钱箱，盗出 100 多万元。本案中，甲并没有利用职务上的便利，因此不构成贪污罪，应以盗窃罪论处。"主管"主要是指负责调拨、处理及其他支配公共财物的职务活动；"管理"是指负责保管、处理公共财物的职务活动；"经手"是指领取、支出等经办公共财物的职务活动；"经营"是指将公共财产作为生产、流通手段使公共财产增值的职务活动。

（2）必须采取侵吞、窃取、骗取或者以其他手段非法占有公共财物。"侵吞"是指利用职务上的便利，将自己控制之下的公共财物非法转归自己或者他人所有的行为，如应上交而不上交，应下拨而不下拨等。根据《刑法》第 394 条的规定，国家工作人员在国内公务活动或者对外交往中接受礼物，依照国家规定应当交公而不交公，数额较大的，以贪污罪定罪处罚。"窃取"是指利用职务上的便利，将自己合法主管、管理、经手、经营的公共财物，以秘密窃取的方法据为己有的行为，即通常所说的监守自盗。例如，出纳员窃取自己管理的保险柜内的现金等。"骗取"是指利用职务上的便利，虚构事实或者隐瞒真相，非法占有公共财物的行为。例如，财会人员伪造单据，骗取公款；谎报亏损，非法占有公款等。根据《刑法》第 183 条第 2 款的规定，国有保险公司工作人员和国有保险公司委派到非国有保险公司从事公务的人员利用职务上的便利，故意编造未曾发生的保险事故进行虚假理赔，骗取保险金归自己所有的，以贪污罪定罪处罚。"其他手段"是指侵吞、窃取、骗取以外的其他利用职务上便利的手段，例如，将公款存入私人存折吃利息；利用职权巧立名目，在几个领导人中私分公款等。

（3）必须是贪污数额较大或者有其他较重情节的，才构成本罪。2016 年 4 月 18 日"两高"实施的《关于办理贪污贿赂刑事案件适用法律若干问题的解释》（以下简称《贪污贿赂刑案解释》）第 1 条第 1 款规定，贪污数额在 3 万元以上不满 20 万元的，应当认定为"数额较大"。《贪污贿赂刑案解释》第 1 条第 2 款规定，贪污数额在 1 万元以上不满 3 万元，具有下列情形之一的，应当认定为"有其他较重情节"：①贪污救灾、抢险、防汛、优抚、扶贫、移民、救济、防疫、社会捐助等特定款物的；②曾因贪污、受贿、挪用公款受过党纪、行政处分的；③曾因故意犯罪受过刑事追究的；④赃款赃物用于非法活动的；⑤拒不交待赃款赃物去向或者拒不配合追缴工作，致使无法追缴的；⑥造成恶劣影响或者其他严重后果的。

3. 本罪的主体是特殊主体，包括两类人员：①国家工作人员，这是贪污罪主体的基本类型；②受国家机关、国有公司、企业、事业单位、人民团体委托管理、经营国有财产的人员。根据《刑法》第 93 条和有关立法规定，国家工作人员包括以下 4 种人员：

（1）国家机关中从事公务的人员，即国家机关工作人员，包括在各级国家权力机关、行政机关、司法机关和军事机关中从事公务的人员。根据 2002 年 12 月 28 日发布实施的《全国人民代表大会常务委员会关于〈中华人民共和国刑法〉第九章渎职罪主体适用问题的解释》的规定，在依照法律、法规规定行使国家行政管理职权的组织中从事公务的人员，或者在受国家机关委托代表国家行使职权的组织中从事公务的人员，或者虽未列入国家机关人员编制但在国家机关中从事公务的人员，视为国家机关工作人员。根据 2003 年 11 月 13 日最高人民法院印发的《全国法院审理经济犯罪案件工作座谈会纪要》（以下简称《座谈纪要》）规定，在乡（镇）以上中国共产党机关、人民政协机关中从事公务的人员，司法实践中也应当视为国家机关工作人员。

（2）国有公司、企业、事业单位、人民团体中从事公务的人员。国有公司、企业是指国家独资的公司、企业。国有资本控股或者参股的股份有限公司中从事管理工作的人员，不能一律认定为国家工作人员。

（3）国家机关、国有公司、企业、事业单位委派到非国有公司、企业、事业单位、社会团体从事公务的人员。委派即委任、派遣，其形式多种多样，如任命、指派、提名、批准等。不论被委派的人身份如何，只要是接受上述单位委派，代表上述单位在非国有公司、企业、事业单位、社会团体中从事组织、领导、监督、管理等工作，都应当以国家工作人员论。

（4）其他依照法律从事公务的人员。《座谈纪要》指出，《刑法》第93条第2款规定的"其他依照法律从事公务的人员"应当具有以下特征：在特定条件下行使国家管理职能；依照法律规定从事公务。具体包括：①依法履行职责的各级人民代表大会代表；②依法履行审判职责的人民陪审员；③协助乡镇人民政府、街道办事处从事行政管理工作的村民委员会、居民委员会等农村和城市基层组织人员；④其他由法律授权从事公务的人员。

村民委员会等村基层组织人员代行公务时，属于"其他依照法律从事公务的人员"。根据2000年4月29日发布实施、2009年修正《全国人民代表大会常务委员会关于〈中华人民共和国刑法〉第九十三条第二款的解释》（本章以下简称《刑法第九十三条第二款解释》）的规定，村民委员会等村基层组织人员协助人民政府从事下列行政管理工作时，属于"其他依照法律从事公务的人员"：①救灾、抢险、防汛、优抚、扶贫、移民、救济款物的管理；②社会捐助公益事业款物的管理；③国有土地的经营、管理；④土地征用补偿费用的管理；⑤代征、代缴税款；⑥有关计划生育、户籍、征兵工作；⑦协助人民政府从事的其他行政管理工作。村民委员会等村基层组织人员从事上述公务时，利用职务上的便利，非法占有公共财物的，属于贪污性质。例如，甲系某村委会主任，在某厂征用该村土地时，利用职务上的便利，利用作废收款收据等手段套取征地补偿费10万元，据为己有。对甲应以贪污罪论处。

从事公务，是指代表国家机关、国有公司、企业、事业单位、人民团体等履行组织、领导、监督、管理等职责。公务主要表现为与职权相联系的公共事务以及监督、管理国有财产的职务活动。如国家机关工作人员依法履行职责，国有公司的董事、经理、监事、会计、出纳人员等管理、监督国有财产等活动，属于从事公务。公务有别于劳务，那些不具备职权内容的劳务活动、技术服务工作，如售货员、售票员等所从事的工作，一般不认为是公务。

贪污罪的另一类主体是《刑法》第382条第2款规定的"受国家机关、国有公司、企业、事业单位、人民团体委托管理、经营国有财产的人员"。"受委托管理、经营国有财产"是指因承包、租赁、临时聘用等管理、经营国有财产。这类人不属于法定的国家工作人员，仅是贪污罪的主体，不能成为本章其他犯罪的主体。

4. 本罪的主观方面是直接故意，并具有非法占有公共财物的目的。

(二) 贪污罪的司法认定

1. 本罪与非罪的界限。如前所述，贪污罪的成罪标准是"数额较大或者有其他较重情节"，因此，对于贪污公共财物数额较小，情节显著轻微的，不应以贪污罪论处。

2. 共犯的认定。《刑法》第382条第3款规定，与符合贪污罪主体资格的人员相勾结，伙同贪污的，以贪污罪共犯论处。根据2000年7月8日实施的《最高人民法院关于审理贪污、职务侵占案件如何认定共同犯罪几个问题的解释》的规定，行为人与国家工作人员勾结，利用国家工作人员的职务便利，共同侵吞、窃取、骗取或者以其他手段非法占有公共财物的，以贪污罪共犯论处；公司、企业或者其他单位中，不具有国家工作人员身份的人与国家工作人员勾结，分别利用各自的职务便利，共同将本单位财物非法占为己有的，按照主犯的犯罪性质定罪。《座谈纪要》指出，如果根据案件的实际情况，各共同犯罪人在共同犯罪中的地位、作用相当，难以区分主从犯的，可以贪污罪定罪处罚。

3. 既遂与未遂的认定。贪污罪是一种以非法占有为目的的财产性职务犯罪，应当以行为人是否实际控制财物作为区分既遂与未遂的标准。对于行为人利用职务上的便利，实施了虚假平账等贪污行为，但公共财物尚未实际转移，或者尚未被行为人控制就被查获的，应当认定为贪污未遂。行为人控制公共财物后，是否将财物据为己有，不影响贪污既遂的认定。

4. 本罪与职务侵占罪的界限。二者都是以非法占有为目的；都表现为行为人利用职务上的便利，侵吞、窃取、骗取或者以其他手段非法占有财物。二者的根本区别是犯罪主体不同。本罪的主体主要是国家工作人员；而后罪的主体则是公司、企业和其他单位中不具有国家工作人员身份的工作人员。另外，二者的客体和行为对象也不同。

5. 本罪与盗窃罪、诈骗罪、侵占罪的界限。侵吞、窃取、骗取是贪污的三种基本手段，这使得本罪与盗窃罪、诈骗罪、侵占罪在行为表现上有相似之处。其主要区别是：①客体和对象不同。本罪的客体是复杂客体，即国家工作人员职务行为的廉洁性和公共财产所有权，犯罪对象是公共财物；而后三罪的客体是简单客体，即公私财产所有权，盗窃罪和诈骗罪的对象是公私财物，侵占罪的对象是保管物、遗忘物和埋藏物。②客观方面不同。本罪是利用职务上的便利实施的；而后三罪的实施不存在利用职务上的便利。③主体不同。

本章"导入案例一"中，王某和李某的行为不构成贪污罪而构成盗窃罪。王某作为邮政储蓄所的营业员，依法履行工作职责，应当以国家工作人员论。但是，王某并没有利用职务权力与地位所形成的主管、管理、经营、经手公共财物的便利条件，从银行方面窃取客户密码信息，而只是因"工作便利"获悉客户的密码，因此王某的行为不符合贪污罪的客观方面要件。王、李二人以不法所有为目的，相互勾结，通过非法获取他人密码、伪造存折的方式，秘密窃取张某的银行存款，且窃取款项的数额已达到法定标准，对二人应当以盗窃罪（共犯）定罪处罚。

（三）贪污罪的刑事责任

根据《刑法》第383条的规定，对犯贪污罪的，根据情节轻重，分别依照下列规定处罚：

（1）贪污数额较大或者有其他较重情节的，处3年以下有期徒刑或者拘役，并处罚金（《刑法》第383条第1款第1项）。"并处罚金"是指应当并处10万元以上50万元以下罚金。

（2）贪污数额巨大或者有其他严重情节的，处3年以上10年以下有期徒刑，并处罚金或者没收财产（《刑法》第383条第1款第2项规定）。《贪污贿赂刑案解释》第2条规定，贪污在20万元以上不满300万元的，应当认定为"数额巨大"；贪污数额在10万元以上不满20万元，具有本解释第1条第2款规定的情形之一的，应当认定为"其他严重情节"。"并处罚金"是指应当并处20万元以上犯罪数额2倍以下的罚金。

（3）贪污数额特别巨大或者有其他特别严重情节的，处10年以上有期徒刑或者无期徒刑，并处罚金或者没收财产；数额特别巨大，并使国家和人民利益遭受特别重大损失的，处无期徒刑或者死刑，并处没收财产（《刑法》第383条第1款第3项）。《贪污贿赂刑案解释》第3条规定，贪污数额在300万元以上的，应认定为"数额特别巨大"；在150万元以上不满300万元，具有本解释第1条第2款规定的情形之一的，应认定为"其他特别严重情节"。"并处罚金"是指应当并处50万元以上犯罪数额2倍以下的罚金。《贪污贿赂刑案解释》第4条第1款规定，贪污数额特别巨大，犯罪情节特别严重、社会影响特别恶劣、给国家和人民利益造成特别重大损失的，可以判处死刑。

对多次贪污未经处理的，按照累计贪污数额处罚。一般认为，"未经处理"是指由于某种原因，既没有受过刑事处罚，也没有受过行政处理的情况。

犯本罪，在提起公诉前如实供述自己罪行、真诚悔罪、积极退赃，避免、减少损害结果的发生，有《刑法》第383条第1款第1项规定情形的，可以从轻、减轻或者免除处罚；有《刑法》第383条第1款第2项、第3项规定情形的，可以从轻处罚。

犯本罪，有《刑法》第383条第1款第3项规定情形被判处死刑缓期执行的，人民法院根据犯罪情节等情况可以同时决定在其死刑缓期执行2年期满依法减为无期徒刑后，终身监禁，不得减刑、假释。

二、挪用公款罪

（一）挪用公款罪的概念和构成要件

挪用公款罪，是指国家工作人员利用职务上的便利，挪用公款归个人使用，进行非法活动的，或者挪用公款数额较大、进行营利活动的，或者挪用公款数额较大、超过3个月未还的行为。其构成要件是：

1. 本罪的客体是复杂客体，即国家工作人员职务行为的廉洁性、国家财经管理制度和公款的所有权。应当指出，挪用公款罪只是暂时侵犯了公款所有权中的占有权、使用权和收益权，而没有永久侵犯公款的全部权能。

本罪的行为对象是公款，即公共财产中呈货币或者有价证券形态的一部分。但以下特定财产也可以成为本罪的对象：①特定款物。《刑法》第384条第2款规定，挪用用于救灾、抢险、防汛、优抚、扶贫、移民、救济款物归个人使用的，以挪用公款罪从重处罚。②非公共资金。《刑法》第272条第2款规定，国有公司、企业或者其他国有单位中从事公务的人员和国有公司、企业或者其他国有单位委派到非国有公司、企业以及其他单位从事公务的人员，利用职务上的便利，挪用单位资金的，依照挪用公款罪定罪处罚。可见，非公共资金在一定条件下可以成为本罪的对象。

2. 本罪在客观方面的表现包括以下方面：

（1）行为人利用职务上的便利。利用职务上的便利是指行为人利用职务上主管、管理、经手公款的权力及便利条件，既可以是利用其调拨、支配、使用公款的权力，也包括利用其直接经手、管理公款的便利条件。

（2）挪用公款归个人使用。挪用，是指违反财经管理规定，未经批准擅自使用公款的行为。如果行为人根据财务制度，履行了必要的借款手续后使用公款的，则属于合法借款。

根据2002年4月28日发布实施《全国人民代表大会常务委员会关于〈中华人民共和国刑法〉第三百八十四条第一款的解释》，有下列情形之一的，属于挪用公款"归个人使用"：①将公款供本人、亲友或者其他自然人使用的；②以个人名义将公款供其他单位使用的；③个人决定以单位名义将公款供其他单位使用，谋取个人利益的。根据《座谈纪要》的规定，"个人决定"既包括行为人在职权范围内决定，也包括超越职权范围决定。"谋取个人利益"既包括行为人与使用人事先约定谋取个人利益实际尚未获取的情况，也包括虽未事先约定但实际已获取了个人利益的情况。"个人利益"既包括不正当利益，也包括正当利益；既包括财产性利益，也包括非财产性利益，但这种非财产性利益应当是具体的实际利益，如升学、就业等。

（3）挪用公款行为包括下列三种情形：①非法活动型，即挪用公款进行非法活动，是指把挪用的公款用于赌博、非法经营、吸食毒品等违法犯罪活动。此种挪用行为构成犯罪，法律没有就挪用数额和挪用时间作出限制，但根据《贪污贿赂刑案解释》第5条的规定，此种情况下的挪用公款，数额在3万元以上的，才应当追究刑事责任。②营利活动型，即挪用公款数额较大，进行营利活动。所谓营利活动，是指挪用公款进行经营或者其他谋取利润的行为，如经商、投资、炒股等。此种挪用行为构成犯罪只要求"数额较大",而不受挪用时间和是否归还的限制。根据《贪污贿赂刑案解释》第6条的规定,这里的"数额较大"是指数额在5万元以上。③超期未还型,即挪用公款数额较大,超过3个月未还。具体是指挪用公款用于非法活动、营利活动以外的其他合法活动,如偿还欠款、个人消费等。此种挪用行为构成犯罪须同时具备"数额较大""超过3个月未还"两个条件。"数额较大"也是指在5万元以上。

另外,根据1998年5月9日实施的《最高人民法院关于审理挪用公款案件具体应用法律若干问题的解释》(以下简称《挪用公款刑案解释》)的规定,多次挪用公款不还,挪用公款数额累计计算;多次挪用公款,并以后次挪用的公款归还前次挪用的公款,挪用公款数额以案发时未还的实际数额认定。

3. 本罪的主体是特殊主体,即国家工作人员。国家工作人员的范围已在贪污罪中详细介绍。

4. 本罪的主观方面是故意,即明知是公款而有意违反有关规定予以挪用,其目的是暂时使用公款。挪用公款给他人使用,不知道使用人用公款进行营利活动或者用于非法活动,数额较大、超过3个月未还的,构成挪用公款罪;明知使用人用于营利活动或者非法活动的,应当认定为挪用人挪用公款进行营利活动或者非法活动。

本章"导入案例二"中,被告人秦某林的行为构成挪用公款罪。首先,秦某林符合挪用公款罪的主体要件。挪用公款罪的主体是国家工作人员,包括其他依照法律从事公务的人员。秦某林虽然是村委会会计,但根据《刑法第九十三条第二款解释》的规定,村民委员会等村基层组织人员协助人民政府从事"土地征用补偿费用的管理和发放"工作时,属于"其他依照法律从事公务的人员"。其次,秦某林利用其担任村委会会计的职务便利,将其保管的该村委会村民征地补偿款12多万元借给侯某用于个人使用,数额较大。再次,村委会支部书记侯某与秦某林预谋挪用公款,秦某林主观上具有挪用公款的故意。因此,秦某林的行为符合挪用公款罪的构成要件。

(二)挪用公款罪的司法认定

1. 罪数和共犯的认定。根据《挪用公款刑案解释》的规定,因挪用公款索取、收受贿赂构成犯罪的,依照数罪并罚的规定处罚。挪用公款进行非法活动构成其他犯罪的,实行数罪并罚。挪用公款给他人使用,使用人与挪用人共谋,指使或者参与策划取得挪用款的,以挪用公款罪的共犯定罪处罚。

2. 本罪与贪污罪的界限。两罪的主要客体都是国家工作人员职务行为的廉洁性,客观方面都是利用职务上的便利,主观方面都是故意。二者的主要区别在于行为人主观上是否具有非法占有公款的目的。具体包括:①犯罪目的不同。本罪以暂时使用公款为目的;而后罪则以永久占有公共财物为目的。②次要客体和犯罪对象不同。本罪的次要客体是公共财物的部分所有权,犯罪对象只限于公款和特定款物;而后罪的次要客体是公共财产的全部所有权,犯罪对象是公款、公物。③行为方式不同。本罪表现为行为人利用职务上的便利,实施了挪用公款归个人使用的行为;而后罪则表现为行为人利用职务上的便利,侵吞、窃取、骗取或者以其他手段非法占有公共财物的行为。

尽管本罪与贪污罪有上述区别,但本罪在一定条件下也可以转化为贪污罪。根据《挪用公款刑案解释》和《座谈纪要》的规定,具有下列情形之一的,以贪污罪论处:①携带挪用的公款潜逃的,对其携带挪用的公款部分,以贪污罪定罪处罚;②行为人挪用公款后采取虚假发票平账、销毁有关账目等手段,使所挪用的公款已难以在单位财务账目上反映出来,且没有归还行为的;③行为人截取单位收入不入账,非法占有,使所占有的公款难以在单位财务账目上反映出来,且没有归还行为的;④有证据证明行为人有能力归还所挪用的公款而拒不归还的,并隐瞒挪用的公款去向的。

(三) 挪用公款罪的刑事责任

根据《刑法》第384条的规定,犯本罪的,处5年以下有期徒刑或者拘役;情节严重的,处5年以上有期徒刑。挪用公款数额巨大不退还的,处10年以上有期徒刑或者无期徒刑。挪用用于救灾、抢险、防汛、优抚、扶贫、移民、救济款物归个人使用的,从重处罚。"挪用公款数额巨大不退还"是指因客观原因在一审宣判前不能退还的。《贪污贿赂刑案解释》对上述"情节严重""数额巨大"的认定标准作了规定。

三、受贿罪

(一) 受贿罪的概念和构成要件

受贿罪,是指国家工作人员利用职务上的便利,索取他人财物的,或者非法收受他人财物,为他人谋取利益,数额较大或者有其他较重情节的行为。其构成要件是:

1. 本罪的客体是国家工作人员公务行为的廉洁性,索贿型的受贿罪还侵犯了他人的财产权利。本罪的行为对象只限于财物。

2. 本罪在客观方面表现为行为人利用职务上的便利,索取他人财物的,或者非法收受他人财物,为他人谋取利益,数额较大或者有其他较重情节的行为。具体包括以下要素:

(1) 必须是利用职务上的便利。利用职务上的便利,是指利用本人职务范围内的权力,即自己职务上主管、负责或者承办某项公共事务的职权及其所形成的便利条件。根据《座谈纪要》的规定,既包括利用本人职务上主管、负责、承办某项公共事务的职权,也包括利用职务上有隶属、制约关系的其他国家工作人员的职权。担任单位领导职务的国家工作人员通过不属自己主管的下级部门的国家工作人员的职务为他人谋取利益的,应当认定为"利用职务上的便利"为他人谋取利益。

(2) 必须实施了受贿行为。受贿行为包括索贿、收受贿赂两种基本表现形式和斡旋受贿、经济受贿两种特殊表现形式。索贿和收受贿赂,并不限于行为人直接据为己有,还包括使请托人向第三人提供贿赂的情形。

第一,索贿,即索取他人财物,是指行为人在公务活动中主动向他人索要财物的行为。由于"索贿"比被动的收受他人贿赂具有更大的社会危害性,因此刑法规定,索贿行为构成犯罪不要求具备"为他人谋取利益"这一要素。

第二,收受贿赂,即非法收受他人财物,为他人谋取利益的行为。就是说,非法收受他人财物的,必须同时具备"为他人谋取利益"的要素,才能构成受贿罪。为他人谋取利益包括承诺、实施和实现三个阶段的行为,只要具有其中一个阶段的行为就具备了该要件。至于为他人谋取的利益是否正当以及是否实现,不影响受贿罪的认定。

根据《贪污贿赂刑案解释》第13条的规定,具有下列情形之一的,应当认定为"为他人谋取利益":①实际或者承诺为他人谋取利益的;②明知他人有具体请托事项的;③履职时未被请托,但事后基于该履职事由收受他人财物的。另外,国家工作人员索取、收受具有上下级关系的下属或者具有行政管理关系的被管理人员的财物价值3万元以上,可能影响职权行使的,视为承诺为他人谋取利益。

第三,斡旋受贿,亦称"间接受贿",即斡旋受贿以受贿罪论处的情况。《刑法》第388条规定:"国家工作人员利用本人职权或者地位形成的便利条件,通过其他国家工作人员职务上的行为，为请托人谋取不正当利益，索取请托人财物或者收受请托人财物的，以受贿论处。"所谓利用本人职权或者地位形成的便利条件，是指行为人与被其利用的国家工作人员之间在职务上虽然没有隶属、制约关系，但是行为人利用了本人职权或者地位产生的影响和一定的工作联系，如单位内不同部门的国家工作人员之间、上下级单位没有职务上隶属、制约关系的国家工作人员之间、有工作联系的不同单位的国家工作人员之间等。

第四，经济受贿，亦称"单纯受贿"。《刑法》第 385 条第 2 款规定："国家工作人员在经济往来中，违反国家规定，收受各种名义的回扣、手续费，归个人所有的，以受贿论处。"

（3）必须是受贿数额较大或者有其他较重情节的，才构成本罪。《贪污贿赂刑案解释》第 1 条第 1 款规定，受贿数额在 3 万元以上不满 20 万元的，应当认定为"数额较大"。第 1 条第 3 款规定，受贿数额在 1 万元以上不满 3 万元，具有下列情形之一的，应当认定为"其他较重情节"：①多次索贿的；②为他人谋取不正当利益，致使公共财产、国家和人民利益遭受损失的；③为他人谋取职务提拔、调整的；④曾因贪污、受贿、挪用公款受过党纪、行政处分的；⑤曾因故意犯罪受过刑事追究的；⑥赃款赃物用于非法活动的；⑦拒不交待赃款赃物去向或者拒不配合追缴工作，致使无法追缴的；⑧造成恶劣影响或者其他严重后果的。

3. 本罪的主体是特殊主体，即《刑法》第 93 条规定的国家工作人员。根据《刑法第九十三条第二款解释》的规定，村民委员会等村基层组织人员协助人民政府从事行政管理工作时，利用职务上的便利，索取他人财物或者非法收受他人财物，构成犯罪的，以受贿罪论处。2007 年 7 月 8 日"两高"《关于办理受贿刑事案件适用法律若干问题的意见》（以下简称《办理受贿案意见》）第 10 条规定："……国家工作人员利用职务上的便利为请托人谋取利益之前或者之后，约定在其离职后收受请托人财物，并在离职后收受的，以受贿论处……"

4. 本罪的主观方面是故意，但故意的内容因受贿的行为方式不同而有所区别。根据《贪污贿赂刑案解释》第 16 条的规定，国家工作人员出于受贿的故意，收受他人财物之后，将赃款赃物用于单位公务支出或者社会捐赠的，不影响贪受贿罪的认定；特定关系人索取、收受他人财物，国家工作人员知道后未退还或者上交的，应当认定国家工作人员具有受贿故意。

（二）受贿罪的司法认定

1. 本罪与非罪的界限。①本罪与接受馈赠的界限。区分的关键是看是否有请托内容、是否为亲友谋取利益、给予与接受的方式是否具有隐蔽性等。贿赂与馈赠的界限的划分，参见本书第二十章第四节"八、非国家工作人员受贿罪"中所述。②本罪与合法报酬的界限。国家工作人员在法律、政策允许的范围内，利用业余时间，以自己的劳动为他人提供某项服务，从而获得报酬的，不构成受贿。但是，国家工作人员在业余时间，利用职务上的便利为他人谋取利益，获得报酬的，则应以受贿论处。③本罪与一般受贿行为的界限。区别二者的关键在于是否"受贿数额较大或者有其他较重情节"。④收受财物后退还或者上交的定性。根据《办理受贿案意见》的规定，国家工作人员收受请托人财物后及时退还或者上交的，不是受贿。国家工作人员受贿后，因自身或者与其受贿有关联的人、事被查处，为掩饰犯罪而退还或者上交的，不影响认定受贿罪。

2. 关于受贿罪的对象问题。根据刑法规定，本罪的对象只限于财物。这里的"财物"包括货币、物品和财产性利益。财产性利益包括可以折算为货币的物质利益如房屋装修、债务免除等，以及需要支付货币的其他利益如会员服务、旅游等。后者的犯罪数额，以实际支付或者应当支付的数额计算。非财产性利益一般不能成为本罪的对象。

《办理受贿案意见》第 1~7 条规定，国家工作人员利用职务上的便利为请托人谋取利益，以下列形式收受请托人财物的，以受贿论处：①以明显低（高）于市场的价格向请托人购买（出售）房屋、汽车等物品，或者以其他交易形式非法收受请托人财物的；②收受请托人提供的干股的（干股是指未出资而获得的股份）；③由请托人出资，"合作"开办公司或者进行其他"合作"投资的；④以合作开办公司或者其他合作投资的名义获取"利润"，没有实际出资和参与管理、经营的；⑤以委托请托人投资证券、期货或者其他委托理财的名义，未实际出资而获取"收益"，或者虽然实际出资，但获取"收益"明显高于出资应得收益的；⑥通过赌博方式收受请托人财物的；⑦要求或者接受请托人以给特定关系人安排工作为名，使特定关系人不实际工作却获取所谓薪酬的。⑧授意请托人以本意见所列形式，将有关财物给予特定关系人的。"特定关系人"是指与国家工作人员有近亲属、情妇（夫）以及其他共同利益关系的人。

3. 受贿罪既遂的标准。以收受财物为标准，无论财物是否处分，也无论是否为他人谋利，只要行为人或行为人所指示的第三人收取财物，就成立犯罪既遂。

4. 共同受贿犯罪的认定。《座谈纪要》指出，根据刑法关于共同犯罪的规定，非国家工作人员与国家工作人员勾结，伙同受贿的，应当以受贿罪的共犯论处。非国家工作人员是否构成受贿罪的共犯，取决于双方有无共同受贿的故意和行为。国家工作人员的近亲属向国家工作人员代为转达请托事项，收受请托人财物并告知该国家工作人员，或者国家工作人员明知其近亲属收受了他人财物，仍按照近亲属的要求利用职权为他人谋取利益的，对该国家工作人员应认定为受贿罪，其近亲属以受贿罪共犯论处。近亲属以外的其他人与国家工作人员通谋，由国家工作人员利用职务上的便利为请托人谋取利益，收受请托人财物后双方共同占有的，构成受贿罪共犯。国家工作人员利用职务上的便利为他人谋取利益，并指定他人将财物送给其他人，构成犯罪的，应以受贿罪定罪处罚。《办理受贿意见》第7条第2款规定，特定关系人与国家工作人员通谋，共同实施受贿行为的，对特定关系人以受贿罪的共犯论处。特定关系人以外的其他人与国家工作人员通谋，由国家工作人员利用职务上的便利为请托人谋取利益，收受请托人财物后双方共同占有的，以受贿罪的共犯论处。

本章"导入案例三"中，甲某、乙某构成受贿罪共犯。国家工作人员与"特定关系人"共同受贿，只要"特定关系人"告知国家工作人员请托事项，并告知收钱财之事或者国家工作人员明知"特定关系人"收取钱财，即构成受贿罪共犯。本案中乙某将此事告诉甲某，甲某利用职务便利帮助丙承揽到该路段工程，乙某的行为并非是在行贿人与受贿人之间撮合和沟通的行为，而是与甲某构成了受贿罪的共犯。

5. 本罪与贪污罪的界限。二者都是国家工作人员利用职务之便实施的犯罪，主观上均为故意，都具有渎职性与贪利性的双重特点。二者的区别是：①客体和对象不同。本罪的客体在一般情况下只是公务行为的廉洁性，犯罪对象是公私财物；后罪则同时侵犯公务行为的廉洁性和公共财产所有权，犯罪对象是公共财物。②客观方面不同。本罪是利用职务上的便利，索取他人财物，或者非法收受他人财物为他人谋取利益；后罪是利用职务上的便利，以侵吞、窃取、骗取或者其他手段非法占有公共财物。③犯罪目的不同。本罪的目的是非法获取他人财产，而后罪的目的则是非法占有自己合法主管、管理、经手的公共财物。另外，犯罪主体的范围略有不同。

6. 本罪与非国家工作人员受贿罪的界限。二者都表现为利用职务上的便利，索取或者收受他人财物的行为。二者的区别是：①主体不同。本罪的主体是国家工作人员，而后罪的主体是公司、企业或者其他单位的工作人员。这是二者的主要区别。②客体不同。本罪的客体是公务行为的廉洁性；而后罪的客体主要是公司、企业或者其他单位的管理秩序。③客观方面不同。本罪的索贿行为不以为他人谋取利益为要件；而后罪中无论是索贿行为还是收受贿赂行为，都必须以为他人谋取利益为要件。④职务的性质不同。本罪中的职务是公务，而后罪中的职务是业务。例如，某村书记甲主管本村的生产经营，在房屋开发中利用职务便利，非法收受和索取工程承建方人民币10万元，并为对方的工程核算和提取工程款提供方便。本案中，甲从事本村的房屋开发工作，不是依法从事公务的人员，不符合受贿罪主体特征；甲属于单位工作人员，符合非国家工作人员受贿罪的主体特征，故构成非国家工作人员受贿罪。

7. 索贿形式的受贿罪与敲诈勒索罪的界限。二者的根本区别在于行为人是否利用了职务上的便利。国家工作人员以要挟、威胁的方式勒索他人财物，但没有利用职务上便利的，则属于敲诈勒索的性质。

（三）受贿罪的刑事责任

《刑法》第386条规定："对犯受贿罪的，根据受贿所得数额及情节，依照本法第383条的规定处罚。索贿的从重处罚。"《刑法》第383条是关于贪污罪的处罚规定。据此，受贿罪的处罚规定包括：

1. 受贿数额较大或者有其他较重情节的，处3年以下有期徒刑或者拘役，并处罚金（《刑法》第383条第1款第1项）。"并处罚金"是指应当并处10万元以上50万元以下罚金。

2. 受贿数额巨大或者有其他严重情节的，处3年以上10年以下有期徒刑，并处罚金或者没收财产（《刑法》第383条第1款第2项）。《贪污贿赂刑案解释》第2条规定，受贿在20万元以上不满300万元的，应当认定为"数额巨大"；受贿数额在10万元以上不满20万元，具有本解释第1条第3款规定的情形之一的，应当认定为"其他严重情节"。"并处罚金"是指应当并处20万元以上犯罪数额2倍以下的罚金。

3. 受贿数额特别巨大或者有其他特别严重情节的，处10年以上有期徒刑或者无期徒刑，并处罚金或者没收财产；数额特别巨大，并使国家和人民利益遭受特别重大损失的，处无期徒刑或者死刑，并处没收财产（《刑法》第383条第1款第3项）。《贪污贿赂刑案解释》第3条规定，受贿数额在300万元以上应当认定为"数额特别巨大"；在150万元以上不满300万元，具有本解释第1条第3款规定的情形之一的，应当认定为"其他特别严重情节"。"并处罚金"是指应当并处50万元以上犯罪数额2倍以下的罚金。《贪污贿赂刑案解释》第4条第1款规定，受贿数额特别巨大，犯罪情节特别严重、社会影响特别恶劣、给国家和人民利益造成特别重大损失的，可以判处死刑。

4. 对多次受贿未经处理的，按照累计受贿数额处罚。根据《贪污贿赂刑案解释》第15条规定，国家工作人员利用职务上的便利为请托人谋取利益前后多次收受请托人财物，受请托之前收受的财物数额在1万元以上的，应当一并计入受贿数额。

5. 索贿的从重处罚。

6. 犯本罪，在提起公诉前如实供述自己罪行、真诚悔罪、积极退赃，避免、减少损害结果的发生，有《刑法》第383条第1款第1项规定情形的，可以从轻、减轻或者免除处罚；有《刑法》第383条第1款第2项、第3项规定情形的，可以从轻处罚。

7. 犯本罪，有《刑法》第383条第1款第3项规定情形被判处死刑缓期执行的，人民法院根据犯罪情节等情况可以同时决定在其死刑缓期执行2年期满依法减为无期徒刑后，终身监禁，不得减刑、假释。

四、单位受贿罪

单位受贿罪，是指国家机关、国有公司、企业、事业单位、人民团体，索取、非法收受他人财物，为他人谋取利益，情节严重的行为。构成本罪，无论是索贿还是收受贿赂，都必须同时具备为他人谋取利益的要件。上述单位在经济往来中，在账外暗中收受各种名义的回扣、手续费的，以单位受贿罪追究刑事责任。根据《刑法》第387条的规定，犯本罪的，对单位判处罚金，并对其直接负责的主管人员和其他直接责任人员，处5年以下有期徒刑或者拘役。

五、利用影响力受贿罪

利用影响力受贿罪，是指国家工作人员的关系密切人或者离职的国家工作人员及其关系密切人，利用国家工作人员的职务行为，或者利用国家工作人员职权或者地位形成的便利条件，通过其他国家工作人员职务上的行为，为请托人谋取不正当利益，索取或者收受请托人财物，数额较大或者有其他较重情节的行为。利用影响力受贿包括以下四种情形：①国家工作人员的近亲属或者其他与该国家工作人员关系密切的人，通过该国家工作人员职务上的行为，为请托人谋取不正当利益，索取或者收受请托人财物；②国家工作人员的近亲属或者其他与该国家工作人员关系密切的人，利用该国家工作人员职权或者地位形成的便利条件，通过其他国家工作人员职务上的行为，为请托人谋取不正当利益，索取或者收受请托人财物；③离职的国家工作人员利用原职权或者地位形成的便利条件，通过其他国家工作人员职务上的行为，为请托人谋取不正当利益，索取或者收受请托人财物；④离职的国家工作人员的近亲属以及其他关系密切的人，利用该离职的国家工作人员原职权或者地位形成的便利条件，通过其他国家工作人员职务上的行为，为请托人谋取不正当利益，索取或者收受请托人财物。本罪是行为人在国家工作人员不知情的情况下实施的犯罪，如果国家工作人员的关系密切人与国家工作人员勾结，伙同受贿的，应当以受贿罪的共犯论处。根据《刑法》第388条之一的规定，犯本罪的，处3年以下有期徒刑或者拘役，并处罚金；数额巨大或者有其他严重情节的，处3年以上7年以下有期徒刑，并处罚金；数额特别巨大或者有其他特别严重情节的，处7年以上有期徒刑，并处罚金或者没收财产。

六、行贿罪

(一) 行贿罪的概念和构成要件

行贿罪，是指为谋取不正当利益，给予国家工作人员以财物的行为。其构成要件是：

1. 本罪的客体是国家工作人员职务行为的廉洁性。

2. 本罪在客观方面表现为行为人实施了给予国家工作人员以财物的行为。行贿行为的情形包括：①行贿人主动给予受贿人财物；②行为人因国家工作人员索要而被动给予其财物。但是，根据《刑法》第389条第3款的规定，因被勒索给予国家工作人员以财物，没有获得不正当利益的，不是行贿。③《刑法》第389条第2款定："在经济往来中，违反国家规定，给予国家工作人员以财物，数额较大的，或者违反国家规定，给予国家工作人员以各种名义的回扣、手续费的，以行贿论处。"这是行贿的一种特殊表现形式

3. 本罪的主体是一般主体，只能由自然人构成，单位行贿不构成本罪。

4. 本罪的主观方面是故意，并具有谋取不正当利益的目的。不正当利益包括有形的和无形的不正当利益、物质性利益和非物质性利益。这里的"谋取不正当利益"，根据2013年1月1日"两高"实施的《关于办理行贿刑事案件具体应用法律若干问题的解释》（以下简称《行贿案解释》），是指行贿人谋取的利益违反法律、法规、规章、政策规定，或者要求国家工作人员违反法律、法规、规章、政策、行业规范的规定，为自己提供帮助或者方便条件。违背公平、公正原则，在经济、组织人事管理等活动中，谋取竞争优势的，应当认定为"谋取不正当利益"。

（二）行贿罪的司法认定

1. 行贿行为与馈赠行为的界限。二者在目的、动机、内容和方式等方面均有不同。行贿往往是秘密进行的，给付财物是附条件的，即行为人的目的在于使对方利用职务之便为自己谋取不正当利益；馈赠行为则是公开的，给付财物是无条件的，是为了增加亲友的情谊，而不是以财物收买权力。

2. 本罪与一般行贿行为的界限。《刑法》第389条对行贿罪的构成并没有规定必须数额较大，但这并不意味着行贿罪的构成没有数额方面的要求。根据《贪污贿赂刑案解释》第7条的规定，为谋取不正当利益，向国家工作人员行贿，数额在3万元以上的，应当以行贿罪追究刑事责任。行贿数额在1万元以上不满3万元，具有下列情形之一的，应当以行贿罪追究刑事责任：①向3人以上行贿的；②将违法所得用于行贿的；③通过行贿谋取职务提拔、调整的；④向负有食品、药品、安全生产、环境保护等监督管理职责的国家工作人员行贿，实施非法活动的；⑤向司法工作人员行贿，影响司法公正的；⑥造成经济损失数额在50万元以上不满100万元的。多次行贿未经处理的，应当累计行贿数额。因此，行贿数额不满3万元且不具有上述情形的，则不构成行贿罪。

3. 本罪与受贿罪的界限。刑法理论界通常认为行贿罪与受贿罪之间呈"对合"关系，属于"对合犯"，但二者的"对合"关系不是绝对的，在特定条件下，没有行贿罪，同样存在受贿罪；没有受贿罪，行贿罪也可以成立。主要表现在：①行为人因被勒索给予国家工作人员以财物，没有获得不正当利益的，不构成行贿罪；而国家工作人员的索贿行为则构成受贿罪。②为了谋取正当利益而给予国家工作人员以财物的，不构成行贿罪；而国家工作人员接受财物的行为则构成受贿罪。③为了谋取不正当利益而给予国家工作人员以财物的，构成行贿罪；但国家工作人员没有接受贿赂的故意，及时退还或者上交的，不是受贿。

4. 罪数的认定。行贿人谋取不正当利益的行为构成犯罪的，应当与行贿犯罪实行数罪并罚。

（三）行贿罪的刑事责任

根据《刑法》第390条的规定，犯本罪的，处5年以下有期徒刑或者拘役，并处罚金；因行贿谋取不正当利益，情节严重的，或者使国家利益遭受重大损失的，处5年以上10年以下有期徒刑，并处罚金；情节特别严重的，或者使国家利益遭受特别重大损失的，处10年以上有期徒刑或者无期徒刑，并处罚金或者没收财产。[1]

行贿人在被追诉前主动交待行贿行为的，可以从轻或者减轻处罚。其中，犯罪较轻的，对侦破重大案件起关键作用的，或者有重大立功表现的，可以减轻或者免除处罚。"被追诉前"是指侦查机关对行贿人的行贿行为刑事立案前。《贪污贿赂刑案解释》对这里的"情节严重""使国家利益遭受重大损失""情节特别严重""使国家利益遭受特别重大损失"以及"犯罪较轻""重大案件""对侦破重大案件起关键作用"的认定标准作了规定。

七、对有影响力的人行贿罪

对有影响力的人行贿罪，是指为谋取不正当利益，向国家工作人员的近亲属或者其他与该国家工作人员关系密切的人，或者向离职的国家工作人员或者其近亲属以及其他与其关系密切

---

[1] 根据2016年4月18日"两高"发布实施的《关于办理贪污贿赂刑事案件适用法律若干问题的解释》第19条的规定，本章犯罪中，除贪污罪、受贿罪外，对刑法规定并处罚金的其他贪污贿赂犯罪，应当在10万元以上犯罪数额2倍以下判处罚金。

的人行贿的行为。本罪与利用影响力受贿罪是对向关系，其特点是行为人为了利用国家工作人员（包括离职的）的近亲属等特定关系人的影响力，而给予特定关系人财物。根据《刑法》第390条之一的规定，犯本罪的，处3年以下有期徒刑或者拘役，并处罚金；情节严重的，或者使国家利益遭受重大损失的，处3年以上7年以下有期徒刑，并处罚金；情节特别严重的，或者使国家利益遭受特别重大损失的，处7年以上10年以下有期徒刑，并处罚金。单位犯本罪的，对单位判处罚金，并对其直接负责的主管人员和其他直接责任人员，处3年以下有期徒刑或者拘役，并处罚金。

八、对单位行贿罪

对单位行贿罪，是指为谋取不正当利益，给予国家机关、国有公司、企业、事业单位、人民团体以财物，或者在经济往来中，违反国家规定，给予各种名义的回扣、手续费的行为。根据《检察院立案标准》的规定，个人对单位行贿数额在10万元以上、单位对单位行贿数额在20万元以上的，应予立案追究。根据《刑法》第391条的规定，犯本罪的，处3年以下有期徒刑或者拘役，并处罚金。单位犯本罪的，实行双罚制。

九、介绍贿赂罪

介绍贿赂罪，是指向国家工作人员介绍贿赂，情节严重的行为。介绍贿赂，是指在行贿人与受贿人之间沟通关系、撮合条件，使贿赂行为得以实现的行为。应当指出，行为人只有在不构成受贿共犯或行贿共犯时才构成本罪。根据《刑法》第392条的规定，犯本罪的，处3年以下有期徒刑或者拘役，并处罚金。介绍贿赂人在被追诉前主动交待介绍贿赂行为的，可以减轻处罚或者免除处罚。

十、单位行贿罪

单位行贿罪，是指单位为谋取不正当利益而行贿，或者违反国家规定，给予国家工作人员以回扣、手续费，情节严重的行为。本罪与行贿罪的主要区别在于犯罪主体不同，本罪的主体是单位，而行贿罪的主体是自然人。因此，《刑法》第393条规定，单位"因行贿取得的违法所得归个人所有的"，以行贿罪定罪处罚。就是说，个人为了谋取不正当利益，用单位的财物或者以单位的名义向国家工作人员个人行贿，因行贿取得的违法所得归个人所有的，应当以行贿罪论处。根据《刑法》第393条的规定，犯本罪的，对单位判处罚金，并对其直接负责的主管人员和其他直接责任人员，处5年以下有期徒刑或者拘役，并处罚金。

十一、巨额财产来源不明罪

（一）巨额财产来源不明罪的概念和构成要件

巨额财产来源不明罪，是指国家工作人员的财产、支出明显超过合法收入，差额巨大，而本人又不能说明其来源是合法的行为。其构成要件是：

1. 本罪的客体是国家工作人员职务行为的廉洁性。

2. 本罪在客观方面表现为国家工作人员的财产、支出明显超过合法收入，且差额巨大，而本人又不能说明其来源是合法的行为。在理解时应把握以下三点：

（1）必须是行为人的财产、支出明显超过合法收入，且差额巨大。《检察院立案标准》规定，涉嫌巨额财产来源不明，数额在30万元以上的，应予立案。应当指出，其中的差额部分以非法所得论。所谓非法所得，一般是指行为人的全部财产与能够认定的所有支出的总和减去能够证实的有真实来源的所得。

（2）必须是本人不能说明其来源是合法的。根据《座谈纪要》的规定，"不能说明"包括：①行为人拒不说明财产来源；②行为人无法说明财产的具体来源；③行为人所说的财产来源经司法机关查证并不属实；④行为人所说的财产来源因线索不具体等原因，司法机关无法查实，但能排除存在来源合法的可能性和合理性的。

（3）本罪是一个补充性罪名，只有在没有证据证明行为人所拥有的巨额财产是其他犯罪所得时，才以本罪论处。如果司法机关查明部分财产是贪污、受贿所得，部分财产来源不明且数额巨大的，应当实行数罪并罚。

3. 本罪的主体是特殊主体，即国家工作人员。

4. 本罪的主观方面是故意。

（二）巨额财产来源不明罪的刑事责任

根据《刑法》第395条第1款的规定，犯本罪的，处5年以下有期徒刑或者拘役；差额特别巨大的，处5年以上10年以下有期徒刑。财产的差额部分予以追缴。

十二、隐瞒境外存款罪

隐瞒境外存款罪，是指国家工作人员违反国家规定，故意隐瞒不报在境外的存款，数额较大的行为。本罪是不作为犯罪。根据《检察院立案标准》的规定，涉嫌隐瞒境外存款，折合人民币数额在30万元以上的，应予立案。根据《刑法》第395条第2款的规定，犯本罪的，处2年以下有期徒刑或者拘役；情节较轻的，由其所在单位或者上级主管机关酌情给予行政处分。

十三、私分国有资产罪

私分国有资产罪，是指国家机关、国有公司、企业、事业单位、人民团体，违反国家规定，以单位名义将国有资产集体私分给个人，数额较大的行为。"集体私分给个人"是指经集体研究决定将国有资产分给本单位的每个成员或者绝大多数成员。"数额较大"是指累计数额在10万元以上。本罪是纯正的单位犯罪，只能由上述国有单位构成，但只处罚个人。在认定时，应划清本罪与贪污罪的界限，区分的关键在于是单位集体行为还是个人行为。本罪是以单位名义集体私分国有资产，通常表现为由单位的负责人或者决策机构集体讨论决定，按照一定的分配方案或者分发标准将国有资产以单位名义发给本单位职工。如果是单位的领导或者经营国有资产的少数人员利用职务之便秘密私分国有资产，应当以共同贪污论处。根据《刑法》第396条第1款的规定，犯本罪的，对其直接负责的主管人员和其他直接责任人员，处3年以下有期徒刑或者拘役，并处或者单处罚金；数额巨大的，处3年以上7年以下有期徒刑，并处罚金。

十四、私分罚没财物罪

私分罚没财物罪，是指司法机关、行政执法机关违反国家规定，将应当上缴国家的罚没财物，以单位名义集体私分给个人的行为。《检察院立案标准》规定，涉嫌私分罚没财物，累计数额在10万元以上，应予立案。本罪属于纯正的单位犯罪，但只处罚直接负责的主管人员和其他直接责任人员。根据《刑法》第396条第2款的规定，犯本罪的，依照《刑法》第396条第1款（私分国有资产罪）的规定处罚。

思考题

1. 简述贪污罪的概念、构成要件以及与职务侵占罪的异同点。
2. 如何划清贪污罪与盗窃罪、诈骗罪、侵占罪的界限？
3. 简述挪用公款罪的概念、构成要件。挪用公款行为在哪些情况下会转化为贪污罪？
4. 简述受贿罪的概念、构成要件以及与非国家工作人员受贿罪的异同点。

5. 如何理解和认定行贿罪?

实务训练

[案例1] 被告人黄某,男,25岁,出租汽车司机。2012年8月6日被捕。被告人黄某的母亲余某原系某市工商银行行长,现已退休。2011年5月到案发前,黄某受他人之托,先后多次通过该市工商银行信贷科科长曹某分别为6家公司从该银行贷款6笔,总计500多万元。这些贷款均符合银行的放贷要求。黄某为上述单位贷款后,先后从这6家公司索取和收受好处费5.2万元。

[问题] 1. 黄某利用他人职务上的便利能否构成受贿罪?为什么?

2. 如果不是黄某,而是黄某之母余某通过工商银行信贷科长曹某为6家公司贷款,从而索取或收受好处费,余某是否构成受贿罪?为什么?

[案例2] 甲欲投资某饭店的加层扩建项目,加层扩建部分双方四六分成。但办理饭店加层扩建手续需经城建规划部门的批准,该饭店的经理乙称有办法办理加层手续,但需要费用。甲拿出15万元给乙,让乙负责办理加层手续。乙找到城建规划管理部门某处长丙,给丙15万元,丙利用职务便利办妥了加层手续。

[问题] 甲、乙、丙的行为是否构成犯罪?如果构成犯罪,分别构成何罪?为什么?

[案例3] 房某系国有企业保卫科的工作人员,房某听说单位保险柜放有几十万元巨款,遂找到朋友方某(系无业人员),提出当晚自己值班时二人一起盗窃单位财务室款,事后让方某将自己反绑、堵嘴等制造假抢劫案,方某同意。当晚,方某、房某撬开单位财务室门入室,撬开保险柜盗走现金20余万元,事后二人平分。

[问题] 房某、方某二人是否构成贪污罪的共犯?为什么?

[案例4] 钱某是某银行办事处负责人,利用职务便利,收取储户存入的委托贷款80万元不入账,归个人用于经营汽车运输、炒股以及购买房屋等。贷款期满后,钱某采取自制取款凭条、透支储户存款的手段,归还了上述80万元的委托贷款,致使库款与账面不符,出现80万元的亏空。为了对付上级的财务检查,钱某找到张某,请张某以个人名义与办事处签订了一份虚假的80万元贷款合同,用以冲抵80万元的亏空。在财务检查时,会计从账面发现办事处尚有张某的80万元贷款没有收回,督促钱某收回该笔贷款,遂案发。

[问题] 对钱某的行为如何定性?简要说明理由。

延伸阅读

关于受贿罪犯罪对象的范围界定

按照我国现行《刑法》的规定,受贿的对象仅限于财物,我们都把"财物"作为受贿罪唯一的行为对象。这种单一的行为对象的确定,在一定程度上有效地打击了国家工作人员的受贿行为,维护了国家工作人员职务行为的廉洁性,进而为我国改革开放的顺利进行起了很大的作用。但是,随着改革开放的深入,受贿罪行为方式也在不断地发生变化。当前,非财产性贿赂这一特殊形式的贿赂大行其道,并有愈演愈烈之势。在这种情况下,我们仍然坚持把"财物"作为受贿罪唯一的行为对象,就显得不合理。《刑法》修改时以及在司法实践中,一些专家和一线办案人员对此有争议,法学界也早有关注,并存在较大的争议。而争议就其实质而言,是对受贿行为对象的范围存在分歧。目前学界对于受贿罪犯罪对象的范围界定上,主要有三种观点:第一种观点认为,受贿的行为对象仅限于"财物"。财物泛指一切财产和物品,是指具有使用价值的资产、货币、生产、生活用品，既包括动产，也包括不动产；既包括自然物，也包括人造物；既包括有形的财产和物品，也包括无形资产。第二种观点认为，受贿罪的对象不应仅限于财物，还应包括财产性利益，如免除债务、酒席招待、免费旅游、提供劳务等可以直接用货币计算的利益。第三种观点认为，受贿罪的行为对象不仅限于财物和财产性利益，还包括可以满足人的精神和物质欲望的非财产性的权利和利益，如性服务、安排工作、出国留学、提职提级等。近年来，在一些经济发达和腐败严重的地区，权力阶层的生活水准普遍提高，一些腐败分子对于收受几万元的贿赂已经不屑一顾，但对于各种形式的性服务，却是乐此不疲。此外，在一些反腐败力度大的地区，或者某些干部作风正派的情况下，行贿人的金钱、美色发挥不了作用，行贿人往往仔细研究干部们的生活爱好和需求，想方设法满足上述非财产性利益的需求。一些领导干部在不知不觉中受到别人的好处，从感激的情感出发，对于给予好处者往往是有求必应。由此可见，非财产性利益作为行贿的手段，其作用在某些情况下并不比财产性利益逊色。为此，持此类观点的学者希望将此类贿赂，尤其是上述性贿赂规定在立法中，因为这是当前一种非常有效的行贿受贿方式，且危害巨大，而当事人又可以游离于法律责任之外。综合比较和鉴别以上三种观点，我们可以肯定地说，第一种观点有可取之处，但是，相对当前"日益发达"的行贿受贿方式，我们还顽固地坚持用有限的"财物论"去打击和惩处，那绝对是不够的，也是不现实的；而第二种观点较第一种观点有很大的突破。但是第二种观点的突破是有限的，因为说到底，第二种观点仍然是"财物论"的翻版，只不过它对"财物论"的外延进行了扩张；而第三种观点显然是一种比较先进的观点，也许相对目前我国社会主义初级阶段的实际情况来说，它是超前的，但是，它代表了当前世界各国对受贿行为对象的范围的新的界定标准，也就是说，它代表了一种流行趋势，一种国际走向。

第二十六章

渎职罪

学习目标与工作任务

通过本章的学习，了解渎职罪的概念和特征，理解渎职犯罪相互之间以及与其他犯罪之间的区别；掌握本章重点罪名的概念、犯罪构成及相关处罚的特别规定。能够运用刑法的相关规定和犯罪构成，正确分析处理具体案件。

导入案例

1. 2007年5月，有关方面决定由芜湖市三山区政府、芜湖市建设投资有限公司等部门共同开发三山区龙窝湖区域，三山区政府工作人员张某负责该地块的征地拆迁具体工作。2007年7月，拆迁户许某为求多领拆迁补偿款，购买了1万多棵冬青树、1000余棵香樟树等苗木突击栽种。后许某找到张某，分两次送给张某共4万元钱，请求其在拆迁补偿中给予照顾。其他拆迁户向张某反映许某突击种树的情况，张某不予调查。张某还利用职务便利，帮助许某更改已经登记了的苗木调查登记表，将1万多棵冬青树改成香樟树，并增加其他树种的数量。许某最终获取苗木补偿款145万余元，造成公共财产损失80万余元。同年11月，许某又送给张某20万元表示感谢。[1]

问：对徐某的行为应如何定性？

2. 2004年6月17日11时许，担任全国大学英语四、六级考试主考和考务工作人员的原广西交通职业技术学院外语系副主任林某彬、干事杨某绮，签收领回密封好的试卷及听力磁带后，存放在该学院外语系办公室的铁皮柜内，由杨某绮一人保管钥匙。当天13时许，杨某绮私自开启密封试卷袋，取出一份全国大学英语四级考试A卷试题和听力磁带，交给该校的3位女教师甘某炎、张某云、张某，由她们做出试题答案。林某彬知道这些情况后，没有予以制止。6月17和18日晚上，林某彬、甘某炎、张某和张某云分别在南宁市莱博外语培训中心开办的考前辅导课和广西交通职业技术学院开办的培训班上，将部分考试题的内容和答案透露给学生，导致四级英语考试考题大面积泄露并引起互联网的广泛评论，造成极为恶劣的社会影响。除此之外，张某还于6月18日中午将试题交给阮某。阮某除给罗某阅览外，还将试题复印了两份，自称每份以人民币1500元买得，尔后分别交给考生白某和大学生梁某（约定考试后付钱）。在读研究生苏某波从梁某手中购得试题后转卖给广西大学的两个学生。经过广西南

---

[1] 赵文琴、韦业强："受贿后又滥用职权是否数罪并罚"，载《检察日报》2010年7月27日，第3版。

宁市公安机关侦查，案件于7月中旬水落石出，林某彬等人随后相继被逮捕。[1]

问：如何认定上述行为人的行为性质？

3. 河南省商丘市中级人民法院原民事审判庭第二庭副庭长王某杰，在审理商丘建设置业有限公司起诉农行开发区支行土地侵权的案件中，作为主审法官，偏袒张某军（商丘建设置业有限公司法定代表人、总经理），偷偷给其打"小报告"并调取"三无"会议纪要，使得案件另一方农行商丘开发区支行"不构成土地侵权"最终却"构成土地侵权"。同时，王某杰又利用职权委托商丘国土资源局丈量原被告双方争议土地，但具体的丈量却由张某军说了算，通过指定测量边界将不应在测量范围内的道路和土地计算在内，导致测量出的面积大大超过农行方面实际使用的土地面积，致使农行一方遭受巨额损失。截至案发，王某杰累计收受张某军21万多元。[2]

问：如何认定王某杰行为的性质？

教学内容

第一节　渎职罪概述

渎职罪，是指国家机关工作人员在公务活动中，滥用职权、玩忽职守、徇私舞弊，妨害国家机关的正常活动，致使公共财产、国家和人民利益遭受重大损失的行为。这类犯罪的构成特征是：

1. 这类犯罪的客体是国家机关的正常管理活动。

2. 这类犯罪在客观方面表现为行为人滥用职权、玩忽职守、徇私舞弊，妨害国家机关的正常活动，致使公共财产、国家和人民利益遭受重大损失的行为。渎职行为的表现形式多种多样，但归纳起来有两种类型：①积极的渎职行为，主要表现为滥用职权、徇私枉法、徇私舞弊以及其他利用职务之便的行为。②消极的渎职行为，主要表现为玩忽职守等行为。应当指出，渎职行为只有给公共财产或者国家和人民的利益造成重大损失的，才能以犯罪论处。

3. 这类犯罪的主体是特殊主体，即国家机关工作人员和立法解释所规定的"三种人"，但故意泄露国家秘密罪、过失泄露国家秘密罪和枉法仲裁罪除外。这里的"国家机关工作人员"是指在国家机关中从事公务的人员，包括在各级国家权力机关、行政机关、司法机关和军事机关中从事公务的人员。在乡（镇）以上中国共产党机关、人民政协机关中从事公务的人员，视为国家机关工作人员。

根据2002年12月28日发布实施的《全国人民代表大会常务委员会关于〈中华人民共和国刑法〉第九章渎职罪主体适用问题的解释》（以下简称《渎职罪主体解释》）规定："在依照法律、法规规定行使国家行政管理职权的组织中从事公务的人员，或者在受国家机关委托代表国家机关行使职权的组织中从事公务的人员，或者虽未列入国家机关人员编制但在国家机关中从事公务的人员，在代表国家机关行使职权时，有渎职行为，构成犯罪的，依照刑法关于渎

---

[1] "广西英语四六级考试泄题案宣判——五名教师及两名学生被判故意泄露国家秘密罪"，载《法制日报》2005年1月5日。

[2] 刘昌武、焦松敏："商丘中院一副庭长枉法裁判和受贿被判10年"，载大河网，http://www.dahe.cn/xwzx/shx/t20071130_1215452.htm，最后访问日期：2021年2月18日。

职罪的规定追究刑事责任。"可见，渎职罪的主体还包括上述立法解释中的"三种人"。另外，2013年1月9日"两高"实施的《关于办理渎职刑事案件适用法律若干问题的解释（一）》（以下简称《渎职案解释一》）第7条规定，依法或者受委托行使国家行政管理职权的公司、企业、事业单位的工作人员，在行使行政管理职权时滥用职权或者玩忽职守，构成犯罪的，应当依照《全国人民代表大会常务委员会关于〈中华人民共和国刑法〉第九章渎职罪主体适用问题的解释》的规定，适用渎职罪的规定追究刑事责任。

渎职行为既可以是本人亲自实施，也可以是教唆或者以"集体研究"的形式实施。根据《渎职案解释一》第5条的规定，国家机关负责人员违法决定，或者指使、授意、强令其他国家机关工作人员违法履行职务或者不履行职务，构成刑法分则第九章规定的渎职犯罪的，应当依法追究刑事责任。以"集体研究"形式实施的渎职犯罪，应当依照刑法分则第九章的规定追究国家机关负有责任的人员的刑事责任。对于具体执行人员，应当在综合认定其行为性质、是否提出反对意见、危害结果大小等情节的基础上决定是否追究刑事责任和应当判处的刑罚。

4. 这类犯罪的主观方面，多数是出于故意，少数是出于过失。其中的许多故意犯罪，行为人的动机是徇私。对徇私舞弊型渎职犯罪中的"徇私"，应理解为徇个人私情、私利。国家机关工作人员为了本单位的利益，实施滥用职权、玩忽职守行为，构成犯罪的，依照《刑法》第397条第1款的规定定罪处罚。

本类罪共包括37个罪名，可归纳为以下三小类：一般国家机关工作人员渎职罪；②司法工作人员渎职罪；③特定部门工作人员渎职罪。为了正确处理渎职犯罪案件，2006年7月26日发布实施《最高人民检察院关于渎职侵权犯罪案件立案标准的规定》（以下简称《渎职侵权立案标准》）和《渎职案解释一》对本章中除枉法仲裁罪，食品、药品监管渎职罪以外的各罪的立案标准作了规定。

第二节 渎职罪分述

一、滥用职权罪

（一）滥用职权罪的概念和构成要件

滥用职权罪，是指国家机关工作人员滥用职权，致使公共财产、国家和人民利益遭受重大损失的行为。其构成要件是：

1. 本罪的客体是国家机关的正常活动。

2. 本罪在客观方面表现为滥用职权，致使公共财产、国家和人民利益遭受重大损失的行为。具体包括以下两个要素：

（1）行为人有滥用职权的行为。滥用职权，是指国家机关工作人员超越职权，违法决定、处理其无权决定、处理的事项，或者违反规定处理公务。具体包括：超越职权，擅自处理没有处理权限的事务；玩弄职权，随心所欲地对事项作出处理；放弃职责，故意不履行应当履行的职责；以权谋私、假公济私不正确地履行职责。

（2）必须致使公共财产、国家和人民利益遭受重大损失。这里的"重大损失"，既包括物质性损失和非物质性损失，也包括有形的损失和无形的损失。根据《渎职案解释一》第1条的规定，是指有下列情形之一：①造成死亡1人以上，或者重伤3人以上，或者轻伤9人以上，或者重伤2人、轻伤3人以上，或者重伤1人、轻伤6人以上的；②造成经济损失30万元以上的；③造成恶劣社会影响的；④其他致使公共财产、国家和人民利益遭受重大损失的情形。渎职犯罪中的"经济损失",是指渎职犯罪或者与渎职犯罪相关联的犯罪立案时已经实际造成的财产损失,包括为挽回渎职犯罪所造成损失而支付的各种开支、费用等。

3. 本罪的主体是特殊主体,包括国家机关工作人员和《渎职罪主体解释》规定的"三种人"。

4. 本罪的主观方面是故意,即行为人明知自己滥用职权的行为会造成公共财产、国家和人民利益的重大损失,并且希望或者放任这种危害结果的发生。

(二) 滥用职权罪的司法认定

1. 滥用职权罪、玩忽职守罪与本章另有规定的特定人员渎职犯罪的关系。[1]《刑法》第397条第1款规定了滥用职权罪和玩忽职守罪,《刑法》第398~419条规定了其他特定人员滥用职权和玩忽职守的犯罪。《刑法》第397条第2款规定:"本法另有规定的,依照规定。"这表明,《刑法》第397条第1款属于普通法条,《刑法》第398~419条属于特别法条。根据特别法优于普通法的适用原则,国家机关工作人员实施滥用职权或者玩忽职守犯罪行为,触犯《刑法》第398~419条规定的,应当依照特别法的规定定罪处罚。国家机关工作人员滥用职权或者玩忽职守,因不具备徇私舞弊等情形,不符合《刑法》第398~419条的规定,但依法构成《刑法》第397条规定的犯罪的,以滥用职权罪或者玩忽职守罪定罪处罚。

2. 罪数的认定。国家机关工作人员实施渎职犯罪并收受贿赂,同时构成受贿罪的,除刑法另有规定外,以渎职犯罪和受贿罪数罪并罚。这里的"刑法另有规定",是指《刑法》第399条第4款"司法工作人员贪赃枉法,有前两款行为的,同时又构成本法第385条规定之罪的,依照处罚较重的规定定罪处罚"之规定。

本章"导入案例一"中,张某徇私舞弊,对其他拆迁户反映许某突击种树不予调查,还利用职务之便帮助许某更改苗木登记表,将冬青树(补偿标准低)改成香樟树(补偿标准高),且增加其他树种的数量,造成公共财产损失80余万元,已构成滥用职权罪。张某系国家机关工作人员,具体负责该地块的征迁工作,共收取许某24余万元的贿赂款,损害了国家工作人员职务行为的廉洁性,又构成受贿罪。根据上述规定,对张某应以滥用职权罪与受贿罪实行并罚。

3. 共犯的认定。国家机关工作人员实施渎职行为,放纵他人犯罪或者帮助他人逃避刑事处罚,构成犯罪的,依照渎职罪的规定定罪处罚;国家机关工作人员与他人共谋,利用其职务行为帮助他人实施其他犯罪行为,同时构成渎职犯罪和共谋实施的其他犯罪共犯的,依照处罚较重的规定定罪处罚;国家机关工作人员与他人共谋,既利用其职务行为帮助他人实施其他犯罪,又以非职务行为与他人共同实施该其他犯罪行为,同时构成渎职犯罪和其他犯罪的共犯的,依照数罪并罚的规定定罪处罚。

另外,还应划清本罪与工作失误的界限。主要看造成损害结果的行为是否属于滥用职权。如果行为人没有实施滥用职权行为,其工作态度积极,但由于制度不完善、具体政策界限不清等原因,导致发生了重大损失结果的,属于客观上无法预见,主观上不存在罪过,不构成滥用职权罪。

(三) 滥用职权罪的刑事责任

根据《刑法》第397条的规定,犯本罪的,处3年以下有期徒刑或者拘役;情节特别严重

---

[1] 为避免重复,这里将滥用职权罪与本章另有规定的特定人员滥用职权犯罪的关系、玩忽职守罪与本章另有规定的特定人员玩忽职守犯罪的关系一并叙述。

的，处3年以上7年以下有期徒刑。国家机关工作人员徇私舞弊，犯本罪的，处5年以下有期徒刑或者拘役；情节特别严重的，处5年以上10年以下有期徒刑。本法另有规定的，依照规定。

二、玩忽职守罪

（一）玩忽职守罪的概念和构成要件

玩忽职守罪，是指国家机关工作人员严重不负责任，不履行或者不正确履行职责，致使公共财产、国家和人民利益遭受重大损失的行为。其构成要件是：

1. 本罪侵犯的客体是国家机关的正常活动。

2. 本罪在客观方面表现为行为人严重不负责任，不履行或者不正确履行职责，致使公共财产、国家和人民利益遭受重大损失的行为。这包括以下两个要素：

（1）有玩忽职守的行为，即行为人严重不负责任，不履行或者不认真履行职责，具体包括：①不履行职责。即违背职责要求，没有实施依其职务应当实施的行为，如严重官僚主义，不执行有关规章制度，该为的不为，对工作任务不传达、不布置、不检查、不报告等。②擅离职守。即在执行职务期间，违背其职责义务，擅自脱离工作岗位的行为。③不认真履行职责。即虽然有履行职责的行为，但履行不彻底、不认真，工作马虎草率，粗心大意，瞎指挥，弄虚作假，欺上瞒下。

（2）必须致使公共财产、国家和人民利益遭受重大损失，才构成本罪。这里"重大损失"的含义及具体情形，与滥用职权罪相同。

3. 本罪的主体与滥用职权罪的主体相同。

4. 本罪的主观方面是过失。

（二）玩忽职守罪的司法认定

1. 本罪与非罪的界限。主要应划清本罪与工作失误的界限，关键是看行为人是否违反职责规定。如果没有违反职责规定，即使发生了重大损失的结果，在主观上不存在犯罪过失，属于工作失误；如果行为人未能恪尽职守，有职不履行或者履行职责不正确，导致危害结果的发生，则说明其主观上存在过失，属于玩忽职守。

2. 本罪与危害公共安全罪中的有关责任事故犯罪的界限。这些犯罪的主观方面都是过失，客观方面都有失职的行为且造成重大损失。主要区别包括：①客体不同。前者的客体是国家机关的正常活动；后者的客体是公共安全。②发生场合不同。前者发生在国家机关的公务活动过程中；后者一般发生在生产、作业等业务活动过程中。③主体不同。前者的主体是国家机关工作人员和从事公务的人员；后者的主体一般是从事生产、作业的职工或工作人员。国家机关工作人员在履行生产安全监督管理职责时滥用职权、玩忽职守，致使公共财产、国家和人民利益遭受重大损失的，应当以滥用职权或者玩忽职守罪定罪处罚。

3. 本罪与滥用职权罪的界限。二者的客体、主体、结果要件均相同，主要区别在于主观罪过和客观行为表现不同。本罪是过失犯罪，表现为疏忽、不认真履行职责的行为；而后罪是故意犯罪，表现为积极利用、违背职责的行为。

4. 其他方面的认定。包括玩忽职守罪与特定人员玩忽职守犯罪的关系和罪数的认定问题，这在滥用职权罪中已一并介绍。

（三）玩忽职守罪的刑事责任

根据《刑法》第397条的规定，犯本罪的，处3年以下有期徒刑或者拘役；情节特别严重的，处3年以上7年以下有期徒刑。徇私舞弊，犯本罪的，处5年以下有期徒刑或者拘役；情节特别严重的，处 5 年以上 10 年以下有期徒刑。本法另有规定的，依照规定。《渎职案解释一》对这里的"情节特别严重"的情形作了列举。

三、故意泄露国家秘密罪

（一）故意泄露国家秘密罪的概念和构成要件

故意泄露国家秘密罪，是指国家机关工作人员或者非国家机关工作人员违反保守国家秘密法的规定，故意泄露国家秘密，情节严重的行为。其构成要件是：

1. 本罪的客体是国家保密制度，犯罪对象是国家秘密。国家秘密，是指关系国家安全和利益，依照法定程序确定，在一定时间内只限一定范围的人员知悉的事项，分为绝密、机密、秘密三个密级。《保守国家秘密法》第 9 条对哪些涉及国家安全和利益的事项应当确定为国家秘密作出了规定。

2. 本罪在客观方面表现为违反保守国家秘密法的规定，泄露国家秘密，情节严重的行为。泄露国家秘密，是指故意使国家秘密被不应知悉者知悉，或者故意使国家秘密超出了限定的接触范围。泄露国家秘密的行为方式是多种多样的，从最简单的口头陈述泄密，到高技术条件下的计算机网络泄密等。

构成本罪还要求情节严重。根据《渎职侵权立案标准》的规定，涉嫌下列情形之一的，应予立案：①泄露绝密级国家秘密 1 项（件）以上的；②泄露机密级国家秘密 2 项（件）以上的；③泄露秘密级国家秘密 3 项（件）以上的；④向非境外机构、组织、人员泄露国家秘密，造成或者可能造成危害社会稳定、经济发展、国防安全或者其他严重危害后果的；⑤通过口头、书面或者网络等方式向公众散布、传播国家秘密的；⑥利用职权指使或者强迫他人违反国家保守秘密法的规定泄露国家秘密的；⑦以牟取私利为目的泄露国家秘密的；⑧其他情节严重的情形。

3. 本罪的主体主要是国家机关工作人员，但非国家机关工作人员也可以成为本罪的主体。

4. 本罪的主观方面是故意，即行为人明知是国家秘密而故意泄露。

本章"导入案例二"中，全国大学四级英语考试试卷属于国家秘密，因为每一份考卷的骑缝封条都有"机密"标签并加盖了教育主管部门的公章，考题在开考前属于国家机密。林某彬、甘某炎、张某、张某云、杨某绮系广西交通职业技术学院全国大学英语四、六级考试考点的主考、考务工作人员及英语老师，不属于国家机关工作人员的范围，但根据《渎职罪主体解释》的规定，林某彬等人受国家机关委托，担任国家考试的考点主考和监考，被授权可直接接触和掌握属国家机密的考题考卷。在执行国家考试任务时，其身份已发生变化，相当于国家机关工作人员，符合故意泄露国家秘密罪的犯罪主体要件，在明知考卷为国家机密和熟悉考务纪律的情形下，违法泄露考题及答案，社会影响极其恶劣，情节严重，构成故意泄露国家秘密罪。阮某、梁某、苏某波 3 人虽不是考试监考及考务工作人员，且无直接接触和掌握机密的授权，但其间接从林某彬等人处获得了试题和答案，并以牟利为目的泄露给他人，根据《刑法》第 398 条第 2 款"非国家机关工作人员犯前款罪的，依照前款的规定酌情处罚"之规定，也构成故意泄露国家秘密罪。

（二）故意泄露国家秘密罪的司法认定

1. 本罪与为境外窃取、刺探、收买、非法提供国家秘密、情报罪的界限。二者的主要区别在于：①客体不同。本罪的客体是国家保密制度；后罪的客体是国家安全。②客观方面不同。本罪要求情节严重；后罪无情节方面的要求。③行为对象不同。本罪的对象限于国家秘密；后罪的对象包括国家秘密和不属于秘密的情报。④主体不同。本罪的主体主要是国家机关工作人员；后罪是一般主体。⑤主观认识的内容不同。本罪不要求泄露国家秘密给特定对象；后罪则要求行为人必须明知对方是境外的机构、组织、人员。根据2001年1月22日实施的《最高人民法院关于审理为境外窃取、刺探、收买、非法提供国家秘密、情报案件具体应用法律若干问题的解释》的规定，通过互联网将国家秘密或者情报非法发送给境外的机构、组织、个人的，以非法提供国家秘密、情报罪定罪处罚；将国家秘密通过互联网予以公布，情节严重的，以故意泄露国家秘密罪定罪处罚。

2. 本罪与非法获取国家秘密罪的界限。二者的主要区别是客观行为表现不同。本罪表现为行为人将其知悉的国家秘密传递出去；后罪表现为行为人不应知悉国家秘密，而以窃取、刺探、收买的方式非法获取国家秘密。如果行为人非法获取国家秘密后又予以泄露的，则属于牵连犯，应从一重罪处断。

（三）故意泄露国家秘密罪的刑事责任

根据《刑法》第398条的规定，犯本罪的，处3年以下有期徒刑或者拘役；情节特别严重的，处3年以上7年以下有期徒刑。非国家机关工作人员犯本罪的，依照上述规定酌情处罚。

四、过失泄露国家秘密罪

过失泄露国家秘密罪，是指违反保守国家秘密法的规定，过失泄露国家秘密，或者遗失国家秘密载体，致使国家秘密被不应知悉者知悉或者超出了限定的接触范围，情节严重的行为。犯本罪的，依照《刑法》第398条（故意泄露国家秘密罪）的规定处罚。

五、徇私枉法罪

（一）徇私枉法罪的概念和构成要件

徇私枉法罪，是指司法工作人员徇私枉法、徇情枉法，对明知是无罪的人而使他受追诉、对明知是有罪的人而故意包庇不使他受追诉，或者在刑事审判活动中故意违背事实和法律作枉法裁判的行为。其构成要件是：

1. 本罪的客体是司法机关的正常职能和司法公正。此外，对无罪之人进行非法追诉，还侵犯了公民的人身权利。

2. 本罪在客观方面表现为行为人利用职务上的便利，在刑事诉讼中实施了徇私枉法、徇情枉法的行为。徇私、徇情是枉法的起因，而枉法是犯罪行为的具体表现。枉法的行为包括以下三种：

（1）枉法追诉，即对明知是无罪的人而使他受追诉。"无罪的人"是指没有犯罪事实或者其他依法不应当追究刑事责任的人。"使他受追诉"是指行为人明知是无罪之人而故意将其纳入刑事诉讼程序，即对无罪之人采取伪造、隐匿、毁灭证据或者其他隐瞒事实、违反法律的手段，以追究刑事责任为目的，实施立案、侦查（包括采取刑事强制措施限制或剥夺其人身自由）、起诉、审判等刑事追诉活动。

（2）枉法不追诉，即对明知是有罪的人而故意包庇不使他受追诉。"有罪的人"是指有犯罪事实应予追究刑事责任的人。"故意包庇不使他受追诉"是指采取伪造、隐匿、毁灭证据以及其他违背法律的手段，故意包庇有罪之人，使其不受立案、侦查、起诉或审判，包括应采取强制措施而不采取，或者违法撤销、变更强制措施，致使犯罪嫌疑人、被告人实际脱离司法机关侦控，以及重罪轻诉等。故意包庇的犯罪事实，既可以是全部犯罪事实，也可以是部分犯罪事实。

（3）枉法裁判，即在刑事审判活动中故意违背事实和法律作枉法判决、裁定，即有罪判无罪、无罪判有罪，或者重罪轻判、轻罪重判。枉法裁判的行为只能发生在刑事审判过程中，而前两种行为则可以发生在刑事诉讼的立案、侦查、起诉、审判过程中。

3. 本罪的主体是特殊主体，即司法工作人员。所谓司法工作人员，是指有侦查、检察、审判、监管职责的人员。

4. 本罪的主观方面是故意。犯罪动机是徇私、徇情，即徇私情、私利，如贪图钱财、女色，照顾私人关系或感情，袒护亲友，泄愤报复，讨好上级等。

（二）徇私枉法罪的司法认定

1. 本罪与非罪的界限。这包括以下两个方面：

（1）本罪与工作失误的界限。司法工作人员如果不是出于徇私、徇情动机，而是由于责任心不强，工作方法简单，或者由于认识水平、工作能力有限，缺乏经验，或者由于案件复杂等原因，造成案件处理不当，以致于错押、错捕当事人，甚至是作出错误裁判的，一般属于工作失误，不构成本罪。如果由于工作严重不负责任，造成冤假错案，给国家和人民利益造成重大损失的，可以按玩忽职守罪论处。

（2）徇私枉法行为予以立案追诉的情形。根据《渎职侵权立案标准》的规定，徇私枉法涉嫌下列情形之一的，应予立案：①对明知是没有犯罪事实或者其他依法不应当追究刑事责任的人，采取伪造、隐匿、毁灭证据或者其他隐瞒事实、违反法律的手段，以追究刑事责任为目的立案、侦查、起诉、审判的；②对明知是有犯罪事实需要追究刑事责任的人，采取伪造、隐匿、毁灭证据或者其他隐瞒事实、违反法律的手段，故意包庇使其不受立案、侦查、起诉、审判的；③采取伪造、隐匿、毁灭证据或者其他隐瞒事实、违反法律的手段，故意使罪重的人受较轻的追诉，或者使罪轻的人受较重的追诉的；④在立案后，采取伪造、隐匿、毁灭证据或者其他隐瞒事实、违反法律的手段，应当采取强制措施而不采取强制措施，或者虽然采取强制措施，但中断侦查或者超过法定期限不采取任何措施，实际放任不管，以及违法撤销、变更强制措施，致使犯罪嫌疑人、被告人实际脱离司法机关侦控的；⑤在刑事审判活动中故意违背事实和法律，作出枉法判决、裁定，即有罪判无罪、无罪判有罪，或者重罪轻判、轻罪重判的；⑥其他徇私枉法应予追究刑事责任的情形。

2. 本罪与诬告陷害罪的界限。两罪都是假借或者利用司法机关的刑事诉讼活动实施的犯罪，都有可能造成无罪的人被错误追诉甚至被定罪判刑的结果。二者的主要区别在于：①客体不同。本罪的客体是司法机关的正常职能和司法公正；后罪的主要客体是公民人身权利。②客观方面不同。本罪表现为利用自己直接经办或主管案件的职权之便，实施枉法行为，使无罪的人受追诉或使有罪的人不受追诉等；后罪表现为捏造犯罪事实并实施告发行为，意图使他人受到刑事追究，不存在利用职权出入人罪的问题。③主体不同。本罪的主体是司法工作人员；后罪为一般主体。④故意内容不同。本罪的故意内容包括使无罪的人受追诉和使有罪的人不受追诉；后罪的故意内容仅限于使无罪的人受到错误的刑事追诉。

3. 本罪与包庇罪的界限。二者的主观方面都是故意，客观方面徇私枉法罪也包含有"包庇"的内容，都有可能导致有罪的人不受刑事追诉的结果，但二者的客体、客观方面和故意内容是不同的，犯罪主体具有交叉关系。如果司法工作人员包庇罪犯，这关键要看是否利用了职务便利，徇私枉法罪必须是利用职务便利故意包庇有罪之人，而且只能发生在侦查、起诉、审判过程中；而包庇罪不要求利用职务之便，并且实施包庇行为没有时间上的限制。

4. 本罪与受贿罪的关系。《刑法》第399条第4款规定，司法工作人员收受贿赂，实施徇私枉法行为，同时又构成本法第385条规定的受贿罪的，依照处罚较重的规定定罪处罚。这就是说，在受贿行为和徇私枉法行为都构成犯罪的情况下，不实行数罪并罚，而是按其中一个较重的罪来定罪处罚。这里的"较重的罪"不能简单地根据两罪的法定最高刑来确定，而应当根据案件的具体情况，如受贿的数额、情节和徇私枉法的情节等，来确定罪的轻重。一般来说，受贿罪属于较重的罪，但也不是绝对的。

（三）徇私枉法罪的刑事责任

根据《刑法》第399条第1款的规定，犯本罪的，处5年以下有期徒刑或者拘役；情节严重的，处5年以上10年以下有期徒刑；情节特别严重的，处10年以上有期徒刑。

六、民事、行政枉法裁判罪

民事、行政枉法裁判罪，是指司法工作人员在民事、行政审判活动中，故意违背事实和法律作枉法裁判，情节严重的行为。成立本罪要求"情节严重"。根据《渎职侵权立案标准》的规定，涉嫌下列情形之一的，应予立案：①枉法裁判，致使当事人或者其近亲属自杀、自残造成重伤、死亡，或者精神失常的；②枉法裁判，造成个人财产直接经济损失10万元以上，或者直接经济损失不满10万元，但间接经济损失50万元以上的；③枉法裁判，造成法人或者其他组织财产直接经济损失20万元以上，或者直接经济损失不满20万元，但间接经济损失100万元以上的；④伪造、变造有关材料、证据，制造假案枉法裁判的；⑤串通当事人制造伪证，毁灭证据或者篡改庭审笔录而枉法裁判的；⑥徇私情、私利，明知是伪造、变造的证据予以采信，或者故意对应当采信的证据不予采信，或者故意违反法定程序，或者故意错误适用法律而枉法裁判的；⑦其他情节严重的情形。

根据《刑法》第399条第2款、第4款的规定，犯本罪的，处5年以下有期徒刑或者拘役；情节特别严重的，处5年以上10年以下有期徒刑。司法工作人员收受贿赂犯本罪的，依照处罚较重的规定定罪处罚。

本章"导入案例三"中，王某杰作为主审法官，违背事实，采用伪造的证据，作出偏离实际、颠倒是非的裁判，使得案件另一方农行商丘开发区支行"不构成土地侵权"最终却"构成土地侵权"；同时，王某杰在借职权委托商丘国土资源局丈量原被告双方争议土地过程中，进行操纵，致使农行一方遭受巨额损失，其行为已构成民事、行政枉法裁判罪。王某杰实施枉法裁判的动机是徇私利，累计收受张某军21万多元，该行为又构成受贿罪。依法律规定，应择一重罪处罚。由于受贿罪的法定刑明显高于民事、行政枉法裁判罪的法定刑，故对王某杰应以受贿罪定罪处罚。

七、执行判决、裁定失职罪

执行判决、裁定失职罪，是指司法工作人员在执行判决、裁定活动中，严重不负责任，不依法采取诉讼保全措施、不履行法定执行职责，或者违法采取诉讼保全措施、强制执行措施，致使当事人或者其他人的利益遭受重大损失的行为。根据《刑法》第399条第3款、第4款的规定，犯本罪的，处5年以下有期徒刑或者拘役；致使当事人或者其他人的利益遭受特别重大损失的，处5年以上10年以下有期徒刑。司法工作人员收受贿赂犯本罪的，依照处罚较重的规定定罪处罚。

八、执行判决、裁定滥用职权罪

执行判决、裁定滥用职权罪，是指司法工作人员在执行判决、裁定活动中，滥用职权，不依法采取诉讼保全措施、不履行法定执行职责，或者违法采取诉讼保全措施、强制执行措施，致使当事人或者其他人的利益遭受重大损失的行为。犯本罪的，依照《刑法》第399条第3款、第4款的规定处罚，即本罪的法定刑和处罚原则与上一个罪名相同。

九、枉法仲裁罪

枉法仲裁罪，是指依法承担仲裁职责的人员，在仲裁活动中故意违背事实和法律作枉法裁决，情节严重的行为。本罪的主体是依法承担仲裁职责的人员，即依据仲裁法、劳动法、公务员法、体育法等法律、行政法规和部门规章的规定承担仲裁职责的人员。根据《刑法》第399条之一的规定，犯本罪的，处3年以下有期徒刑或者拘役；情节特别严重的，处3年以上7年以下有期徒刑。

十、私放在押人员罪

（一）私放在押人员罪的概念和构成要件

私放在押人员罪，是指司法工作人员利用职务上的便利，私放在押的犯罪嫌疑人、被告人或者罪犯的行为。其构成要件是：

1. 本罪的客体是司法机关的正常监管制度。本罪的对象仅限于在押的犯罪嫌疑人、被告人、罪犯"三种人"（下文"三种人"的代指犯罪嫌疑人、被告人、罪犯）。"在押"包括在羁押场所和押解途中。

2. 本罪在客观方面表现为行为人利用职务上的便利，私放在押的犯罪嫌疑人、被告人或者罪犯的行为，具体包括以下要素：

（1）必须是利用职务上的便利，即行为人利用自己看管、管教、押解、提审等便利条件。如果司法工作人员没有利用职务上的便利，而是利用自己熟悉监所地理环境等条件，帮助在押人员脱逃的，则不成立本罪，而应以脱逃罪的共犯论处。

（2）实施了私放在押人员的行为。所谓私放，是指没有合法手续，私自将犯罪嫌疑人、被告人或罪犯予以释放，使其逃离监管。私放可以是作为，也可以是不作为。具体行为方式有：假借法定事由，提前释放；滥用职权，篡改（缩短）刑期；借口错捕，故意释放；利用提审、押解的机会纵放后谎称脱逃；为罪犯逃离监所创造条件等。只要行为人实施了私放在押人员的行为，即使被私放的犯罪嫌疑人、被告人后经判决宣告无罪，也同样构成犯罪，而不能因被私放的对象被宣判无罪就免除行为人的刑事责任。

3. 本罪的主体是特殊主体，即司法工作人员，主要是负责监管"三种人"的司法工作人员以及执行刑事拘留、逮捕、提审和押解任务的工作人员。此外，根据2001年3月2日发布实施的《最高人民检察院关于工人等非监管机关在编监管人员私放在押人员行为和失职致使在押人员脱逃行为适用法律问题的解释》的规定，工人等非监管机关在编监管人员被监管机关聘用受委托履行监管职责的过程中私放在押人员的，应以本罪定罪处罚。

4. 本罪的主观方面是故意，即明知是"三种人"而故意使其逃离监管。

（二）私放在押人员罪的司法认定

1. 本罪与非罪的界限。行为人在监管工作中，由于实践经验不足、警惕性不高、警戒不严、管理松懈而致在押的"三种人"脱逃的，或者由于工作粗枝大叶而错放在押的"三种人"的，一般属于工作失误，不构成犯罪。但对于出于严重官僚主义，极端不负责，草率从事，致使在押的"三种人"逃离监管，造成严重后果的，可以按失职致使在押人员脱逃罪论处。根据《渎职侵权立案标准》的规定，涉嫌下列情形之一的，应予立案：①私自将在押的"三种人"放走，或者授意、指使、强迫他人将在押的"三种人"放走的；②伪造、变造有关法律文书、证明材料，以使在押的"三种人"逃跑或者被释放的；③为私放在押的"三种人"，故意向其通风报信、提供条件，致使该在押的"三种人"脱逃的；④其他私放在押的"三种人"应予追究刑事责任的情形。

2. 本罪与徇私枉法罪的界限。二者都是司法工作人员利用职务上的便利实施的犯罪，客观上都可能产生在押人员脱离监管的后果。二者的主要区别是客观方面的行为表现不同。本罪表现为行为人利用监管或押解之便，直接将在押人员私自放走或者为在押人员脱逃创造条件；而后罪则往往是行为人假借和利用合法的刑事诉讼程序实施的。因此，司法工作人员利用职务上的便利，徇私枉法，对明知是有罪的人而故意包庇不使他受追诉或者故意宣告无罪，致使罪犯被放走的，应以徇私枉法罪论处。

（三）私放在押人员罪的刑事责任

根据《刑法》第400条第1款的规定，犯本罪的，处5年以下有期徒刑或者拘役；情节严重的，处5年以上10年以下有期徒刑；情节特别严重的，处10年以上有期徒刑。

十一、失职致使在押人员脱逃罪

失职致使在押人员脱逃罪，是指司法工作人员由于严重不负责任，不履行或者不认真履行职责，致使在押（包括押解途中）的犯罪嫌疑人、被告人、罪犯脱逃，造成严重后果的行为。本罪的主体、客体以及犯罪后果方面与私放在押人员罪均相同，主观方面是过失。构成本罪要求造成严重后果。根据《渎职侵权立案标准》的规定，涉嫌下列情形之一的，应予立案：①致使依法可能判处或已经判处10年以上有期徒刑、无期徒刑、死刑的"三种人"脱逃的；②致使"三种人"脱逃3人次以上的；③"三种人"脱逃以后，打击报复报案人、控告人、举报人、被害人、证人和司法工作人员等，或者继续犯罪的；④其他致使在押的"三种人"脱逃，造成严重后果的情形。根据《刑法》第400条第2款的规定，犯本罪的，处3年以下有期徒刑或者拘役；造成特别严重后果的，处3年以上10年以下有期徒刑。

十二、徇私舞弊减刑、假释、暂予监外执行罪

徇私舞弊减刑、假释、暂予监外执行罪，是指司法工作人员徇私舞弊，对不符合减刑、假释、暂予监外执行条件的罪犯，予以减刑、假释或者暂予监外执行的行为。根据《渎职侵权立案标准》的规定，涉嫌下列情形之一的，应予立案：①刑罚执行机关的工作人员对不符合减刑、假释、暂予监外执行条件的罪犯，捏造事实，伪造材料，违法报请减刑、假释、暂予监外执行的；②审判人员对不符合减刑、假释、暂予监外执行条件的罪犯，徇私舞弊，违法裁定减刑、假释或者违法决定暂予监外执行的；③监狱管理机关、公安机关的工作人员对不符合暂予监外执行条件的罪犯，徇私舞弊，违法批准暂予监外执行的；④不具有报请、裁定、决定或者批准减刑、假释、暂予监外执行权的司法工作人员利用职务上的便利，伪造有关材料，导致不符合减刑、假释、暂予监外执行条件的罪犯被减刑、假释、暂予监外执行的；⑤其他徇私舞弊减刑、假释、暂予监外执行应予追究刑事责任的情形。根据《刑法》第401条的规定，犯本罪的，处3年以下有期徒刑或者拘役；情节严重的，处3年以上7年以下有期徒刑。

十三、徇私舞弊不移交刑事案件罪

徇私舞弊不移交刑事案件罪，是指行政执法人员徇私舞弊，对依法应当移交司法机关追究刑事责任的不移交，情节严重的行为。本罪的主体是行政执法人员，包括公安、市场监督管理、税务、海关、环境、检疫等行政机关中依法行使行政职权的工作人员。本罪的主观方面是故意。行为人过失不移交刑事案件，或者业务水平低下，认识不清案件性质而不移交的，不构成本罪。《渎职侵权立案标准》对应当以本罪立案追究的情形作了规定。根据《刑法》第402条的规定，犯本罪的，处3年以下有期徒刑或者拘役；造成严重后果的，处3年以上7年以下有期徒刑。

十四、滥用管理公司、证券职权罪

滥用管理公司、证券职权罪,是指国家有关主管部门的国家机关工作人员徇私舞弊,滥用职权,对不符合法律规定条件的公司设立、登记申请或者股票、债券发行、上市申请,予以批准或者登记,致使公共财产、国家和人民利益遭受重大损失的行为。本罪的主体是市场监督管理、证券管理等国家有关主管部门的工作人员。上级部门、当地政府直接负责的主管人员强令登记机关及其工作人员实施上述行为,致使公共财产、国家或者人民利益遭受重大损失的,应以本罪论处。根据《刑法》第403条的规定,犯本罪的,处5年以下有期徒刑或者拘役。

十五、徇私舞弊不征、少征税款罪

徇私舞弊不征、少征税款罪,是指税务机关的工作人员徇私舞弊,不征或者少征应征税款,致使国家税收遭受重大损失的行为。根据《刑法》第404条的规定,犯本罪的,处5年以下有期徒刑或者拘役;造成特别重大损失的,处5年以上有期徒刑。

十六、徇私舞弊发售发票、抵扣税款、出口退税罪

徇私舞弊发售发票、抵扣税款、出口退税罪,是指税务机关工作人员违反法律、行政法规的规定,在办理发售发票、抵扣税款、出口退税工作中,徇私舞弊,致使国家利益遭受重大损失的行为。根据《刑法》第405条第1款的规定,犯本罪的,处5年以下有期徒刑或者拘役;致使国家利益遭受特别重大损失的,处5年以上有期徒刑。

十七、违法提供出口退税凭证罪

违法提供出口退税凭证罪,是指海关、外汇管理等国家机关工作人员违反国家规定,在提供出口货物报关单、出口收汇核销单等出口退税凭证的工作中,徇私舞弊,致使国家利益遭受重大损失的行为。犯本罪的,依照《刑法》第405条第1款(徇私舞弊发售发票、抵扣税款、出口退税罪)的规定处罚。

十八、国家机关工作人员签订、履行合同失职被骗罪

国家机关工作人员签订、履行合同失职被骗罪,是指国家机关工作人员在签订、履行合同过程中,因严重不负责任,不履行或者不认真履行职责被诈骗,致使国家利益遭受重大损失的行为。本罪的主观方面为过失。《渎职侵权立案标准》对应当以本罪立案追究的情形作了规定。根据《刑法》第406条的规定,犯本罪的,处3年以下有期徒刑或者拘役;致使国家利益遭受特别重大损失的,处3年以上7年以下有期徒刑。

十九、违法发放林木采伐许可证罪

违法发放林木采伐许可证罪,是指林业主管部门的工作人员违反森林法的规定,超过批准的年采伐限额发放林木采伐许可证或者违反规定滥发林木采伐许可证,情节严重,致使森林遭受严重破坏的行为。根据《刑法》第407条的规定,犯本罪的,处3年以下有期徒刑或者拘役。

二十、环境监管失职罪

环境监管失职罪,是指负有环境保护监督管理职责的国家机关工作人员严重不负责任,不履行或者不认真履行环境保护监管职责,导致发生重大环境污染事故,致使公私财产遭受重大损失或者造成人身伤亡的严重后果的行为。根据《刑法》第408条的规定,犯本罪的,处3年以下有期徒刑或者拘役。

二十一、食品、药品监管渎职罪

食品、药品监管渎职罪,是指负有食品药品安全监督管理职责的国家机关工作人员,滥用职权或者玩忽职守,造成严重后果或者有其他严重情节的行为。滥用职权或者玩忽职守行为是

指有下列情形之一的行为：①瞒报、谎报食品安全事故、药品安全事件的；②对发现的严重食品药品安全违法行为未按规定查处的；③在药品和特殊食品审批审评过程中，对不符合条件的申请准予许可的；④依法应当移交司法机关追究刑事责任不移交的；⑤有其他滥用职权或者玩忽职守行为的。根据《刑法》第408条之一的规定，犯本罪的，处5年以下有期徒刑或者拘役；造成特别严重后果或者有其他特别严重情节的，处5年以上10年以下有期徒刑。徇私舞弊犯本罪的，从重处罚。

二十二、传染病防治失职罪

传染病防治失职罪，是指从事传染病防治的政府卫生行政部门的工作人员严重不负责任，不履行或者不认真履行传染病防治监管职责，导致传染病传播或者流行，情节严重的行为。根据《刑法》第409条的规定，犯本罪的，处3年以下有期徒刑或者拘役。

二十三、非法批准征收、征用、占用土地罪

非法批准征收、征用、占用土地罪，是指国家机关工作人员徇私舞弊，违反土地管理法、森林法、草原法等法律以及有关行政法规中关于土地管理的规定，滥用职权，非法批准征收、征用、占用耕地、林地等农用地以及其他土地，情节严重的行为。根据《刑法》第410条的规定，犯本罪的，处3年以下有期徒刑或者拘役；致使国家或者集体利益遭受特别重大损失的，处3年以上7年以下有期徒刑。

二十四、非法低价出让国有土地使用权罪

非法低价出让国有土地使用权罪，是指国家机关工作人员徇私舞弊，违反土地管理法、森林法、草原法等法律以及有关行政法规中关于土地管理的规定，滥用职权，非法低价出让国有土地使用权，情节严重的行为。犯本罪的，依照《刑法》第410条（非法批准征收、征用、占用土地罪）的规定处罚。

二十五、放纵走私罪

放纵走私罪，是指海关工作人员徇私舞弊，放纵走私，情节严重的行为。放纵走私行为，一般是消极的不作为。如果海关工作人员与走私分子通谋，在放纵走私过程中以积极的行为配合走私分子逃避海关监管或者在放纵走私之后分得赃款的，应以共同走私犯罪追究刑事责任。海关工作人员收受贿赂又放纵走私的，应以受贿罪和放纵走私罪数罪并罚。[1] 根据《刑法》第411条的规定，犯本罪的，处5年以下有期徒刑或者拘役；情节特别严重的，处5年以上有期徒刑。

二十六、商检徇私舞弊罪

商检徇私舞弊罪，是指国家商检部门、商检机构的工作人员徇私舞弊，伪造检验结果的行为。根据《刑法》第412条第1款的规定，犯本罪的，处5年以下有期徒刑或者拘役；造成严重后果的，处5年以上10年以下有期徒刑。

二十七、商检失职罪

商检失职罪，是指国家商检部门、商检机构的工作人员严重不负责任，对应当检验的物品不检验，或者延误检验出证、错误出证，致使国家利益遭受重大损失的行为。根据《刑法》第412条第2款的规定，犯本罪的，处3年以下有期徒刑或者拘役。

二十八、动植物检疫徇私舞弊罪

动植物检疫徇私舞弊罪，是指动植物检疫机构的工作人员徇私舞弊，伪造检疫结果的行

---

[1] 参见2002年7月8日实施的《最高人民法院、最高人民检察院、海关总署关于办理走私刑事案件适用法律若干问题的意见》第16条。

为。根据《刑法》第413条第1款的规定,犯本罪的,处5年以下有期徒刑或者拘役;造成严重后果的,处5年以上10年以下有期徒刑。

二十九、动植物检疫失职罪

动植物检疫失职罪,是指动植物检疫机构的工作人员严重不负责任,对应当检疫的检疫物不检疫,或者延误检疫出证、错误出证,致使国家利益遭受重大损失的行为。根据《刑法》第413条第2款的规定,犯本罪的,处3年以下有期徒刑或者拘役。

三十、放纵制售伪劣商品犯罪行为罪

放纵制售伪劣商品犯罪行为罪,是指对生产、销售伪劣商品犯罪行为负有追究责任的国家机关工作人员,徇私舞弊,不履行法律规定的追究职责,情节严重的行为。根据《刑法》第414条的规定,犯本罪的,处5年以下有期徒刑或者拘役。

三十一、办理偷越国(边)境人员出入境证件罪

办理偷越国(边)境人员出入境证件罪,是指负责办理护照、签证以及其他出入境证件的国家机关工作人员,对明知是企图偷越国(边)境的人员,予以办理出入境证件的行为。根据《刑法》第415条的规定,犯本罪的,处3年以下有期徒刑或者拘役;情节严重的,处3年以上7年以下有期徒刑。

三十二、放行偷越国(边)境人员罪

放行偷越国(边)境人员罪,是指边防、海关等国家机关工作人员,对明知是偷越国(边)境的人员予以放行的行为。犯本罪的,依照《刑法》第415条(办理偷越国(边)境人员出入境证件罪)的规定处罚。

三十三、不解救被拐卖、绑架妇女、儿童罪

不解救被拐卖、绑架妇女、儿童罪,是指对被拐卖、绑架的妇女、儿童负有解救职责的公安、司法等国家机关工作人员,接到被拐卖、绑架的妇女、儿童及其家属的解救要求或者接到其他人的举报,而对被拐卖、绑架的妇女、儿童不进行解救,造成严重后果的行为。构成本罪要求造成了严重后果,如:因不解救而导致被害人或其家属重伤、死亡或者精神失常的;导致被害人被转移、隐匿、转卖,不能及时进行解救的;对被害人不进行解救3人次以上,或者造成恶劣社会影响的。根据《刑法》第416条第1款的规定,犯本罪的,处5年以下有期徒刑或者拘役。

三十四、阻碍解救被拐卖、绑架妇女、儿童罪

阻碍解救被拐卖、绑架妇女、儿童罪,是指对被拐卖、绑架的妇女、儿童负有解救职责的公安、司法等国家机关工作人员,利用职务阻碍解救被拐卖、绑架的妇女、儿童的行为。根据《刑法》第416条的第2款规定,犯本罪的,处2年以上7年以下有期徒刑;情节较轻的,处2年以下有期徒刑或者拘役。

三十五、帮助犯罪分子逃避处罚罪

帮助犯罪分子逃避处罚罪,是指有查禁犯罪活动职责的国家机关工作人员,向犯罪分子通风报信、提供便利,帮助犯罪分子逃避处罚的行为。包括向犯罪分子泄漏有关部门查禁犯罪活动的部署、人员、措施、时间、地点等情况的;向犯罪分子提供钱物、交通工具、通讯设备、隐藏处所等便利条件的;向犯罪分子泄漏案情的;帮助、示意犯罪分子隐匿、毁灭、伪造证据,或者串供、翻供的;等等。根据《刑法》第417条的规定,犯本罪的,处3年以下有期徒刑或者拘役;情节严重的,处3年以上10年以下有期徒刑。

三十六、招收公务员、学生徇私舞弊罪

招收公务员、学生徇私舞弊罪,是指国家机关工作人员在招收公务员、省级以上教育行政部门组织招收的学生工作中徇私舞弊,情节严重的行为。根据《渎职侵权立案标准》的规定,涉嫌下列情形之一的,应予立案:①徇私舞弊,利用职务便利,伪造、变造人事、户口档案、考试成绩或者其他影响招收工作的有关资料,或者明知是伪造、变造的上述材料而予以认可的;②徇私舞弊,利用职务便利,帮助5名以上考生作弊的;③徇私舞弊招收不合格的公务员、学生3人次以上的;④因徇私舞弊招收不合格的公务员、学生,导致被排挤的合格人员或者其近亲属自杀、自残造成重伤、死亡,或者精神失常的;⑤因徇私舞弊招收公务员、学生,导致该项招收工作重新进行的;⑥其他情节严重的情形。根据《刑法》第418条的规定,犯本罪的,处3年以下有期徒刑或者拘役。

三十七、失职造成珍贵文物损毁、流失罪

失职造成珍贵文物损毁、流失罪,是指国家机关工作人员严重不负责任,造成珍贵文物损毁或者流失,后果严重的行为。根据《刑法》第419条的规定,犯本罪的,处3年以下有期徒刑或者拘役。

思考题

1. 简述滥用职权罪的构成及认定中应注意区分的界限。
2. 简述玩忽职守罪的概念和构成要件。
3. 简述故意泄露国家秘密罪的概念和构成要件。
4. 试述徇私枉法罪的概念、构成要件和认定时应注意的问题。
5. 简述私放在押人员罪的概念和构成要件。

实务训练

[案例1] 2003年~2009年,朱某中利用担任湘潭县县长、县委书记及湘潭市副市长的职务便利,为齐某平、李某林等14人在变更土地规划、承揽工程、招商引资、金融贷款、职务升迁等方面谋取利益,先后多次收受相关人员的财物贿赂共计人民币163.5万元、美金5.1万元、价值4.2万元的住房一套,总金额201.487 5万元。另查明,2005年,朱某中利用职务便利,超越职权,擅自批示为湘潭"宏通御景湘·水印康桥"项目减免报建费871.327 9万元。[1]

[问题] 朱某中的行为应当如何认定其性质?

[案例2] 某甲系合同制警察,一次值班与朋友打牌,接到一名男子报警电话称其人身可能受到严重伤害,要求保护,甲没有立即采取行动,也未汇报,致使歹徒将该男子炸死。

[问题] 某甲的行为构成何罪?

---

[1] "湖南湘潭市原副市长朱某中因受贿一审被判13年",载http://news.sohu.com/20110702/n312262908.shtml,最后访问日期:2021年3月19日。

第二十七章

军人违反职责罪

学习目标与工作任务

通过本章的学习,了解军人违反职责罪的概念和特征,掌握本章中的重点罪名的概念、构成要件和认定时应注意的问题。能够运用所学知识分析案例,处理实务。

导入案例

被告人赵某宇系某舰队训练团副班长。某日晚上 7 时,赵某宇在训练团营地南门岗哨执行值班任务时,突然想起次日外出游玩的事还没与同乡王某等人商量好,于是,他把值班使用的 54 式手枪放在岗楼里,并委托居住在岗楼旁边积肥的农民许某照看岗楼。赵某宇离开岗楼后到本团招待所,先找到同乡王某安排好次日游玩之事,然后与王某一同到某支队的舰艇上找另一同乡张某玩耍。到晚上 8 时 50 分,赵某宇返回值班的岗楼,却发现岗楼的门锁被撬,岗楼内的手枪被人盗走。[1]

问:被告人赵某宇的行为构成何罪?

教学内容

第一节 军人违反职责罪概述

军人违反职责罪,是指军人违反职责,危害国家军事利益,依照法律应受刑罚处罚的行为。这类犯罪的构成特征是:

1. 这类犯罪的客体是国家的军事利益。国家的军事利益,是指国家在国防建设、作战行动、军队物质保障、军事机密、军事科学研究等方面的利益。

2. 这类犯罪在客观方面表现为军人实施了违反职责、危害国家军事利益的行为。"违反职责"是指违反国家法律、法规,军事法规、军事规章所规定的军人职责,包括军人的共同职责,士兵、军官和首长的一般职责,各类主管人员和其他从事专门工作的军人的专业职责等。本类罪中许多具体犯罪的构成,以特定的时间或地点为必要件要素。而且,本章中的有些罪名直接使用了"战时"一词,如战时违抗命令罪、战时临阵脱逃罪、战时造谣惑众罪等。《刑法》第451条规定:"本章所称战时,是指国家宣布进入战争状态、部队受领作战任务或者遭

---

[1] 韩玉胜主编:《刑法各论案例分析》,中国人民大学出版社2000年版,第339页。

敌突然袭击时。部队执行戒严任务或者处置突发性暴力事件时，以战时论。"

3. 这类犯罪的主体是特殊主体，即军人。《刑法》第450条规定："本章适用于中国人民解放军的现役军官、文职干部、士兵及具有军籍的学员和中国人民武装警察部队的现役警官、文职干部、士兵及具有军籍的学员以及文职人员、执行军事任务的预备役人员和其他人员。"预备役人员，是指编入民兵组织或者经过登记服预备役的人员。其他人员，是指执行作战、支前、战场救护等军事任务的军内在编职员等。

4. 这类犯罪的主观方面多数是故意，少数是过失。有些犯罪的构成还要求行为人具有特定的目的，如战时自伤罪，必须以逃避作战义务为目的。

本类罪共包括31个罪名。最高人民检察院、解放军总政治部印发的《军人违反职责罪案件立案标准的规定》（以下简称《军职罪立案标准》）（该规定自2013年3月28日起施行）对有关犯罪中的"对作战造成危害""造成严重后果""遭受重大损失""情节严重"和"情节恶劣"等具体情形作了列举，对各个犯罪的立案标准作出了规定。

第二节 军人违反职责罪分述

一、战时违抗命令罪

战时违抗命令罪，是指战时违抗命令，对作战造成危害的行为。违抗命令，是指主观上出于故意，客观上违背、抗拒首长、上级职权范围内的命令，包括拒绝接受命令、拒不执行命令，或者不按照命令的具体要求行动等。对作战造成危害，包括扰乱作战部署或者贻误战机，造成作战任务不能完成或者迟缓完成，造成我方人员死亡1人以上或重伤2人以上或轻伤3人以上，造成武器装备、军事设施、军用物资损毁，直接影响作战任务完成等。根据《刑法》第421条的规定，犯本罪的，处3年以上10年以下有期徒刑；致使战斗、战役遭受重大损失的，处10年以上有期徒刑、无期徒刑或者死刑。

二、隐瞒、谎报军情罪

隐瞒、谎报军情罪，是指故意隐瞒、谎报军情，对作战造成危害的行为。对作战造成危害，包括造成首长、上级决策失误；造成作战任务不能完成或者迟缓完成；造成我方人员死亡1人以上或重伤2人以上或轻伤3人以上；造成武器装备、军事设施、军用物资损毁，直接影响作战任务完成等。根据《刑法》第422条的规定，犯本罪的，处3年以上10年以下有期徒刑；致使战斗、战役遭受重大损失的，处10年以上有期徒刑、无期徒刑或者死刑。

三、拒传、假传军令罪

拒传军令罪，是指负有传递军令职责的军人，明知是军令而故意拒绝传递或者拖延传递，对作战造成危害的行为。假传军令罪，是指故意伪造、篡改军令，或者明知是伪造、篡改的军令而予以传达或者发布，对作战造成危害的行为。这里的"对作战造成危害"的具体情形，与隐瞒、谎报军情罪相同。犯本罪的，依照《刑法》第422条（隐瞒、谎报军情罪）的规定处罚。

四、投降罪

投降罪，是指在战场上贪生怕死，自动放下武器投降敌人的行为。本罪属于行为犯，凡涉嫌投降敌人的，应予立案。本罪的主体是具有使用武器打击敌人资格的参战军人。根据《刑法》第423条的规定，犯本罪的，处3年以上10年以下有期徒刑；情节严重的，处10年以上有期徒刑或者无期徒刑；投降后为敌人效劳的，处10年以上有期徒刑、无期徒刑或者死刑。

五、战时临阵脱逃罪

战时临阵脱逃罪，是指在战斗中或者在接受作战任务后，逃离战斗岗位的行为。如果不是在临阵的时间、地点逃离部队，不构成本罪，但可能构成逃离部队罪。根据《刑法》第424条的规定，犯本罪的，处3年以下有期徒刑；情节严重的，处3年以上10年以下有期徒刑；致使战斗、战役遭受重大损失的，处10年以上有期徒刑、无期徒刑或者死刑。

六、擅离、玩忽军事职守罪

（一）擅离、玩忽军事职守罪的概念和构成要件

擅离、玩忽军事职守罪，是指指挥人员和值班、值勤人员擅自离开正在履行职责的岗位，或者在履行职责的岗位上，严重不负责任，不履行或者不正确履行职责，造成严重后果的行为。其构成要件是：

1. 本罪的客体是军队的指挥、值班、值勤管理制度。

2. 本罪在客观方面表现为擅离职守或者玩忽职守，造成严重后果的行为。"擅离职守"是指擅自离开正在履行职责的岗位。"玩忽职守"是指在履行职责的岗位上，严重不负责任，不履行或者不正确履行职责。擅离职守或者玩忽职守的行为必须造成了严重后果，才构成本罪。

3. 本罪的主体是军人中的指挥人员和值班、值勤人员。指挥人员，是指对部队或者部属负有组织、领导、管理职责的人员。专业主管人员在其业务管理范围内，视为指挥人员。值班人员，是指军队各单位、各部门为保持指挥或者履行职责不间断而设立的、负责处理本单位、本部门特定事务的人员。值勤人员，是指正在担任警卫、巡逻、观察、纠察、押运等勤务，或者作战勤务工作的人员。

4. 本罪的主观方面是过失。

（二）擅离、玩忽军事职守罪的司法认定

1. 罪与非罪的界限。指挥人员和值班、值勤人员擅离职守或者玩忽职守的行为必须造成了严重后果，才构成本罪。根据《军职罪立案标准》第6条的规定，擅离职守或者玩忽职守，涉嫌下列情形之一的，应予立案追诉：①造成重大任务不能完成或者迟缓完成的；②造成死亡1人以上，或者重伤3人以上，或者重伤2人、轻伤4人以上，或者重伤1人、轻伤7人以上，或者轻伤10人以上的；③造成枪支、手榴弹、爆炸装置或者子弹10发、雷管30枚、导火索或者导爆索30米、炸药1000克以上丢失、被盗，或者不满规定数量，但后果严重的，或者造成其他重要武器装备、器材丢失、被盗的；④造成武器装备、军事设施、军用物资或者其他财产损毁，直接经济损失30万元以上，或者直接经济损失、间接经济损失合计150万元以上的；⑤造成其他严重后果的。

本章导入案例中，被告人赵某宇作为军队值班人员，在值班期间擅自离开正在履行职责的岗位，并把值班使用的手枪放在岗楼里，造成手枪被盗的严重后果，其行为符合擅离军事职守罪的犯罪构成，应当以擅离军事职守罪定罪处罚。

2. 玩忽军事职守罪与玩忽职守罪的界限。二者较为相似，实践中要注意加以区分。二者除侵犯的客体不同外，其主要区别在于犯罪主体不同。本罪的主体限于军人中的指挥人员和值班、值勤人员。如果不属于这类人员，而是一般国家机关工作人员或者未在值班、值勤岗位上的军人玩忽职守，造成严重后果的，应按渎职罪一章中的玩忽职守罪定罪处罚。根据1988年10月19日中国人民解放军军事法院印发的《关于审理军人违反职责罪案件中几个具体问题的处理意见》（以下简称《军职罪处理意见》）的规定，军职人员确实不知他人借用枪支、弹药是为实施犯罪，私自将自己保管、使用的枪支、弹药借给他人，致使公共财产、国家和人民利

益遭受重大损失的，以玩忽职守罪论处；如果在值班、值勤等执行职务时，擅自将自己使用、保管的枪支、弹药借给他人，因而造成严重后果的，以玩忽军事职守罪论处。

(三) 擅离、玩忽军事职守罪的刑事责任

根据《刑法》第425条的规定，犯本罪的，处3年以下有期徒刑或者拘役；造成特别严重后果的，处3年以上7年以下有期徒刑。战时犯本罪的，处5年以上有期徒刑。

七、阻碍执行军事职务罪

阻碍执行军事职务罪，是指以暴力、威胁方法，阻碍指挥人员或者值班、值勤人员执行职务的行为。凡涉嫌阻碍执行军事职务的，均应予立案。根据《刑法》第426条的规定，犯本罪的，处5年以下有期徒刑或者拘役；情节严重的，处5年以上10年以下有期徒刑；情节特别严重的，处10年以上有期徒刑或者无期徒刑。战时从重处罚。

八、指使部属违反职责罪

指使部属违反职责罪，是指指挥人员滥用职权，指使部属进行违反职责的活动，造成严重后果的行为。造成严重后果，是指因部属在其恶意指使下所进行的违反职责活动使军事利益遭受重大损失，如军备或其他财物被毁损、人员伤亡、作战失利等。根据《刑法》第427条的规定，犯本罪的，处5年以下有期徒刑或者拘役；情节特别严重的，处5年以上10年以下有期徒刑。

九、违令作战消极罪

违令作战消极罪，是指指挥人员违抗命令，临阵畏缩，作战消极，造成严重后果的行为。违抗命令，临阵畏缩，作战消极，是指在作战中故意违背、抗拒执行首长、上级的命令，面临战斗任务而畏难怕险，怯战怠战，行动消极。"造成严重后果"的具体情形详见《军职罪立案标准》第9条规定。根据《刑法》第428条的规定，犯本罪的，处5年以下有期徒刑；致使战斗、战役遭受重大损失或者有其他特别严重情节的，处5年以上有期徒刑。

十、拒不救援友邻部队罪

拒不救援友邻部队罪，是指指挥人员在战场上明知友邻部队处境危急请求救援，能救援而不救援，致使友邻部队遭受重大损失的行为。"处境危急"是指友邻部队面临被敌人包围、追击或者阵地将被攻陷等危急情况。"能救援而不救援"是指根据当时自己部队（分队）所处的环境、作战能力及所担负的任务，有条件组织救援却没有组织救援。"致使友邻部队遭受重大损失"的具体情形，详见《军职罪立案标准》第10条规定。本罪的主体是指挥人员。本罪的主观方面是故意，即明知友邻部队处境危急却故意不予救援，其动机包括为了保存实力、畏难怕险、借机泄愤等。根据《刑法》第429条的规定，犯本罪的，处5年以下有期徒刑。

十一、军人叛逃罪

(一) 军人叛逃罪的概念和构成要件

军人叛逃罪，是指军人在履行公务期间，擅离岗位，叛逃境外或者在境外叛逃，危害国家军事利益的行为。其构成要件是：

1. 本罪的客体是国家的军事利益以及军人的忠诚义务。

2. 本罪在客观方面表现为在履行公务期间，擅离岗位，叛逃境外或者在境外叛逃，危害国家军事利益的行为。所谓叛逃，主要是指投靠境外的机构、组织，或者直接投奔国外有关组织，或者逃往外国驻我国使领馆等行为。叛逃的地点包括：一是由境内叛逃到境外；二是在境外叛逃，即军人在境外履行公职期间，擅离岗位，叛变逃跑，或者利用公务出境之机滞留国外、境外不归。

3. 本罪的主体是正在履行公务的军人。

4. 本罪的主观方面是故意。

（二）军人叛逃罪的司法认定

1. 罪与非罪的界限。根据《军职罪立案标准》第 11 条的规定，军人叛逃涉嫌下列情形之一的，应予立案追诉：①因反对国家政权和社会主义制度而出逃的；②掌握、携带军事秘密出境后滞留不归的；③申请政治避难的；④公开发表叛国言论的；⑤投靠境外反动机构或者组织的；⑥出逃至交战对方区域的；⑦进行其他危害国家军事利益活动的。

2. 本罪与投敌叛变罪的界限。二者的主要区别包括：①行为表现不同。前罪是行为人在履行公务期间，擅离岗位，叛逃境外或者在境外叛逃，但不一定是投奔敌方国家或地区；后罪则是投奔敌方或者被捕、被俘后投降敌人，并进行危害国家安全的活动。②犯罪主体不同。前罪的主体是正在履行公务的军人，后罪的主体则是一般主体，包括军内外人员。

（三）军人叛逃罪的刑事责任

根据《刑法》第 430 条的规定，犯本罪的，处 5 年以下有期徒刑或者拘役；情节严重的，处 5 年以上有期徒刑；驾驶航空器、舰船叛逃的，或者有其他特别严重情节的，处 10 年以上有期徒刑、无期徒刑或者死刑。

十二、非法获取军事秘密罪

非法获取军事秘密罪，是指违反国家和军队的保密规定，采取窃取、刺探、收买方法，非法获取军事秘密的行为。凡涉嫌非法获取军事秘密的，应予立案。根据《刑法》第 431 条第 1 款的规定，犯本罪的，处 5 年以下有期徒刑；情节严重的，处 5 年以上 10 年以下有期徒刑；情节特别严重的，处 10 年以上有期徒刑。

十三、为境外窃取、刺探、收买、非法提供军事秘密罪

为境外窃取、刺探、收买、非法提供军事秘密罪，是指违反国家和军队的保密规定，为境外的机构、组织、人员窃取、刺探、收买、非法提供军事秘密的行为。凡涉嫌为境外窃取、刺探、收买、非法提供军事秘密的，应予立案。根据《刑法》第 431 条第 2 款的规定，犯本罪的，处 5 年以上 10 年以下有期徒刑；情节严重的，处 10 年以上有期徒刑、无期徒刑或者死刑。

十四、故意泄露军事秘密罪

故意泄露军事秘密罪，是指违反国家和军队的保密规定，故意使军事秘密被不应知悉者知悉或者超出了限定的接触范围，情节严重的行为。根据《刑法》第 432 条规定，犯本罪的，处 5 年以下有期徒刑或者拘役；情节特别严重的，处 5 年以上 10 年以下有期徒刑。战时犯本罪的，处 5 年以上 10 年以下有期徒刑；情节特别严重的，处 10 年以上有期徒刑或者无期徒刑。

十五、过失泄露军事秘密罪

过失泄露军事秘密罪，是指违反国家和军队的保密规定，过失泄露军事秘密，致使军事秘密被不应知悉者知悉或者超出了限定的接触范围，情节严重的行为。犯本罪的，依照《刑法》第 432 条（故意泄露军事秘密罪）的规定处罚。

十六、战时造谣惑众罪

战时造谣惑众罪，是指在战时造谣惑众，动摇军心的行为。造谣惑众，动摇军心，是指故意编造、散布谣言，煽动怯战、厌战或者恐怖情绪，蛊惑官兵，造成或者足以造成部队情绪恐慌、士气不振、军心涣散的行为。凡战时涉嫌造谣惑众，动摇军心的，均应予立案。根据《刑法》第 433 条的规定，犯本罪的，处 3 年以下有期徒刑；情节严重的，处 3 年以上 10 年以下

有期徒刑；情节特别严重的，处10年以上有期徒刑或者无期徒刑。

十七、战时自伤罪

战时自伤罪，是指在战时为了逃避军事义务，故意伤害自己身体的行为。逃避军事义务，是指逃避临战准备、作战行动、战场勤务和其他作战保障任务等与作战有关的义务。凡战时涉嫌自伤致使不能履行军事义务的，均应予立案。根据《刑法》第434条的规定，犯本罪的，处3年以下有期徒刑；情节严重的，处3年以上7年以下有期徒刑。

十八、逃离部队罪

逃离部队罪，是指违反兵役法规，逃离部队，情节严重的行为。违反兵役法规，是指违反国防法、兵役法和军队条令条例以及其他有关兵役方面的法律规定。逃离部队，是指擅自离开部队或者经批准外出逾期拒不归队。根据《刑法》第435条的规定，犯本罪的，处3年以下有期徒刑或者拘役。战时犯本罪的，处3年以上7年以下有期徒刑。

十九、武器装备肇事罪

武器装备肇事罪，是指违反武器装备使用规定，情节严重，因而发生责任事故，致人重伤、死亡或者造成其他严重后果的行为。"情节严重"是指故意违反武器装备使用规定，或者在使用过程中严重不负责任。"致人重伤、死亡或者造成其他严重后果"包括影响重大任务完成的；造成死亡1人以上，或者重伤2人以上，或者轻伤3人以上的；造成武器装备、军事设施、军用物资或者其他财产损毁，直接经济损失30万元以上，或者直接经济损失、间接经济损失合计150万元以上的；严重损害国家和军队声誉，造成恶劣影响的；等等。根据《军职罪处理意见》的规定，军职人员在执勤、训练、作战时使用、操作武器装备，或者在管理、维修、保养武器装备的过程中，违反武器装备使用规定和操作规程，情节严重，因而发生重大责任事故，致人重伤、死亡者或造成其他严重后果的，以本罪论处；凡违反枪支、弹药管理使用规定，私自携带枪支、弹药外出，因玩弄而造成走火或者爆炸，致人重伤、死亡或者使公私财产遭受重大损失的，分别以过失致人重伤罪、过失致人死亡罪或者过失爆炸罪论处。根据《刑法》第436条的规定，犯本罪的，处3年以下有期徒刑或者拘役；后果特别严重的，处3年以上7年以下有期徒刑。

二十、擅自改变武器装备编配用途罪

擅自改变武器装备编配用途罪，是指违反武器装备管理规定，未经有权机关批准，擅自将编配的武器装备改作其他用途，造成严重后果的行为。根据《刑法》第437条的规定，犯本罪的，处3年以下有期徒刑或者拘役；造成特别严重后果的，处3年以上7年以下有期徒刑。

二十一、盗窃、抢夺武器装备、军用物资罪

盗窃、抢夺武器装备、军用物资罪，是指以非法占有为目的，秘密窃取武器装备、军用物资，或者公然夺取武器装备、军用物资的行为。凡涉嫌盗窃、抢夺武器装备的，应予立案；涉嫌盗窃、抢夺军用物资价值2000元以上，或者不满规定数额，但后果严重的，应予立案。根据《刑法》第438条的规定，犯本罪的，处5年以下有期徒刑或者拘役；情节严重的，处5年以上10年以下有期徒刑；情节特别严重的，处10年以上有期徒刑、无期徒刑或者死刑。盗窃、抢夺枪支、弹药、爆炸物的，依照《刑法》第127条的规定处罚。

二十二、非法出卖、转让武器装备罪

非法出卖、转让武器装备罪，是指非法出卖、转让武器装备的行为。"出卖、转让"是指违反武器装备管理规定，未经有权机关批准，擅自用武器装备换取金钱、财物或者其他利益，或者将武器装备馈赠他人的行为。根据《刑法》第439条的规定，犯本罪的，处3年以上10

年以下有期徒刑；出卖、转让大量武器装备或者有其他特别严重情节的，处10年以上有期徒刑、无期徒刑或者死刑。

二十三、遗弃武器装备罪

遗弃武器装备罪，是指负有保管、使用武器装备义务的军人，违抗命令，故意遗弃武器装备的行为。根据《刑法》第440条的规定，犯本罪的，处5年以下有期徒刑或者拘役；遗弃重要或者大量武器装备的，或者有其他严重情节的，处5年以上有期徒刑。

二十四、遗失武器装备罪

遗失武器装备罪，是指遗失武器装备，不及时报告或者有其他严重情节的行为。不及时报告，包括完全不报告和虽已报告但不及时两种情况。凡涉嫌遗失武器装备不及时报告或者有其他严重情节的，应予立案。根据《刑法》第441条的规定，犯本罪的，处3年以下有期徒刑或者拘役。

二十五、擅自出卖、转让军队房地产罪

擅自出卖、转让军队房地产罪，是指违反军队房地产管理和使用规定，未经有权机关批准，擅自出卖、转让军队房地产，情节严重的行为。根据《刑法》第442条的规定，犯本罪的，对直接责任人员，处3年以下有期徒刑或者拘役；情节特别严重的，处3年以上10年以下有期徒刑。

二十六、虐待部属罪

虐待部属罪，是指滥用职权，虐待部属，情节恶劣，致人重伤、死亡或者造成其他严重后果的行为。虐待部属，是指采取殴打、体罚、冻饿或者其他有损身心健康的手段，折磨、摧残部属的行为。情节恶劣，是指虐待手段残酷的；虐待3人以上的；虐待部属3次以上的；虐待伤病残部属的；等等。其他严重后果，是指部属不堪忍受虐待而自杀、自残造成重伤或者精神失常的；诱发其他案件、事故的；导致部属1人逃离部队3次以上，或者2人以上逃离部队的；造成恶劣影响的；等等。根据《刑法》第443条的规定，犯本罪的，处5年以下有期徒刑或者拘役；致人死亡的，处5年以上有期徒刑。

二十七、遗弃伤病军人罪

遗弃伤病军人罪，是指在战场上故意遗弃我方伤病军人，情节恶劣的行为。"情节恶劣"包括：为挟嫌报复而遗弃伤病军人的；遗弃伤病军人3人以上的；导致伤病军人死亡、失踪、被俘等。本罪的主体是对伤病军人负有救护任务的直接责任人员。根据《刑法》第444条的规定，犯本罪的，处5年以下有期徒刑。

二十八、战时拒不救治伤病军人罪

战时拒不救治伤病军人罪，是指战时在救护治疗职位上，有条件救治而拒不救治危重伤病军人的行为。根据《刑法》第445条的规定，犯本罪的，处5年以下有期徒刑或者拘役；造成伤病军人重残、死亡或者有其他严重情节的，处5年以上10年以下有期徒刑。

二十九、战时残害居民、掠夺居民财物罪

战时残害居民、掠夺居民财物罪，是指战时在军事行动地区，残害无辜居民或者抢劫、抢夺无辜居民财物的行为。无辜居民，是指对我军无敌对行动的平民。根据《刑法》第446条的规定，犯本罪的，处5年以下有期徒刑；情节严重的，处5年以上10年以下有期徒刑；情节特别严重的，处10年以上有期徒刑、无期徒刑或者死刑。

三十、私放俘虏罪

私放俘虏罪，是指擅自将俘虏放走的行为。本罪的主体是负有看守、管理、调运俘虏等职

责的军人。根据《刑法》第447条的规定,犯本罪的,处5年以下有期徒刑;私放重要俘虏、私放俘虏多人或者有其他严重情节的,处5年以上有期徒刑。

三十一、虐待俘虏罪

虐待俘虏罪,是指虐待俘虏,情节恶劣的行为。情节恶劣,包括指挥人员虐待俘虏的;虐待俘虏3人以上或3次以上的;虐待俘虏手段特别残忍的;虐待伤病俘虏的;导致俘虏自杀、逃跑等严重后果的;造成恶劣影响的;等等。根据《刑法》第448条的规定,犯本罪的,处3年以下有期徒刑。

思考题

1. 简述军人违反职责罪的概念和构成特征。
2. 简述擅离、玩忽军事职守罪的构成要件。
3. 简述军人叛逃罪的概念、构成要件及其与投敌叛变罪的界限。

实务训练

[案例1] 某部队战士甲乙二人在熄灯后,违反规定私自外出上网,被值勤战士丙阻拦,让他们回宿舍睡觉,甲、乙不仅不听劝阻,反而对丙拳脚相加,造成丙轻伤。

[问题] 甲、乙二人的行为构成何罪?

[案例2] 现役军人章某利用边防执勤机会,携带自动步枪和数十发子弹越境进入他国。后被他国边防军抓获,并被遣送回国。

[问题] 对章某的行为应如何定性?

主要参考文献

1. 高铭暄、马克昌主编:《刑法学》,北京大学出版社、高等教育出版社2017年版。
2. 王作富主编:《刑法》,中国人民大学出版社2016年版。
3. 张明楷:《刑法学》,法律出版社2016年版。
4. 陈兴良:《规范刑法学(上、下册)》,中国人民大学出版社2017年版。
5. 阮齐林:《刑法学》,中国政法大学出版社2011年版。
6. 周光权:《刑法各论》,中国人民大学出版社2016年版。
7. 罗翔编著:《2017年国家司法考试教材一本通:刑法》,中国法制出版社2017年版。
8. 潘家永主编:《刑法原理与实务》,中国政法大学出版社2019年版。
9. 韩玉胜主编:《刑法学原理与案例教程》,中国人民大学出版社2014年版。
10. 黄京平主编:《刑法案例分析(总则)》,中国人民大学出版社2011年版。
11. 法律考试中心组编:《2020年国家统一法律职业资格考试专用历年真题汇编及详解》,法律出版社2019年版。